आलोचना का जनपक्ष

वाणी प्रकाशन

फोन : 23273167, 23275710 • फैक्स : 23275710

e-mail : vani_prakashan@yahoo.com

vani_prakashan@mantraonline.com

आलोचना का जनपक्ष

चन्द्रबली सिंह

ISBN 81-8143-006-9

वाणी प्रकाशन
21-ए, दरियागंज, नयी दिल्ली-110002
द्वारा प्रकाशित

प्रथम संस्करण : 2003

मूल्य : 400.00

नागरी प्रिंटर्स, दिल्ली-110032
में मुद्रित

ALOCHANA KA JANPAKSH
by Chandrabali Singh

अनुक्रम

खंड : एक–मीमांसा

खंड : दो–मूल्यांकन

खंड : तीन—दस्तावेज

खंड : एक

मीमांसा

साहित्य में यथार्थ : नयी परिस्थितियों में नयी व्याख्या

यथार्थ वस्तुगत होते हुए भी प्रत्येक व्यक्ति के लिए आत्मगत रूप से ही साक्षात्कृत होता है और यदि व्यक्ति परंपरा और रूढ़ संस्कारों से प्रभावित है तो स्वाभाविक है कि उसकी यथार्थ की समझदारी भी उनसे प्रभावित होगी। परंपरा और रूढ़िगत संस्कारों के दायरे में रहकर व्यक्ति यथार्थ को अधूरे, सतही और विकृत रूप में ही देख सकता है। वह यथार्थ की स्थिति में नये तत्त्वों का, या दूसरे शब्दों में, यथार्थ की विकासशील प्रक्रिया का बोध नहीं कर सकता।

लेकिन यहाँ एक बात जोड़ना चाहूँगा। वह यह कि परंपरा और रूढ़ संस्कारों और यथार्थ के बीच संबंध संतुलन का नहीं, बल्कि निरंतर द्वंद्व का, संघर्ष का होता है। पुराने और नये के बीच यही अनिवार्य द्वंद्व यथार्थ के विकास का नियम है।

इसका अर्थ यह हुआ कि परंपरा और रूढ़ संस्कारों और यथार्थ की नितांत अपरिवर्तनीय स्थितियों की कल्पना नहीं की जा सकती। यदि परंपरा और रूढ़ संस्कार यथार्थ-बोध में अवरोध का काम करते हैं तो यथार्थ-बोध उनका निषेध भी करता है। इस प्रक्रिया की सीमा और वेग का निर्धारण लेखक की जागरूकता और ईमानदारी, उसकी वर्गगत स्थिति, उसके युग में वर्ग-संघर्ष की तीव्रता और सामाजिक विकास के दौर से होता है। परंपरा और रूढ़िगत संस्कारों के बावजूद जिस हद तक लेखक और कलाकार यथार्थ की स्थितियों को प्रतिबिंबित कर सकता है उस हद तक वह प्रगतिशील है, क्योंकि यथार्थवाद केवल रचनात्मक विधि ही नहीं बल्कि वस्तु-जगत को पहचानने की विधि भी है।

उदाहरण के रूप में हम पूँजीवादी समाज में विकसित आलोचनात्मक यथार्थवाद (क्रिटिकल रियलिज्म) की विधि को ले सकते हैं। इस विधि के महान् रचनाकारों, जैसे बाल्जाक और जोला, ने पूँजीवादी समाज के अन्यान्य, शोषण और गर्हित रूपों के प्रति आलोचनात्मक दृष्टिकोण अपनाया, लेकिन अपने वर्गगत संस्कारों और सामाजिक विकास के तत्कालीन स्तर के कारण वे व्यक्तिवादी विद्रोही नायकों को प्रस्तुत करने के अतिरिक्त पूँजीवादी समाज से मुक्ति का रास्ता नहीं दिखला सके।

इसी प्रकार तोल्सतॉय, जिसके यथार्थवादी चित्रणों के कारण लेनिन ने उसे 'रूसी क्रांति का दर्पण' कहा था, ईसाइयत के संस्कारों के कारण अन्याय के प्रति सविनय आत्म-समर्पण के अतिरिक्त किसानों की मुक्ति का कोई अन्य रास्ता नहीं सुझा सका। इन लेखकों की दृष्टिकोणगत सीमाएँ उनके यथार्थ-बोध को त्रुटिपूर्ण बनाती हैं।

दूसरी ओर यथार्थ-बोध किस तरह परंपरा और रूढ़िगत संस्कारों को तोड़ता है, इसके उदाहरण के रूप में हम प्रेमचंद को ले सकते हैं। प्रेमचंद के प्रारंभिक यथार्थ-बोध की कमजोरी की जड़ में उनका धर्मभीरु, सुधारवादी, गांधीवादी दृष्टिकोण था। लेकिन उनकी बाद की रचनाओं में विशेषतः अपूर्ण 'मंगलसूत्र' में, भारतीय किसानों और मजदूरों के आंदोलनों का प्रभाव स्पष्ट है। उनके संघर्षों ने प्रेमचंद के यथार्थ-बोध को अधिक भरा-पूरा, सक्षम और वैज्ञानिक बनाया जिसके फलस्वरूप उनके प्रारंभिक सुधारवादी, गांधीवादी दृष्टिकोण में व्यापक परिवर्तन हुआ।

आज का समाज विश्वव्यापी पैमाने पर राष्ट्रीय मुक्ति-संग्रामों, जनक्रांतियों और समाजवादी क्रांतियों के दौर से गुजर रहा है। विश्वव्यापी पैमाने पर सामंतवाद, पूँजीवाद और साम्राज्यवाद संकटापन्न हैं, ये विघटित हो रहे हैं। इन शक्तियों के बीच संघर्ष की तीव्रता के समानांतर सैद्धांतिक या दृष्टिकोणगत संघर्ष में भी तीव्रता आई है। सामंतवाद, पूँजीवाद और साम्राज्यवाद अपने विघटन की प्रक्रिया को रोकने और विकास की शक्तियों को निरस्त्र और पराजित करने के लिए अनेक तरह की सैद्धांतिक प्रवंचनाओं का आश्रय ले रहे हैं। इनका मुख्य उद्देश्य वर्तमान जीवन के यथार्थ के बारे में जन-समुदाय को गुमराह करना है, उसमें आज की महान् क्रांतिकारी संभावनाओं के प्रति अविश्वास पैदा करना और परिवर्तन के लिए उसके संघर्ष के मनोबल को तोड़ना है। पूँजीवाद की हिंस्र व्यवस्था, उसकी अराजकता, उसमें व्यक्ति की असहाय स्थिति, उसके द्वारा व्यक्ति में प्रसूत निर्वासन या अजनबीपन की भावना को आधार बनाकर भाव या अध्यात्मवादी दृष्टिकोणों को प्रचारित किया जा रहा है। साहित्य और कला में तेजी के साथ एक के बाद दूसरे 'आधुनिकतावादी' आंदोलन का जन्म पूँजीवादी-साम्राज्यवादी संस्कृति पर छाए घोर संकट का द्योतक तो है ही, उसके साथ-साथ वह इस बात का भी द्योतक है कि पूँजीवाद-साम्राज्यवाद में अब इतना साहस नहीं कि वह यथार्थ का सामना कर सके, उसे झेल सके। यथार्थ को विकृत करने के सिवा अब उसे अपनी रक्षा का दूसरा उपाय नहीं सूझता।

हमारे देश में सामाजिक विकास के नये दौर में जो नये अवरोध सामने आ रहे हैं उनका आधार राष्ट्रीय पैमाने पर सामंतवाद और पूँजीवाद और अंतर्राष्ट्रीय पैमाने पर साम्राज्यवाद पर छाया गंभीर आर्थिक, राजनीतिक और सांस्कृतिक संकट है। आजादी के बाद हमारे देश में आत्मान्वेषण तथा अन्य भड़कीले नारों की आड़ में संकटग्रस्त पश्चिमी देशों के साहित्यिक आंदोलनों का अंधाधुंध आयात हुआ है। क्षणवाद, अस्तित्ववाद, नवनिश्चयवाद, क्रुद्ध पीढ़ी, बुभुक्षित पीढ़ी, बीटनिक आंदोलन

इत्यादि को काफी धूमधाम के साथ विज्ञापित किया गया है। इधर-उधर के बाहरी फर्क के बावजूद इन सबकी एक सामान्य दिशा है—यथार्थ का निषेध या उसका विकृतीकरण। इनका जोर व्यक्ति के रिक्तता-बोध, निर्वासन या अजनबीपन, संकल्प-क्षय और जगतमूढ़ता पर है। उनकी दृष्टि में यथार्थ वे जन संघर्ष नहीं हैं जो हमारे समाज के भीतरी और बाहरी अंतर्विरोधों से पैदा होकर निरंतर व्यापक होते और ऊँचे स्तरों पर उठते जा रहे हैं, जिनमें उन अंतर्विरोधों को शमित करने की क्षमता है और जो समाज को विकास के अगले चरण में ले जाएँगे। इसलिए अपने तमाम नेक इरादों के बावजूद इन आंदोलनों के अनुयायी वस्तुगत रूप में वर्तमान अन्यायपूर्ण, अराजक, घृणित समाज व्यवस्था के बारे में यथार्थवादी बोध को पुष्ट करने के स्थान पर अनेक प्रकार के भ्रमों की सृष्टि कर रहे हैं। सामाजिक विकास के नये दौर में इन अवरोधों के वर्गगत चरित्र पर पर्दा नहीं डाला जा सकता।

अवरोधों से मुक्त लेखक न तो अपनी 'विकसित शिक्षा और संस्कार' के कारण अपने को 'साधारण जनसमुदाय से आगे बढ़े हुए' होने का दावा करते हैं और न इन अवरोधों से इनकार करते हुए 'अपनी आत्मिक सच्चाइयों से साक्षात्कार का हवाला देते हैं।' विकसित शिक्षा और संस्कार से कोई व्यक्ति चर्चा में आए हुए अवरोधों से मुक्त हो जाते हैं या साधारण जनसमुदाय से आगे बढ़ जाते हैं ऐसा मान लेने का कोई कारण नहीं दीखता। हमारे देश में जिसे विकसित शिक्षा कहा जा सकता है, साम्राज्यवाद की देन है और आजादी के बाद सामंतवादी पूँजीवादी व्यवस्था के हित में है। और जिन संस्कारों की ओर संकेत किया गया है वे मुख्यतः सामंती और पूँजीवादी संस्कार हैं। इस तरह की शिक्षा और संस्कार मध्यमवर्गी व्यक्ति की सामाजिक स्थिति को जितना भी दृढ़ कर सकें, लेकिन इससे वह व्यक्ति जन-समुदाय से आगे हो जाता है—ऐसा कहना सर्वथा अमान्य है। मेरे निकट जनसमुदाय से आगे या पीछे होने का एक ही अर्थ हो सकता है—जनसमुदाय से यथार्थ-बोध की अधिक या कम क्षमता होना। किंतु किसी भी शिक्षित से शिक्षित, सुसंस्कृत से सुसंस्कृत व्यक्ति का अनुभव पूरे जनसमुदाय के अनुभव से अधिक विविध, परिपक्व या यथार्थपूर्ण होता है—यह मान्यता उपहासास्पद जान पड़ती है। वास्तव में यथार्थ का ज्ञान तथाकथित वर्ग-निरपेक्ष शिक्षा और संस्कार पर न निर्भर होकर इस बात पर निर्भर होता है कि कोई व्यक्ति जनसमुदाय के जीवन के कितना निकट है, उसके संघर्षों में कितनी रुचि या भाग लेता है। ऐसा व्यक्ति अपने यथार्थ-बोध के लिए अपनी 'आत्मिक सच्चाइयों से साक्षात्कार का हवाला' नहीं देता। वह हवाला देता है अपने युग की आत्मा का, उसमें अंकुरित नये तत्त्वों का, उसकी विकासशील प्रवृत्तियों का और उन प्रवृत्तियों की उन्नायक शक्तियों का। श्री भारती कहते हैं : 'ऐसे भी क्षण होते हैं जब हमें यह लगता है कि यह सब जो बाहर का उद्वेग है—महत्त्व उसका नहीं है—महत्त्व उसका है जो हमारे अंदर साक्षात्कृत होता है—चरम तन्मयता का क्षण जो एक स्तर पर सारे बाह्य इतिहास

की प्रक्रिया से ज्यादा मूल्यवान सिद्ध हुआ है।' (कनुप्रिया, भूमिका, पृ. 6)

'आत्मिक सच्चाइयों से साक्षात्कार का हवाला' उसी हद तक सार्थक या मान्य है जिस हद तक वह यथार्थ, वस्तुगत सत्य पर आधारित है, उसकी कसौटी पर खरा उतरता है। व्यक्ति और व्यापक सामाजिक जीवन में अंतराल तभी पैदा होता है जब व्यक्ति 'आत्मिक सच्चाइयों से साक्षात्कार' के नाम पर यथार्थ को, इतिहास की प्रक्रिया को झुठलाने का प्रयत्न करने लगता है।

मैं इससे असहमत हूँ कि 'सच्चे यथार्थवादी लेखक के लिए यह अंतराल ही वास्तविक जीवन संदर्भ है।' यहाँ मैं एक संभावित भ्रम का निवारण कर दूँ। यदि कोई मेरे वक्तव्य का अर्थ यह लगाए कि मैं किसी साहित्यकार के जीवन-दर्शन और जीवन को प्रतिबिंबित करने वाली यथार्थवादी विधि को एक कर दे रहा हूँ तो यह गलत होगा। बहुत से साहित्यकार और कलाकार अपने भाव या अध्यात्मवादी दृष्टिकोणों के बावजूद जीवन को यथार्थवादी तरीके से प्रतिबिंबित करते हैं! अपनी दृष्टिकोणगत सीमाओं के कारण वे समस्याओं का वैज्ञानिक समाधान भले ही न प्रस्तुत कर सकें, लेकिन अपनी रचनाओं द्वारा सामाजिक अंतर्विरोधों के चित्र प्रस्तुत कर वे जनसमुदाय के यथार्थबोध को पैना करते हैं, अन्याय और शोषण के विरुद्ध असहमति और असंतोष का वातावरण पैदा करते हैं। सामाजिक विकास की दृष्टि से ऐसी रचनाओं का बड़ा महत्त्व है। उनके महत्त्व को न मानना कठमुल्लापन है। दोनों की दृष्टिकोणगत खामियों के बावजूद हमें ऐसे लेखकों में जो यथार्थ को प्रस्तुत करने का प्रयत्न करते हैं और जो यथार्थ को विकृत करने का प्रयत्न करते हैं, भेद करना चाहिए।

यह स्पष्ट है कि सामाजिक विकास के भिन्न स्तरों पर लेखक और यथार्थ-बोध के बीच के अंतराल की भिन्न स्थितियाँ होंगी। इसे मानने में कोई कठिनाई नहीं होनी चाहिए कि हर युग का अपना जीवन होता है, अपनी मान्यताएँ होती हैं और अपने साहित्यिक मापदंड होते हैं। लेकिन हर युग में यथार्थ-बोध की प्रक्रिया एक-सी नहीं हो सकती। पूँजीवादी समाज में यथार्थ-बोध की प्रक्रिया का जिक्र कर चुका हूँ। आलोचनात्मक यथार्थवाद के रास्ते पर चलनेवाले लेखक उसकी कुत्साओं का चित्र प्रस्तुत कर पाते हैं, लेकिन समाज में निर्वासित या कटे हुए व्यक्तियों की स्थिति से वे पूँजीवादी समाज के घटना-चक्रों के आपसी संबंधों को नहीं देख पाते। उनका यथार्थ-बोध उस हद तक सदोष रह जाता है। यह पूँजीवादी व्यवस्था की अराजकता का प्रतिफल है। समाजवादी समाज का लेखक मार्क्सवाद-लेनिनवाद के आधार पर घटनाओं और सामाजिक प्रक्रियाओं के आंतरिक संबंधों को समझ सकता है। इसलिए उसका यथार्थ-बोध अधिक गहन होता है। समाज में एक सक्रिय नागरिक की भाँति वह रचनात्मक शक्तियों को पहचानता है, उनका पक्षधर होता है, निषेध से अधिक बल सकारात्मक स्वर देता है। पूँजीवादी समाज में लेखक सकारात्मक तत्त्व या तो अपने नायक के व्यक्तिगत शौर्य में देखता है या समाज के अपने काल्पनिक चित्रों

में। आलोचनात्मक यथार्थवाद में यथार्थ और आदर्श दो न मिल सकने वाले ध्रुवांतों की तरह होते हैं जबकि समाजवादी यथार्थवाद व्यवहार के आधार पर उन्हें समन्वित कर सकता है। इस तरह सामाजिक विकास के दो स्तरों पर अस्तित्व में आनेवाले आलोचनात्मक यथार्थवाद और समाजवादी यथार्थवाद में केवल मात्रा का नहीं बल्कि गुण का भेद है। इसीलिए यथार्थ की स्थितियों के बोध को देश काल से विच्छिन्न कर विवेचित नहीं किया जा सकता। इससे यह निष्कर्ष निकलता है कि नयी परिस्थिति में यथार्थ की नयी व्याख्या की जरूरत पड़ती है।

मैं इसे उदाहरण देकर स्पष्ट करना चाहूँगा। आज संसार में पूँजीवादी व्यवस्था का बोलबाला खत्म हो चुका है, इतिहास के परिप्रेक्ष्य में समाजवादी व्यवस्था उससे अधिक सशक्त और निर्णायक भूमिका संपन्न कर रही है। रूस में अक्तूबर क्रांति के पहले गोर्की ने मजदूर-वर्ग के संघर्षों से प्रेरणा ग्रहण कर, उसकी क्रांतिकारी भूमिका को आत्मसात कर, समाजवादी यथार्थवाद का प्रणयन किया था। समाजवादी क्रांति के पश्चात् समाजवादी यथार्थवाद और भी विविधतायुक्त और प्रौढ़ हुआ। उसने मजदूर वर्ग को मुख्य रूप से विध्वंसात्मक नहीं बल्कि रचनात्मक शक्ति का बोध कराया। उसने निराशा की जगह आशावादी दर्शन को पुष्ट किया। रूसी क्रांति के बाद पूर्वी योरप, चीन, एशिया के अन्य देशों और क्यूबा में समाजवादी व्यवस्था की स्थापना हुई है। इसका व्यापक प्रभाव पूँजीवादी व्यवस्था के भीतर रहने वाले और एशिया, अफ्रीका और दक्षिण अमरीका के बुद्धिजीवियों, साहित्यकारों और कलाकारों पर भी पड़ा है। आज पूँजीवादी व्यवस्था के अंतर्विरोधों का अंत समाजवादी व्यवस्था की स्थापना के द्वारा संभव है। इस प्रकार आलोचनात्मक यथार्थवाद महत्त्वपूर्ण होते हुए भी आज के यथार्थ-बोध के लिए अपर्याप्त है। जैसाकि सार्त्र ने कहा है : 'मैं मानता हूँ उपन्यास के लिए हर शताब्दी में केवल एक ही वर्ण्य-विषय होता है...हमारी शताब्दी का वर्ण्य-विषय समाजवाद की अभिव्यक्ति है।'

इस दृष्टि से देखा जाए तो वर्तमान काल में हिंदी के अनेक आधुनिकतावादी साहित्यिक आंदोलन जो यथार्थ के नाम पर व्यक्ति-विद्रोह, निराशा, मृत्यु, ऐंद्रिय बुभुक्षा, निर्वासन या अजनबीपन इत्यादि पर जोर दे रहे हैं वास्तव में यथार्थ-विरोधी हैं। इसी तरह सुमित्रानंदन पंत जैसे अनेक मानवतावादी लेखकों का महत्त्व होते हुए भी यह कहना जरूरी है कि आज की यथार्थ-स्थितियों में केवल मानवतावाद अपर्याप्त है। आज के यथार्थ-बोध का सीधा लगाव उन जन-संघर्षों से होना चाहिए जो हमारे देश में सामंती और पूँजीवादी व्यवस्था को खत्म कर एक नयी जनवादी व्यवस्था की स्थापना के लिए द्वार खोल रहे हैं। यथार्थ-विरोधी प्रवृत्तियों के विरुद्ध संघर्ष को तेज करना और अंत में उन्हें पराजित करना—मेरी दृष्टि में हमारे देश के प्रगतिशील लेखकों का यही मुख्य ऐतिहासिक कर्तव्य है।

• **स्वाधीनता '67**

साहित्यिक संकट का नारा

इधर कुछ दिनों से अनेक पत्रिकाओं ने हिंदी साहित्य के गतिरोध पर लिखा है। 'चेतना' ने अपने हाल के विशेषांक में बाबू गुलाबराय और उदयशंकर भट्ट की रायों को इस संबंध में उद्धृत किया है। बाबू गुलाबराय ने 'साहित्य-संदेश' के जुलाई 1949 के अंक में अपने संपादकीय में इस गत्यवरोध को इन शब्दों में प्रकट किया है : 'यह कहा जा सकता है कि साहित्यकार या तो साहित्यिक वादों की परंपरा में जकड़ा रहा है या अपने क्षेत्र से बाहर के दर्शन उसे नहीं हुए, तभी वह मंथर गति से आनेवाली निश्चित भारतीय स्वतंत्रता की अनुभूति नहीं कर पाया, परिणामतः उसके स्वर में सब कुछ वही प्राचीन है। नयी आस्था से जीवन की जगमगाहट कुछ-कुछ पंत में अवश्य दीखी है, पर वह इतनी निजी हो गई है कि विश्व की इस महान् भारतीय क्रांति की वाणी नहीं बन सकी है।' श्री उदयशंकर भट्ट ने लिखा है कि समय-समय पर साहित्य की गति रुक जाती है और उसमें अंधकार-युग आ जाया करता है। वैसी ही परिस्थिति साहित्य में इस समय आ गई है। उन्होंने 'नया समाज' के अगस्त 1949 के अंक में लिखा है–'इधर कुछ समय से सुनाई दे रहा है कि हिंदी साहित्य में स्थिरता (stagnation)-सी उत्पन्न हो गई है। सारा साहित्य-प्रणयन पिष्टपेषित, ठंडा और बासी-सा हो गया है। न कविता में नवीनता है, न नाटकों में ओज, न कहानी में प्रांजलता है, न उपन्यास में दृष्टि-वैविध्य। हमारा दृष्टि-प्रसार जैसे भूत को ही देखता है; भविष्य के प्रति वह अक्षम रहा है।'

जिस सांस्कृतिक संकट का नारा हिंदी में उठाया गया है, वह कुछ हिंदुस्तान तक ही सीमित नहीं। यह नारा लगभग सभी पूँजीवादी देशों में जोरों के साथ उठाया गया है; और यह नारा कुछ खास भौतिक परिस्थितियों में पैदा हुआ है। पूँजीवाद कुछ समय तक एक प्रगतिशील भूमिका में काम करता है। वह भूमिका ही सामंतयुग में धार्मिक और सामंती व्यवस्था में जकड़े हुए दासों को मुक्ति दिलाती है और उन्हें अपने परिश्रम को बेचने की व्यक्तिगत स्वतंत्रता मिलती है। सामंत और उसके दासों के बीच के सामाजिक ढाँचे के टूटने के साथ ही साथ अनेक सांस्कृतिक रूढ़ियों का

ढाँचा भी छिन्न-भिन्न हो जाता है और व्यक्ति अपनी स्वतंत्रता का उपयोग जोश के साथ करने लगता है। पूँजीवाद देश में औद्योगिक विकास करता है और जनसमुदाय पहले से कहीं अधिक अब उत्पादन के पिछड़े हुए साधनों को छोड़कर, प्रकृति के दास के स्थान पर धीरे-धीरे उसका स्वामी बनने लगता है। इस सारी प्रगति का एक सांस्कृतिक पहलू भी होता है—साहित्य और कला में एक मुक्त व्यक्तित्व की अभिव्यक्ति होती है, विजय की भावना होती है और स्फूर्ति और जीवन का आभास मिलता है। ऐसा साहित्य और ऐसी कला प्रगतिशील होती है। लेकिन एक ऐसी भी स्थिति आती है जब पूँजीवाद सांस्कृतिक ह्रास की चरम सीमा और संकट उपस्थित कर देता है। पूँजीवाद के विकास का अनिवार्य नियम है कि उत्पादन के साधन धीरे-धीरे कम से और भी कम हाथों में केंद्रित होते जाते हैं और समाज के बीच वर्गों के अनेक उप-विभाजन दूर होकर केवल दो वर्ग रह जाते हैं—शोषकों और शोषितों के। आर्थिक शोषण की जंजीरें और भी कड़ी होती जाती हैं और कुछ गिने हुए शोषकों के विरुद्ध समाज का अधिकांश भाग आवाज उठाने लगता है और संघर्ष करता है। ऐसे समय में जीवन का भी विभाजन हो जाता है—एक ओर वह जीवन होता है जो समाज का खून पीकर और भी ज्यादा खून की माँग करता है, जिसमें स्वार्थ, कुरूपता, लोभ, क्रूरता, घृणा इत्यादि के अतिरिक्त कुछ नहीं होता है और दूसरी ओर होता है वह जीवन जो सारी कुरूपताओं से भरी परिस्थिति से संघर्ष करता है और एक नयी चेतना के आधार पर न्यायपूर्ण समाज का निर्माण करना चाहता है, जिसे भविष्य का पथ आशापूर्ण दिखलाई पड़ता है और कुरूपता केवल एक बीत जानेवाला दुःस्वप्न। इसी को अगर सरदार जाफरी के शब्दों में कहें तो 'एक तरफ मौत है एक तरफ जिंदगी'। पूँजीवाद के ह्रास (decadence) की संस्कृति का जीवन जीवन नहीं वरन् मृत्यु है।

इस संघर्ष में लेखकों के भी दो दल होते हैं। एक दल वह होता है जो पूँजीवादी संस्कृति की ह्रासशील प्रवृत्तियों पर पर्दा डालता है या उन्हें गौरवपूर्ण बतलाता है। यह दल राजनीति की अत्यंत प्रतिक्रियावादी पार्टियों से समझौता कर उनके हर एक काम का समर्थन करता है। साहित्यिकों के इस दल के सामने संघर्ष के साहित्य का कोई महत्त्व नहीं होता और ऐसे साहित्य के बड़े-से-बड़े निर्माताओं को प्रतिक्रिया के साहित्यिकों का दल उपेक्षा की दृष्टि से देखता है और स्वयं पूँजीवाद की जड़ों को मजबूत करनेवाले साहित्यिकों को, चाहे वे बिलकुल टुट-पुँजिये हों, आसमान पर उछालता है। यह प्रवृत्ति अमरीका, इंगलैंड, फ्रांस और पूँजीवादी अनेक देशों के साहित्य के विषय में सच है और वही प्रवृत्ति हमें हिंदी-साहित्य में भी दिखलाई पड़ रही है।

आखिर ये साहित्यिक जिन्हें हिंदी में गत्यवरोध दिखलाई पड़ता है, किस चीज के प्रतिनिधि हैं? बाबू गुलाबराय पक्के पुनरुत्थानवादी आलोचकों में हैं और जब वे साहित्यिक वादों की परंपरा में जकड़े रहने की बात उठाते हैं तो निश्चय ही उनका संकेत आज के प्रगतिशील साहित्यिकों की ओर है। वे आज की भारतीय स्वतंत्रता

को असली स्वतंत्रता मानने का फतवा जारी करते हैं और उनकी यह शिकायत है कि आज के साहित्यिक इस स्वतंत्रता की तारीफ में राग नहीं अलापते। इस स्वतंत्रता को जिसमें शोषण का अधिकार अंग्रेजी अभिजात-वर्ग के हाथों से निकलकर हिंदुस्तानी अभिजात-वर्ग के हाथों चला आया है वे 'विश्व की एक महान् क्रांति' मानते हैं और 'पंत' को, जो 'प्रभु के द्वार' को संसार के सारे दुःख-दर्द की एकमात्र औषधि समझते हैं और जो, डॉक्टर रामविलास शर्मा के शब्दों में, एक काँख के नीचे धर्मशास्त्र की पुस्तक और दूसरी काँख के नीचे कामसूत्र लिए फिरते हैं, जो शोषण के केंद्र राजभवन को सांस्कृतिक केंद्र मानते हैं, यह कहकर उछालने की कोशिश करते हैं कि 'नयी आस्था से जीवन की जगमगाहट कुछ-कुछ पंत में अवश्य दीखी है।' साथ ही बड़ी ही गूढ़ शैली में, किंतु कांग्रेस के राजनीतिक नेताओं की नक़ल करते हुए, कहते हैं कि आज के साहित्यिक को 'यहाँ के आंतरिक और बाह्य ख़तरों से भी सुपरिचित होना चाहिए'। ज़ाहिर है, श्री गुलाबराय कैसा साहित्य चाहते हैं। ऊपर से तो वे प्राचीनता का खंडन करते हैं परंतु वास्तव में वे ऐसा साहित्य चाहते हैं जो हर तरह प्राचीन, सामाजिक, राजनीतिक और आर्थिक ढाँचे का स्तंभ बने। यह नहीं कि ऐसा साहित्य हिंदी में नहीं लिखा जा रहा। आख़िर पंत, अज्ञेय, भगवतीचरण वर्मा, जैनेन्द्र इत्यादि कर क्या रहे हैं? लेकिन जो चीज उनकी क़लम से निकलती है वह मौत-सी कुछ ऐसी पीली-पीली दीख पड़ती है कि उसके बड़े-से-बड़े समर्थक आलोचकों की यह हिम्मत नहीं पड़ती कि उसे जीवित साहित्य कह सकें। इस प्रकार के साहित्य के लिखनेवालों में से अनेक तो अपने नैतिक पतन को स्पष्ट शब्दों में व्यक्त करने में भी कुछ शरमाते नहीं और अपने को 'रिरियाता कुत्ता' या खंडहर का रहनेवाला इत्यादि संबोधन देते हैं। ये साहित्यिक जीवन के प्रगतिशील बहाव से दूर हट गए हैं और इसलिए उनके साहित्य में केवल सड़ाँध ही सड़ाँध है।

श्री उदयशंकर भट्ट तो मानो इस साहित्यिक संकट को प्रकृति की कोई रहस्यमयी प्रक्रिया मानते हों। उनका कहना है कि रह-रहकर साहित्य में अंधकार-युग आया करता है और आज हम उसी को हिंदी-साहित्य में देख रहे हैं। यह दृष्टिकोण कोई घोर आदर्शवादी आलोचक ही रख सकता है क्योंकि आदर्शवादी दर्शन में तो चीज़ों और प्रक्रियाओं को उनकी भौतिक परिस्थितियों से अलग कर शाश्वत दृष्टि से देखा जाता है। क्या साहित्य और युग में कोई संबंध नहीं? इस बात का 'हाँ' में जवाब देनेवाले आज बहुत कम लोग रह गए हैं। तो फिर क्या हमारा आज का युग अंधकार-युग है जिसका साहित्य पिष्टपेषित, ठंडा और बासी-सा हो गया है? आज का महान् संघर्षों का युग, आज का युग जबकि पूँजीवाद अपने जीवन की अंतिम साँसें गिन रहा है, जबकि आज तक के सोए हुए लोगों की आँखों में एक नयी दुनिया का सपना जाग उठा है जिसमें सुख, शांति, न्याय और सामाजिक समता द्वारा एक नये मानववाद का जन्म होगा—ऐसे युग को अंधकार का युग कहनेवाले एक विशेष मनोवृत्ति का

परिचय देते हैं। यह मनोवृत्ति यह स्पष्ट कर देती है कि उन्होंने पूँजीवादी व्यवस्था से अपने को एक कर दिया है और पूँजीवाद के हर एक गढ़ के ढहने से स्वयं उनकी मानसिक और सांस्कृतिक नींवें हिल उठी हैं। वास्तव में आज का युग अंधकार-युग नहीं कहा जा सकता। आगे आनेवाले इतिहासकार इस युग को स्वर्ण-युग की भूमिका कहेंगे। कोई कारण नहीं कि आज का साहित्य भी उस स्वर्ण-युग की भूमिका के अनुरूप ही न हो। आखिर साहित्य में संकट का नारा उठानेवालों के लिए श्री उदयशंकर भट्ट ने सही स्थान पर उँगली रखी है जब वे कहते हैं—'हमारा दृष्टि-प्रसार जैसे भूत को ही देखता है; भविष्य के प्रति वह अक्षम रहा है।' यह अक्षमता कोई रहस्य की वस्तु नहीं। इस अक्षमता का कारण यह है कि पूँजीवाद के समर्थकों का आगे की ओर देखने का साहस नहीं होता क्योंकि आगे की ओर उन्हें अपने वर्ग-स्वार्थों का अंत दीखता है। आगे उन्हें अपनी मौत के सिवा कुछ नहीं दिखलाई पड़ता। इसीलिए उनका साहित्य निराशा से भरा हुआ है, उसमें विचारों और आदर्शों का खोखलापन है, उसमें अनास्था का स्वर और दिशाहीनता है। हिंदी-साहित्य में प्रेमचंद ने जिस परंपरा को शुरू किया था उस परंपरा की ओर से उन्होंने मुँह मोड़ लिया है क्योंकि वह परंपरा एक क्रांतिकारी परंपरा थी और इन साहित्यिकों का सबसे बड़ा हौवा क्रांति ही है। इन साहित्यिकों ने हिंदी की एक शानदार परंपरा के प्रति गद्दारी की है और उस गद्दारी का नतीज़ा उन्हें साहित्यिक मृत्यु के रूप में मिला है। वे भूत को देखते हैं लेकिन उनका भूत अपनी क्रांतिकारी परंपराओं से अलग जाकर गिरा हुआ है। उन्होंने साहित्य को जीवन से दूर किया है और यह अभिशाप बनकर उनके साहित्य पर छा गया है।

साहित्यिक संकट का नारा उठानेवाले उधर नहीं देखते जिधर इस समय साहित्य में जिंदगी केवल मौजूद ही नहीं है वरन् जहाँ जिंदगी में एक उफान-सा है। वह साहित्य संघर्ष का साहित्य है और उस साहित्य को पार्टीजन साहित्य कहकर प्रतिक्रिया के साहित्यिक रद्दी की टोकरी में फेंक देना चाहते हैं। यह सच है कि इस संघर्ष में साहित्य में अभी काफी सुघरता आनी है, उसमें काफी काट-छाँट करनी है और उसमें ऊबड़-खाबड़पन को दूर करना है, लेकिन उससे भी कहीं अधिक सच, उससे भी कहीं अधिक महत्त्वपूर्ण यह है कि यह संघर्ष का साहित्य जीवित है, उसकी रगों में खून है, उसमें हड्डी और मांस है, उसमें धड़कन और साँसें हैं। उसमें पूँजीवादी शोषण को चुनौती देने की क्षमता है और वह उसे ज़ोर की ठोकरें लगा सकता है। वह अन्याय और कुरूपता का दुश्मन है और नये सपनों से भरी हुई जिंदगी के संघर्ष में वह लगा हुआ है। उसमें जवानी का उभार है। बिना सँवार के भी वह सुंदर है क्योंकि उसके स्नायु गठे हुए हैं और उसमें तेज का प्रवाह है। वह अपने देश के पूँजीपतियों और अन्य अभिजात-वर्गवालों तथा अमरीका और इंगलैंड में बैठे उनके आकाओं का सामना डटकर कर रहा है। और यही संघर्ष का साहित्य आज सौंदर्य

का साहित्य बन गया है क्योंकि उसके संघर्ष का प्राण सौंदर्य है, सौंदर्य ही इसकी उत्तेजना है। श्री सुमित्रानंदन पंत ने 'स्वर्ण-किरण' में 'लोक सत्य' शीर्षक कविता में लिखा है—'पिघला देगी लौह-मुष्टि को आत्मा की कोमलता।' (पृ. 13) पंतजी जैसे व्यक्ति की समझ में यह बात शायद आ ही नहीं सकती कि लौह-मुष्टि के पीछे कौन-सी कोमल भावना—एक नये मानववाद की कोमल और सुंदर-भावना—क्रियाशील है। उनकी समझ में कोमलता निष्क्रियता का एक अनिवार्य अंग है और संघर्ष की जिंदगी से दूर रहे बिना जीवन में कोमलता, स्निग्धता नहीं आ सकती। उन जैसे व्यक्तियों के लिए स्वप्न और सत्य, कोमलता और संघर्ष में कोई सामीप्य संभव नहीं। इस तरह का भ्रम अनेक साहित्यिकी में फैला हुआ है और यह अच्छा होता यदि वे सोवियत जीवन और साहित्य के विषय में कुछ जानकारी रखते—अधिक नहीं तो सिर्फ उतने समय के जीवन और साहित्य की जितने समय सोवियत संघ नात्सियों की बर्बरता से मुकाबिला करने में लगा था और उसे परास्त कर रहा था। उससे महान् संघर्ष और क्या हो सकता था और उस संघर्ष के बीच सोवियत साहित्य में जीवन का सौंदर्य जितना उभरकर हमारी आँखों के सामने आता है उससे अधिक उभरकर और वह क्या आता? सोवियत के लोग उतने ही जोरों से संघर्ष करते थे जितने जोरों से उनमें सौंदर्य की अनुभूति थी; उनके घूँसे उतने ही कसकर बँधते और दुश्मन के सीने पर पड़ते थे जितना अधिक प्रेम उन्हें जीवन के स्निग्ध और कोमल पक्षों से था। फादयेव के प्रसिद्ध उपन्यास 'द यंग गार्ड' में ओलेग के सामने सबसे नयी पीढ़ी के बालक खड़े हैं और उसमें से एक का चित्र फादयेव के शब्दों में यह है—'उसने अपने सामने नयी, सबसे छोटी पीढ़ी का किशोर खड़ा देखा। उसकी आकृति में परस्पर अत्यंत विरोधपूर्ण जान पड़नेवाली विशेषताएँ आभासित थीं—स्वप्न का कुहासा और सक्रियता, कल्पना की ऊँची उड़ान और चीजों को अमल में लाने की सहज बुद्धि, स्नेह, दया और निर्ममता, उदार अनुभूति और योजना की शांत बुद्धि, जिंदगी के आनंदों के लिए तीव्र प्यास और आत्म-निग्रह। और ऊपर से परस्पर-विरोधिनी दिखलाई पड़नेवाली इन विशेषताओं में इस 'पीढ़ी का एक अद्वितीय चित्र था।' एक रूसी आलोचक के ही शब्दों में ऐसे व्यक्तित्व में नीति और सौंदर्य एक हो गए हैं।

स्पष्ट है, यह साहित्यिक संकट सिर्फ उन लोगों के लिए है जो एक ऐसे वर्ग के समर्थन में लिखते रहे हैं जिसमें प्रगतिशीलता का कोई चिह्न नहीं रह गया है और जो आज अपने स्वार्थ और शोषण की कुत्सित इच्छाओं के कारण कुरूपता का प्रतीक बन गया है। आज भी कुछ साहित्यिक उसी वर्ग के साथ चिपके हुए हैं और उसके फलस्वरूप उनके साहित्य में वही चीजें आ गई हैं जिन चीजों से उस वर्ग की मानसिक भूमि तैयार हुई है। ऐसे साहित्य में हम जीवन के प्रति 'सिनिसिज्म' पाते हैं, उसमें मानव होना ही जैसे पशुता का प्रतीक होना है, उसमें भाँति-भाँति के यौन-आकर्षणों की भरमार है, कभी वह धर्म की शरण जाता है तो कभी अनेक अन्य प्रतिक्रियावादी

सिद्धांतों की शरण। यही साहित्य समन्वय पर भी जोर देता है क्योंकि समन्वय के द्वारा ही कुछ समय के लिए वह वर्ग-स्वार्थ की रक्षा कर सकता है। लेकिन इस सारे साहित्य में एक चीज़ हर जगह होती है—वह है किसी महान् विश्वास, महान् नैतिकता या आस्था की कमी। और आज तक कोई ऐसा साहित्य नहीं रचा गया है जो इन चीजों के न होते हुए भी महान् साहित्य की कोटि में आ गया हो। हिंदी के जो साहित्यिक इस संकट की आवाज़ उठाते हैं इसी चीज को खो बैठे हैं।

दूसरी ओर आज का प्रगतिशील साहित्य है जो महान् नैतिकता और आस्था से प्रेरित है, जो सौंदर्य और स्वप्नों के निर्माण के लिए संघर्ष कर रहा है। उसने हिंदी-साहित्य की क्रांतिकारी परंपरा को जारी रखा है और आज की समस्याओं का क्रांतिकारी सुझाव पेश कर रहा है। वह जीवन में सर्वव्यापी सौंदर्य का प्यासा है और इसलिए उसकी वह आवाज़ भी, जो ज्वालामुखी की आँच लिए निकलती है, सौंदर्य और स्निग्धता से भरी हुई आवाज है। उसी के हाथों में आज संस्कृति का झंडा है और वही उसकी रक्षा के लिए अभियान पर है। इसलिए हिंदी-साहित्य में संकट का नारा एक झूठा और अर्थहीन नारा है। संकट केवल उसके उस अंग पर है जो सड़ गया है और यह अच्छा होगा कि वह जल्द से जल्द काटकर अलग कर दिया जाए।

• **हंस, मासिक, इलाहाबाद, वर्ष 20, अंक 4, जनवरी 1950**

लेखक की स्वतंत्रता और मार्क्सवाद

एक

'आलोचना' के 'स्वातंत्र्योत्तर हिंदी साहित्य' विशेषांक में 'लेखक और व्यक्ति-स्वातंत्र्य' शीर्षक से डॉ. रामविलास शर्मा का एक लेख छपा है। विषय काफी पुराना है और डॉ. शर्मा ने इस पर पहले भी लिखा है। लेकिन यह असंभव है कि डॉ. शर्मा कुछ लिखें और उसमें प्रीतिकर या अप्रीतिकर आश्चर्य की सामग्री न हो। विशेष रूप से यह बात उनके उन लेखों पर लागू है जो अंतर्राष्ट्रीय कम्युनिस्ट आंदोलन में मार्क्सवादी सिद्धांत और व्यवहार के संबंध में छिड़ी हुई बहस के बाद लिखे गए हैं। 'लेखक और व्यक्ति-स्वातंत्र्य' उसका अपवाद नहीं।

लेख में यवनिका उठते ही यह वाक्य है : "विचार स्वाधीनता, लेखक को अपनी बात कहने की स्वाधीनता, व्यक्ति की स्वाधीनता, जनता को भाषण, संगठन, प्रदर्शन और सरकार के प्रतिरोध की स्वाधीनता—इस तरह की स्वाधीनता का सवाल सामने आते ही ज्यादातर पढ़े-लिखे लोगों की आँखों के आगे सोवियत समाज का नजारा घूम जाता है।" इस 'नजारा' के साथ ही लेख का सूत्र प्रसिद्ध मार्क्सवादी आलोचक डॉ. रामविलास शर्मा के हाथों से निकलकर एक ऐसे व्यक्ति के हाथों चला जाता है जिसकी मनःस्थिति उस धर्म-भीरु व्यक्ति की है जिससे अनजाने गो-हत्या हो गई हो और जो अत्यंत शोक-संतप्त और प्रायश्चित्त-प्रणत होकर पंचगव्य सेवन करने के लिए तैयार हो।

यह खतरनाक मनःस्थिति है, जिसमें आस्था की जगह द्विधा, सत्य और स्पष्ट बात कहने की जगह 'नरो-वा-कुंजरो-वा' जैसे धर्मराजवाद और सिद्धांत की दृढ़ता की जगह अवसरवादिता को पनपने का मौका मिलता है।

मिसाल के तौर पर डॉ. शर्मा के ये वाक्य लीजिए : "लेनिन ने कहा था कि लेखक को सर्वहारा वर्ग का साथ देना चाहिए और पार्टी के अनुशासन में काम करना चाहिए। स्तालिन के समय में लेखक को समाजवादी व्यवस्था के गुणगान के लिए

विवश किया गया, शासन की कैसी भी आलोचना करने पर पाबंदी लगा दी गई, लोगों को जेल भी भेजा गया, यातनाएँ दी गईं। ख्रुश्चेव के समय में थोड़ी-सी उदारता आई लेकिन जब-तब वह भी कलाकारों और साहित्यकारों को डाँट-फटकार दिया करते थे। लगता है कि समाजवादी व्यवस्था में लेखक को व्यक्तिगत विचार प्रकट करने की स्वाधीनता मिल ही नहीं सकती, वह एक विराट प्रचार-यंत्र का छोटा-सा पुर्जा बन कर रह जाएगा। इसलिए कुछ लोग समाजवाद शब्द को नाकाफी समझ कर उसके साथ एक विशेषण और जोड़ते हैं—जन-तांत्रिक।''

इस उद्धरण में कितनी राय डॉ. शर्मा की है और कितनी कुछ लोगों की, यह कहना बहुत मुश्किल है। डॉ. शर्मा के पाठक ऐसे परम तटस्थ चरित्रहीन और शाकाहारी वाक्यों के अभ्यस्त नहीं। लगता है डॉ. शर्मा उन निरीह जीवों को बड़ी सद्भावना के साथ समझने के लिए प्रयत्नशील हैं जो स्तालिन और ख्रुश्चेव की गलतियों की जड़ में लेखकों के कर्तव्य के बारे में लेनिन के विचार को देखते हैं। उनके पूरे लेख का केंद्रीय भाव यही है कि साहित्य और कला के बारे में सोवियत संघ की कम्युनिस्ट पार्टी का कोई खास रवैया या कदम ही नहीं गलत था, बल्कि किसी भी प्रकार का हस्तक्षेप ही गलत था।

सोवियत संघ की कम्युनिस्ट पार्टी से इंसाफ बरतने के ख्याल से डॉ. शर्मा ने उन परिस्थितियों का भी जिक्र किया है जिनमें ये गलतियाँ संभव हुईं। त्रात्स्कीवादियों का यह प्रचार कि एक देश में, इसलिए सोवियत संघ में समाजवाद का निर्माण हो ही नहीं सकता, उनकी ध्वंसात्मक कार्यवाहियाँ, सोवियत संघ के चारों ओर पूँजीवाद का जबर्दस्त घेरा, सोवियत संघ में साम्राज्यवादियों की सशस्त्र दखलंदाजी, सोवियत संघ का औद्योगिक रूप से अविकसित होना और गृह-युद्ध—''इन विशेष परिस्थितियों में सोवियत संघ की कम्युनिस्ट पार्टी ने स्तालिन के नेतृत्व में साहित्य-रचना पर और व्यक्ति-स्वाधीनता पर बहुत से प्रतिबंध लागू किए।''

लेकिन ''इतना सब होने पर भी सोवियत संघ में लेखकों पर जो प्रतिबंध लगाए गए,'' उन्हें डॉ. शर्मा 'न्यायपूर्ण' नहीं मानते।

डॉ. शर्मा के अनुसार, ''इन प्रतिबंधों को लागू करने, कायम रखने और उन्हें न्यायपूर्ण ठहराने में विशेष परिस्थितियों के अलावा कुछ सैद्धांतिक घपलेबाजी भी सहायक रही है। इस कारण मार्क्सवादी विचारक समय पर और सही ढंग से उसका विरोध नहीं कर पाए।''

भारत में आनेवाला समाजवाद 'बहुत-सी भ्रांतियों से बचा रहे,' इसलिए डॉ. शर्मा ने 'कुछ सैद्धांतिक समस्याओं' की भी चर्चा की है। डॉ. शर्मा के लेख की सारी घपलेबाजी के मूल में यही सैद्धांतिक चर्चा है जिसकी स्थापनाएँ शायद कुछ लोगों को बहुत नयी जान पड़ें, लेकिन जो लगभग अक्षरशः स्वनामधन्य काउत्स्की, लेनिन के शब्दों में 'गद्दार काउत्स्की', से उधार ली गई हैं।

इन स्थापनाओं को तोड़-फोड़ कर रखने के आरोप से बचने के लिए अच्छा होगा कि उन्हें उद्धृत कर दिया जाए। डॉ. शर्मा कहते हैं : ''मार्क्सवाद के अनुसार हर राज्यसत्तां वर्ग विशेष के शासन का साधन है। यह सिद्धांत सही है। पूँजीवादी समाज में राज्यसत्ता पूँजीपति वर्ग और उसके राजनीतिक प्रतिनिधियों के हाथ में रहती है। किंतु मार्क्सवादी लेखक यह भी कहते हैं कि राज्यसत्ता वर्ग विशेष की 'डिक्टेटरशिप' है। यह बात सही नहीं है। डिक्टेटरशिप एक विशेष प्रकार की शासन-पद्धति है। हर राज्यसत्ता वर्ग विशेष की डिक्टेटरशिप नहीं होती। हिटलर का शासन इजारेदार पूँजीपतियों की डिक्टेटरशिप था। चर्चिल पूँजीवादी जनतंत्र के नेता थे, पूँजीवादी डिक्टेटरशिप के नहीं। पूँजीपति यदि अपने वर्ग के भीतर जनतंत्र का आचरण करते हैं तो मजदूरों के लिए यह एक हद तक लाभकारी है। जब पूँजीपति अपने वर्ग के अंदर जनतंत्र खत्म कर देते हैं और निरंकुश राज्य-सत्ता कायम करते हैं, तो यह मजदूर वर्ग के लिए हानिकर होता है। इसीलिए हर मार्क्सवादी फासिस्टवाद के मुक़ाबले में पूँजीवादी जनतंत्र का समर्थन करता है। इस समर्थन का सैद्धांतिक आधार यही है कि पूँजीवादी राज्यसत्ता के फासिस्ट और गैर-फासिस्ट रूपों में बड़ा भेद है और दोनों ही समान रूप से डिक्टेटरशिप नहीं है।''

मार्क्सवादियों का राजसत्ता के बारे में डिक्टेटरशिप का सिद्धांत यदि गलत है तो उसकी घपलेबाजी के आगे 'कुछ' लगा देने से उसकी गंभीरता कम नहीं हो जाती। खतरा मार्क्सवादियों द्वारा इसे सही माने जाने का ही नहीं है। यह सिद्धांत सभी समाजवादी देशों में राजसत्ता का आधार है। यदि डिक्टेटरशिप का सिद्धांत गलत है तो इसका अर्थ यह हुआ कि समाजवादी देश जब तक इसका विसर्जन नहीं कर देते तब तक उनमें लेखकों और व्यक्तियों की स्वाधीनता की बात करना निरर्थक है। साम्राज्यवादी घेरेबंदी, उसके द्वारा क्रांति को कुचलने के लिए की गई खुली दखलंदाजी, प्रतिक्रियावादियों के तीव्र विरोध आदि की बातें यदि बिलकुल अप्रासंगिक नहीं तो बहुत हल्की तो जरूर ही पड़ जाती हैं। डॉ. शर्मा के काउत्स्कीवादी सिद्धांत को यदि उसके तर्कसम्मत निष्कर्ष तक पहुँचाया जाए तो उसका परिणाम पूरी समाजवादी व्यवस्था के प्रति नकारात्मक दृष्टिकोण के सिवा कुछ और नहीं हो सकता। डॉ. शर्मा की स्थापना मान लेने के बाद समाजवादी देशों के सामने मुख्य प्रश्न यह नहीं रह जाता कि राजसत्ता संबंधी अपने सही सिद्धांत के गलत व्यवहार से कैसे बचा जाए बल्कि यह कि इस सिद्धांत को जल्द-से-जल्द छोड़ दिया जाए।

राजसत्ता के बारे में डिक्टेटरशिप का मार्क्सवादी सिद्धांत मानव-समाज के विकास की ऐतिहासिक-भौतिकवादी छानबीन का फल है। एंगेल्स ने परिवार, निजी संपत्ति और राजसत्ता की उत्पत्ति में लिखा : ''राजसत्ता कोई ऐसी ताकत नहीं है जिसे समाज पर बाहर से लाद दिया गया हो और न वह नैतिक विचार की वास्तविकता या 'तर्क का प्रतिबिंब और उसकी वास्तविकता है' जैसाकि हेगेल ने बताया है। बल्कि

वह समाज के विकास की एक मंजिल पर पहुँचने पर उससे पैदा होने वाली चीज है, वह इस बात की स्वीकृति है कि यह समाज खुद अपने साथ ऐसे विरोध में फँस गया है जिससे उसका छुटकारा नहीं हो सकता, कि वह ऐसे अंतर्विरोधों से छलनी-छलनी हो गया है जिन्हें दूर करने में वह असमर्थ है। लेकिन इसलिए कि ये विरोध, विरोधी-आर्थिक हितों वाले वर्गों की निरर्थक लड़ाई में अपने को और समाज को भस्म न कर दें, एक ऐसी ताकत आवश्यक हो गई जो देखने में समाज के ऊपर हो और जो इस संघर्ष को मद्धिम बनाए, उसे 'व्यवस्था' की सीमाओं में रखे, और यह ताकत जो समाज से पैदा होती है, लेकिन जो अपने को उसके ऊपर रखती है और उससे अधिकाधिक अलग होती जाती है, राजसत्ता है।''

अपनी पुस्तक राजसत्ता और क्रांति में उपर्युक्त अंश को उद्धृत करते हुए लेनिन ने लिखा : ''राजसत्ता की ऐतिहासिक भूमिका और उसके अर्थ के सवाल के बारे में यह मार्क्सवाद के बुनियादी विचार को पूर्ण रूप से स्पष्ट कर देता है।''

इसी बुनियादी विचार के आधार पर मार्क्सवाद-लेनिनवाद राजसत्ता की विशेषताओं का अध्ययन करता है। समाज से ऊपर उठने, उससे अलगाव की स्थिति में रहने के बावजूद मार्क्स के अनुसार राजसत्ता वर्ग-शासन, वर्ग-उत्पीड़न का अस्त्र है।

राजसत्ता डिक्टेटरशिप नहीं है—इस निष्कर्ष पर पहुँचने के लिए डॉ. शर्मा ने जनतंत्र और डिक्टेटरशिप में काल्पनिक असंगति की स्थापना की है। काउत्स्की की ठीक इसी स्थापना को लेनिन ने अपनी पुस्तक सर्वहारा क्रांति और गद्दार काउत्स्की में 'सैद्धांतिक घपलेबाजी' कहा था। काउत्स्की के अनुसार ''डिक्टेटरशिप का अर्थ होता है जनतंत्र का अंत।'' अपनी पुस्तक में इसका उत्तर देते हुए लेनिन ने लिखा था : ''उदारपंथी स्वभावतः सामान्य रूप में 'जनतंत्र' की बात करता है, किंतु मार्क्सवादी यह पूछना नहीं भूलता : 'किस वर्ग के लिए?' '' उन्होंने आगे लिखा है ''काउत्स्की के उदारपंथी और असत्य कथन को मार्क्सवादी और सत्य कथन में बदलने के लिए यह कहना आवश्यक है : 'डिक्टेटरशिप का लाज़िमी तौर पर यह अर्थ नहीं है कि इससे उस वर्ग के लिए जनतंत्र का अंत हो जाता है जो दूसरे वर्गों पर अपनी डिक्टेटरशिप कायम रखता है, लेकिन निश्चित रूप से इसका यह अर्थ होता है कि इससे उस वर्ग के लिए जनतंत्र का अंत हो जाता है (या उस पर बहुत ठोस प्रतिबंध लग जाते हैं, जो उसके अंत का ही एक रूप है।) जिस पर या जिसके विरुद्ध वह डिक्टेटरशिप कायम रहती है।' ''

इस प्रकार मार्क्सवादी विचारधारा के अनुसार हर राज्यसत्ता वर्ग-स्वार्थ के धरातल पर डिक्टेटरशिप और जनतंत्र की संगति है, जिसमें शासक वर्ग अपने वर्ग के भीतर जनतंत्र का व्यवहार करता हुआ भी शासित वर्ग के विरुद्ध कानूनी प्रतिबंधों से मुक्त होकर बल-प्रयोग करता है। इस बल-प्रयोग की मात्रा आवश्यकतानुसार घटती-बढ़ती रहती है।

जहाँ तक चर्चिल या उससे भी आगे जनतांत्रिक समाजवादी लेबर पार्टी द्वारा शासित पूँजीवादी जनतंत्र का सवाल है, उसके बारे में लेनिन की राय यह है : " 'धन' की सर्वशक्तिमत्ता एक जनवादी गणतंत्र में ज्यादा कारगर इसीलिए होती है कि वह पूँजीवाद के निकम्मे राजनीतिक खोल पर निर्भर नहीं रहती। जनवादी गणतंत्र ही पूँजीवाद के लिए सर्वश्रेष्ठ राजनीतिक खोल है, और इसलिए इस सर्वश्रेष्ठ खोल पर एक बार अधिकार कर लेने के बाद...पूँजी अपनी ताकत को इतनी मजबूती से, इतनी दृढ़ता से जमा लेती है कि फिर उस पूँजीवादी जनवादी गणतंत्र में व्यक्तियों, संस्थाओं या पार्टियों की कोई भी अदला-बदली उस ताकत को नहीं हिला सकती।" (राजसत्ता और क्रांति) इस विषय में एंगेल्स को उद्धृत करते हुए लेनिन ने लिखा : "एंगेल्स इस बात पर बार-बार जोर देते हैं कि न केवल एक राजतंत्र के अंदर बल्कि जनवादी गणतंत्र के अंदर भी, राजसत्ता राजसत्ता ही रहती है, अर्थात् अपने अफसरों, 'समाज के सेवकों', अपनी संस्थाओं को समाज का स्वामी बना देने की उसकी बुनियादी विशेषता कायम रहती है।" (राजसत्ता और क्रांति)

इस प्रकार डॉ. शर्मा का यह कहना कि "चर्चिल पूँजीवादी जनतंत्र के नेता थे, पूँजीवादी डिक्टेटरशिप के नहीं" पूँजीवादी डिक्टेटरशिप को अलंकृत रूप में पेश करने के सिवा और कुछ नहीं।

ठीक काउत्स्की की भाँति डॉ. शर्मा ने कहा कि "डिक्टेटरशिप एक विशेष प्रकार की शासन-पद्धति है।" काउत्स्की को उत्तर देते हुए लेनिन ने लिखा था : "गड़बड़झाला सलाहकार महोदय, यह गड़बड़झाला है, शुद्ध गड़बड़झाला है। डिक्टेटरशिप 'शासन-पद्धति का विशेष रूप नहीं,' ऐसा कहना हास्यास्पद है।" (सर्वहारा क्रांति और गद्दार काउत्स्की) इस गड़बड़झाला में यह असलियत ओझल हो जाती है कि डिक्टेटरशिप 'शासन-पद्धति का विशेष रूप' नहीं, बल्कि हर राजसत्ता का मूल तत्त्व है। भेद डिक्टेटरशिप और जनतंत्र में नहीं, बल्कि पूँजीवादी डिक्टेटरशिप और सर्वहारा-डिक्टेटरशिप, पूँजीवादी जनतंत्र और सर्वहारा जनतंत्र में होता है। डिक्टेटरशिप और जनतंत्र शासन-पद्धति के विशेष रूप नहीं, बल्कि हर राजसत्ता की वस्तु हैं।

रूप और वस्तु की इस गड्डमगड्ड के बाद डॉ. शर्मा किसी भूलभुलैया में रास्ता टटोलते हुए व्यक्ति से जान पड़ते हैं। मार्क्सवादी राजसत्ता को वर्ग विशेष की डिक्टेटरशिप मानते हैं, पूँजीवादी जनतंत्र को पूँजीवादी डिक्टेटरशिप मानते हैं और फिर "फासिस्टवाद के मुकाबले में पूँजीवादी जनतंत्र का समर्थन" करते हैं। वैसे तो मार्क्सवादियों को नासमझ, दुरंगी चाल चलने वाले या दुचित्ते साबित कर देने के लिए काफी था। लेकिन नहीं डॉ. शर्मा उनके बचाव का रास्ता ढूँढ़ निकालते हैं और कहते हैं : "इस समर्थन का सैद्धांतिक आधार यही है कि पूँजीवादी राजसत्ता के फासिस्ट और गैर-फासिस्ट रूपों में बड़ा भेद है और दोनों ही समान रूप से (जोर मेरा) डिक्टेटरशिप नहीं हैं।" अगर 'समान रूप से डिक्टेटरशिप नहीं है' का अर्थ यह लिया

जा सके कि दोनों अ-समान रूप से डिक्टेटरशिप हैं, तब डॉ. शर्मा की बात मार्क्सवादियों को मान्य हो सकती है। लेकिन डॉ. शर्मा की राजसत्ता के बारे में जो स्थापना है उसे देखते हुए यह अर्थ संभाव्य नहीं जान पड़ता। तर्क की इस कूट-शैली को छोड़ कर लेनिन ने कहा था : "पूँजीवाद के अंतर्गत सर्वहारा वर्ग के लिए राजसत्ता के सबसे अच्छे रूप होने के कारण हम जनवादी गणतंत्र के पक्ष में हैं, लेकिन यह भूल जाने का हमें कोई हक नहीं है कि जनवादी से जनवादी पूँजीवादी गणतंत्र में भी जनता को मजूरी पर आधारित गुलामी करनी पड़ती है।" (राजसत्ता और क्रांति) दूसरे शब्दों में, हमें यह भूल जाने का कोई हक नहीं है कि पूँजीवादी राजसत्ता के फासिस्ट और गैर-फासिस्ट रूपों में बड़ा भेद होते हुए भी दोनों ही पूँजीवादी डिक्टेटरशिप हैं।

डॉ. शर्मा डिक्टेटरशिप के सिद्धांत के विरुद्ध इसलिए भी हैं कि उनके अनुसार इस सिद्धांत और व्यक्ति-पूजा में अनिवार्य संबंध है। उन्होंने लेखक और व्यक्ति-स्वातंत्र्य में लिखा है : "राज्यसत्ता पर श्रमिक जनता का अधिकार होगा। यह सिद्धांत सही है। राज्यसत्ता मजदूर वर्ग की 'डिक्टेटरशिप' होगी, यह सिद्धांत गलत है। पहले मजदूर-वर्ग की डिक्टेटरशिप, फिर मजदूर-वर्ग के क्रांतिकारी हिस्से की डिक्टेटरशिप, फिर कम्युनिस्ट पार्टी की डिक्टेटरशिप और अंत में पार्टी की केंद्रीय समिति और उसके नेताओं की डिक्टेटरशिप। इस प्रकार अंध व्यक्तिपूजा के लिए जमीन तैयार होती है।"

यह तर्क भी डॉ. शर्मा का अपना नहीं, बल्कि काउत्स्की का ही है। काउत्स्की ने डिक्टेटरशिप का एक अर्थ व्यक्तिगत डिक्टेटरशिप भी किया था। इसे लेनिन ने 'ऐतिहासिक झूठ' और 'व्याकरण की दृष्टि से अशुद्ध' कहा था। वर्ग की डिक्टेटरशिप की अनिवार्य परिणति व्यक्ति-पूजा नहीं है, चाहे वह पूँजीपतियों की हो या सर्वहारा की हो।

डॉ. शर्मा के बारे में अक्सर यह बात सच है कि वे आज जो बात कह रहे हैं उसे पिछले जमाने काट चुके हैं और अक्सर उनके आलोचक उनकी बातों का खंडन इसका सहारा लेकर करते हैं। इसे बहुत मुनासिब न समझ कर मैं स्तालिन और व्यक्ति-पूजा पर उनके द्वारा कुछ वर्ष पहले लिखे हुए लेख का जिक्र नहीं करूँगा। लेकिन डॉ. शर्मा को शायद अभी तक उन परिस्थितियों की याद है जिनमें व्यक्ति-पूजा का उदय संभव हुआ था, जिनमें स्तालिन के व्यक्तित्व के कुछ नकारात्मक पहलू उभरे थे और जिनमें सोवियत संघ की कम्युनिस्ट पार्टी उनको पहचाने या रोकने में चूक गई थी। लेकिन मजदूर वर्ग की डिक्टेटरशिप में ही एक लंबे अर्से तक स्तालिन ने सोवियत संघ की महान् सेवाएँ कीं और व्यक्ति-पूजा से बचे रहे। इसका अर्थ यह होता है कि मजदूर वर्ग की डिक्टेटरशिप का सिद्धांत अनिवार्यतः व्यक्ति-पूजा में नहीं परिणत होता, बल्कि उसका गलत व्यवहार ही व्यक्ति-पूजा में परिणत होता

है। और सभी समाजवादी देशों ने मजदूर वर्ग की डिक्टेटरशिप के रहते हुए ही उस व्यवहार को सही दिशा देने का प्रयत्न किया। लेकिन यह बात तभी बहस की बहती गंगा में हाथ धोते-धोते समझ में आ सकती है जब सिद्धांतों पर आदमी साम्राज्यवादी प्रचार की नदी में धँसकर गोते न लगाने लगे। उस गोते के बाद तो मार्क्सवादी आलोचक की आँखों के सामने भी सोवियत संघ का जो 'नजारा' आता है, वह कोएस्लर और आरवेल की आँखों के आगे आए नजारे से एक हद तक मिलता-जुलता है।

दो

'लेखक और व्यक्ति-स्वातंत्र्य' में डॉ. शर्मा ने राजसत्ता और सर्वहारा वर्ग की डिक्टेटरशिप के बारे में जो काउत्स्कीवादी स्थापनाएँ की हैं उनमें मार्क्सवाद के किसी मामूली पहलू के संशोधन नहीं, बल्कि मार्क्सवाद के आमूल संशोधन का प्रयत्न है। सर्वहारा वर्ग की डिक्टेटरशिप का सिद्धांत मार्क्सवाद की आत्मा है। इस संबंध में लेनिन ने लिखा है : ''मार्क्सवादी केवल वही है जो वर्ग-संघर्ष को मानने से आगे बढ़कर सर्वहारा वर्ग के अधिनायकत्व को मानता है। मार्क्सवादी और एक साधारण निम्न (और बड़े) पूँजीवादी के बीच सबसे गंभीर अंतर यही है। यही वह कसौटी है जिस पर मार्क्सवाद की वास्तविक समझ और मान्यता की परीक्षा की जानी चाहिए।'' (राजसत्ता और क्रांति)

लेनिन के इस कथन के संदर्भ में डॉ. शर्मा की स्थापना की प्रकृति, आशय और परिणाम के विषय में कोई भ्रम नहीं रह जाता। उन्होंने मजदूर वर्ग की डिक्टेटरशिप का जो नक्शा खींचा है, उसके संकुचित होते-होते अंध व्यक्ति-पूजा में परिणत होने की जो अनिवार्यता बतलाई है, उससे उनके लिए मार्क्सवाद-विरोधी हर्षपूर्ण करतलध्वनि करेंगे, इसमें संदेह नहीं। लेकिन क्या डॉ. शर्मा अब इस अवस्था को पहुँच गए हैं कि मार्क्सवाद के केंद्रीय सिद्धांत का खंडन करने के लिए उनके पास सिर्फ एक तर्क, कम्युनिस्ट आंदोलन का अल्पकालीन भटकाव, ही रह गया है? समाज के इतिहास में पहली बार सर्वहारा वर्ग राजसत्ता पर अधिकार कर अपनी डिक्टेटरशिप के द्वारा दूसरों को गुलाम बनाने की जगह एक जैसे समाज के लिए जमीन तैयार करता है जिसमें वर्ग-भेद मिट जाएँ, जिसमें ज़ोर-जुल्म की आवश्यकता न हो, जिसमें सब बराबर और स्वाधीन हों। राजसत्ता का स्वामी होते हुए भी वह अपनी डिक्टेटरशिप को संक्रमणशील मानता है, खुद ही उसे समाप्त करने की तैयारी करता है और वह दिन लाता है जब राजसत्ता की सारी दमनकारी संस्थाएँ पुरानी पड़ी केंचुल की भाँति अनावश्यक होकर समाज के शरीर से उतर जाती हैं। इसे ही लेनिन ने 'राजसत्ता का धीरे-धीरे विलुप्त हो जाना' कहा था। वहाँ न डिक्टेटरशिप रहती है और न जनतंत्र।

मजदूर वर्ग की डिक्टेटरशिप की यही अनिवार्य परिणति है, यही उसकी वस्तुनिष्ठ भूमिका है। विकास के इस साधारण नियम के विपरीत जो कुछ होता है यह मार्क्सवाद नहीं, बल्कि उसका कुत्सित, विकृत रूप है। उसे कुछ परिस्थितियों में संभव माना जा सकता है, लेकिन अनिवार्य नहीं। उसकी अनिवार्यता मान लेने के बाद कोई व्यक्ति मार्क्सवादी कहलाने का हकदार नहीं रह जाता।

मजदूर वर्ग की डिक्टेटरशिप की स्थापना और राजसत्ता के विलुप्त होने के बीच का समय व्यक्ति-स्वातंत्र्य के उत्तरोत्तर व्यापक विकास का समय है। मजदूर वर्ग की डिक्टेटरशिप अलादीन का चिराग नहीं है जो छू-मंतर कहते-कहते ऐसी भौतिक और नैतिक परिस्थितियाँ उपस्थित कर दे जिनमें स्वाधीनता, किसी अप्सरा की भाँति, सोलहो शृंगार किए, पृथ्वी पर उतर आए। डॉ. शर्मा ऐसे ही नयन-सुख के लिए बेचैन मार्क्सवादी बनते नजर आते हैं। लिखते हैं : "समाजवादी व्यवस्था में लेखक की स्वाधीनता पर प्रतिबंध लगना अनिवार्य नहीं है। जो प्रतिबंध लगाए गए, वे परिस्थितियों के कारण, अथवा समाजवाद की गलत समझ के कारण।" यहाँ डॉ. शर्मा जिस 'समाजवादी व्यवस्था' का जिक्र करते हैं, वह भाववादी (मेटाफिजिकल) कल्पना-मात्र है। जहाँ प्रतिबंध लगे, वह समाजवादी व्यवस्था, एक ठोस हकीकत थी। 'जो' प्रतिबंध लगे, वे गलत हो सकते थे, लेकिन 'जो' का अर्थ सभी नहीं होता। इसलिए कौन ठीक हो सकते थे, उनके नाम का नहीं तो कम-से-कम उनकी प्रकृति का कुछ जिक्र होना चाहिए था।

मजदूर वर्ग की डिक्टेटरशिप जनतंत्र का सबसे विकसित रूप है—यह न देख पाने के कारण डॉ. शर्मा का व्यक्ति-स्वातंत्र्य संबंधी तर्क एलिस के अद्‌भुत-लोक की तरह 'अद्‌भुत-तर और अद्‌भुत-तर' होता जाता है। एक ओर डॉ. शर्मा कहते हैं : "सोवियत-संघ का लेखक-समुदाय सामाजिक उद्‌भव की दृष्टि से हर पूँजीवादी देश के लेखक-समुदाय से मूलतः भिन्न है। वहाँ के अधिकांश लेखक श्रमिक-वर्गों से उत्पन्न हुए हैं। इतना ही नहीं, काफी संख्या ऐसे लेखकों की भी है जो उत्पादन के विभिन्न क्षेत्रों में काम करते हैं, साथ ही साहित्य-रचना भी करते हैं। साहित्य और कला पर उच्चवर्णों या धनी वर्गों का इजारा नहीं है। साहित्य मंदिर का द्वार अंत्यजों के लिए भी खुल गया है। शोषक वर्ग निर्मूल हो गए, उच्च-वर्ग जनसाधारण की भूमि पर आ गए। साहित्य में यह युगांतकारी परिवर्तन हुआ।" दूसरी ओर यह कहते हैं : "सोवियत संघ के संविधान में हर नागरिक के अधिकार पूरी तरह सुरक्षित हैं। व्यवहार में शासन की नुक्ताचीनी करने वाले उपन्यास छापे नहीं जाते, छापे जाएँ, तो पत्रिका के संपादक को अपनी जगह से अलग कर दिया जाता है। साहित्य के क्षेत्र में शासन की यह दखलंदाजी हर तरह से अनुचित है। उसे मजदूर वर्ग की डिक्टेटरशिप के नाम पर न्यायपूर्ण नहीं ठहराया जा सकता।" डॉ. शर्मा ने इन दोनों में कार्य-कारण का संबंध नहीं दिखाया है, इसे खैरियत ही समझना चाहिए। लेकिन

उनके पाठकों को आश्चर्य तो होगा ही कि 'सैद्धांतिक घपलेबाजी' के आधार पर स्थापित सर्वहारा की डिक्टेटरशिप के दमघोंट वातावरण में पहली युगांतरकारी घटना कैसे संभव हुई, जबकि चर्चिल के जनतंत्र में, जहाँ डिक्टेटरशिप का नामोनिशां नहीं, ऐसी युगांतकारी घटना नहीं घटी! शायद ठीक बातों के होने के लिए गलत जगहों की जरूरत होती है!

अखंड व्यक्ति-स्वातंत्र्य की बात से समाजवाद को आकर्षक बनाने में डॉ. शर्मा के इरादे नेक हैं, इसमें संदेह नहीं। उन्होंने भारत में सबको, शायद विशेष रूप से समाजवाद-विरोधियों को, समाजवाद के प्रति उत्साहित और आश्वस्त करने के विचार से कहा है : ''इस संबंध में पहले ही निवेदन कर दूँ कि रूस या चीन में जो कुछ हुआ है, वह समाजवाद का एकमात्र अथवा अंतिम चरम आदर्श रूप नहीं है। न केवल समाजवाद तक पहुँचने के मार्ग अनेक हैं, वरन् समाजवादी व्यवस्था को संगठित करने के प्रकार भी अनेक हैं। कोई कारण नहीं कि भारत के समाजवादी भी रूस की गलतियों को दोहराएँ और वहाँ से अच्छी समाजवादी व्यवस्था का निर्माण न करें।''

दोनों बातें बिलकुल ठीक हैं, और कोई कारण तो सचमुच नहीं सूझता कि भारत के समाजवादी भी रूस की गलतियों को क्यों दोहराएँ और वहाँ से अच्छी समाजवादी व्यवस्था का निर्माण क्यों न करें। लेकिन डर यही है कि दूसरों की गलतियों से सीखते हुए हम नयी गलतियाँ कर ही बैठते हैं। उदाहरण के तौर पर, डॉ. शर्मा के लेख की ही एक बात उद्धृत की जा सकती है। समाजवादी रूस में व्यक्ति-स्वातंत्र्य पर लगे प्रतिबंधों की आलोचना कर चुकने के बाद डॉ. शर्मा कहते हैं कि ''ये भारत में न तो सैद्धांतिक रूप से आवश्यक हैं, न परिस्थितियों के कारण।'' इसके बाद ही अगला वाक्य है : ''समाजवाद में शोषकों को छोड़कर समग्र जनता को भाषण, संगठन की स्वतंत्रता होगी।'' लेख का अंत इस प्रकार होता है : ''भारत में अमेरिकी साम्राज्यवाद के कुछ दलाल भी व्यक्ति-स्वातंत्र्य को लेकर बड़ा शोरगुल करते हैं। उनकी कार्यवाही के प्रति भी सतर्क रहना चाहिए।''

जाहिर है डॉ. शर्मा भारत में एक ऐसी राजसत्ता की कल्पना करते हैं। वे साम्राज्यवाद और उसकी सहयोगी शक्तियों पर प्रतिबंध लगाने की बात सोचते हैं। भारत, चीन और रूस नहीं है, उसकी अपनी खास राजनीतिक, आर्थिक और सामाजिक परिस्थितियाँ हैं। इसलिए यहाँ समाजवाद तक पहुँचने का रास्ता भिन्न होगा। लेकिन एक बात तय है—यहाँ भी प्रतिक्रियावादी वर्गों के खिलाफ प्रगतिशील वर्गों की डिक्टेटरशिप के आधार पर संगठित राजसत्ता की आवश्यकता होगी। इसका अर्थ यह हुआ कि राष्ट्रीय हितों के विरुद्ध जाने वालों के विरुद्ध आवश्यकतानुसार दमन और प्रतिबंध लगेंगे। सिद्धांततः और परिस्थितियों से अनावश्यक प्रतिबंधों को इन शोषकों और अमरीकी-दलालों पर न लगाने की अनुकंपा करने से डॉ. शर्मा न जाने

क्यों हिचकते हैं?

इसी प्रकार अमरीकी बीटनिकों के भारतीय संस्करणों पर भी उनकी अनुकंपा नहीं होती : ''अमरीकी बीटनिक साहित्यकारों—नशे और नंगी जांघों के उपासकों—की देखादेखी कुछ भारतीय कलाकार भी व्यक्ति-स्वातंत्र्य की गुहार मचाकर समाजोन्मुख, यथार्थवादी, लोकप्रिय साहित्य का विरोध करने लगे हैं। इनकी 'स्वतंत्रता' लेखक और व्यक्ति की वास्तविक स्वतंत्रता का उपहास है। आपने चलती रेलगाड़ी की खिड़की से किसी गाँव-शहर के पास कुछ नटखट लड़कों को अंग-प्रदर्शन करते देखा होगा। बीटनिक संप्रदाय की स्वाधीनता इस बचकाने अंग-प्रदर्शन से अधिक महत्त्वपूर्ण नहीं है।''

नजर-नजर का फर्क है। जिसे डॉ. शर्मा 'वास्तविक स्वतंत्रता का उपहास' और 'बचकाने अंग-प्रदर्शन से अधिक महत्त्वपूर्ण नहीं' समझते हैं, वही स्वतंत्रता बीटनिकों के लिए 'वास्तविक' है, 'महत्त्वपूर्ण' है। पूँजीवादी व्यवस्था में, जो चलती गाड़ी है, डॉ. शर्मा उनके विरुद्ध कुछ कर नहीं सकते। लेकिन अगर गाड़ी रुक जाए और समाजवाद की जमीन पर डॉ. शर्मा उन्हें पकड़ लें तो उनका क्या हश्र होगा, इसका अनुमान किया जा सकता है। अखंड व्यक्ति-स्वातंत्र्य!

हमको मालूम है जन्नत की हकीकत लेकिन
दिल के बहलाने को गालिब यह खयाल अच्छा है।

लेकिन कब तक?

नजर-नजर का फर्क ही पक्षधरता है—चाहे वह राजनीति में हो या साहित्य और कला में। प्रतिबंध पक्षधरता के ही प्रतीक हैं। इस पक्षधरता की माँग का यह अर्थ नहीं कि हम उस साहित्य के बारे में नकारात्मक दृष्टिकोण अपनाएँ जो हमारे वर्ग का पक्षधर न हो। डॉ. शर्मा ने कुछ शिकायत के लहजे में कहा है : ''मार्क्सवाद के जन्मदाता शेक्सपियर, बाल्जाक, ईस्किलस के प्रशंसक थे। विचारधारा में मतभेद रखते हुए वे उनका साहित्य पढ़ते और सराहते थे। बीसवीं सदी के मार्क्सवादी चिंतन में साहित्य को विचारधारा तक सीमित रखने का भारी दुराग्रह है!''

लेनिन भी बीसवीं शताब्दी के ही थे और डॉ. शर्मा को मालूम है कि वे लाल-क्रांति के कवि मायकोव्स्की से पुश्किन को ज्यादा पसंद करते थे। फिर भी उन्होंने सोवियत संघ के लेखकों को सर्वहारा वर्ग की पक्षधरता का संदेश दिया। पक्षधरता युग-सापेक्ष होती है, अपने समय की क्रांतिकारी शक्तियों की पहचान से पैदा होती है, पुराने और नये के द्वंद्व की तह में जाकर नये तत्त्वों को उभरने में मदद पहुँचाती है। सामाजिक विकास की तरह पक्षधरता की भी एक लंबी परंपरा है और समाज के प्रगतिशील और प्रतिक्रियावादी तत्त्वों की तरह पक्षधरता के भी दो रूप हैं।

मार्क्स और उनके बाद के मार्क्सवादियों ने पक्षधरता की प्रगतिशील परंपरा की इस पहचान के कारण ही अतीत के साहित्य को, जो सर्वहारा वर्ग का न तो

पक्षधर था और न हो सकता था, अनावृत नहीं किया। लेनिन और सोवियत संघ की कम्युनिस्ट पार्टी ने हमेशा अपने देश के लेखकों को अतीत की साहित्यिक परंपरा से सीखने की सलाह दी। गोर्की ने अपने युग के साहित्यिकों के सामने यह चुनौती भरा प्रश्न रखा था : "तुम किसके पक्षधर हो?" डॉ. शर्मा अगर यह समझते हैं कि यह प्रश्न ईस्किलस, शेक्सपियर और बाल्जाक से पूछा गया था, तो ऐसी समझदारी का सम्मान टिप्पणी न करके ही किया जा सकता है। डॉ. शर्मा जानते हैं कि प्राचीन समय से लेकर पूँजीवादी जमाने तक के अनेक देशों के लेखकों का अनुवाद सोवियत संघ में प्रारंभ से ही होता रहा है। इस सिलसिले में यह कहना शायद अप्रासंगिक न होगा कि 'रामचरितमानस' का रूसी अनुवाद (जिसे स्वयं अकादमीशियन बारान्निकोव ने डॉ. शर्मा के पास भेजा था) उस समय हुआ था जब स्तालिन जीवित थे और जब रूस फासिस्ट जर्मनी के विरुद्ध जिंदगी और मौत की लड़ाई लड़ रहा था। और सर्वहारा वर्ग की पक्षधरता की माँग करते हुए भी सोवियत नेताओं ने अपने पुराने साहित्य, संगीत, नृत्य, बैले आदि पर प्रतिबंध लगाने की जगह उनके विकास को प्रोत्साहित किया था। डॉ. शर्मा ने मार्क्सवाद को कुत्सित रूप देने वाले 'प्रोलेतकुल्त' को मार्क्सवादियों पर थोप दिया है।

यह देखकर आश्चर्य होता है कि जब सोवियत संघ के परंपरागत विरोधी भी यह बात मानने के लिए विवश हैं कि वहाँ लेखकों और जनता की स्वतंत्रता का विस्तार होता जा रहा है, साहित्य और कला के नये-नये प्रयोगों के प्रति अधिक उदारता की नीति बरती जा रही है, ठीक उस समय डॉ. शर्मा उनकी पहली भूमिका अदा करने लगे हैं। सिद्धहस्त अभिनेता हर भूमिका अदा करना चाहता है, किंतु खेद है कि सिद्धांत या विचार अभिनय-कला के अंतर्गत नहीं आते। पक्षधरता का अर्थ दोषों पर पर्दा डालना नहीं, किंतु यह भी नहीं कि दोषों को अतिरंजित या एकांगी रूप में पेश किया जाए। पक्षधरता का अर्थ यह है कि सामाजिक विकास और मानव-मुक्ति की विचारधारा का, उसकी अल्पकालीन भूलों या त्रुटियों के बावजूद, समर्थन किया जाए, उसकी विजय के लिए संघर्ष किया जाए। इसमें संदेह नहीं कि डॉ. शर्मा ने यह भी लिखा है : "समाजवादी व्यवस्था में लेखक की स्वाधीनता पर प्रतिबंध अनिवार्य नहीं। जो प्रतिबंध लगाए गए, वे परिस्थितियों के कारण, अथवा समाजवाद के संबंध में गलत समझ के कारण। ये प्रतिबंध दूर किए जा सकते हैं और बहुत कुछ दूर किए जा रहे हैं।" लेकिन समाजवादी व्यवस्था के आधारभूत सिद्धांतों की अनिवार्य परिणति और सोवियत समाज में लेखकों की स्थिति के बारे में उनके विचारों के बाद यह बात किसी भी व्यक्ति को संतुष्ट कम और चकित अधिक करेगी।

लेकिन शायद डॉ. शर्मा के साथ पक्षधरता की बात करना व्यर्थ है, क्योंकि उनके अनुसार "साहित्य में विचारों के अलावा भाव, चित्रमयता, संगीत आदि अनेक तत्त्व रहते हैं। कलाओं को विचारधारा के अंतर्गत रखना विचारशून्यता का प्रबल

प्रमाण है। जहाँ भाषा माध्यम न होगी वहाँ—स्थापत्य, चित्र, संगीत आदि कलाओं में विचार व्यक्त किस तरह होंगे?"

इसमें संदेह नहीं कि विचारधारा का अर्थ यदि विचारशून्यता के साथ किया जाए तो डॉ. शर्मा की यह खोज कि कला और साहित्य विचारधारा के अंतर्गत नहीं रखे जा सकते ठीक ही जान पड़ेगी। लेकिन मार्क्सवादी चिंतकों ने विचारधारा का प्रयोग व्यापक रूप से मनुष्य की संपूर्ण सामाजिक चेतना, उसके संपूर्ण बौद्धिक और आध्यात्मिक जीवन के रूप में किया है। वी. अफानास्येब ने अपनी पुस्तक मार्क्सिस्ट फिलासफी में लिखा है : "किसी निश्चित वर्ग के राजनीतिक, कानूनी, नैतिक, कलात्मक तथा अन्य दृष्टिकोणों और विचारों का संपूर्ण योग ही उसकी विचारधारा है।" (मास्को, पृ. 354) इस प्रकार एक ही विचारधारा अनेक रूपों या विधाओं में व्यक्त होती है, जिनके अपने-अपने विशेष नियम और उद्देश्य होते हैं। "इन रूपों का विशिष्ट ढंग से उद्भव और विकास होता है, वे सामाजिक जीवन के विभिन्न पक्षों को प्रतिबिंबित करते हैं। उनके कार्य भी अलग-अलग हैं।" (वही, पृ. 353)

डॉ. शर्मा साहित्य को 'विचारधारा' तक (जोर मेरा) सीमित रखने के विरुद्ध हैं (उन्होंने यह नहीं बतलाया है कि भौतिक जीवन और सामाजिक चेतना से इतर वह तीसरी कोटि कौन है जहाँ तक उसे खींचकर पहुँचा दिया जाए), क्योंकि उसमें विचारों के अलावा भाव, चित्रमयता, संगीत आदि अनेक तत्त्व होते हैं। और 'कलाओं को विचारधारा के अंतर्गत रखना' (यहाँ तक भी गायब है) गलत है, क्योंकि "जहाँ भाषा माध्यम न होगी वहाँ—स्थापत्य, चित्र, संगीत आदि कलाओं में विचार व्यक्त किस तरह होंगे?" दूसरे शब्दों में, साहित्य में तो विचारों के लिए थोड़ी-बहुत गुंजाइश है भी लेकिन स्थापत्य, चित्र, संगीत आदि तो अज्ञात-कुल-शील—कोटिहीन—ही नहीं बल्कि जन्मना विचारशून्यता की नियति लेकर आए हैं। इसका अर्थ यह भी हुआ कि साहित्य में तो वर्गों की सामाजिक चेतना प्रतिबिंबित हो भी सकती है, किंतु स्थापत्य, चित्र, संगीत आदि सामाजिक चेतना से सर्वथा निरपेक्ष हैं, 'शुद्ध कला' हैं। डॉ. शर्मा के तर्क की सहज परिणति इस प्रमेय में होती है : लेखक की स्वाधीनता और उसकी विचार-शून्यता में पारस्परिक समानुपातिकता होती है।

इन सब बातों से यदि किसी को यह चिंता हो कि मार्क्सवादी आलोचक डॉ. शर्मा मार्क्सवाद की डाल काट रहे हैं तो उसके संतोष के लिए यह कह देना उचित होगा कि वे उस पर अभी बैठे हुए भी हैं। उदाहरणार्थ, 'लेखक और व्यक्ति-स्वातंत्र्य' लेख में ही उन्होंने लिखा है : "जिसके हाथ में सत्ता और संपत्ति होती है, वही साहित्यिक अभिरुचि को भी नियंत्रित करते हैं। नायिका-भेद और समस्यापूर्ति वाला चमत्कारवादी साहित्य विशेष समाज-व्यवस्था में वर्ग-विशेष की साहित्यिक अभिरुचि का परिणाम है।" यहाँ डॉ. शर्मा ने रीतिकालीन सामंती साहित्यिक अभिरुचि में वस्तु (नायिका-भेद) और रूप (चमत्कारवाद) की एकता की ओर संकेत किया है, जो ठीक है। लेकिन

सामंत-वर्ग से नियंत्रित साहित्यिक अभिरुचि का अर्थ होता है सामंत-वर्ग की विचारधारा से नियंत्रित साहित्यिक अभिरुचि, और चूँकि साहित्यिक अभिरुचि में विचार, भाव, चित्र, संगीत आदि शामिल हैं, इसलिए इन सबको विचारधारा से नियंत्रित मानना गलत न होगा। डॉ. शर्मा इसे गलत मानते हैं।

तीन

साहित्य और कला को 'विचारधारा के अंतर्गत' रखने का अर्थ उन्हें विचारधारा में परिणत कर देना है—यह समझ कर डॉ. शर्मा मार्क्सवादियों को सैद्धांतिक दलदल से निकालने के लिए आगे बढ़ते हैं, लेकिन स्वयं ऐसे दलदल में फँस जाते हैं जहाँ विचार की एक टाँग किसी तरह बाहर आती है तो दूसरी और भीतर धँस जाती है।

मार्क्सवाद कला और साहित्य को विचारधारा के अंतर्गत रखता है, इसलिए नहीं कि वे केवल विचारों को व्यक्त करते हैं बल्कि इसलिए कि वे विचारों से प्रभावित होते हैं, नियमित होते हैं और इसके साथ-साथ विचारों पर भी अपना प्रभाव डालते हैं। मार्क्सवाद के अनुसार मनुष्य कला और साहित्य के माध्यम से जगत और जीवन को जानने का प्रयत्न करता है। यह परिचय इंद्रिय-बोध और भावों के रूप में होता है।

इंद्रिय-बोध के विषय में लेनिन ने अपनी पुस्तक 'मैटीरियलिज्म एंड इम्पीरियो क्रिटिसिज्म' में लिखा है : "हर वैज्ञानिक के निकट जो प्राध्यापकीय दर्शन के द्वारा पथभ्रष्ट नहीं हुआ है, और उसी तरह हर भौतिकवादी के निकट, निर्भ्रांत रूप से, इंद्रिय-बोध चेतना और बाह्य जगत के बीच सीधा संबंध है, वह बाह्य उत्तेजना की ऊर्जा का चेतना की दशा में रूपांतरित हो जाना है।" (मास्को, पृ. 44) इंद्रियाँ मनुष्य का जगत से प्रत्यक्ष, मूर्त्त संबंध स्थापित कर वस्तुओं की विशेषताओं का सजीव, चित्र-विचित्र बोध कराती हैं। मनुष्य का जगत से सबसे प्रथम और सबसे स्थायी परिचय इंद्रियों के माध्यम से ही होता है। इस परिचय के समानांतर मनुष्य में विचार का भी उदय होता है।

इंद्रिय-बोध के आधार पर ही मनुष्य वस्तुओं और मनुष्यों के प्रति राग-द्वेष का अनुभव करता है, उनके प्रति अपने विचार बनाता है। यह अनुभव ही भाव है। मार्क्स के शब्दों में "मुझमें वस्तुगत सत्ता का प्रभुत्व, मेरी आवश्यक कार्यशीलता का ऐंद्रिय विस्फोट ही भाव है।" ('इकॉनॉमिक एंड फिलॉसॉफिक मैनुसक्रिप्ट्स ऑफ 1844,' मास्को, पृ. 112) इस प्रकार के भावों के कारण ही मनुष्य जगत और जीवन में प्रवृत्त होता है। सामाजिक विकास में इन भावों की बहुत बड़ी व्यावहारिक भूमिका है। साथ ही, वे स्वयं सामाजिक विकास से प्रभावित और परिष्कृत होते हैं।

विचार इंद्रिय-बोध के माध्यम से संचित ज्ञान पर आधारित, किंतु उससे ऊँचे

स्तर पर संगठित, जगत के विविध व्यापारों, घटनाओं और उसके अंतःसंबंधों के अध्ययन का निष्कर्ष या साधारणीकरण है। विचारों में जगत सूक्ष्म रूप में व्यक्त होता है। गुणात्मक भेद के बावजूद इंद्रिय-बोध और विचार दोनों ही मानव-चेतना में वस्तुगत जगत के प्रतिबिंब हैं। लेकिन इन प्रतिबिंबों में भेद होते हुए भी इंद्रिय-बोध और विचार के बीच असंगति या अंतर्विरोध देखना गलत है। चेतना के धरातल पर दोनों की एकता है। इंद्रियज-ज्ञान के बिना विचार असंभव है और विचार के बिना इंद्रियज-ज्ञान जगत का सच्चा और गहरा ज्ञान नहीं करा सकता। विचारशून्य इंद्रिय-बोध और इंद्रिय-बोधशून्य विचार की कल्पना करना यांत्रिक और भाववादी चिंतन है।

यह सही है कि भाषा विचार का माध्यम है, लेकिन इसके साथ-साथ यह समझना भी आवश्यक है कि भाषा का उदय उसी समय होता है जब मनुष्य बंदरों से आगे बढ़कर मनुष्य बनने के दौरान इंद्रियज-ज्ञान की उस अवस्था को पहुँच जाता है जिसमें, एंगेल्स के शब्दों में, "उसके पास कहने को" कुछ होता है। ('डायलेक्टिक्स ऑफ नेचर,' मास्को, पृ. 232) कुछ कहने के लिए ही मनुष्य ने कंठ-नलिका का विकास किया, तरह-तरह की साभिप्राय ध्वनियाँ निकालना सीखा, जिससे भाषा का उदय हुआ। मार्क्स ने भी कहा है : "स्वयं विचार का तत्त्व, विचार की सजीव अभिव्यक्ति का तत्त्व–भाषा–अपनी प्रकृति से ऐंद्रिय हैं।" ('इकॉनॉमिक एंड फिलॉसॉफिक मैनुसक्रिप्ट्स ऑफ 1844', पृ. 111) विचार और भाषा की इस एकता के बावजूद विचार प्राथमिक है और भाषा अनुवर्ती। दोनों में 'वस्तु' और 'रूप' का भेद है। एक ही 'वस्तु' अनेक 'रूपों' में व्यक्त हो सकती है और विचार भी अनेक रूपों में व्यक्त हो सकता है। विचार और भाषा के संबंध में नियतिवाद नहीं। जब विचार भाषा को छोड़ कर व्यक्त होते हैं तो वे भाषा के गुणों को छोड़ कर अपने माध्यम के गुणों से प्रभावित होते हैं। इस संबंध में एंगेल्स ने कहा था : "विकास के अत्यंत ऊँचे स्तर पर पहुँचते हुए पशु भी अपनी यत्किंचित् बातें एक-दूसरे तक स्पष्ट (साभिप्राय) ध्वनियों की सहायता के बिना भी प्रेषित कर देते हैं।" ('डायलेक्टिक्स ऑफ नेचर', पृ. 232) डॉ. शर्मा स्थापत्य, चित्र, संगीत आदि से विचारों का बहिष्कार कर इनके रचनाकारों की स्थिति पशुओं से भी अधिक दयनीय कर देते हैं। कला कला इसलिए है कि वह भाषा की सहायता के बिना ही ध्वनियों, रूपों, रंगों आदि के माध्यम से न केवल इंद्रिय-बोधों और भावों को ही बल्कि विचारों को भी बिंबों में प्रस्तुत कर सकती है। यदि केवल इंद्रिय-बोधों और भावों के सहारे ही कला की रचना संभव होती तो विचारों को विकसित करने वाले श्रम और समाज से रहित पशुओं में भी कला का उदय और विकास हुआ होता।

विचारशून्य इंद्रिय-बोधों और भावों की कल्पना कर लेने के बाद डॉ. शर्मा की यह शिकायत कि "जब पार्टी के नेता साहित्य की आलोचना करते हैं तब वे विचारधारा पर एकतरफा जोर देते हैं" उनका केवल दुचित्तापन है। उनके तर्क के

अनुसार साहित्य में भी न तो एकतरफा और दोतरफा जोर का सवाल उठना चाहिए और न जोर का। कला के बारे में ही चुप रहकर उन्होंने दृढ़ता का परिचय दिया है। काश, साहित्यकार भी भाषा के बिना साहित्य-रचना कर पाते। तब डॉ. शर्मा पार्टी के नेताओं को बताते। खैर, कलाकार तो विचारशून्य होकर पार्टी के नेताओं से स्वाधीन है ही। विचारशून्य होकर स्वाधीन हो जाना—बहुत मामूली कीमत है।

भागते भूत की लंगोटी भी क्या बुरी—यह मानकर डॉ. शर्मा सोवियत संघ के लेखकों को जितनी भी स्वाधीनता दिला सकते हैं उतनी दिलाने का प्रयत्न करते हैं। लिखते हैं : "विचारधारा की अपनी सापेक्ष स्वाधीनता है। मनुष्य का चिंतन आर्थिक व्यवस्था का यांत्रिक प्रतिबिंब नहीं है। फिर भी अनेक मार्क्सवादी विचारक संस्कृति और साहित्य को समाज-व्यवस्था का यांत्रिक प्रतिबिंब मान बैठते हैं। इसलिए साहित्य की कसौटी यह हो जाती है कि उसमें पंचवर्षीय योजना कितनी प्रतिबिंबित हुई है।"

हवा की चक्की को मार्क्सवाद समझकर उससे भिड़ जाने से लेखकों का उद्धार नहीं हो सकता। मार्क्सवादियों को उपहासास्पद बना देने का मार्क्सवाद-विरोधियों का यह पुराना तरीका है कि पहले उनकी बातों को विकृत रूप में रखो और फिर उनका खंडन करना शुरू करो। लेकिन बूंदी का किला फतह करना एक बात है और उसके नाम पर घरौंदे को फतह करना दूसरी बात।

मार्क्सवाद यह मानता है कि आर्थिक व्यवस्था से नियमित और प्रभावित होते हुए भी विचारधारा की सापेक्ष स्वाधीनता है, यह भी कि विचारधारा जिस आधार पर खड़ी होती है उसे प्रभावित भी करती है, यह भी कि विचारधारा आर्थिक व्यवस्था के बदल जाने पर सहसा बदल नहीं जाती, उसकी एक परंपरा होती है, यह भी कि इस परंपरा में ऐसे अनेक तत्त्व होते हैं जो नयी सामाजिक व्यवस्था के विकास में सहायता पहुँचाते हैं और अनेक तत्त्व ऐसे जो उसके विकास को अवरुद्ध करते हैं—लेकिन इन सब बातों के साथ-साथ यह भी कि नयी और पुरानी विचारधाराओं में संघर्ष होता है जिसमें नयी विचारधारा पुरानी विचारधारा के स्वस्थ तत्त्वों को ग्रहण कर उसे इतिहास के कूड़े पर फेंक देती है, और सबसे अंत में यह भी कि मनुष्य विचारों (और कर्म) की स्वाधीनता तभी उपलब्ध कर सकता है जब वह सामाजिक विकास के नियमों की अनिवार्यता को समझे। इस अनिवार्यता की जितनी सच्ची पकड़ उसमें होगी उतनी ही सच्चाई और गहराई के साथ वह अपने युग के जीवन को, उसमें उभरते हुए तत्त्वों को और भविष्य की संभावनाओं को पकड़ सकेगा। इसके बिना मनुष्य जीवन को अँधेरे में टटोलता है और अंत में अक्सर रहस्यवाद का आश्रय लेता है।

डॉ. शर्मा की बात अगर सच है तो मार्क्सवादियों की बुद्धि बहुत मोटी होगी जो वे यह जानते हुए भी कि मार्क्सवाद का जन्म पूँजीवादी व्यवस्था में हुआ, आर्थिक व्यवस्था और विचारधारा में नियतिवादी संबंध मानते हैं। फिर इसे भी मार्क्सवादियों

की बुद्धि का दिवालियापन ही समझना चाहिए जो वे समाजवादी व्यवस्था की स्थापना के बाद भी विचारधाराओं के संघर्ष की बात करते हैं। लेकिन यह यांत्रिक प्रतिबिंबवाद की बात मार्क्सवादियों की समझ नहीं, बल्कि मार्क्सवादियों पर मार्क्सवाद-विरोधियों द्वारा आरोपित समझ है।

'ह्वाट इज देयर इन ए वर्ड?'—एक शब्द में क्या धरा है?—इसलिए डॉ. शर्मा ने 'यांत्रिक' शब्द जोड़कर मार्क्सवाद के प्रतिबिंबवादी सिद्धांत को ध्वस्त कर दिया है। लेकिन यहाँ एक शब्द में बहुत कुछ धरा है, क्योंकि उसके जुड़ते ही मार्क्सवाद सिर के बल खड़ा हो जाता है। डॉ. शर्मा ने 'अनेक' शब्द केवल बचाव के लिए ही जोड़ दिया है। वैसे इस प्रतिबिंबवाद के सिद्धांत को लेकर केवल 'अनेक' मार्क्सवादियों को ही नहीं बल्कि मार्क्स, एंगेल्स, लेनिन आदि सभी को ध्वस्त किया जा सकता है। शर्त केवल एक है—आदमी में इस प्रतिबिंबवाद को उसके सारे संदर्भों से काटकर अलग प्रदर्शित करने का साहस और पटुता हो।

मार्क्सवादी प्रतिबिंबवाद के अनुसार इंद्रिय-बोध और विचार मानव-चेतना में वस्तुजगत के प्रतिबिंब हैं, स्वयं वस्तुजगत नहीं। दूसरे शब्दों में, मानव-चेतना में वस्तु-जगत हमेशा आत्मगत रूप में प्रतिबिंबित होता है। प्रतिबिंबों का रूप अनिवार्यतः व्यक्तिगत गुणों, क्षमताओं से निर्धारित होता है। डॉ. शर्मा 'अनेक' मार्क्सवादियों की बात छोड़कर सभी मार्क्सवादियों पर यह आरोप लगाते हैं कि उनके अनुसार "साहित्य की कसौटी यह हो जाती है कि उसमें पंचवर्षीय योजना कितनी प्रतिबिंबित हुई है।" पंचवर्षीय योजना यदि सारे सामाजिक जीवन का यथार्थ बन जाए, उसमें क्रांतिकारी रूपांतर करने लगे तो उसे प्रतिबिंबित करना अपराध नहीं। इंद्रिय-बोध, भाव और विचार अपनी सापेक्ष स्वाधीनता के बावजूद जीवन के नये संदर्भों से मुँह नहीं मोड़ते। "विचारों की क्रिया से, वैज्ञानिक विवेचन और अनुसंधान द्वारा उद्घाटित परिस्थितियों और तथ्यों के मर्मस्पर्शी पक्ष का मूर्त और सजीव चित्रण भी—उसका इस रूप में प्रत्यक्षीकरण भी कि वह हमारे किसी भाव का आलंबन हो सके—कवियों का काम और उच्च काव्य का एक लक्षण होगा"—यह वक्तव्य किसी मार्क्सवादी का नहीं बल्कि आचार्य रामचंद्र शुक्ल का है। ('चिंतामणि'—पहला भाग—'कविता क्या है', पृ. 214) सोवियत कला और साहित्य का आधार यह नहीं रहा है कि उसमें पंचवर्षीय योजनाएँ कितनी प्रतिबिंबित हुई हैं, बल्कि यह रहा है, उनमें जीवन का समाजवादी यथार्थ कितनी सच्चाई, कितनी गहराई, कितनी विविधता के साथ प्रतिबिंबित हुआ है।

जीवन का हर नया यथार्थ इंद्रिय-बोध, भाव और विचार की साक्षेप स्वाधीनता के बावजूद उन्हें प्रभावित करता है, विकसित और परिष्कृत करता है। इसलिए साहित्य और कला में उनकी स्वाधीनता को वायवी रूप देकर उन्हें सामाजिक आधार से काटा नहीं जा सकता। यदि ऐसा संभव होता तो नयी सामाजिक व्यवस्थाओं के जन्म के साथ अनिवार्यतः साहित्य और कला की वस्तु और शिल्प में परिवर्तन या विकास

की आवश्यकता न होती। सोवियत साहित्य और कला के विरोधी भी इस बात को मानते हैं कि उन्होंने विश्व-साहित्य और कला को एक नयी चीज दी है—समाजवादी यथार्थवाद। डॉ. शर्मा की नजरों के आगे केवल पंचवर्षीय योजनाएँ हैं और उनमें जकड़े हुए सोवियत लेखक और कलाकार! उन्हें मुक्त करने के लिए डॉ. शर्मा मार्क्सवाद के सिद्धांतों को चक्रव्यूह के द्वार मानकर तोड़ते चलते हैं : राजसत्ता के बारे में डिक्टेटरशिप का सिद्धांत, साहित्य और कला को विचारधारा के अंतर्गत रखना, कला में विचार ढूँढ़ना, विचारधारा को समाज-व्यवस्था का प्रतिबिंब मानना (जिसमें 'यांत्रिक' नाम के गुप्तचर को डॉ. शर्मा चुपके से प्रविष्ट करा देते हैं) आदि-आदि द्वार तोड़कर वे अंत में 'साहित्य में पार्टी-लाइन' के सातवें द्वार पर धावा बोल देते हैं। यह सातवाँ द्वार तो बिल्कुल जर्जर है, क्योंकि इसके रक्षकों को 'कुछ भी अनुभव' नहीं है। डॉ. शर्मा कहते हैं : "राजनीति के क्षेत्र में यदि कोई मार्क्सवादी नेताओं की आलोचना करे तो वे तुरंत जवाब देते हैं—तुम जनता से दूर हो, राजनीतिक जीवन का तुम्हें अनुभव नहीं है, इत्यादि। किंतु साहित्य के क्षेत्र में वही राजनीतिक कार्यकर्ता अपनी सीमाएँ भूल जाते हैं। साहित्य-रचना का कुछ भी अनुभव न होते हुए वे साहित्य में पार्टी-लाइन तय करते हैं। अगर कोई गधा अपनी दुम से 'एब्सट्रैक्ट आर्ट' की रचना करे तो उस रंग, कूंची और चित्रपट का कुछ अनुभव तो होगा ही। संभव है, कम्युनिस्ट पार्टी की केंद्रीय-समिति के प्रथम सचिव को उतना अनुभव भी न हो।"

यह 'तुरंत जवाब' डॉ. शर्मा का ढूँढ़ा हुआ तुरंत हल है। डॉ. शर्मा के संकेत के अनुसार पार्टी नेताओं का एक छोटा-सा गुट होता है जो जनता के अन्य हिस्सों के साथ-साथ लेखकों और कलाकारों पर भी अपनी डिक्टेटरशिप कायम करना चाहता है और उस डिक्टेटरशिप का अस्त्र है 'साहित्य में पार्टी-लाइन'। यहाँ निश्चित रूप से डॉ. शर्मा के सिर पूँजीवादी अराजकता का जादू चढ़कर बोल रहा है। मार्क्सवाद एक ऐसे वर्ग का दर्शन है जो मानवता के किसी अंश को दास नहीं बनाना चाहता, जो सामाजिक विकास के नियमों को अपने स्वार्थों से ऊपर उठकर भी देख सकता है और इसलिए उसे योजना-बद्ध रूप देता है। पार्टी-लाइन परिस्थितियों के आकलन पर आधारित सामाजिक विकास का व्यावहारिक कार्यक्रम है। वह मार्क्सवाद का रचनात्मक रूप है। उसे लागू करने का अर्थ साहित्य, कला या किसी अन्य क्षेत्र के विशेष नियमों का उल्लंघन नहीं। साहित्य और कला के बारे में सोवियत पार्टी या अन्य पार्टियों के नेताओं के निर्णय भले ही गलत रहे हों, लेकिन उनके प्रति उनका रुख गंभीर रहा है, जिसके फलस्वरूप उन्होंने पार्टी के पहले के अनेक निर्णयों और स्थापनाओं की आलोचना की है। इसके अतिरिक्त समाजवाद में अवशिष्ट पूँजीवादी नौकरशाही रुख के कारण कभी-कभी सही निर्णयों को भी यांत्रिक ढंग से लागू किया गया है। लेकिन इन गलतियों के आधार पर यह कहना कि उन्हें साहित्य-रचना का कोई अनुभव नहीं था या है, गलत है। साहित्य और कला सारी मानवता की धरोहर

हैं और उनकी वस्तुगत विशेषताओं या उनके शिल्प के ज्ञान पर साहित्यिकों और कलाकारों का एकाधिकार नहीं रहा है। मार्क्स और लेनिन और उनके पहले और बाद के अनेक चिंतकों ने साहित्य और कला की रचना नहीं की थी, किंतु साहित्य और कला में उनकी अन्तर्दृष्टि के बारे में संदेह करना हास्यास्पद होगा। हिंदी के सबसे बड़े साहित्य-मर्मज्ञ आचार्य रामचंद्र शुक्ल साधारण कोटि के ही कवि थे। दिमाग से ज्यादा से ज्यादा दूर रहने वाली दुम से 'ऐब्सट्रैक्ट आर्ट' की रचना करने वाला गधा सापेक्ष स्वाधीन विचारधारा, शुद्ध भाव और शुद्धतर इंद्रिय-बोध की सीढ़ियों को एक छलाँग में पार कर शुद्धतम शिल्प के सिंहासन पर जा बैठता है, जहाँ से वह कम्युनिस्ट पार्टी के प्रथम सचिव को ही नहीं बल्कि उनसे भी बड़े-बड़े लोगों को, अनेक आलोचकों को भी (जो यशपाल के अनुसार साहित्य के रथ के पीछे चलने वाले कुत्ते भर हैं), धूल चटा सकता है। हिंदुस्तान में तो माजरा ही और है। यहाँ तो पार्टी के कुछ आलोचक ही पार्टी के नेताओं को धूल चटा सकते हैं, क्योंकि उनके पास उपन्यासकारों के नाम पर दो-चार उपन्यासकारों की और कवियों के नाम पर दो-चार कवियों की फेहरिस्त है, जो पार्टी नेताओं के पास नहीं। सचमुच, पार्टी के नेताओं को उनसे यह नहीं पूछना चाहिए कि महाशयो, आप जिंदगी के कितने नजदीक हैं। उनसे सवाल यह होना चाहिए : महाशयो, आप हिंदी-साहित्य की वर्तमान गतिविधि के कितने नजदीक हैं? यदि आपकी अक्ल पर भरोसा कर आपको अधिकार दे दिया जाए तो आप हिंदी के कितने साहित्यिकों को स्वाधीन छोड़ेंगे, कितने गधों को दुम की कूंची फेरने देंगे? और अंत में, स्वाधीनता की ऐसी सुंदर-सुंदर बातें कर लेने के बाद आपने हिंदी के बीटनिकों (जो आपको चाँदमारी के लिए नये-नये मिले हैं) और साम्राज्यवादी दलालों को जो चेतावनी दी है, उसका अर्थ तो आप ही समझें, लेकिन आपने उन लेखकों को जिन्हें आप समझते नहीं या जिन्हें समझने की आप कोशिश नहीं करते बीटनिक और साम्राज्यवादी दलाल कहने की आसान आदत क्यों डाल ली है? भारत का लेखक आपसे स्वाधीनता की माँग नहीं करता, क्योंकि उसे स्वाधीनता देने या उसकी स्वाधीनता छीनने का अधिकार आपके पास नहीं। लेकिन वह आपसे उस समझ की माँग करता है जो समझ उस प्रसव-पीड़ा को सहे बिना नहीं आ सकती जिसे सहकर पुरानी साहित्यिक परंपरा नये साहित्य को जन्म देती है।

यदि समाजवादी शक्ति के बढ़ने के साथ-साथ प्रतिबंध ढीले होने की जगह कड़े होते जाएँ, साहित्य और कला में जीवन के यथार्थ को विविधता के साथ प्रस्तुत करने के प्रयत्नों की भर्त्सना की जाए, व्यक्तियों के आंतरिक जीवन, उनके अंतर्द्वंद्वों की उपेक्षा कर सतही आशावाद को उछाला जाए, तो ये चीजें गलत हैं। सोवियत संघ और अन्य समाजवादी देशों में इस प्रकार की गलतियाँ हुई हैं और उनकी आलोचना आवश्यक है। लेकिन मार्क्सवाद के विकृत व्यवहार से उत्पन्न गलतियों के आधार

पर मार्क्सवाद के मूलभूत सिद्धांतों के उन्मूलन का प्रयत्न व्यर्थ है। डॉ. शर्मा ने रचनात्मक मार्क्सवाद के नाम पर यही किया है। समाजवादी व्यवस्था में व्यक्ति-स्वातंत्र्य और सामाजिक हित का अंतर्विरोध ऐसा नहीं जिसका हल न किया जा सके। किंतु वह हल अनेक टेढ़े-मेढ़े रास्तों से गुजरता है। व्यक्ति-पूजा के स्थान पर सामूहिक नेतृत्व और समाजवादी जनवाद और कठमुल्लापन के स्थान पर नये-नये अनुभवों को आत्मसात करने की तत्परता से गलतियों की संभावना बहुत कम हो जाती है। समाजवादी देशों ने जनता को शोषण से मुक्त कर शिक्षित और सुसंस्कृत बनाया है और व्यक्ति को एक नयी मानवीय समाज-व्यवस्था के रचनाकार का उत्तरदायित्वपूर्ण बोध दिया है। लेखकों और कलाकारों पर भी यह बोध लादा नहीं गया है, उनका यह सहज बोध है। लेकिन हर लेखक और कलाकार जीवन के समाजवादी यथार्थवाद को अपनी व्यक्तिगत प्रतिभा, अनुभव और अभिरुचि के अनुसार प्रतिबिंबित करता है। इसका स्वागत होना चाहिए, क्योंकि समाजवादी यथार्थवाद साहित्य और कला का कठघरा नहीं बल्कि एक अत्यंत जीवित और विकासशील पद्धति है। प्रतिबंधों से मुक्ति से भी बढ़कर जो चीज लेखक और कलाकार चाहता है वह है अपने रचनात्मक प्रयत्नों में समाज का सक्रिय सहयोग। भारत के मार्क्सवादी लेखक जरा सोचें कि कहाँ तक वे यह सहयोग अपने यहाँ के लेखकों और कलाकारों को दे रहे हैं।

• **जनयुग, 29 अगस्त, 5 सितंबर, 12 सितंबर, 1965**

साहित्य में संयुक्त मोर्चा

इधर लंबे अर्से से साहित्य में संयुक्त मोर्चा के संबंध में बहस चलती आ रही है और हालाँकि बहुत-सी बातें इस बहस के दौरान पहले से ज्यादा साफ़ हो गई हैं, फिर भी अनेक सवालों पर हमारे मन में काफी धुँधलापन है और अनेक उलझनें बनी हुई हैं।

सबसे पहले तो हमें इन बहसों के रूप और स्तर पर ही विचार करना चाहिए। यह स्वाभाविक है और आवश्यक भी कि जब हम आगे बढ़ने का प्रयत्न कर रहे हैं उस समय अपने पिछले भटकावों और साथ ही अपने पिछले अनुभवों का सही लेखा-जोखा कर भविष्य के लिए सीख लें। यही आलोचना-आत्मालोचना का सिद्धांत है और इसका सहारा लिए बिना हम अपने पथ पर दृढ़ता और विश्वास के साथ आगे नहीं बढ़ सकते। इस चीज़ की सबसे पहले और सबसे अधिक आशा हम कम्युनिस्ट लेखकों और आलोचकों से रखते हैं, उसके बाद उनसे सहानुभूति रखने वाले लेखकों और आलोचकों से और फिर उन सभी लेखकों और आलोचकों से जो ईमानदारी के साथ एक नये समृद्ध जनवादी जीवन और संस्कृति का निर्माण करना चाहते हैं।

आलोचना-आत्मालोचना के संबंध में विचार करते समय हमें यह नहीं भूल जाना चाहिए कि विभिन्न कोटि के लेखकों और आलोचकों के साथ उसके रूप और स्तर में अंतर का होना स्वाभाविक है।

सबसे अधिक निर्लिप्त और उद्देश्यपूर्ण आलोचना-आत्मालोचना कम्युनिस्ट लेखकों और आलोचकों की ओर से आनी चाहिए। उन्हें अपने भटकावों को स्वीकार करने में किसी प्रकार की झेंप या भीरुता नहीं दिखलानी चाहिए, क्योंकि जागरूक क्रांतिकारी की यह सबसे बड़ी पहचान है कि वह आम जनता को अपने साथ लेकर चलता है और वह यह जानता है कि दूसरों की आलोचना के साथ-साथ जब तक वह अपनी भी आलोचना नहीं करता तब तक वह न सिर्फ जनता को ही साथ न ले सकेगा, वरन् स्वयं भी वह अपने लिए सही मार्ग का निर्धारण नहीं कर पाएगा।

दूसरों की आलोचना में भी चापलूसी करने की आवश्यकता नहीं, क्योंकि चापलूसी उन्हें कुछ समय तक धोखा दे सकती है, किंतु उन्हें सुधार नहीं सकती। मैत्रीपूर्ण आलोचना का अर्थ यह नहीं कि हम दूसरों की ग़लतियों को जानते हुए भी छिपा कर रखें। मार्क्सवादी आलोचना-आत्मालोचना के स्तर और रूप की यही विशेषता होनी चाहिए कि हम उसके सहारे आगे बढ़ सकें। उसकी कसौटी यह है कि कहाँ तक वह क्रांतिकारी शक्तियों को एकजुट कर पाती है और कहाँ तक क्रांति-विरोधी शक्तियाँ जनता से कट कर अलग जा पड़ती हैं।

सहगामी लेखकों और आलोचकों से भी हमें खुली आलोचना-आत्मालोचना की आशा करनी चाहिए। अगर उनके साथी कम्युनिस्ट लेखकों और आलोचकों ने उनकी कड़ी आलोचना की है तो इससे उन्हें विक्षिप्त या विक्षुब्ध नहीं होना चाहिए। उत्तर देते समय भी उन्हें अपनी आलोचना तटस्थ होकर करनी चाहिए। उन्हें अपने दृष्टिकोण की उन असंगतियों का विश्लेषण करना चाहिए और उसके क्रांति-विरोधी तत्त्वों को अलग फेंकते चलना चाहिए।

अन्य जनवादी लेखकों और आलोचकों से शुरू में ही हम इतनी स्पष्टता, निर्लिप्तता की तो बात दूर है, खुली आत्मालोचना की आशा भी हमेशा नहीं कर सकते। यही काफी है यदि वे दूसरों द्वारा की गई अपनी आलोचना पर गंभीरतापूर्वक विचार करें और अपनी ग़लतियों या भ्रमों को समझ लेने के बाद उनसे मुक्ति का प्रयत्न करें। उनके उत्तरों में भी हम तटस्थता की आशा नहीं कर सकते। उनके सोचने का ढंग काफ़ी व्यक्तिवादी हो सकता है और इसलिए यदि हम उनकी सही आलोचना करते हैं और मैत्रीपूर्ण ढंग से भी, तो भी संभव है इसकी प्रतिक्रिया उनमें निर्लिप्त ढंग की न हो। किंतु हमें उनकी सीमाओं का ध्यान रखना चाहिए, जिसका मतलब यह नहीं कि हम अपने सिद्धांतों से डिग जाएँ।

सवाल यह है—क्या साहित्य में सयुंक्त मोर्चा के विषय़ को लेकर अब तक जो बहस चली है वह क्या वैसी रही है जैसा ऊपर कहा गया है? पहले हम कम्युनिस्ट लेखकों की आलोचना-आत्मालोचना के रूप और स्तर को लेते हैं। इनमें से भी हम विशेष रूप से रामविलास शर्मा, शिवदानसिंह चौहान और अमृतराय को लेते हैं।

साहित्य में संयुक्त मोर्चा पर जो बहस चल रही है उसके केंद्र बन गए हैं। डॉक्टर रामविलास शर्मा पर कम्युनिस्ट और गैर-कम्युनिस्ट दोनों प्रकार के लेखकों और आलोचकों की ओर से उन पर चोटें पड़ रही हैं। कुछ ऐसा कहा जा रहा है मानो सारी वामपक्षी संकीर्णतावादी भूलों के मूल में रामविलास शर्मा हैं और अन्य व्यक्तियों ने उनका विरोध अपनी समझ की ग़लती के साथ-साथ इस कारण से भी नहीं किया कि उन्हें उनके डंडे का डर था। मेरी समझ से उनको लेकर लिखी गई आलोचनाओं या संयुक्त मोर्चा संबंधी बहसों में काफी निर्लिप्तता या तटस्थता से काम नहीं लिया जा रहा है और व्यक्तिगत आक्षेपों की भरमार के कारण न तो हम

अपनी पिछली ग़लतियों का सही लेखा-जोखा कर पा रहे हैं और न तेज़ी से आगे बढ़ने का रास्ता पा रहे हैं।

'नयी चेतना' (अंक 4 : 1951) में शिवदानसिंह चौहान का लेख निकला जिसमें उन्होंने 'आत्मा के शिल्पियों' से 'शांति, आज़ादी और जनवाद' के पुनीत संघर्ष में पूरे उत्साह के साथ भाग लेने का आह्वान किया। इसके लिए जरूरी था यह देखना कि प्रगतिशील लेखक संघ की पिछली ग़लतियों पर आलोचनात्मक दृष्टि डाली जाती है। उन्होंने ऐसा किया, किंतु सारी गलतियों की जड़ में उन्हें क्या मिला? उन्होंने इन ग़लतियों को किसी राजनीतिक चेतना या समझ की भूमिका में रख कर नहीं देखा। उनके विचार में 'व्यक्तिगत द्वेष, विवेकहीन आक्रोश और क्षुद्र अहंकार' ने ही हमें ऐसा 'संकीर्ण मतवादी' बना दिया कि हम "मूल बातों की उपेक्षा करके सिर्फ एक-दूसरे के मुख पर कालिख पोतना अपना परम क्रांतिकारी कर्तव्य समझ बैठे।" उनके अनुसार रामविलास शर्मा, अमृतराय आदि साथियों ने 'मार्क्सवाद का दुश्मन', 'जनता का दुश्मन', 'इसका दुश्मन', 'उसका दुश्मन', 'सबका दुश्मन' का शोरगुल उठाकर शिवदानसिंह चौहान को साहित्य की दुनिया से ही देश-निकाला देने का षड्यंत्र रचा। वामपंथी संकीर्णतावाद को उन्होंने 'साहित्यिक गुटबाजी' का परिणाम माना है। अर्थात् शुरू से आखिर तक उन्हें इन सारी भूलों के पीछे कोई राजनीतिक समझ की भूल नहीं दिखलाई पड़ती है।

आलोचना का यह स्तर एक मार्क्सवादी लेखक और आलोचक को शोभा नहीं देता। मैं समझता हूँ साहित्य में संयुक्त मोर्चा पर जो भी बहसें हुई हैं उनमें श्री शिवदानसिंह चौहान का यह लेख अत्यंत व्यक्तिवादी और सही आलोचनात्मक दृष्टिकोण से अछूता है। कहीं एक शब्द में भी उन्होंने अपनी आलोचना नहीं की है, एक स्थान पर भी यह नहीं स्वीकार किया है कि उनकी मार्क्सवादी समझ में भी कहीं खोट है। उल्टा उन्होंने अत्यंत हास्यास्पद शैली में लिखा है—"इन दोस्तों से मेरा नम्र निवेदन है कि चौदह साल हो गए जब से मैं मार्क्सवाद, कम्युनिस्ट पार्टी और जनता का सक्रिय कार्यकर्त्ता रहा हूँ आजीवन रहूँगा—यही मेरा जीवन है। यही मेरा वस्तु-दर्शन और विज्ञान है, केवल पढ़-लिख कर पाया हुआ नहीं, वरन् उपचेतन में आत्मसात् होकर, रक्त-मांस में घुलमिल कर हृदय में पुनः जन्मा, वस्तु-सत्य के इंद्रियज-बोध के साथ-साथ मन में सतत पनपा, वृत्तियों, संवेदनों, मनोवेगों और सहज भाव-प्रतिक्रियाओं के सहारे चेतना में विकास पाया। मार्क्सवाद मेरे जीवन का श्वास है। इसीलिए 'कुत्सित समाजशास्त्रीयता' का पक्षधर मैं न कभी रहा, न हो सकूँगा। सीधी बात है।"

काश! यह बात सबके लिए उतनी ही सीधी होती! डॉक्टर रामविलास शर्मा ने शिवदानसिंह चौहान की मार्क्सवादी समझ पर एक लंबा लेख 'नया सबेरा' (साहित्यिक अंक, 5 दिसंबर, 1949) में लिखा और उन्होंने उनके विरुद्ध गंभीर आरोप

लगाए। उन गंभीर आरोपों में सबसे बड़ा आरोप यह था कि चौहान ने अपनी आलोचनाओं में मार्क्सवाद और फ्रायड के मनोविज्ञान में समन्वय का नारा दिया है। उन्होंने यह कहा कि चौहान ने 'साहित्य को वर्ग-संघर्ष का हथियार बनाना ग़लत' और 'फौरी सवालों' से हटकर 'शाश्वत मूल्यों' को साहित्य का आधार बतलाया है। डॉक्टर रामविलास के अनुसार चौहान ने बोल्शेविक पार्टी के नेतृत्व में लिखे गए साहित्य को अत्यंत हेय बतलाया है और उसमें गहराई नहीं पाते, जैसाकि त्रात्स्कीवादियों का भी कहना था। उन्होंने चौहान की आलोचना-शैली में 'ऊहापोह विवेचन' और उसके छायावादी शब्द चयन की निंदा की है। उन्होंने चौहान के इस कथन का खंडन किया है कि कलाकार 'स्वभावतः प्रगतिशील' होता है। उन्होंने इसको अस्वीकार किया है कि ''कला व्यक्ति की आत्मासिद्धि की मौलिक प्रवृत्ति का परिणाम है'' जैसाकि चौहान कहते हैं। उन्होंने चौहान द्वारा बताए गए आलोचक के कर्तव्य को ढोंगपूर्ण बतलाया है और कहा है कि आलोचक भी लेखक ही की भाँति 'निर्लिप्त और निस्संग' नहीं हो सकता।

इतनी चीजें चौहान के विरुद्ध कही गई हैं किंतु इनमें से एक का भी उत्तर उन्होंने 37 छपे पृष्ठों के लेख में नहीं दिया है। उल्टा इस लेख में भी बहुत-सी पुरानी बातें दुहराई गई हैं जैसे—''एक गुलाम देश का लेखक 'स्वान्तः सुखाय' रचना नहीं कर सकता, न 'कला के लिए कला' का निर्माण कर सकता।'' यदि ऐसा है तो फिर गुलाम देशों में भी प्रतिक्रियावादी लेखक कैसे पैदा होते हैं? यह ठीक है कि गुलाम देश में साहित्य की एक क्रांतिकारी परंपरा होती है और अधिकांश लेखक उस क्रांतिकारी परंपरा के पोषक होते हैं, किंतु इससे यह तो स्वतः सिद्ध नहीं कि वहाँ क्रांति-विरोधी साहित्य लिखा ही नहीं जा सकता। यह आलोचना के रुख की कमी है और इससे हम अनेक उदारपंथी भूलों के दलदल में जा फँसेंगे। यही कारण है कि बंबई में तथाकथित सांस्कृतिक सम्मेलन में अज्ञेय के कार्यों की भूमिका की उपेक्षा करते हुए चौहान ने लिखा था, ''परंतु न पहले कभी और न आज ही मैं यह मानने को तैयार हूँ कि अज्ञेय एक जन-विरोधी लेखक हैं केवल इसलिए कि उन्होंने प्रगतिवादियों से मतभेद रखा है, और इधर 'नेहरू-अभिनंदन-ग्रंथ' का संपादन किया है।'' यह ठीक है कि हम अज्ञेय को सिर्फ इसलिए जन-विरोधी नहीं कह सकते कि उन्होंने प्रगतिवादियों से मतभेद रखा है और इधर 'नेहरू-अभिनंदन-ग्रंथ' का संपादन किया है। किंतु साम्राज्यवादियों को शक्ति पहुँचाने वाली कान्फ्रेंस में उनकी कार्रवाइयों को क्या कहा जाए? अज्ञेय के विषय में शिवदानसिंह चौहान ने एक वक्तव्य मात्र दे दिया है, जिसे हम आलोचना मानने के लिए बाध्य नहीं।*

---

* दिल्ली से प्रकाशित 'आलोचना' के अंक-2 में 'त्रिशंकुओं का साहित्य' शीर्षक संपादकीय में चौहानजी के नवीनतम विचार प्रकाशित हुए हैं।

शुरू से आखिर तक उनके लेख पर चापलूसी का गहरा रंग चढ़ा हुआ है! कोई दूसरे प्रकार का लेखक या आलोचक होता तो हम चौहान में आलोचना-आत्मालोचना के रुख की कमी से चिंतित नहीं होते। किंतु एक मार्क्सवादी आलोचक समझे जाने के बावजूद उनमें एक शब्द भी अपने लिए आलोचना का नहीं है। वरन् अपनी ग़लतियों को भी यह कह कर मिटाया गया है कि जो कुछ भी उनके विरुद्ध रामविलास शर्मा, अमृतराय आदि ने लिखा है वह उन्हें "साहित्य की दुनिया से देश-निकाला देने के लिए"।

और उन्होंने यह नहीं माना है कि उनसे भी वामपक्षी संकीर्णतावादी ग़लतियाँ हो सकती थीं। उल्टा उनके स्वर में यह है कि सारी ग़लतियों को मैं समझ रहा था, बस मौका नहीं मिला कि उनको समय रहते बतलाता, क्योंकि मैं कश्मीर में व्यस्त था। उनके शब्दों को देखिए : "तीन साल से ज्यादा हो गए, तब से मैं कश्मीरी जनता की सांस्कृतिक शक्तियों के संगठन में इतना अधिक व्यस्त रहा हूँ कि अपने साहित्य की बहसों में भाग लेने का अवकाश नहीं मिला है।" इन तीन वर्षों के बीच उन्हें 'कश्मीरी जनता की शक्तियों के संगठन में' व्यस्त रहने का मौका मिला, और बहुत कुछ लिखने का भी, किंतु अपनी आँखों से पूरे देश के प्रगतिशील आंदोलन के भटकावों के विषय में कुछ कहने का मौका न मिला जबकि उनके कुछ शब्दों ने इस भटकाव के रास्ते में पहाड़ का काम किया होता! यह है चौहान का मार्क्सवादी सिद्धांत!

यह ठीक है कि यदि यह मानकर भी चला जाए कि जो कुछ दोष डॉक्टर रामविलास शर्मा ने शिवदानसिंह पर लगाए हैं उनके बावजूद हम उनकी इस अंतिम स्थापना से सहमत नहीं हैं कि चौहान ने "अपनी जगह पूँजीवाद के दलालों, मार्क्सवाद के दुश्मनों और क्रांति-विरोधियों के बीच में कायम की" थी "न कि मज़दूर वर्ग के साथियों और प्रगतिशील लेखकों के बीच में।" लेकिन इसका मतलब यह नहीं होता कि इस अंतिम स्थापना के ग़लत हो जाने से शिवदानसिंह चौहान अपनी और सारी ग़लतियों को पचा जाएँ। मार्क्सवादी होने के नाते क्या उनसे यह नहीं अपेक्षित था कि जहाँ वे एक ओर डॉक्टर रामविलास शर्मा, अमृतराय इत्यादि पर आक्रमण करते हैं वहाँ दूसरी ओर वे अपनी आलोचना भी करते? इसका स्वस्थ प्रभाव यह पड़ता कि और लेखकों और आलोचकों के लिए इस भ्रम में पड़ने की गुंजाइश न होती कि सारी वामपक्षी संकीर्णतावादी ग़लतियों के पीछे ग़लत राजनीतिक समझ न थी बल्कि जैसा कि चौहान कहते हैं : "व्यक्तिगत द्वेष, विवेकहीन आक्रोश और अहंकार" और "चौहान को साहित्य की दुनिया से ही देश निकाला देने का षड्यंत्र"। और अगर स्वयं एक कम्युनिस्ट लेखक और आलोचक के प्रति डॉक्टर रामविलास शर्मा, अमृतराय और अन्य व्यक्ति इस प्रकार सिद्धांतहीन षड्यंत्र रच सकते थे तो फिर और लेखक और आलोचक तो अपनी खैर मनाएँ! यह है प्रभाव 'नयी चेतना' में प्रकाशित शिवदानसिंह चौहान के लेख का। जब एक बार ऐसा प्रभाव पड़ जाता

है तो फिर तो आप खाकसारी करते जाइए, चापलूसी के स्वर में लिखते जाइए, माफ़ियाँ माँगते जाइए, लज्जित होते जाइए, असर बहुत कम पड़ेगा।

इधर हाल में ही अमृतराय ने 'साहित्य में संयुक्त मोर्चा' नाम की एक पुस्तक लिखी है। इस पुस्तक में सबसे अच्छी बात यह है कि अमृतराय ने काफी विवरण के साथ हमारी संकीर्णतावादी भूलों के मूल में जाने की कोशिश की है और हमारी राजनीतिक समझ की ग़लती किस तरह साहित्य में अनेक प्रकार से अभिव्यक्त हुई—विषयों के चुनाव से लेकर शैली तक में, विभिन्न लेखकों की आलोचनाओं में, और अनेक जनवादी लेखकों के प्रति हमारे रुख में, इसकी छानबीन की है। संभव है हममें से बहुत उस प्रणाली से संतुष्ट न हों जिस प्रणाली से अमृतराय ने सारी राजनीतिक ग़लतियों को साहित्य-क्षेत्र की ग़लतियों पर थोपने की कोशिश की है, किंतु फिर भी यह प्रयास ही कि हम अपनी ग़लतियों के मूल में सामाजिक और राजनीतिक कारणों को समझें, स्तुत्य है।

लेकिन क्या इस पुस्तक में भी हम आलोचना-आत्मालोचना का सही रुख़ या स्तर पाते हैं? पुस्तक का अधिकांश रामविलास शर्मा की आलोचना के रूप में है और रामविलास शर्मा द्वारा लिखी गई राहुल, पंत, रांगेय राघव और चौहान की आलोचनाओं का जो वैज्ञानिक और निर्लिप्त मूल्यांकन होना चाहिए था वह नहीं हुआ है। यदि हम अमृतराय की यह बात मान भी लें कि रामविलास शर्मा में "वह बुनियादी चीज, सच्ची ईमानदार आत्म-आलोचना का माद्दा ही नहीं है जिसके बगैर सब कुछ मिट्टी हो जाता है" तो भी क्या हम रामविलास की आलोचना इस प्रकार करेंगे कि चूँकि वे अपनी पुरानी सभी स्थापनाओं पर जमे हुए हैं इसलिए उन्हें उत्तर देने का तरीका यह होगा कि हम उनकी सारी पुरानी स्थापनाओं को आँख मूँद कर अस्वीकार कर दें। और अमृतराय ने अपनी पुस्तक में यही काम किया है। जहाँ तक अपनी या अन्य लोगों की आलोचना का सवाल है वह औपचारिक ढंग से ही की गई है।

मैं समझता हूँ कि यदि हम ईमानदारी से काम लें तो इसे मानेंगे कि रामविलास शर्मा की आलोचना के बाद काफ़ी अर्से तक हम पंतजी को उनकी 'स्वर्णकिरण', 'स्वर्णधूलि' और 'उत्तरा' आदि के कारण प्रतिक्रियावादी समझते रहे। अमृतराय और हममें से बहुतों ने पंतजी के साथ सहानुभूति का रुख कब अख्तियार करना शुरू किया? जब पंतजी ने शांति अपील पर दस्तख़त किया। रामविलास शर्मा ने पंत की आलोचना उस समय लिखी थी जब हमारे यहाँ या योरप या अन्य देशों में भी शांति का आंदोलन नहीं के समान था। उस समय कोरिया का युद्ध नहीं छिड़ा था और साम्राज्यवाद की नग्न हस्तक्षेप की नीति बहुतों पर स्पष्ट न थी और न लोग यह समझते थे कि साम्राज्यवाद किस भाँति युद्ध पर तुला हुआ है और उसके बचने का आज एकमात्र यही रास्ता रह गया है। इसलिए शांति के समर्थन को आधार मानकर पंतजी के प्रति सहानुभूतिपूर्ण दृष्टिकोण रखने का प्रश्न ही उस समय नहीं था जिस

समय रामविलास शर्मा ने पंत पर आलोचना लिखी थी। उस समय सवाल था कि पंत जनवादी हैं या नहीं। अगर यह भी मान लिया जाए कि रामविलास शर्मा के अनुसार जनवादी होने का मतलब समाजवादी होना था और चूँकि रामविलास शर्मा ने पंत को समाजवादी क्रांति का समर्थक नहीं पाया इसलिए उन पर इतना उग्र आक्रमण किया, तो भी क्या अमृतराय का या हम सब का यह काम नहीं है कि इस बात को समझें कि पंतजी जनवादी भावना से किस प्रकार अपनी इन रचनाओं में दूर हो गए हैं? रामविलास शर्मा ने अपने लेख में किया क्या? उन्होंने यह दिखलाया कि पंत अपने छायावादी युग से भी पीछे चले गए हैं--कला और विषय-वस्तु दोनों में ही। उन्होंने पंत के 'ग्राम्या' युग की असंगतियों के संबंध में अपनी पुरानी आलोचनाओं का जिक्र किया और यह दिखलाया कि उन असंगतियों का कमजोर पहलू आज पंत में जोर पकड़ गया है और उसका प्रगतिशील पहलू खत्म हो गया है और इसका कारण यह है कि पंत जनता से सीखते नहीं बल्कि उसके गुरु बनना चाहते हैं। उन्होंने पंतजी के अंतर्जगत् और बहिर्जगत् में समन्वयवाद का असली रूप दिखलाया, उन्होंने उस लेख में यह दिखलाया कि पंत छायावादी काल तक में सामंती सभ्यता का विरोध करते थे और आज सामंती-व्यवस्था और उसकी मान्यताओं का समर्थन कर रहे हैं, उन्होंने पंतजी की स्वर्णचेतना में कामशास्त्र के गहरे रंग का पर्दाफ़ाश किया और इसके अतिरिक्त शब्द-शिल्पी पंत की कला के पतन को स्पष्ट कर दिया। इन सब चीजों के बारे में अमृतराय कुछ नहीं लिखते। पंत के बारे में रामविलास शर्मा से उनका एक ही प्रश्न है--"उदाहरण के लिए श्री रामविलास शर्मा ने ज्यामिति के थ्योरम की तरह यह तो साबित कर दिया कि पंत पूँजीपतियों के दलाल हैं, लेकिन अगर रामविलासजी का मूल्यांकन सही था तो यह कैसे हुआ कि पूँजीपतियों का वह सचेत जागरूक दलाल, जनता को अध्यात्मवाद की अफीम खिलाकर सुलाने वाले जंगबाज अरविंद का चेला कोरिया के संबंध में अपने गुरु के बयान के बावजूद शांति का प्रहरी बना? ऐसा कैसे हुआ?" हम यहाँ 'शांति का प्रहरी' की अतिरंजित शैली की शल्य-क्रिया नहीं करते, किंतु यह सवाल पूछते हैं कि क्या पूँजीवाद के दलाल शांति के समर्थक नहीं हो सकते? यहाँ पंतजी की ओर से बोलते-बोलते अमृतराय शांति-आंदोलन के प्रति संकीर्णतावादी दृष्टिकोण का प्रतिपादन करने लगे। दूसरे अगर प्रगतिशील लेखकों का आंदोलन साम्राज्यवाद-विरोधी और सामंतवाद-विरोधी है तो हमें यह अच्छी तरह समझ लेना चाहिए कि सभी शांति चाहने वाले उसमें नहीं आ सकते क्योंकि आज शांति के पक्ष में उनकी भी आवाजें उठ रही हैं जो सामंती जीवन-मूल्यों के शिकंजे में फँसे हुए हैं और जो सामंती व्यवस्था का विरोध नहीं करते। शांति-आंदोलन आज इतना व्यापक हो उठा है कि सिद्धांत रूप से जो साम्राज्यवाद का विरोध नहीं करते उनका भी यह मत हो सकता है कि संसार की सारी समस्याओं का हल पाँच बड़े देशों में शांति-समझौता द्वारा और हर

हालत में शांतिपूर्ण तरीके से हो। यह तो बिल्कुल स्पष्ट है कि सभी साम्राज्यवाद-विरोधी और सामंतवाद-विरोधी लेखक शांति के समर्थक होंगे किंतु यह अनिवार्य नहीं कि सभी शांति के समर्थक साम्राज्यवाद-विरोधी और सामंतवाद-विरोधी हों।

पंतजी के संबंध में लिखी गई बातों का आशय यह नहीं कि हम उन्हें शत्रु के रूप में या पूँजीवाद के दलाल के रूप में देखें। स्वयं डॉक्टर रामविलास शर्मा ने स्वीकार किया है कि उन्होंने पंत पर आलोचना लिखने में जनता की चेतना का ध्यान न रखा। इसका मतलब यह नहीं कि पंत पर पूँजीवादी और सामंतवादी दोनों विचारधाराओं का प्रभाव नहीं है। हम उनके साथ शत्रु जैसा व्यवहार नहीं करेंगे क्योंकि हमारे प्रगतिशील लेखक आंदोलन में पूँजीवादी विचारधारा को सहन किया जाएगा, यदि उसे सचमुच साम्राज्यवाद, सामंतवाद-विरोधी संयुक्त मोर्चा बनना है और अमल में पंतजी ने शांति का समर्थन किया है। यह मानते हुए भी कि सच्चे साम्राज्यवाद-सामंतवाद-विरोध और पूँजीवादी विचारधारा में असंगति है, हम उसे सहन करेंगे। ग़लती हम तब करते हैं जब सहिष्णुता या सहन करने का अर्थ हम आलोचना का अभाव लगाते हैं। इस प्रकार जब हम रामविलास शर्मा द्वारा पंतजी की आलोचना को देखते हैं तो हम उसकी शैली या स्तर से मतभेद रख सकते हैं किंतु उसकी प्रमुख स्थापनाओं को हमें स्वीकार करना ही होगा। अमृतराय की पुस्तक में इस संतुलित दृष्टिकोण का सर्वथा अभाव है।

यह चीज उन्होंने रांगेय राघव और राहुल पर रामविलास शर्मा के लेखों के संबंध में की है। रांगेय राघव कम्युनिस्ट लेखक न होते हुए भी मार्क्सवादी लेखक समझे जाते हैं। रामविलास शर्मा ने रांगेय राघव पर जो लेख लिखा उसके पीछे उनका उद्देश्य क्या था? उसके पीछे उनका उद्देश्य यह दिखाना था कि रांगेय राघव की कृतियों में इतिहास के प्रति उनका दृष्टिकोण मार्क्सवादी नहीं है। हम अमृतराय की इस स्थापना को मानते हैं कि उनमें मार्क्सवाद का खोटापन उन्हें अप्रगतिशील नहीं बना देता या इसकी आवश्यकता नहीं कि हम इस मध्यवर्गीय निराशा को जो समाज में शोषण को देख कर पैदा होती है शत्रु विचारधारा समझें। लेकिन क्या अमृतराय ने कहीं भी अपनी पुस्तक में यह उल्लेख किया है कि इतिहास के बारे में रांगेय राघव का दृष्टिकोण मार्क्सवादी नहीं समझा जा सकता या उनका साहित्य मार्क्सवादी विचारधारा का प्रतिनिधित्व नहीं करता क्योंकि मध्यवर्गीय निराशा के मूल में क्रांतिकारी मज़दूर वर्ग की भूमिका को न देख पाना है।

राहुलजी को मार्क्सवादी विचारधारा का और भी बड़ा प्रतिनिधि लेखक समझा जाता है। रामविलास शर्मा ने राहुल पर लिखते समय यह दिखलाने की कोशिश की कि उन्होंने "वैज्ञानिक भौतिकवाद के नाम पर आदर्शवादी धारणाएँ पेश की हैं।" उन्होंने राहुल की राजनीतिक विचारधारा का मूल्यांकन किया है और उसके आधार पर राहुल को प्रगतिशील आंदोलन का प्रमुख शत्रु कहा है। हममें से अधिकांश इस

दूसरी स्थापना को स्वीकार करने को तैयार नहीं। लेकिन इसका यह मतलब नहीं कि हम राहुल का समर्थन करते-करते यहाँ तक पहुँच जाएँ कि उनकी सांप्रदायिकता की ज़हरीली विचारधारा की ओर से आँखें मूँद लें। राहुल की 'आज की राजनीति' को पढ़ने से स्पष्ट है कि वे ठोस रूप से साम्राज्यवाद के विरोधी हैं। यदि महीप उनका प्रतिनिधित्व करता है, जैसा कि प्रकाशक का वक्तव्य है, तो अवश्य ही राहुल ऐंग्लो-अमरीकी साम्राज्यवाद के घोर विरोधी हैं, हमारे देश की परराष्ट्र नीति के जो साम्राज्यवादियों के साथ अधिकांश रूप से जुड़ गई है, घोर विरोधी हैं। लेकिन हमें यह नहीं भूल जाना चाहिए कि वही महीप भाषा के मसले को लेकर ऐसा सांप्रदायिक ज़हर उगलता है जिससे साम्राज्यवादियों और सामंतवादियों को ही लाभ हो सकता है और हमारा राष्ट्रीय आंदोलन कमजोर बनता है। 'प्रवाह' के लेखों में रामविलास शर्मा ने अनेक उद्धरणों के साथ दिखलाया है कि राहुल किस तरह सामंतवाद का समर्थन करते हैं, किस तरह अंधराष्ट्रीयता या पुनरुत्थानवाद का प्रचार करते हैं। इन सारी चीज़ों से जन-विरोधी साम्राज्यवाद, सामंतवाद को ताक़त पहुँचती है। लेकिन दूसरी ओर महीप है, जिस पर गांधीवाद का गहरा रंग चढ़ा हुआ है, सरदार पटेल के प्रति भी जो श्रद्धावान है रियासतों में जैसे कोई बड़ी क्रांति हो गई हो, यह भी मानता है फ़िर भी वह 'आज की राजनीति' में साम्राज्यवाद का घोर-विरोधी है, आज़ादी के बारे में शंका करता है। ये दोनों रुख मेल नहीं खाते, किंतु दोनों ही राहुल में मौजूद हैं। हम उन्हें शत्रु कहें या मित्र? जहाँ हम प्रश्न को इस ठेठ रूप में रख देते हैं और उसका जवाब एक शब्द में देते हैं वहाँ हम आज की परिस्थितियों की अवहेलना कर अमार्क्सवादी दृष्टिकोण का परिचय देते हैं। महत्त्वपूर्ण सवाल यह नहीं है कि राहुल प्रगतिशील लेखक आंदोलन के मित्र हैं या शत्रु। महत्त्वपूर्ण सवाल यह है कि उनमें ऐसे तत्त्व हैं या नहीं कि वे जनवादी खेमे में आ सकें। हमारी आज की परिस्थितियों में ऐसे लेखक का महत्त्व है क्योंकि उसमें विकास की संभावना है। शत्रु और मित्र का सवाल हम तब उठाते हैं जब किसी लेखक में हम उसकी प्रगतिशील और प्रगति-विरोधी प्रवृत्तियों की असंगति में एक ही पक्ष को उसके विकास की संभावना से पृथक् कर देखते हैं। मेरी समझ से रामविलास शर्मा ने यही ग़लती की है और उन पर ईमानदारी की कमी का आरोप लगाना इस चीज़ को न समझने के कारण है। लेकिन दूसरी ओर अमृतराय में आलोचना की कमी उन्हें सीधे उदारपंथी भूल में डाल देती है और वे इस हद तक उतर आते हैं कि राहुल की सांप्रदायिकता के प्रति विरोध प्रकट करते हुए भी यह कहते हैं : ''मगर मैं इन प्रश्नों पर भी उनके दृष्टिकोण को सहानुभूतिशील ढंग से, ईमानदारी के साथ समझना चाहता हूँ। उन पर भी मेरा कोई पूर्वाग्रह नहीं है, अपना सोचने का ढंग जरूर है जो सही भी हो सकता है, ग़लत भी हो सकता है।'' इसका मतलब यह हुआ कि राहुल के प्रगतिशील तत्त्वों को तो हम स्वीकार कर लें किंतु उसमें प्रगति विरोधी तत्त्वों के प्रति उदारता का भाव रखें

या उनकी ऐसी चलती हुई हल्की आलोचना करें जो आलोचना न करने के बराबर हो। आलोचना के रुख़ की यही कमी अक्सर अमृतराय में उदारपंथी छलनी का काम करती है। उदाहरणार्थ, भारत सरकार ने कृश्न चंदर, ख़्वाजा अहमद अब्बास, सरदार जाफरी और करंजिया को सोवियत रूस जाने का पासपोर्ट नहीं दिया। अमृतराय 'हंस' के जुलाई-अगस्त 1951 अंक के संपादकीय में इसकी घोर निंदा करते हुए अंत में यह लिखते हैं : "हम समझते हैं कि भविष्य में फिर कभी ऐसा मौक़ा आने पर हिंद सरकार अपनी ग़लती को दुहराएगी नहीं वर्ना निश्चय ही हमें यह कहने का अधिकार होगा कि विदेशी छायाओं से अभी हमारा देश आज़ाद नहीं हुआ।" देश आज़ाद हुआ या नहीं हुआ—इस चीज़ को लेकर हम लेखकों से डंडा नहीं चलाते फिरेंगे; लेकिन इसका यह भी आशय नहीं कि चूँकि हमारे देश में अभी सभी लेखक इस चीज़ को नहीं मानते इसलिए हम आपकी समझ को उनकी उदारपंथी छलनी में छान डालेंगे। अमृत ने यही ग़लती पिछले दौर के प्रगतिशील साहित्य के मूल्यांकन में की है।

शिवदानसिंह चौहान और अमृतराय को लेकर जो कुछ ऊपर लिखा गया है उसमें डॉक्टर रामविलास शर्मा की स्थापनाओं के विषय में बहुत कुछ कहा गया है। संक्षेप में हम पूछ सकते हैं कि उनकी आलोचना-आत्मालोचना की सबसे बड़ी कमी क्या है। मेरी समझ से उसकी सबसे बड़ी कमी यह है कि किसी लेखक के प्रतिक्रियावादी पक्ष को अधिक करके आँकना और उसके प्रगतिशील तत्त्वों को उपेक्षित कर देना। यही बात उन्होंने ख़ास तौर से राहुल और रांगेय राघव पर लिखे गए लेखों में की है और यही भूल शिवदानसिंह पर लिखे गए उनके लेख में है। यही वजह है वे इन लेखकों को शत्रु मानने लगे। उन्होंने इधर बहुत दिनों तक यह कहा है कि वे राहुल, पंत इत्यादि पर अपनी सारी स्थापनाओं को सही मानते हैं। यदि ऐसी बात है तो फिर संकीर्णतावादी ग़लतियाँ कहाँ से उपजीं? बात यह है कि जब एक बार इन लेखकों को शत्रु मान लिया गया तो फिर आलोचना की शैली उसके उपयुक्त होनी ही चाहिए और इसी चीज़ के कारण उनकी स्थापनाएँ अमल में संकीर्णतावाद की ओर ले जाती हैं। शायद उनमें अपनी सारी पहली स्थापनाओं को सही कहने की प्रतिक्रिया इसलिए हुई कि संयुक्त मोर्चा-संबंधी बहसों में हममें से सारे-के-सारे आलोचकों ने उनकी हर-एक स्थापना के प्रति विरोध या उपेक्षा का प्रदर्शन किया। किंतु यह बात उनके रुख़ का मनोवैज्ञानिक विश्लेषण भले ही हो, उसकी वकालत नहीं हो सकती। इसी भाँति शिवदानसिंह चौहान ने जिस भाषा और शैली का प्रयोग उनके विरुद्ध किया है, वह रामविलास शर्मा के कड़े रुख़ का परिणाम या प्रतिक्रिया भले ही हो, उसे हम ठीक नहीं कह सकते। इसलिए जब हम संकीर्णतावादी दौर में हों उस समय उग्र भाषा और शैली का होना स्वाभाविक है, किंतु जिस समय हम उसमें से निकलने का प्रयत्न कर रहे हैं उस समय हमें उस उग्र भाषा और शैली से बचना ही होगा। क्या शिवदानसिंह चौहान और अमृतराय में यह चीज़ मिलती है? नहीं। लेकिन क्या

यह चीज़ डॉक्टर रामविलास शर्मा में मिलती है? नहीं। इस प्रकार हम बहस में एक कटुता पैदा करते जा रहे हैं और जैसे कीचड़ उछालना ही हमारा काम रह गया हो। ख़ास तौर से कम्युनिस्ट लेखकों और आलोचकों का यह पारस्परिक व्यवहार उचित नहीं। हम एक-दूसरे की आलोचना करें, खुली और स्पष्ट आलोचना करें, किंतु हमारी आलोचना का स्तर ऊँचा, निर्लिप्त और व्यक्तिगत आरोपों-प्रत्यारोपों से मुक्त होना चाहिए। हमारे आंदोलन के शत्रु हमारी खुली सैद्धांतिक बहसों से फ़ायदा नहीं उठा सकते। फ़ायदा वे तब उठाते हैं जब हम मार्क्सवादी आलोचना-आत्मालोचना के सिद्धांत और स्तर से नीचे गिर जाते हैं।

ग़ैर-कम्युनिस्ट किंतु सहानुभूतिपूर्ण या सहगामी लेखकों में इधर सबसे अधिक हिस्सा इन बहसों में रांगेय राघव ने लिया। उनके साथ रामगोपालसिंह चौहान का इंटरव्यू 'हंस' में काफी पहले छप चुका है। उन्होंने 'नया समाज' मार्च 1951 में इसी संबंध में एक कविता लिखी और उधर 'नवयुग' में उनके लेख रामविलास शर्मा के तथाकथित अवसरवाद इत्यादि पर छपे थे। रांगेय राघव की इन सारी चीज़ों में आलोचना का घोर व्यक्तिवादी तरीक़ा अपनाया गया है और उन्होंने बिल्कुल गाली-गलौज की शैली अपनाई, जिसकी ध्वनि कुछ ऐसी है जैसे वे पुराना बदला ले रहे हों। उन्होंने 'नया समाज' वाली कविता में लिखा है :

> डेढ़ साल गए कि मैं रोग से लाचार,
> लहलहाता प्रगतिशीलों का चमन तजकर गया था,
> और आया आज जब उजड़ा दयार यहाँ पड़ा है!
> उजाड़े तुमने चमन के फूल, काँटों से किया खिलवाड़
> आज भी अस्वस्थ, पर मजबूर हूँ मैं बोलने को
> धूल-कीचड़ दूसरों पर फेंकते हो,
> आ गया हूँ, आज ही से कर उठे चीत्कार?

इन पंक्तियों में भी शिवदानसिंह वाला ही बीमारी का हीला है अपनी अचूक बुद्धि-क्षमता के प्रदर्शन के लिए। जिस ढंग से उन्होंने इस कविता में डॉक्टर रामविलास शर्मा और नरोत्तमनागर इत्यादि को याद किया है वह अत्यंत फूटपरस्त है और उससे सिद्ध होता है आलोचना-आत्मालोचना के बारे में उनकी समझ कितनी ग़लत है। जिस ढंग से रामविलास शर्मा ने उनकी आलोचना की थी उससे कहीं अधिक सख़्त, किंतु उससे कहीं अधिक प्रभावहीन आलोचना, उन्होंने रामविलास शर्मा की की है। उन्होंने उन्हें और उनके साथियों को 'त्रात्स्की के पुत्र' की उपाधि से विभूषित किया है और जिस प्रकार उन्हें तैलंगाना के आंदोलन की पृष्ठभूमि में रखकर उनके विषय में लिखा है वह शत्रुओं जैसा है। ऐसा जान पड़ता है कि वे सीखने के लिए कम तैयार हैं और बदला लेने के लिए अधिक। उसमें ईमानदारी से भरी आलोचना-आत्मालोचना से अधिक प्रवृत्ति अवसरवादी आलोचना की है। इस प्रकार की आलोचना का और

भी नंगा नाच हम 'नवयुग' (8 जुलाई 1951) के अंक में देख सकते हैं जहाँ उनका काम एक यह रह गया है कि डॉक्टर रामविलास को अवसरवादी सिद्ध कर दें। यदि ऐसी बात थी तो फिर और लोगों ने डॉक्टर रामविलास शर्मा की ग़लतियाँ क्यों कीं? इसका तो मतलब यह होगा कि दूध के धोये अकेले बस डॉक्टर रांगेय राघव हैं। उन्होंने डॉक्टर रामविलास शर्मा की अवसरवादिता का प्रधान प्रमाण यह दिया है कि "आज जैसे डॉक्टर रामविलास शर्मा चीन की खाल खींच रहे हैं, एक दिन वे रूस की आँखें निकाल रहे थे।" उन्हें यह नहीं मालूम कि जहाँ तक इन देशों में क्रांतियों के अनुभव का सवाल है कोई भी देश किन्हीं भी परिस्थितियों में उनसे लाभ उठा सकता है क्योंकि उनके पीछे कुछ सिद्धांत हैं, जिनका प्रयोग विभिन्न परिस्थितियों में विभिन्न रूप से होता है। चीन की क्रांति रूसी क्रांति जैसी नहीं है, इसका मतलब यह नहीं चीनी क्रांति ने रूसी क्रांति से कुछ सीखा ही नहीं। इसका मतलब यह होता है कि रांगेय राघव ने चीन के नेताओं के रूसी क्रांति के प्रति कृतज्ञता के उद्गारों को नहीं देखा है या यदि देखा है तो लेख लिखते समय उन्हें स्मरण नहीं रहा है या यदि स्मरण रहा है तो उसे छिपाना ही उनके लेख का प्रयोजन था क्योंकि तब इस चीज़ के आधार पर वे डॉक्टर रामविलास शर्मा को अवसरवादी नहीं सिद्ध कर पाते। फिर भी हम सभी से अवसरवादी भूलें हो सकती हैं किंतु उन्हीं भूलों के आधार पर किसी को एकदम अवसरवादी सिद्ध करने का प्रयत्न फूटपरस्ती के सिवाय और क्या है? मान लीजिए कि उनकी समझ से रामविलास शर्मा की आलोचना त्रात्स्कीवादी है तो इसका मतलब यह भी नहीं हुआ कि अत्रात्स्कीवादी डॉ. रांगेय राघव भी त्रात्स्कीवादी आलोचना-शैली अपनाएँ। क्या उनकी समझ से त्रास्त्कीवाद का उत्तर त्रास्त्कीवाद है। हमें डॉक्टर रांगेय राघव से यह आशा थी कि वे डॉक्टर रामविलास शर्मा ने जो कुछ उनपर लिखा है उसकी आलोचना करेंगे। लेकिन डॉक्टर रामविलास शर्मा को त्रास्त्कीवादी सिद्ध करने से वे शायद यह सोचते हैं कि उनका मार्क्सवाद खरा सोना हो जाएगा। इस तरह की आलोचना से हमारा प्रगतिशील लेखक आंदोलन आगे नहीं बढ़ सकता क्योंकि इस प्रकार हम संयुक्त मोर्चा नहीं बना सकते। अगर फूटपरस्ती के नये अध्याय हम जोड़ते ही जाएँगे तो हमारा अंत कहाँ होगा?

इस समय आलोचना और आत्म-आलोचना के द्वारा और मैत्रीपूर्ण रुख़ से हमें एक-दूसरे के नज़दीक आना है। हमारी आलोचना-आत्मालोचना का ध्येय होना चाहिए दूसरों को उनकी आलोचना के द्वारा आगे बढ़ाना और खुद अपनी आलोचना के द्वारा उनके साथ बढ़ना। यदि हम इस चीज़ को नहीं कर पाते और इसके स्थान पर व्यक्तिगत आक्षेपों-प्रत्याक्षेपों में ही लगे रहे तो प्रगतिशील लेखकों के संयुक्त मोर्चा को एक शक्तिशाली जनवादी अस्त्र बनाने के दिन को ढकेल कर अपने से दूर करते जाएँगे।

• **नयी चेतना, 1951**

सोवियत साहित्य में व्यक्ति

समाजवाद और सोवियत संस्कृति के विरुद्ध प्रचार करना जिन्होंने अपना पेशा बना रखा है वे अक्सर यह कहा करते हैं कि समाजवादी व्यवस्था में 'व्यक्ति' नगण्य है, वह एक यंत्र मात्र है और उसको अपनी प्रतिभा या क्षमताओं के स्वाभाविक विकास की स्वतंत्रता या अवसर नहीं प्राप्त होता। यह कितना बड़ा सफेद झूठ है इसका सबसे अच्छा प्रमाण हमें सोवियत साहित्य में व्यक्ति के स्थान के अध्ययन से मिल जाता है। सच तो यह है कि व्यक्ति के जीवन को जो एक नया गौरव और एक नयी सार्थकता समाजवादी साहित्य ने दी है, वह हमें अभिजात-वर्ग के साहित्य में (जो सर्वदा ही व्यक्ति की स्वतंत्रता की ओट में व्यक्ति का खून करता आया है) कहीं नहीं मिल सकती। पूँजीवादी समाज के विकास का नियम ही कुछ ऐसा है कि उसमें व्यक्ति के गले का फंदा निरंतर कसता ही जाता है और उसे यदि कोई स्वतंत्रता है तो वह अपने सही विकास की नहीं, वरन् मौत के मुँह में जाने की है। यह नहीं कि पूँजीवादी व्यवस्था में दो-चार भले आदमी पैदा ही नहीं होते, किंतु इस व्यवस्था में महान् व्यक्तित्व भी अपनी संभावनाओं को प्रस्फुटित नहीं कर पाता। वह अपने को एक ऐसे विष और अग्नि के वातावरण में पाता है कि उसके व्यक्तिगत गुण, उसकी व्यक्तिगत शक्तियाँ और समाज के प्रति सद्भावनाएँ झुलसकर रह जाती हैं। उसका व्यक्तित्व निरर्थक होता है।

अभिजात-वर्ग और पूँजीवादी व्यवस्था का चित्र हम उन्नीसवीं सदी के साहित्य में प्रचुरता से पाते हैं और इस यथार्थवाद के नेता दो फ्रांसीसी उपन्यासकार—जोला और फ्लाबेयर—हैं। उनके उपन्यासों का वातावरण ही कुछ ऐसा है कि उसमें स्वस्थ जीवन और सुंदरता की कोई गुंजाइश नहीं। चूँकि उनके चारों ओर मानव-जीवन कुरूपता से भरा जान पड़ता था, इसलिए यथार्थवादी होने के नाते उन्होंने अपने उपन्यासों में उसका वैसा ही कुरूप चित्र भी उपस्थित किया है। यहाँ पर हमें अभिजात-सभ्यता में व्यक्तित्व के खून का सबसे अच्छा उदाहरण मिलता है। जोला की नाना और फ्लाबेयर की मैदेम बोवारी दोनों में रोमांस की प्यास है किंतु उनका

रोमांस उन्हें पग-पग पर नीचे की ओर ही ढकेलता जाता है। जोला और फ्लाबेयर के उपन्यासों में रोमांस का केवल एक ही अर्थ रह गया है—पुरुष के जीवन के रोमांस का अर्थ है अनेक नारियों की भूख और व्यभिचार और नारी के जीवन के रोमांस का अर्थ है अनेक पुरुषों की भूख और वेश्यापन। मैदेम बोवारी के पति के लिए "विश्व उसके पेटीकोट की परिधि के बाहर नहीं था।" स्वयं मैदेम बोवारी का जीवन इतना आदर्श-हीन था, इतना निरर्थक था कि वह दिन-रात सोचा करती—"कभी-कभी एक घटना का असीम परिणाम होता है और जीवन का दृश्य ही बदल जाता है। किंतु उसके जीवन में कोई घटना नहीं घट रही थी; ईश्वर की यही इच्छा थी! भविष्य उसके लिए ऐसा अँधेरा रास्ता था जिसके दूसरे सिरे पर कसकर दरवाजा बंद था।" जीवन की इसी शिथिलता और उमस से मुक्ति पाने के लिए मैदेम बोवारी अपने को एक पुरुष से दूसरे पुरुष के हाथों में सौंपने में आनंद का अनुभव करती थी। रोडाल्फ, जिसने व्यभिचार को अपना धर्म बना रखा है, कहता है—"आह, यदि मेरे जीवन का कुछ लक्ष्य होता!" और इसी लक्ष्य के अभाव में अपनी कमजोरी छिपाने के लिए वह दुनिया के आदर्शों का मजाक उड़ाता है किंतु वह स्वयं यह कहता है—"कितनी बार जब चाँदनी में मैंने कब्रिस्तान को देखा है तो मेरे दिल में यह आकांक्षा जगी है कि क्यों न मैं भी वहाँ पर मौत की नींद सोने वालों के साथ सो जाऊँ!" इसी प्रकार की तुच्छता, जीवन के स्वस्थ आदर्शों का मखौल, आदमी के लिए नफरत की भावना स्तेनधाल के उपन्यासों में भी मिलती है। उन्नीसवीं सदी के अंतिम भाग के उपन्यासकारों के चरित्र भी जिंदगी की ऐसी ही निरर्थकता, कुरूपता या तुच्छता के शिकार हैं। गिसिंग आदि उपन्यासकारों की ओर संकेत करते हुए जार्ज मूर ने लिखा था—"इंगलैंड में स्वस्थ साहित्यकारों का जमाना चला गया; डिकेंस, थैकरे, जार्ज इलियट के उत्तराधिकारी आदर्श-हीन हैं और फलतः उनके पास भाषा भी नहीं।" उस सदी के अंत के दस वर्षों में तो ह्रासशील साहित्य की सीमा हो गई। जी.ए. स्ट्रीट के उपन्यास 'एक लड़के की आत्मकथा' के नायक के सामने तो इसके सिवा जीवन का कोई आदर्श ही नहीं रह जाता—"फिर भी, उसने अपनी एक-दो महत्त्वाकांक्षाओं को अपने प्रगाढ़ मित्रों को बतलाया था। वह चाहता था कि उसे ऐसा व्यक्ति समझा जाए कि कोई साध्वी स्त्री उससे न बोल सके। यह एक ऐसा लक्ष्य था जिसकी चर्चा वह दर्द-भरी आवाज में किया करता, कुछ अजीब ढंग से कि दिल छू जाए, क्योंकि उसे इसमें कभी सफलता नहीं मिली।" इन चरित्रों के व्यक्तित्व से उनके वातावरण, पूँजीवाद के हाथों निर्मित वातावरण का क्षय, खोखलापन और व्यक्ति के जीवन की निरर्थकता बोलती है।

सोवियत संस्कृति ने व्यक्ति को इसी जड़ता से मुक्त किया है और इस नये समाज और उसके साहित्य ने एक ऐसे व्यक्तित्व की सृष्टि की है जिसमें जीवन की सार्थकता, उसके सामाजिक और ऐतिहासिक महत्त्व, उसकी निर्माण-शक्ति और

उसमें ऊँचे आदर्शों की चेतना कूट-कूट कर भरी है। सोवियत साहित्य में ऐसे व्यक्ति की सृष्टि इसलिए संभव हुई है कि सोवियत संघ की नयी दुनिया ने व्यक्ति और समाज के बीच संघर्ष को दूर कर उनमें सहयोग का संबंध स्थापित किया है। जहाँ पहले पूँजीवादी व्यवस्था में व्यक्ति के गुण या उसकी संभावनाएँ एक अमैत्रीपूर्ण विराट वातावरण में सहमी रह जाती थीं, या पतन के मार्ग पर चली जाती थीं, या कल्पना की वाग्रवी उड़ान, स्वप्न या रहस्यवाद में पलायन ढूँढ़ती थीं, वहाँ सोवियत समाज में व्यक्ति को अवसर प्राप्त हुआ कि वह अपनी शक्तियों का उपयोग ठोस आदर्श को रूप देने में करे और जहाँ उसे बाहर से, समाज से, संघर्ष के स्थान पर मैत्री और सहयोग प्राप्त हुआ। इसलिए सोवियत साहित्य का व्यक्ति जीवन के नैराश्य या उसकी कुरूपताओं का शिकार नहीं, वरन् उसमें एक अदम्य उत्साह और उल्लास उमड़ता है, और उसके कार्यों में यांत्रिकता के स्थान पर एक सक्रिय और सजग प्रेरणा है। पुश्किन और चेखव जैसे लेखकों के अनेक चरित्रों को देखकर हमारे हृदय में यह प्रतिक्रिया होती है—''आह, कितना अच्छा व्यक्ति, किंतु कितना असहाय, कितना असफल!'' सोवियत समाज में, साहित्य में ऐसे चरित्रों के निर्माण की संभावना नहीं रह गई है, क्योंकि वहाँ अच्छाई बेकार नहीं जा सकती। ''सोवियत साहित्य की मानवता इसमें अभिव्यक्त होती है कि वहाँ इच्छा-शक्ति में समाज की बुराइयों को नष्ट करने की सक्रियता होती है। अतएव समाजवादी साहित्य का सकारात्मक (Positive) चरित्र एक तुच्छ या दयनीय व्यक्ति नहीं वरन् एक गर्वीला स्रष्टा, समाज का निर्माता, मानव और मानवता की विजय के लिए साहसिक योद्धा।'' (सोफिया नेल्स—'सोवियत लिटरेचर' फरवरी 1946 में 'फादयेव और उनका नया उपन्यास 'द यंग गार्ड,' ' लेख)।

इसका यह अर्थ नहीं कि सोवियत समाज का प्रत्येक व्यक्ति या सोवियत साहित्य का प्रत्येक चरित्र जन्म के साथ ही कोई ऐसी प्रतिभा लेकर आता है जो और कहीं नहीं पाई जा सकती। वह भी सामान्य और साधारण व्यक्ति होता है किंतु उसके जीवन में एक सार्थकता और उच्चता इसलिए आ जाती है कि वह इतिहास की माँग के प्रति जागरूक रहता है और उन माँगों के प्रति उसका उत्तर सही होता है। एक महान् सांस्कृतिक निर्माण में भागी होने के कारण उसका साधारण व्यक्तित्व भी पूँजीवादी साहित्य के देवोपम चरित्रों से कहीं अधिक उठा हुआ जान पड़ता है क्योंकि पूँजीवादी साहित्य के ऊँचे-से-ऊँचे चरित्र अपने जीवन के ऊँचे-से-ऊँचे क्षण में दूसरों पर दो-चार आँसू बहाकर रह जाते हैं, दूसरों के लिए अपनी सहानुभूति, प्रेम या करुणा के अतिरिक्त उनके पास और कुछ नहीं। उनकी शक्ति भी नपुंसकता से अभिशप्त है। दूसरी ओर सोवियत समाज की नई चेतना से भरे पैरों के नीचे रौंदे हुए व्यक्ति भी अपना सिर गर्व से ऊँचा कर खड़े हो जाते हैं। उदाहरणार्थ, एल्मार ग्रीन के उपन्यास 'दक्खिन से आई हवा' का नायक फिनलैंड का एक साधारण किसान है जिसकी सबसे बड़ी अभिलाषा यह रही है कि उसे भी खेती करने के लिए अपने मालिक

से कुछ जमीन मिल जाए, भले ही वह दलदल हो या जंगल का कोई हिस्सा। उसका मालिक उस पर बहुत प्रसन्न होता है तो उसे एक ऐसे ऊँचे चट्टानी टीले पर जमीन देता है और वह भी इतनी थोड़ी कि मुश्किल से एक कुटिया बन सके। फिनलैंड–रूस युद्ध में, एक नयी हवा फिनलैंड में बहने लगती है–वह है साम्यवाद की हवा। फिनलैंड के शोषक इससे घबड़ा उठते हैं और वे अपने शोषितों को चुप रखना चाहते हैं, उनके सामने कुछ टुकड़े फेंक कर। उस किसान का मालिक भी अब उसे 36 एकड़ जमीन देने को तैयार हो जाता है और बिना पूछे, स्वयं उसके द्वार पर आकर। किंतु अब वह किसान जग चुका है। वह इस दया की भीख लेने से इनकार कर देता है और अपने मालिक से कहता है–"मुझे तुम्हारी जमीन नहीं चाहिए। ××× मैं उसे खुद ले लूँगा जब समय आएगा।" इसका कारण? उस किसान ने इतिहास के रुख को पहचान लिया था और वह उसकी प्रगति के साथ कदम मिलाकर चलने को तैयार था। उसी के शब्दों में–"उसकी जमीन पर मेरे हाथ 30 साल तक यों ही नहीं काम करते रहे। अब उन्होंने चुपचाप काम करने भर के अतिरिक्त और भी कुछ सीख लिया है। अब उन्होंने घूँसों में बँधना सीख लिया है, बड़े, लोहे जैसे मजबूत घूँसों में। इस समय मैं केवल लोहा–लोहा रह गया था और इस सारी दुनिया में मुझे किसी चीज का भय नहीं रह गया था।" वैसे तो सोवियत साहित्य में एक नयी चेतना से नयी शक्ति के उद्भव का चित्रण गृह-युद्ध और पंचवर्षीय निर्माण योजना के समय से संबंधित उपन्यासों में भरा पड़ा है किंतु इसका अत्यधिक दर्शन हमें हाल के विश्वयुद्ध में सोवियत की जनता की वीरता में होता है। उस समय अनेक साधारण-से-साधारण व्यक्तियों के अदम्य उत्साह, उनकी परिश्रमशीलता और त्याग भावना को देख कर दंग रह जाना पड़ता है। फादयेव ने अपने प्रसिद्ध उपन्यास 'द यंग गार्ड' में एक स्थान पर लिखा है–"सोवियत संघ में यहाँ तक कि क्रासनोडान में भी, कितने ही लोग हैं, साधारण लोग, हमारे तुम्हारे जैसे, जिनको कीर्त्ति ने अपना बना लिया है–ऐसे किस्म के व्यक्ति जिनका जिक्र कभी भी पुस्तकों में न होता था।" फादयेव के उपन्यास के चरित्र इसी तरह के हैं जिनकी उम्र 19-20 वर्ष के भीतर है, किंतु उनमें साहस और सूझ प्रौढ़ व्यक्तियों की है। अपने नगर पर जर्मनों का अधिकार हो जाने के पश्चात् वे 'यंग गार्ड' नाम की गुप्त टोली बना लेते हैं और देश के शत्रुओं को तरह-तरह से, प्राणों को हथेली पर ले, हैरान करते हैं और उन्हें चैन की साँस एक मिनट के लिए भी नहीं लेने देते। अंत में वे शत्रुओं के हाथ में पड़ जाते हैं और तरह-तरह की यातनाओं के बीच भी उन्हें अपने देश और जनवादी शक्तियों की अंतिम विजय में कोई संदेह नहीं होता और न वे जीवन को कुरूप समझते हैं और न उनके मुँह से 'उफ' शब्द निकलता है। वान्या एक स्थान पर कहता है–"हमें कितनी कठिनाइयों का सामना करना पड़ता है, फिर भी जिंदगी कितनी भव्य है।" बोरिस पोलेवाय की 'सचमुच के आदमी की कहानी' जिसमें एक रूसी हवाबाज की रोमांचकारी शूरता

का वर्णन है, कात्येव का 'रेजिमेंट का पुत्र' जिसमें एक तेरह-चौदह साल के लड़के की शत्रुओं के प्रति प्रतिहिंसा-जन्य वीरता का चित्र है, या बोरिस गैलिन का 'डोबास में ज़िंदगी लौट आई' जिसमें सोवियत रूस के इंजीनियरों और फैक्टरियों में काम करनेवाले श्रमिकों के अदम्य उत्साह का वर्णन है–इन सब में और इनके अतिरिक्त सैकड़ों कहानियों, उपन्यासों इत्यादि में सोवियत जनता के साधारण-से-साधारण स्तर के जीवन की उच्चता का चित्र है। यह एक ऐसी उच्चता है जिसका कोई चिह्न हम पूँजीवादी देशों की जनता में नहीं पाते यद्यपि वह भी सोवियत की जनता की ही भाँति फासिस्त-विरोधी युद्ध में लगी हुई थी।

इसका कारण हमें सोवियत जनता के एक नये पहलू में मिलेगा। वह पहलू यह है कि सोवियत समाज ने ज्ञान और कर्म के बीच का व्यवधान खत्म कर दिया है। इस विषय पर प्रकाश डालते हुए तमारा मातीलेवा ने लिखा है–"अभिजात-वर्ग का दर्शन, जो साम्राज्यवाद के युग का दर्शन है, यह मानता है कि ज्ञान और कर्म में परस्पर विरोध है। एक ओर तो उस दर्शन ने उस व्यक्ति का आदर्श आगे रखा जिसमें कर्म और दृढ़ निश्चय की क्षमता थी, जो विचारों के बोझ से अपने को मुक्त रखता था और केवल स्वाभाविक प्रवृत्तियों के आदेशानुसार चलता था। इस आदर्श की अभिव्यक्ति नीत्शे ने की, दूसरी ओर बर्गसां ने, ठीक इसके विपरीत, सहज ज्ञान को, जो किसी प्रयोग के लक्ष्य से शून्य निष्क्रिय और स्वतः संपूर्ण था, आसमान पर उठा दिया। विचार और कर्म का यह आधारभूत व्यवधान–जो अभिजात वर्ग की मानवता का सार है–साम्राज्यवाद के युग में एक खतरनाक और न सुलझनेवाला विरोध बन गया। यह अंतर्विरोध अनेक प्रकार से पश्चिम के लेखकों की विचारधारा में प्रतिबिंबित हुआ और इसका असर उनमें से ऐसे लेखकों की रचनाओं पर भी पड़ा जिन्होंने सच्चाई के साथ पश्चिम के सांस्कृतिक जीवन में सन्निहित प्रतिक्रियावादी और ह्रासशील प्रवृत्तियों को तिलांजलि दे दी थी। इसके फलस्वरूप योरप के साहित्य में एक ऐसे विचारक और मानवतावादी चरित्र का जन्म हुआ जिसमें कुशाग्र बुद्धि थी और जो महान् सांस्कृतिक परंपरा का चालक था, किंतु जो जीवन की कुरूपता के सामने असहाय बन जाता था और जो कुछ ऐसे परमाणुओं से बना होता था कि कर्म करने की क्षमता उसमें थी ही नहीं।" ['सोवियत लिटरेचर' 1948 (2) में 'विश्व की संस्कृति को सोवियत साहित्य की देन' लेख] सोवियत साहित्य ने अभिजात-वर्ग के दर्शन और साहित्य में विचार और कर्म के इस अंतर्विरोध को हटा दिया है। इसके कारण सोवियत साहित्य के व्यक्ति के कार्यों में हमें एक गहराई मिलती है जो पूँजीवादी साहित्य में हम नहीं देखते। सोवियत साहित्य के चरित्रों में अपने कार्यों के सांस्कृतिक महत्त्व के प्रति जागरूकता होती है। यह केवल युद्ध जैसी नाजुक घड़ी की बात नहीं वरन् यह चेतना उसी रोज से आई जिस रोज से सोवियत समाज की नींव पड़ी। गोर्की ने इस संबंध में लिखा था–"सोवियत संघ की जनता इस चेतना से कार्य

करना सीख रही है कि उसका श्रम उसके राज्य के लिए मूल्य रखता है, इस चेतना से कि स्वतंत्रता और संस्कृति का छोटा-से-छोटा और सीधा-से-सीधा रास्ता श्रम है।'' एक-दूसरे स्थान पर इसी की चर्चा करते हुए गोर्की ने लिखा कि सोवियत समाज में ''अभिजात वर्ग के घूरहू-कतवारू ने सिद्ध कर दिया है कि उनमें संस्कृति के अधिकारी और स्रष्टा बनने की पूरी क्षमता है यदि उन्हें भी ज्ञान का हथियार मिल जाए।'' इस भाँति सोवियत साहित्य के व्यक्तियों में यह चेतना निरंतर तीव्र से तीव्रतर होती गई है। फादयेव ने अपने उपन्यास 'द यंग गार्ड' में इसकी ओर भी संकेत किया है। बालकों के सामने ओलेग खड़ा है। उसका वर्णन करते हुए फादयेव ने लिखा—''उसने अपने सामने नयी, सबसे छोटी पीढ़ी का किशोर खड़ा देखा। उसकी आकृति में परस्पर अत्यंत विरोधपूर्ण जान पड़ने वाली विशेषताएँ आभासित थीं—स्वप्न का कुहासा और सक्रियता, कल्पना की ऊँची उड़ान और चीजों को अमल में लाने की सहज बुद्धि, स्नेह, दया और निर्ममता, उदार अनुभूति और योजना की शांत बुद्धि, जिंदगी के आनंदों के लिए तीव्र प्यास और आत्म-निग्रह। और ऊपर से परस्पर-विरोधिनी दिखाई पड़ने वाली इन विशेषताओं में इस पीढ़ी का एक अद्वितीय चित्र था।'' ऐसे व्यक्ति की कल्पना पूँजीवाद का साहित्यिक नहीं कर सकता क्योंकि अपने चारों ओर जिन व्यक्तियों को वह देखता है उनमें कोई भी ऐसा नहीं होता। एक ऐसा समय भी आता है जब पूँजीवादी कलाकार 'स्वतंत्रता' के नाम पर विचार का बहिष्कार कर देता है, जैसा कि फ्रांस में सार्त्र ने किया था, जब उसका देश फासिस्तों की बर्बरता के नीचे कराह रहा था। सोवियत समाज में व्यक्ति के एक यंत्र मात्र होने की घोषणा जो किया करते हैं, निश्चय ही या तो वे तोते हैं, या अज्ञान में हैं या स्वयं वे अपने को धोखा देते हैं। सच तो यह है कि सोवियत साहित्य को पढ़ने से ऐसा लगता है कि वहाँ व्यक्ति का श्रम एक महान् शिक्षा है, वह केवल जीविका का उपार्जन नहीं।

इसी कोटि का एक दूसरा भ्रम जो सोवियत साहित्य के विषय में इस प्रकार के व्यक्तियों को है, वह यह कि सोवियत के लेखकों में व्यक्ति का अतिरंजित देवोपम चित्र प्रस्तुत किया जाता है; विशेषतः इस प्रकार की धारणा सोवियत साहित्य में नायक के चित्रण के विषय में है। किंतु इसमें सत्य का कोई अंश नहीं। पहले विश्व-युद्ध में कुछ अभिव्यंजनावादियों की कृतियों में एक अद्‌भुत प्रकार के नायक का जन्म हुआ। यह नायक अंग्रेजी में Mass man कहा जाता है। इसमें नायक का अपना व्यक्तित्व होता ही नहीं, बल्कि वह तो कैमरा की प्लेट है जिस पर उन सबकी विशेषताएँ अपनी तस्वीर बना देती हैं जिनका कि वह नेता होता है। ऐसे अभिव्यंजनावादियों का नेता योरप में अर्न्स्ट टॉलर था और उसी का अनुकरण कर सोवियत में 1918-20 के बीच बाग्दानोव ने ऐसे चरित्रों का निर्माण किया। किंतु यह चीज वहाँ कभी फैशन में न आ सकी। लेनिन तो बाग्दानोव, उसके गुरु माख और उसके रूसी चेलों के

पीछे पड़ चुका था। सोवियत साहित्य में नायकों की रूपरेखा बिलकुल दूसरी है। उनका अपना व्यक्तित्व होता है और उनकी अपनी कमजोरियाँ या अच्छाइयाँ सदा उनके साथ रहती हैं। सबके साथ काम करने में उनकी कमजोरियाँ दब जाती हैं और अच्छाइयाँ उभर आती हैं, क्योंकि उनके कामों के पीछे एक ऊँचे आदर्श और चेतना का सहारा रहता है। ऐसे नायकों की सृष्टि सेराफिमोविच और फर्मानोव से लेकर विगत महायुद्ध के सोवियत लेखकों तक के साहित्य में हुई है। इन नायकों की विशेषता यह है कि वे जनता की इच्छाओं के प्रतिबिंब होते हैं। ऐसे ही नायकों में फादयेव के उपन्यास 'The Ninteen' जो क्रांति के बाद गृह-युद्ध और दूसरे राष्ट्रों के हस्तक्षेप-युद्ध से संबंध रखता है, का लेविनसन है। सोफिया नेल्स ने इस विषय पर प्रकाश डालते हुए लिखा है कि टाल्स्टाय ने नेपोलियन को एक अकिंचन और साधारण व्यक्ति चित्रित किया था। दूसरी ओर फादयेव ने लेविनसन को केवल आकार ही में छोटा दिखलाया है। इसका यह फल होता है कि यह बात और भी स्पष्ट हो जाती है कि अकिंचन व्यक्ति भी जब एक नये निर्माण और विश्वास से प्रेरित होकर काम करते हैं तो वे महान् बन सकते हैं। इस प्रकार ''उसकी शूरता उसकी व्यक्तिगत विशेषताओं से नहीं प्रसूत थी। उसके विपरीत उसकी विशेषताएँ उस जनता की विशेषताओं की प्रतिमूर्ति थीं जिनका वह एक बहुत अच्छा प्रतिनिधि था।'' इस प्रकार फादयेव ने यह दिखलाया है कि ''लेविनसन वह लेविनसन न बन पाया होता बल्कि कुछ दूसरा ही होता, यदि उसमें उसकी सारी इच्छाओं से कहीं अधिक प्रबल यह इच्छा न होती कि वह भी एक नये, सुंदर सबल इंसान के निर्माण में सहयोग दे।'' अभिव्यंजनावादियों का 'Mass man' जनता पर एक लादी हुई चीज था। सोवियत साहित्य का नायक जनता में से ही निकलता है, उसके चरित्र की नींवें जनता के बीच होती हैं। उसके विषय में गोर्की ने इस प्रकार लिखा था—''आज का नायक जनता का आदमी है, संस्कृति का निर्माता, पार्टी का साधारण-से-साधारण सदस्य, अखबारों का संवाददाता, फौजी संवाददाता, गाँव का लाइब्रेरियन, तरक्कीयाफ्ता मजदूर, गाँव का अध्यापक, नौजवान डॉक्टर, देहातों में काम करने वाला फसलों का विशेषज्ञ, नये-नये प्रयोग करनेवाला किसान प्रयोगकर्त्ता, आविष्कारक मजदूर, एक शब्द में—जनता का आदमी।'' फादयेव ने नायक के प्रति इसी नयी विचारधारा का उल्लेख करते हुए लिखा है—''नये इतिहास का नायक जनता के बीच से आनेवाला व्यक्ति है, जिसकी रग-रग में जनता का खून बहता है।'' यही नहीं, कहीं-कहीं तो यह नायक एक व्यक्ति नहीं होता वरन् टोली की टोली जिसे Collective Hero कहा जाता है। इस प्रकार के नायक काफी संख्या में सोवियत की पंचवर्षीय योजना के विषय में लिखे गए साहित्य में चित्रित हुए हैं और इन्हें ग्लादकोव के 'सीमेंट', लीयोनोव के 'नदी सोत्स', कात्येव के 'जल्दी करो, जल्दी' इत्यादि अनेक उपन्यासों में देखा जा सकता है। इस युग में हुए अनेक क्षेत्रों में निर्माण के प्रति सोवियत साहित्यकारों

और जनता के काव्योद्गारों का रहस्य इसी Collective Hero की शूरता और त्याग में है। यहाँ हम नायक को साधारण परिस्थितियों में भी देखते हैं किंतु उन परिस्थितियों के बीच में भी उसकी महानता उभर आती है।

किसानों की जिंदगी के चित्रण में भी सोवियत साहित्य की देन एक नयी चीज है। इस दिशा में विशेष देन प्रसिद्ध उपन्यासकार शोलोखोव की है। इस पर लिखते हुए तमारा मोतीलेवा ने लिखा है–"शोलोखोव पहले लेखक हैं जिन्होंने दिखाया कि किसानों की स्वाभाविक सहज उच्चता की ठीक अभिव्यक्ति उनकी अकिंचनता और आजीवन व्यथा में नहीं हो सकती, वरन् उसकी अभिव्यक्ति क्षुद्र और व्यक्तिगत धन-संचय की प्रवृत्तियों से शासित जीवन की युग-युग चली आती जड़ता से पूर्ण संबंध-विच्छेद में ही हो सकती है। शोलोखोव के मुख्य चरित्र-नायकों के आंतरिक सौंदर्य का रहस्य यही अतीत से उनका संबंध-विच्छेद, जिंदगी की जड़ों में पहुँची हुई आदतों को मिटाना और नये तरीकों और विचारों की खोज है।" शोलोखोव पहला लेखक है जिसने यह दिखलाया कि किसान को प्रकृति की भोली-भाली आदिम संतान मानना कितना गलत है और उसने किसान के जीवन और उसके अंतर की बारीकियों का संश्लिष्ट चित्र संसार के सामने रखा। इस प्रकार किसान केवल एक वर्ग न रहकर 'व्यक्ति' की तरह भी हमारे सामने आया।

सोवियत साहित्य में 'व्यक्ति' के स्थान पर इस सरसरी निगाह ने यह स्पष्ट कर दिया कि व्यक्ति को पनपने का मौका असल में पूँजीवादी साहित्य में नहीं मिलता। व्यक्ति का यह चित्रण उसके अपने क्षुद्र स्वार्थों का चित्रण नहीं है, वरन् सोवियत समाज ने उसके सामने एक ऐसा अवसर प्रस्तुत किया है कि व्यक्ति ज्यों-ज्यों अपने इन स्वार्थों के ऊपर उठता है त्यों-त्यों उसका सबसे बड़ा स्वार्थ पूरा होता है–उसके जीवन में पूर्णता आती है। जिस व्यक्ति में सोवियत समाज की नयी मनोवैज्ञानिक चेतना प्रवेश कर गई है उससे इस बात को कहने की आवश्यकता ही नहीं रह जाती कि वह अपना स्वार्थ छोड़े क्योंकि वहाँ अपने और पराये स्वार्थ में कोई संघर्ष नहीं होता। इसलिए सोवियत साहित्य का व्यक्ति 'Individualism' से मुक्त है। इसका कारण गोर्की ने यों स्पष्ट किया है–"Individualism वर्गों के आधार पर बने समाज के आदमी पर दबाव का परिणाम है। Individualism व्यक्ति का अपने को इस हिंसा से बचाने का निष्फल प्रयत्न है। किंतु आत्म-रक्षा आत्म-संकुचन है, क्योंकि आत्म-रक्षा की अवस्था में बौद्धिक विकास की प्रक्रिया रुक जाती है। ऐसी अवस्था व्यक्ति और समाज दोनों के लिए ही हानिप्रद है!" इस Individualism से मुक्त होने के कारण सोवियत साहित्य के व्यक्ति में प्रसार और गहनता के साथ-साथ एक अद्भुत काव्यमयता का भी समावेश हो गया है। उसके व्यक्तित्व के प्रसार और गहनता का रहस्य यह है कि वह एक सामाजिक व्यक्तित्व है, इतिहास और अपने युग से जुड़ा हुआ है, और उसका युग अपनी निधि, अपनी चेतना, अपने ऐश्वर्य

और सुख-दुःख से उसे भरता रहता है, और अपने युग, अपने समाज के बीच काम करते-करते आंतरिक सौंदर्य की उसकी परतें खुलती जाती हैं, उसकी भव्यता हमारे आँखों के सामने खड़ी होती जाती है, जिसके परिणामस्वरूप उसका जीवन काव्य बन जाता है।

• **चेतना, 15 अगस्त, 1949**

जनता का साहित्य अजेय है

आविष्कारों के इस युग में इलाचंद्र जोशी के 'संगम' ने धर्मवीर भारती की इस खोज को जन्म दिया है कि सन् '49 के साथ बेचारा प्रगतिवाद भी चल बसा। यों तो यह रसायनशाला हमेशा ही कुछ-न-कुछ साहित्यिक खोजों को प्रश्रय देती और उनका विज्ञापन छापती रही है लेकिन जान पड़ता है कि उन खोजों करा रंग न जम पाने के कारण इस सनसनीखेज चीज को लेकर श्री धर्मवीर भारती मैदान में कूद पड़े हैं। अब उन्हें पूरी उम्मीद है कि उनकी महफिल जमेगी क्योंकि सन् '49 के अंत तक "प्रगतिवादी महफिल की रंगत उतर गई है, उसकी रौनक उड़ गई है और अब सिवा भिनभिनाती हुई मक्खियों के वहाँ किसी की भी आवाज सुनाई नहीं पड़ती।" और उनकी उम्मीद को गलत भी नहीं कहा जा सकता क्योंकि उनकी महफिल में रंग जमाने वालों की कमी नहीं। वहाँ सिरों पर लंबे-लंबे बाल वाले हैं, वहाँ मधु, मधुशाला, मधुबाला और मधुकलश हैं, वहाँ विरह की आहों के बादल मँडराते हैं, वहाँ कामशास्त्र के पंडित और फ्रायड के चेले हैं, वहाँ पैसे देकर इज्जत लूटने वाले और पैसे लेकर इज्जत लुटाने वाले हैं, वहाँ ऐसे नाजुक पुरुष भी हैं, जो अपने संबंध में स्त्रीवाचक शब्दों का प्रयोग करते हैं और स्त्रियों के हाव-भाव, वेशभूषा के माहिर हैं। वहाँ वह सब कुछ है जिससे यह महफिल जम सकती है, या सच कहा जाए, तो जमती आई है। प्रगतिवादियों ने कभी महफिल नहीं जमाई—उस समय भी नहीं जबकि उनके हाथों में आज जैसे अस्त्र न थे, जबकि उन्हें दुश्मन और दोस्त की अच्छी पहचान न थी, जबकि उनके आक्रमण की दिशा सर्वथा ठीक न थी और चोटें जमकर और सीधी नहीं पड़ती थीं; उस समय भी उनको इस बात की ग़लतफहमी नहीं हुई कि वे एक महफिल जमा रहे हैं, उस समय भी वे जानते थे कि उनका कर्तव्य वही है जो योद्धाओं का जंग के मैदान में हुआ करता है। स्वयं धर्मवीर भारती देख सकते हैं कि इसी परंपरा के कारण आज भी प्रगतिवादियों को इसकी छुट्टी नहीं कि एक ओर तो औरतों की नंगी जाँघों के चित्र लेकर समाज को उन्हें दिखाने का पेशा अपना लें और दूसरी ओर उन्हीं चित्रों के सामने योगाभ्यास करते रहें, एक

ओर तो मुल्क को 'गनीम' के हाथों से बचाने के लिए उत्साह देने के बहाने प्रतिक्रियावादी लोगों की भाँति पाकिस्तान और मुसलमानों के विरुद्ध यहाँ के नौजवानों को बरगलाते रहें और दूसरी ओर गांधीजी की हत्या के बाद फौरन उनकी समाधि पर 'खादी के फूल' चढ़ा आएँ, एक ओर तो 'अहं' की साहित्य में सार्थक सिद्धि की लंबी-चौड़ी बातें बनाया करें और दूसरी ओर अपना पेट पालने के लिए 'दो चेहरे' बनाने का अभ्यास करते रहें। एक ओर तो साहित्य को राजनीति से अलग रखने का नारा उठा रहे हों और दूसरी ओर बड़े-बड़े पूँजीपतियों के पैसे पर पल रहे हों और साहित्य में उन भरमाने वाली चीजों को स्थान दे रहे हों जिनसे अवाम नयी जिंदगी के रास्ते से भटक जाए।

आज प्रगतिवादी साहित्य पर जो पहले से अधिक सान चढ़ गई है उसका कारण यही लड़ाकू परंपरा है। जनसंघर्ष की बदली हुई हालतों में इस सान का चढ़ना स्वाभाविक था। आज से दस साल पहले जब पंत, नरेन्द्र इत्यादि जिंदगी के यथार्थ की ओर झुके थे और उन्होंने पूँजीवाद और शोषण की तस्वीरें खींची थीं या सोवियत रूस की प्रशंसा किया करते थे उस समय के और आज के संघर्ष के बीच जमीन-आसमान का फर्क है। आज से दस साल पहले स्वयं कांग्रेस में एक बायाँ बाजू था जो उसके पूँजीवादी नेतृत्व से असंतुष्ट जनता की भावनाओं को एक हद तक अभिव्यक्त करता था और जो समाजवाद पर जोर देता था। लेकिन कांग्रेस का यह गरम दल इस चीज की कल्पना भी नहीं कर सकता था कि समाजवाद के लिए संघर्ष का नेतृत्व मजदूर-किसान वर्ग करेगा। पंत, नरेन्द्र इत्यादि का प्रगतिवाद की असलियत पर इसलिए पर्दा पड़ा रहा कि उस समय जन-संघर्ष और प्रगतिशील आंदोलन सुधारवादी और अवसरवादी प्रभावों से मुक्त न था। उस समय मजदूर-किसान वर्ग का संगठन अपनी स्वतंत्र राजनीति पर नहीं चल रहा था। इसीलिए कांग्रेस के गरम दल को समाजवादी और साम्यवादी जामा में सबके सामने आना आसान था। इसी कारण उसने काफी आसानी से लोगों को धोखा देने में सफलता प्राप्त की।

लेकिन जब युद्ध के बाद जनसंघर्ष और तेज हुआ, जब नौसेना का सशस्त्र विद्रोह हुआ और उससे अवाम और मजदूरों ने सहानुभूति दिखाई तब कांग्रेस चौंक गई और उसने विदेशी साम्राज्यवाद से समझौता कर शासन की बागडोर अपने हाथों में ले ली। उसने मजदूर-किसान वर्ग के संघर्ष का ज़ोरदार दमन करना शुरू किया। पंत, नरेद्र इत्यादि का समाजवाद कांग्रेस के गरमदली व्यक्तियों के समाजवाद की भाँति बिलकुल काफूर हो गया! जब उन्होंने सरमायादारी के विरुद्ध जन-संघर्ष को बढ़ते देखा और जब सर्वहारा ने उस संघर्ष का नेतृत्व अपने हाथों में ले लिया। जब इस वर्ग ने अपनी क्रांतिकारी भूमिका पर अमल करना शुरू किया है उस समय से पंत, नरेन्द्र इत्यादि ने अपने को सरमायादारी की फौज में भर्ती करा लिया है। आज वे सरमायादारों द्वारा किए जाने वाले शोषण पर सुनहला मुलम्मा चढ़ाने में लगे हैं।

जो लोग आज प्रगतिवादियों पर यह दोष लगाते हैं कि वे इन लोगों पर जोरदार और निर्भय आक्रमण क्यों करते हैं वे स्वयं क्यों नहीं इन लोगों से यह पूछते कि आज से दस वर्ष पूर्व जो कुछ उन्होंने लिखा था वह आज क्यों नहीं लिखते, आज भी मजदूरों और किसानों के शोषण के चित्रों को क्यों नहीं प्रस्तुत करते? आज उनकी रूस के प्रति सहानुभूति और आदर की भावना कहाँ चली गई है? आज वे क्यों नहीं वर्तमान सरकार की रूस-विरोधी, समाजवाद-विरोधी नीति की निंदा करते, आज उन्हें क्या हो गया है कि वे उस व्यक्ति को उद्दंड कहते हैं जो समाजवाद के विरोधी गुट के हाथों में कठपुतली की तरह नाच रहा है। आज से दस साल पहले उन्होंने कल्पना के आकाश को छोड़कर यथार्थ की धरती पर उतरना ठीक समझा। अपने पलायनवादी अतीत को ठुकराने की घोषणा की और आज जब जीवन की वास्तविकताएँ और अधिक गंभीर हो गई हैं, जब समाजवाद के लिए संघर्ष जोरों से चल रहा है तो वे 'प्रभु के द्वार' की ओर धकेलकर शोषितों की सेना ले जाना चाहते हैं। आज से दस साल पहले अनेक खामियों के होते हुए भी उन्होंने सच्चाई के साथ शोषण के विरुद्ध आवाज उठाई थी और जीवन में न्याय और सौंदर्य की माँग की थी किंतु आज उन्होंने कायरता का पथ अपनाया है। उस प्रगतिशील अतीत का तर्कसम्मत विकास आज किस रूप में होना चाहिए था? 'युगवाणी' और 'ग्राम्या' के कवि का प्रगतिशील विकास 'स्वर्णकिरण' और 'स्वर्णधूलि' नहीं, उसका स्वाभाविक विकास आज संघर्ष का साहित्य हुआ होता। 'स्वर्णकिरण' और 'स्वर्णधूलि' मानसिक पतन, कायरता और स्वार्थ की अभिव्यक्ति है लेकिन श्री भारती पंत की उस प्रगतिशीलता पर लीपापोती कर देते हैं यह कह कर कि पंतजी प्रगतिवादियों के जाल में फँस गए। पंतजी की बुद्धि के बारे में उनकी यह राय है। धर्मवीर भारती और उनके बड़े-छोटे साथी—आज इसी प्रकार के प्रतिक्रियावादी साहित्य को उछालने में लगे हुए हैं क्योंकि वे जानते हैं कि इसी प्रकार का साहित्य जन-विरोधी साहित्य है और यही सरमायादारों के बचाव का रास्ता है। इसीलिए धर्मवीर भारती जब इस बात पर बहुत खिसियाते हैं कि क्यों पंत पर प्रगतिवादियों का आक्रमण हो रहा है, क्यों शिवदानसिंह, नरेन्द्र, रांगेय राघव पर आक्रमण हो रहा है तो पहले तो वे इस बारे में अपना अज्ञान दिखलाते हैं कि जन-संघर्ष की जो परिस्थितियाँ आज से दस वर्ष पूर्व थीं आज नहीं हैं और दूसरी ओर वे प्रगतिवादियों पर अपनी झल्लाहट की पोल खुद खोल देते हैं कि उन्होंने साहित्यिक माध्यम से अवसरवादिता और सरमायादारी से समझौता की नीति को घुसने देने का दरवाजा बंद कर दिया है।

उनको झल्लाहट इस बात पर है कि क्यों नहीं प्रगतिवादी उन लोगों को गले से लगाते जो जन-संघर्ष का नक़ाब ओढ़कर उसकी पीठ में छुरा भोंक देंगे, जो जनता के दोस्त बनकर हर तरह से उस संस्कृति और व्यवस्था की प्रशंसा के तराने गाते रहेंगे जो शोषण की नींव पर टिकी हुई है, जो मनोविज्ञान के नाम पर जनता को

यौन-पिपासाओं और हर तरह की गुमराही का रास्ता दिखलाएँगे, जो नयी जिंदगी का नाम ले-लेकर संघर्ष में लगी हुई जनता को प्रभु के द्वार पर सिर पटकने की सलाह देंगे, और जो इंसान को उठाने की उत्तेजना के स्थान पर उसे जानवरों की शक्ल देकर उसके विकास में रुकावटें डालेंगे, उसकी टाँगें पकड़कर पीछे की ओर खींचेंगे। इस सारी बौखलाहट के मूल में बात यह है कि प्रगतिवादियों ने उन लोगों को ठीक समय पर पहचान लिया है जो आगे चलकर जनता के मोर्चे पर उसके दुश्मन के जंगी स्काउट साबित होते, जो उसके साथ-साथ रहते हुए उसके पैरों के नीचे बारूद की सुरंगें बिछाते चलते। इस झल्लाहट के पीछे यह कारण भी है कि प्रगतिवादियों ने समय रहते उनको अपनी पंक्ति से निकाल दिया है जो जन-संघर्ष के निश्चयात्मक क्षणों में पस्त दिल होकर हथियार डाल देते और जीत के पहले होने वाले घमासान युद्ध में अपने साथियों को भी पीछे हटने या कायरता से हथियार डाल देने का पाठ पढ़ाते और उनकी पंक्ति को कमज़ोर बना देते। इस झल्लाहट के पीछे यह भी कारण है कि प्रगतिवादियों ने अपने उन साथियों को चेतावनी दी है जो आज भी उनकी ही पंक्ति में हैं किंतु जो उस रास्ते पर नहीं जा रहे जिस रास्ते पर जाकर दुश्मन पर सीधी चोटें कर सकें, जिस रास्ते पर जाकर वे अपने साथियों से बिछुड़ दुश्मन के हाथ में न पड़ सकें। इस सारी बौखलाहट का रहस्य यह है कि प्रतिक्रियावादी और उनके पिट्ठू यह देख रहे हैं कि प्रगतिवादी चारों ओर अपना इस्पाती मोर्चा बनाते जा रहे हैं, वे यह देख रहे हैं कि स्वयं उनके अपने पैरों के नीचे की धरती खिसकती जा रही है और प्रगतिवादियों ने जनता के दोस्तों और दुश्मनों की इतनी सच्ची पहचान और उसकी घोषणा कर दी है कि अब उसके दुश्मनों का बहुरूपियापन, उनकी धोखेबाजी छिप नहीं सकती। यह ज़ाहिर है कि अगर "सन् '49 के साथ बेचारा प्रगतिवाद भी चल बसा" होता तो धर्मवीर भारती की बौखलाहट इतनी तेज न होती। सच तो यह है कि उस समय धर्मवीर भारती और उनकी महफिल वाले अब तक जश्न मनाते होते और 'संगम' के इस लेख की आवश्यकता ही न हुई होती। यदि सन् '49 पर इतना जोर दिए बिना भारती नहीं रह सकते तो इसीलिए कि इन बारह महीनों में प्रगतिवाद के झाड़-झंखाड़ काफी साफ़ हुए हैं और उसका रूप निखरा है, उसके सड़े हुए अंगों को काट कर अलग कर दिया गया है, उसके रोगों का निदान ठीक-ठीक हो गया है और अब प्रगतिवादी साहित्य पहले से कहीं अधिक स्वस्थ है और दुश्मनों पर पहले से कहीं अधिक जोरदार चोटें कर सकता है। यह सब भारती और 'संगम' को फूटी आँखों नहीं सुहाता।

भारती को प्रगतिशील साहित्य की मौत उसी चीज में दिखाई देती है जिस चीज में प्रगतिशील साहित्यिकों की ताकत और जिंदगी। जिस जगह पर आज प्रगतिशील साहित्य खड़ा है वहाँ वह आज से दस वर्ष पहले न खड़ा था क्योंकि वह जन-संघर्ष के साथ-साथ बढ़ता गया है, उससे बहुत कुछ सीखता गया है और उसकी तेजी

उसमें भी आती गई है। इसलिए यदि कुछ प्रगतिशील समझे जाने वाले कमजोर व्यक्ति आज पीछे छूट जाते हैं तो इससे प्रगतिशील साहित्य की बढ़ती हुई लड़ाकू शक्ति का ही अंदाजा मिलता है, इससे यह साबित होता है कि अब प्रगतिशील साहित्य और जन-संघर्ष की माँग इतनी अधिक हो गई है कि सिर्फ पहले वाली लफ्फाजी को यहाँ जगह नहीं मिल सकती। व्यक्तियों के मोह से प्रगतिशील साहित्य आज अवसरवादिता को प्रश्रय नहीं दे सकता। जो आज पीछे हट जाते हैं वे अपनी कमजोरियों की वजह से ही छूट जाते हैं। पंत और महादेवी से किसी को यह उम्मीद न थी कि वे जन-संघर्ष का साथ देंगे। उस जन-संघर्ष का जिसका नेतृत्व मजदूर और किसान विदेशी साम्राज्यवाद के खत्म हो जाने पर यहाँ की ही सरमायादारी के विरुद्ध कर रहे हैं। इसलिए भारती उन्हें अगर 'दूध की मक्खी' समझने पर मजबूर हैं तो यह उन्हें जान लेना चाहिए कि उन्होंने स्वयं अपने को इस दयनीय दशा में डाला है। आज वे अपनी पिछली प्रगतिशील परंपरा को भी छोड़ते जा रहे हैं। जहाँ तक निराला की बात है आज भी प्रगतिशील साहित्यिक उनका आदर करते हैं इसलिए नहीं कि पं. श्री कृष्णदत्त पालीवाल के कथनानुसार निराला कम्युनिस्ट हैं बल्कि इसलिए कि उन्होंने अपने वेदांत और अद्वैतवाद के बावजूद हमेशा पूँजीवादी शोषण के खिलाफ आवाज उठाई है और जन-संघर्ष के प्रति सहानुभूति का दृष्टिकोण रखा है। भारती भले ही न जानते हों किंतु प्रगतिवादी जानते हैं कि आज से बहुत पहले, सन् '37 में, निराला ने 'वनबेला' में पंडित नेहरू के समाजवाद के ढोंग की पोल खोली थी और आज भी 'महँगू महँगा ही रहा' में पूँजीवादी नेताशाही की नस पकड़कर महँगू से कहलवाते हैं कि देश में मजदूर किसान वर्ग की ओर से लड़नेवाले लोग भी हैं लेकिन उनके नाम अभी लोगों को नहीं मालूम क्योंकि 'अखबार व्यापारियों की ही संपत्ति है।' बहुत दिनों से निराला इस राह पर चलते आए हैं। वे स्वयं शोषण के शिकार रहे हैं। इसलिए उनका व्यक्तित्व विद्रोही व्यक्तित्व रहा है, इस अर्थ में नहीं कि वह झूठ-मूठ में हवा में मुगदर या तलवार चलाता रहा है जो कि अज्ञेयजी के अनुसार विद्रोही व्यक्तित्व की परिभाषा है, बल्कि इस अर्थ में कि उनका विद्रोह ठोस सामाजिक परिस्थितियों के विरुद्ध रहा है, पूँजीवादी शोषण से पैदा हुई परिस्थितियों के विरुद्ध। निरालाजी के प्रगतिशील व्यक्तित्व के पीछे रामकृष्ण-मिशन और वेदांत नहीं है, वरन् उनका स्वयं अपना ही अनुभव है। इन दोनों से जो चीज उन्हें मिली उससे कहीं अधिक कीमती चीज, जिससे उनका साहित्य युग-प्रमाण है, स्वयं जिंदगी ने उन्हें दी। यदि निरालाजी ने मार्क्सवाद का अध्ययन किया होता और उसकी स्थापनाओं को स्वीकार किया होता तो उनका विद्रोह कहीं अधिक सफल और सबल होता लेकिन इस कमजोरी के बावजूद उन्हें 'दूध की मक्खी' की तरह निकाल फेंकने का सवाल आज तक प्रगतिशील साहित्यिकों के सामने कभी नहीं आया।

शिवदानसिंह चौहान और माचवे ने प्रगतिशील आंदोलन में काफी हिस्सा लिया

किंतु उनकी प्रगतिशील सीमा मध्यम-वर्ग का स्वार्थ है। आज दोनों ही पूँजीवादी सभ्यता से संघर्ष करने की जगह पर उसकी ओर चले गए हैं। शिवदानसिंह चौहान के विषय में भारती का कहना है कि उन्होंने प्रगतिवादी आंदोलन को सचमुच गंभीर दिशा देने का प्रयास किया था। भारती को शिवदानसिंह चौहान का प्रगतिवाद गंभीर इसलिए जान पड़ता है कि उसमें छायावाद का बहुत काफी अंश था और उसमें संघर्ष का नाम-निशान कहीं भी नहीं था। यदि चौहान का प्रगतिवादी सचमुच खरा प्रगतिवादी होता तो इसमें संदेह नहीं कि भारती उनकी रक्षा के लिए इतने चिंतित न होते और न उसे वह 'गंभीर' होने का आदरसूचक विशेषण देते। चौहान के लिए इससे शर्मनाक बात नहीं हो सकती कि आज भारती और 'संगम' उनको अपनी ओर आ जाने के कारण मुबारकबाद दे रहे हैं क्योंकि प्रसिद्ध अंग्रेजी कहावत के अनुसार इसका पता कि कोई आदमी कैसा है इस बात से चल जाता है कि उसके साथी कैसे हैं।

भारती को सबसे बड़ा सबूत प्रगतिवाद की मौत का इसमें मिला है कि प्रगतिवादियों ने यशपाल तक की आलोचना की है। यह ठीक है कि यशपाल का नाम हमेशा प्रगतिशील आंदोलन के अग्रदूतों में लिया जाता रहा है और वे स्वयं अपने को मार्क्सवादी कहते रहे हैं लेकिन यशपाल के राजनीतिक और सामाजिक लेखों में अनेक स्थलों पर हम मार्क्सवाद नहीं बल्कि उसका विद्रूप पाते हैं। उनके उपन्यासों में सेक्स इतना प्रधान है कि उनके बहुत से अंशों को इलाचंद्र जोशी और भगवतीचरण वर्मा के उपन्यासों से भिड़ाया जा सकता है और अनेक कहानियों के नीचे अज्ञेय का नाम लिखा जा सकता है। एक प्रगतिशील लेखक का मध्यवर्ग और अभिजात वर्ग की सेक्स-समस्याओं में दिन-रात डूबा रहना खतरनाक है क्योंकि इस प्रकार उसका साहित्य जनता को संघर्ष से विमुख करने वाली चटपटी चीज बन जाता है। लेकिन उसकी खूबी यह होनी चाहिए कि वह एक अस्त्र का काम करे और खासतौर से आज उसे वर्ग-संघर्ष का माध्यम बनना है। आज से दस वर्ष पूर्व यह चीज़ उतनी खतरनाक साबित न होती जितनी आज हो सकती है क्योंकि आज वर्गों का विभाजन स्पष्ट हो गया है और मजदूर-किसान वर्ग पूँजीवाद से जमकर मुकाबला कर रहे हैं। ऐसी हालत में यशपाल को प्रगतिवादियों की ओर से जो संकेत मिला है, उससे भारती का नाराज होना जरूरी था क्योंकि प्रगतिवादियों के उस संकेत का अर्थ यही तो है कि जिस चीज को आज पंत, जोशी, अज्ञेय इत्यादि सुनहला रंग दे रहे हैं, जिसकी रक्षा में वे जी 'जान' से जुटे हुए हैं, उस पर साहित्य के माध्यम से यशपाल को आक्रमण करना है। यशपाल के साहित्य की कमजोरियों पर प्रगतिवादियों ने कोई आज ही आक्रमण नहीं किया है। बहुत पहले सन् '44 में डॉक्टर रामविलास शर्मा ने उनके 'देशद्रोही' के संबंध में यही लिखा था। यदि 'पथेरदोवी' या 'श्रीकांत' को हम प्रगतिवाद की सीमा मान लें तो दूसरी बात है; परंतु प्रगतिवाद उनसे बढ़कर कुछ और भी है तो रोमांस से छुटकारा पाकर लेखक को समाज की हलचल का

एक नये सिरे से अध्ययन और चित्रण करना होगा और यह प्रेम कहानी भी कैसी है! एक ऐसे निकम्मे आदमी की है जिसे नालायक भी कहें तो बेजा न होगा; लेकिन यशपाल ने आज भी रोमांस की दुनिया से अपना पीछा नहीं छुड़ाया है। औरतों और जन-संघर्ष के नेताओं का जो चित्र उनके उपन्यासों में आता है वह इतना शर्मनाक होता है कि उनके निर्माता प्रगतिशील विचारधारा के शत्रु ही हो सकते हैं। डॉक्टर रामविलास ने अपने उसी लेख में इस संबंध में यह कहा था : "जिस कष्ट सहिष्णुता, अथक परिश्रम और उत्कट लगन से एक कम्युनिस्ट का निर्माण होता है या होना चाहिए उसका आभास पाठक को इस उपन्यास में नहीं मिलता। यह उसकी बहुत बड़ी कमजोरी है।" लेकिन आज भी यशपाल अपने 'मनुष्य के रूप' में कम्युनिस्टों का जो चित्र प्रस्तुत करते हैं उससे उनकी इज्जत नहीं बढ़ती। यशपाल की चिंता में रोमांस इतना घर कर गया है कि जबतक वे जन-संघर्ष के नेताओं में अधिक-से-अधिक रोमांस की विशेषताएँ नहीं भर देते तब तक उन्हें यह संतोष नहीं होता कि उन्होंने किसी क्रांतिकारी व्यक्तित्व का निर्माण किया है। इसलिए जब कि मजदूर किसान वर्ग जिंदगी और मौत की लड़ाई लड़ रहा है उस समय उनके दोस्त समझे जाने वाले लेखक द्वारा ऐसे चरित्रों का निर्माण केवल प्रतिक्रियावादी को ही अच्छा लग सकता है, प्रगतिवादियों को नहीं! कभी नहीं!

प्रगतिवादी, यशपाल और रांगेय राघव से यह कह रहे हैं कि वे अपने साहित्य से उन चीजों को निकाल फेंकें जिन पर पुनरुत्थानवादियों, सुधारवादियों और अन्य तरह-तरह के प्रतिक्रियावादियों का साहित्य जीता है और वे अपनी चेतना को अधिक स्वस्थ और निखरी हुई बनाएँ ताकि वह जन-संघर्ष के साथ कदम मिलाकर चल सके। इसलिए सन् '49 में सचमुच मौत प्रगतिवाद की नहीं हुई है वरन् प्रतिक्रियावादी साहित्य पर मौत के बादल और घने हो गए हैं और भारती का छाती पीटना स्वाभाविक ही है। वे देख रहे हैं कि बिजलियाँ टूट रही हैं।

जहाँ ऊँचे खंभों पर सुधारवाद, पुनरुत्थानवाद इत्यादि के साइन बोर्ड टँगे हुए हैं, वहाँ उन्हें यह मासूमियत दिखलाने की जरूरत नहीं कि "और कितनों पर बिजलियाँ गिरनी बाकी हैं यह शीघ्र ही मालूम होगा।" अवश्य ही उन्हें प्रकाश में बहुत नजदीक की भी नहीं सूझती। इसी अक्षमता के कारण उन्होंने स्तालिन को चर्चिल का सहयोगी कहा है, उस चर्चिल का जिसने रूस में समाजवादी व्यवस्था कायम होने के बाद योरप के चौदह देशों की सेनाओं के धावे से वहाँ फिर से जारशाही को तख्त पर बिठाने की कोशिश की थी और जिसने उन दिनों भी जब रूस हिटलर की साज़िश के विरुद्ध अपने देश की एक-एक इंच जमीन के लिए अपने नौजवानों का खून बहा रहा था लड़ाई का दूसरा मोर्चा इसलिए नहीं खोला कि रूस किसी तरह खत्म हो जाए। और स्तालिन को हिटलर का सहयोगी कहने वाला अवश्य ही हिटलर की आत्मकथा 'मेरा संघर्ष' से अवगत नहीं। उसने उसके दो-चार पैराग्राफों को भी नहीं

पढ़ा है। उनकी राजनीतिक समझ का पता सन् '42 के आंदोलन को 'जनवादी' कहने से प्रकट होता है क्योंकि आज शासन की बागडोर उस आंदोलन के नेताओं के हाथों में ही चली गई है और अब ऐसे बहुत कम लोग रह गए हैं जो काले कानूनों के बावजूद यह बात कह सकें कि कांग्रेस की सरकारें 'जनवादी' सरकारें हैं। आज की नेताशाही पर अपनी राय जाहिर कर भारती ने अपनी पोल खोल दी है और उन सबकी जो उनके आगे-पीछे खड़े हैं।

साहित्य, सामाजिक परिस्थिति और राजनीति के विषय में भारती ने अपने ज्ञान का जो परिचय दिया है वह तो दिया ही है, लेकिन कुछ सीधे से वाक्यों का जिस प्रकार उन्होंने अर्थ लगाया है वैसा यदि कोई हाईस्कूल का विद्यार्थी भी करे तो वह शायद ही उत्तीर्ण होने भर नंबर पा सके। डॉक्टर रामविलास शर्मा के विषय में उन्होंने अज्ञेय के इस कथन का कि 'स्वस्थ देह के साथ स्वस्थ मन वाला आदर्श वे पूरा करते हैं या नहीं यह तो कोई मनस्तत्त्ववेत्ता बताए' यह अर्थ लिया है कि अज्ञेयजी को उसमें पूरा संदेह है और इस अर्थ पर झगड़ा करना उचित न होगा क्योंकि भारती शायद इस स्थिति में हैं कि अज्ञेयजी से यह चीज स्पष्ट करा लें, उसका मनचाहा आशय निकलवा लें और अज्ञेय भी इस स्थिति में हैं कि किसी प्रकार की हिचकिचाहट के बिना भारती जैसा चाहते हैं वैसा अर्थ कर दें क्योंकि वे आखिर दो चेहरों वाले साहित्यिक ठहरे। इसका पता उस समय चलता है जब उन्होंने डॉक्टर शर्मा द्वारा अपने विषय में ही 'तारसप्तक' में कहे हुए इस वाक्य पर कि "शायद लेख लिखते समय मैं कुछ अपनेपन के बाहर चला जाता हूँ।" यह टिप्पणी की है, "उनका यह संदेह व्यर्थ है। उनकी जिस मानसिक अस्वस्थता की ओर 'तारसप्तक' के संपादक ने इशारा किया है वे अपने लेखों में उसे सोलहो आना निभाते हैं कभी भी उसकी सीमा का अतिक्रमण नहीं करते।" इस टिप्पणी के विषय में अधिक कहने की अपेक्षा यह अच्छा होगा कि डॉक्टर शर्मा के 1943 में कहे गए इस वाक्य को संदर्भ सहित उद्धरित कर दिया जाए "मेरे आलोचनात्मक निबंध पढ़कर कुछ मित्रों ने जिन्होंने मुझे कभी देखा न था मेरे कल्पना-चित्र बनाए थे। इन चित्रों में, हो न हो, वे मेरी आयु 40-50 के लगभग आँकते थे और चेहरे पर भारी मूँछें और गंभीरता की छाप भी उन्होंने कल्पित कर ली थी। शायद लेख लिखते समय मैं कुछ अपनेपन से बाहर चला जाता हूँ। इसलिए मित्र सही भी हो सकते हैं।" क्या यह मान लिया जाए कि भारती ने डॉक्टर शर्मा की जिंदादिली के बारे में कुछ सुना नहीं है या वे यह नहीं जानते कि वे अभी तो 40 के इधर ही हैं! भारती के पास कोई तर्क नहीं रह गया है। इसलिए इस उम्मीद से कि 'तारसप्तक' केवल उन्हीं की आँखों से गुजरा है वे अर्थ करने में अक्लमंदी का वह चमत्कार दिखलाते हैं जो न तो डौन क्विकजोट में मिलता है और न उनके साथी सांको पांजा में।

डॉक्टर शर्मा के मन के संबंध में अज्ञेयजी ने उन्हें उबार लिया है, लेकिन

अस्वस्थ मन की चोट से भारतीजी और उनके भाई-बंधु इतना बौखला जाएँ यह आश्चर्य की बात है। अभी तक हमें यह मालूम था कि केवल क्विकजोट ही हवा की चक्की को शैतान समझकर उस पर टूट पड़ सकता था, लेकिन अवश्य ही ये जीव उसको कहीं पीछे छोड़ देते हैं। हाँ, भारती ने डॉक्टर शर्मा के विषय में एक बात समझ ली है कि वे साहित्यिक गाथा हैं और उनके मारे अनेक साहित्यिक शेखचिल्लियों की खैर नहीं। इस हालत में भारती और उनके साथियों का घबराना स्वाभाविक है। इन लोगों को बचाव की केवल एक उम्मीद रह गई है—वह यह कि शायद इनकी गालियों से डॉक्टर शर्मा और गिनवाए गए रणबाँकुरे सिपाहियों की सेना पीछे हट जाए। लेकिन अफसोस कि यह सेना उनके किले पर चढ़ चुकी है। इन लोगों के लिए अच्छा हुआ होता यदि वे इस आक्रमण की संभावना को दृष्टि से ओझल न करते क्योंकि आज से लगभग दस वर्ष पूर्व डॉक्टर शर्मा ने इसकी सूचना दे दी थी पंतजी की प्रगतिशीलता की कमजोरी बतलाते हुए : ''पंतजी ने कार्ल मार्क्स पर भी कविता लिखी है और गांधीजी पर भी। मूलतः दोनों में कोई अंतर नहीं।''

● जनमत

आलोचना : व्यापक परिप्रेक्ष्य और ईमानदारी का प्रश्न

नवलेखन विचार-विमर्श गोष्ठी की संयोजन समिति ने वर्तमान हिंदी आलोचना के संबंध में तीन प्रश्न उठाए हैं :

1. 'क्या आज की आलोचना नवलेखन के समीक्षण में पूर्णतया असमर्थ सिद्ध हुई है?'
2. 'आलोचना के क्षेत्र में गंभीर, निष्पक्ष, ईमानदार व्यक्तियों की कमी है?'
3. 'आपकी सम्मति में आज प्राचीन साहित्य और साहित्य-शास्त्र की कोई उपयोगिता है या नहीं?'

इन प्रश्नों का उत्तर देना आसान नहीं है। इसलिए नहीं कि प्रश्न बहुत मुश्किल हैं या कि असुविधाजनक हैं, बल्कि इसलिए कि वे उलझे हुए हैं या यों कहना चाहिए कि गलत ढंग से उठाए गए हैं। और चूँकि उन्हें 'शंका' न कहकर 'आशंका' कहा गया है, इसलिए वे वर्तमान हिंदी आलोचना या उसकी किसी खास पीढ़ी पर भरी हुई बंदूक-से तने जान पड़ते हैं।

इन प्रश्नों का उत्तर यदि 'हाँ' या 'न' में मिल भी जाए तो उससे हिंदी आलोचना का मार्ग प्रशस्त नहीं हो सकता, क्योंकि वे लक्ष्यच्युत प्रश्न हैं। बेकन के शब्दों में समस्या का आधा समाधान सही प्रश्न पूछने में है। इसलिए इन प्रश्नों के उत्तर देने के साथ-साथ यदि इनमें संशोधन भी किया जाए तो उचित होगा।

पहला प्रश्न है—'क्या आज की आलोचना नवलेखन के समीक्षण में पूर्णतया असमर्थ सिद्ध हुई है, यदि हाँ तो क्यों?' यदि प्रश्न का विलोम कर दिया जाए तो वह इस प्रकार होगा : 'क्या आज की आलोचना नवलेखन के समीक्षण में पूर्णतया समर्थ सिद्ध हुई है, यदि हाँ, तो क्यों?' ये दोनों प्रश्न गलत हैं, क्योंकि उनके पीछे यह समझदारी है कि आलोचना का कोई युग अपने या किसी दूसरे युग के लेखन के समीक्षण में पूर्णतया समर्थ हो सकता है, अपने या किसी दूसरे युग के लेखन के समीक्षण को उस बिंदु तक पहुँचा सकता है जिसके आगे चिंतन-मनन की कोई गुंजाइश नहीं रह जाती। यह समझदारी भ्रामक है।

यदि किसी युग की आलोचना ने अपने या किसी दूसरे युग के लेखन के विषय में अंतिम शब्द कह दिया होता तो शायद पेशेवर आलोचकों की संख्या कम हो गई होती और अध्यापकों और विद्यार्थियों की जिंदगी आसान हो गई होती। उनके बारे में चिंतित होने की आवश्यकता नहीं। विचारणीय बात यह है कि यदि किसी युग के साहित्य के विषय में अंतिम शब्द कह सकना संभव हो जाए या किसी शब्द को अंतिम शब्द मान लिया जाए तो एक युग के साहित्य की दूसरे युग के लिए क्या चरितार्थता होगी।

सच तो यह है कि आलोचना में समृद्धतम युग या महानतम चिंतक भी अंतिम शब्द कहने का दावा नहीं कर सकता। आलोचना के माध्यम से हम प्राचीन साहित्य का नवीनीकरण करते रहते हैं, उसकी स्फूर्ति का जीवन के नये संदर्भों में नया अर्थ ढूँढ़ते रहते हैं, नयी भंगिमाएँ उद्‌घाटित करते रहते हैं। हिंदी में आलोचना की लंबी परंपरा नहीं है, किसी भी कवि पर उतना नहीं लिखा गया है जितना पश्चिम में शेक्सपियर पर। इसलिए शायद हम आलोचना के माध्यम से साहित्य के नवीनीकरण की प्रक्रिया से बहुत परिचित नहीं हैं। लेकिन शेक्सपियर के जीवन काल से लेकर आज तक पश्चिम के हर देश में और लगभग हर महत्त्वपूर्ण रचनाकार और साहित्य-चिंतक द्वारा शेक्सपियर की रचनाओं की समीक्षा की गई है और यदि अतीत प्रमाण है, तो की जाती रहेगी। यह इसलिए कि हर युग का अपना शेक्सपियर है, शेक्सपियर केवल मानव-जीवन के चित्रकार के रूप में ही नहीं बल्कि शेक्सपियर शब्दों, चित्रों और लयों के शिल्पी के रूप में भी।

इसलिए यह प्रश्न कि हिंदी आलोचना नवलेखन के समीक्षण में पूर्णतया समर्थ या असमर्थ रही है या नहीं, लक्ष्यच्युत है, इसलिए निरर्थक प्रश्न है। प्रश्न यह है कि हिंदी आलोचना ने नवलेखन के समीक्षण में क्या योगदान दिया है, या दूसरे शब्दों में, उसके सहारे हम नवलेखन को किस हद तक और किस रूप में समझते हैं।

नवलेखन के संबंध में चर्चा करते हुए नवलेखकों को हिंदी आलोचना की पुरानी पीढ़ी से बहुत ज्यादा शिकायत नहीं होनी चाहिए। रचनाकारों की तरह ही आलोचकों के विकास की भी एक सीमा होती है, उम्र की, मान्यताओं की और समझदारी की। वास्तव में हर नवलेखन, यदि वह सार्थक है, नये आलोचक पैदा करता है। कभी-कभी एक क्रांतिकारी लेखक ही नये आलोचक पैदा करता है। नवलेखन नये भाव-बोध और अभिव्यक्ति की नयी भंगिमाएँ लेकर आता है, जिन्हें उदार से उदार और अंतर्दृष्टि-संपन्न पुराना आलोचक ग्रहण नहीं कर पाता। दूसरे आलोचकों की बात तो अलग, नवलेखन के अग्रदूतों में सम्मानित अज्ञेय भी आज की नयी पौध में कुछ ऐसा पथ-भ्रम पाते हैं कि बार-बार उसे 'आ, तू, आ, तू' कहकर बुलाते हैं। शायद एक रचनाकार दूसरे रचनाकार की पीड़ा और श्रम को अधिक समझता है, लेकिन जब वहाँ भी इतनी तेजी से दादागिरी के अंकुर पनप सकते हैं तो आलोचना के क्षेत्र में भी दादागिरी का पनपना, और रूढ़ हो जाना बहुत आश्चर्य की बात नहीं।

नवलेखन के साथ अनिवार्य रूप से नव-आलोचना का भी उदय हो रहा है,

जैसे छायावाद के युग में छायावादी आलोचना और प्रगतिवाद के युग में प्रगतिवादी आलोचना का उदय हुआ। इस गोष्ठी में ही अनेक लेखक मौजूद हैं जो दोनों कार्यों का निर्वाह करते हैं। लेकिन पिछली दो गोष्ठियों से यह स्पष्ट हो गया है कि स्वयं उनके निकट भी नवलेखन के विषय में बहुत-सी बातें स्पष्ट नहीं हैं, जैसे नवलेखन क्या है? नवलेखन में किन-किन लेखकों की गिनती हो? नवलेखन का प्रारंभ कहाँ से माना जाए? नवलेखन के मूल्य क्या हैं? क्या उसमें कोई मूल्य है भी और यदि है तो कहाँ—उसके भाव-बोध में, उसके चिंतन में, उसके सौंदर्य-बोध में, उसकी व्यक्तिगत दीक्षा में या सामाजिक विद्रोह में? यदि पुरानी पीढ़ी के आलोचक नवलेखकों के बारे में अलग-अलग बातें कहें या एक ही आलोचक नवलेखकों के बारे में अलग-अलग बातें कहे तो यह आश्चर्य की बात नहीं।

एक छोटी-सी बात लें। यहाँ हमारे सामने ऐसे रोमानी नवलेखक हैं जिन्होंने मानव-भविष्य के प्रति आस्थावान रहने पर जोर दिया है। दूसरी ओर कुछ ऐसे हैं जिनके पास कोई दवा नहीं, केवल दर्द है। कुछ ऐसे हैं जो मुसीबतों से घिरे रहकर भी जिंदा हैं, आशा और साहस के साथ और कुछ दूसरे हैं जो जीवन का हर सुख भोगते हुए भी अपने और दुनिया से बेजार हैं। आगे आलोचकों की ईमानदारी का प्रश्न आएगा, लेकिन पूछा जा सकता है क्या रचनाकारों की ईमानदारी स्वयं सिद्ध है? वैसे यह सवाल उठाना मैं बचकानापन समझता, लेकिन यहाँ बार-बार यह कहा जाता है कि नवलेखक स्वानुभूत सत्य की ही अभिव्यक्ति करता है, और चीजों से उसे कुछ मतलब नहीं। जाहिर है अभी 'स्वानुभूत सत्य' का भी अर्थ स्पष्ट नहीं हो पाया है, अवश्य ही यह कबीर के आँखों देखे सत्य से भिन्न चीज है।

इसी तरह तथाकथित प्रयोगवादी एक जमाने में मूल्यों की बात करते हुए 'व्यक्तित्व की खोज' को सामने लाते थे। आज तक 'व्यक्तित्व की खोज' का अर्थ साफ नहीं हुआ। व्यक्तित्व की खोज का अर्थ यदि नये मानसिक संतुलन या नये व्यक्तित्व के तत्त्वों को पुनस्संगठित करना है, तो यह स्पष्ट करना होगा कि किन अर्थों में यह पुराने कवियों के प्रयत्नों से भिन्न है जिनमें वे नये उदात्त आदर्शों से समन्वित मानव की रचना करते थे।

पुराने आलोचकों को छोड़ दीजिए। मेरी शिकायत नवलेखन के साथ-साथ आलोचना का कार्य करने वाले आलोचकों से है कि अभी उनकी नयी आलोचना आत्म-कथात्मक अधिक है, वैज्ञानिक कम। दूसरे शब्दों में कहा जाए तो उसके मानदंड भी इतने अनिश्चित हैं कि उसके आधार पर अभी साहित्य की आलोचना की बात तो दूर, स्वयं नवलेखन का संतोषजनक समीक्षण संभव नहीं। अभी वह प्रयोगात्मक अवस्था में है और प्रयोगात्मक अवस्था में अवसरवादिता को पनपने का काफी मौका रहता है। आचार्य रामचंद्र शुक्ल की आलोचना, छायावादी आलोचना और प्रगतिवादी आलोचना में बहुत सारी त्रुटियाँ रही हों, लेकिन उनमें आज की नयी आलोचना की अवसरवादिता नहीं थी। उनके पास सारे साहित्य को आँकने का, परखने का एक

दृष्टिकोण था, मानदंड था। नयी आलोचना का वह कौन-सा मानदंड है जिससे पुराने साहित्य से लेकर आज तक के साहित्य की समीक्षा की जा सके? तुलसी को महान् कहना काफी नहीं है, जरूरत है यह बतलाने की कि हम किन नये मूल्यों के आधार पर, वे वस्तुगत हों या शिल्पगत, तुलसी को महान् कहते हैं? सच्ची आलोचना-पद्धति वही है जो आगे और पीछे साथ-साथ देख सके, जो साहित्य के विकास का समाहार कर सके।

यहीं पर नवलेखन विचार-गोष्ठी की संयोजन-समिति द्वारा उठाए गए दूसरे प्रश्न पर विचार किया जा सकता है। यह प्रश्न है : आलोचना के क्षेत्र में गंभीर, निष्पक्ष, ईमानदार व्यक्तियों की कमी है? यहाँ मुझे इन विशेषणों को एक साथ रखने पर आपत्ति है। ऐसा हो सकता है कि कोई आलोचक गंभीर हो लेकिन निष्पक्ष और ईमानदार नहीं। कुछ लोग यह भी कह सकते हैं कोई आलोचक निष्पक्ष है, लेकिन ईमानदार नहीं। लेकिन मैं पूछता हूँ क्या आपको इससे संतोष होगा यदि कोई आलोचक गंभीर हो, निष्पक्ष हो, ईमानदार हो, लेकिन समझदार न हो। गंभीरता के लिए तराजू-बटखरा चाहिए। इस लिए उसे छोड़ता हूँ। लेकिन जब निष्पक्षता की बात आती है तो स्वाभाविक है कि प्रश्न उठे कि निष्पक्षता का क्या तात्पर्य है? शायद सबसे निष्पक्ष वही होता है जो हर हवा के अनुसार अपना रुख बदलता रहता है। निष्पक्ष व्यक्ति तो वही हो सकता है जिसके पास कोई दृष्टिकोण नहीं है। यहाँ पर अनेक लेखकों और विचारकों ने प्रतिबद्धता की आवश्यकता पर जोर दिया है, मूल्यों पर जोर दिया है। जो आलोचक से निष्पक्षता की माँग करते हैं शायद उनके दिमाग में यह बात घर कर गई है कि आलोचक मूल्यहीन जीव है। ईमानदारी का सवाल भी इसी से जुड़ा हुआ है। यहाँ पर कई लेखकों ने प्रगतिवाद और उससे भी आगे बढ़कर साम्यवादी देशों के साहित्य की चर्चा की है। उनका प्रधान स्वर यही था कि इस प्रकार के दृष्टिकोण से लिखा हुआ साहित्य साहित्य हो ही नहीं सकता। मैं समझता हूँ कि इस साहित्य में अनेक खामियाँ रही हैं और हैं। लेकिन जब कुछ पढ़े-लिखे, और बहुत पढ़े-लिखे लोग, इस तरह से बातें करते हैं जैसे उन्होंने मायकोवस्की, अरागां, नाजिम हिकमत, नेरुदा या गोर्की, शोलोखोव, फादयेव का नाम कभी सुना ही नहीं तो उन्हीं के अनुसार उनकी ईमानदारी या मेरे अनुसार कह लीजिए उनकी समझदारी पर शक होने लगता है। कहने का आशय यह है कि आलोचना में ईमानदारी का प्रश्न या तो समझकर उठाया जाए या फिर न उठाया जाए। समझदार आलोचक मेरी समझ में वह व्यक्ति है जो अपने और पाठकों के लिए कविता की पुनर्रचना कर सके।

जहाँ तक तीसरे प्रश्न का सवाल है—'आज प्राचीन साहित्य और साहित्य-शास्त्र की कोई उपयोगिता है या नहीं?' इसका उत्तर शायद उस दिन देना उचित होगा जब कोई व्यक्ति कहेगा कि उसके बाप-दादा व्यर्थ ही हुए।

• **आज : रविवार, 18 अप्रैल, 1965**

राष्ट्रीय एकता और साहित्य

लेख का शीर्षक अंशतः भ्रामक है, क्योंकि राष्ट्रीय एकता की समस्या पर विचार करना इसका अभीष्ट नहीं। 'स्वाधीनता' ने अपने पिछले स्वाधीनता-दिवस विशेषांक में इसी शीर्षक से डॉ. रामविलास शर्मा का लेख छापा है, जिसमें राष्ट्रीय एकता की समस्या के विवेचन और उसकी रक्षा और विकास करने में साहित्यिकों की भूमिका के साथ-साथ प्रगतिशील आंदोलन के पिछले इतिहास और उसके भावी रूप के विषय में कुछ ऐसी बातें कही गई हैं जिन्हें लेकर काफी बहस की जा सकती है और की जानी चाहिए। इस बहस के लिए 'स्वाधीनता' के आमंत्रण का स्वागत है। यहाँ डॉ. शर्मा के लेख के शीर्षक से ही साहित्यिकों के आंदोलन और उसके संगठनात्मक रूप के बारे में कुछ विचार प्रस्तुत किए जा रहे हैं।

सबसे पहले इस सच्चाई को मान लेना चाहिए कि आज राष्ट्रीय पैमाने पर कोई संगठित साहित्यिक आंदोलन नहीं। इससे भी बढ़ कर दूसरी सच्चाई यह है कि हर क्षेत्र में संगठित प्रयत्न के बिना देश के सदियों पुराने आर्थिक, सामाजिक, राजनीतिक और सांस्कृतिक पिछड़ेपन को तेजी से दूर करना असंभव है। इस प्रकार आज देश की आवश्यकता और साहित्यिक आंदोलन और संगठन की स्थिति में कोई मेल नहीं।

आज की स्थिति के विषय में डॉ. शर्मा ने लिखा है–"पूँजीवादी दृष्टिकोण को अपनाने वाले साहित्यकारों के अनेक संगठन हैं। सर्वहारा दृष्टिकोण को अपनाने वाले साहित्यकारों का एकमात्र संगठन था–प्रगतिशील लेखक संघ। यदि आज प्रगतिशील लेखक संघ एक सुदृढ़ और समर्थ संगठन होता, तो जातीय विग्रह और फूट को रोकने के लिए वह बहुत बड़ा साधन होता।"

उद्धरण के पहले दो वक्तव्य विवादास्पद हैं; दूसरे को आपत्तिजनक भी कहा जा सकता है। आमतौर पर साहित्यिक संगठनों की रचना राजनीतिक दलों की तरह नहीं होती, क्योंकि एक-दूसरे को प्रभावित करते हुए भी राजनीति और साहित्य एक वस्तु नहीं। राजनीतिक स्तर पर विचारधाराओं में दृष्टिकोण की एकता तक पहुँचना

अधिक संभव होता है, जिसके बाद नीति और कार्यक्रम की सीधी दिशा निर्धारित की जा सकती है। किंतु अक्सर जिंदगी के अनुभव राजनीतिक विचारों के चौखटों में समा नहीं पाते। साहित्य राजनीति की ठेठ भाषा नहीं; वह राजनीति के सिर पर सवार जिंदगी की भाषा है। राजनीतिक विचारधारा और अनुभव की इसी असंगति के आधार पर 19वीं सदी में योरप में 'आलोचनात्मक यथार्थवाद' (क्रिटिकल रियलिज्म) का उदय हुआ। पूँजीवाद की प्रगतिशील भूमिका के युग में भी ऐसा साहित्य पूँजीवादी विचारधारा से अधिक प्रगतिशील होता है। विशेषतः नये स्वतंत्र राष्ट्रों में जहाँ पूँजीवादी वर्ग का एक बहुत बड़ा भाग प्रगतिशील भूमिका संपन्न कर सकता है, पूँजीवादी लेखकों को शत्रु-शिविर के लेखक समझना संकुचित दृष्टिकोण है। डॉ. शर्मा के लेख की आम दिशा इसी प्रकार के विभाजन की ओर है, हालाँकि उसके अंत में उन्होंने जरा मुड़कर 'साम्राज्य-विरोधी, सामंत-विरोधी लेखकों को संगठित' करने की आवश्यकता का भी उल्लेख किया है। पूँजीवादी विचारधारा के लेखकों के प्रति इस नकारात्मक दृष्टिकोण के मूल में उनकी यह समझ है कि—"पूँजीवादी दृष्टिकोण यदि मिथ्या अहंकार और फूट को मजबूत करता है, तो मजदूर-वर्ग का दृष्टिकोण अंतरजातीय एकता और परस्पर सहयोग की भावना को दृढ़ करता है।" यह कथन राष्ट्रों के उदय और विकास के इतिहास और नये स्वतंत्र राष्ट्रों या साम्राज्यवाद के विरुद्ध संघर्षरत देशों के अनुभव के विपरीत है। और यदि पूँजीवादी दृष्टिकोण 'मिथ्या अहंकार और फूट को मजबूत करता है', तो 'साम्राज्य-विरोधी, सामंत-विरोधी' लेखकों की वह कौन-सी कतार है जिसके साथ मार्क्सवादी लेखकों की कतार संगठित हो?

डॉ. शर्मा की दूसरी स्थापना—"सर्वहारा दृष्टिकोण को अपनाने वाले साहित्यकारों का एकमात्र संगठन था—प्रगतिशील लेखक संघ"—लेख के पूरे संदर्भ में कुछ यह ध्वनि देती है जैसे वह सर्वहारा दृष्टिकोण को अपनाने वाले साहित्यकारों का ही संगठन था। इसमें संदेह नहीं कि वर्तमान लेखक की अपेक्षा डॉ. शर्मा को प्रगतिशील लेखक संघ के इतिहास की अधिक जानकारी है, लेकिन उनके इस कथन की ध्वनि क्या है?—"दुर्भाग्य से कुछ नेता और लेखक इधर यह सोच रहे हैं कि मजदूर वर्ग के दृष्टिकोण से प्रभावित साहित्यकारों के संगठन की जरूरत नहीं है। उनके विचार से इस तरह के संगठन से संकीर्णता फैलती है, मार्क्सवादी लेखक अपना छोटा-सा गुट बनाकर रह जाते हैं, वे राष्ट्रीय पैमाने पर तमाम लेखकों की एकता कायम नहीं कर पाते इत्यादि।" प्रगतिशील लेखक संघ की स्थापना में मार्क्सवादी लेखकों ने पहलकदमी की, किंतु स्वाधीनता के पहले उसका विकास केवल मार्क्सवादी लेखकों के संगठन के रूप में नहीं बल्कि देशभक्त जनवादी लेखकों के राष्ट्रीय मोर्चे के रूप में हो रहा था। स्वाधीनता के बाद उसमें सबसे अधिक संगठित और सक्रिय मार्क्सवादी लेखकों द्वारा उसे केवल अपने साहित्यिक मोर्चे में परिणत कर देने के प्रयत्न ने उसका विघटन कर दिया। इस आत्मालोचना और उससे पैदा हुई नयी समझ के बिना मार्क्सवादी

लेखक किसी व्यापक राष्ट्रीय जनवादी साहित्यिक मोर्चे की स्थापना में सही पहलकदमी नहीं कर सकते। स्वाधीनता के बाद भी साम्राज्यवादी-सामंतवादी तत्त्वों का अंत नहीं हुआ है। हमारे राष्ट्र के पैरों में वे जंजीर की तरह हैं; वे हमारी राष्ट्रीय स्वाधीनता का अंत कर देना चाहते हैं, वैज्ञानिक और जनवादी विचारधारा के स्थान पर अंधविश्वास को प्रोत्साहित करते हैं, स्वस्थ राष्ट्रीयता और शांति-प्रेम के स्थान पर अंध-राष्ट्रीयता और युद्धलिप्सा के समर्थक हैं, राष्ट्रीय एकता को संप्रदायवाद, जातिवाद, भाषावाद, क्षेत्रवाद आदि का आश्रय लेकर छिन्न-भिन्न कर देना चाहते हैं। इन तत्त्वों के विरुद्ध न केवल मार्क्सवादी लेखक हैं बल्कि पूँजीवादी विचारधारा से प्रभावित लेखक भी हैं। दृष्टिकोण की यही एकता, अपनी सीमाओं के बावजूद, व्यापक राष्ट्रीय जनवादी साहित्यिक मोर्चे का आधार बन सकती है। डॉ. शर्मा का यह कहना सर्वथा उचित है कि यह तभी संभव है जब सबसे पहले स्वयं मार्क्सवादी लेखक दृष्टिकोण की एकता कायम करें और संगठित और सक्रिय हों! ऐसे संगठन का उद्देश्य दूसरों पर बलपूर्वक मार्क्सवादी विचारधारा आरोपित करना न होकर अपनी महान् सामाजिक और सांस्कृतिक परंपरा के जनवादी तत्त्वों, स्वाधीनता और शांति की रक्षा करना और उन्हें विकास की ओर ले जाना होगा। इस प्रकार ऐसा साहित्यिक संगठन न केवल मार्क्सवादी लेखकों के दृष्टिकोण की एकता को ही बल्कि हमारे वर्तमान राष्ट्रीय कर्तव्यों की पूर्ति के स्वीकृत आधार पर मार्क्सवादी और जनवादी लेखकों के दृष्टिकोणों की एकता को भी प्रतिबिंबित करेगा। इस एकता के आधार पर ही उनके व्यापक जीवन-दर्शन और उनकी साहित्यिक मान्यताओं के बीच प्रतियोगिता और संघर्ष चल सकते हैं। इस एकता के एक सिरे पर केवल झोली फैलानेवाले हों और दूसरे सिरे पर केवल झोली भर देने वाले हों—यह स्थिति न तो संभव है और न वांछित।

अक्सर ऐसे संयुक्त मोर्चे के नेतृत्व का प्रश्न उठाया जाता है। इस संबंध में ध्यान रखने की सबसे पहली बात यह है कि साहित्यिक नेतृत्व की समस्या राजनीतिक नेतृत्व से अधिक जटिल है। सर्वहारा वर्ग की विजय से समाज में आधारभूत आर्थिक और राजनीतिक परिवर्तन का मार्ग जितना सुगम हो जाता है, उतना सुगम मार्ग सर्वहारा वर्ग के साहित्य की रचना का नहीं होता। समस्या की इस जटिलता का उल्लेख डॉ. शर्मा के लेख में है : "सर्वहारा दृष्टिकोण अपना कर पूँजीवादी लेखकों की तुलना में ऊँचे दर्जे का साहित्य रचना कठिन काम है, खुली प्रतिद्वंद्विता में पूँजीवादी लेखकों से साहित्य का नेतृत्व छीन लेना बहुत दिनों के परिश्रम और साधना से ही संभव है।"

इससे ध्यान देने की जो दूसरी बात निकलती है वह यह है कि साहित्य में मार्क्सवादी विचारधारा का नेतृत्व केवल आत्मनिष्ठ इच्छा पर निर्भर न होकर मार्क्सवादी लेखकों के कृतित्व—उसकी वस्तु और रूपगत विविधता और समृद्धि पर निर्भर है। नेतृत्व को लोमड़ी और सारस की खीर समझना गलत है।

इससे हम जिस तीसरी बात पर पहुँचते हैं वह यह है कि साहित्य की वस्तु और रूप के विषय में व्यक्तिगत रुचि और प्रयोग के प्रति विवेकपूर्ण सहिष्णुता का व्यवहार आवश्यक है। उनपर राजनीतिक आदेशों की तरह के अंकुश नहीं लगाए जा सकते।

इसलिए साहित्य को सर्वहारा की विचारधारा के नेतृत्व को लंबी प्रतियोगिता और संघर्ष के फल के रूप में ही देखना चाहिए। इस नेतृत्व के लिए आवश्यक है कि अधिकांश लेखक अपने अनुभव के आधार पर सर्वहारा की विचारधारा की श्रेष्ठता के कायल हों।

ऊपर की बातों की उपेक्षा कर प्रगतिशील लेखक संघ को फिर से सक्रिय करना या राष्ट्रीय जनवादी लेखकों के किसी अन्य संगठन को कायम करना असंभव है। निस्संदेह, प्रगतिशील लेखक संघ के नाम के साथ लेखकों की एक बड़ी संख्या का रागात्मक संबंध है, लेकिन नाम से भी बड़े महत्त्व की चीज है ऐसे लेखकों की एकता जो हमारे वर्तमान राष्ट्रीय कर्तव्यों को पूरा कर सकें। प्रगतिशील लेखक संघ की सबसे बड़ी विशेषता यह थी कि उसने राष्ट्रीय पैमाने पर देश की अनेक भाषाओं के जनवादी लेखकों को संगठित किया, उनमें अनुभव और विचार विनिमय के माध्यम से राष्ट्रीय एकता को बल दिया, प्रत्येक भाषा के साहित्य को सजग होकर नया मोड़ दिया। इस विरासत की अवहेलना नहीं की जा सकती। इसे खत्म करने के लिए अनेक साहित्यिक संगठन बने जो आज भी कायम हैं, लेकिन वे बहुत दूर तक नहीं जा सके क्योंकि हमारे अधिकांश लेखकों के दिल और दिमाग सही जगह पर हैं। इसे प्रगतिशील लेखक संघ या राष्ट्रीय जनवादी लेखकों के किसी अन्य संगठन की महान् संभावनाओं का प्रमाण समझना चाहिए। प्रगतिशील साहित्यिक आंदोलन और संगठन के अभाव में अनेक नवोदित स्वस्थ लेखक अकेलापन अनुभव करते हैं, ऐसे साहित्य-संगठनों से जुड़ जाते हैं जिनका नेतृत्व प्रतिक्रियावादी है, समर्थन, ख्याति आदि प्रलोभनों में पड़ जाते हैं और धीरे-धीरे प्रतिक्रियावादी साहित्यिक मान्यताओं के प्रभाव में आते हुए दिग्भ्रमित हो जाते हैं। यह स्थिति चिंतनीय है।

आज प्रगतिशील साहित्यिक आंदोलन और संगठन की निष्क्रियता को दूर करने के लिए डॉ. शर्मा का यह सुझाव सही है कि सबसे पहले मार्क्सवादी विचारधारा के लेखक संगठित हों। इस संगठित होने का अर्थ यह नहीं कि वे यांत्रिक रूप से किसी एक संगठन में बँध जाएँ। इसका अर्थ यह है कि साहित्य के विषय में दृष्टिकोणगत एकता कायम करें। वर्षों की निष्क्रियता के बाद इस प्रकार की एकता तभी संभव है जब स्वयं उनमें विचारों का मैत्रीपूर्ण संघर्ष हो। वर्तमान हिंदी साहित्य के प्रति उनके दृष्टिकोण का उदाहरण ही लें। आज की कविता और कहानी के बारे में स्वयं मार्क्सवादी लेखकों में घोर संकीर्णता से लेकर अतिउदारतावादी प्रवृत्तियाँ मिलती हैं। सिद्धांत-स्खलित स्तुति या निंदा—जो अवसरवादिता के ही दो भिन्न रूप हैं—और

मार्क्सवादी दृष्टिकोण में कोई समानता नहीं हो सकती, लेकिन आज मार्क्सवादी लेखकों में भी 'ढाई चावल की खिचड़ी अलग पकाने की नौबत' के साथ इस प्रकार की अवसरवादिता को प्रोत्साहन मिलता है।

डॉ. शर्मा के लेख में कुछ सुझाव हैं और उन्हें सुझाव ही मानकर बहस की जा सकती है। लेकिन सिर्फ बहस से क्या फायदा? यह समझना आवश्यक है कि पुनीत इच्छाओं का युग कभी का खत्म हो चुका।

शांति और साम्राज्यवाद-विरोधी परंपरा

हिंदी में शांति और साम्राज्यवाद-विरोध की एक लंबी परंपरा है और आज जो शांति के लिए संघर्षशील हैं उन्हें इस परंपरा के ज्ञान से काफी प्रेरणा और स्फूर्ति मिलेगी। अपने साहित्य की महान् विरासत की रक्षा और उसके विकास को सही दिशा में ले जाने के लिए भी यह ज्ञान अत्यंत आवश्यक है।

हिंदी के प्राचीनतम साहित्यकार भी मानव जीवन के सुंदर और उच्चतम मूल्यों के प्रति जागरूक थे और उन्होंने ही उन मूल्यों के लिए चलनेवाले संघर्ष का नेतृत्व किया। अधिकतर नीची और शोषित जातियों में पैदा हुए सिद्ध कवियों ने अपने युग को क्रांतिकारी चेतना दी और ऊँची जातियों के अन्याय और उनके द्वारा होनेवाले शोषण पर आक्रमण किया। उन्होंने हमारे साहित्य में न्याय के लिए पक्षधर बनने और संघर्ष करने के आदर्श का सूत्रपात किया। इस युग में युद्ध और प्रेम पर भी रचनाएँ लिखी गईं किंतु युद्ध में पराक्रम, जन्मभूमि के प्रति भक्ति और न्याय पर अधिक जोर दिया गया और उनके प्रेमवर्णनों में एक नैसर्गिक और पवित्र अनुभूति का सौंदर्य है। मनुष्य जीवन से प्रेम और उसके शांतिपूर्ण आनंद की क्षुधा—यही स्वर उनमें सबसे अधिक उभर कर आता है। सामंती जाति-प्रथा-गत शोषण भी उनकी इस क्षुधा को, उनके इस प्रेम को नहीं दबा सका। उस युग के एक कवि के शब्दों में, जिस व्यक्ति के पास दो जोड़ी बैल, दो गायें और एक मधुरभाषिणी स्त्री हो उसे हाथी तथा अन्य निधियों की क्या आवश्यकता?

हमारे चारण कवियों में सामाजिक विद्रोह का वह स्वर नहीं जो इन सिद्ध कवियों में था। उनका साहित्य राज-दरबारों की छत्रछाया में पनपा था। किंतु उनमें जन्मभूमि के प्रति प्रेम की भावना और ऊँचे स्तर पर पहुँची। उनके चरितनायकों में पराक्रम और देशप्रेम कूट-कूट कर भरा है। आत्मसम्मान के लिए वे जान को हथेली पर लिए फिरते हैं। युद्ध में वे शत्रु को निःशस्त्र देख उसपर हाथ नहीं उठाते। युद्ध के नियमों का वे दृढ़ता से पालन करते हैं, भले ही इसमें उन्हें मृत्यु का वरण करना पड़े। उनमें और आज के साम्राज्यवादी रक्त पिपासुओं में योजनों का अंतर है। सबसे मार्मिक

वस्तु उनकी स्त्रियों में आत्मसम्मान की रक्षा के लिए हँसते-हँसते चिता पर चढ़ जाना और उसमें स्वयं आग लगाकर भस्म हो जाना है। उनका बलिदान युद्ध की सबसे बड़ी विभीषिका है।

किंतु हमारा चारण-काव्य केवल युद्ध-काव्य नहीं है। उसमें काफ़ी बड़े-बड़े अंश प्रेम-काव्य के हैं, जिनमें जीवन में शांति के सुखों की अभिलाषाएँ प्रतिबिंबित हैं। 'बीसलदेव रासो' पर तो प्रेम का इतना गहरा रंग चढ़ा हुआ है कि उसे प्रेम-काव्य कहा जाए या चारण-काव्य इसका निर्णय करना कठिन है।

किंतु मध्युयगीन संत कवियों की रचनाएँ हिंदी साहित्य में शांति के लिए सबसे विशाल प्रेरणा-स्रोत हैं। कबीर, दादू इत्यादि संत कवियों ने अपनी अनगढ़ किंतु सबल भाषा में जाति और धर्म पर आधारित सारे अन्यायों के ख़िलाफ़ आवाज़ बुलंद की और जीवन में समता और न्याय को स्थान दिलाने वाला आंदोलन किया। उन्होंने मुल्लाओं और पंडे-पुजारियों के पाखंडों का पर्दाफ़ाश किया और एक ऐसे मानव-धर्म का संदेश दिया जो एकेश्वरवाद के आधार पर समाज में मानवता, न्याय और समता की स्थापना करे। उन्होंने हिंदुओं और मुसलमानों में प्रेम और सौहार्द के संबंध स्थापित करने का अथक प्रयत्न किया :

कह हिंदू मोहि राम पियारा तुरुक कहै रहिमाना।
आपस में दोउ लरि-लरि मुए मरम न काहू जाना ॥

अनेक संप्रदायों और जातियों में एकता, सौहार्द और शांतिपूर्ण संबंध स्थापित करने के इस महान् आंदोलन ने बाद में आनेवाले कवियों को प्रेरणा दी और आज भी शांति के पक्षधर साहित्यिकों को प्रेरणा देता है।

कबीर और अन्य संत कवियों का काव्य, संन्यास या जीवन और समाज के प्रति उपेक्षा का काव्य नहीं था। ऐसा सोचना भी गलत है। यह इसलिए कि शांति का आशय निष्क्रियता या मृत्यु नहीं, बल्कि क्रियाशीलता और जीवन है।

तुलसीदास मनुष्य के लिए कैसा जीवन चाहते थे यह कलियुग के संबंध में कही हुई उनकी दर्दभरी पंक्तियों से मालूम हो जाता है :

खेती न किसान को, भिखारी को न भीख बलि,
बनिक को न बनिज न चाकर को चाकरी।

इस प्रकार हमारे सबसे महान् कवि ने मानव के हृदय में बसनेवाले शांति, समृद्धि और सुख के स्वप्नों को अंकित किया।

हमारे सूफ़ी कवियों ने भी अपनी कृतियों से संप्रदायों के बीच मैत्री और सद्भावना को प्रोत्साहित किया। उनकी कृतियाँ प्रेम से ओतप्रोत हैं। संस्कृतियों के बीच पारस्परिक उदारता और आदान-प्रदान का इससे बड़ा उदाहरण और क्या हो सकता है कि उन्होंने अपनी प्रेम-गाथाओं के लिए हिंदुओं से संबंधित गाथाओं को ग्रहण किया।

रीतिकालीन काव्य भी जब अलंकारों और नायक-नायिका-भेद की अतिरंजित क्रीड़ाओं से मुक्त होता है तो उसमें भी प्रेम की सच्ची अनुभूति दिखलाई पड़ती है। साथ ही हमें यह भी स्मरण रखना चाहिए कि रीतिकाल में भी हमारे संत और चारण कवियों द्वारा विकसित मानवतावादी और देश-प्रेम की परंपरा का बिलकुल अंत नहीं हो गया था।

आधुनिक हिंदी साहित्य का जन्म सामंतवादी-साम्राज्यवादी शोषण के युग में हुआ। इसलिए यह स्वाभाविक था कि हमारे आधुनिक साहित्य की प्रमुख धारा सामंती और साम्राज्यवादी शोषण के विरोध का रूप लेती। इसने हमारी जनता की स्वतंत्रता की अभिलाषाओं को व्यक्त किया। साम्राज्यवाद-विरोधी भावना की व्यापकता और गहराई का अनुमान इसी से लग सकता है कि भारतेन्दु-युग के अधिकांश लेखकों ने देश की सीमाओं को पार कर दूसरे देशों में चलनेवाले साम्राज्यवादी युद्धों की भी घोर निंदा की। विशेषतः उन्होंने एशिया और अफ्रीका के निवासियों के प्रति साम्राज्यवादी देशों की नीतियों का विरोध किया।

आधुनिक हिंदी साहित्य के पिता भारतेन्दु ने साम्राज्यवादी शोषण पर तीखा व्यंग किया। उन्होंने लिखा :

भीतर भीतर सब रस चूसै, बाहर से तनमनधन मूसै।
जाहिर बातन में अति तेज, क्यों सखि साजन? नहिं अंगरेज।

इसी प्रकार 'अंगरेज स्तोत्र' नाम के एक व्यंगात्मक लेख में उन्होंने अंग्रेज़ों की नीति का पर्दाफ़ाश किया। उन्होंने ब्रिटिश राज्य की तुलना क्षय रोग से की जबकि मुसलमान शासकों के राज्य को महामारी की उपमा दी।

आज विश्व संस्कृतिवाद की ओट में साम्राज्यवादी दूसरे देशों की राष्ट्रीय संस्कृति को दबा रहे हैं और अपनी सड़ी हुई साम्राज्यवादी संस्कृति को लादने के अनेक तरीके निकाल रहे हैं।

भारतेन्दु ने विश्व-संस्कृतिवाद (Cosmopolitanism) पर भी आक्रमण किया और अपने 'पाँचवाँ पैगम्बर' लेख में उन सबकी ख़बर ली जो अंग्रेज़ों की नकल आँख मूँद कर करते जा रहे थे और अपनी सांस्कृतिक विरासत को हेय समझकर उपेक्षित करते थे। संस्कृति के संबंध में उनका दृष्टिकोण उनके भाषा संबंधी दृष्टिकोण से स्पष्ट हो जाएगा : 'निज भाषा उन्नति अहै सब उन्नति को मूल।'

यह सब उन्होंने पुनरुत्थानवादी दृष्टिकोण से नहीं किया। उनका हृदय देश की दासता से पीड़ित था और वे चाहते थे कि अंग्रेज़ी साम्राज्यवाद से मुक्त होकर वह अपने सारे साधनों और वैज्ञानिक आविष्कारों को काम में ले आकर अपना विकास कर सके।

साम्राज्यवाद-विरोधी यह रुख़ उस काल के हिंदी के अनेक लेखकों और पत्र-पत्रिकाओं में दिखलाई पड़ता है। 'सारसुधानिधि' के एक लेख में जुलू लोगों और अफगानों के विरुद्ध साम्राज्यवादियों के युद्धों के संबंध में लिखा है : "इसी चेष्टा

से काबुल के अमीर फ़कीर हुए। जुलू लोगों का भी अपराध यही है कि वे स्वाधीन हैं। ये तो हम फेर भी कहेंगे, कि जुलू इस युद्ध में प्रथम अपराधी नहीं हैं...ये युद्ध और काबुल का युद्ध ये दोनों ही इन्ही लोगों के छेड़छाड़ से हुआ।" इन नरमेधों के लिए किए गए व्यय के प्रति उस लेख में ये घृणापूर्ण उद्गार हैं : "तिस पर भी युद्ध! युद्ध! युद्ध! करके हमारे राज्य व्यस्त हो रहे हैं। इधर काबुल, उधर जुलू, यही क्या सभ्यता का स्वरूप है?"

इसी प्रकार प्रेमघन ने अंग्रेज़ों के बर्मा-युद्ध की निंदा की थी। गदाधर सिंह की पुस्तक 'चीन में तेरह मास' साम्राज्यवादियों के विरुद्ध एशिया की जनता की एकता और पारस्परिक समर्थन का अभूतपूर्व ग्रंथ है। गदाधरसिंह 7वीं राजपूत रेजिमेंट के साथ चीन में बाक्सर-विद्रोह को दबाने के लिए गए थे और जब वहाँ उन्होंने योरप और जापान के साम्राज्यवादियों की क्रूरता के दृश्य देखे तो उनकी आँखें खुल गईं।

इनके अतिरिक्त प्रताप नारायण मिश्र, राधाचरण गोस्वामी, बालमुकुंद गुप्त आदि उस युग के सभी प्रमुख लेखकों ने साम्राज्यवाद-विरोधी चेतना को विकसित किया। एक और बड़ी चीज़ यह है कि उनमें से लगभग सभी ने उस सामंती व्यवस्था पर भी आघात किया जहाँ से साम्राज्यवाद काफ़ी शक्ति प्राप्त करता था। यह ठीक है कि उन्हें साम्राज्यवाद के विषय में अनेक भ्रम भी थे किंतु सब मिलाकर उन्होंने देश की जनता को सामंती और साम्राज्यवादी शिकंजे से मुक्त करने के लिए जो निरंतर संघर्ष किया, उसके कारण वे आज भी स्वतंत्रता, शांति और अपनी संस्कृति की रक्षा के लिए संघर्षरत लेखकों को प्रेरणा और शक्ति देते हैं।

जब हमारे देश की जनता ने साम्राज्यवाद से संगठित रूप में राजनीतिक आंदोलन के रूप में संघर्ष प्रारंभ किया तो हमारे हिंदी साहित्य में साम्राज्यवाद-विरोधी भावना और अधिक प्रस्फुटित हुई। 1920 के बाद यह परंपरा और भी दृढ़ और शक्तिशाली होती गई। गुप्तजी ने 'भारत भारती' के द्वारा साम्राज्यवादियों के सांस्कृतिक अहंकार को चुनौती दी। शंकर, रामचरित उपाध्याय, सनेही (त्रिशूल), माखनलाल चतुर्वेदी, सुभद्राकुमारी चौहान इत्यादि ने देशभक्ति की कविताएँ लिखीं। रामचरित उपाध्याय और त्रिशूल ने तो सोवियत संघ का भी अभिनंदन किया।

किंतु हमारे आधुनिक लेखकों में प्रेमचंद ने साम्राज्यवाद पर सबसे सधी और ज़ोरदार चोटें कीं। उन्होंने सुधारवादी और गांधीवादी दृष्टिकोण से लिखना प्रारंभ किया किंतु जैसे-जैसे हमारे राष्ट्रीय आंदोलन में किसान और मज़दूर वर्ग संगठित रूप से भाग लेने लगे वैसे-वैसे उनका साम्राज्यवाद-विरोधी दृष्टिकोण समझौतावाद से अधिक मुक्त और क्रांतिकारी होता गया। उन्होंने अपने उपन्यासों में दिखलाया कि साम्राज्यवाद किस तरह सामंती व्यवस्था को क़ायम रखकर हिंदुस्तान के किसानों का शोषण कर रहा था। उन्होंने अंग्रेज़ों की सड़ी हुई शासन-व्यवस्था का चित्र उपस्थित किया। 'मंगलसूत्र' में तो उन्होंने शोषकों के विरुद्ध हिंसा तक अपनाने की आवश्यकता

बतलाई। उन्होंने हमारे लेखकों में सबसे पहले साम्राज्यवाद और सामंती व्यवस्था के संबंध को ठीक से समझा और सामंत वर्ग को साम्राज्यवाद की 'हरमसरा' कहा। साम्राज्यवाद की विस्तार की प्रवृत्ति के संबंध में उन्होंने 12 दिसंबर 1932 के 'जागरण' के संपादकीय में लिखा : "व्यवसायवाद और साम्राज्यवाद इस तरह एक स्थान पर आकर मिल जाते हैं। व्यापारियों को माल की खपत के लिए ऐसा बाज़ार चाहिए जहाँ उनका माल बेरोक-टोक बिक सके; इसलिए कुछ देशों को अपने अधीन रखना उनके लिए अनिवार्य हो जाता है। उनका स्वार्थ इसी में होता है कि उस देश में वाणिज्य व्यवसाय की उन्नति न हो; अन्यथा उनके माल की बिक्री में बाधा होगी।" उसी पत्र के 20 मार्च 1933 के संपादकीय में दुनिया भर में जनता के क्रांतिकारी उभार का उल्लेख करते हुए उन्होंने लिखा : "जनता पर साम्राज्यवाद का जादू नहीं रहा।" उन्होंने जर्मनी, इटली और जापान में फासिज्म के रूप में उठे ख़तरे की ओर जनता को सावधान किया। उन्होंने चीन के कुछ हिस्सों पर जापान द्वारा अधिकार किए जाने पर 'लीग ऑफ नेशन्स' की निष्क्रियता की नीति की निंदा की। उन्होंने यह भी दिखलाया कि पश्चिम के साम्राज्यवादी देश यह अन्याय देखकर चुप इसलिए रह गए कि उन्हें चीन में जनता के उभार से स्वयं चिंता थी। प्रेमचंद ने सोवियत रूस का भी अभिनंदन किया—पहले कुछ हिचकिचाहट के साथ फिर खुले दिल से—क्योंकि उनपर रूस में हो रहे शांतिमय आर्थिक निर्माण और सांस्कृतिक उन्नति का गहरा असर पड़ा।

दूसरे महायुद्ध के ज़माने में और उसके बाद हमारे साहित्य में साम्राज्यवाद-विरोधी भावना बहुत ही गहरी हो गई। किंतु उसके पहले भी हमारे छायावादी कवियों तक ने जागरण का संदेश दिया। 'प्रसाद' में वह कहीं-कहीं पुनरुत्थानवादी बाना धारण कर आता है, सुमित्रानंदन पंत की 'ज्योत्स्ना' और उसके बाद अनेक रचनाओं में वह मानवतावाद का रूप धर कर आया। निराला ने देश के जागरण की अपनी आकांक्षा को 'जागो फिर एक बार' की पंक्तियों में व्यक्त किया। बालकृष्ण शर्मा 'नवीन' और दिनकर इत्यादि ने देशप्रेम की भावना को और भी अधिक सीधे शब्दों में रखा।

दूसरे महायुद्ध ने लेखकों के एक बड़े अंश को साम्राज्य-विरोधी, फासिस्त-विरोधी संघर्ष के समीप किया। उनमें से कुछ ने सोवियत देश पर जर्मनी के आक्रमण के बाद क्रोध और चुनौती भरी कविताएँ लिखीं। नरेंद्र शर्मा और शिवमंगल सिंह 'सुमन' ने यह दृढ़ विश्वास व्यक्त किया कि अंतिम विजय सोवियत देश की होगी। उस युग की अनेक प्रसिद्ध रचनाओं में 'सुमन' की कविता 'मास्को अब भी दूर है'। रांगेय राघव ने स्तालिनग्राद के युद्ध से प्रेरित होकर 'अजेय खंडहर' नाम की कविता लिखी। इन लेखकों में इस बात की अनुभूति थी कि सोवियत संघ न केवल अपनी आज़ादी के लिए लड़ रहा था, बल्कि मानवता भर की आज़ादी के लिए। इस प्रकार फ़ासिज़्म के विरुद्ध लड़ती हुई विश्व भर की जनता के मनोबल, दृढ़ता और एकता

का प्रभाव हमारे साहित्य पर भी पड़ा।

इसके अतिरिक्त 1942 में साम्राज्यवादियों द्वारा हमारी जनता का दमन, बंगाल का भीषण अकाल, युद्ध के बाद हिंदुस्तान के जहाज़ियों की बग़ावत इत्यादि घटनाओं ने भी हमारे लेखकों की साम्राज्यवाद-विरोधी भावना को तीव्र किया। दक्षिण-पूर्व एशिया की जनता के स्वातंत्र्य संग्रामों ने भी उसे बल पहुँचाया। सारा एशिया जाग उठा। शिवमंगल सिंह 'सुमन' ने इस जागरण को 'नयी आग' की संज्ञा दी।

इधर नये चीन का जन्म, अफ्रीका से कोरिया तक जनता द्वारा साम्राज्यवाद को चुनौती, कोरिया द्वारा अमेरिकी साम्राज्यवादियों को मुँहतोड़ जवाब, पूर्वी योरप में जनवादी देशों का पुनर्निर्माण और समाजवाद से साम्यवाद की ओर बढ़ते हुए सोवियत संघ के कदम—इन सारी चीज़ों ने हमारे लेखकों में शांति के पक्ष में और साम्राज्यवादी युद्धों के विरुद्ध संघर्ष की चेतना को और भी ऊँचे स्तर पर पहुँचा दिया है।

आज शांति रक्षा और साम्राज्यवाद-विरोधी रंगमंच पर हिंदी के अधिकांश लेखक एकत्र होते हैं—अपने राजनीतिक और कला संबंधी मतभेदों को भूल कर। 1952 के अप्रैल महीने में शांति के लिए सांस्कृतिक कार्यकर्त्ताओं के अखिल भारतीय सम्मेलन (कलकत्ता) के अवसर पर 'हंस' के शांति विशेषांक ने यह स्पष्ट कर दिया कि हिंदी लेखकों का अधिकांश किस ओर है। इस अंक में पुराने और नये अनेकों प्रसिद्ध लेखकों ने अपनी रचनाएँ भेजीं। इस प्रकार हमारे लेखक सिद्ध कवियों, संत कवियों, तुलसी और भक्त कवियों, सूफ़ी कवियों, भारतेन्दु युग के लेखकों और मैथिलीशरण गुप्त और प्रेमचंद की परंपरा को न सिर्फ जीवित रख रहे हैं बल्कि उसे आगे भी बढ़ा रहे हैं। यह परंपरा मानवतावाद और शांति, जीवन से प्रेम और साम्राज्यवाद-विरोध की परंपरा है। नये लेखकों ने अनेक कहानियाँ, रिपोर्ताज, कविताएँ और लेख कोरिया, मलाया, वियतनाम और अफ्रीका के देशों की संघर्षरत जनता के समर्थन में लिखे हैं। केदारनाथ अग्रवाल, नागार्जुन, शील, शंकर शैलेन्द्र, नरेशकुमार मेहता इत्यादि ने युद्ध-विरोधी कविताएँ लिखी हैं और जनता में शांतिपूर्ण निर्माण की कामनाओं को मुखरित किया है, केदारनाथ ने अपनी सरल किंतु सबल वाणी में कहा है :

> आओ, मेरे स्वर में स्वर दो,
> गाओ जग का गीत।
> गाँव गली में भर दो भर दो,
> जीवन का संगीत ॥

उनका दृढ़ विश्वास है कि शांति के लिए लड़ती हुई जनता ही अंत में विजय प्राप्त करेगी :

> कोई भी हथियार नहीं है,
> और न कोई नीत।

जो जनता को मारे काटे,
 लेवे धरती जीत ॥

नरेशकुमार मेहता ने नये चीन की जनता के महान् कार्यों को अत्यंत भव्य शब्दों में अंकित किया है। शील ने भारत की कल्पना शांति के प्रहरी के रूप में की है और उसमें और जीवन के सौंदर्य में संबंध की सुंदर उद्भावना इन शब्दों में की है :

शांति की रक्षा जीवन नाम,
 धूल में खेल रहे घनश्याम।
दूर का पनघट ढलती शाम,
 कर रहा नवयौवन विश्राम।
कर रही मेरे मन से बात,
 चाँद मुख वाली गोरी रात।
अचूमे भावुक किरन कपोल,
 तुम्हें न्यौछावर युग के बोल।
चाँदनी गाए मेरा गान,
 शांति का सुर हो हिंदुस्तान।

किंतु युद्ध की शक्तियाँ भी निष्क्रिय नहीं बैठी हैं। साम्राज्यवादी तरह-तरह की चालें चलकर हमारे लेखकों को फँसाना चाहते हैं। किंतु इन प्रयासों में उन्हें कितनी सफलता मिल रही है, इसका प्रमाण इसी से मिल जाता है कि बंबई में साम्राज्यवादियों द्वारा आयोजित सांस्कृतिक स्वतंत्रता सम्मेलन हिंदी में 'अज्ञेय' के सिवा और किसी लेखक का सहयोग नहीं प्राप्त कर सका। हिंदी के लेखकों ने उसका बायकाट मात्र ही नहीं किया वरन् पंत, राहुल, महादेवी, इलाचंद्र जोशी ने अज्ञेय के निमंत्रण को अस्वीकार कर दिया और सम्मेलन का पर्दाफ़ाश करते हुए उसकी घोर निंदा की। साम्राज्यवादियों के समर्थकों को हिंदी साहित्यिकों के बीच समर्थन नहीं मिल सकता।

हमारे यहाँ लोकगीतों की भी एक समृद्ध परंपरा है। इनमें पग-पग पर मनुष्य के शांतिमय जीवन और श्रम से प्रेम झलकता है। इनमें नारी और पुरुष के प्रेम की दशाओं, जीवन के चिरपरिचित और मार्मिक पक्षों, ऋतुओं के सौंदर्य, हमारी किसान जनता के जीवन के आनंद और विषादपूर्ण क्षणों का चित्र है। ऐसी धरती पर युद्ध के अंकुर कैसे जनम सकते हैं?

शांति, जनता से प्रेम, हर प्रकार के शोषण और क्रूरता से घृणा, साम्राज्यवाद से विरोध—ये सब हिंदी साहित्य की परंपरा की नस-नस में हैं। इसलिए हमारे सामने इसकी बड़ी संभावनाएँ हैं कि हम हिंदी के लेखकों को संगठित रूप से शांति आंदोलन में सक्रिय बना सकें क्योंकि यह आंदोलन पराधीनता के विरुद्ध स्वाधीनता, बर्बरता के विरुद्ध सभ्यता, मृत्यु के विरुद्ध जीवन का आंदोलन है।

• **'नया पथ' (मासिक) बंबई, वर्ष 1, अंक 4, नवंबर, 1953**

खंड : दो

मूल्यांकन

चंद्रकांता संतति–एक नया दृष्टिकोण

इसका लेखक को गर्व भी था और इसका उल्लेख इन शब्दों में चंद्रकांता संतति में हुआ है। 'यह बात बहुत से सज्जनों पर प्रकट है कि चंद्रकांता पढ़ने के लिए बहुत पुरुष नागरी की वर्णमाला सीखते हैं, और जिनको कभी हिंदी सीखनी न थी उन लोगों ने भी इसके लिए हिंदी सीखी' किंतु यह सोचना कि उनके उपन्यासों में सामाजिक उद्देश्य हीनता है, भ्रमपूर्ण है। उन्होंने जिन शब्दों में 'चंद्रकांता संतति' का उल्लेख किया है, उनपर हमें विशेष रूप से ध्यान देना चाहिए। 'चंद्रकांता' जिसे उन्होंने 'संतति' से पहले लिखा था, और 'संतति' के विषय में लिखते हुए उन्होंने कहा–"चंद्रकांता के आरंभ के समय मुझे यह विश्वास न था कि उसका इतना अधिक प्रचार होगा। यह मनोविनोद के लिए लिखी गई थी पर पीछे लोगों का अनुराग देखकर मेरा भी अनुराग हो गया और मैंने अपने उन विचारों को जिनको मैं अभी तक प्रकाशित नहीं कर सका था, फैलाने के लिए इस पुस्तक (अर्थात् चंद्रकांता संतति) को द्वार बनाया और सरल भाषा में उन्हीं मामूली बातों को लिखा जिसमें मैं उस होनहार मंडली का प्रियपात्र बन जाऊँ जिसके हाथ में भारत का भविष्य सौंपकर मुझे इस असार संसार से विदा होना है।" (चंद्रकांता संतति 24वाँ भाग)।

भारतेंदु-युग का प्रतीक

इस प्रकार चंद्रकांता संतति केवल मनोविनोद के लिए लिखा हुआ उपन्यास नहीं है, उसमें लेखक के कुछ विचारों को व्यक्त किया गया है और वे विचार ऐसे हैं जो एक 'होनहार मंडली', एक नये उभरते हुए समाज के लिए जिसके हाथों में लेखक 'भारत का भविष्य देख रहा था', व्यक्त किए गए हैं। इन शब्दों में भारतेंदु-युग का लेखक बोल रहा है। 'चंद्रकांता संतति' को भारतेंदु-युग की हलचलों से पृथक् कर देखना, उसे उसके परिवेश से, प्रेरणा के स्रोत से अलग काट कर देखने के समान है। शायद नवीन दृष्टिकोण का यह आग्रह खींचातानी जान पड़े, क्योंकि आखिर 'चंद्रकांता संतति' की कथावस्तु क्या है? उसा कथावस्तु और भारतेंदु-युग की हलचलों,

उसकी उभरती हुई आशा-आकांक्षाओं में संबंध क्या है?

'चंद्रकांता संतति' में उपन्यासकार 'चंद्रकांता' की कथा का सूत्र पकड़कर आगे बढ़ता है। 'चंद्रकांता' में नौगढ़ और विजयगढ़ के राजघरानों में मैत्री और फिर एक खलनायक के कारण उत्पन्न शत्रुता और अंत में नौगढ़ के राजकुमार वीरेन्द्र सिंह और विजयगढ़ की राजकुमारी चंद्रकांता के विवाह की कथा है। 'चंद्रकांता संतति' में जैसाकि शीर्षक ही संकेत करता है, चंद्रकांता के दो पुत्रों—इंद्रजीत सिंह और आनंद सिंह की कहानी है। 'चंद्रकांता' की भाँति 'संतति' में भी प्रेम और रोमांस को ऐयारी और तिलिस्म के ताने-बाने में बुना गया है। इंद्रजीत सिंह अपने पिता के शत्रु चुनार के निष्कासित राजा शिवदत्त सिंह की लड़की किशोरी पर जो अपने पिता से अलग अपने नाना के यहाँ रहती है, उसका चित्र एक अँगूठी में देखकर मोहित हो जाते हैं। कहानी का एक सूत्र इंद्रजीत सिंह और किशोरी के बीच यही रोमांस है जिसमें अनेक विघ्न-बाधाएँ उपस्थित होती हैं, जिसका अंत दोनों के मिलन और विवाह में होता है। किशोरी और इंद्रजीत सिंह के रोमांस को लेकर वीरेन्द्र सिंह, शिवदत्त सिंह और दिग्विजय सिंह के ऐयारों की होशियारी के अद्भुत कारनामे प्रस्तुत किए जाते हैं। इंद्रजीत सिंह की सहायिका कमलिनी के साथ भी उनका नया रोमांस शुरू होता है, हालाँकि उसका स्तर कमलिनी की ऐयारी के कारण उतना कोमल, स्निग्ध और मधुर नहीं हो पाता जितना इंद्रजीत सिंह और किशोरी के बीच के रोमांस का है। 'चंद्रकांता संतति' के 24 हिस्से में किशोरी ही एक ऐसी पात्र है जो चालाकी, मक्कारी इत्यादि के बवंडर में प्रेम की मधुवर्तिका-सी जलती-गलती जाती है। ऐयारी की इस दुनिया में अकेली वही साधारण नारी, मानवी है। रोमांस की इस दुनिया पर व्यभिचार, पतन, अर्थलोलुपता, षड्यंत्र और हत्याओं की काली घटाएँ भी छायी हुई हैं। इस दूसरी दुनिया, काली घटाओं की दुनिया के दो प्रमुख केंद्र हैं—एक जमानिया के महाराज गोपाल सिंह के बाग में तिलिस्म का दारोगा और धोखा देकर गोपाल सिंह की पत्नी बनी हुई और गोपाल सिंह और उसकी विवाहिता पत्नी लक्ष्मी देवी को कैद में डाल देनेवाली मायारानी और दूसरा भूतनाथ। इन दोनों केंद्रों के इर्द-गिर्द नागर और मनोरमा नाम की दो भयंकर वेश्याएँ हैं जिनके इर्दगिर्द नानक, जैपाल सिंह इत्यादि ग्रह पिंडों की भाँति परिक्रमा करते हैं। यह मनुष्य के पतन और पाप की भयानक दुनिया है जिसमें से अथक प्रयत्नों के बाद सही-सलामत केवल एक व्यक्ति निकलता है—वह है भूतनाथ जो अपने जीवन के प्रारंभ में अर्थ और कामलोलुपता के कारण मायारानी इत्यादि को उनके कुकृत्यों में सहायता पहुँचाता है किंतु बाद में प्रायश्चित्त स्वरूप वीरेन्द्र सिंह का, जो न्याय और सत्य का प्रतीक है, ऐयार बन जाता है।

उपन्यास की कथावस्तु का यह व्यापक परिवेश यदि कभी-कभी आँखों से ओझल हो जाता है तो इसका प्रधान कारण है ऐयारी और तिलिस्म की चमत्कार-भरी घटनाओं का घटाटोप जिसके निर्माण में देवकीनंदन खत्री की प्रतिभा अद्वितीय है। लेकिन इस

घटाटोप में उस परिवेश की प्रमुख विशेषताओं को भूल जाना भारतेंदु-युग को भूल जाना है। भारतेंदु-युग हमारे समाज में एक नये आंदोलन का युग है जो मध्यवर्ग के उत्थान के साथ शुरू होता है। उस युग में समाज राजे-रजवाड़ों की पकड़ के बाहर निकलने लगा और उसका नेतृत्व मध्यवर्ग के हाथों में आने लगा था। भारतेंदु-युग के लेखकों ने अपनी अनेक रचनाओं में राजे-रजवाड़ों के हाथों से समाज की बागडोर निकलने के चित्र प्रस्तुत किए, उन्होंने राज-दरबारों के षड्यंत्रों का भंडाफोड़ किया, उनपर छायी हुई वासना और विलासिता और उनकी दिन-दिन गिरती हुई आर्थिक स्थिति की ओर संकेत किया। नागर, मनोरमा, मायारानी स्त्रियों में और अग्निदत्त, दारोगा, नानक, प्रारंभ में भूतनाथ इत्यादि पुरुषों में उस कामुकता के प्रतीक हैं। इनका सारा जीवन षड्यंत्रों में बीतता है। शुरू में भूतनाथ किसी अमीर रजवाड़े के कामुक और विलासी पुत्र की भाँति दिन-रात आर्थिक संकट में रहता है और उससे मुक्ति पाने के लिए अनेक भयंकर और रोमांचकारी कार्यों में भाग लेता है। 'संतति' में भारतेंदु-युग के जीवन का एक अंग, जो सड़ गया था, बड़ी अच्छी तरह से प्रतिबिंबित है। 'चंद्रकांता संतति' में एक स्थल पर नहीं वरन् अनेक स्थलों पर देवकीनंदन खत्री स्पष्ट शब्दों में भारतेंदु-युग के समाज की नयी शक्ति—नवोदित मध्यवर्ग के आदर्शों, उनके प्रति उसकी निष्ठा और उत्साह व्यक्त करते हैं। उस युग की अनेक समस्याएँ भी 'चंद्रकांता संतति' में प्रतिबिंबित हुई हैं। यहाँ पर कुछ उदाहरण देना अनुचित न होगा।

सामंती विवाह-प्रथा के विषय में लेखक की राय गोपाल सिंह के शब्दों में, जिनकी विवाहिता पत्नी को उड़ाकर मायारानी स्वयं उनकी पत्नी बन गई थी, प्रकट होती है—'मेरे साथ तो रस्म और रिवाज ने दगा की। ब्याह के पहले मैंने उसे देखा ही न था, फिर पहचानती क्योंकर?' वैसे तो 'चंद्रकांता संतति' की नारियों की जाँच अगर उनके कार्यों से हो तो वे किसी भाँति साहसिकता में पुरुषों से कम न उतरेंगी। इसी प्रकार उस युग के लेखकों की भाँति 'चंद्रकांता संतति' में देवकीनंदन खत्री भी एक स्थान पर काशी के मठाधीशों और पुजारियों पर व्यंग करते हैं। 'काशी के मठधारी गुसाईं नाम के ही साधु या गुसाईं होते हैं। वास्तव में उनकी दौलत, उनका व्यापार, उनका रहन-सहन और बर्ताव किसी तरह गृहस्थों और बनियों से कम नहीं होता, बल्कि दो हाथ ज्यादे ही होता है। अगर किसी ने धर्म और शास्त्र पर कृपा करके गुसाईंपने की कोई निशानी रख भी ली तो केवल इतना ही किया कि एक टोपी गेरुए रंग की सिर पर या गेरुए रंग का एक दुपट्टा कंधे पर रख लिया, सो भी भरसक रेशमी और वेश-कीमती तो होना ही चाहिए। बस।' इसी के साथ जाति के बंधनों के विषय में भी देवकीनंदन खत्री चुप नहीं हैं। 'संतति' के 23वें हिस्से में भरतसिंह अपने नौकर के संबंध में कहते हैं—'इसमें कोई शक नहीं कि मेरा वह नौकर बहुत ही होशियार और बुद्धिमान् था। बल्कि इस योग्य था कि कोई भारी काम उसको

सुपुर्द किया जाता। परंतु जाति का कहार था, इसलिए किसी बड़े मर्तबे पर नहीं पहुँच सका। साम्राज्यवादी शक्ति द्वारा हिंदुओं और मुसलमानों के बीच सांप्रदायिक विद्वेष और फूट के बीज बोने की नीति के फल को भी भारतेंदु-युग के अनेक लेखकों की भाँति देवकीनंदन खत्री ने भी 'संतति' में बड़े ही व्यंगात्मक ढंग से रखा। प्रातःकाल का वर्णन है–'स्याह तीतर अपनी मस्त और बँधी हुई आवाज में हिंदू-मुसलमान, कुंजड़े और कस्साब में झगड़ा पैदा कर रहे हैं। मुसलमान कहते हैं कि तीतर साफ आवाज में यही कह रहा है कि 'सुभान तेरी कुदरत' मगर हिंदू इस बात को स्वीकार नहीं करते और कहते हैं कि ये स्याह तीतर 'राम-लक्ष्मण-दशरथ' कहकर अपनी भक्ति का परिचय दे रहे हैं। कुंजड़े इसे भी नहीं मानते और उसकी बोली का मतलब 'मूली-प्याज-अदरक' समझकर अपना दिल खुश कर रहे हैं; परंतु कस्साबों को सिवाय इसके कुछ नहीं सूझता कि यह तीतर 'कर जबह और ढक रख' का उपदेश दे रहा है।'

इन सारी चीजों से यह निर्विवाद सिद्ध होता है देवकीनंदन खत्री अपने युग की समस्याओं के प्रति उदासीन नहीं थे, बल्कि सारा का सारा 'चंद्रकांता संतति' उपन्यास उद्योग की कीर्ति गाथा-सा जान पड़ता है। उसमें उद्योग की असीम शक्ति में विश्वास और आस्था की अभिव्यक्ति है जिसकी आवश्यकता एक नयी दिशा में मुड़ते हुए भारतेंदु-युग को अधिक-से-अधिक मात्रा में थी। जब भूतनाथ अपनी पत्नी शांता से जीवन में अदृष्ट और प्रारब्ध-की भूमिका पर जोर देता है तो वह कहती है–'यह दूसरी बात है। इन सभी का नाम लेना वास्तव में निरुत्तर (लाजवाब) होना और चलती बहस को बंद कर देना ही नहीं है बल्कि उद्योग ऐसे अनमोल पदार्थ की तरफ से मुँह फेर लेना भी है।' अपनी कथावस्तु की घटनाओं के संबंध में संभव और असंभव के प्रश्न उठानेवालों के लिए जो उत्तर श्री देवकीनंदन खत्री ने 'चंद्रकांता संतति' के अंतिम शब्दों में दिया वह इस संदर्भ में बड़ा ही अर्थपूर्ण है–'कभी ऐसा समय था कि यहाँ के आकाश में सहस्रों पुरुषों का संहार हो जाता था, पर अब वह बातें खाली पौराणिक कथा समझी जाती हैं। पर दो सौ वर्षों पहले जो बातें असंभव थीं आजकल विज्ञान के सहारे वे सब संभव हो रही हैं। रेल, तार, बिजली आदि के कार्यों को पहले कौन मान सकता था?' 'संतति' के इस पक्ष पर इतना अधिक जोर देना इसलिए आवश्यक था कि साधारणतः इस पक्ष का उल्लेख कहीं भी नहीं होता। अब समय आ गया है जब हम अपने साहित्य के पुराने अग्रदूतों की रचनाओं का मूल्यांकन सहानुभूतिपूर्ण और वैज्ञानिक ढंग से करें। ऐसे लेखकों में देवकीनंदन खत्री का नाम लिया जा सकता है और ऐसी रचनाओं में उनकी कृति 'चंद्रकांता संतति' और उनके अन्य उपन्यासों का।

चंद्रकांता संतति का कला-पक्ष

अब दो शब्द 'संतति' के कलापक्ष पर। देवकीनंदन खत्री की सफलता के रहस्यों में एक बड़ा रहस्य है वातावरण के निर्माण की उनकी प्रतिभा। उन्होंने अपने पहले के उर्दू के अपने सरीखे और अंग्रेजी के वैसे ही उपन्यासकारों की कृतियाँ अच्छी तरह पढ़ डाली थीं। उन्हें संस्कृत और बंगला साहित्य का भी अच्छा ज्ञान था। स्वयं उनका अपना जीवन ऐश्वर्य और विलास के दिन देख चुका था, जो भारतेंदु-युग के रईसों के लिए कोई अपवाद की बात न थी। किंतु रोमांस और ऐयारी की दुनिया की ओर सबसे अधिक वह उस समय खिंचे जब उन्होंने आर्थिक कठिनाइयों से मुक्ति के लिए काशी नरेश के चकिया जंगल में ठेका लिया। उनकी कल्पना प्राचीन प्रासादों और किलों के अवशेषों में रमने लगी। उन्होंने उन सभी किलों को जाकर देखा था जिनका वर्णन उनकी पुस्तकों में है। इन्हीं सब परिस्थितियों के संघटन के फलस्वरूप वह तिलिस्म और ऐयारी की अद्‌भुत दुनिया के निर्माण में इतने सफल हुए।

मैं समझता हूँ, जहाँ तक अद्‌भुत घटनाओं के संघटन का संबंध है, देवकीनंदन खत्री की प्रशंसा इतनी अधिक हुई है कि उनकी कला के अन्य पक्षों पर दृष्टि ही नहीं जाती। किंतु जहाँ वह सचमुच घटनाओं के प्रवाह को बनाए रखने में अत्यधिक सफल हुए हैं, जहाँ छोटे-से-छोटे विवरण का कोई-न-कोई जवाब उनके पास रहता है वहाँ हमें यह भी नहीं भूल जाना चाहिए कि यह सब कुछ पाठक को उनके हाथों की कठपुतली बनाकर किया जाता है। यहाँ घटनाओं के विकास का केवल एक तर्क है जिसे अंग्रेजी में पोयटिक जस्टिस कहते हैं। लेकिन 'चंद्रकांता संतति' का यह ऐतिहासिक महत्त्व है कि हिंदी में शायद पहले-पहल ऐसे कथानक का निर्माण हुआ जिसमें घटनाएँ एक सीधी लकीर में नहीं चलतीं, जिसमें भयंकरता और विनोद भी पार्श्ववर्ती हो सकते हैं, जिसमें लेखक ने एक व्यापक कैनवस चुना और अनेक उलझन भरी परिस्थितियों के बीच भी घटनाओं को एक सूत्र में बाँधकर रखा।

मस्ती-भरी भाषा

जहाँ तक 'संतति' की भाषा का प्रश्न है, उसके प्रयोगों का जैसा सौंदर्य, उसका जैसा प्रवाह, भारतेंदु-युग के लेखकों की जो मस्ती उनकी भाषा में व्यक्त हुई है, शब्दों में कभी गुदगुदाने की और कभी जरा खरोंच लगा देने की जो शक्ति यहाँ है वह हमारे आधुनिक लेखकों में प्रेमचंद को छोड़कर और कहीं अप्राप्य है। अगर हमने भारतेंदु-युग के शैलीकारों की व्यंग और हासमिश्रित प्रवाहमयी भाषा से सीख ली होती तो हमने भी किसी लैम्ब को उत्पन्न किया होता। इस दृष्टि से उस युग के लेखक आम लोगों के काफी समीप जान पड़ते हैं। उन्हें शब्दों से परहेज नहीं। इस संबंध में अरबी-फारसी के शब्दों के प्रयोग के विषय में 'संतति' में कहे हुए देवकीनंदन

खत्री के शब्द बड़े ही मार्मिक हैं—'भारतवर्ष में आठ सौ वर्षों तक विदेशी यवनों का राज्य रहा है, इसलिए फारसी और अरबी के शब्द हिंदू समाज में 'न पठेत् यावनीं भाषाम्' की दीवार लाँघकर उसी प्रकार आ घुसे जिस प्रकार हिमालय के उन्नत मस्तक को लाँघकर वे स्वयं यहाँ आ गए थे। यहाँ तक कि महात्मा तुलसीदास जैसे भगवद् भक्त कवियों को भी 'गरीब-निवाज' आदि शब्दों का बर्ताव दिल खोल के करना पड़ा।'

'चंद्रकांता संतति' के इस संक्षिप्त विवेचन का अंत इस आशा के साथ करना शायद दुराशा मात्र न हो कि जैसे-जैसे हम अपने उपेक्षित लेखकों का सही, ऐतिहासिक, वैज्ञानिक और कलात्मक मूल्यांकन करते जाएँगे वैसे-वैसे उनके और लेखकों के विरुद्ध अनेक अंधविश्वासों की रूढ़ियाँ भी खत्म हो जाएँगी।

प्रेमचंद और भारतीय स्वाधीनता आंदोलन

लेखक के रूप में प्रेमचंद का विकास भारत के स्वाधीनता आंदोलन के साथ उनकी संबद्धता, उसकी प्रकृति और समस्याओं के बारे में साफ गहरी होती हुई उनकी समझ, उसमें वर्तमान तरह-तरह के अंतर्विरोधी तत्त्वों के बीच एकता और संघर्ष के संबंधों और उनके समाधानों की सही पहचान के लिए उनके अनवरत प्रयास, राष्ट्रीय स्वाधीनता और सामाजिक प्रगति के रास्ते में अवरोध उत्पन्न करनेवाली शक्तियों के विरुद्ध उनके संघर्ष और तेजी से बदलती हुई परिस्थितियों और नये अनुभवों से प्रत्येक ईमानदार और क्रांतिकारी लेखक के लिए अनिवार्य बना दिए जानेवाले आत्म-संघर्ष के साथ जुड़ा हुआ है। जिन लगभग तीस वर्षों के दौरान हमारा राष्ट्रीय आंदोलन हवा में हल्की-हल्की हरकत से एक जोरदार तूफान में बदल गया, उन्हीं के दौरान प्रेमचंद ने 'सोजे वतन' से लेकर अधूरे 'मंगलसूत्र' तक एक लंबा रास्ता तय किया। इस तरह प्रेमचंद का साहित्य हमारे राष्ट्रीय आंदोलन की बचपन से लेकर प्रौढ़ता तक की जिंदगी की, सीधी-टेढ़ी राहों की, उसके उतार-चढ़ाव की, उसकी क्षमताओं और कमजोरियों की, उसकी कामयाबियों और नाकामयाबियों की, उसके भीतर कभी रंगीन आरती और कभी धुँधली होती हुई उम्मीदों की तस्वीर है। जिस तरह तोल्सतॉय की रचनाओं को लेनिन ने रूस की किसान-क्रांति का दर्पण कहा था, उसी तरह प्रेमचंद की रचनाओं को भारतीय राष्ट्रीय आंदोलन का दर्पण कहना सर्वथा उचित है।

प्रेमचंद और भारतीय स्वाधीनता आंदोलन के बारे में उधर जो कुछ लिखा गया है उसमें अक्सर दिखाई पड़ जाने वाले कुछ गलत दृष्टिकोणों की ओर इशारा कर देना जरूरी है। प्रेमचंद जन्मशती के अवसर पर उनकी प्रतिमा ध्वस्त करने के इरादे से उनके जीवन, साहित्य और विचारधारा के अनेक पहलुओं पर जो लेख प्रकाशित हुए हैं, यहाँ हम उनका जिक्र नहीं करेंगे। लेकिन कुछ ऐसे लोग भी हैं जो उनकी प्रतिमा पर फूल-माला चढ़ा लेने के बाद उस पर मनचाहे रंगों की कूंची फेर देते हैं। ऐसा अभ्यास सिर्फ बौद्धिक आलस्य ही नहीं, बल्कि सत्य पर पर्दा डालने का प्रयत्न

भी है। विडंबना यह है कि यह प्रयत्न ऐसे लोगों की ओर से हो रहा है जो अपने को गांधीवादी कहते हैं। प्रेमचंद ने रूस की समाजवादी क्रांति के करीब दो साल बाद, 29 सितंबर, 1919 को अपने मित्र और 'जमाना' के संपादक मुंशी दयानारायण निगम को एक पत्र में लिखा था : "मैं अब करीब-करीब बोल्शेविक उसूलों का कायल हो गया हूँ।" लेकिन शायद ही किसी गंभीर मार्क्सवादी या कम्युनिस्ट ने इस वक्तव्य का सहारा लेकर प्रेमचंद को मार्क्सवादी या कम्युनिस्ट सिद्ध करने की कोशिश की हो। हमारे देश में वर्तमान व्यवस्था के चरित्र, उसकी उपयोगिता, उसकी रक्षा, विकास और क्रांतिकारी संक्रमण की आवश्यकता और सामाजिक उद्देश्यों की प्राप्ति के तरीकों के बारे में बहुत तेज और गहरा वैचारिक संघर्ष है और उससे हमारा प्रभावित होना स्वाभाविक है। लेकिन बावजूद प्रेमचंद के वक्तव्यों के यांत्रिक तरीके से उनके सारे संदर्भों या उनकी विचारधारा की समग्रता से विच्छिन्न कर जिस तरह उनकी मनोगत प्रतिमाएँ गढ़ी जा रही हैं, वह अनुचित है। अफ़सोस की बात है कि बहुत व्यापक पैमाने पर प्रेमचंद के साथ ऐसा आभास प्रासंगिकता की अपनी-अपनी समझ के अनुसार वर्तमान में उन्हें प्रासंगिक सिद्ध करने के नाम पर किया जा रहा है।

एक दूसरा गलत दृष्टिकोण प्रेमचंद के जीवन को कुछ कालों में विभक्त कर हर काल में असंगतियों से मुक्त विचारों का एक समतल विस्तार देखना है, जबकि वास्तविकता यह है कि उनके जीवन का कोई काल विचारों के ऐसे समतल विस्तार का नहीं है। बीसवीं सदी के प्रारंभ से लेकर रूस की समाजवादी क्रांति से हमारे बुद्धिजीवियों और जनता के कुछ हिस्सों में आई नयी चेतना और भारतीय राजनीति में महात्मा गांधी के तूफानी प्रवेश के पूर्व तक हमारे राष्ट्रीय जागरण का दौर विचारों में काफी समतल और मुख्यतः सुधारवादी था। लेकिन उस काल में भी प्रेमचंद में वैचारिक अस्थिरता, तनाव और अंतर्द्वंद्व के बहुत स्पष्ट प्रमाण मिलते हैं। उनके जीवन में ठहराव का कोई ऐसा बिंदु नहीं, जिस पर उन्हें विचारों के आंतरिक संघर्ष से पूरी तरह मुक्त कहा जा सके। एक साहित्यिक और विचारक के रूप में उनके विकास की पूँजी उनके इसी आंतरिक संघर्ष में है। उनकी मृत्यु से लगभग आठ माह पहले 1 दिसंबर, 1935 को हिंदी के प्रसिद्ध पत्रकार और संपादक श्री बनारसी दास चतुर्वेदी को अंग्रेजी में लिखे गए एक पत्र में उन्होंने कहा था, "बहुत से नौजवान हैं जो मुझसे बुड्ढे हैं और जो कि मुझसे जवान हैं लेकिन मैं तो सोचता हूँ कि मैं रोजबरोज जवान होता जा रहा हूँ। परलोक में मेरा विश्वास नहीं है। इसलिए अध्यात्म का विचार जो यौवन का सबसे बड़ा घातक है, मेरे पास नहीं फटकता है। यह जरूर है कि एक चीज स्वस्थ यौवन होती है और दूसरी उन्मत्त यौवन। स्वस्थ यौवन जीवन के प्रति एक प्रगतिशील और आशावादी दृष्टिकोण में होता है। उन्मत्त यौवन का मतलब बिना सोचे-विचारे कुछ कर बैठना और अपनी क्षमताओं और स्वप्नों को बढ़ा-चढ़ा कर देखना है। मैंने सपने देखना बंद नहीं किया है और थोड़ा बहुत जल्दबाज

भी हूँ, बिना सोचे-विचारे कुछ कर बैठता हूँ। लेकिन खुशी की बात है कि अतिरंजना की प्रवृत्ति चली गई है।'' (प्रेमचंद : चिट्ठी पत्री-2, पृ. 92-93) इस तरह के जवान होते जाने का स्पष्ट अर्थ था अपने चारों ओर व्याप्त दुनिया की हलचल और उथल-पुथल से अनिवार्यतः उत्पन्न नये-नये विचारों की चुनौतियों को स्वीकार करने का, अतीत का मोह छोड़कर अपने पुराने दृष्टिकोणों और मान्यताओं के पुराने आरामदेह घोंसले से बाहर जोखिम उठाकर नये सत्यों से रू-ब-रू होने का साहस। इसकी प्रेरणा उन्हें समान रूप से अपने सामाजिक उत्तरदायित्व और रचनाकार के धर्म के बोध से प्राप्त होती थी। इसे समझे बिना लेखक और पत्रकार के रूप में भारतीय स्वाधीनता आंदोलन में प्रेमचंद की भूमिका का सही मूल्यांकन कर पाना या उसके प्रति उनके दृष्टिकोण में निहित अंतर्विरोधी तत्त्वों के अस्तित्व और उनके बीच अनवरत संघर्ष के माध्यम से उसके विकास की प्रक्रिया को देख पाना असंभव है।

राष्ट्रीय स्वाधीनता आंदोलन के प्रति प्रेमचंद के दृष्टिकोण को समझने के लिए लाजिमी तौर पर उनकी राजनीतिक विचारधारा को उसकी समग्रता में समझने की जरूरत है। वर्गों में विभाजित समाज में किसी व्यक्ति की राजनीतिक विचारधारा की पहचान का अर्थ उसके वर्गीय चरित्र की पहचान होता है। प्रेमचंद की राजनीतिक विचारधारा की चर्चा में यह मूल प्रश्न कि वह भारतीय राष्ट्रीय आंदोलन और अपने जमाने की घटनाओं को किस वर्ग के दृष्टिकोण से देख रहे थे प्रायः अनुत्तरित रह जाता है, क्योंकि या तो यह प्रश्न उठाया ही नहीं जाता था या इसे उठाकर इतना सतही उत्तर दिया जाता है कि प्रश्न जहाँ का तहाँ रह जाता है। मिसाल के तौर पर प्रेमचंद के अधिकांश साहित्य पर भारतीय किसान छाया हुआ है, उसके जीवन का जैसा यथार्थ प्रेमचंद के साहित्य में प्रतिबिंबित हुआ है वैसा किसी अन्य भारतीय लेखक के साहित्य में नहीं, उसके लिए जो पीड़ा, सम्मान और सहानुभूति प्रेमचंद के हृदय में है वह किसी अन्य भारतीय लेखक के हृदय में नहीं। तो क्या यह माना जाए कि प्रेमचंद की राजनीतिक विचारधारा और राष्ट्रीय स्वाधीनता आंदोलन के प्रति उनका दृष्टिकोण किसानों का दृष्टिकोण है। फिर, प्रेमचंद ने अपने जीवन के अंत के कुछ पूर्व तक गांधी जी के सत्य, विनय, प्रेम और अहिंसा में अपनी गहरी आस्था व्यक्त की। गांधाजी की विचारधारा किसानों और मजदूरों की विचारधारा नहीं, बल्कि भारतीय पूँजीपति-वर्ग की थी, जो हर हालत में और हर कीमत पर राष्ट्रीय स्वाधीनता की लड़ाई को सत्य, अहिंसा आदि के घेरे में रखकर उसके नेतृत्व को अपने हाथों में रखना चाहता था। तो क्या यह माना जाए कि प्रेमचंद की राजनीतिक विचारधारा और राष्ट्रीय स्वाधीनता आंदोलन के प्रति उनका दृष्टिकोण भारतीय पूँजीपति-वर्ग की विचारधारा और दृष्टिकोण है। लेकिन प्रेमचंद ने प्रारंभ से ही पूँजीवादी व्यवस्था के प्रति आलोचना और विरोध का रुख अपनाया, उसके कुत्सित रूप का उद्‌घाटन किया, उसकी मरणासन्न अवस्था की पहचान की, उसकी अवश्यम्भावी मृत्यु की घोषणा

की, कहीं-कहीं, और विशेषतः अपने जीवन के अंतिम दिनों में उसके विरुद्ध सशस्त्र संघर्ष को अनिवार्य बताया और कहा कि संभव है कि वह "आगे चलकर कम्युनिज्म का रूप धारण कर ले" (वि.प्र., पृ. 296)। अपनी सदी को समाजवाद की सदी का नाम दिया। तो क्या यह माना जाए कि उनकी विचारधारा और राष्ट्रीय स्वाधीनता आंदोलन के प्रति उनका दृष्टिकोण मजदूर-वर्ग की विचारधारा और दृष्टिकोण है। इन प्रश्नों के साथ एक अन्य अत्यंत महत्त्वपूर्ण प्रश्न भी जुड़ा हुआ है और उसके सही उत्तर पर ही उस प्रश्न का भी सही उत्तर निर्भर है। वह प्रश्न यह है कि प्रेमचंद में भारतीय स्वाधीनता आंदोलन और उसकी चरम परिणति कृषि क्रांति—और कृषि क्रांति और औद्योगीकरण के अंतःसंबंधों की ठीक समझ थी या नहीं। इस प्रश्न से ही एक अन्य महत्त्वपूर्ण प्रश्न पैदा होता है, जो यह है कि अगर प्रेमचंद भारतीय स्वाधीनता आंदोलन की चरम परिणति कृषि क्रांति के रूप में देख रहे थे तो उसकी रणनीति, यानी उसके रूप और लक्ष्य, और उसकी कार्यनीति, यानी उसे संपन्न करने के तरीकों के बारे में उनकी समझ कहाँ तक सही थी और कहाँ गलत या अधूरी थी। भारतीय स्वाधीनता आंदोलन के प्रति प्रेमचंद के दृष्टिकोण और उसमें उनकी भूमिका का अध्ययन करने वाले व्यक्ति के सामने आकर ये प्रश्न अनिवार्यतः खड़े हो जाते और अपने उत्तर माँगते हैं। उनका सामने आना उचित है। इसलिए वे चाहे कितने ही मुश्किल क्यों न हों, उनके उत्तर देने का प्रयत्न उनसे बच निकलने के प्रयत्न से श्रेयस्कर है।

व्यक्ति और लेखक के रूप में प्रेमचंद का पूरा जीवन स्वाधीनता-संग्राम में भारतीय जनता की विजय की आकांक्षा से प्रेरित था। 3 जून 1932 को बनारसी दास चतुर्वेदी के नाम अपने एक पत्र में उन्होंने लिखा : "मेरी आकांक्षाएँ कुछ नहीं हैं। इस समय तो सबसे बड़ी आकांक्षा यही है कि हम स्वराज्य-संग्राम में विजयी हों। धन या यश की लालसा मुझे नहीं रही। ××× हाँ, यह जरूर चाहता हूँ कि दो-चार ऊँची कोटि की पुस्तकें लिखूँ, पर उनका उद्देश्य भी स्वराज्य-विजय ही हो।" (चिट्ठी पत्री-2, पृ. 77) सरकारी सेवा में रहते हुए भी अपने इस उद्देश्य की खुली सूचना प्रेमचंद ने अपनी कहानियों के प्रथम संग्रह 'सोजे वतन' में दी, जिसे एक अंग्रेज कलक्टर ने प्रतिबंधित कर दिया, जिसकी सारी शेष प्रतियाँ उसने उनके सामने ही जला दीं और जिसकी वजह से उन्हें यह आदेश हुआ कि सरकार की अनुमति के बिना वह कुछ भी प्रकाशित न करें। विवशता की इस स्थिति से बचने के लिए ही नवाबराय को प्रेमचंद का नाम धारण करना पड़ा।

स्वाधीनता-संग्राम में भारतीय जनता की विजय की आकांक्षा के समानांतर और उसके अभिन्न अंग के रूप में, और किसी तरह उससे कम प्रबल नहीं, उनकी दूसरी आकांक्षा यह थी कि भारतीय जनता का जीवन हर प्रकार के शोषण से मुक्त हो, अपनी नियति की विधात्री वह स्वयं हो, उसकी रचनात्मक शक्ति को सक्रियता

का उन्मुक्त अवसर मिले, उसका जीवन भौतिक, सांस्कृतिक और आत्मिक दृष्टियों से समृद्ध, सुखी और सुंदर हो। इनके बिना प्रेमचंद के निकट स्वाधीनता या 'स्वराज्य' का कोई मूल्य और अर्थ नहीं था। लेखक और पत्रकार के रूप में उन्होंने प्रारंभ से ही आधारभूत सामाजिक परिवर्तन को, उसकी समस्याओं और उसके समाधानों के बारे में अपनी समझ के अनेक भटकावों के बावजूद, अपने विचार के केंद्र में रखा, और आगे चलकर उसी के संदर्भ में स्वराज्य की परिभाषा की। यह मानते हुए कि स्वराज्य के बाद भी जमींदार और पूँजीपति रहेंगे और उनके जायज हितों की रक्षा होगी, उन्होंने अप्रैल, 1930 के 'हंस' में लिखा : "इसमें संदेह नहीं कि स्वराज्य का आंदोलन गरीबों का आंदोलन है। अंग्रेजी राज्य में गरीबों, मजदूरों और किसानों की दशा जितनी खराब है, और होती जा रही है, इतनी समाज के और किसी अंग की नहीं। यों तो सरकार ने किसी को बेदाग नहीं छोड़ा, शिक्षित समुदाय आए दिन अपने हकों को छिनते देखता है, राजों-रईसों की जायदादें और रियासतें जब्त हो रही हैं, व्यापारियों और मिलों के स्वामियों को मैनचेस्टर और लंकाशायर का शिकार बनाया जा रहा है, लेकिन यह सब कुछ होने पर भी सरकार के हाथों किसी संप्रदाय की इतनी बरबादी नहीं हुई है जितनी किसानों और मजदूरों की—खासकर किसानों की।" (विविध प्रसंग-2, पृ. 42) चंकी किसानों की हालत सबसे खराब थी, इसलिए उसी लेख में उन्होंने कहा : "यह कहना गलत नहीं है कि स्वराज्य किसानों की माँग है, उन्हें जिंदा रखने के लिए आवश्यक है, अनिवार्य है।" (वही, पृ. 42)

उनकी दृष्टि में शासन परिवर्तन से भी अधिक महत्त्व सामाजिक परिवर्तन का था। 17 अप्रैल, 1933 को 'जागरण' के संपादकीय में उन्होंने लिखा : "इस प्रकार स्वराज्य की मीमांसा कीजिए—स्वराज्य का अर्थ केवल आर्थिक स्वराज्य है। आज भारत का उद्योग-धंधा पनप उठे, आज भारत के घर-घर में खाने के लिए दो मुट्ठी अन्न, पहनने के लिए दो गज कपड़ा हो जावे, आज घर-घर में केवल स्वदेशी वस्तु हो, अथक परिश्रम के स्थान पर थोड़ा विश्राम हो, जीवन में कुछ कविता, कुछ स्फूर्ति, कुछ सुख मालूम पड़े—तो कौन कल इस बात की चिंता करेगा कि भारत की पार्लियामेंट में अंग्रेज हैं या हिंदुस्तानी। जो भी कोई शासक हो, शासन का फल चाहिए। आम खाने से काम है, पेड़ गिनने से नहीं।" (वि.प्र., पृ. 153)

शायद बात को जरा ज्यादा जोरदार ढंग से कह देने की अपनी भूल पर चौंक कर, अपने बचाव के लिए वह इसके ठीक आगे यह जोड़ देते हैं : "हमारा यह तात्पर्य नहीं कि हमारी भी यही राय है। हम यह जानते हैं कि हमारे एक अंग की यह भी मनोवृत्ति है कि सुराज्य हो या न हो, स्वराज्य चाहिए, पर आम जनता स्वराज्य का जो अर्थ समझती है, वही हमने ऊपर दिखाया है। जनता का विचार गलत हो सकता है पर प्रत्येक देश की जनता की एक ही मनोवृत्ति है। इसलिए कभी साम्यवाद, कभी वर्गवाद और कभी पूँजीवाद पनप उठता है। कभी कोई नेता समूचा शासन

हड़प लेता है, कभी कोई। जिस किसी ने अपनी लचर से लचर योजना को विज्ञापित कर यह सिद्ध कर दिया कि उसी को अपनाने से आर्थिक दशा जादू की तरह सुधर जावेगी, वही दल शासनाधिकार पा जावेगा।" (वही, पृ. 153-4) इस वक्तव्य के अंतिम अंश में प्रेमचंद की समझ में धुँधेलपन के बावजूद एक बात बिल्कुल स्पष्ट है—उन लोगों के साथ उनकी कोई खास सहमति नहीं जो यह मानते हैं कि "सुराज्य हो या न हो, स्वराज्य चाहिए" और उनकी पूरी सहानुभूति आम जनता की उस मनोवृत्ति से है जो स्वराज्य से ज्यादा सुराज्य को चाहती है। इस बारे में सीधा संदेश पेश करते हुए वह 'जागरण' में ही 16 अक्टूबर, 1933 के संपादकीय में लिखते है : "हम पूँजीपतियों का स्वराज्य नहीं चाहते। गरीबों का, काश्तकारों का, मजदूरों का स्वराज्य चाहते हैं।" (वि.प्र., 2, पृ. 219) उनकी दृष्टि में ऐसा स्वराज्य ही "सुराज्य हो सकता है।"

इससे स्पष्ट है कि प्रेमचंद भारतीय स्वाधीनता आंदोलन की चरितार्थता का अंतिम और प्रामाणिक निष्कर्ष भारतीय सामाजिक क्रांति को मानते हैं। जैसे-जैसे इस सामाजिक क्रांति का रूप भारत में कृषि-क्रांति की आवश्यकता में व्यक्त होने लगा, वैसे-वैसे प्रेमचंद ने भारतीय स्वाधीनता आंदोलन के तर्कसंगत विकास और परिणति को कृषि क्रांति के रूप में देखना शुरू किया और अपने जीवन के अंतिम दिनों तक इस क्रांति के चरित्र, लक्ष्य और सफलता के तरीकों के बारे में अपनी समझ विकसित करते रहे।

भारतीय राजनीति में महात्मा गांधी के प्रवेश के पहले राष्ट्रीयता की अभिव्यक्ति का मुख्य रूप मध्यवर्गीय सुधारवाद था, जिसे हम भारतीय नवजागरण-काल के आर्य समाज तथा अन्य सुधारवादी आंदोलनों का वंशज कह सकते हैं। यह सारी सुधारवादी हलचल, जो क्रमशः सामाजिक समस्याओं से राजनीतिक समस्याओं की ओर मुड़ रही थी, प्रायः मध्यवर्गीय शिक्षितों और बुद्धिजीवियों तक सीमित थी। वकालत और आरजू-मिन्नत पर खड़ी उनकी सुधारवादी राजनीति आम तौर पर घोंसलों की राजनीति थी, जो स्वत्वों की लड़ाई में आँधी-पानी का जोखिम उठाने से कतराती थी। वास्तव में यह मध्यवर्ग आम जनता के राजनीतिक और आर्थिक स्वत्वों की लड़ाई नहीं लड़ रहा था, अपने स्वत्वों की लड़ाई भी उतनी नहीं लड़ रहा था, जितनी उस नवोदित और तेजी से शक्ति बटोरते हुए भारतीय पूँजीपति वर्ग की, जिसे भारतीय जनता के शोषण की नीति पर चलते हुए, यहाँ की पुरानी समाज-व्यवस्था को ध्वस्त करना चाहते हुए भी लेकिन सामाजिक विकास के अपरिहार्य नियमों की विवशता के अंतर्गत साम्राज्यवाद ने पैरों पर खड़ा होने का अवसर दिया। साम्राज्यवाद ने जानबूझ कर, योजनाबद्ध तरीके से, इस देश में अपने यहाँ के उत्पादित सामानों की खपत बढ़ाने के इरादे से यहाँ के परंपरागत उद्योगों को नष्ट किया। लेकिन दूसरी ओर पूरे देश में अपने शासन की जड़ें फैलाने और मजबूत करने के साथ-साथ अपने व्यापार के

विस्तार के लिए यातायात और संचार के साधनों का विकास करना पड़ा। लेनिन ने साम्राज्यवाद की विशेषताओं में पूँजी के निर्यात को भी सम्मिलित किया था। भारत में साम्राज्यवाद की पूँजी भी आई। इस तरह उसने यहाँ अपने भौतिक आधार को विस्तृत और दृढ़ किया। अपने सामाजिक आधार को भी विस्तृत और दृढ़ करने के इरादे से उसने यहाँ की पुरानी सामाजिक व्यवस्था को ध्वस्त कर नये भूमि कानूनों और मालगुजारी व्यवस्था के माध्यम से भूस्वामियों और राजे-रजवाड़ों का एक नया सामंत-वर्ग उत्पन्न किया, जो किसानों के शोषण, और दमन की सुविधाएँ, और अधिकार प्राप्त कर उसका सबसे बड़ा समर्थक बन गया। मार्क्स के अनुसार साम्राज्यवाद ने जहाँ-जहाँ अपने चरण रखे, वहाँ-वहाँ पूँजीवाद के लिए जमीन तैयार हुई, लेकिन उस जमीन पर देशी पूँजीपति वर्ग को पनपने और फलने-फूलने की छूट या सुविधा देना उसके लिए असंभव था, क्योंकि इसका मतलब अपने ही पैरों पर कुल्हाड़ी मारना होता। साम्राज्यवाद और देशी पूँजीपति वर्ग में गहरे अंतर्विरोध का यही कारण होता है। देश को लूटने में साम्राज्यवाद के साथ साझेदारी से वंचित होने पर वह उसके विरुद्ध अपने संघर्ष के लिए राष्ट्रीय भावना को एक कारगर अस्त्र के रूप में इस्तेमाल करता है। जीविका और भौतिक उन्नति की खोज में लगा हुआ शिक्षित मध्यवर्ग भी देश के पूँजीवादी विकास में ही अपना हित देखता है। स्वभावतः जाने या अनजाने, यह मध्यवर्ग राष्ट्रीय आंदोलन को देश के पूँजीपति वर्ग के हितों के दृष्टिकोण से देखता है और उसकी विचारधारा से प्रभावित होता है। भारतेंदु और उनके समकालीनों में राष्ट्रीय भावना का यही वर्गीय चरित्र है। भारतेंदु-युग के अंतिम चरण और प्रेमचंद के लेखकीय जीवन के प्रथम चरण में समय की बहुत कम दूरी थी। प्रेमचंद की राष्ट्रीय चेतना के प्रारंभिक स्वरूप को ठीक से समझने के लिए उसे भारतेंदु-युग में उभरती और जोर पकड़ती हुई राष्ट्रीय चेतना की पृष्ठभूमि में देखना आवश्यक है।

प्रेमचंद के यथार्थवाद के कुछ आयाम

हमारे देश के राष्ट्रीय मुक्ति आंदोलन के तूफानी दौर में प्रेमचंद के व्यक्तित्व एवं कृतित्व का अभ्युदय हुआ और इसलिए उनकी रचनाओं में हम उस युग की दुर्बलताओं एवं शक्तियों के सभी रूपों को प्रतिबिंबित पाते हैं। यद्यपि यह सत्य है कि उनके साहित्यिक जीवन का प्रारंभ एक सुधारवादी के रूप में हुआ, तथापि जैसे-जैसे हमारा राष्ट्रीय संघर्ष उग्र होता गया, वैसे-वैसे हमारी राजनीतिक, सामाजिक, आर्थिक तथा सांस्कृतिक समस्याओं के संबंध में उनकी समझ गहरी होती गई। हमारे देश के राजनीतिक मंच पर जब से महात्मा गांधी का उदय हुआ, तब से राष्ट्रीय संघर्ष में एक नये दौर का प्रारंभ होता है, अर्थात् तब से उसमें हमारे देश की समस्त जनता ने भाग लेना प्रारंभ कर दिया। यद्यपि प्रेमचंद बहुत लंबे समय तक महात्मा गांधी के राजनीतिक तथा सामाजिक दृष्टिकोणों से गहरे रूप में प्रभावित रहे, तथापि बाद की उनकी कृतियों में स्पष्टतः एवं निर्विवाद ऐसे प्रमाण मिलते हैं, जिनके आधार पर यह निष्कर्ष निकाला जा सकता है कि हमारे राष्ट्रीय संघर्ष में सक्रिय विभिन्न शक्तियों एवं उनके परस्पर विरोधी और कभी न मिल सकने वाले स्वार्थों के बारे में उनकी धारणा और समझ धीरे-धीरे स्पष्ट होती गई। हमारे मुक्ति आंदोलन के बुर्जुवा नेतृत्व से उनका मोह पूर्णरूपेण भंग हो गया था, क्योंकि वे यह अच्छी प्रकार जान गए थे कि बुर्जुवा नेतृत्व जन-संघर्षों का उपयोग मात्र अपनी स्थिति को मजबूत बनाने में कर रहा था और उसके माध्यम से वह अपने राजनीतिक तथा आर्थिक स्वार्थों की पूर्ति और रक्षा कर रहा था। एक ऐसे समाज में, जिसमें मुट्ठी भर शोषक अपने अभियानों या स्वार्थों पर थोड़ा भी आघात लगने पर जनता के विरुद्ध बिना किसी हिचकिचाहट के हिंसा और दमन का प्रयोग कर रहे हों, महात्मा गांधी के अहिंसा के सिद्धांत तथा उसके साथ उनके मोहपूर्ण चिपकाव के प्रति प्रेमचंद की आस्था भी डगमगाने लगी थी तथा उनकी बादवाली कृतियों में अहिंसा के प्रति उनका व्यामोह समाप्तप्राय हो गया था। प्राचीन भारतीय संस्कृति को अलंकृत या पुनर्जीवित करने की जो उनके मन में लगन थी, उसके व्यामोह से भी वे मुक्त हो गए थे। एक समय

था जबकि वे उदार मन तथा दानी राजाओं और व्यापारियों की खोज करने में लगे थे, किंतु अपने जीवन के उत्तर काल में मिथ्याधारित दृष्टिकोण के ऐसे सभी तत्त्वों को उखाड़ फेंकने में उन्हें तनिक भी हिचकिचाहट न थी। अतः हम इस निष्कर्ष पर पहुँचते हैं कि प्रेमचंद एक ऐसे लेखक की महान् बौद्धिक तथा रचनात्मक प्रतिभा का प्रतिनिधित्व करते हैं, जो वास्तविकता की पकड़ में आने के लिए निरंतर प्रयास करता रहा हो।

उनके दृष्टिकोण तथा उनकी तकनीक में जो क्रमिक सुधार हुआ है, निश्चित रूप से वह उनकी अंतरात्मा में वास्तविकता के बोध की विकलता का प्रतिफल है। अपने प्रारंभिक उपन्यासों तथा कहानियों में, जिनकी रचना उन्होंने सुधारवादी दृष्टिकोण से की थी और स्थापित समस्याओं के समाधानों को प्रस्तुत करने की चेष्टा की थी, लेकिन उनके वे सभी समाधान बिना किसी अपवाद के अपनी प्रकृति में काल्पनिक तथा कृत्रिम थे। स्वाभाविक है कि वे समाधान उनकी कृतियों में जीवन के वास्तविक चित्रण के सर्वथा प्रतिकूल दीखते हैं। लेकिन 'गोदान' जैसी अपनी बाद वाली कृतियों में वे इस प्रकार की मनःसृष्ट कल्पनाओं एवं कृत्रिम समाधानों से पूर्णतः मुक्त हैं। उन्होंने इस बात की भी चिंता छोड़ दी थी कि समाधान न प्रस्तुत करने पर पाठक दयनीय एवं अवसादपूर्ण स्थिति में पड़ जाता है। उन्होंने जीवन को स्वयं सत्य स्थापित करने के लिए मुक्त कर दिया।

यह तथ्य अधिकारपूर्वक घोषित किया जाना चाहिए कि अपने दृष्टिकोण में अनेक अंतर्द्वंद्वों तथा कमियों के बावजूद प्रेमचंद हमारे राष्ट्रीय संघर्ष के उस दारुण किंतु आंदोलित युग के भारतीय जीवन के सफल एवं ईमानदार चित्रकार थे। उन्होंने सामंतवादी-साम्राज्यवादी गठबंधन के द्वारा हमारे किसानों के शोषण तथा दमन का निरीक्षण मात्र नहीं किया, प्रत्युत उस संघर्ष को भी प्रतिबिंबित किया, जो हमारे समाज के गर्भ में विकसित हो रहा था। कभी-कभी उन्होंने इस संघर्ष की प्रकृति तथा उसके अर्थ को गलत समझा, लेकिन इस तथ्य के प्रति उनके मन में कोई शंका न थी कि बिना संघर्ष के मुक्ति असंभव है। एक साहित्यकार तथा पत्रकार के रूप में उन्होंने भारत की उस शोषित तथा दलित जनता के भाग्य के साथ अपना तादात्म्य स्थापित कर लिया था, जो विद्रोह के लिए कृत संकल्प थी। परिणामस्वरूप उनकी कृतियों में सैनिक क्रांतिकारिता का दर्शन होता है। उन्होंने साम्राज्यवादियों, सामंतों तथा पूँजीवादियों के द्वारा जनता के मुख्यतः किसानों एवं मजदूरों के आर्थिक, सामाजिक तथा सांस्कृतिक शोषण एवं दमन का पर्दाफाश किया तथा उनके विरुद्ध तीव्र प्रहार किया। अत्यंत तीक्ष्ण घृणा या नफरत का भाव व्यक्त करने के लिए उन्होंने भारतीय राजकुमारों तथा जमींदारों को साम्राज्यवादियों के 'हरम' में रखैलों की संज्ञा दी। क्रोध और पीड़ा में उन्होंने अपनी लेखनी के द्वारा सांप्रदायिकता, धार्मिक हठधर्मिता, सभी प्रकार के अंधविश्वासों, जातिवाद, अछूतों और स्त्रियों के शारीरिक शोषण के विरुद्ध

बार-बार तीव्र प्रहार किया। इस क्रांतिकारी दृष्टिकोण के कारण वे धुंधवादी उनसे अप्रसन्न हो गए थे, जिन्होंने 'उन्हें' घृणा और द्वेष के उपदेशक के रूप में कलंकित किया। उनके आक्रमणों से वे अपने पथ से विचलित नहीं हुए तथा उन्होंने समुचित प्रत्युत्तर के द्वारा उनकी जबान बंद कर दी।

प्रेमचंद का यह विश्वास था कि साहित्य मनुष्य में निहित उन सभी प्रवृत्तियों का प्रतिबिंब है, जो उसे सुंदरता, उच्चतर प्रतिष्ठा तथा आनंद की ओर सदा प्रेरित करती हैं तथा साहित्य को सभी असहायों, दलितों तथा सम्मानरहितों के हितों का प्रतिनिधित्व करना चाहिए। उनकी रचनाएँ स्वयं अपने में उनके इस विश्वास की जीवित स्मारक हैं।

यथार्थ की व्याख्या करते हुए एंगेल्स ने लिखा है कि प्रारूपिक या सामान्य चरित्रों की सृष्टि करके साहित्यकार यथार्थवाद की वास्तविक स्थापना कर सकता है। 'सामान्य चरित्र' का अर्थ प्रायः ठीक-ठीक नहीं समझा जाता। 'सामान्य चरित्र' एक निष्क्रिय मध्यमान या मंद औसत की ओर संकेत नहीं करता, बल्कि किसी युग के जीवन की सबसे अधिक महत्त्वपूर्ण प्रवृत्तियों का बोध कराता है। प्रेमचंद की कृतियों से पाए जानेवाले चरित्र सही अर्थ में प्रारूपिक या सामान्य हैं। यद्यपि उनके चरित्र निर्धन, शोषित तथा दलित हैं, तथापि भारतीय जनता के सभी उत्तम गुणों से वे संपन्न हैं। जब वे हारते हैं या उनका दुखपूर्ण अंत होता है, तब भी वे अपने शोषकों तथा दमनकर्त्ताओं की अपेक्षा ऊँचे और महान् दीखते हैं। एक युवा लेखक को लिख गए पत्र में प्रेमचंद लिखते हैं—एक नौजवान को सदा आशावादी मुद्रा या दृष्टिकोण रखकर लिखना चाहिए, उसकी आशावादिता को संक्रामक होना चाहिए अर्थात् दूसरों के भीतर भी उसी आशावादिता के भाव का संचार करना चाहिए। मेरी समझ में साहित्य का सबसे महान् लक्ष्य यह है कि वह उत्थान करे, उदय के लिए प्रेरित करे। हमारे यथार्थवाद को यह लक्ष्य कभी भी भूलना नहीं चाहिए। चाहूँगा कि आप ऐसे मनुष्य की सृष्टि करें जो साहसी, ईमानदार, स्वावलंबी तथा कठोर-से-कठोर परिस्थितियों में संघर्षशील एवं प्राणवान रहें और जिनके महानतम आदर्श हों, यही इस युग की पुकार है। उनकी सभी कृतियों, उपन्यासों तथा अनेक लघु कहानियों में—इस प्रकार के प्रारूपिक तथा विधेयात्मक गुणों से संपन्न चरित्र विद्यमान हैं। साहित्यकार के रूप में प्रेमचंद की महानता उनकी इस योग्यता पर निर्भर करती है, जिसके द्वारा उन्होंने यथार्थवाद को अपने भविष्य के प्रति स्वप्नों के साथ जोड़ दिया।

1 दिसंबर, 1935 को विख्यात हिंदी पत्रकार बनारसी दास को लिखे गए पत्र में प्रेमचंद ने कहा है—'ऐसे बहुत से नौजवान हैं, जो मेरी अपेक्षा अधिक वृद्ध और ऐसे वृद्ध भी हैं, जो मेरी अपेक्षा अधिक नौजवान हैं, लेकिन मुझे विश्वास होता जा रहा है कि मैं दिन-प्रतिदिन अधिक नौजवान होता जा रहा हूँ। मुझे किसी दूसरे संसार या परलोक में कोई विश्वास नहीं है और इसलिए परलोकत्व का वह भाव मेरे पास

फटकने भी नहीं आता जो युवावस्था का सबसे बड़ा संहारक है।' प्रेमचंद का यह कथन उतना अद्भुत या आश्चर्यजनक नहीं है, जितना वह सुनने में लगता है। इससे केवल यही प्रकट होता है कि जैसे-जैसे वर्ष बीतते गए, प्रेमचंद की धारणा संसार और समाज के प्रति अधिक स्पष्ट होती गई। रूस की अक्टूबर क्रांति का प्रेमचंद पर व्यापक प्रभाव पड़ा। पहले तो उन्होंने रूस में घटने वाली इन महान् और तूफानी घटनाओं का धुँधला प्रशंसात्मक आकलन किया, क्योंकि उन घटनाओं के साथ जो हिंसा जुड़ी हुई थी, उसे वे नफरत की निगाह से देखते थे। सर्वहारा की अधिनायकशाही के बारे में उनकी धारणा सर्वथा गलत थी और वे उसे हिटलर तथा मुसोलिनी की अधिनायकशाही के समान समझते थे लेकिन धीरे-धीरे धुंध साफ होती गयी और रूस के जीवंत सामाजिक परिवर्तनों का उन पर गहरा और नियामक प्रभाव पड़ा। रूस में उसी सर्वहारा वर्ग के साहसी और बहादुर संघर्षों को देखकर वे प्रसन्न होने लगे थे, जिसे पहले समाज का कोढ़ समझा जाता था। रूस में सर्वहारा वर्ग आर्थिक पुनर्निर्माण तथा संस्कृति के क्षेत्रों में आश्चर्यजनक सफलताएँ अर्जित करने लगा था। उन्होंने भारत तथा विश्व के अन्य देशों के किसानों और मजदूरों के लिए भी उसी प्रकार के भविष्य का स्वप्न देखा। अपने दृष्टिकोण के क्षितिज के इस विस्तार के कारण वे हमारे राष्ट्रीय मुक्ति आंदोलन के प्रगतिशील तत्त्वों तथा प्रवृत्तियों के समीप होते गए। उन्होंने देश के सम्मुख प्रस्तुत समस्याओं के समाधान के लिए गांधीवादी दृष्टिकोण की सीमाओं का अनुभव किया तथा साथ ही स्वयं अपने बुर्जुवा मानववादी दृष्टिकोण की सीमाओं का भी। यद्यपि वे मार्क्सवादी नहीं थे, तथापि मार्क्सवाद के अधिकांश महत्त्वपूर्ण सिद्धांत जीवन के माध्यम से उनकी धारणाओं में उतरते गए। राष्ट्रीय मुक्ति आंदोलन की प्रगतिशील शक्तियों के साथ उनका सक्रिय सहयोग निश्चित रूप से उनके दृष्टिकोण के इस नये बदलाव का परिणाम था। उन्होंने 1936 में लखनऊ में अखिल भारतीय प्रगतिशील लेखक संघ के प्रथम सम्मेलन की अध्यक्षता की और वे अपने जीवन के अंतिम क्षण तक साहित्य में एक ऐसी नयी प्रवृत्ति को स्थापित करने के लिए संघर्ष करते रहे—जो वैज्ञानिक दृष्टिकोण, यथार्थवाद और पुनर्निर्मित समाज की कल्पना पर आधारित है।

एक साहित्यकार के रूप में तोल्सतॉय के संबंध में अपना विचार व्यक्त करते हुए लेनिन ने कहा था कि अपने धार्मिक धुंधवाद के बावजूद वे रूसी किसान क्रांति के दर्पण थे। ठीक उसी तरह हम यह कह सकते हैं कि प्रेमचंद साहित्यकार के रूप में भारतीय मुक्ति आंदोलन के दर्पण थे। गोर्की तथा लू शुन की भूमिकाएँ भी उन्होंने उस सीमा तक अदा की हैं, जहाँ तक उन्होंने हमारे समाज की सर्वाधिक शोषित और दलित जनता के हितों के लिए संघर्ष किया है। भारतेंदु हरिश्चंद्र तथा उनके कुछ समकालीनों की रचनाओं में भारतीय जनतांत्रिक आंदोलन के जो कुछ धुँधले या दूरस्थ गर्जन सुने जाते हैं, वे प्रेमचंद की कहानियाँ, उपन्यासों तथा पत्रकारीय

निबंधों के पृष्ठों में एक गंभीर नाद के रूप में विकसित हो गए हैं।

प्रेमचंद ने जिस कार्य को करने का बीड़ा उठाया था, वह अभी भी अधूरा है। वे चुनौती से भरे कार्य हैं और उनके लिए हमारे लेखकों की संयुक्त इच्छा शक्ति तथा क्रिया की आवश्यकता है। उनके लिए प्रेमचंद के द्वारा छोड़ी गई विरासत अमूल्य है। वह विरासत यह है कि हम जनता के हितों के साथ अपना पूर्ण तादात्म्य कर दें। उन सभी देशों के लेखकों के लिए भी वह मूल्यवान है, जहाँ पर जनता राष्ट्रीय संस्कृतियों की रक्षा के लिए संघर्ष कर रही हो। प्रेमचंद अपने देश तथा अपनी जनता को प्यार करते थे किंतु वे किसी भी राष्ट्रीय संकीर्णतावाद के विरुद्ध थे। उन उपनिवेशिक देशों की राष्ट्रीयता की प्रगतिशील प्रकृति को समझते हुए जो साम्राज्यवाद से संघर्ष कर रहे थे, उन्होंने अनेकानेक बार पश्चिम के पूँजीवादी देशों के आक्रामक राष्ट्रवाद के द्वारा उत्पन्न होने वाले खतरों से विश्व को चेतावनी दी थी। एक साहित्यकार के रूप में उनकी महानता का रहस्य यह है कि जहाँ एक ओर वे समकालीन विश्व की घटनाओं के प्रति, विशेष रूप से रूस के क्रांतिकारी परिवर्तनों के प्रति पूर्णतः सचेत और जागरूक थे, वहीं पर दूसरी ओर उन्होंने अपनी रचनात्मक क्रिया के केंद्र में सदा अपनी जनता को रखा। उनकी कृतियाँ उस बहुराष्ट्रवाद की एंटीथीसिस हैं जिसकी आड़ में साम्राज्यवादी देश आजकल नये आजाद और पिछड़े देशों की राष्ट्रीय संस्कृतियों को उखाड़ फेंकते हैं और उनमें घुस कर अपना प्रभुत्व कायम करते हैं। इन देशों को आधारहीन और विघटनशील बनाने के लिए बहुराष्ट्रवाद अनेक आकर्षक रूपों में प्रवेश करता है, जिनमें से एक रूप आधुनिकतावाद है। तुर्गनेव के प्रसिद्ध उपन्यास 'रूदिन' में लेझनेव के नायक के बारे में कथन को उद्धृत करना यहाँ पर युक्तिसंगत होगा—'रूदिन दार्शनिक जादूगरी में सिद्धहस्त है, किंतु यद्यपि वह रूसी है, पर, रूस को नहीं जानता। वह सही अर्थ में एक बहुराष्ट्रवादी है।' अपने दुखांत भावों को लेझनेव इन शब्दों में व्यक्त करता है—'बहुराष्ट्रवाद एक अर्थहीन धारणा है। बहुराष्ट्रवादी का कोई अस्तित्व ही नहीं होता है। अस्तित्वहीन से भी बहुराष्ट्रवादी की स्थिति अधिक दयनीय है। राष्ट्रीयता से परे न तो कला है, न सत्य है, न जीवन—वास्तव में कुछ नहीं है। यहाँ तक कि एक व्यक्ति के चेहरे की भी अपनी आकृति होती है, केवल नीरस चेहरे का कोई लक्षण नहीं होता।' हमारे राष्ट्र के लेखकों में इन 'रूदिनों' के लिए प्रेमचंद की कृतियाँ शिक्षा भी हैं और चेतावनी भी, जो आधुनिकतावाद और आधुनिकतम तरंगों के बारे में पागल हैं।

प्रेमचंद ने फ्रांसीसी, अंग्रेजी और रूसी यथार्थवादी आलोचना साहित्य के प्रवर्त्तकों और समाजवादी यथार्थवाद के प्रवर्त्तक गोर्की से अनेकानेक शिक्षाएँ ग्रहण कीं, किंतु उन्होंने अपने पाँव मजबूती से अपने देश की जमीन में जमाए रखे। वे भारतीय किसान को जितना जानते थे, हमारे कम लेखक जानते हैं और वे उनकी भाषा के साधारण, गतिशील, शक्तिशाली, चित्रवत मुहावरों को भी जानते थे जिनका प्रयोग वे बोलचाल

में किया करते थे। इन स्रोतों से वे अपनी कृतियों के लिए विषयवस्तु और रूप दोनों को समृद्ध करने में सफल हुए। प्रेमचंद उन महान् रचनाकारों में से हैं जिन्हें न तो देव प्रतिमा की तरह स्थापित किया जा सकता है और न ममी बनाकर अजायबघर में रखा जा सकता है। वे हमेशा अपनी जनता के बीच जीवित रहेंगे और उसी के साथ विकसित होते रहेंगे।

प्रेमचंद में घृणा बनाम प्रेम

प्रेमचंद के विरोधी उन पर यह दोष लगाया करते हैं कि उन्होंने समाज में घृणा का प्रचार किया। गांधीवादी विचारधारा से प्रभावित आलोचक कहते हैं कि प्रेमचंद समाज के कल्याण का सबसे महान् और अचूक अस्त्र प्रेम को समझते थे। गतवर्ष प्रगतिशील लेखक संघ, काशी की ओर से आयोजित प्रेमचंद वार्षिकी के अवसर पर हिंदी के एक लब्ध-प्रतिष्ठ विद्वान् और आलोचक ने कहा था कि प्रेमचंद प्रेम को पावक-धर्म समझते थे—पावक-धर्म जो समाज के सारे कलुष को भस्म कर देता है। उनके अनुसार प्रेमचंद किसी भी पात्र को घृणा की दृष्टि से नहीं देखते। उन्होंने कहा कि प्रेम के दो रूपों—त्याग और सेवा—को ही प्रेमचंद रामबाण समझते थे।

आलोचकों के ये दो वर्ग प्रेम और घृणा की आत्यंतिक और निरपेक्ष कोटियाँ गढ़-गढ़ कर प्रेमचंद को मनचाहे रंग में रंग देते हैं। ये आलोचक समझते हैं कि जो प्रेम करता है वह घृणा नहीं कर सकता और जो घृणा करता है वह प्रेम नहीं कर सकता। प्रेमचंद-साहित्य इन धारणाओं को बिल्कुल एकांगी और निराधार सिद्ध करता है। ये आलोचक प्रेमचंद की विचारधारा को उसके विकास के अनुबंध में रख कर नहीं देखते। इसलिए बहुधा जो बात प्रेमचंद के विकास के एक काल की रचनाओं के विषय में ठीक कही जा सकती है वही बात उनके विकास के एक दूसरे काल की रचनाओं के विषय में गलत हो सकती है। अगर हम प्रेमचंद-साहित्य का अध्ययन इस सही दृष्टिकोण से करें तो हम उसमें घृणा और प्रेम की समस्या को सुलझा सकते हैं।

यह ठीक है कि प्रेमचंद की प्रारंभिक रचनाओं पर गांधीवाद का गहरा असर है और इसलिए हम अहिंसा और प्रेम के दर्शन को समस्याओं के समाधान के रूप में पाते हैं। प्रेमचंद जैसे-जैसे सामाजिक विकास के नियमों को वैज्ञानिक रूप में समझते गए, ज्यों-ज्यों उन्होंने वर्ग-संघर्ष के रूप को पहचाना, त्यों-त्यों उनके दृष्टिकोण में क्रमशः परिवर्तन होते-होते एक दिन क्रांतिकारी परिवर्तन हुआ।

प्रेमचंद के प्रारंभिक उपन्यासों में हम समाज की समस्याओं का काफी यथार्थवादी

चित्रण पाते हैं, लेकिन जहाँ उन समस्याओं के समाधान प्रस्तुत किए जाते हैं वहाँ हम देखते हैं कि गांधीवादी प्रेम, सत्य और अहिंसा ही उनके मूल तत्त्व हैं। उन उपन्यासों में समाधानों को प्रस्तुत करनेवाले भी बहुधा गांधीवादी चरित्र ही होते हैं। लेकिन इन उपन्यासों में प्रेमचंद का यथार्थ इतना निर्मम यथार्थ है कि चाहे वह इन गांधीवादी समाधानों को कितने ही जोरदार शब्दों में रखें हम उन व्यक्तियों से या उस वर्ग से घृणा किए बिना नहीं रह सकते जो इन सारी समस्याओं की जड़ में है। कोई ऐसा व्यक्ति नहीं जो सामंती और महाजनी व्यवस्था को प्रेमचंद के उपन्यासों या कहानियों को पढ़ने के बाद भी घृणा की निगाह से न देखे। उनमें हम बड़े-बड़े जागीरदारों, जमींदारों, सेठों और पूँजीपतियों के प्रति घृणा पाते हैं। लेकिन क्या इसी से हम प्रेमचंद को केवल प्रेम या केवल घृणा का प्रचारक कहेंगे? नहीं। प्रेमचंद के हृदय में हिंदुस्तान की उस जनता के प्रति, जो शोषण के जुए के नीचे दबी हुई है, अगाध प्रेम था और उसके शोषकों को प्रेम और सहानुभूति के मार्ग पर लाने का संदेश देते हुए भी वह उन भावों को अपने पाठकों के हृदय में जगाने में असमर्थ थे। ठीक यही चीज़ तोल्सतॉय के बारे में भी ठीक है जो प्रेम और अहिंसा का संदेश तो देता था किंतु रूस के किसानों के शोषण का चित्र जिस रूप में प्रस्तुत करता था उसका प्रभाव, बावजूद उस संदेश के, कुछ दूसरा ही पड़ता था। साथ ही प्रेमचंद के उपन्यासों में यह बात भी देखने और याद रखने योग्य है कि प्रभु सेवक, महेन्द्र कुमार आदि जैसे व्यक्ति प्रेम और अहिंसा का चोगा उसी वक्त तक पहने रहते हैं जब तक उनके स्वार्थ या सम्मान पर चोट नहीं पहुँचती। किंतु ज्यों ही वहाँ चोट पहुँचती है त्यों ही वे उस चोगे को उतार फेंकते हैं। इस प्रकार इन उपन्यासों में यथार्थवादी चित्रों और समस्याओं के समाधानों में पारस्परिक असंगति और संघर्ष है। जो लोग इन उपन्यासों के आधार पर प्रेमचंद को प्रेम या अहिंसा का प्रचारक कहते हैं वे उनके उपन्यासों के इस महत्त्वपूर्ण तत्त्व को न समझ पाने के कारण ही ऐसा करते हैं।

यह बिल्कुल ठीक है कि जहाँ तक दार्शनिक स्थापनाएँ प्रस्तुत करने का प्रश्न है वहाँ तक प्रेमचंद बहुत समय तक प्रेम, सत्य और अहिंसा के प्रभाव में रहे। इतिहास और भारतीय संस्कृति को भी उन्होंने इन्हीं के रंग में रंगा। उदाहरणार्थ, 1932 में उन्होंने 'जागरण' के एक संपादकीय लेख में भारतीय संस्कृति की व्याख्या इस प्रकार की थी "अहिंसा परमोधर्मः और वसुधैव कुटुम्बकम् ये दो सूत्र हमारी संस्कृति के मूल तत्त्व हैं और इस अधोवस्था में भी हम उनको अपनाए हुए हैं।" देश की प्राचीन सामाजिक व्यवस्था के संबंध में उन्होंने एक अन्य संपादकीय में यह चित्र प्रस्तुत किया था : "संघर्ष में गोलबंदी होती है; अन्यथा एक वर्ग दूसरे वर्ग को चट कर जाय। इसलिए प्रत्येक वर्ग अपना संगठन करता है और अपने स्वार्थों की रक्षा करने के लिए बराबर प्रयत्न करता रहता है। भारत में इस तरह की गुटबंदी का प्रमाण

नहीं मिलता। किसी वर्ग को दूसरे वर्ग से इतना भय न था कि वह अपना संगठन करता। प्रत्येक वर्ग का कार्य-क्षेत्र नियत था। उस क्षेत्र के अंदर वह अपना जीवन व्यतीत करता था। ××× मनोवृत्तियाँ कुछ इस तरह की हो गई थीं कि लोग अपने अधिकारों की अपेक्षा अपने कर्तव्यों का ज्यादा विचार रखते थे। उस वक्त का राजा केवल सिंहासन की शोभा न बढ़ाता था, बल्कि उसे रात-दिन प्रजा के हित की चिंता रहती थी। वह नित्य अपने समय का कुछ-न-कुछ भाग प्रजा का दुःख-दर्द सुनने में व्यतीत करता था, जिससे प्रजा में उसके प्रति भक्ति और श्रद्धा का भाव उत्पन्न होता था। जमींदार केवल किसान से लगान वसूल करके चैन न करता था; बल्कि प्रजा के हित की रक्षा करता था। कुएँ और तालाब खुदवाना, अकाल और दुर्भिक्ष के समय प्रजा के लिए अपना सर्वस्व अर्पण कर देना, उसका धर्म था।''

इस तरह के राजाओं और जमींदारों के चित्र खींचने का प्रयत्न भी प्रेमचंद ने अपने उपन्यासों में किया किंतु जीवन का जो यथार्थ उनकी आँखों के सामने था वह किसी दूसरी ओर आग्रह कर रहा था। एक ओर उन्होंने लिखा : ''हम कांग्रेसमैन हैं। हमारा सिद्धांत है कि हमारे राष्ट्र का उद्धार शांतिमय उपायों से होगा। रक्तमय विधानों के हम विरोधी हैं। ××× द्वेष को हम द्वेष से नहीं, सहिष्णुता, प्रेम और सेवा से ही जीत सकते हैं। क्रोध को क्षमा से, द्वेष को प्रेम से, संदेह को विश्वास से ही परास्त किया जा सकता है। मनुष्य के आंतरिक दबाव पर हमारा पूर्ण विश्वास है।'' ('जागरण'–12 दिसंबर 1932) 'जागरण' के एक अन्य संपादकीय में उन्होंने लिखा : ''हमें तो उन्नति के लिए ऐसे विधानों की जरूरत है जो समाज में विप्लव किए बिना ही काम में लाए जा सकें। हम श्रेणियों में संग्राम नहीं चाहते।'' लेकिन 'रंगभूमि' या 'गोदान' में समाज का जो चित्र है उसमें 'श्रेणियों का संग्राम' एक यथार्थ के रूप में उपस्थित है–उसे चाहने या न चाहने का प्रश्न ही नहीं उठता।

लेकिन इस तरह की असंगति हम प्रेमचंद में अंतिम समय तक नहीं पाते। वह एक ईमानदार कलाकार थे और जीवन के यथार्थ से क्रमशः सीखते गए। इसका असर उनके दृष्टिकोण और विचारधारा पर भी पड़ा। यहाँ तक कि उनका विश्वास गांधीवादी दर्शन से भी उठ गया। सत्याग्रह की असफलता के संबंध में जब गांधीजी दोष कार्यकर्त्ताओं को दे रहे थे उस समय प्रेमचंद ने अप्रैल 1934 में लिखा : ''अब यह मान लेना पड़ेगा कि जिस चीज़ को महात्मा जी भीतर की आवाज़ कहते हैं, जिसका मतलब यह होता है कि उसके ग़लत होने की संभावना नहीं, वह बहुत भरोसे की चीज नहीं है; क्योंकि उसने एक से ज्यादा अवसरों पर गलती की है। भविष्य में हमें राजनीति को राष्ट्रहित की दृष्टि से देखना होगा।'' इसके पहले ही उन्होंने अगस्त 1933 में लिखा था : ''वैयक्तिक सत्याग्रह का कार्यक्रम राष्ट्र को स्वीकार नहीं है। संभव है, उसे पूर्णरूप से व्यवहार में लाया जा सके, तो राष्ट्र को उसके द्वारा स्वराज्य प्राप्त हो सके, पर यह तो उसी तरह है कि रोगी की देह में रक्त

बढ़ जाए तो वह अवश्य अच्छा हो जाएगा। किसी काम की सफलता के लिए असंभव शर्त लगा देने से हम सिद्धि के निकट नहीं पहुँचते। किसी प्रोग्राम को उसकी व्यावहारिकता के आधार पर ही जाँचना उचित है। जिस देश में ऐसे आदमी बड़ी संख्या में निकल आएँगे, जो अपना सर्वस्व स्वराज्य के लिए त्यागने को तैयार हो जाएँ, उस दिन तो आप ही आप स्वराज्य हो जाएगा; लेकिन ऐसा समय कभी आएगा, इसमें संदेह है। ऐसी दशा में सत्याग्रही नीति से हमें अपने उद्देश्य की प्राप्ति की आशा नहीं।''

पहले की संस्कृति के विषय में भी उनकी विचारधारा ने एक नयी दिशा ली। उन्होंने जनवरी 1934 में लिखा : ''उस संस्कृति में था ही क्या जिसकी वे (यानी जनता) रक्षा करें। जब जनता मूर्छित थी, उस पर धर्म और संस्कृति का मोह छाया हुआ था। ज्यों-ज्यों उसकी चेतना जाग्रत होती जाती है, वह देखने लगी है कि यह संस्कृति केवल लुटेरों की संस्कृति थी, जो राजा बन कर, विद्वान बन कर, जगत सेठ बन कर जनता को लूटती थी।''

शोषक वर्ग के साथ समझौता और सहयोग की नीति को कायम रखने के लिए प्रेम, निरपेक्ष प्रेम का जो आदर्श गांधीवाद रखता है उसका भी खंडन वे आगे चलकर करने लगे। उन्होंने पहले इस प्रकार का चित्र प्राचीन भारतीय संस्कृति में कल्पित किया था किंतु बाद में, 1933 में उन्होंने एक स्थान पर लिखा : ''संसार में जितना अन्याय और अनाचार है, जितना द्वेष और मालिन्य है, जितनी मूर्खता और अज्ञानता है उसका मूल रहस्य यही विष की गाँठ है। जब तक संपत्ति पर व्यक्तिगत अधिकार रहेगा, तब तक मानव-समाज का उद्धार नहीं हो सकता। मजदूरों के काम घटाइए, बेकारों को गुजारा दीजिए, जमींदारों और पूँजीपतियों के अधिकारों को घटाइए, मजदूरों और किसानों के स्वत्वों को बढ़ाइए, सिक्के का मूल्य घटाइए, इस तरह के चाहे जितने सुधार आप करें; लेकिन यह जीर्ण दीवाल इस टीप-टाप से नहीं खड़ी रह सकती। इसे नये सिरे से गिरा कर उठाना होगा।'' इसीलिए प्रेमचंद की अंतिम रचनाओं में लड़ाकूपन है। प्रेमचंद के इस नये संस्कार, उनकी इस नयी आत्मा का प्रतीक हमें होरी में नहीं, वरन् धनिया में मिलता है। 'गोदान' में प्रेम और घृणा का ताना-बाना देखने योग्य है। हिंदुस्तान की आम जनता विशेषतः किसानों के प्रति उनका कितना गहरा प्रेम था उसका अनुभव 'गोदान' के किसान चरित्रों, विशेषतः होरी और धनिया, और गोबर और झुनिया के सहानुभूतिपूर्ण चित्रों में किया जा सकता है। दूसरी ओर उनके शोषकों के प्रति तीव्र घृणा भी है।

इस संबंध में प्रेमचंद ने 1933 में 'हंस' में लिखा था कि ''जीवन में जब घृणा का इतना महत्त्व है, तो साहित्य कैसे उसकी उपेक्षा कर सकता है, जो जीवन का ही प्रतिबिंब है। मानव-हृदय आदि से ही सु और कु का रंगस्थल रहा है और साहित्य की सृष्टि ही इसलिए हुई कि संसार में जो सु या सुंदर है, और इसलिए

कल्याणकर है, उसके प्रति मनुष्य में प्रेम उत्पन्न हो, और कु या असुंदर, और इसलिए असत्य वस्तुओं से घृणा। साहित्य और कला का यही मुख्य उद्देश्य है। कु और सु का संग्राम ही साहित्य का इतिहास है।''

अपने अंतिम और अपूर्ण उपन्यास 'मंगलसूत्र' में उन्होंने देवकुमार से, जो उनका प्रतिनिधित्व करते हैं, यह कहलवाया है : ''दरिंदों के बीच में उनसे लड़ने के लिए हथियार बाँधना पड़ेगा। उनके पंजों का शिकार बनना देवतापन नहीं, जड़ता है।'' (पृ. 60)

प्रेमचंद की विचारधारा के विकास को इस प्रकार देखने से हम उनके साहित्य में घृणा और प्रेम की समस्या का समाधान पा जाते हैं। प्रारंभ में उन्होंने प्रेम का संदेश सुनाया, हालाँकि स्वयं उनके द्वारा प्रस्तुत किया हुआ यथार्थ शोषण और शोषकों के प्रति घृणा उत्पन्न करता था। यह उनकी कला और उनकी विचारधारा में असंगति थी। अंत में उन्होंने इस असंगति को दूर किया। उन्होंने जीवन और समाज के अध्ययन तथा राष्ट्रीय आंदोलन के अनुभव से प्रेम और अहिंसा के वर्ग-स्वरूप को पहचाना। इसलिए उन्होंने अब खुले शब्दों में शोषकों के विरुद्ध संघर्ष का संदेश दिया और उनके प्रति अपनी घृणा व्यक्त की। दूसरी ओर उनकी रचनाओं में प्रारंभ से लेकर अंत तक प्रेम का सूत्र भी है और वह प्रेम देश की शोषित जनता के प्रति है जो दरिद्रता के आघातों के बीच भी ईमानदारी और इंसानियत नहीं छोड़ती। इसलिए प्रेमचंद ने न तो अकेले प्रेम को और न अकेली घृणा को पावक-धर्म बनाया। उनकी रचनाओं में ये दोनों पारस्परिक पूरकों की भाँति उपस्थित हैं।

प्रेमचंद जन्मशती समारोह और लेखकों का वर्तमान दायित्व

हमारे देश में शायद ही कोई ऐसा लेखक हो जिसकी जन्मशती या जिसके नाम से जुड़े किसी अन्य महत्त्वपूर्ण अवसर पर राष्ट्रीय और अंतर्राष्ट्रीय पैमाने पर इतने समारोह आयोजित हुए हों, जितने प्रेमचंद की जन्मशती के अवसर पर हुए हैं। अब इन समारोहों का लगभग दो वर्षों का दौर समाप्त हो चला है और स्वाभाविक है कि हम इन समारोहों की उपलब्धियों पर विचार करें।

इन समारोहों के आयोजकों और उनमें भाग लेनेवालों में ऐसे लोग भी रहे हैं, जिन्हें प्रेमचंद की विरासत के सही मूल्यांकन और उसे आगे बढ़ाने में कोई रुचि नहीं हो सकती थी। वे हमारी जनता का शोषण करने वाली उस व्यवस्था से जुड़े रहे हैं जिसके घिनौने चेहरे पर से प्रेमचंद ने पर्दा उठा दिया था और जिसके अनिवार्य अंत के साथ उन्होंने एक व्यवस्था की कल्पना की थी, जिसमें हमारे समाज की बागडोर मेहनतकश जनता के हाथों में होगी। ऐसे लोगों ने प्रेमचंद को श्रद्धांजलियाँ अर्पित कीं और उनसे अपना पिंड छुड़ाया। प्रेमचंद का सम्मान करने की उनकी लाचारी के साथ उनका उद्देश्य उनके साहित्य के चरित्र को धुँधला करना भी था। वे यह दिखलाना चाहते थे कि प्रेमचंद किसी भी तरह वर्तमान व्यवस्था के लिए खतरनाक नहीं थे क्योंकि उनकी नजर में वे समाज के शोषित वर्गों के पक्षधर न होकर गांधीवादी विनय, अहिंसा, प्रेम, मानवतावाद और वर्ग सहयोग में यकीन करते थे और इस तरह उनका लक्ष्य सामाजिक क्रांति नहीं, बल्कि सुधार था।

लेकिन ऐसे मौसमी आयोजकों और श्रद्धालुओं की औपचारिक प्रशस्तियों और उन्हें गलत ढंग से पेश करने की कोशिशों के बावजूद प्रेमचंद साहित्य के क्रांतिकारी चरित्र और उसकी वर्तमान प्रासंगिकता को धुँधला नहीं किया जा सका। दूसरी तरफ झगड़ैल औरतों की तरह पानी पी-पीकर प्रेमचंद और उनके साहित्य को कोसनेवाले अपने को हास्यास्पद और दयनीय बनाकर चुप को गए।

कुछ लोग प्रेमचंद जन्मशती के दौरान हुए इन समारोहों की उपलब्धियों के प्रति नकारात्मक रुख अपनाते हैं, जो ग़लत है। अपनी क्षमता की उपेक्षा कर उपलब्धियों

की संभावनाओं की बनाई गई मनोगत तस्वीर निराशा उत्पन्न करती है। एक चिनगारी सारे-के-सारे घास के मैदान में आग लगा सकती है, लेकिन शर्त यह है कि घास का मैदान हो और घास सूखी हुई हो। अगर हम इन समारोहों से वह उपलब्ध नहीं कर सके जो हमें उपलब्ध करना चाहिए था, तो जाहिर है कि हमें उन परिस्थितियों पर विचार करना होगा जो हमारी इस असमर्थता के लिए जिम्मेदार हैं। साथ ही, हमें उन परिस्थितियों पर काबू पाने, उन्हें परिवर्तित कर अपने पक्ष में करने की कोशिश की भी जरूरत है। पटना से प्रकाशित 'प्रस्ताव' के प्रवेशांक में प्रेमचंद जन्मशती की सरगर्मियों का जिक्र करते हुए कुमारेंद्र पारसनाथ सिंह ने लिखा है : "कौमी जीवन के सामाजिक-सांस्कृतिक परिदृश्य में एक संघर्षधर्मी रचनाकार का इस तरह उभर उठना, और उभरकर देर-देर तक चमकते रहना, चमकते-चमकते एक ऊर्जा प्रदान करते जाना, हम सबके लिए खुशी और गर्व का विषय है। मगर, यदि हम इसे ही एक बहुत बड़ी उपलब्धि मानकर संतुष्ट हो लें और तेजी से बदलते हुए आज के परिदृश्य में खड़े सवालों के आमने-सामने होकर आत्म-परीक्षण करने को तैयार न हों, इतनी बड़ी जद्दोजहद के बाद भी इस बात का सही-सही हिसाब न कर सकें कि हमने, अपने कौमी संघर्ष को दृष्टि में रखते हुए, अपने जमीर और जमीन को किस हद तक साफ किया है—और खुद प्रेमचंद की रचनात्मक दिशा, शक्ति और संभावनाओं को किस हद तक परिभाषित-निर्धारित किया है—उन्हें किस परिप्रेक्ष्य से जोड़ा है, तो यह हमारी एक बहुत बड़ी भूल होगी।"

संक्षेप में, यहाँ लेखकों से—स्वभावतः वामपक्षी और जनवादी लेखकों से—यह माँग है कि वे प्रेमचंद के साहित्य पर मात्र वाद-विवाद से आगे जाकर, उसकी संघर्षशील परंपरा से जुड़ते हुए और अपने समाज के वर्तमान क्रांतिकारी दौर की पहचान करते हुए, अपने दायित्व का बोध करें और उसे अपनी रचनाओं और व्यवहार में व्यक्त करें। यह सही माँग है, और इससे पैदा होने वाली चुनौतियों का सामना करने से कतराना वामपक्षी और जनवादी लेखन के लिए अपने समकालीन इतिहास, सामाजिक नियति और जनजीवन से कट जाने, और इस तरह आत्मघात का रास्ता चुनने के समान है।

'प्रस्ताव' में प्रकाशित कुमारेंद्र पारसनाथ सिंह के लेख पर कुछ विस्तार से विचार करने की जरूरत है, क्योंकि प्रेमचंद जन्मशती के प्रसंग में उन्होंने लेखकों के वर्तमान दायित्व के बारे में कई महत्त्वपूर्ण प्रश्न उठाए हैं। अफसोस यह है कि इस लेख में अक्सर सही नुक्तों को उठाकर बातों को ग़लत मोड़ दिए गए हैं, उन्हें ग़लत नतीजों तक पहुँचाया गया है। जैसा कि कुमारेंद्र पारसनाथ सिंह के लेख से स्पष्ट है कि उनकी रुचि इसमें कम है कि इस प्रश्न पर तर्क सम्मत और गंभीर ढंग से विचार किया जाए कि किस तरह हमारे वामपक्षी और जनवादी लेखक प्रेमचंद की विरासत और भारतीय समाज के वर्तमान क्रांतिकारी दौर में अपने कर्तव्य के

नजदीकी रिश्ते को पहचानें और अपने कर्तव्य के सही निर्वाह के लिए किस कार्य-नीति पर अमल करें, और इसमें ज्यादा है कि अपने समानधर्मा लेखकों के एक छोटे समूह को, जो निम्न-पूँजीवादी अधैर्य और उग्रवाद को क्रांतिकारी चेतना का पर्याय मानता है, प्रेमचंद की विरासत का एकमात्र सही व्याख्याता, दावेदार और वाहक सिद्ध किया जाए। अपने लेख के प्रारंभिक अंश में प्रेमचंद जन्मशती समारोहों के बारे में अपने असंतोष का जिक्र करते हुए वे कहते हैं–''हमारे बीच कुछ ऐसे भी लोग हैं, हालाँकि वे बहुत कम हैं, जो यह सब एक शिद्दत के साथ महसूस करते रहे हैं, और जिनकी कोशिश इस शोर-शराबे के बीच भी प्रेमचंद के स्वर को ठीक से सुनने-समझने की, उन्हें उनके सही परिप्रेक्ष्य से जोड़ने की रही है। किंतु यह सब नक्कारखाने में तूती की आवाज से ऊपर नहीं उठने का, कम से कम तब तक जब तक हम अपने मध्यवर्गीय संभ्रमों और संस्कारों से ऊपर उठकर कौमी दायित्व को समझने के लिए प्रस्तुत नहीं होते।'' दोबारा इस स्वर पर उनके लेख का अंत होता है–''खुशी इस बात को लेकर है कि प्रेमचंद को उनकी सही जमीन पर देखने-समझने वालों की एक छोटी-सी दुनिया शहरी शोर-शराबे और आयोजनों की सीमा-रेखा के बाहर भी है। वह अपनी छोटी-छोटी लड़ाइयाँ लड़ते हुए एक बड़ी और निर्णायक लड़ाई के लिए तैयार हो रही है। और वहाँ प्रेमचंद उसके सामने मशाल लिए खड़े हैं।''

एक ओर प्रेमचंद जन्मशती समारोहों के दौरान वामपक्षी और जनवादी लेखकों के एकजुट होने के खो दिए गए अवसर से कुमारेंद्र पारसनाथ सिंह को गहरा क्षोभ है, और दूसरी ओर उन्हें अपने सरीखे लेखकों की 'छोटी-सी दुनिया' की सीमा-रेखा के बाहर किसी भी प्रकार की क्रांतिकारी शक्तियाँ नजर नहीं आतीं। उनके अनुसार यह एक मौका था जब हम सामाजिक चेतना और जनवादी लेखन के संघटन और विकास की समस्याओं की पृष्ठभूमि में अपने पूरे कार्य और व्यवहार पर एक बार फिर से गंभीरतापूर्वक विचार कर अपना सांस्कृतिक पुनःसंघटन कर सकते थे—सरकारी संरक्षण और देशी-विदेशी पूँजी के प्रोत्साहन पर पल-पनप रही तमाम जन-विरोधी शक्तियों को जमकर एक चुनौती और शिकस्त दे सकते थे। हमने इस मौके का उस तरह का कोई लाभ नहीं उठाया, नतीजा यह कि उसने (हमने) अपना निर्णय एक सांस्कृतिक आत्मघात के पक्ष में लिया। यह चेतावनी देते हुए कि ''मुल्क की वामपंथी और लोकतांत्रिक शक्तियों को यदि अपने अंतर्विरोधों और बिखरावों में मिट नहीं जाना है तो अभी एकजुट होना है'' वे कहते हैं कि ''उनके सामने और कोई विकल्प नहीं सिवा इसके कि वे इस एकजुटता की आधारभूत शर्तों की पहले समझदारी के साथ खोज करें।'' उन्हें ''सुखद आश्चर्य'' होता है कि ''अपने राजनीतिक मंच से जिस विकल्प को हम नहीं दे सके हैं उसे आज अपने साहित्य और कला के मंच से देने लगे हैं।''

प्रेमचंद की विरासत का एक महत्त्वपूर्ण पहलू यह समझदारी भी है कि प्रतिगामी

शक्तियों के विरुद्ध संघर्ष में न सिर्फ इसकी जरूरत होती है कि हर वामपक्षी और जनवादी लेखक व्यक्तिगत तौर पर उसे अपने लेखन की शक्ति समर्पित करे, बल्कि इसकी भी कि ऐसे सारे लेखक उसके लिए अपने लेखन की संयुक्त शक्ति संगठित करें। प्रेमचंद जन्मशती समारोहों के दौरान उनकी विरासत के इस पहलू पर जितना बल देना चाहिए था—विशेषतः आज की परिस्थितियों में, जब हमारे देश के साम्राज्यवाद-सामंतवाद विरोधी लेखकों का वह महान् और शक्तिशाली संगठन, जिसके प्रथम सम्मेलन का सभापतित्व प्रेमचंद ने किया था अपनी विश्वसनीयता खोकर असाध्य जर्जरता की अवस्था में केवल औपचारिक रूप से जी रहा है—उतना बल नहीं दिया गया। लेकिन यह बात भी नजरअंदाज नहीं की जा सकती कि इन समारोहों के दौरान वर्तमान व्यवस्था और साम्राज्यवाद से जुड़े हुए या उसके असर में गिरफ्त तरह-तरह के प्रतिक्रियावादी तत्त्वों की ओर से प्रेमचंद पर होने वाले हमलों, उनकी चारित्रिक और साहित्यिक छवि को धूमिल या अवमूल्यित करने के प्रयत्नों का वामपक्षी और जनवादी लेखकों ने वैचारिक स्तर पर संयुक्त रूप से डटकर मुकाबला किया, उन्हें शिकस्त दी और पीछे हटने पर मजबूर किया। उन्होंने यह महसूस किया कि प्रेमचंद की विरासत की रक्षा की लड़ाई उनके साहित्य के सही मूल्यांकन मात्र तक नहीं सीमित है, बल्कि उसका संबंध हमारे साहित्य के वर्तमान और भावी विकास को सही दिशा में ले जाने, उसकी सामाजिक और सांस्कृतिक भूमिका को सही परिप्रेक्ष्य में रखने से भी है। आजादी के बाद लगभग दो दशकों तक साम्राज्यवादी देशों से आयातित आधुनिकतावाद और उसके आवरण में घुसपैठ करने वाले नव-रहस्यवाद तथा अन्य यथार्थ विमुख प्रवृत्तियों के भटकाव के बाद इधर लगभग एक दशक से हमारे साहित्य में पुनः यथार्थवादी दृष्टिकोण और वामपक्षी और जनवादी चेतना का जो उभार आया है, उसे प्रेमचंद शती समारोहों ने और उजागर किया है, सक्रिय और शक्तिशाली बनाया है। आधुनिकतावाद के विरुद्ध हमारी लड़ाई में प्रेमचंद हमारे पक्षधर, पथ-प्रदर्शक और सहयोद्धा रहे हैं। एकजुट और लामबंद होकर वामपक्षी और जनवादी लेखक इस लड़ाई को और तेज कर उसमें निर्णायक विजय प्राप्त कर सकते हैं।

इसमें संदेह नहीं कि अपने को संगठित करने के लिए वामपक्षी और जनवादी लेखकों के सामने, जैसा कि कुमारेंद्र पारसनाथ सिंह कहते हैं, "और कोई विकल्प नहीं सिवा इसके कि वे इस एकजुटता की आधारभूत शर्तों की समझदारी के साथ खोज करें।" अच्छा हुआ होता अगर कुमारेंद्र पारसनाथ सिंह के लेख में उन शर्तों की समझदारी के साथ खोज का कहीं कुछ पता होता। वास्तव में उनकी फिरकापरस्ती, जिसका आक्षेप वे दूसरों पर करते हैं और संकुचित दृष्टिकोण ने वामपक्षी और जनवादी लेखकों के एकजुट न होने से पैदा हुई उनकी सारी चिंता और विलाप को मात्र औपचारिक बना दिया है। इस संबंध में प्रेमचंद से भी उन्होंने कोई सीख ली है, ऐसा नहीं जान पड़ता। उन्होंने यह सही लिखा है कि "प्रेमचंद अपने समय के प्रतिगामी

दबावों और प्रभावों को झेलते हुए अपने अंदर से लगातार संघटित और दृढ़ होते गए थे।'' उन्होंने यह भी सही कहा है कि ''एक प्रेमचंद वे हैं जो सन् 20 के आसपास भारतीय राजनीति में महात्मा गांधी के प्रवेश का स्वागत करते हैं, और काफी दूर तक उनके प्रभाव में चलते जाते हैं, तो एक दूसरे प्रेमचंद ऐसे भी हैं जो सन् 29-30 तक आते-आते, जहाँ से भारतीय राजनीति अपनी दिशा बदल लेती है, गांधी के प्रभाव से धीरे-धीरे अपने को मुक्त करने लगते हैं।'' अत्यंत सरलीकृत तथ्यों के इस अस्थि-पिंजर से भी यह स्पष्ट है कि प्रेमचंद के दृष्टिकोण के विकास को किसी सरल रेखा के रूप में नहीं देखा जा सकता। गांधीवाद और पूँजीवादी नेतृत्व के कारण हमारे राष्ट्रीय आंदोलन की सीमाएँ और मजदूरों और किसानों के वर्गीय संगठनों की कमजोरी और उनके बीच वर्गीय एकता का अभाव—ये प्रमुख कारक थे जो प्रेमचंद पर नकारात्मक प्रभाव डाल रहे थे। दूसरी ओर साम्राज्यवादी और पूँजीवादी जनवाद की अधोगति और रूस की समाजवादी क्रांति ने उनके दृष्टिकोण के विकास पर सकारात्मक प्रभाव डाला। प्रेमचंद की सामाजिक चेतना इन्हीं नकारात्मक और सकारात्मक कारकों की आपसी टक्करों के बीच निखरी और पुष्ट हुई। इस आत्म-संघर्ष के माध्यम से ही उन्होंने जीवन के यथार्थ को उसके वस्तुगत रूप में और घटनाओं को उनके सही ऐतिहासिक परिप्रेक्ष्य में देखना और अपने कलात्मक बोध को सुधारवाद या आरोपित काल्पनिक आदर्शवाद से मुक्त करना सीखा। अपनी साहित्यिक यात्रा के दौरान प्रेमचंद ने न केवल एक लंबा बल्कि बीहड़ रास्ता भी तय किया, जिसमें अनेक भ्रम और भटकाव के मुकाम भी आए। उनके निबंधों से, जहाँ उनके विचारों की सीधी अभिव्यक्ति है, यह प्रमाणित है कि उनके जीवन के आखिरी वर्षों तक अनेक विषयों के बारे में उनकी मानसिक स्थिति द्विधा और भ्रम की है। इस सत्य पर पर्दा डाल कर प्रेमचंद को मनोगत ढंग से अलंकृत कर पेश करना न तो समझदारी (मार्क्सवादी तो कतई नहीं) और न ईमानदारी है। 'प्रस्ताव' के दूसरे अंक में डॉ. ओमप्रकाश ग्रेवाल ने कुमारेंद्र पारसनाथ सिंह द्वारा प्रेमचंद के ऐसे अलंकरण की सही आलोचना की है। कुमारेंद्र पारसनाथ सिंह की कवि-सुलभ कल्पना दूसरों के विरुद्ध यह आरोप गढ़ती है कि वे ''प्रेमचंद को अपनी-अपनी सीमाओं में कैद रखकर एक खास बिंदु तक ही सीमित रखना चाहते हैं।'' जिसमें थोड़ी-सी भी मार्क्सवादी समझ है वह प्रेमचंद या किसी भी लेखक को इस तरह 'सीमित रखना' ग़लत समझता है। लेकिन वह इसे भी कम ग़लत नहीं समझता ''कि उससे आगे बढ़कर किसी दूसरे बिंदु से जोड़ने की कोशिश'' के जोखम उठाने के नाम पर प्रेमचंद की विरासत का अलंकरण किया जाए। यह अलंकरण उस 'मनोगत क्रांतिकारिता' से प्रेरित है जिसकी ''खुशफहमी में सोते-जागते अपना भविष्य चमकाते'' रहने का आरोप कुमारेंद्र पारसनाथ सिंह ने दूसरों पर लगाया है। यह अलंकरण कितनी भोंडी शक्ल अख्तियार कर सकता है, इसका एक उदाहरण उनका यह कथन है : ''प्रेमचंद का यह

सारा-का-सारा रचनात्मक उपक्रम—यह संघर्ष मुल्क की सामाजिक-आर्थिक संरचना को मूलतः बदल डालने के लिए है। बहुत साफ शब्दों में कहा जाए तो कृषि-क्रांति का—गाँवों को जाग्रत और संघटित कर गाँवों से शहरों को—शहरों में आज तेजी से खड़े हो रहे औद्योगिक और व्यावसायिक केंद्रों को घेरने का, और घेर कर उनकी प्रगतिशील कारक शक्तियों को मुक्ति-संघर्ष में—व्यापक जन-हित के संवर्द्धन और विकास के ऐतिहासिक कार्य में शरीक करने का एक खुला प्रस्ताव है (जोर मेरा)।''

प्रेमचंद के सामाजिक दृष्टिकोण के विकास के चरमोत्कर्ष में उनकी क्या स्थिति थी—यह बात बहस तलब हो सकती है। उसे लेकर समान विचारधारा वाले लेखकों में भी मतभेद हो सकते हैं। मिसाल के तौर पर, 'प्रस्ताव' के दूसरे अंक में कुमारेंद्र पारसनाथ सिंह की 'भाववादी क्रांतिकारिता' से प्रभावित प्रेमचंद के मूल्यांकन का प्रतिवाद करते हुए डॉ. ओम प्रकाश ग्रेवाल ने लिखा है : ''जहाँ उन्होंने तोल्सतॉय की तरह तत्कालीन सामाजिक जीवन के सबसे प्रमुख मुद्दे—देश की आजादी—को अपनी रचनाओं के केंद्र में रखा और अन्य सभी मुद्दों को इस मुद्दे से जोड़कर देखा वहाँ उनकी यह विवशता बनी रही कि अपने सारे विचारधारात्मक संघर्ष के बावजूद वे उस दृष्टिकोण को अपनी रचनाओं में नहीं ला सके जो साम्राज्यवादी सत्ता के विरोध में उभरकर आनेवाले सही क्रांतिकारी जनवादी आंदोलन को नियंत्रित और परिचालित करता है। क्योंकि मेहनतकश जनता के साथ प्रेमचंद का गहरा भावात्मक लगाव था, इसलिए स्वतंत्रता-आंदोलन के बुर्जुवा नेतृत्व की तुलना में लोकतांत्रिक मूल्यों की उनकी परिकल्पना कहीं अधिक प्रखर थी और तत्कालीन सामाजिक ढाँचे की उनकी समझ भी अधिक पैनी थी। किंतु प्रेमचंद का दृष्टिकोण अपनी समस्त संघर्षधर्मिता के बावजूद क्रांतिकारी जनवादी दृष्टिकोण नहीं बन पाया।'' स्वतंत्रता-प्राप्ति के लक्ष्य को प्रेमचंद के लेखन की 'केंद्रीय धुरी' मानते हुए डॉ. ग्रेवाल का कहना है कि ''उनकी शक्ति का मुख्य आधार भी यही था कि उन्होंने अपने ऐतिहासिक दौर के इस केंद्रीय मसले को मेहनतकश जनता की पीड़ाओं और आकांक्षाओं से जोड़कर उसे व्यापक सार्थकता प्रदान की।'' कुमारेंद्र पारसनाथ सिंह की तरह ही डॉ. ग्रेवाल के मत से पूरी तरह सहमत होना मुश्किल है।

यह सही है कि अपने सामाजिक दृष्टिकोण के विकास के एक लंबे दौर तक प्रेमचंद राष्ट्रीय पूँजीपति वर्ग के दृष्टिकोण की सीमाओं के भीतर रहे। इसी वजह से हमारी जनता और साम्राज्यवाद-सामंतवाद के बीच अंतर्विरोध के मुख्य या निर्णायक तत्त्व—किसानों और साम्राज्यवाद-सामंतवाद के बीच अंतर्विरोध की सही पहचान करते हुए भी उन्होंने उसके हल के लिए गांधीवादी या काल्पनिक आदर्शवादी दृष्टिकोण का आश्रय लिया। 'गोदान' के पहले के ऐसे सारे उपन्यासों में, जिनमें उन्होंने किसानों की समस्या प्रस्तुत की, किसानों के तीखे और कभी-कभी हिंसात्मक संघर्षों की अनिवार्यता के प्रति अपनी सारी सहानुभूति के बावजूद प्रेमचंद के सामने समाज के

क्रांतिकारी रूपांतरण का कोई स्पष्ट चित्र नहीं था। लेकिन इन उपन्यासों से यह भी स्पष्ट है कि प्रेमचंद में इस बात की समझदारी लगातार साफ और गहरी होती जा रही थी कि शोषण से मुक्ति के लिए किए जाने वाले किसान संघर्षों का सही नेतृत्व करने में पूँजीवादी वर्ग सर्वथा अक्षम था, क्योंकि अपने चरित्र से वह स्वार्थी, ढुलमुलयकीन, अवसरवादी और समझौतापरस्त था और उन संघर्षों के तेज होने, राष्ट्रीय आंदोलन के नेतृत्व के अपने हाथ से निकल जाने और अपने हितों पर आँच की आशंका पैदा होते ही किसानों के विरुद्ध साम्राज्यवाद और सामंतवाद से सहयोग कर सकता था। उनकी अनेक परवर्ती रचनाओं में पूँजीवादी नेतृत्व से उनका मोहभंग स्पष्ट है। उन्होंने मेहनतकशों से कहा कि अपनी नियति के विधाता वे स्वयं हैं। उन्होंने मजदूरों और किसानों की अपार शक्ति का अनुभव किया और संघर्षों में विजय के लिए उनकी एकता पर बल दिया। प्रेमचंद की निगाह में किसानों और आम मेहनतकश जनता की शोषण से मुक्ति और खुशहाली से अलग राजनीतिक आजादी–गोरों से कालों के हाथों में सत्ता आने–का कोई खास महत्त्व नहीं था। अपने सामाजिक चिंतन में वैज्ञानिकता के उत्तरोत्तर विकास के साथ उन्होंने राष्ट्रीय आंदोलन को सामाजिक क्रांति–कृषि क्रांति की ओर मोड़ने की आवश्यकता का अनुभव किया। लेकिन यह भी स्पष्ट है कि प्रेमचंद को कृषि-क्रांति की रणनीति और कार्यनीति की समझदारी से लैस करने की कोशिश–जो कुमारेंद्र पारसनाथ सिंह ने अपने लेख में की है–उन पर अपनी मनोगत क्रांतिकारिता लाद देना है। मिसाल के तौर पर, कृषि-क्रांति में मजदूर वर्ग और उसके नेतृत्व की भूमिका का धुँधला-सा बोध भी प्रेमचंद में नहीं है। इसके लिए प्रेमचंद को बहुत दोषी नहीं ठहराया जा सकता, जबकि राष्ट्रीय आंदोलन में सक्रिय मजदूर-वर्ग के नेताओं में भी इस समझदारी की कमी थी। लेकिन ऐसी कमियों के बावजूद स्वाधीनता आंदोलन के प्रति प्रेमचंद के दृष्टिकोण में विकास की प्रक्रिया के आधार पर यह कहना उचित होगा कि उन्होंने उसमें सक्रिय विभिन्न वर्गों की भूमिकाओं की सही पहचान करते हुए राष्ट्रीय बुर्जुवा वर्ग के राजनीतिक दृष्टिकोण की सीमाओं को तोड़ा और मेहनतकश जनता, विशेषतः किसानों, के पक्षधर के रूप में उनके शोषण का अंत करने के लिए सुधारों की अपर्याप्तता या व्यर्थता समझते हुए एक ऐसे क्रांतिकारी परिवर्तन की ओर संकेत किया, जिसमें राज्यसत्ता भी मेहनतकशों के हाथों में होगी। इस परिवर्तन के लिए उन्होंने गांधीवादी अहिंसा को भी त्याज्य समझा और अपने अंतिम और अपूर्ण उपन्यास 'मंगलसूत्र' में घोषित किया कि 'दरिंदों' के विरुद्ध 'देवता' बन कर लड़ने से काम नहीं चलेगा बल्कि उनकी हिंसा का सामना हिंसा से करना होगा। स्पष्ट है कि उनका यह सारा दृष्टिकोण उन्हें हमारे देश में आज के बुर्जुवा वर्ग से नहीं, बल्कि हमारे समाज में जनवादी क्रांति के सबसे प्रगतिशील और निर्णायक भूमिका अदा करने वाले वर्गों से जोड़ता है। भले ही अपने देश में क्रांति से संबोधित प्रश्नों के बारे में प्रेमचंद

की दृष्टि उतनी साफ न रही हो जितनी साफ दृष्टि गोर्की या लू शुन की अपने देशों में समाजवादी या जनवादी क्रांति के बारे में थी, लेकिन उनके दृष्टिकोण के विकास के अंतिम चरण में उन्हें जनवादी क्रांतिकारी ही कहा जाएगा। कुमारेंद्र पारसनाथ सिंह और उन्हीं की तरह अन्य सोचने वालों की मुश्किलों की शुरुआत वहाँ से होती है जहाँ से वह यह समझकर चलते हैं कि अपने जमाने में प्रेमचंद ने आज की परिस्थितियों में जनवादी क्रांति के सम्पूर्ण कार्यक्रम, उसकी नीतियाँ, उसके दाँव-पेंच की तस्वीर अपनी रचनाओं में बनाकर छोड़ दी है और इस तरह अपनी परंपरा के लेखकों का रास्ता सीधा और आसान कर दिया है।

लेखक के साथ-साथ सामाजिक समस्याओं के गंभीर और उत्तरदायित्वपूर्ण चिंतक होने की वजह से प्रेमचंद ने राष्ट्रीय स्वाधीनता आंदोलन के क्रांतिकारी मोड़ की आवश्यकता महसूस करते हुए भी अपने को निम्न-पूँजीवादी दुस्साहसिकतावाद और अधैर्य से मुक्त रखा और क्रांति के पूर्व उसके कारकों की परिपक्वता का महत्त्व समझा। सरकारी नौकरी के जमाने में उन्होंने अपने घर में खुदीराम बोस का चित्र लगा रखा था, लेकिन सरकारी नौकरी से इस्तीफे के वर्षों बाद के उनके लेखों से स्पष्ट है कि उग्रपंथी आतंकवाद से उन्हें कोई सहानुभूति नहीं थी। शोषण से किसानों की मुक्ति के लिए उन्होंने किसानों के वर्गीय संगठन बनाने की आवश्यकता पर बल दिया। उन्होंने अपने जमाने की परिस्थितियों में विधान-सभाओं की रचना और उनकी अत्यंत सीमित क्षमताओं के बावजूद उन्हें 'जाल-चक्र' नहीं समझा और उनमें किसानों की राहत के लिए उठाए गए कदमों या अन्य सामाजिक सुधारों के प्रस्तावों का स्वागत किया। कुमारेंद्र पारसनाथ सिंह जब प्रेमचंद के सारे-के-सारे 'रचनात्मक उपक्रम' में कृषि-क्रांति का कार्यक्रम—''गाँवों को जाग्रत और संघटित कर गाँवों से शहरों को—शहरों में आज तेजी से खड़े हो रहे औद्योगिक और व्यावसायिक क्रेंद्रों को घेरने का, और घेर कर उनकी प्रगतिशील कारक शक्तियों को मुक्ति-संघर्ष में—व्यापक जन-हित के संवर्द्धन और विकास के ऐतिहासिक कार्य में शरीक करने का एक खुला प्रस्ताव'' देखते हैं, तब यही कहा जा सकता है कि वे प्रेमचंद को 'सुपाच्य' बनाने के लिए वास्तविकता की दाल में अपने मनोगत विचारों का नमक नहीं, बल्कि अपने मनोगत विचारों के नमक में वास्तविकता की दाल डाल रहे हैं। ऐसा मालूम होता है कि प्रेमचंद जो कुछ हैं, अगर उन्हें वही मान लिया जाए, तो वे कुमारेंद्र पारसनाथ सिंह को एक बहुत मामूली और छोटे लेखक लगेंगे। इसलिए उन्हें सिर्फ अपनी शर्तों पर महान् मानने के लिए कुमारेंद्र पारसनाथ सिंह उन पर अपनी मनोगत क्रांतिकारिता आरोपित कर देते हैं।

कुमारेंद्र पारसनाथ सिंह की यह मनोगत क्रांतिकारिता, जो सिर्फ अपनी शर्तों पर किसी लेखक को जनवादी या वामपक्षी मानने को तैयार है, आज की हमारी सबसे बड़ी आवश्यकता जनवादी और वामपक्षी लेखकों की एकता—के बारे में बहुत

ही गलत और खतरनाक समझदारी पेश करती है। उनका कहना है कि "प्रेमचंद के स्वर को ठीक से सुनने-समझने" और "उन्हें उनके सही परिप्रेक्ष्य से जोड़ने" के लिए यह जरूरी है कि हम "अपने मध्यवर्गीय संभ्रमों और संस्कारों से ऊपर उठकर कौमी दायित्व को समझने के लिए प्रस्तुत" हों। लेकिन प्रेमचंद का साहित्य इस बात का सबूत है कि अपने दृष्टिकोण के राष्ट्रीय जनवादी दौर में और उसकी सीमाओं के अतिक्रमण कर जाने के बाद भी उनमें कुछ मध्यवर्गीय संभ्रम और संस्कार बने रहे। कुमारेंद्र पारसनाथ सिंह ऐसे लेखकों को, जो अपने मध्यवर्गीय संभ्रमों और संस्कारों से ऊपर नहीं उठ सके हैं, कौमी दायित्व की समझ के लिए अक्षम घोषित कर देते हैं। हमारा वर्तमान अनुभव तो यह है कि बहुत सारे जनवादी लेखक ऐसे हैं जिनमें मध्यवर्गीय संभ्रम और संस्कार मौजूद हैं, लेकिन जो कौमी दायित्व को समझते हैं और उस कौमी दायित्व को पूरा करने की लड़ाई के दौरान ही वे अपने उन संभ्रमों और संस्कारों से मुक्त होते जाते हैं। जनवादी क्रांति के दौर में ऐसे लेखक भी जनवादी शक्तियों के संयुक्त मोर्चे के महत्त्वपूर्ण अंग होते हैं। कुमारेंद्र पारसनाथ सिंह का दृष्टिकोण ऐसे लेखकों को उसमें से बाहर कर देता है। कृषि-क्रांति या जनवादी क्रांति और उसकी मित्र-शक्तियों के बारे में उनकी समझदारी की सफाई और गहराई को इसी से आँका जा सकता है कि बातें तो वे उनकी करते हैं और वर्तमान व्यवस्था को 'राष्ट्रीय बुर्जुवा' और इजारेदार पूँजीपति वर्ग की व्यवस्था कहते हैं।

इसके बाद कुमारेंद्र पारसनाथ सिंह उस मोर्चे से अपनी विचारधारा के लेखकों के सिवा शेष सभी वामपंथी लेखकों को बाहर करने की दिशा में बढ़ते हैं। यहाँ शायद यह कहना अप्रासंगिक न होगा कि जनवादी क्रांति के दौर में हम वामपक्षी लेखकों को भी जनवादी शिविर का ही अंग मानते हैं और उनका पृथक् उल्लेख सिर्फ इसलिए करते हैं कि उनकी सामाजिक और राजनीतिक चेतना राष्ट्रीय बुर्जुवा वर्ग के दृष्टिकोण से प्रभावित लेखकों की चेतना से ऊँचे स्तर की होती है और इसलिए कि अपने सारे आपसी मतभेदों के बावजूद किसी-न-किसी तरह मजदूर वर्ग के दृष्टिकोण से प्रभावित होने के कारण वे हर तरह के शोषण के विरुद्ध होते हैं और जनवादी क्रांति के बारे में अपने सुसंगत और वैज्ञानिक दृष्टिकोण और उसकी विजय के लिए संघर्ष में अपने अविचलित संकल्प के कारण जनवादी लेखकों के शिविर का नेतृत्व करते हैं। कुमारेंद्र पारसनाथ सिंह द्वारा किया गया जनवादी और वामपक्षी लेखकों की एकता का उल्लेख उनके फिरकापरस्त और संकुचित दृष्टिकोण के कारण जितना औपचारिक है, इसका अनुमान प्रेमचंद जन्मशती के दौरान हुए आयोजनों में मार्क्सवादी कम्युनिस्ट पार्टी के लेखकों की भूमिका के बारे में व्यक्त किया गया उनका मत है। सलकिया में प्रेमचंद स्मारक खड़ा करने और प्रेमचंद-साहित्य के सस्ते बंगला संस्करणों को जन-साधारण के बीच उपलब्ध कराने की उसकी योजना की 'एक छोटी-सी पेश कदमी' के लिए पश्चिम बंगाल की वामपंथी सरकार की प्रशंसा की

है। इसके फौरन बाद आवेश के दौर में वे बोलने लगते हैं : "पर मात्र इतने से ही अपनी संस्कृति और अपने रचनाकारों के प्रति जो एक जनवादी कार्य-भार है उससे मुक्त नहीं हुआ जा सकता। अपने सांस्कृतिक कर्मियों की फिरकापरस्ती और स्वार्थपरता पर—बीच बाजार या फिर दरबार में उतरने की अनियंत्रित बेचैनी पर उनका ध्यान नहीं जाता। उनके खुद के चरित्र के आंतरिक विघटन और दृष्टि-सीमा का संकेत है, और इस बात का प्रमाण भी कि चूँकि वह खुद भी अपनी स्थिति को किसी तरह से बनाए रखने की समझौतापरस्ती का शिकार हैं और अपने शुतुरमुर्गी चेहरे को रेत से बाहर निकालने के लिए तैयार नहीं हैं, संपूर्ण प्रेमचंद उनके लिए भी कुपाच्य और खतरनाक हैं। इस पर तुर्रा यह कि जब आप प्रेमचंद की विरासत की याद दिलाने चलें, जब आप उनके रचना-संघर्ष की सही दिशा निर्धारित करने की शिरकत करें, जब आप अपने हाथ प्रेमचंद की ऊँचाइयों की ओर उठाएँ, कुछ वफादारों को कोफ्त होने लगे और कोफ्त इस हद तक कि वैज्ञानिक विश्लेषण और तार्किक अन्वेषण की मामूली जमीन भी पैरों के नीचे से खिसक जाए। मुल्ला से मुल्ला के मुर्गे जब ज्यादा तेज नमाज पढ़ने लगें, मस्जिद की सलामती खुद खुदा के हाथ भी नहीं रह जाती। प्रेमचंद को धूमिल या कम अंदाज कर दिखलाने की दास प्रवृत्ति एक प्रकार की लिजलिजी भाववादिता और अवसरवादिता से ही पैदा हुई है। आप प्रेमचंद को सुधारवादी और गांधीवादी कहें तो कोई हर्ज नहीं, एक लम्हे के लिए क्रांतिकारी कह लें तो भी काम चल जाएगा। कुछेक ऐसे भी खड़े मिलेंगे जो अपनी मौलिक सूझ-बूझ का इजहार करने के लिए भारतीय स्वतंत्रता-संघर्ष का इतिहास प्रेमचंद की रचनाओं के आधार पर ही लिखने की वकालत करेंगे, बशर्ते आप सन् 36 से आगे की बात न करें। पर जैसे ही आप प्रेमचंद की जमीन पर और होरी को होरी के परिप्रेक्ष्य में खड़ा करने की कोशिश करें, एकाएक आसमान टूट गिरेगा। राजनीति के ऊपर साहित्य कैसे उठ सकता है? किसी राजनीतिक पार्टी पर एक व्यक्ति-विशेष का—यह भी एक रचनाकार का वर्चस्व कैसे स्थापित हो सकता है? इतिहास प्रवाह में चल रहा व्यक्ति आखिर इतिहास के ऊपर कैसे खड़ा हो सकता है? और सबसे चमत्कारपूर्ण प्रश्न—क्या यह इतिहास के प्रति नायकोन्मुख दृष्टि का समर्थन नहीं है?"

उद्धरण से स्पष्ट है कि कुमारेंद्र पारसनाथ सिंह का क्रांतिकारी ज्वर सन्निपात की गंभीर स्थिति में पहुँच गया है। उस ज्वर से तो वे पहले से ही पीड़ित थे, इसी में उन्हें प्रेमचंद मिल गए। उन्हें देखकर उन्हें मुर्ग-मुसल्लम की याद आई और उन्होंने उनमें अपनी कल्पना का बेहद ज्यादा मसाला भर कर और उन्हें 'सुपाच्य' बनाकर पेट में उतार लिया। नतीजा सामने है—चारों ओर उन्हें 'क्रांति', 'क्रांति' की आवाज सुनाई पड़ रही है, सोचते हैं कि क्रांति ने उन्हें लेखकों का सिपहसालार बना दिया है। अपने को जनक्रांति का एकमात्र और अन्यतम स्वयंभू प्रेमी सिद्ध करने के उद्देश्य

से, उन्माद से भरे हुए, वीर क्विकजोट की तरह चारों ओर शैतान ही शैतान देखते हुए, वे पवन-चक्की से जा भिड़ते हैं। नतीजा धूल चाटने के सिवा और क्या हो सकता है। वे मार्क्सवादी पार्टी और उसके लेखकों का 'प्रतिवाद करने की उतावली में इतने बेजोड़', 'चुप कर देने वाले' और 'चमत्कारपूर्ण' प्रश्न जोड़-जाड़ कर अपने लिए बूँदी का नकली किला तैयार करते हैं, उसे मार्क्सवादियों का किला करार देते हैं, और फिर उसे ध्वस्त कर विजयोल्लास में झूमते नजर आते हैं। उन्होंने मुसल्लम प्रेमचंद को निगल लिया है, और उनके दावे में शायद यह ध्वनि भी है कि पचा भी लिया है। लेकिन जब आदमी अपनी क्षमता से ज्यादा निगल जाता है, तो पचा तो कुछ नहीं पाता हाँ, उगलने अवश्य लगता है। अगर प्रेमचंद की विरासत का उनका मूल्यांकन ही उनकी 'वैज्ञानिक विश्लेषण और तार्किक अन्वेषण' की क्षमता का प्रमाण है तो अपनी दवा वे बस खुद ही कर सकते हैं।

कुमारेंद्र पारसनाथ सिंह के लेख से स्पष्ट है कि वे आसान भ्रमों के शिकार हैं, जिनमें एक भ्रम यह है कि बंगाल सरकार की कुछ प्रशंसा कर उसकी टट्टी की ओट से मार्क्सवादी पार्टी और उसके संस्कृति-कर्मियों का शिकार किया जा सकता है। एक बुद्धिजीवी की ईमानदारी, समझदारी और जिम्मेदारी की माँग यह है कि आक्षेपों के नकली किले बना-बना कर और फिर उन्हें ध्वस्त कर विजय की खुशफहमी में डोलने से अच्छा यह है कि जिनसे असहमति है उनकी बातों को सही ढंग से समझा और रखा जाए, उनपर अपनी और बातें लादी न जाएँ और तब वस्तुनिष्ठ तरीके से, जैसे तेवर की जरूरत हो वैसे तेवर में उनकी आलोचना की जाए। काश, कुमारेंद्र पारसनाथ सिंह के लेख में इस तरीके से 'वैज्ञानिक विश्लेषण, और तार्किक अन्वेषण' का कुछ सबूत होता! जो चारित्रिक दोष उन्होंने मार्क्सवादी पार्टी के संस्कृति-कर्मियों और उसके नेतृत्व में ढूँढ़ निकाले हैं, वे उनमें नहीं बल्कि स्वयं उनके चश्मे में हैं, जिनके भीतर से वे उन्हें देख रहे हैं। जहाँ तक प्रेमचंद के मूल्यांकन का सवाल है, कुमारेंद्र पारसनाथ सिंह जानते हैं कि मार्क्सवादी पार्टी के कुछ नेताओं और अनेक संस्कृति-कर्मियों ने उसकी कोशिश की है। उनके लिए उचित यह होता कि वे उन मूल्यांकनों को प्रस्तुत करते हुए उनकी ठोस आलोचना करें। जहाँ तक 'मुसल्लम प्रेमचंद' के 'कुपाच्य' होने का सवाल है उसके बारे में इस समय यह सिर्फ कहना जरूरी है कि किसी भी मार्क्सवादी के लिए मुसल्लम प्रेमचंद कुपाच्य हैं, क्योंकि अगर उन पर पड़े सुधारवादी और गांधीवादी प्रभावों को थोड़ी देर के लिए भुला भी दिया जाए तो भी यह सच अपनी जगह पर बना रहता है कि कृषि क्रांति की आवश्यकता के बोध होने के बाद भी उसकी कार्यनीति और रणनीति के बारे में उनकी समझ में कुछ बातें साफ, कुछ धुँधली, कुछ कम धुँधली, कुछ ज्यादा धुँधली और कुछ पूरी तरह अँधेरे में या गायब हैं। अच्छा होगा यदि कुमारेंद्र पारसनाथ सिंह कृषि-क्रांति की अपनी कार्य-नीति और रणनीति के मुख्य आधारों को प्रेमचंद की

रचनाओं के माध्यम से स्थापित करें। शायद उनसे यह अपेक्षा करना भी गलत न होगा कि वे कृषि-क्रांति के नेतृत्व की समस्या के बारे में भी प्रेमचंद की रचनाओं में से कुछ ढूँढ़ निकालें और यह भी अच्छा होगा कि वे राजनीतिक पार्टियों या उनके नेताओं और लेखकों की भूमिकाओं और उनके अंतःसंबंधों के विश्लेषण के माध्यम से यह भी स्थापित करें कि किसी भी लेखक का, लेखक की हैसियत से, किसी राजनीतिक पार्टी पर कैसे वर्चस्व हो सकता है। शायद इन कामों के दौरान उन्हें अपने लिए कुछ दवा भी मिल जाए।

प्रेमचंद जन्मशती समारोहों के बारे में अपनी बातों के पहाड़ के नीचे से कुमारेंद्र पारसनाथ सिंह ने एक चुहिया भी निकाली है, जिसे मारकर उन्होंने उसके नीचे दबा दिया था। वह चुहिया उनके द्वारा हमारे लिए प्रस्तावित एक काम है—उन्हीं के शब्दों में ''सबसे पहले और अभी-अभी, कम-से-कम अपने सांस्कृतिक मोर्चे पर, सबसे जरूरी काम यह है कि हम एकजुट होकर प्रेमचंद को प्रेमचंद और मुक्तिबोध को मुक्तिबोध के विरुद्ध खड़ा करने की सत्ता-वर्ग की साजिश को नाकाम करें।'' उदात्त से हास्यास्पद में अवरोहण इसे ही कहते हैं। कहाँ क्रांतिकारी परिस्थितियों के भारी दबाव का बोध और कहाँ एकजुटता का यह आधार! जान पड़ता है कि लेख के अंत तक आते-आते अपने ही द्वारा उठाए गए प्रश्नों से हतप्रभ कुमारेंद्र पारसनाथ सिंह उस मनःस्थिति में पहुँच गए हैं जहाँ भागते भूत की लंगोटी मिल जाने से भी उन्हें संतोष हो जाएगा। लेकिन 'मध्यवर्गीय संभ्रमों और संस्कारों' के कारण सारे जनवादी लेखकों और 'फिरकापरस्ती और स्वार्थपरता', 'समझौतापरस्ती', 'शुतुरमुर्गी चेहरे', 'लिजलिजी भाववादिता और अवसरवादिता' आदि के नाम पर न केवल मार्क्सवादी पार्टी के लेखकों बल्कि शायद सारी वामपक्षी पार्टियों के लेखकों को अस्पृश्य घोषित कर देने और ''प्रेमचंद को उनकी सही जमीन पर देखने-समझने वालों की एक छोटी-सी दुनिया'' के अलावा सबको अमान्य कर देने के बाद वे किस 'हम' का ज़िक्र करते हैं? जाहिर है कि उनके विश्लेषण से वे और उनकी तरह कुछ अन्य सोचने वाले ही खुद जनवादी और वामपंथी दोनों हैं, और सांस्कृतिक मोर्चे में दोनों का होना जरूरी है, इसलिए उसकी परिकल्पना मात्र अर्द्धनारीश्वर की परिकल्पना है, जिसमें ईश्वर सृष्टि के लिए नारी और पुरुष की आवश्यकता की अनिवार्यता से विवश होकर स्वयं ही नारी और पुरुष बन कर अपने को अपने से संयुक्त कर लेता है। लेकिन लेखकों के संयुक्त मोर्चे की ऐसी प्रतिमा गढ़ने के लिए बुद्धि का अन्यतम दिवालियापन चाहिए, क्योंकि बहुत मोटी बुद्धि के लिए भी यह समझना मुश्किल नहीं कि वामपंथी और जनवादी दृष्टिकोणों के वर्गीय आधारों में भिन्नता होती है। यही भिन्नता उनमें अंतर्विरोध पैदा करती है। लेकिन प्रत्येक जनवादी के वामपक्षी न होते हुए भी प्रत्येक वामपक्षी जनवादी होता है। इसलिए जनवाद के आधार पर ही उनमें एकता भी होती है। जनवादी क्रांति के दौर में यह एकता प्राथमिक महत्त्व का स्थान ग्रहण कर लेती है

और उनके बीच अंतर्विरोध के संबंध गौण महत्त्व के हो जाते हैं। इसी समझदारी के आधार पर उनके संयुक्त मोर्चे का गठन और उसकी सही भूमिका की पहचान संभव है। इसी समझदारी से रिक्त होने के कारण कुमारेंद्र पारसनाथ सिंह कभी उग्रवादी जोश से आग उगलने और कभी पस्तहिम्मत होकर सर्द आहें भरने लगते हैं। इन दोनों ही बातों में मध्यवर्गीय अधैर्य, अस्थिरता, अनुशासनहीनता, दंभ, अवसरवाद और समझौतापरस्ती के संकेत हैं।

आज जब हमारा देश भयंकर आर्थिक, राजनीतिक, सामाजिक और सांस्कृतिक संकट से ग्रस्त है और जब पूँजीवादी-सामंतवादी सत्ताधारी वर्ग अपने द्वारा पैदा किए गए उस संकट से उबरने के लिए जनवाद पर चारों ओर से जोरदार हमले करता जा रहा है और उसकी समाप्ति की योजनाएँ बना रहा है, उस समय जनवादी और वामपक्षी लेखकों की एकता के व्यापक संदर्भों को उपेक्षित कर "प्रेमचंद को प्रेमचंद और मुक्तिबोध को मुक्तिबोध के विरुद्ध खड़ा करने की सत्ता-वर्ग की साजिश को नाकाम" करने के दायित्व को उसका आधार बनाना हास्यास्पद से कहीं ज्यादा अनुत्तरदायित्वपूर्ण है। प्रेमचंद जन्मशती के दौरान अनेक रंगों के जनवादी और वामपक्षी लेखकों में प्रेमचंद की साहित्यिक विरासत के मूल्यांकन को लेकर जोरदार आपसी टक्करें हुईं और आगे भी होती रहेंगी। ये टक्करें केवल सैद्धांतिक स्तर पर ही नहीं बल्कि वर्तमान संदर्भों में प्रेमचंद की शानदार विरासत की प्रासंगिकता की सही पहचान को भी लेकर हुईं। लेकिन इसके साथ यह भी याद रखने की बात है कि बहुत से मुद्दों पर इन लेखकों में आपसी सहमति भी है। उन्होंने राष्ट्रीय स्वाधीनता संग्राम और मेहनतकश जनता की शोषण से मुक्ति के संघर्ष के प्रति प्रेमचंद के पूरी तरह से समर्पित लेखन से प्रेरणा ग्रहण करते हुए आज देश पर छाए चौतरफा संकट के विरुद्ध लेखकों की ओर से जवाबी कार्यवाही की माँग के दबाव का और उसकी पूर्ति के लिए अपनी शक्ति की वर्तमान अपर्याप्तता का गहरा और तल्ख अहसास किया। प्रेमचंद की वर्तमान प्रासंगिकता पर विचार करते हुए उन्होंने लाजिमी तौर पर उन समस्याओं पर नज़र डाली जिनसे प्रेमचंद जूझते रहे और जो आज भी उसी तरह उस जमाने से भी ज्यादा ख़तरनाक शक्लों में उनकी ओर घूर रही हैं। प्रेमचंद ने आजादी के पहले ही पूँजीवादी नेतृत्व वर्ग के चरित्र को पहचानते हुए यह आशंका व्यक्त की थी कि वह भी विदेशी शासकों की तरह भारतीय जनता का शोषण और दमन कर सकता है, स्वार्थी और भ्रष्ट हो सकता है। उनकी आशंका सच निकली है। राष्ट्रीय स्वाधीनता संग्राम के दौरान भी प्रेमचंद ने यह समझा था कि उसका नेतृत्व-वर्ग उसे भारतीय जनता की मुक्ति की दृष्टि से नहीं, बल्कि अपने हितों की दृष्टि से देख रहा था, और उन पर थोड़े-से खतरे के डर से भी वह उसके शत्रुओं, साम्राज्यवाद और सामंतवाद से समझौता कर सकता था। आजादी के बाद आज उसी नेतृत्व वर्ग ने शासन पर बड़े-बड़े पूँजीपतियों की प्रभुसत्ता स्थापित कर दी है,

जनता के विरुद्ध सामंतवाद से हाथ मिलाकर चल रहा है, देश में साम्राज्यवादी पूँजी की शक्ति को खत्म करने की जगह उसे बढ़ती हुई घुसपैठ करने का मौका दे रहा है। आज उसके वर्गीय चरित्र का फूटता हुआ कोढ़ हमारे पूरे राष्ट्रीय जीवन को आच्छादित करना चाहता है।

प्रेमचंद ने अपने जमाने में राष्ट्रीय एकता को बार-बार संकटापन्न करने वाले मुख्य कारकों के रूप में संप्रदायवाद और अस्पृश्यतावाद की पहचान की। वे आज भी बने हुए हैं, और उनके अलावा क्षेत्रीयतावाद, भाषावाद, जातिवाद आदि हमारी राष्ट्रीय एकता को विघटित और जनवादी आंदोलनों को कमजोर कर देना चाहते हैं। प्रेमचंद ने हर तरह की प्रतिगामी, राष्ट्र-विरोधी, संकीर्णतावादी और कुत्सित विचारधारा का जोरदार विरोध किया। धर्म के ठेकेदारों ने उन्हें 'घृणा का प्रचारक' कहा; और उनके आक्रमणों के बीच अविचलित रहते हुए प्रेमचंद ने जीवन में घृणा का महत्त्व बतलाया और अपने उत्तर से इस 'टकेपंथी दल' को चुप कर दिया। उन्होंने भारतीय संस्कृति के स्वस्थ, मानवीय, उदात्त आदर्शों की रक्षा और विकास का महत्त्व समझा और उन्हें अपने चरित्रों में विशेषतः किसानों और निचले वर्गों से आने वाले व्यक्तियों में, साकार किया। इस तरह उन्होंने अपने साहित्य को हमारी राष्ट्रीय और जनवादी परंपरा का अत्यंत सशक्त और तेजस्वी वाहक बनाया। आज अपनी स्थिति को सुदृढ़ करने के लिए शासक वर्ग बड़े ही सुनियोजित ढंग से बुद्धिजीवियों, शिक्षितों और आम जनता में कुत्सित मानसिकता भरने का प्रयत्न कर रहा है और इस उद्देश्य से न केवल कला और संस्कृति के सारे माध्यमों तथा प्रचार-प्रसार के अपने साधनों का इस्तेमाल कर रहा है, बल्कि साम्राज्यवादी देशों, विशेषतः अमरीका, के पतनशील साहित्य और चलचित्रों का आयात कर रहा है। आजादी की लड़ाई के जमाने में आए हुए स्वाभाविक राष्ट्रीय और जनवादी उभार को वर्तमान शासक वर्ग ने लगातार पीछे की ओर मोड़ने की कोशिश की है। जीवन के ऊँचे आदर्शों और नैतिकता के निरंतर अवमूल्यन ने आज सांस्कृतिक संकट का रूप धारण कर लिया है और संस्कृति के मोर्चे पर हमारे सामने प्रेमचंद से ज्यादा मुश्किल लड़ाई है।

स्वाधीनता को एक क्रांति के रूप में पेश कर और देश के भविष्य के बारे में तरह-तरह के खूबसूरत सपनों की सृष्टि कर शासक वर्ग ने हमारी जनता को भ्रम में डाला और गुमराह किया। इसका असर हमारे लेखकों के एक काफी बड़े हिस्से पर पड़ा। संकटग्रस्त साम्राज्यवादी संस्कृति के पतनशील और अमानवीय मूल्यों से प्रेरित प्रयोगवाद ने हमारी राष्ट्रीय और जनवादी साहित्यिक और सांस्कृतिक परंपरा के विरुद्ध एक नये रहस्यवाद और सौंदर्यवाद को जन्म दिया। नव-अनुभववाद और अस्तित्ववाद से उत्पन्न क्षणवाद, संशयवाद, कुंठावाद, अकेलापन, अजनबीपन आदि की आत्म-केंद्रित प्रवृत्तियों का प्रचार और प्रसार कर हमारे लेखकों को यथार्थ-विमुख बनाने और उन्हें अपने राष्ट्रीय और जनवादी कर्तव्यों की पहचान और उन्हें पूरा

करने के लिए संघर्ष के संकल्प से रिक्त करने का जोरदार अभियान चलाया गया। वह अभियान आज भी खत्म नहीं हुआ है। आधुनिकतावाद और विश्वमानवतावाद के आवरण में वह हमारे साहित्य की यथार्थवादी, राष्ट्रीय और जनवादी परंपरा को कमजोर करने के प्रयत्न में लगा हुआ है। इस प्रयत्न में शासक वर्ग भी शरीक है। बड़े-बड़े पूँजीपति घरानों के साहित्य-प्रतिष्ठानों, पत्र-पत्रिकाओं, पुरस्कारों और अन्य प्रलोभनों के इस्तेमाल से लेखकों की खरीद की जा रही है। शासक वर्ग भी अपने पुरस्कारों और प्रलोभनों के जरिये इस काम में उसका हाथ बँटा रहा है। दिखाने की बातें साहित्य और उसके सृजनात्मक आदर्शों और मूल्यों की होती हैं, और बनाया जाता है उन्हें बाजारू। साहित्य और उसकी सृजनात्मक शक्ति को उनके महान् सामाजिक उद्देश्य से स्खलित करने की यह साजिश बहुत ही ख़तरनाक है।

अपने जमाने में प्रेमचंद ने यथार्थ-विमुख ऐसी ही प्रवृत्तियों से लोहा लिया था। उन्हें प्रचारक कहा गया, और अपने विरोधियों को मुँहतोड़ जवाब देते हुए साहित्य में प्रचार के महत्त्व को उन्होंने स्वीकार किया और उसके महान् सामाजिक उद्देश्यों पर बल दिया : ''मनुष्य में जो कुछ सुंदर है, विशाल है, आदरणीय है, आनंदप्रद है, साहित्य उसी की मूर्ति है। उसकी गोद में उन्हें आश्रय मिलना चाहिए जो निराश्रय हैं, जो पतित हैं, जो अनादृत हैं।'' उनका चरित्र संसार ऐसे लोगों से भरा पड़ा है और उनमें ही उन्होंने, अमानवीय परिस्थितियों के बीच उनकी गिरी हुई और दयनीय अवस्था के बावजूद, वह शक्ति और गुण देखे जिनके बिना समाज बदला नहीं जा सकता, एक स्वस्थ, सुंदर और मानवीय संस्कृति का निर्माण और विकास नहीं हो सकता, मनुष्य मनुष्य नहीं हो सकता। प्रेमचंद ने उनका चुनाव मात्र करुणा से प्रेरित होकर नहीं किया, बल्कि उनके प्रति करुणा से ज्यादा उनकी ऐतिहासिक भूमिका की पहचान के कारण किया। इस पहचान में उन्हें रूसी क्रांति से सहायता मिल रही थी। अपनी समसामयिक घटनाओं, साम्राज्यवादी व्यवस्था में पूँजीवादी जनवाद के पतन और थोड़े ही समय में रूस में मजदूरों और किसानों की शक्ति की अभूतपूर्व उपलब्धियों को देखकर उन्होंने इतिहास की आम धारा को पहचाना और बीसवीं सदी को 'सोशलिज्म की सदी' कहा और यह भी कहा कि संभव है वह ''आगे चलकर कम्युनिज्म का रूप धारण कर ले।'' जनतंत्र का तूफान देखते हुए, उन्होंने जमींदारों और पूँजीपतियों को हथियार डाल देने की सलाह दी। साम्राज्यवादी देशों में पूँजीवादी राष्ट्रीयता के हिंस्र और बीभत्स रूप को देखते हुए उन्होंने 1932 में 'हंस' के अक्टूबर-नवंबर अंक में लिखा : ''स्वार्थ से भरी यह गुटबंदी जिसे राष्ट्र कहा जाता है, और जिसने संसार को नरक बना रखा है, अब टूटने लगी है। शासन की शक्ति अब कुबेर के उपासकों के कठोर और निर्मम हाथों से निकलकर उन लोगों के हाथों में आ रही है जिन्हें राज-विस्तार की विशेष कामना न होगी, जो दुर्बलों के रक्त पर चैन करना जीवन का उद्देश्य न समझेंगे, जो संतोषप्रद शांति के उपासक होंगे।''

अपनी मृत्यु से कुछ दिन पहले लिखे अपने लेख 'महाजनी सभ्यता' में उन्होंने पूँजीवादी व्यवस्था और उसकी संस्कृति के अनिवार्य अस्त और समाजवादी व्यवस्था और उसकी संस्कृति के अनिवार्य उदय की गूँजती हुई घोषणा की।

प्रेमचंद के दृष्टिकोण में यह विकास सुधारवाद, राष्ट्रीय पूँजीवादी दृष्टिकोण और गांधीवाद के वैचारिक घेरे को तोड़कर बाहर आने से ही संभव हुआ। उन्होंने लिखा : ''साहित्य जीवन की आलोचना है इस उद्देश्य से कि सत्य की खोज की जाए।'' एक सच्चे यथार्थवादी की तरह उन्होंने सत्य की खोज अपने भीतर नहीं, बल्कि अपने से बाहर वस्तुगत जीवन और अपने समकालीन इतिहास में की। उनके दृष्टिकोण के विकास से हम सहज अनुमान लगा सकते हैं कि इस खोज में उन्हें जितनी ईमानदारी और बेरहमी के साथ खुद अपने से भी संघर्ष करना पड़ा होगा। यथार्थ के प्रति इसी लगाव के कारण उन्होंने साहित्य में उसे झुठलाने वाली सारी प्रवृत्तियों से अनवरत संघर्ष किया। यथार्थ की गहरी पकड़ ने उन्हें अविचलित आस्था दी और उन्हें 'कलम का सिपाही' और मेहनतकशों का पक्षधर बनाया : ''यह समय जीवन-संग्राम का है। आज हम जो शिक्षित कहलाते हैं, तटस्थ होकर अन्याय नहीं देख सकते।'' इसलिए प्रेमचंद की विरासत को वर्गों से ऊपर रहनेवाले अमूर्त और काल्पनिक मानवतावाद से धूमिल करने और सत्वहीन बनाने की सारी कोशिशों को नाकाम करने की जरूरत है।

प्रेमचंद जन्मशती समारोहों में हिंदी के अतिरिक्त भारत की अनेक भाषाओं के लेखकों और विद्वानों ने भी भाग लिया और उन्होंने स्वीकार किया कि उनकी भाषाओं में प्रेमचंद का कोई भी समकालीन लेखक भारत में सामाजिक क्रांति के सबसे व्यापक आधार गाँवों और उनमें रहनेवाले शोषित और पीड़ित किसानों के जीवन को उतनी अंतरंगता और गहराई से नहीं समझ या प्रस्तुत कर पाया जितनी अंतरंगता और गहराई से प्रेमचंद ने उन्हें समझा और प्रस्तुत किया। हिंदी के लेखकों के लिए यह गौरव की बात है। लेकिन उन्हें इस बात पर चिंतित भी होना चाहिए कि वर्तमान समय में हिंदी-भाषी प्रदेशों में जनवादी आंदोलन जितना कमजोर है, उतना देश के अन्य भागों में नहीं। अन्य प्रदेशों की जनता की तुलना में हिंदी-भाषी प्रदेशों की जनता में सामाजिक और सांस्कृतिक पिछड़ापन अधिक है, उस पर पुराने सामंती विचारों और रीति-रिवाजों की गिरफ्त ज्यादा मजबूत है। जाहिर है कि प्रेमचंद की विरासत का अपने को हकदार माननेवाले सारे लेखकों के सामने यह जरूरी और जिम्मेदारी से भरा काम है कि वे अपनी जनता को हर तरह के सामाजिक और सांस्कृतिक पिछड़ेपन से छुटकारा दिलाएँ, उसमें उभरती हुई जनवादी चेतना को विकसित करें, अन्याय, शोषण, अत्याचार और दमन के विरुद्ध संघर्ष में उसके मनोबल को ऊँचा करें, उसे मजबूत बनाएँ। बार-बार मोहभंग होने के बावजूद हमारी जनता ने अपनी मुक्ति की दिशा अभी पहचानी नहीं है। हम अपनी मनोगत क्रांतिकारिता

से इस दिशा की पहचान कराने में उसके मददगार नहीं हो सकते। यह पहचान अपने सामाजिक-आर्थिक और राजनीतिक अधिकारों के लिए चलाई गई उसकी लड़ाइयों से प्राप्त उसके अनुभव के माध्यम से ही संभव है। शासक-वर्ग इन लड़ाइयों को अपनी सत्ता के लिए खतरनाक समझ रहा है। यह उसकी क्षमता के बाहर है कि वह देश पर छाए आर्थिक, राजनीतिक, सामाजिक और सांस्कृतिक संकट का कोई ऐसा हल निकाल सके जो जनता के हित में हो। उसके पास इस संकट से मुक्ति पाने का केवल एक ही रास्ता है और वह है जनता को पूँजीवादी व्यवस्था में प्राप्त कुछ जनवादी अधिकारों और नागरिक स्वतंत्रताओं से वंचित कर देना, जनता को अपने जीवन को बेहतर बनाने के लिए संघर्ष के सारे अधिकारों से वंचित कर देना। इसलिए आज जनता के संघर्षों के केंद्र में तात्कालिक कार्यक्रम क्रांति नहीं, बल्कि जनवाद की रक्षा है। हालाँकि इन दोनों कार्यक्रमों में अभिन्न संबंध है, फिर भी सामाजिक रूपांतरण के लिए संघर्ष के दौर में इन दो चरणों को एक कर देना उग्रवादी भटकावों के लिए दरवाजा खोल देना है। उग्रवाद भी सामाजिक यथार्थ के कलात्मक बोध को उसी तरह खंडित कर देता है जिस तरह गांधीवादी वर्ग-सहयोगवाद ने प्रेमचंद की अनेक रचनाओं में यथार्थ के कलात्मक बोध को खंडित कर दिया था। इसलिए वर्तमान परिस्थितियों में अपने दायित्व का सही चुनाव और निर्वाह करने के लिए वामपक्षी और जनवादी लेखकों को जनता के जीवन के बाहरी यथार्थ की जानकारी से आगे जाकर उसकी आशाओं और आकांक्षाओं को प्रतिबिंबित करते हुए उसके संघर्ष की सही दिशाएँ भी पहचाननी होंगी।

आज जनवादी आंदोलन को छिन्न-भिन्न और पंगु कर देने के लिए तरह-तरह की विघटनवादी शक्तियाँ सक्रिय हैं। इनमें से कुछ ने, विशेषतः, संप्रदायवाद और अस्पृश्यतावाद ने, प्रेमचंद के जमाने में राष्ट्रीय स्वाधीनता संग्राम में हमारी जनता की एकता को कमजोर किया और तोड़ा था। उन्होंने राष्ट्रीय नेतृत्व की वर्गगत चारित्रिक कमजोरियों से पूरा लाभ उठाते हुए स्वाधीनता संग्राम के भीतर उभर रही जनवादी प्रवृत्तियों के विकास को अवरुद्ध किया। राष्ट्रीय आजादी के बाद उसी राष्ट्रीय नेतृत्व की कमजोरियों की वजह से आज पुरानी और अनेक नयी प्रतिक्रियावादी शक्तियाँ एक ही साथ हमारी राष्ट्रीय एकता और जनवादी आंदोलन को भारी क्षति पहुँचा रही हैं। असम से लेकर पंजाब तक कहीं क्षेत्रीयतावाद, कहीं आदिवासियों और गैर-आदिवासियों के बीच और कहीं ऊँची जातियों, पिछड़ी जातियों और हरिजनों के बीच संघर्ष, कहीं हिंदू और मुस्लिम संप्रदायवादियों द्वारा भड़काए जा रहे दंगे, कहीं पृथक् राष्ट्रवाद हमारी मेहनतकश जनता की वर्गीय चेतना और एकता के लिए खतरे पैदा कर रहे हैं। साम्राज्यवाद भी भारत की राष्ट्रीय एकता और अखंडता को तोड़ने के लिए अनेक प्रतिक्रियावादी तत्त्वों को प्रोत्साहित कर रहा है। और हम दूसरे देशों के अनुभव से जानते हैं कि वह जनवादी आंदोलनों को कुचलने में अपने धन और

गुप्तचरों के अलावा घरेलू प्रतिक्रियावादियों का भी इस्तेमाल करता है।

हमारे देश पर छाए हुए गहन आर्थिक, सामाजिक, राजनीतिक और सांस्कृतिक संकट ने हमारे सारे राष्ट्रभक्त, जनवादी और वामपक्षी लेखकों का दायित्व निर्धारित कर दिया है। शासक-वर्ग अपने बारे में जनता के मोहभंग से बेखबर नहीं है और वह जनवादी आंदोलनों के दमन के लिए तैयारियाँ कर रहा है। आपातकाल के बाद एकाधिकारवाद का अंशतः टला हुआ खतरा फिर बढ़ता जा रहा है। इसलिए हमारे समाज के जनवादी रूपांतरण की लड़ाई के लंबे दौर का यह कालखंड जनवाद की रक्षा, विकास और सुदृढ़ीकरण की लड़ाई का है। यह लड़ाई ही सारे जनवादी और वामपक्षी लेखकों की एकता का आधार बन सकती है। आज की परिस्थितियों में ऐसे लेखकों के प्रभावशाली हस्तक्षेप के लिए यह भी आवश्यक है कि इस एकता को संगठन का रूप दिया जाए। एक जमाने में प्रगतिशील लेखक संघ ने इस तरह का प्रभावशाली हस्तक्षेप किया था। लेकिन आजादी के कुछ वर्षों बाद लगातार अपने कर्तव्यों की सही पहचान न कर सकने और शासकवर्ग के प्रति समझौतावादी और समर्पणवादी दृष्टिकोण अपनाने के कारण वह अपनी विश्वसनीयता खो चुका है और उसके मंच पर सारे जनवादी और वामपक्षी लेखकों को एकजुट करना ऐतिहासिक रूप से असंभव हो गया है। इसलिए हमें इन लेखकों के ऐसे संगठन की जरूरत है जो जनता के हितों के लिए पूरी तरह समर्पित हो और उसकी लड़ाइयों को अपनी लड़ाइयाँ समझे, जो अपने लेखकों में साहित्य की वस्तु, रूप और शैलियों के बारे में मतभिन्नता के बावजूद उनमें अपने जनवादी दायित्वों की समानता के बोध के आधार पर मजबूती से खड़ा हो, जो अपने लेखकों में फूट डालने वाली सारी संकीर्णतावादी प्रवृत्तियों पर कड़ी नजर रखे और उन पर काबू पाए, जो हमारे साहित्य और संस्कृति की राष्ट्रीय जनवादी परंपरा की रक्षा और विकास के लिए सारी प्रतिक्रियावादी, विज्ञान-विरोधी, जन-विरोधी और मानव-विरोधी विचारधाराओं का पर्दाफाश करे और उन्हें निर्मूल करने का अनवरत प्रयास करे। ऐसे संगठन को यह भी विचार करना होगा कि किस प्रकार उसके लेखकों और जनता के बीच सन्निकटता कायम हो। ऐसे देश में जहाँ जनता का अधिकांश भाग निरक्षरता के अभिशाप से ग्रस्त है, जनवादी और वामपक्षी लेखकों का संगठन अपनी कारगर भूमिका अदा करने के लिए ऐसे संस्कृतिकर्मियों या उनके संगठनों से सहयोग करने के लिए विवश होगा, जो छपे हुए शब्द को जनता तक संगीत, रंग, अभिनय इत्यादि के द्वारा पहुँचाते हैं।

प्रेमचंद की विरासत हमारी मूल्यवान संपदा है, लेकिन उसके तकाजे भी हैं। आज उसका सबसे जोरदार तकाजा जनवादी और वामपक्षी लेखकों की संगठनबद्ध एकता है।

प्रेमचंद जन्मशती–बस श्रद्धांजलियाँ या और कुछ?

पिछले बारह माहों में प्रेमचंद जन्मशती की धूम रही है। उनके दौरान देश-विदेश में अनगिनत समारोह आयोजित किए गए हैं और इन समारोहों में प्रेमचंद को श्रद्धांजलियाँ अर्पित की गई हैं, उनके साहित्य का मूल्यांकन और पुनर्मूल्यांकन, उनके उपन्यासों और कहानियों का मंचन या उन पर आधारित चलचित्रों का प्रदर्शन किया गया है, उनके जीवन और साहित्य से संबंधित प्रदर्शनियाँ आयोजित की गई हैं। इस अवसर पर उनके चित्र के साथ डाक-टिकट भी जारी किए गए हैं और बड़े पैमाने पर पत्र-पत्रिकाओं ने अपने विशेषांक निकाले हैं। हमारे देश में दिल्ली में एक भव्य त्रिदिवसीय अंतर्राष्ट्रीय प्रेमचंद जन्मशती समारोह से लेकर, जिसमें सभी महाद्वीपों से चौंसठ देशों के प्रतिनिधियों ने भाग लिया, छोटे-बड़े स्थानों में प्रेमचंद जन्मशती समारोहों का आयोजन हुआ है। अभी इन सारी चीजों का सिलसिला जारी है। ऐसे समारोहों के बीच अक्सर एक बात बार-बार याद आती है और वह खुद प्रेमचंद की कही हुई बात है। उनके आत्मकथात्मक अपूर्ण उपन्यास 'मंगलसूत्र' का नायक देवकुमार लेखक है जिसने गरीबी से टक्कर लेते हुए 40 वर्षों तक सतत साहित्य-साधना की है। उसकी साठवीं सालगिरह के अवसर पर उसे सम्मानित करने के लिए एक सभा आयोजित की जाती है, जहाँ उसकी साहित्य-साधना की उच्छ्‌वसित प्रशंसा की जाती है। उस सारी प्रशंसा की जो प्रतिक्रिया देवकुमार में होती है, उसे प्रेमचंद ने इन शब्दों में व्यक्त किया है : "वह पहुँचे तो स्वागत हुआ, मंगल-गान हुआ, व्याख्यान होने लगे जिनमें उनकी कीर्ति गायी गई। मगर उनकी दशा उस आदमी की-सी हो रही थी जिसके सिर में दर्द हो रहा हो। उन्हें इस वक्त दर्द की दवा चाहिए। कुछ अच्छा नहीं लग रहा है। सभी विद्वान हैं, मगर उनकी आलोचना कितनी उथली, ऊपरी है, जैसे कोई उनके संदेशों को समझा ही नहीं, जैसे यह सारी वाह-वाह और सारा यशगान अंधभक्ति के सिवा और कुछ न था। कोई भी उन्हें नहीं समझा। किस प्रेरणा ने उन्हें चालीस साल तक सँभाले रखा, वह कौन-सा प्रकाश था जिसकी ज्योति कभी मंद नहीं हुई?" अगर ये शब्द इन समारोहों में गूँजने लगें तो श्रद्धांजलियाँ अर्पित

करने के लिए खड़े होने वाले अनेक व्यक्तियों के पाँवों का लड़खड़ा जाना निश्चित है और उससे भी ज्यादा निश्चित है उनके शब्दों के खूबसूरत, रंगीन बुलबुलों का अपने जन्म के साथ ही फूटते जाना। इसलिए उनका गूँजना ज़रूरी है।

यह सही है कि प्रेमचंद के प्रशंसकों में बहुत सारे ऐसे लोग हैं जिनमें उनके साहित्य की मात्र उथली या ऊपरी आलोचना करने की क्षमता है या जो उनके संदेशों को समझने की आवश्यकता और अंधभक्ति से प्रेरित यशगान में कोई अंतर नहीं कर पाते। उनकी बौद्धिक अक्षमता क्षम्य या दयनीय हो सकती है। कोई भी साहित्यिक जिसमें अपने लेखन और समाज के प्रति उत्तरदायित्व की गहरी भावना है ऐसे आलोचकों और प्रशंसकों को स्पृहणीय नहीं समझता। ऐसे आलोचक और प्रशंसक उसके लिए ख़तरनाक हो सकते हैं, लेकिन वे उतने ख़तरनाक नहीं होते जितने वे आलोचक और प्रशंसक जो अपनी मनोगत भावनाओं के अनुसार उसका अलंकरण करना चाहते हैं। ऐसे आलोचकों और प्रशंसकों में कुछ उन्हें किसी भी प्रकार की वर्गीय चेतना से मुक्त शुद्ध मानवतावादी मानते हैं, उनमें केवल प्रेम ही प्रेम देखते हैं, कुछ उन्हें पूर्णतः गांधीवादी मानते हैं, कुछ उन्हें मार्क्सवादी सिद्ध करने का प्रयत्न करते हैं और कुछ उनकी विचारधारा की समीक्षा को अनावश्यक समझते हुए उन्हें केवल एक महान् साहित्यकार के रूप में ग्रहण करते हैं। यह अलंकरण प्रायः अत्यंत कुत्सित ढंग के सरलीकरण के माध्यम से किया जाता है और यह प्रेमचंद के व्यक्तित्व और साहित्य के बारे में सही समझ बनाने के रास्ते में बहुत बड़ी बाधा है क्योंकि यह इस केंद्रीय सत्य को ओझल कर देता है कि प्रेमचंद के व्यक्तित्व और साहित्य का विकास उनके भीतर वर्तमान अनेक वैचारिक अंतर्विरोधों को हल करने के उनके निरन्तर संघर्ष के माध्यम से हुआ था। भाववादियों की तरह इन अंतर्विरोधों के काल्पनिक समाधान खोजने या उनसे अपने को संतुष्ट कर लेने की जगह प्रेमचंद ने उनके वस्तुगत समाधान जीवन के ठोस, यथार्थ धरातल पर खोजने का निरंतर प्रयास किया। सच्चे अर्थों में इसे ही किसी लेखक या कलाकार का आत्म-संघर्ष कहते हैं। प्रेमचंद के व्यक्तित्व और साहित्य में जीवन से बढ़ती हुई निकटता के साथ होते हुए उनके साक्षात्कार के स्पष्ट संकेत उनके इस आत्म-संघर्ष के प्रमाण हैं। ये संकेत व्यक्ति और कलाकार के रूप में प्रेमचंद की ईमानदारी के भी प्रमाण हैं। किसी भी लेखक या कलाकार के आत्म-संघर्ष की कसौटी उसके द्वारा की गई अपनी ईमानदारी की मुनादी नहीं हो सकती; जीवन की गहरी होती हुई उसकी पकड़, समझदारी ही उसकी वस्तुगत, अतः एकमात्र विश्वसनीय, कसौटी है। प्रेमचंद के व्यक्तित्व और कृतित्व को अलंकृत करने का प्रयास करनेवालों के निकट इन बातों का कोई महत्त्व नहीं। यह कहना ग़लत न होगा कि ऐसे लोग उन्हें ठीक से समझ भी नहीं सकते, जबकि ज़रूरत सिर्फ इसकी ही नहीं है कि उन्हें समझा जाए, बल्कि इसकी भी है कि हमारे साहित्यकार उस प्रेरणा को जिसने प्रेमचंद को तरह-तरह की मुश्किलों के

बीच साहित्य-साधना के दौरान सँभाले रखा और उस प्रकाश को जिसकी ज्योति उन्होंने कभी मंद नहीं होने दी, लुप्त न होने दें। जो साहित्यकार अपनी साधना को जनता की मुक्ति के महान् उद्देश्य के लिए समर्पित करना अपना धर्म समझते हैं उनके लिए प्रेमचंद के व्यक्तित्व और कृतित्व का महत्त्व मात्र उनके शास्त्रीय या शोधपूर्ण मूल्यांकन या उनके प्रति औपचारिक श्रद्धा से बढ़ कर है।

यह बात याद रखने की है कि आधुनिक काल में जब-जब हमारे साहित्य को जीवन के यथार्थ से, जनता की मुक्ति और उसके सांस्कृतिक उत्थान के संघर्ष से विमुख करने के प्रयत्न हुए हैं तब-तब निशाना प्रेमचंद को बनाया गया है। स्वयं उनके ज़माने में सड़ी-गली सामंती विचारधारा के समर्थकों और पोषकों ने, जिन्हें प्रेमचंद ने 'टकेपंथी दल' कहा था, प्रेमचंद पर घृणा के प्रचारक होने का आरोप लगाया था। कुछ लोगों की दृष्टि में प्रेमचंद की कृतियों में कलात्मक सौंदर्य की जगह शुद्ध प्रचार था। वर्षों पूर्व जब हमारे कथा-साहित्य में अनेक रूप और नाम धारण कर यथार्थवाद-विरोधी प्रवृत्ति ने सिर उठाया तब प्रेमचंद को सतही कहा गया। इस प्रकार समय-समय पर प्रेमचंद के जीवन-बोध और उसके प्रस्तुतीकरण के उनके ढंग, यानी उनके साहित्य की वस्तु और रूप या शिल्प, दोनों को ही आक्रमण का लक्ष्य बनाया गया है। स्पष्ट है कि हमारे साहित्य के वर्तमान और भावी विकास की दिशा के सवाल को लेकर यथार्थवाद और यथार्थवाद-विरोधी प्रवृत्तियों के बीच चलने वाले गहरे संघर्ष में प्रेमचंद की विरासत की रक्षा और विकास के सवाल का महत्त्वपूर्ण स्थान है।

प्रेमचंद की प्रासंगिकता का सवाल

इस संघर्ष में अनिवार्यतः प्रेमचंद की प्रासंगिकता का सवाल उठाया जाता है, या उठ खड़ा होता है, और अक्सर दोनों ही, प्रेमचंद को अप्रासंगिक माननेवाले और उन्हें प्रासंगिक मानने वाले, सवाल को ग़लत ढंग से उठाते हैं। अगर सही सवाल करना अपने में आधा उत्तर होता है तो फिर गलत सवाल उठाकर सही उत्तर नहीं दिए जा सकते। जो प्रेमचंद को अप्रासंगिक समझते हैं उनका कहना यह है कि हमारे वर्तमान जीवन का यथार्थ प्रेमचंद के जमाने के जीवन के यथार्थ से सर्वथा भिन्न है और जो उन्हें प्रासंगिक कहते हैं उनके अनुसार दोनों में कोई आधारभूत अंतर नहीं है। किसी भी लेखक की प्रासंगिकता की जाँच करने का यह तरीका अत्यंत संकुचित दृष्टि का परिचायक है, अवैज्ञानिक है और उसे बहुत खींच-खांच कर भी हम बहुत दूर तक नहीं ले जा सकते। उसका मतलब होता है साहित्य को उसकी पूरी परंपरा से काट देना। वास्तव में उससे भी आगे इसका मतलब होता है परंपरा और साहित्य के विकास में उसकी भूमिका के महत्त्व को नकारना, या परंपरा और निर्जीव रूढ़ि के भेद को धूमिल कर देना। यथार्थ में परिवर्तन और विकास की प्रक्रिया

अबाध और अनंत है और उसके अगणित रूपों को एक में पिरोने वाला सूत्र परंपरा ही है। इन असंख्यक रूपों को जीवित रखने यानी उन्हें बाद में आनेवाली पीढ़ियों के यथार्थ-बोध का अभिन्न अंग बना देने का काम भी परंपरा ही करती है। इसलिए जिसमें अपनी परंपरा का जितना ही गहरा और समृद्ध बोध होता है, उसमें अपने युग के यथार्थ का भी उतना ही गहरा और समृद्ध बोध होता है। प्रेमचंद या किसी भी लेखक की प्रासंगिकता या अप्रासंगिकता पर विचार करने के लिए जरूरी है कि हम सवाल को सही ढंग से उठाएँ और सुविधाजनक और अवसरवादी तर्कों का सहारा लेने की जगह विवेचन का सिद्धांतयुक्त और वैज्ञानिक तरीका अपनाएँ।

जो लोग प्रेमचंद को अप्रासंगिक कहते हैं वे न केवल अपनी साहित्यिक बल्कि सांस्कृतिक परंपरा के बोध से भी रिक्त हैं। प्रेमचंद को अप्रासंगिक सिद्ध करने के लिए आज के नये यथार्थ-बोध का उनका तर्क अगर सही मान लिया जाए तो अनिवार्यतः यह भी मानना होगा कि किसी भी लेखक की प्रासंगिकता उसके युग तक सीमित होती है। उसके साथ ही ऐसे लोगों की यथार्थ की समझ नितांत आत्मपरक है और मौलिकता के अपने सारे दावे के बावजूद वास्तव में पश्चिमी देशों की संकटग्रस्त संस्कृति की सारी ह्रासशील प्रवृत्तियों की उपज है। एक लेखक के रूप में प्रेमचंद की महानता अपने को प्रमाणित कराने के लिए किसी की मुहताज नहीं है। इसलिए ये लोग भी अपनी विवशता को उदारता का जामा पहनाते हुए बड़े ही संरक्षकीय लहजे में उसे स्वीकार कर लेते हैं। लेकिन वर्तमान काल में साहित्य में यथार्थवादी और यथार्थवाद-विरोधी दृष्टिकोणों के बीच तीव्र संघर्ष में यथार्थवाद के साथ जुड़ी हुई प्रेमचंद की परंपरा की शक्ति को पहचानते हुए वे उसे ध्वस्त करना आवश्यक समझते हैं।

आधुनिकतावादी हमला

इसकी एक ताज़ा मिसाल 'टाइम्स ऑफ इंडिया' के अवकाशप्राप्त संपादक शामलाल का प्रेमचंद की स्मृति में उसी समाचार-पत्र में प्रकाशित लेख है (दे. 'टाइम्स ऑफ इंडिया', अगस्त 2, 1980)। एक ज़माना हुआ जब शामलाल की गणना प्रगतिशील बुद्धिजीवियों में होती थी। इधर काफी लंबे अर्से से दार्शनिक तटस्थता का स्वाँग रचकर अपने शांत, सुरम्य और सुरक्षित अभिजातीय जीवन के झरोखे से आज की दुनिया का मुजरा लेना, यही उनका काम है। कहीं का रोड़ा और कहीं का पत्थर लेकर वे अपनी समझ से बड़े खूबसूरत घरौंदे बनाते हैं और दुनिया को उसमें सिमट कर आ जाने के लिए टेरते रहते हैं। लेकिन यह दुनिया भी कितनी नासमझ है कि उनके घरौंदों में सिमटकर नहीं आ जाती। अपनी नेकनीयती साबित करने के लिए वे अक्सर मार्क्सवाद और अस्तित्ववाद या पश्चिम की अनेक पतनशील विचारधाराओं को अपने शब्दों की भाँवरों से दाम्पत्य-सूत्र में बाँधने का काम भी बड़े चाव से करते

हैं। लेकिन यह उनका दुर्भाग्य है कि अपनी वर्तमान नियति को बदलने के संघर्ष में लगी हुई जनता के पक्षधर बुद्धिजीवियों और लेखकों को उनकी इस अश्लाघ्य पुरोहिती के बारे में कोई भ्रम नहीं हो सकता।

शामलाल का कहना है कि हिंदी उपन्यास और कहानी में अपने ज़माने की रोजाना ज़िंदगी में आदमी को जैसे पिंजरे में कैद, परेशान और पस्त करनेवाले यथार्थ को प्रतिबिंबित करने के प्रयास के अग्रदूत के रूप में प्रेमचंद का स्थान सुरक्षित है, लेकिन उनकी प्रासंगिकता संदेहास्पद है। उनके अनुसार यह बात कुछ अजीब-सी लगती है, क्योंकि प्रेत की तरह हमारा अतीत आज भी वर्तमान का पिंड छोड़ नहीं रहा है, आज भी उन समस्याओं की भीषणता में कोई कमी नहीं हुई है जिनसे प्रेमचंद उलझते रहे, आज भी हमारे ग्रामीण क्षेत्र का बहुत बड़ा हिस्सा रूढ़ियों के बोझ से दबा है और जैसे प्रेमचंद के ज़माने में वैसे आज भी करोड़ों इंसान गरीबी की चक्की में पिस रहे हैं। फिर शामलाल कहते हैं कि यह बात अजीब नहीं लगनी चाहिए, क्योंकि सच यह है कि यथार्थ के बारे में हमारा दृष्टिकोण बदल गया है और हमारा बोध प्रेमचंद के बोध से भिन्न है। हम प्रेमचंद की तरह चीजों में आसानी से विश्वास नहीं करते और वे हमें उतनी आसान या सीधी नहीं जान पड़तीं जितनी प्रेमचंद को। प्रेमचंद मजबूत ज़मीन पर खड़े थे, हम नहीं। हम अपने दिमागों को संदेह के घुन से मुक्त नहीं कर पाते।

प्रेमचंद के चरित्रों का ज़िक्र करते हुए शामलाल कहते हैं कि उन पर हम सिर्फ करुणा कर सकते हैं, उन्हें समझने के लिए हमें परेशान नहीं होना पड़ता। वे जरूरत से ज्यादा गूँगे और निष्क्रिय हैं। इसके बाद शामलाल जैसे लोगों का मन होता है बहुत सारे सवाल पूछने का। वे सवाल हैं—क्यों नहीं इन लोगों का विकास होता? क्यों नहीं घुटने टेक कर सब कुछ सह लेने की आदत उनमें ज़रा कम है? कैसे प्रेमचंद सारी निराशाओं के बीच भी आशान्वित रहते हैं? गहरे पानी में पैठने से प्रेमचंद इतना डरते क्यों हैं? क्यों वे छिछले स्थानों से हमारी ओर हाथ हिलाहिलाकर हमें बुलाने का हठ करते हैं? क्यों नहीं उनके लेखन में ज्वर है? कैसे वे इतने मधुर और शांत रह सकते हैं?

इसके बाद शामलाल, जो संसार के सारे ज्वरों से पीड़ित होने के बावजूद अपने को ताजा समझते हैं, सदियों दुहराए गए, घिसे-पिटे, बासी इस सत्य की नयी खोज कर कि साहित्य और सदाचार-शास्त्र एक नहीं है, यह गंभीर घोषणा करते हैं कि प्रेमचंद इसलिए पुराने पड़ गए हैं, अप्रासंगिक हो गए हैं, कि उनकी गाड़ी में सदाचारी और कथा-लेखक एक-दूसरे के पीछे घोड़ों की तरह जुते हुए हैं। इसलिए उनमें मुद्दों के अति-सरलीकरण और मर्दों और औरतों को बने-बनाए साँचों में ढालने का प्रलोभन है और वे मुसीबत में फँसे अपने चरित्रों की ओर से दो तरह की पुकार करते हैं—सहायता की पुकार और सुधार की पुकार। प्रेमचंद पृथ्वी के अभागों के लिए ज्यादा न्याय

की माँग करते हैं और चाहते हैं कि लोग उनके प्रति अधिक दयालु हों। इसलिए वे चीजों को केवल सफेद और स्याह करके देखते हैं, इसकी चिंता किए बिना कि वे जटिल और अंतर्विरोधों से पूर्ण हैं। शामलाल को प्रेमचंद पर इसलिए भी दया आती है कि उनके कहे अनुसार प्रेमचंद इसमें विश्वास करते हैं कि सीधे वर्णन के माध्यम से कहानियों को नैतिक स्वास्थ्य-विज्ञान के लघु पाठ्यक्रम में परिवर्तित किया जा सकता है। उन्हें यह शिकायत है कि प्रेमचंद के वर्णनों में कविता और अस्पष्टता का अभाव है। उनके अनुसार प्रेमचंद समझते थे कि हर मर्ज की दवा करुणा है और उन्हें प्रेमचंद की इस समझ पर तरस आता है।

इसके बाद नयी पीढ़ी के स्वतः नियुक्त ठेकेदार के रूप में शामलाल उनकी ओर से प्रेमचंद का मूल्यांकन करते हुए कहते हैं कि ये लेखक प्रेमचंद की ईमानदारी को नहीं बल्कि उनके उद्देश्य को शंका की दृष्टि से देखते हैं। उनके लिए यथार्थ भयावह है, जटिल है, अंतर्विरोधपूर्ण है, काली चिंताओं से पूर्ण है। उनके अनुसार कहानी केवल इतना भर कर सकती है कि किसी क्षण या तेजी से गुजरती हुई मानसिक स्थिति को पकड़ ले, किसी भी क्षण बिखर जाने वाले मानव-संबंधों, चीजों की अभेद्यता पर क्षणिक प्रकाश डाल दे। वे समझते हैं कि कहानी को सामाजिक परिवर्तन का अस्त्र मानना लेखक का दुस्साहस है। उनकी नजरों में कलम के सिपाही के रूप में कहानीकार दयनीय प्राणी है।

आगे चलकर शामलाल हमारे साहित्य की आज की समस्या का निदान करते हुए कहते हैं कि असल में दिक्कत की बात यह है कि हमारी समस्याएँ बहुत हद तक हमारी अपनी हैं, हमारा अनुभव अनिवार्यतः हमारे अतीत के बोझ से दबा हुआ है और उन समस्याओं और उस अनुभव को अभिव्यक्ति देने के हमारे साँचे विदेशी हैं, हमारी देशज परंपरा की देन नहीं हैं। इसलिए जब हम इन साँचों को जातीय रूप देने की कोशिश करते हैं तो अक्सर मूल साँचों और उनकी अनुकृति में बहुत अंतर हो जाता है और अनुकृति पैरोडी बनकर रह जाती है। इसलिए हमारे लिए यह संभव नहीं कि हम अपने साहित्य का ऐसा भारतीयकरण कर दें कि उसमें से सारे विदेशी प्रभाव दूर रहें। शामलाल का कहना है कि चूँकि उपन्यास पश्चिम की पूँजीवादी व्यवस्था की उपज है और चूँकि वहाँ के उपन्यासों की कल्पना तक समस्यापूर्ण व्यक्तियों और तनाव के बिना नहीं की जा सकती, इसलिए कोई भी भारतीय उपन्यासकार उनकी उपेक्षा कर महान् कृति नहीं दे सकता। इसलिए प्रेमचंद के उपन्यासों में महान् कलाकृतियों के गुण नहीं मौजूद हैं।

शामलाल ऊँचे किस्म की बकवास करने में काफी दक्ष हैं और प्रेमचंद का उनका मूल्यांकन इसकी सबसे ताजा मिसाल है, हालाँकि शायद आखिरी नहीं। प्रेमचंद के प्रेत से परेशान होने की वजह से वे दया के ही पात्र होते अगर उनमें वह बेचारगी भी होती जो उन्होंने प्रेमचंद के चरित्रों पर आरोपित की है। प्रेत से परेशान आदमी

सिर्फ बकवास ही कर सकता है, लेकिन विद्वत्ता और दार्शनिकता के तामझाम में सजी शामलाल की बकवास को अगर ऊँची बकवास कहा जाए तो शायद उन्हें संतोष ही होगा, क्योंकि उन्हें प्रायः उतनी चिंता इसकी नहीं होती कि बात ठीक कही जाए जितनी इसकी कि गलत बात में कुछ वह अंदाज हो, कुछ वह तर्जे-बयाँ हो कि उसके ठीक होने का भ्रम पैदा किया जा सके। अगर उनकी बौद्धिक ईमानदारी को संदेह का लाभ दे भी दिया जाए, हालाँकि यह आसान नहीं है, तो भी उनकी समझदारी को वह लाभ देना असंभव है। प्रेमचंद की याद में लिखे गए उनके लेख में पेश की गई उनकी समझ से यह बात साफ है कि वह उन ऐंचे की आँखों की तरह है जो दाएँ देखती हैं तो बाएँ नहीं देख पातीं और बाएँ देखती हैं तो दाएँ नहीं देख सकतीं। जिन्होंने प्रेमचंद के विशाल साहित्य का गंभीरता से अध्ययन किया है, उनकी रचनाओं में राष्ट्रीय स्वाधीनता आंदोलन के दौरान विभिन्न वर्गों की विचारधाराओं और हितों के टकराव के बीच अपने दृष्टिगत अंतर्विरोधों के हल करने के उनके आत्म-संघर्ष को पहचानने की कोशिश की है, यथार्थ की गहरी होती हुई उनकी पकड़ और उसके समानांतर उनकी रचनाओं में उत्तरोत्तर बढ़ते हुए निखार को अनदेखा नहीं किया है, वे इससे अच्छी तरह परिचित हैं कि प्रेमचंद की विरासत के विरोधियों का आम तरीका उनके बारे में असत्यों या अर्द्धसत्यों का सहारा लेते हुए तरह-तरह के ग़लत और भोंड़े साधारणीकरण करना है। शामलाल ने भी वही तरीका अपनाया है। इसलिए वास्तव में वे दयनीय, प्रेमचंद की कहानियों के बारे में अपनी ग़लत समझ के कारण नहीं, जैसा कि शामलाल कहते हैं, बल्कि शामलाल अपने इस तरीके के कारण हैं।

तथाकथित यथार्थवाद और यथार्थवाद

शामलाल प्रेमचंद को इसलिए अप्रासंगिक मानते हैं कि यथार्थ के प्रति प्रेमचंद का जो दृष्टिकोण था, उसका प्रेमचंद में जिस तरह का बोध था, वह दृष्टिकोण और उस तरह का बोध आज के लेखक का नहीं है। उनके इस दावे में यह भी अंतर्निहित है कि जहाँ प्रेमचंद के दृष्टिकोण और बोध को आज के जीवन के यथार्थ ने पुराना, अक्षम और इसलिए अर्थहीन कर दिया है, वहाँ आज के लेखक के दृष्टिकोण और बोध यथार्थ के सही प्रतिबिम्बन की दृष्टि से सक्षम और उपयुक्त हैं।

यह कहना शायद ग़लत होगा कि शामलाल उस संघर्ष से बेखबर हैं जो आज हमारे साहित्य में प्रेमचंद की यथार्थवादी परंपरा और तरह-तरह की आधुनिकतावादी प्रवृत्तियों के बीच चल रहा है। वास्तव में यह साहित्य और कला में यथार्थवादी और आधुनिकतावादी दृष्टिकोणों के बीच चलने वाले तीव्र संघर्ष का अंग है। यह कहना भी शायद उतना ही गलत होगा कि शामलाल को उनकी आँखों में उँगली डालकर यह सत्य अपने को नहीं दिखा रहा है कि पिछले लगभग दो दशकों में आजादी के

बाद कुछ समय तक हमारे साहित्य में काफी प्रभावशाली रहकर यथार्थवादी परंपरा से भटकाव पैदा करनेवाले आधुनिकतावाद से, बहुत बड़े पैमाने पर हमारे लेखकों का मोहभंग हुआ है। आधुनिकतावाद भ्रम और भटकाव के नये-नये तरीके अपनाने के लिए मजबूर है। एक जाना-पहचाना तरीका यह है कि आधुनिकतावाद अपने को यथार्थवाद के विरोध में खड़ा करने की जगह खुद ही सही मायने में यथार्थवादी होने का दावा करता है। शामलाल ने प्रेमचंद की परंपरा को अप्रासंगिक सिद्ध करने के प्रयत्न में यही तरीका अपनाया है। आज हमारे साहित्य में आधुनिकतावाद आक्रमण करने की जगह घेराव की स्थिति में है, सिद्धांत और व्यवहार दोनों ही दृष्टियों से वह क्षीण और जर्जर है, चौतरफा चोटों से उसकी दीवारें ढह रही हैं। शामलाल और उनके जैसे आधुनिकतावादियों की स्थिति कितनी दयनीय और चिंताजनक है इसका पता इसी से चल जाता है कि कहीं का रोड़ा और कहीं का पत्थर इकट्ठा करने में अत्यंत कुशल शामलाल को प्रेमचंद की परंपरा के विरुद्ध अपने आक्रमण में अपनी सहायता के लिए निर्मल वर्मा और श्रीकांत वर्मा के साथ-साथ रेणु, ज्ञानरंजन और दूधनाथ सिंह को भी घसीट लाना पड़ता है। काश, ऐसी चालाकियों से हारी हुई बाजी को जीत में बदला जा सकता।

प्रेमचंद के यथार्थवादी दृष्टिकोण और बोध के सही और गहरे या गलत और सतही होने का फैसला उन्हें शामलाल और उनके आधुनिकतावादी मित्रों की मनोगत रुचियों, भावना और परिकल्पनाओं की कसौटी पर कसकर नहीं किया जा सकता, ठीक उसी प्रकार जैसे शामलाल और उनके आधुनिकतावादी मित्रों के यथार्थ के प्रति दृष्टिकोण और उसके बोध के सही और गहरे या गलत और सतही होने का फैसला उन्हें उनके विरोधियों की मनोगत रुचियों, भावनाओं और परिकल्पनाओं की कसौटी पर कस कर नहीं किया जा सकता। इसका फैसला उन्हें स्वयं यथार्थ की कसौटी पर कस कर किया जा सकता है और यही शामलाल और उनके आधुनिकतावादी मित्रों का दुर्भाग्य है, क्योंकि अपने अस्तित्व में मनोगत की जगह वस्तुगत होने के कारण अपने माप की अंतिम और विश्वसनीय कसौटी यथार्थ स्वयं है। व्यक्तियों की चेतना में प्रतिबिंबित और अपने माध्यमों की तरह-तरह की विशेषताओं से प्रभावित होते हुए भी वह अपने विभिन्न रूपों की प्रामाणिकता की परख के लिए उन्हें अपने वस्तुगत अस्तित्व की कसौटी पर कसा करता है। शामलाल और उनके आधुनिकतावादी मित्रों के लिए यह अत्यंत भयावह कसौटी है, क्योंकि उस पर उनके कसे जाने के बाद यह बात छिपी नहीं रह जाती कि उनमें न तो यथार्थ की सही समझ है और न यथार्थ का सही बोध। ऐसी स्थिति में उन्हें यथार्थ की सतह पर भी नहीं पाया जा सकता, क्योंकि किसी जगह सतह पर होने के लिए भी पहले वहाँ अस्तित्व में होना जरूरी होता है।

शामलाल ने यथार्थ के प्रति आधुनिकतावादियों के जिस नये दृष्टिकोण और

उनके जिस नये बोध का जिक्र किया है, उनका कोई भी संबंध जीवन के यथार्थ प्रतिबिंबन से नहीं है। यह सच है कि मानवीय संबंधों का काँच की तरह कमजोर होना और टूटना, जीवन की क्षणिकता, चीजों की सघन अभेद्यता, अतीत की व्यथापूर्ण याद, मानवीय इच्छाओं की व्यर्थता, पीड़ा और रिक्तता की एक नयी अनुभूति आदि जिन तत्त्वों को उन्होंने आज के जीवन के यथार्थ के रूप में प्रस्तुत किया है वे जीवन के बाहर से नहीं लिए गए हैं। यह माना जा सकता है कि हमारे समाज में बुद्धिजीवियों, लेखकों और शिक्षितों का एक ऐसा हिस्सा है जो अंशतः अपनी परिस्थितियों के कारण और अंशतः पश्चिम की निरंतर पतनोन्मुख पूँजीवादी-साम्राज्यवादी व्यवस्था के सामाजिक, वैचारिक और सांस्कृतिक संकट और अराजकता के बीच समाज से कटे हुए और उसमें अजनबी की तरह रहते हुए व्यक्ति की मानसिकता ओढ़ लेने के कारण इन रुग्ण अनुभूतियों से पीड़ित है। शामलाल का उद्देश्य इन अनुभूतियों को उनकी सामाजिक पृष्ठभूमि से पृथक् कर और उनके वर्गीय चरित्र पर यथार्थ के प्रति बदले हुए दृष्टिकोण और उसके नये बोध का आवरण डालकर जीवन के शाश्वत और सार्वभौम यथार्थ के रूप में प्रस्तुत करना है। उसे शामलाल की यथार्थ की सतही समझ कहना भी उनके प्रति उदारता ही होगी। वास्तव में उनका उद्देश्य यथार्थ को सिर के बल खड़ा करना है, उसके रूप के विषय में भ्रांति उत्पन्न करना है। किसी भी लेखक या कलाकार की रचना की 'वस्तु' का स्रोत या आधार उसकी चेतना से बाहर, उससे स्वतंत्र अस्तित्व रखनेवाला जगत और जीवन है। लेकिन अगर इससे यह निष्कर्ष निकाला जाए कि जगत और जीवन का कोई भी प्रतिबिंबन यथार्थ प्रतिबिंबन के सिवा और कुछ नहीं हो सकता तो स्वाभाविक है कि हमें इस हास्यास्पद निष्कर्ष पर भी पहुँचना होगा कि प्रत्येक लेखक और कलाकार अनिवार्यतः यथार्थवादी होता है। ऐसे ही हास्यास्पद तर्क का सहारा लेकर शामलाल प्रेमचंद और आधुनिकतावादियों को एक साथ यथार्थवादी लेखकों की पंक्ति में बिठाने का असंभव कार्य संभव करते हैं। यथार्थ के प्रति नये दृष्टिकोण, उसके नये बोध की उनकी सारी बात का निचोड़ यह है कि चूँकि यथार्थ का प्रतिबिंबन रचनाकार के ही माध्यम से होता है, इसलिए उस प्रतिबिंबन के सही या गलत होने की एकमात्र विश्वसनीय कसौटी सिर्फ रचनाकार ही हो सकता है। उससे रचनाकार में यह स्वतंत्रता भी निहित हो जाती है कि वह यथार्थ को अपनी मनोगत भावनाओं या रुचियों के अनुसार गढ़ ले। इस तरह के तर्क के एक ही तीर से शामलाल और आधुनिकतावादी 'वस्तु' और 'रूप' में अंतर्विरोध की दोनों मान्यताओं को एक साथ धराशायी कर देते हैं, क्योंकि अगर 'वस्तु' रचनाकार के ही भीतर है तो उसमें और उसके 'रूप' में अंतर्विरोध का प्रश्न उठाना अप्रासंगिक हो जाता है और अगर रचनाकार के भीतर प्रतिबिंबित 'रूप' ही वस्तु है तो फिर उनकी दो भिन्न कोटियाँ मानकर उनमें एकता का प्रश्न उठाना भी अप्रासंगिक हो जाता है। ऐसी ही गहरी समझ लेकर शामलाल आधुनिकतावादियों के यथार्थ के प्रति

बदले हुए दृष्टिकोण और उसके नये बोध में गहराई देखते हैं और प्रेमचंद पर उन्हें अपने और अपने साथियों को यथार्थ के किनारे पर छिछले पानी में खड़े हुए बुलाते देखकर तरस खाते हैं! उनकी समझ की कुछ और गहराइयों में उतरने के पहले प्रेमचंद के यथार्थवादी दृष्टिकोण और उसकी प्रासंगिकता के बारे में कुछ विचार करना आवश्यक है।

प्रेमचंद : क्रांतिकारी जनवादी यथार्थवाद के अग्रदूत

प्रेमचंद ने अपने साहित्यिक जीवन की यात्रा का प्रारंभ अपनी कलम को अपनी जनता की सेवा में समर्पित करने के संकल्प के साथ किया और उस यात्रा में वे अपनी आखिरी साँस तक अपने संकल्प पर दृढ़ रहे। अक्सर प्रेमचंद की प्रासंगिकता पर विचार करते समय उनके साहित्यिक जीवन के इस पक्ष का उल्लेख भुला दिया जाता है, जबकि यह सच है कि जनता और समाज के जीवन से उन समस्याओं के खत्म हो जाने पर भी, जिन्हें समझने और जिनका हल पाने के लिए प्रेमचंद अपने भीतर और अपने बाहर आजीवन जूझते रहे, उनकी प्रासंगिकता का एक अत्यंत महत्त्वपूर्ण कारण जनता की सेवा में समर्पित होना होगा। मार्च, 1932 के 'हंस' में प्रेमचंद ने लिखा था : "मनुष्य में जो कुछ सुंदर है, विशाल है, आदरणीय है, आनंदप्रद है, साहित्य उसी की मूर्ति है। उसकी गोद में उन्हें आश्रय मिलना चाहिए जो निराश्रय हैं, जो पतित हैं, जो अनादृत हैं।" इसी समझ ने उनके साहित्यिक जीवन के प्रारंभ से लेकर अंत तक उनका पथ-प्रदर्शन किया। निराश्रितों, पतितों और अनादृतों को आश्रय देने की बात से यह समझना कि प्रेमचंद में उनके प्रति केवल करुणा का भाव था बिल्कुल गलत होगा। वास्तव में उनके प्रति उनके महान् मानवीय गुणों और असीम क्षमताओं में उनकी गहरी और अटूट आस्था थी। उनके शोषकों को और उन्हें बहुत नजदीक से देखते हुए उन्होंने लिखा था कि "ग़रीब किसान, मजदूर, अछूत और दरिद्र आघात सहकर भी अपने धर्म और मनुष्यता को हाथ से न जाने देंगे, क्योंकि हमने उन्हीं में सबसे ज्यादा सच्चाई और सेवा-भाव पाया है।" (जागरण, 8 जनवरी 1934) इसके साथ दुनिया में हर जगह जनतंत्र के उठते हुए तूफान के बीच उन्होंने उनकी शक्ति और निर्णायक भूमिका की पहचान भी की थी। 'जमाना' में फरवरी 1919 में अपने लेख 'पुराना जमाना : नया जमाना' में उनके शोषकों को चेतावनी देते हुए उन्होंने लिखा था : "नये जमाने ने एक नया पन्ना पलटा है। आनेवाला जमाना अब किसानों और मजदूरों का है। दुनिया की रफ्तार इसका साफ सबूत दे रही है। हिंदुस्तान इस हवा से बेअसर नहीं रह सकता। हिमालय की चोटियाँ उसे इस हमले से नहीं बचा सकतीं। जल्द या देर से, शायद जल्द ही, हम जनता को केवल मुखर ही नहीं अपने अधिकारों की माँग करने वाले के रूप में देखेंगे और तब वह अपनी किस्मतों की मालिक होगी। तब आपको अपनी बेइंसाफियाँ

याद आएँगी और आप हाथ मलकर रह जाएँगे। जनता की इस ठहरी हुई हालत से धोखे में न आइए। इंकलाब के पहले कौन जानता था कि रूस की पीड़ित जनता में इतनी ताकत छिपी हुई है?" उस ताकत का फिर जिक्र उन्होंने 'जमाना', दिसंबर 1922 में करते हुए लिखा : "एक बात ध्यान में रखनी चाहिए कि मजदूर और किसान एक होकर जो चाहें कर सकते हैं। उनकी शक्ति असीम है। वह जब तक बिखरे हुए हैं, घास के टुकड़े हैं, एक होकर जहाज को खींचनेवाले रस्से हो जाएँगे।"

जनता के लिए अपनी लेखनी को समर्पित कर देने के प्रेमचंद के संकल्प और उसकी कंगाली, निराश्रयता, पतन, असम्मानित जीवन आदि के बीच भी उसकी क्षमता, मानवीयता और उदात्त चरित्रशीलता की पहचान—ये दोनों ही प्रेमचंद के यथार्थवादी दृष्टिकोण के ऐसे मूल-तत्त्व हैं जो हमें उसकी अन्य सारी विशेषताओं के अध्ययन में मदद पहुँचाते हैं। इससे प्रेमचंद की पक्षधरता के साथ-साथ यह भी स्पष्ट हो जाता है कि उनका कथा-साहित्य योरोपीय आलोचनात्मक यथार्थवादी कथा-साहित्य से अलग और आगे है, सामाजिक यथार्थ के चित्रण के अतिरिक्त समाज के भविष्य में धँसने की अपनी क्षमता के कारण, उसे क्रांतिकारी जनवादी विकास की ओर ले जानेवाली शक्तियों की पक्षधरता के कारण वह योरोपीय आलोचनात्मक यथार्थवादी कथा-साहित्य और समाजवादी यथार्थवादी कथा-साहित्य के बीच की अत्यंत महत्त्वपूर्ण कड़ी है। किसी अन्य पारिभाषिक शब्दावली के अभाव में हम इस दृष्टिकोण को क्रांतिकारी जनवादी यथार्थवाद, या, संक्षिप्ति की सुविधा के लिए, जनवादी यथार्थवाद कह सकते हैं।

प्रेमचंद के यथार्थवादी दृष्टिकोण को सतही कहनेवाले इस निर्विवाद सत्य की भी उपेक्षा कर देते हैं कि प्रेमचंद में हम उस पहले भारतीय लेखक से मिलते हैं जिसने अपने समकालीन सामाजिक यथार्थ को राष्ट्रीय और अंतर्राष्ट्रीय परिस्थितियों के संदर्भ में देखते हुए अपने समाज में वर्तमान विभिन्न शक्तियों की प्रकृति और भूमिका को, उन शक्तियों में पारस्परिक एकता और अंतर्विरोध के जटिल संबंधों को और समाज के भावी विकास की नियति को समझने का गंभीर प्रयत्न किया, उसे बहुत हद तक ठीक समझा और इस प्रकार अपने को शुद्ध मध्यवर्गीय मानवतावाद और सुधारवाद के चंगुल से मुक्त करने में सफलता प्राप्त की। यह काम आसान नहीं था। उस जमाने के बहुत से प्रगतिशील राजनीतिज्ञों ने भी या तो अपने समकालीन सामाजिक यथार्थ को उतनी अच्छी तरह नहीं समझा जितनी अच्छी तरह उसे प्रेमचंद ने समझा, या उसे समझते हुए भी अपनी ढुलमुलयकीनी और समझौतावादी चरित्र के कारण उसे स्वीकार करने का वैसा साहस नहीं दिखाया जैसा प्रेमचंद ने दिखाया। प्रेमचंद ने साम्राज्यवाद और सामंतवाद के गठबंधन की पहचान की और उन्हें भारतीय जनता का मुख्य शत्रु माना। उन्होंने राष्ट्रीय स्वाधीनता आंदालेन में राष्ट्रीय पूँजीपति वर्ग और किसानों और मजदूरों की भूमिकाओं का सूक्ष्म विश्लेषण किया और बार-बार राष्ट्रीय पूँजीपति वर्ग की समझौतापरस्त नीतियों और व्यवहार के साक्षात्कार से वे

इस निष्कर्ष पर पहुँचे कि भारतीय समाज में क्रांतिकारी परिवर्तन की वास्तविक शक्ति राष्ट्रीय पूँजीपति वर्ग नहीं बल्कि किसानों और मजदूरों की एकता है। इस सत्य तक पहुँचने के अपने आत्म-संघर्ष के दौरान उन्होंने अपने भीतर स्थापित अनेक प्रतिमाओं को ध्वस्त किया—यहाँ तक कि वे गांधीजी के नेतृत्व और उनके सत्य, अहिंसा और असहयोग की कड़ी आलोचना करने में भी नहीं हिचके।

यहाँ आपत्ति की जा सकती है और उसे सही माना भी जा सकता है कि सामाजिक यथार्थ की वैज्ञानिक समझ एक बात है और उसका कलात्मक प्रतिबिंबन दूसरी बात है, अर्थात् सामाजिक यथार्थ की सही समझ मात्र से साहित्य में उसके प्रतिबिंबन की समस्या हल नहीं हो जाती। साहित्यकार को अपनी उस समझ को हाड़-मांस देना होता है, उसे वास्तविक सामाजिक परिस्थितियों के भीतर रहनेवाले वास्तविक मनुष्यों के जीवन के माध्यम से कलात्मक प्रतिबिंबन में वस्तु और रूप की सौंदर्यमूलक आवश्यकता को ध्यान में रखते हुए प्रस्तुत करना पड़ता है। सही नतीजों पर पहुँचने के लिए अगर सही सवाल उठाए जाएँ तो उनके औचित्य के विषय में कोई संदेह नहीं किया जा सकता। लेकिन प्रेमचंद के यथार्थवादी दृष्टिकोण को सतही और अप्रासंगिक कहने वाले शायद इसमें यकीन करते हुए कि प्रेम और युद्ध में कुछ भी अनुचित नहीं होता अपने को इस बात के लिए स्वतंत्र समझते हैं कि अपनी स्थापना को सही सिद्ध करने के लिए वे प्रेमचंद के साहित्य पर एकांगी दृष्टि डालकर मनचाहे नतीजे निकालें और उससे भी आगे जाकर अपनी नासमझी या अर्द्धसत्यों या असत्यों से उस पर वार करें। शामलाल का लेख उनकी इसी मनोवृत्ति का परिचायक है।

हम प्रेमचंद के यथार्थवादी दृष्टिकोण की गहराई और प्रासंगिकता को प्रमाणित करने के लिए एकांगी दृष्टि या अर्द्धसत्यों या असत्यों की बैसाखियों पर तर्क खड़े करना गलत, अनावश्यक और प्रेमचंद की महान् विरासत के लिए अपमानजनक समझते हैं। हमारे और प्रेमचंद की विरासत के विरोधियों के दृष्टिकोण में आधारभूत अंतर यह है कि जहाँ वे प्रेमचंद की कुछ, विशेषतः प्रारंभिक, कृतियों की कुछ कमजोरियों के सहारे उनकी पूरी विरासत को नकार जाने का प्रयत्न करते हैं, वहाँ हम उन कमजोरियों की खबर रखते हुए उसकी सकारात्मक प्रकृति को अत्यंत मूल्यवान समझते हैं, अपने साहित्य को विकास की राह पर ले जाने वाली उसकी भूमिका को महत्त्व देते हैं।

प्रेमचंद ने जब लिखना शुरू किया उस समय आर्य समाज के अतिरिक्त अनेक सुधारवादी संस्थाएँ हमारे समाज में व्याप्त कुरीतियों के विरुद्ध आंदोलन कर रही थीं। प्रेमचंद पर आर्य समाज और इन संस्थाओं के आंदोलनों का प्रभाव था। इन आंदोलनों ने जहाँ हमारी अनेक सामाजिक समस्याओं की ओर संकेत किया और हमारी जनता के कुछ हिस्सों में, विशेषतः शिक्षितों में सुधार की चेतना पैदा की,

वहाँ उन्होंने यह भ्रम भी पैदा किया कि सुधारों के माध्यम से हमारा समाज बदल जाएगा। इस दृष्टिकोण से इस नंगी सच्चाई पर पर्दा पड़ जाता था कि हमारे समाज में व्याप्त अनेक धार्मिक और सामाजिक कुरीतियाँ, अंधविश्वास, संकीर्णताएँ आदि उस शोषण और पिछड़ेपन का नतीजा थीं जिसे साम्राज्यवादी-सामंती आर्थिक और राजनीतिक गठबंधन और विचारधारा ने हमारी जनता पर लाद दिया था। इससे सामाजिक यथार्थ के बोध को कोरे काल्पनिक आदर्शवादी समाधानों की ओर ले जाने की प्रवृत्ति पैदा होती थी। इसी प्रकार गांधीजी के सत्य, अहिंसा और सविनय असहयोग के द्वारा शोषक और अत्याचारी के हृदय-परिवर्तन वाले सिद्धांत ने भी प्रेमचंद को प्रभावित किया और अपने यथार्थवादी दृष्टिकोण पर इसे आरोपित कर अपनी रचनाओं में काल्पनिक आदर्शवाद को घुसपैठ करने का अवसर दिया। प्रेमचंद की रचनाओं में हमें यह अनुभव होता है कि समाज-सुधार के लिए सदनों, आश्रमों आदि में आस्था रखने वाले या गांधीजी के सत्य, अहिंसा और सविनय असहयोग के अनुसार व्यवहार करने वाले चरित्र, विद्रोहिणी पत्नी और वेश्या से समाज-सुधारिका में बदली हुई सुमन की तरह, विश्वसनीयता से रिक्त हो जाते हैं, या प्रेमशंकर, विनय सिंह, चक्रधर आदि की तरह, जीवित चरित्रों के बीच रक्तहीन, पीले प्रेतों की तरह डोलते नजर आते हैं। ऐसे चरित्रों के माध्यम से जिस काल्पनिक आदर्शवाद का प्रक्षेपण होता है वह उनकी अनेक रचनाओं की यथार्थ वस्तु और उसके कलात्मक प्रतिबिंब के स्वाभाविक विकास और उत्कर्ष की लय को भंग कर देता है, उनकी संरचना के स्थापत्य को बोझिल और असंतुलित कर देता है। साहित्य की सोद्देश्यता को ध्यान में रखकर प्रयोग में लाया गया यह काल्पनिक आदर्शवाद यथार्थवादी दृष्टिकोण के लिए विजातीय तत्त्व होने के कारण उससे घुलमिल कर अभिन्न हो जाने की जगह अंतर्विरोध की स्थिति में आकर टकराता है। यथार्थ-विमुख होने के कारण उसमें यथार्थ को परिवर्तित और विकसित करने की क्षमता नहीं होती और सोद्देश्यता का उसका सारा दावा खोखला लगता है।

कुछ लोगों की अवस्था ऐसी असहाय और दयनीय है कि काल्पनिक आदर्शवाद से उत्पन्न इन्हीं दोषों के आधार पर साहित्य की सोद्देश्यता को चुनौती देते हैं। अवश्य ही शामलाल अमृत राय के शब्दों में प्रेमचंद को कलम का सिपाही कहने की वजह से सख्त नाराज हैं। उनका कहना है कि आधुनिक लेखक की दृष्टि में उपन्यास को सामाजिक परिवर्तन का अस्त्र मानना किसी भी लेखक के लिए अपनी हैसियत से बाहर का दुस्साहस है और यह भी कि कलम के सिपाही के रूप में कोई भी लेखक अत्यंत दयनीय जीव है। अगर इससे शामलाल का क्रोध कुछ शांत हो सके, उनका रक्त-चाप कुछ कम हो सके, तो हम कहना चाहेंगे कि अपने कुछ उपन्यासों और कहानियों में सोद्देश्यता लाने के इरादे से सुधारक प्रचारक की जो भूमिका प्रेमचंद ने अपनाई है उससे सामाजिक परिवर्तन की बात तो दूर है, सामाजिक समस्याओं

के हल की पहचान भी धुँधली हो जाती है। इसलिए हम भी यथार्थवाद और सुधारवाद के ऐसे अनमेल विवाह के विरुद्ध हैं। लेकिन यह हमारी विवशता है अगर हम शामलाल जैसे किताबों के विद्वान कीड़ों से यह पूछना चाहते हैं कि क्या इसी आधार पर साहित्य की सोद्देश्यता को चुनौती दी जा सकती है, साहित्य को सामाजिक परिवर्तन की भूमिका से अलग किया जा सकता है और यह भी कि क्या हम यह समझने की गलती करें कि अपनी सारी विद्वत्ता और गहरी सूझ-बूझ के बावजूद वे इतने अबोध हैं कि उन्हें यह भी नहीं मालूम कि सामाजिक परिवर्तन के अस्त्र के रूप में साहित्य की अब तक की उपलब्धियों ने उसकी इस भूमिका को इतना असंदिग्ध कर दिया है कि उसके विरुद्ध तर्क गढ़ना न तो समझदारी है और न ईमानदारी का सबूत है।

प्रेमचंद ने हमेशा साहित्य की सोद्देश्यता पर बल दिया और अपने लेखन में इसके अनुसार अमल किया। यह समझना बहुत जरूरी है कि उनके इस अमल की सही खोज या पहचान की जगह उनके द्वारा अपने युग के यथार्थ के बीच वर्तमान तरह-तरह के अंतर्विरोधों के समाधान के लिए प्रस्तुत उनके मनोगत या काल्पनिक आदर्शवादी सिद्धांतों और योजनाओं में नहीं है। उनकी रचनाओं में यथार्थ के कलात्मक प्रतिबिंबों और उनके ऐसे सुधारवादी आदर्शों के बीच केवल असंगति का संबंध संभव है। इस तरह की असंगति के कारण न तो उनके साहित्य का महत्त्व कम हो जाता है और न उसकी सोद्देश्यता समाप्त हो जाती है। इस तरह की असंगति हम अनेक अन्य महान् लेखकों की महान् रचनाओं में भी पा सकते हैं। तोल्सतॉय के साहित्य पर विचार करते हुए लेनिन ने कहा था कि उसमें ईसाई-धर्म में उदारता, करुणा, अहिंसा, क्षमा आदि के उपदेशों पर आधारित दृष्टिकोण का स्वरूप प्रतिक्रियावादी है, फिर भी वह रूस की किसान-क्रांति का दर्पण है। स्पष्ट है कि तोल्सतॉय के साहित्य में प्रस्तुत सामाजिक और ऐतिहासिक यथार्थ के कलात्मक प्रतिबिंबों और उस यथार्थ में वर्तमान अंतर्विरोधों के समाधान के प्रति उसके दृष्टिकोण में असंगति है। लेकिन इस असंगति के आधार पर लेनिन ने, जिनके निकट साहित्य की सोद्देश्यता के महत्त्व के बारे में किसी को संदेह नहीं हो सकता, कभी ऐसा नहीं कहा कि तोल्सतॉय के साहित्य में सोद्देश्यता नहीं है।

इस बात की ओर ध्यान देना भी आवश्यक है कि समय के साथ राष्ट्रीय और अंतर्राष्ट्रीय परिस्थितियों की अपनी गहरी होती हुई पकड़ से अपने देश और युग की समस्याओं के सही समाधानों के निकट पहुँच जाने के बावजूद प्रेमचंद ने उन्हें सीधे अपनी रचनाओं में प्रस्तुत करने की जगह अपने चरित्रों के जीवन के माध्यम से व्यक्त करने का तरीका अपनाया। इससे उनकी रचनाओं में यथार्थ के कलात्मक प्रतिबिंबों में निखार आता गया, उनकी वस्तु के गठन में सघनता की मात्रा बढ़ी, घटना के ऊपर चरित्र का प्रभुत्व स्थापित हुआ और इस तरह उसका सहज, नैसर्गिक विकास संभव हुआ। उनकी रचनाओं में अब सिर्फ यथार्थ के प्रतिबिंब बोलने लगे

और इन प्रतिबिंबों की आवाज से बढ़कर विश्वसनीय, आकर्षक और सशक्त स्वयं लेखक की अपनी आवाज भी नहीं होती। सामाजिक समस्याओं के समाधान के बारे में प्रेमचंद के विचारों में जो भी खामियाँ रही हों, लेकिन लेखक के रूप में उनके जीवन के किसी भी दौर में यथार्थ के प्रति उनकी वफादारी संदेहास्पद नहीं रही।

इसी गुण के कारण उनकी वे कृतियाँ भी, जिनमें वे सुधारवादी समाधानों और काल्पनिक आदर्शवाद के भ्रमों से पीड़ित हैं, हमारे साहित्य की महान् परंपरा का अंग बनकर हमेशा प्रासंगिक रहेंगी और इसी गुण के कारण प्रेमचंद ने यथार्थ के प्रतिबिंब के प्रवृत्तिमूलक चरित्र और जीवन के मूल्यों की सृष्टि करने की स्वयंनिष्ठ क्षमता की पहचान करते हुए यथार्थ और आदर्श के प्रति अपनी दुहरी किंतु अंतर्विरोधी प्रतिबद्धता की समस्या का सही हल निकाला।

यथार्थ और आदर्श

प्रेमचंद ने इसी दृष्टिकोण को 'आदर्शोन्मुख यथार्थवाद' की संज्ञा दी थी। प्रेमचंद को शुद्ध प्रचारक और सुधारक कहनेवाले उनके इस सिद्धांत को तोड़-मोड़ कर प्रस्तुत कर साहित्य में सोद्देश्यता की बात की खिल्ली उड़ाते हैं और इसके लिए तोड़-मरोड़ के सिवा उनके पास कोई दूसरा रास्ता भी नहीं है। प्रेमचंद के दृष्टिकोण पर आक्रमण करते हुए अन्य बातों के साथ शामलाल का यह भी कहना है कि प्रेमचंद केवल सफेद और स्याह चरित्रों की कल्पना कर सकते हैं। प्रेमचंद के साहित्य से इस कथन की पुष्टि नहीं की जा सकती, केवल उसका खोखलापन दिखाया जा सकता है। प्रेमचंद ने जनवरी 1925 के 'समालोचक' में उपन्यास पर लिखे गए अपने लेख में इस संबंध में जो कुछ कहा है उसे, लंबा होने के बावजूद उद्धृत करना आवश्यक प्रतीत होता है। उनका कथन इस प्रकार है :

"अँधेरी कोठरी में काम करते-करते जब हम थक जाते हैं तो इच्छा होती है कि किसी बाग में निकलकर निर्मल स्वच्छ वायु का आनंद उठाएँ। इस कमी को Idealist पूरा करता है। Idealism हमें ऐसे चरित्रों से परिचित कराता है, जिनके हृदय पवित्र होते हैं, जो स्वार्थ और वासना से रहित होते हैं, जो साधु प्रकृति के होते हैं। यद्यपि ऐसे चरित्र व्यवहार-कुशल नहीं होते, उनकी सरलता उन्हें व्यावहारिक विषयों में धोखा देती है, लेकिन कांइयेपन से ऊबे हुए प्राणियों को ऐसे सरल, ऐसे अव्यावहारिक, ज्ञान-विहीन चरित्रों के दर्शन से एक विशेष आनंद होता है। Realism यदि हमारी आँखें खोल देता है, तो Idealism हमें उठाकर किसी मनोरम स्थान में पहुँचा देता है। लेकिन जहाँ Idealism में यह गुण है, वहाँ इस बात की भी शंका है कि हम ऐसे चरित्रों को न चित्रित कर बैठें जो सिद्धांतों की मूर्ति मात्र हो। किसी देवता की कामना करना मुश्किल नहीं, लेकिन उस देवता में प्राण-प्रतिष्ठा करना मुश्किल है।

"इसलिए हम वही उपन्यास उच्च कोटि के समझते हैं जहाँ Realism और Idealism का समन्वय हो गया हो। उसे आप Idealistic Realism कह सकते हैं। Idea को सजीव बनाने के लिए Realism का उपयोग होना चाहिए और अच्छे उपन्यास की यही विशेषता है। उपन्यासकार की सबसे बड़ी विभूति ऐसे चरित्रों की सृष्टि करना है जो अपने सद्‌विचार से पाठक को मोहित कर ले। जिस उपन्यास के चरित्रों में यह गुण नहीं है वे दो कौड़ी के हैं। चरित्रों को उत्कृष्ट और आदर्श बनाने के लिए यह जरूरी नहीं कि वह निर्दोष हो। महान् से महान् पुरुषों में भी कुछ-न-कुछ कमजोरियाँ होती हैं। चरित्र को सजीव बनाने के लिए उसकी कमजोरियों का दिग्दर्शन कराने में कोई हानि नहीं होती। यही कमजोरियाँ उस चरित्र को मनुष्य बना देती हैं। निर्दोष चरित्र तो देवता हो जाएगा और हम उसे समझ ही नहीं सकेंगे। ऐसे चरित्र का हमारे ऊपर कोई प्रभाव नहीं पड़ सकता। हम Idealist हैं। हमारे प्राचीन साहित्य पर Idealism की छाप लगी हुई है। हमारा प्राचीन साहित्य केवल मनोरंजन के लिए था। उसका मुख्य उद्देश्य मनोरंजन के साथ आत्म-परिष्कार भी था। साहित्यकार का काम केवल पाठकों के मन को बहलाना नहीं है। यह तो भाटों और मदारियों, विदूषकों और मसखरों का काम है। साहित्यकार का पद इससे कहीं ऊँचा है। वह हमारा पथ-प्रदर्शक होता है, वह हमारे मनुष्यत्व को जगाता है, हममें सद्‌भावों का संचार करता है, हमारी दृष्टि को फैलाता है। कम-से-कम उसका यही उद्देश्य होना चाहिए। इस मनोरथ को सिद्ध करने के लिए जरूरत है कि उसके चरित्र Positive हों, जो प्रलोभनों के आगे सिर न झुकाएँ बल्कि उनको परास्त करें, जो वासनाओं के पंजे में न फँसें बल्कि उनका दमन करें, जो किसी विजयी सेनापति की भाँति शत्रुओं का संहार करके विजय-नाद करते हुए निकलें। ऐसे ही चरित्रों का हमारे ऊपर सबसे अधिक प्रभाव पड़ता है।"

उद्धरण से स्पष्ट है कि प्रेमचंद की दृष्टि में यथार्थ और आदर्श में यथार्थ प्राथमिक है और आदर्श गौण, यथार्थ विशेष्य है और आदर्श विशेषण। आगे चलकर उन्होंने 'आदर्शोन्मुख यथार्थवाद' नाम देकर इस दृष्टिकोण को और भी स्पष्ट कर दिया। यहाँ इसकी ओर भी संकेत करना आवश्यक है कि प्रेमचंद ने 'आइडिया', 'आइडियलिस्ट' और 'आइडियलिस्टिक' शब्दों का प्रयोग उनके दार्शनिक अर्थों में नहीं बल्कि सामान्य जन की बातचीत में प्रयुक्त उनके व्यावहारिक अर्थों में किया है। दार्शनिक अर्थ में आदर्शवादी (या भाववादी) वह होता है जो विचार या चेतना को प्राथमिक मानता है और भौतिक जगत को गौण। प्रेमचंद ने 'आइडिया' या 'आदर्श' का प्रयोग जीवन के ऊँचे, सुंदर या स्पृहणीय मूल्य के अर्थ में किया है और जिस तरह उदाहरणों के साथ उन्होंने कुछ मूल्यों का उल्लेख किया है उससे स्पष्ट है कि ये मूल्य मनोगत या वैयक्तिक नहीं, जैसा कि आधुनिकतावादी या अस्तित्ववादी दावा करते हैं, बल्कि सामाजिक हैं, जिन्हें मनुष्य ने अपने ऐतिहासिक विकास के दौरान

विकसित किया है, जो मनुष्यों के बीच उनके स्थूल पारस्परिक संबंधों और उनके आचरण में व्यक्त होते हैं और जिनके भावी विकास की संभावनाएँ मनुष्य के भावी ऐतिहासिक विकास के साथ जुड़ी हुई तथा उसी की तरह असीम हैं। इस तरह न केवल यथार्थ बल्कि आदर्श भी मनुष्य के सामाजिक विकास के इतिहास का अंग होता है। यहाँ तुर्गनेव के नारी-चरित्रों के विषय में तोल्सतॉय का एक कथन अत्यंत प्रासंगिक होगा : "तुर्गनेव ने अद्‌भुत नारी-चरित्रों का सृजन कर एक महान् कार्य किया। तुर्गनेव के चित्रण में उन्हें जो रूप प्राप्त हुआ, शायद उस रूप में उनका अस्तित्व नहीं था। लेकिन इन चित्रणों के बाद वैसी नारियाँ अस्तित्व में आ गईं। यह बात पूरी तरह सच है कि बाद में तुर्गनेव के नारी-चरित्रों को मैंने स्वयं जीवन में देखा।" जो तुर्गनेव के लिए आदर्श मात्र था, वह बहुत जल्द ही तोल्सतॉय के लिए यथार्थ बन गया।

प्रेमचंद के लिए 'आदर्शोन्मुख यथार्थवाद' और 'यथार्थोन्मुख आदर्शवाद' समानार्थी हैं। इस तरह उन्होंने न केवल यथार्थ के बल्कि आदर्श के चरित्र को भी विकासशील माना है। 'आदर्शोन्मुख यथार्थवाद' में जोर यथार्थ के विकासशील चरित्र पर है और 'यथार्थोन्मुख आदर्शवाद' में जोर आदर्श के विकासशील चरित्र पर है। स्पष्ट है कि अगर इस आदर्श को दर्शन में प्रयुक्त 'आदर्श' (या आइडिया) का समानार्थी मान लिया जाए तो फिर आदर्श के विकास की संभावना समाप्त हो जाती है, क्योंकि दर्शन का 'आदर्श', यथार्थ से स्वतंत्र, निर्विकल्प और शाश्वत सत्ता होने के कारण अपरिवर्तनीय है। प्रेमचंद के अनुसार अगर यथार्थ मनुष्य की चेतना के बाहर समाज के जीवन का मूर्त रूप है तो आदर्श मनुष्य के जीवन और सामाजिक संबंधों की सुंदरता का मूर्त रूप है। 'आदर्शोन्मुख यथार्थवाद' का यह अर्थ है कि लेखक के लिए यथार्थ का ज्ञान ही सब कुछ नहीं है, उसके साथ-साथ उसमें मनुष्य को इस तरह प्रेरित करने की क्षमता भी होनी चाहिए कि वह यथार्थ में जो कुछ असुंदर है उसे सुंदर में बदल दे और उसे बदलने के संघर्ष के दौरान अपने जीवन को भी बदले, उसमें नैतिक और आत्मिक गुणों का विकास करे। 'यथार्थोन्मुख आदर्शवाद' का यह अर्थ है कि लेखक के लिए आदर्शों में आस्था ही सब कुछ नहीं है, इसके साथ-साथ उसमें यह क्षमता भी होनी चाहिए कि वह उन आदर्शों को यथार्थ-जीवन में उतारने के संघर्ष में भी भागीदार हो सके। स्पष्ट है कि यथार्थवाद के प्रति प्रेमचंद का दृष्टिकोण योरोपीय उपन्यास के 'आलोचनात्मक यथार्थवाद' के दृष्टिकोण से आगे है। उसमें यथार्थ की आलोचना ही नहीं, बल्कि यथार्थ को बदलने के स्वप्न और संघर्ष भी सम्मिलित हैं। प्रेमचंद के यथार्थवादी दृष्टिकोण में आदर्शवाद का वही स्थान है जो गोर्की के 'समाजवाद' में 'क्रांतिकारी रोमैंटिसिज्म' का है। यह प्रेमचंद के चिंतन की शक्ति, अंतर्दृष्टि और मौलिकता का प्रमाण है कि गोर्की के इस सिद्धांत की जानकारी के बिना ही उन्होंने स्वतंत्र रूप से यथार्थवाद के बारे में ऐसा दृष्टिकोण विकसित

किया, ऐसे सिद्धांत की स्थापना की जो न केवल लेखकों के लिए पथ-प्रदर्शक का काम करने में सक्षम है। यथार्थ और आदर्श के पारस्परिक संबंध के बारे में प्रेमचंद की गहरी अंतर्दृष्टि और दूरदृष्टि का यह प्रमाण है कि उपन्यास में 'पाजिटिव' चरित्रों की आवश्यकता पर जोर देते हुए भी उन्होंने चरित्रों के आदर्शीकरण के खतरे की ओर से हमारे लेखकों को सावधान किया है। आज यह समझा जाता है और इसे अब सोवियत संघ के लेखक भी मानते हैं कि एक जमाने में उनके यहाँ 'पाजिटिव' चरित्रों के निर्माण की सही आवश्यकता की बड़े गलत ढंग से पूर्ति की गई, क्योंकि समाज को आगे ले जाने के लिए आवश्यक नैतिक और आत्मिक गुणों से संपन्न चरित्रों की सृष्टि करते हुए उन्हें आदमी से देवता बना दिया गया। प्रेमचंद ने बहुत पहले ही इस खतरे को पहचाना, उसकी ओर इशारा किया और खुद उससे बचे रहने की कोशिश की और ज्यादातर उससे बचे रहे। यहाँ-वहाँ अपवादों को छोड़कर प्रेमचंद के चरित्र न पूरी तरह सफेद हैं और न पूरी तरह स्याह। प्रेमचंद के 'पाजिटिव' या सकारात्मक चरित्र अधिकतर आम मेहनतकश लोग, विशेषतः शोषित और पीड़ित किसान हैं, और उन्हें पूरी तरह सफेद कहने के लिए गलतबयानी का असाधारण साहस चाहिए। उनमें प्रेमचंद ने उन गुणों का दर्शन किया, और सही दर्शन किया, जिन्हें मनुष्य ने अपने भौतिक, नैतिक और आत्मिक विकास के लिए आवश्यक पाया है और जिनसे संपन्न होकर वह अपनी मानवता को चरितार्थ करता है। प्रेमचंद के सकारात्मक चरित्र ऐसे व्यक्ति हैं जिन्हें जीवन की विषमताएँ आहत और पराजित कर देती हैं, किंतु जो बार-बार नया साहस बटोर कर पुनः संघर्ष के लिए खड़े हो जाते हैं, जो प्रलोभनों के बीच भी ईमानदारी नहीं छोड़ते, जो श्रम के फल से वंचित रहकर भी श्रम में विश्वास करते हैं, जो दूसरों की निर्दयता के शिकार होकर भी करुणा और सहानुभूति करना अपना मानवीय धर्म समझते हैं, जो अन्याय और अत्याचार सहकर भी दूसरों के साथ अन्याय और अत्याचार का व्यवहार नहीं करते, जो अशिक्षित, रूढ़िग्रस्त और पिछड़े होते हुए भी सुसंस्कृत हैं, जो प्रताड़ित, लांछित और प्रवंचित होकर भी जीवन और मनुष्य में अपनी आस्था से विचलित नहीं होते, जिनमें समूह के लिए जीने और आत्म-त्याग करने की भावना है—संक्षेप में, जिनमें वे सारे गुण हैं जो उनके रक्त पर जोंकों की तरह जीने वाले अनेक शोषकों में नहीं हैं। ये गुण प्रेमचंद की कल्पना ने हवा में से नहीं पैदा किए थे। उन्होंने अपनी जनता के निकट संपर्क से उसमें इन गुणों का निरीक्षण किया था और यह कहना मुश्किल है कि किसी भी अन्य लेखक ने भारतीय जनता को, विशेषतः किसान को, उतनी अच्छी तरह जाना-पहचाना है जितनी अच्छी तरह प्रेमचंद ने उसे जाना-पहचाना है।

तुलसीदास ने भारतीय जनता के गुणों का उदात्तीकरण कर राम के महान् चरित्र की कल्पना की। प्रेमचंद ने उन गुणों का उदात्तीकरण स्वयं उसी जनता के माध्यम से, उसे देवता या भगवान बनाए बिना, किया है, किसी एक व्यक्ति के माध्यम

से नहीं। उनके चरित्रों के जीवन में इतनी विषमता और पीड़ा के बावजूद प्रेमचंद की मानवीय आस्था और विश्वास का स्रोत क्या है—इस सवाल का उत्तर प्रेमचंद में उनके महान् गुणों और उनकी अपरिमित संभावनाओं की इसी पहचान में है। प्रेमचंद ने आदर्श को यथार्थ से प्राप्त किया था, और फिर उन्होंने उसे यथार्थ में परिवर्तन और विकास की प्रेरणा के अस्त्र के रूप में प्रयुक्त किया। 'आदर्शोन्मुख यथार्थवाद' और 'यथार्थोन्मुख आदर्शवाद' के माध्यम से प्रेमचंद ने यथार्थ और आदर्श की द्वंद्वात्मक एकता की सही पहचान की।

आदर्श का सीधा संबंध यथार्थ के प्रातिनिधिक (टिपिकल) तत्त्वों की पहचान से है, जिसे एंगेल्स ने यथार्थवादी कला की सबसे महत्त्वपूर्ण विशेषता माना। यथार्थवादी कला का यही चरित्र उसे प्राकृतिकतावादी चित्रण से पृथक् करता है। प्राकृतिकतावादी चरित्रों और उनके परिवेश को यांत्रिक तरीके से हू-ब-हू उतारना चाहता है, उनकी सतह पर रहते हुए उनके जटिल संबंधों के विश्लेषण की उपेक्षा करता है, विवरणों के बीच चुनाव करने की जगह उन्हें सिर्फ बटोरता है, उनमें क्या अर्थपूर्ण है और क्या नहीं इसके विवेक से रिक्त होता है, यथार्थ में बदलाव की संभावनाओं या उसकी दिशा को समझने में असमर्थ, अतः इतिहास-बोध से भी रिक्त होता है। इसके विपरीत यथार्थवादी व्यक्ति और परिवेश की हू-ब-हू नकल करने का प्रयास करने की जगह उनके उन तत्त्वों का चुनाव करता है जो यथार्थ की चारित्रिक विशेषताओं के प्रतिबिंबन की दृष्टि से प्रासंगिक और अर्थपूर्ण हैं। इसका यह अर्थ नहीं कि वह परिवेश को औसत की समतल भूमि पर खींच लाता है। यह जीवन के नियम के विरुद्ध है। जीवन इतना सरल नहीं कि हर व्यक्ति पर परिस्थितियों का समान प्रभाव पड़े और हर व्यक्ति अपने समाज या वर्ग के सारे गुण-दोष से भरा हो। इसलिए यथार्थवादी चरित्रों की वैयक्तिक विशेषताओं की उपेक्षा नहीं करता, बल्कि उनके माध्यम से ही उन परिस्थितियों को भी उजागर करता है जो उनका निर्माण करती हैं और जो समाज में व्यापक रूप से सक्रिय होने के कारण उसकी प्रातिनिधिक (टिपिकल) परिस्थितियाँ होती हैं। ऐसी परिस्थितियाँ सामाजिक यथार्थ का एक अंश होकर भी हमें उसकी समग्रता का बोध कराती हैं। यथार्थवादी प्रतिबिंब के इस प्रातिनिधिक चरित्र को प्रेमचंद ने बड़ी गहराई से समझा था। जनवरी, 1925 के 'समालोचक' में उपन्यास पर अपने एक लेख में उन्होंने लिखा था : "किन्हीं भी दो आदमियों की सूरतें नहीं मिलतीं, उसी भाँति आदमियों के चरित्र भी नहीं मिलते। जैसे सब आदमियों के हाथ, पाँव, आँखें, कान, नाक, मुँह होते हैं पर इतनी समानता पर भी उनमें विभिन्नता मौजूद रहती है उसी भाँति सब आदमियों के चरित्रों में कुछ समानता होते हुए भी कुछ विभिन्नताएँ होती हैं। इसी चरित्र-समानता और विभिन्नता, अभिन्नता और भिन्नता, और भिन्नत्व में अभिन्नत्व को दिखाना उपन्यास का मुख्य कर्तव्य है।" 'भिन्नत्व में अभिन्नत्व', विशेष में सामान्य—यथार्थवादी प्रतिबिंबन का प्रातिनिधिक

स्वरूप यही है। सिद्धांत के स्तर पर इस समझ को प्रेमचंद ने अपनी रचनाओं में अपने युग की परिस्थितियों के चित्रण और अपने चरित्रों के निर्माण में व्यवहृत किया। यह संभव नहीं कि यहाँ प्रेमचंद की रचनाओं से इसके बहुत सारे उदाहरण प्रस्तुत किए जा सकें, लेकिन इसे स्पष्ट करने के लिए उनकी प्रसिद्ध कहानी 'कफन' का उल्लेख किया जा सकता है।

ग़रीब चमार घीसू की पतोहू और उसके बेटे माधव की स्त्री बुधिया का प्रसव-पीड़ा से रात भर कराहते-कराहते मर जाना कोई असाधारण बात नहीं। लेकिन उसके कराहने के दौरान झोंपड़ी के अंदर एक बार भी गए या झाँके बिना कौड़े में भुने हुए आलू खाते जाने से लेकर उसके मर जाने के बाद गाँववालों से उसके कफन के लिए इकट्ठा किए गए पैसों से पूरी बोतल शराब पी और जीवन में पहली बार मनचाहा खाना खाकर नशे में डूबे हुए बाप औरं बेटे का नाचते और गाते हुए बेहोश होकर गिर पड़ना—यह सब कुछ असामान्य है, शायद अतिरंजित भी है। लेकिन उनका यह सारा असामान्य व्यवहार गाँवों में सामंती शोषण के नीचे दबे-पिसे हरिजन खेत मजदूरों के जीवन की परिस्थितियों के उस सामान्य यथार्थ को बड़े ही कलात्मक और प्रभावपूर्ण तरीके से प्रतिबिंबित कर देता है जो इतना अमानवीय है कि मनुष्य में स्नेह, करुणा, सहानुभूति, लोक-लज्जा, आत्म-सम्मान आदि के सहज भावों के स्रोत सुखा देता है। सामंती व्यवस्था के यथार्थ की पूरी जटिलता का बोध कराने के उद्देश्य से प्रेमचंद ने घीसू और माधव के चरित्रों के माध्यम से उस व्यवस्था में अपने श्रम के बावजूद दाने-दाने को मोहताज शोषितों के उसके प्रति दृष्टिकोण, उनकी मानव-आत्मा की कहीं पर दबी हुई, मन को पिघला देने वाली, कहीं क्षुब्ध, कहीं कड़वाहट से भरी हुई आवाज, उनमें कहीं अपनी नियति के सामने आत्म-समर्पण की दीन, असहाय भावना और कहीं व्यवस्था के विरुद्ध उभरती हुई एक नयी चेतना की सुगबुगाहट का संकेत भी किया है। सामंती व्यवस्था में जीवन के कुछ दूसरे पहलू भी कहानी में आए हुए अन्य चरित्रों के साथ घीसू और माधव के सामाजिक संबंधों में उभरे हैं। यहाँ यथार्थ के बोध, विश्लेषण और कलात्मक प्रतिबिंब में जो अद्भुत एकता स्थापित हुई है, वह प्रेमचंद के यथार्थवादी दृष्टिकोण में अपवाद नहीं बल्कि उसकी चारित्रिक विशेषता है।

भारतीय समाज के विभिन्न वर्गों से लिए गए चरित्रों की विविधता को भुलाकर अगर प्रेमचंद के किसान चरित्रों को ही ध्यान में रखा जाए तो भी उनमें कुछ बने-बनाए साँचों में ढली हुई एकरूपता देखना, उन्हें सपाट कहना, उन्हें मूक, निष्क्रिय और जड़ कहना न तो समझदारी और न ईमानदारी का सबूत है। उनके किसान चरित्रों में अगर कुछ सामाजिक नियति के सामने उसके पीछे कार्यरत शक्तियों की पहचान न होने के कारण अवाक् और किंकर्तव्यविमूढ़ होकर आत्मसमर्पण करते हुए जान पड़ते हैं तो कुछ शोषण और दमन की शक्तियों की पहचान करते हुए उनके विरुद्ध

अपनी घृणा और क्षोभ व्यक्त करते हैं और उनसे टकरा भी जाते हैं, अगर कुछ को अपनी शक्ति और सामाजिक भूमिका की पहचान नहीं है तो कुछ उसे पहचानने लगे हैं। अगर कुछ नये अनुभवों के बावजूद तरह-तरह के अंधविश्वासों और रूढ़िगत विचारों के घेरे से बाहर आने में असमर्थ हैं तो कुछ अपने अनुभवों से गुजर कर विकसित होते हैं। साम्राज्यवादी-सामंती शोषण की एक ही व्यवस्था के शिकार ये चरित्र अपनी विशेष व्यक्तिगत परिस्थितियों में उससे तरह-तरह से प्रभावित होते हैं और अपनी निजी चारित्रिक विशेषताओं से उस व्यवस्था के यथार्थ का समग्र प्रतिबिंब प्रस्तुत करते हैं। और उस प्रतिबिंब की समग्रता का एक अभिन्न तत्त्व इन चरित्रों के प्रति प्रेमचंद की करुणा मात्र नहीं है, जैसा कि शामलाल कहते हैं, बल्कि उनमें उनकी गहरी आस्था है, उनके उदात्त मानवीय गुणों के प्रति उनमें सम्मान की भावना है। प्रेमचंद की आशा का स्रोत क्या है—इसे समझना उनके लिए मुश्किल नहीं है जो अंधे सवाल उछालने की जगह इसे सचमुच समझना चाहते हैं।

अथाह दलदल में घुसकर उसमें से निकलने के लिए जितना ही जोर लगाया जाए, नतीजा उल्टा होता है। शामलाल को चूँकि गहराई से बहुत ज्यादा प्रेम है, इसलिए उसमें गर्दन तक डूब जाने के बाद भी वह एक बार ऐसा जोर लगाते हैं कि उस दलदल की गहराई में लापता हो जाते हैं। प्रेमचंद के यथार्थवादी दृष्टिकोण के विरुद्ध अपने बहुत सारे तर्कों की ताकत लगा चुकने के बाद अपने पाठकों के लिए, किसी-किसी नये ग्रह या महासागर की अद्भुत नयी खोज करने वाले व्यक्ति के अंदाज में, वह कहते हैं कि "जो भी हो उपन्यास का आविष्कार प्रेमचंद ने नहीं किया था," वह बुर्जुआ संस्कृति की देन है। इसके बाद प्रेमचंद से अपनी सहानुभूति व्यक्त करते हुए वह कहते हैं कि यह उनकी गलती नहीं थी अगर उन्होंने अपने राष्ट्रीय उत्साह के कारण उपन्यास का प्रयोग सुधारवादी लक्ष्यों के लिए किया। इसके साथ ही यह प्रेमचंद की कल्पना का दोष नहीं था अगर उन्होंने अपनी सबसे अच्छी कृति (उदारतापूर्वक दिए गए इस प्रमाण-पत्र के लिए शामलाल धन्यवाद के पात्र हैं क्योंकि घासलेटी से घासलेटी साहित्यकार की घासलेटी से घासलेटी कृतियों में भी कोई-न-कोई सबसे अच्छी कही ही जाएगी) 'गोदान' के लिए एक छोटे, बिना रीढ़ के किसान को नायक चुना। उस बेचारे गरीब को परिस्थितियों का शिकार तो होना ही है, लेकिन उसकी मुसीबत यह नहीं है कि वह गरीब है बल्कि यह है कि उसका कोई अपना चेहरा नहीं है। इतना होने पर भी अगर वह किसी उपन्यास के नायक होने की क्षमता का दावा करने से बाज नहीं आता तो इसमें शामलाल का क्या दोष अगर उस पर वह अपनी विद्वत्ता का एक अमोघ तीर यह कहते हुए चला देते हैं कि वह बाल्जाक और फ्लाबेर के उपन्यासों के चरित्रों की तरह समस्यापूर्ण नहीं है। उसे धराशायी करने के बाद वह प्रेमचंद को उपन्यासकार के रूप में जड़ से ही उखाड़ फेंकने के इरादे से, लेकिन पूरी सहानुभूति के साथ, कहते हैं कि दुर्भाग्य की बात यह थी कि

प्रेमचंद ने अपने लेखन का विषय एक ऐसे ग्रामीण समाज को बनाया जिसमें हर व्यक्ति अपनी परिस्थितियों की ऐसी उपज या दास था कि वहाँ समस्यापूर्ण 'व्यक्तियों' की कोई गुंजाइश ही नहीं थी। इसलिए इसमें आश्चर्य की कोई बात नहीं अगर प्रेमचंद की कृतियों में ज्यादातर उस तनाव की कमी है जिसके बगैर किसी महान् औपन्यासिक रचना का खड़ा हो पाना असंभव है। शामलाल के अनुसार प्रेमचंद भी ठीक अपने चरित्रों की तरह ही अपनी परिस्थितियों की उपज थे और उन परिस्थितियों में वह भीतरी उथल-पुथल नहीं थी जो उपन्यास के लिए उपन्यास होने की अनिवार्य और आधारभूत शर्त है। प्रेमचंद ने अपने उपन्यासों के लिए ऐसी वस्तु चुनी जो उपन्यास की वस्तु हो ही नहीं सकती थी। इसलिए इस गलती की कीमत उन्हें चुकानी पड़ी—वे बुरी तरह से पुराने पड़ गए हैं, अप्रासंगिक हो गए हैं।

यह कह पाना मुश्किल है कि भारतीय किसान के जीवन और उपन्यास के बारे में उनकी दो समझों में शामलाल की कौन समझ ज्यादा उथली है। सच तो यह है कि असंभव तर्कों के दलदल में फँसकर और अंत में लुप्त होकर वह उस गति को प्राप्त हो गई है जिसके बाद उसे केवल मौन श्रद्धांजलि अर्पित की जा सकती है। लेकिन ऐसा करने के पूर्व उनकी समझ के अंतिम प्रयास का उल्लेख करना आवश्यक प्रतीत होता है। वह प्रयास बाल्जाक और फ्लाबेर के चरित्रों के अलावा योरोपीय उपन्यास के विकास के मूल्यांकन के आधार पर भारतीय लेखकों को शिक्षित करने का है।

प्रेमचंद के दुर्भाग्य पर सहानुभूति दिखाने की अपनी उदार और गहरी व्यस्तता में शामलाल को शायद अपने इस दुर्भाग्य पर नजर डालने का मौका नहीं मिलता है कि जिन चीजों के बारे में वह आखिरी फैसले या फतवे के अंदाज में अपना मत व्यक्त करते हैं उनका कुछ ज्ञान उनके पाठकों को भी है। यह सही है कि बाल्जाक और फ्लाबेर के उपन्यासों के चरित्र समस्यापूर्ण 'व्यक्ति' हैं, घोर व्यक्तिवाद की अभिव्यक्ति हैं, लेकिन इसके बाद उनकी समानता समाप्त हो जाती है। एंगेल्स और मार्क्स ने बाल्जाक के चरित्रों के व्यक्तिवाद के बावजूद उनकी सराहना की थी, क्योंकि उनके माध्यम से पूँजीवादी व्यवस्था के व्यक्तियों में निजी स्वार्थों से प्रेरित पारस्परिक प्रतिस्पर्धा की प्रवृत्ति से उत्पन्न जीवन के सारे अंतर्विरोधों का प्रतिबिंब सामने आता है और उस व्यवस्था के प्रति बाल्जाक के आलोचनात्मक दृष्टिकोण का पता चलता है। फ्लाबेर के चरित्रों की समस्याएँ भीषण त्रासदी से समाविष्ट होने के बावजूद सामाजिक यथार्थ का वैसा विश्लेषण और समग्र प्रतिबिंब प्रस्तुत करने में असमर्थ हैं, क्योंकि वे अपने सामाजिक परिवेश को पीछे धकेलकर उन चरित्रों की शुद्ध मनोवैज्ञानिक समस्याओं के रूप में सामने आती हैं। योरोप में उपन्यासों के विकास का इतिहास यथार्थ के प्रति इन दो दृष्टिकोणों के बीच निरंतर चलने वाले संघर्ष का इतिहास है। बाल्जाक का यथार्थवादी दृष्टिकोण आधुनिक समाज में मजदूरों और

किसानों की निर्णायक भूमिका और उनकी विजय से उत्पन्न नयी परिस्थितियों में गुणात्मक परिवर्तन के साथ समाजवादी यथार्थवाद में विकसित होता है, जबकि फ्लाबेर का मनोवैज्ञानिकतावाद पूँजीवादी विकास की चरम परिणति साम्राज्यवाद के सांस्कृतिक संकट के दौर में समाज में पराए, अजनबी या बाहरी लोगों की तरह रहने वाले व्यक्तियों के अपने अस्तित्व को चरितार्थ करने की अक्षमता के बोध से जुड़कर आधुनिकतावाद में परिणत हो जाता है, जो व्यक्ति को उसके सामाजिक परिवेश से विच्छिन्न कर समझने की अपनी प्रवृत्ति के कारण मूलतः यथार्थवाद-विरोधी दृष्टिकोण है। पूँजीवादी व्यवस्था की देन होते हुए भी उपन्यास चरित्रों के माध्यम से सामाजिक यथार्थ के प्रतिबिंबन और विश्लेषण के अस्त्र के रूप में अस्तित्व में आया और विकसित हुआ और उसका रूप उन नयी परिस्थितियों में भी कायम रहा जिनमें पूँजीवादी व्यवस्था का अंत और समाजवादी व्यवस्था का जन्म हुआ। शामलाल के तर्क का यही निष्कर्ष हो सकता है कि साहित्यिक विधाओं का उस सामाजिक व्यवस्था के साथ ही अंत हो जाना चाहिए जिसने उन्हें जन्म दिया था। तथ्यों के विरुद्ध जाने का उनका यह दुस्साहस इसलिए और भी अक्षम्य और घृणित हो जाता है कि यह एक ऐसे व्यक्ति का दुस्साहस है जिसकी रीढ़ ह्रासशील पूँजीवादी साहित्य की लादी ढोते-ढोते टूट गई है और जो स्वयं अपनी जातीय साहित्यिक और सांस्कृतिक परंपराओं के प्रति सम्मान की भावना से पूरी तरह रिक्त हो चुकने के बाद लादी ढोने के लिए हमारे सभी लेखकों को आहूत करता है। उस व्यक्ति के शब्द ये हैं : ''यह कोई नाक-भौं सिकोड़ने की बात नहीं है। हम अपने साहित्य का इस अर्थ में भारतीयकरण नहीं कर सकते कि विदेशी प्रभाव के प्रत्येक चिह्न को दूर कर दें। हम अपनी परंपरा पर भरोसा नहीं कर सकते, क्योंकि अगर इस बारे में हम सचमुच ईमानदार हैं तो हमारी परंपरा में वह क्षमता नहीं है कि वह हमें उन समस्याओं के समाधान की राह दिखा सके जिनका हम आज सामना कर रहे हैं। ज्यादा से ज्यादा वह इतना भर कर सकती है कि हमें उन विवशताओं का सही अनुमान कराए जिनके नीचे हम जी रहे हैं।'' इससे जाहिर है कि शामलाल के अनुसार हमारी परंपरा ने हमारे लिए जिन समस्याओं और विवशताओं की सृष्टि की है उनका समाधान हमें पश्चिम की संस्कृति और विचारधारा में ही मिल सकता है। शामलाल को शायद यह नहीं मालूम कि पश्चिम की जिस संस्कृति और विचारधारा को वह हमारी समस्याओं और विवशताओं के समाधान की कुंजी बता रहे हैं वह खुद ऐसे संकट में है, इतनी अक्षम है कि वह केवल समस्याओं और विवशताओं को जन्म दे सकती है, उनके समाधान नहीं दे सकती।

सामाजिक विकास के वर्तमान ऐतिहासिक दौर में अपने चरमोत्कर्ष पर पहुँची हुई और स्वयं अपने अंतर्विरोधों से संकटापन्न, जर्जरित, ह्रासशील और मरणासन्न पूँजीवादी व्यवस्था आखिरी साँस तक अपने जीवन की रक्षा के लिए न केवल मानव-संहार के अस्त्रों का संग्रह करती और युद्धों का सहारा लेती है बल्कि जनता

को बौद्धिक और आत्मिक रूप से निरस्त्र करने के लिए अपनी विचारधारा का भी प्रयोग करती है। साहित्य और कला में उस विचारधारा के प्रवेश का सबसे सुगम और जाना-पहचाना रास्ता आधुनिकतावाद है, जो व्यक्ति की सारी समस्याओं को उन्हें जन्म देनेवाली परिस्थितियों से पृथक् कर सर्वथा काल और परिवेश निरपेक्ष, शाश्वत और सार्वभौम रूप देना चाहता है। उसके इस दृष्टिकोण को विश्वमानवतावाद या विश्व नागरिकतावाद (कास्मापालिटनिज्म) के अलंकृत किंतु भ्रमोत्पादक नाम से जाना जाता है। इसका उद्देश्य जनता को अपनी परिस्थिति विशेष के प्रति उदासीन बनाना, उसे बदलने के लिए संघर्षशील होने की जगह जनता को संघर्ष-विरत और निष्क्रिय कर देना और दूसरे राष्ट्रों और जातियों के अनुभवों और उपलब्धियों से सीख लेते हुए भी अपनी राष्ट्रीय और जातीय कला, साहित्य और संस्कृति की परंपरा की रक्षा और विकास के लिए जनता को प्रयत्नशील करने की जगह उनके प्रति उसे अचेत और तटस्थ बनाना और विमुख करना होता है। शामलाल ने प्रेमचंद की यथार्थवादी परम्परा को अप्रासंगिक घोषित करते हुए नये यथार्थवाद के नाम पर हमारे लेखकों को जो रास्ता सुझाया है वह यही रास्ता है। उनके इरादों के बारे में किसी गलतफहमी के लिए जगह नहीं। यह बात दूसरी है कि तथ्यों की पुनः उपेक्षा करते हुए शामलाल यह नहीं देख पाते कि आधुनिकतावाद के लिए उनकी सारी वकालत के विरुद्ध जाते हुए हमारे अधिकांश लेखक प्रेमचंद की यथार्थवादी परंपरा से जुड़े हुए हैं और उसे आज की परिस्थितियों में आगे बढ़ा रहे हैं।

शामलाल को शायद यह भी नहीं मालूम या शायद इसे छिपाना उनके लिए जरूरी है कि प्रेमचंद में वह संकुचित राष्ट्रीयता नहीं थी जो उपन्यास का ऐसा भारतीयकरण करे कि उसके निकट कोई विदेशी प्रभाव फटक न पाए। प्रेमचंद ने विदेशी उपन्यासकारों से बहुत कुछ सीखा, जिनमें बाल्जाक, मोपासां, डिकेन्स, तोल्सतॉय और गोर्की प्रमुख थे। उन्होंने भारतीय समाज की समस्याओं के समाधान के लिए दूसरे देशों पर भी नजर डाली, उनमें हो रही उथल-पुथल से, विशेषतः रूस की समाजवादी क्रान्ति के अनुभवों से अपने समाज के यथार्थ के बारे में अपनी समझ साफ और गहरी की और 1919 में लिखे गए अपने लेख 'पुराना जमाना : नया जमाना' और 1936 में अपनी मृत्यु से तीन सप्ताह पहले 'हंस' में लिखे गए अपने लेख 'महाजनी सभ्यता' में सामंतवादी और पूँजीवादी-साम्राज्यवादी व्यवस्थाओं और शोषण पर आधारित उनकी अमानवीय और पतनशील संस्कृति के अनिवार्य अंत की घोषणा की। लेकिन उन्होंने अपने समाज की सारी समस्याओं और उसके सारे अंतर्विरोधों के हल प्रस्तुत करने वाली शक्ति अपनी जनता में ही देखी। 1918 में 'स्वदेश' के प्रवेशांक के संपादकीय में उन्होंने लिखा : ''हिंदुस्तान का उद्धार हिंदुस्तान की जनता पर निर्भर है।'' उन्हें यह समझने में बहुत देर नहीं लगी कि अहिंसा, प्रेम और करुणा इत्यादि से नहीं बल्कि जन-संघर्षों के माध्यम से ही सामाजिक परिवर्तन

लाया जा सकता है। वह जनता के लिए करुणा की माँग करने वाले स्वतः नियुक्त भिक्षुक नहीं थे, जैसाकि शामलाल उन्हें दिखाना चाहते हैं, बल्कि जनता के जीवन की विषमताओं के चित्रण के माध्यम से उनके लिए उत्तरदायी व्यवस्था के क्षयग्रस्त और मरणासन्न होने की चेतावनी दे रहे थे। प्रेमचंद अपने समाज को समझते थे, उसमें वर्तमान प्रगति और प्रतिक्रिया की ताकतों के बीच टकराव और उसके माध्यम से सामाजिक परिवर्तन और विकास की अनिवार्यता को पहचानते थे, अपनी जनता की शक्ति और कमजोरियों और उनके सामाजिक कारणों को पहचानते थे, उसके चरित्र में महानता के तत्त्व देखते थे और उसकी सृजनात्मक प्रतिभा के प्रति आस्थावान थे। उन राष्ट्रीय और अंतर्राष्ट्रीय परिस्थितियों के प्रति जागरूक थे जो हमारी जनता की मुक्ति के संघर्ष में सहायक थीं, अपनी संस्कृति पर गर्व करते थे और उसके स्वस्थ तत्त्वों को उसके अस्वस्थ तत्त्वों से अलग कर सकते थे। वह अपनी जमीन पर खड़े थे और यह जानते थे कि उससे रिश्ता तोड़ लेने पर लेखक का जिन्दगी से कोई रिश्ता नहीं रह जाता, लेखक के पास अपना कोई चेहरा. या पहचान नहीं रह जाती और उसकी सारी प्रतिभा व्यर्थ हो जाती है।

एक और कारण से शामलाल प्रेमचंद को अप्रासंगिक समझते हैं। उनका कहना है : "समय ने प्रेमचंद को वंशगत पूजा का प्रतीक बना दिया है। नहीं तो क्या कारण है कि इतने सारे विशिष्ट लोग उनकी जन्मशती पर उन्हें सम्मान के साथ याद करने के लिए एकत्र होते हैं? अब उनमें चौंकाने या चोट करने की क्षमता नहीं रह गई है। अगर ऐसा नहीं होता तो क्यों दक्षिणपंथी भी उन्हें अपनाने के लिए उतने ही व्यग्र होते जितने वामपंथी?" शामलाल की उथली गहराइयों का एक नमूना यह वक्तव्य भी है। शायद उनके लिए यह समझ पाना मुश्किल है कि सब लोग उन्हीं की तरह उदार नहीं हैं कि प्रेमचंद को अप्रासंगिक घोषित करने के लिए उन्हें याद करें। अगर सब तरह के लोग प्रेमचंद को याद करते हैं तो इसका मतलब यही है कि उनकी नजरों में प्रेमचंद महान् हैं और शायद प्रासंगिक भी। तुलसीदास को पंडे-पुजारियों से लेकर प्रगतिशील विचारों तक के लोग समान रूप से अपनी श्रद्धांजलियाँ अर्पित करते हैं और हम जानते हैं कि तुलसीदास को किन चीजों के लिए पंडे-पुजारी सम्मान देते हैं और किन चीजों के लिए प्रगतिशील विचारों के लोग। किसी भी साहित्यकार का मूल्यांकन अलग-अलग युगों और अलग-अलग वर्गों में होनेवाले वैचारिक संघर्षों से निरपेक्ष नहीं होता। दक्षिणपंथी और वामपंथी दोनों ही अगर समान रूप से प्रेमचंद को अपनाने को तैयार हैं तो इसका मतलब यह नहीं है कि वे दोनों समान कारणों से ऐसा करते हैं। उसकी ओर इस लेख के प्रारंभ में संकेत किया जा चुका है। अंत में, अगर प्रेमचंद शामलाल को चौंकाते नहीं, उन पर चोट नहीं करते तो फिर उन्हें प्रेमचंद की परंपरा के विरुद्ध बचकाने से बचकाने तर्क के बेहिचक इस्तेमाल की क्या जरूरत थी?

वामपंथी और जनवादी विचारों के लोग प्रेमचंद की परंपरा को अत्यंत मूल्यवान और प्रासंगिक समझते हैं क्योंकि प्रेमचंद ने अपने युग में यथार्थवाद की लड़ाई अपनी कला के माध्यम से जीतने के साथ-साथ अपनी विरासत में उन विचारों के ऐसे शक्तिशाली अस्त्र भी सौंपे हैं जो बार-बार यथार्थवाद के विरुद्ध खड़ी की जाने वाली नयी-नयी मुहिमों में उसकी रक्षा में निश्चित रूप से कारगर साबित होंगे। प्रेमचंद की प्रासंगिकता का उल्लेख करते हुए यह कहना भी आवश्यक है कि अभी तो हमारे समाज में सत्ता की बागडोर प्रेमचंद की जनता, मजदूरों और किसानों के हाथों में नहीं है। अभी उस जनता का अधिकांश शोषित, गरीब और अशिक्षित है। लेकिन वह दिन आकर रहेगा जब जनता की विजय होगी और जब वह मुक्त होकर अपनी और समाज की नियति का निर्माण करेगी। उस समय प्रेमचंद केवल साहित्यकारों, बुद्धिजीवियों और बहुत ही छोटी संख्या वाले शिक्षितों के लिए ही नहीं बल्कि सारी जनता के लिए प्रासंगिक होंगे, उनका साहित्य सारी जनता के लिए एक अत्यंत मूल्यवान विरासत होगा। महान् जनवादी अमरीकी कवि वाल्ट ह्विटमन ने दुनिया से विदा लेते समय आगे आने वाले पाठकों को इन शब्दों में संबोधित किया था :

गीत मेरे बंद होते हैं—साथ उनका छोड़ता हूँ,
वह यवनिका जहाँ अबतक छिपा था हटाकर मैं
स्वयं ही आ गया, तुमसे मिल रहा, मात्र तुमसे।
आह, साथी! यह नहीं पुस्तक तुम्हारे हाथ में,
परस इसका किसी मानव का परस है।
(रात्रि है यह? साथ में हम-तुम अकेले यहाँ?)
तुम मुझे पकड़े हुए हो, मैं तुम्हें पकड़े हुए हूँ,
अहा, पृष्ठों से उछलकर मैं तुम्हारे अंक में आ गया—
मौत ने वापस किया मुझको।
नींद आती है तुम्हारी उँगलियों के स्पर्श से,
और मेरे चतुर्दिक—ज्यों ओसकन—पड़ती तुम्हारी साँस—
और मेरे कर्णकुहरों में तुम्हारी नाड़ियों की धड़कनें लोरियाँ गातीं,
जान पड़ता शीश से आपाद डूबा हूँ किसी मधु-कुंड में—
  भर गया जी,
  —विदा, साथी, फिर मिलेंगे!

जनता की विजय और नये समाज के निर्माण के अभियान के उस युग में प्रेमचंद अपनी रचनाओं से बाहर निकलकर अपने पाठकों के बीच आ जाएँगे और उनके और उनके पाठकों के बीच निकटता और एकता का वही संबंध होगा जिसकी कामना ह्विटमन की इन पंक्तियों में व्यक्त है। उस समय प्रेमचंद की प्रासंगिकता जीवन में साक्षात् मूर्तिमान होगी। उस वक्त यह बात और भी स्पष्ट होगी कि जीवन

के यथार्थ को समझने और प्रतिबिंबित करने का उनका तरीका कितना सही था। जिंदगी और उसके बारे में आदमी की समझ स्थिर रहने वाली चीजें नहीं हैं, उनमें अनवरत विकास हुआ करता है। इसलिए जिंदगी को उद्घाटित करने वाले सारे प्रयास परंपरा की अटूट शृंखला में कड़ियों की भाँति जुड़ते रहते हैं और कभी अप्रासंगिक नहीं होते। प्रेमचंद का साहित्य हमारे साहित्य की लंबी मानवीय और जनवादी परंपरा का अंग है और इस परंपरा का अंत नहीं, विकास ही होगा।

मैथिलीशरण गुप्त और उनकी कविता

मैथिलीशरण गुप्त को अनौपचारिक किंतु व्यापक रूप से राष्ट्रकवि कहा जाता है। इसमें आपत्ति नहीं हो सकती—यदि राष्ट्रकवि का अभिप्राय स्पष्ट हो। राष्ट्रकवि के लिए आवश्यक नहीं कि वह अपने युग का सबसे बड़ा कवि हो या कि वह अपने युग का सबसे बड़ा कवि नहीं तो सबसे बढ़ा हुआ कवि हो। उसके लिए यह भी आवश्यक नहीं कि वह अपने युग की सभी सामाजिक और सांस्कृतिक प्रवृत्तियों या उसकी सबसे प्रगतिशील विचारधारा का प्रतिनिधित्व करे। उसके लिए सबसे आवश्यक चीज यह है कि वह अपने युग की सामान्य विचारधारा और भावों को भाषा के लोकप्रचलित प्रयोग में अभिव्यक्त कर सके। इसके लिए उसमें संयम, संतुलन और समन्वय, बल्कि उनसे भी अधिक, समझौते का कौशल होना चाहिए। वह विचारों और भावों की सार्वभौमता के सामने उनकी गहराई को कम महत्त्व देता है, समष्टिगत सत्य की स्वानुभूत अन्विति का आग्रह छोड़कर वह उसे यथावत् अपनी प्रतीति के रूप में ग्रहण करता है। विज्ञान की भाषा में, समाज और उसके व्यक्तित्व के बीच रासायनिक क्रिया नहीं बल्कि यांत्रिक क्रिया होती है। ऐसा कवि विचारों और भावों के नये सूक्ष्म स्तरों का उद्घाटन नहीं, बल्कि उसके आलोकित हो चुके अंशों का समाहार और संस्कार करता है।

इस अर्थ में मैथिलीशरण गुप्त को राष्ट्रकवि कहना अनुचित नहीं।

गुप्तजी की आधी शताब्दी से भी लंबी साहित्य-यात्रा का काल हमारे समाज और साहित्य में काफी उथल-पुथल और नये मोड़ों का काल था। यह असंभव था कि इनका कुछ-न-कुछ प्रभाव गुप्तजी पर न पड़ता, लेकिन मोटे तौर पर वे उस सीधे रास्ते पर चलते रहे जो साहित्य में उन्हें आचार्य महावीरप्रसाद द्विवेदी से, धर्म में वैष्णव मत से, राजनीति और संस्कृति में भारतीय पुनर्जागरण और महात्मा गांधी के नेतृत्व में चलनेवाले राष्ट्रीय आंदोलन से मिला था। इस दौरान देश में मार्क्सवादी विचारधारा और पश्चिम के आधुनिक उग्र व्यक्तिवाद का भी उदय हुआ और हिंदी-साहित्य में तीन शक्तिशाली आंदोलन खड़े हुए—छायावाद, प्रगतिवाद और

व्यक्तिवाद। इन सबका नैतिक, सामाजिक और साहित्यिक दृष्टिकोण गुप्तजी के दृष्टिकोण से भिन्न और प्रायः उसका विरोधी था। इन आंदोलनों की मूल प्रवृत्ति गुप्तजी की तरह सामंजस्य या समझौते की नहीं, बल्कि विद्रोह की थी। उन्हें गुप्तजी की बात और बात कहने का उनका ढंग, दोनों ही नापसंद थे। आश्चर्य नहीं यदि इन आंदोलनों के आधार पर खेमों में बँटी हुई हिंदी कवियों की आधुनिक पीढ़ी गुप्तजी के प्रति असहिष्णु या असहानुभूतिपूर्ण होती गई है। वह गुप्तजी की काव्य-साधना और उपलब्धियों के प्रति सम्मान व्यक्त करती है, किंतु उनमें हिंदी कविता के भावी विकास की संभावनाएँ नहीं देखती। यह दृष्टिकोण आवेशजन्य अधिक है, विवेकपूर्ण कम।

गुप्तजी ने काव्य-साधना की दीक्षा ऐसे युग से ली जो कविता और नैतिक सोद्देश्यता में अविच्छिन्न संबंध मानता था। ऐसे कवि के लिए 'विषयोत्कृष्टता' का बहुत बड़ा महत्त्व है। 'भारत-भारती' में गुप्तजी ने कहा है :

कवि के कठिनतर कर्म की,
  करते नहीं हम धृष्टता।
पर क्या न विषयोत्कृष्टता,
  करती विचारोत्कृष्टता ॥

इसी दृष्टि से अपने अधिकांश प्रबंध-काव्यों के लिए उन्होंने रामायण, महाभारत, पौराणिक आख्यान और भारतीय इतिहास के महान् चरित्रों को चुना। 'जयद्रथ-वध' में उन्होंने अपने पाठकों की अपने 'पूर्वजों के शील की शिक्षा तरंगों में' बहने के लिए आमंत्रित किया। इसी प्रबंध-काव्य में एक अन्य स्थल पर उन्होंने कहा :

सहृदय जिसे सुनकर द्रवित हों
  चरित वैसा चाहिए,
अति भव्य भावों का नमूना
  और कैसा चाहिए!

इसके उद्देश्य के संबंध में उन्होंने कहा :

क्या पाप की ही जीत होती, हारता है पुण्य ही?

उनके अनुसार आदर्शोन्मुखता के बिना काव्य का कोई मूल्य नहीं। 'साकेत' में लक्ष्मण उर्मिला से कहते हैं :

जो अपूर्ण कला उसी की पूर्ति है।
जो रहा है जो जहाँ, सो हो रहा,
यदि वही हमने कहा, तो क्या कहा?
किंतु होना चाहिए कब, क्या, कहाँ?
व्यक्त करती है कला ही यह यहाँ।

उत्कृष्ट विषय उत्कृष्ट विचारों को जन्म देते हैं उन्हें सजाकर और सबल रूप

में रखना ही कवि-धर्म है—'अभिव्यक्ति की कुशल शक्ति ही तो कला' ('साकेत')। इस प्रकार गुप्तजी का आदर्श वह क्लासिकी सिद्धांत था जिसे अंग्रेजी कवि पोप ने इन शब्दों में रखा था—'ह्वाट आफ्ट वाज थाट, बट नेवर सो वेल एक्सप्रेस्ड्' (जिसे बहुधा सोचा जाता था किंतु जिसे कभी उतने अच्छे ढंग से व्यक्त नहीं किया गया था)।

हर युग की अपनी नैतिकता होती है और नैतिक सोद्देश्यता का अर्थ होता है कवि द्वारा अपने युग के नैतिक मूल्यों को निरूपित करना, उन्हें पुष्ट करना। इसलिए आर्ष या पौराणिक चरित्रों के चुनाव का यह अर्थ नहीं था कि गुप्तजी उनके जीवन-दृष्टिकोण या उनकी नैतिकता को सोलहो आने स्वीकार कर लें। उन्होंने पुराने चरित्रों और आख्यानों को अपने युग की आकांक्षाओं और नैतिकता के साँचों में ढालने का प्रयत्न किया। 'साकेत' में गुप्तजी के ऐसे प्रयत्नों का उल्लेख करते हुए आचार्य रामचंद्र शुक्ल ने अपने 'हिंदी-साहित्य का इतिहास' में लिखा है—"रामायण के भिन्न-भिन्न पात्रों के परंपरा से प्रतिष्ठित स्वरूपों को विकृत न करके उनके भीतर ही आधुनिक आंदोलनों की भावनाएँ—जैसे किसानों और श्रमजीवियों के साथ सहानुभूति, युद्ध-प्रथा की मीमांसा, राजव्यवस्था में प्रजा का अधिकार और सत्याग्रह, विश्व-बंधुत्व, मनुष्यत्व—कौशल के साथ झलकायी गई हैं। किसी पौराणिक या ऐतिहासिक पात्र के परंपरा से प्रतिष्ठित स्वरूप को मनमाने ढंग पर विकृत करना हम भारी अनाड़ीपन समझते हैं।" गुप्तजी का यह कार्य ऐसा न था जो अन्य युगों में अन्य भाषाओं के कवियों द्वारा न किया गया हो। नवीनीकरण की यह प्रक्रिया इस बात का सबूत है कि गुप्तजी, अपनी सीमाओं के भीतर रहते हुए भी, युग के प्रति अपने कर्तव्य का निर्वाह करना चाहते थे। इसी के फलस्वरूप उनकी कविता की एक विशेषता है—तर्कप्रधानता। उनके पात्र अवसर पाते ही कोई सामाजिक, राजनीतिक या नैतिक समस्या खड़ी कर देते हैं और खंडन-मंडन-पद्धति से गुप्तजी की राष्ट्रीय, वैष्णव, गांधीवादी या मानवतावादी नैतिकता की स्थापना करते हैं।

इससे यह भी स्पष्ट हो जाता है कि गुप्तजी पुनरुत्थानवादी नहीं हैं जैसा कि अक्सर कहा जाता है। कोई व्यक्ति पुनरुत्थानवादी पौराणिक विषयों या धार्मिकता के कारण नहीं बन जाता। पुनरुत्थानवाद दृष्टिकोणगत होता है और वह बदली हुई परिस्थितियों में सत्वहीन नैतिक मान्यताओं को यथावत् वापस लाना चाहता है। गुप्तजी को अंध-हिंदू-राष्ट्रवादी के रूप में चित्रित करना गलत होगा। उनकी राष्ट्रीयता गांधी-युग की राष्ट्रीयता है, जो धार्मिक पुट के बावजूद सांप्रदायिक वैमनस्य से मुक्त है, जिसमें वैष्णव उदारता है और जो देश के साथ-साथ सारी मानवता को प्यार कर सकती है। 'सिद्धराज' के अंत में भी आक्रमण इस्लाम या मुसलमानों पर नहीं है, बल्कि उन आक्रमणकारियों पर है जो बलपूर्वक हिंदुओं का धर्म-परिवर्तन कराते थे और मंदिरों को ध्वस्त करते थे। 'काबा और कर्बला' के आवेदन में उन्होंने लिखा है—"आक्रमणकारियों के कठोर कर्मों के कारण आक्रांत लोगों को उनके धर्म के

विषय में भी बहुधा भ्रांत धारणाओं का लक्ष्य होना पड़ता है। अन्यथा मूलतः सब धर्मों के एक ही उद्देश्य होते हैं... ।'' उसी में उन्होंने यह भी लिखा है—'अपने देश में आंतरिक सुख-शांति के लिए हमको मिल-जुल कर ही रहना होगा। समान दुःख ही हमारी पारस्परिक सहानुभूति का आधार नहीं होना चाहिए। यह तो एक विवशता का विषय है। हमें एक-दूसरे के प्रति उदार और सहिष्णु होना होगा; एक-दूसरे से परिचय और प्रेम बढ़ाना होगा। हमारी मैत्री-भावना 'प्रेम एवं परोधर्मः' पर ही प्रतिष्ठित हो सकती है।' 'विष्णु प्रिया' में गुप्तजी ने कहा है :

विभुमय विश्व जान वैष्णव सहज ही
होते हैं विनम्र और विनयी हृदय से।

जाति-पाँति, ऊँच-नीच, नारी की अवहेलना या उसके प्रति घृणा आदि की जिस तरह से गुप्तजी ने आलोचना की है, उससे स्पष्ट है कि उनका उद्देश्य पौराणिक और धार्मिक आख्यानों की काया में नयी आत्मा की प्रतिष्ठा करना है। जो भारतीय जीवन की आध्यात्मिकता पर जरूरत से ज्यादा जोर देते हैं, उनके लिए गुप्तजी की 'जयिनी' कविता में मार्क्स द्वारा कही गई पंक्तियाँ उद्धृत करना उचित होगा :

आत्मसमदर्शिता, जो आध्यात्मिक ही रही,
देखूँ उसे भौतिक भी, इष्ट मुझे है यही।

इसी प्रकार 'दिवोदास' में जोर आध्यात्मिकता पर नहीं, बल्कि पुरुषार्थ पर है। 'दिवोदास' काशी-राज्य से देवताओं का निष्कासन कर देता है और अकालपीड़ित जनता का इस प्रकार आह्वान करता है :

सुजला अब भी भूमि हमारी,
चलो करें उद्योग,
सुफला इसे बना लें मिलकर,
सम भोगी हम लोग।

पुरुषार्थ का यह स्वर पुनरुत्थानवाद की उपज नहीं। यह राष्ट्रीय मुक्ति के लिए संग्राम की भावना, देश के नव-निर्माण की आकांक्षा और सारी मानवता की प्रगति में आस्था का फल है। 'नहुष' का स्वर गुप्तजी की अधिकांश रचनाओं में गूँजता है :

आज मेरा भुक्तोज्झित
हो गया है स्वर्ग भी,
ले के दिखा दूँगा कल
मैं ही अपवर्ग भी।

'साकेत' में राम कहते हैं :

संदेश यहाँ मैं नहीं स्वर्ग का लाया,
इस भूतल को ही स्वर्ग बनाने आया।

वास्तव में गुप्तजी का दृष्टिकोण पुनरुत्थानवादी न होकर मर्यादावादी है। उनका युग विविध विचारधाराओं और दृष्टिकोणों के टकराव का युग था। समन्वयवादी गुप्तजी ने उनमें से हर एक को मर्यादा के भीतर रखकर ग्रहण किया। 'साकेत' में राम सीता से कहते हैं :

जितने प्रवाह हैं, बहें–अवश्य बहें वे,
निज मर्यादा में किंतु सदैव रहें वे।

'यशोधरा' में गोपा और 'विष्णुप्रिया' में विष्णुप्रिया के चरित्र की उदात्तता के मूल में यही मर्यादा की भावना है। गृहधर्म की मर्यादा का पालन करनेवाली गोपा सिद्धिप्राप्त गौतम को उनकी अनुपस्थिति में इन शब्दों में चुनौती देती है :

आओ, प्रिय! भव में भाव-विभाव भरें हम,
डूबेंगे नहीं कदापि, तरें न तरें हम।
कैवल्य-काम भी काम, स्वधर्म धरें हम,
संसार-हेतु शत बार सहर्ष मरें हम।

हर चीज को मर्यादित रूप में स्वीकार कर लेने की क्षमता के कारण ही गुप्त जी में दृष्टि की वह व्यापकता आ सकी जिसके कारण उन्हें अपने युग का प्रतिनिधि कवि कहा जाता है। जाहिर है, समाहार करने में कुछ-न-कुछ यांत्रिकता आ ही जाती है और व्यक्तित्व उभरता नहीं। यह ताकत और कमजोरी द्विवेदी युग के सभी कवियों में है।

राष्ट्रीय भावना ने द्विवेदी युग में कवियों के प्रकृति के प्रति भी एक नये दृष्टिकोण को जन्म दिया। हिंदी की मध्ययुगीन शृंगार कविता में, कुछ अपवादों को छोड़कर, प्रकृति प्रसाधन के रूप में ही प्रस्तुत की जाती थी। राष्ट्रीय भावना ने कवियों को अपने देश की जमीन, पहाड़ों, नदियों, ज़ंगलों, खेतों आदि से प्रेम करना सिखाया। उनके चित्रण में कवियों के आत्मीय स्वर सुनाई पड़ने लगे। उनकी सुंदरता राष्ट्र के गौरव की चीज समझी जाने लगी। उनके मूक स्वरों में चुनौती थी। कवियों ने उनकी स्वतंत्र सत्ता को स्वीकार किया और पहली बार इनके प्रति प्रेम के भाव अंकुरित हुए। गुप्तजी की 'पंचवटी', 'साकेत', 'कुणाल गीत' आदि रचनाओं में इस प्रकार के अनेक स्थल हैं। गुप्तजी ने 'झंकार' में प्रकृति के माध्यम से विराट के निकट पहुँचने की छायावादी शैली का भी प्रयोग किया, किंतु सूक्ष्म-दर्शन की वह शैली उनकी अपनी निजी शैली नहीं थी। सबसे महत्त्व की बात यह है कि उनके काव्य में प्रकृति अपने पैरों पर खड़ी हुई।

दो शब्द गुप्तजी की कला-साधना के विषय में। गुप्तजी की सबसे प्रसिद्ध रचना 'भारत-भारती' से ही अक्सर गुप्तजी की कला की परख की जाती है, लेकिन उसके बाद अपनी लंबी काव्य-साधना के दौरान गुप्तजी की भाषा में लोच और मिठास का भी विकास हुआ। अक्सर उनके आलोचक यह भूल जाते हैं कि गुप्तजी का

कविता-काल उस समय प्रारंभ होता है जब इस बहस की गूँज अभी तक समाप्त नहीं हुई थी कि खड़ी बोली में कविता लिखी जा सकती है या नहीं। गुप्तजी उन कवियों में हैं जिन्होंने अपनी प्रारंभिक कविता से खड़ी बोली की शक्ति को निर्भ्रांत रूप से सिद्ध कर दिया। उन्होंने उसे शक्ति दी और सँवारा, उसे छंदों में वर्णन का प्रवाह दिया। आगे चल कर उन्होंने उसे मार्मिक अनुभूतियों को व्यक्त करने की भी क्षमता दी। इसमें संदेह नहीं कि रीतिकालीन कल्पना और उक्ति-चातुर्य के मोह से गुप्तजी सर्वथा मुक्त नहीं हो सके, लेकिन मुख्य बात यह है कि उन्होंने परंपरा का छोर पकड़े हुए भी हिंदी कविता को नयी दिशा दी।

निराला : विराट से लघु की ओर

कितने ही विघ्नों का जाल
जटिल, अगम, विस्तृत पथ पर विकराल,
कंटक कर्दम, भय-श्रम-निर्मम कितने शूल,
हिंस्र निशाचर, भूधर, कंदर पशु-संकुल
  पथ घन-तम, अगम अकूल—
पार-पार करके आए, हे नूतन!
सार्थक जीवन ले आए
श्रम-कण में बंधु, सफल-श्रम!

—स्वागत (परिमल)

निराला की अस्थियाँ प्रवाहित कर दी गईं—वे अस्थियाँ जो चिता पर चढ़ने के पहले जिंदगी की आँच में तप चुकी थीं। वैज्ञानिक युग है, नयी पुराण-कथाओं की रचना नहीं होती। लेकिन दधीचि की कथा और निराला के जीवन का साम्य स्पष्ट है। दधीचि की अस्थियों के स्थान पर निराला का सारा साहित्य है, जो आसुरी शक्तियों के विरुद्ध जीवन की नयी आस्थाओं की रक्षा में लगे हुए प्रत्येक व्यक्ति को उत्तराधिकार के रूप में मिला है। इसलिए निराला के भौतिक जीवन की कथा का अंत उनका अंत नहीं। निराला उन साहित्यकारों में हैं, जिनके कृतित्व में समय नये अर्थ जोड़ता जाता है। एक अन्य संदर्भ में कही गई उनकी पंक्तियों से यह सत्य व्यंजित होता है :

अभी अभी ही तो आया है
मेरे वन में मृदुल वसंत—
× × ×
मेरे जीवन का यह है प्रथम चरण,
इसमें कहाँ मृत्यु
है जीवन ही जीवन।

—ध्वनि (परिमल)

निराला भक्तिकाल के बाद भारतीय जीवन में सबसे बड़े राष्ट्रीय और सांस्कृतिक उन्मेष के युग में पैदा हुए और उनके व्यक्तित्व और साहित्य में उसकी सारी शक्ति, सीमाएँ और संभावनाएँ उभरकर व्यक्त हुईं। छायावाद को उन्होंने उस जागरण के साथ जोड़ा। 'परिमल' की भूमिका में उन्होंने छायावाद के आलोचकों को उत्तर देते हुए लिखा—'साहित्य की मुक्ति उसके काव्य में देख पड़ती है। इस तरह जाति के मुक्ति प्रयास का पता चलता है। धीरे-धीरे चित्रप्रियता छूटने लगती है। मन एक खुली प्रशस्त भूमि में विहार करता है। और यही जाति के मस्तिष्क में विराट् दृश्यों के समावेश के साथ ही साथ स्वतंत्रता की प्यास को भी प्रखरतर करते जा रहे हैं।' यहाँ तक कि उन्होंने अपने मुक्त छंद को भी उसी जागरण का अंग कहा। 'मनुष्यों की मुक्ति की तरह कविता की भी मुक्ति होती है। मनुष्यों की मुक्ति कर्मों के बंधन से छुटकारा पाना है और कविता की मुक्ति छंदों के शासन से अलग हो जाना।' ('परिमल' की भूमिका)

छायावाद के सभी कवि उस उन्मेष की देन थे और कुछ हद तक सभी में उसकी विविध और अंतर्विरोधी प्रवृत्तियों के चित्र मिलते हैं, लेकिन उस युग के कवियों में जितना आत्म-मंथन, जितना अंतर्द्वंद्व निराला के व्यक्तित्व और साहित्य में है, उतना और किसी में नहीं। इसलिए निराला का सारा प्रारंभिक साहित्य उनके यौवन के मधुर-तिक्त अनुभवों में प्रेरित अटूट स्वगत-सा है। इसी स्वगत के बीच से उन्होंने अपने साहित्य के बाद वाले नये रास्ते निकाले।

इस पृष्ठभूमि की समझ के बिना निराला के दीप्त विद्रोही व्यक्तित्व में रह-रहकर गूँजनेवाले पराजय, विषाद और आत्मग्लानि के अत्यंत आत्मपरक स्वरों की समस्या का समाधान असंभव है।

निराला की सामाजिक और सांस्कृतिक चेतना का गठन जिन तत्त्वों से हुआ था, उनमें प्रमुख ये हैं—भारत का राष्ट्रीय आंदोलन, बंगाल का सांस्कृतिक जागरण और रामकृष्ण मिशन के वेदांत में विराट की उपासना के साथ-साथ मानव-सेवा का भाव। निराला की प्रारंभिक कविताओं में भी ये तत्त्व कहीं रूप-रंग के उन्माद और स्वप्न-भंग के क्षोभ के समानांतर और कहीं उनमें सूक्ष्म रूप से संश्लिष्ट होकर मौजूद हैं। इसलिए निराला की प्रेम की कविताओं में अन्य छायावादी कवियों की अपेक्षा आध्यात्मिकता का पुट कम है और सहज मानवीय अनुभूतियों और उनके अंतर्द्वंद्वों के स्वर पर उतरने की प्रवृत्ति अधिक है। स्वच्छंद किंतु स्वस्थ प्रेम पर लगे हुए अंकुशों से लड़ने में भी निराला अन्य छायावादियों से आगे थे। निराला की कविता में लौकिक और अलौकिक प्रेम के प्रतीकों की संश्लिष्टता या उनके अप्रत्याशित विपर्यय से उत्पन्न अभिव्यक्ति की गूढ़ लाक्षणिकता और विराट की उपासना के बीच उठनेवाला व्यक्ति की मुक्ति और विद्रोह का स्वर रूढ़िवादी आलोचकों की समझ और सहन-शक्ति दोनों के बाहर था। लेकिन विराट और लघु के इसी अंतर्द्वंद्व में लघु की विजय के

साथ निराला के साहित्य में यथार्थवादी चिंतन और शैली का विकास हुआ।

इस विजय में रवीन्द्रनाथ के मानवतावादी दृष्टिकोण और रामकृष्ण मिशन के स्वामियों के सेवाभाव का बहुत बड़ा हाथ था। पत्नी और पुत्री जैसे प्रियजनों की मृत्यु और जीवन के कठिन संघर्षों, महिषादल और बैसवाड़े के साधारणजन और किसानों के जीवन की निर्मम वास्तविकताओं और विदेशी शासन और घरेलू सामंतवर्ग के मिले-जुले प्रभुत्व से पैदा होनेवाली निर्वीर्यता, दासता, बाह्याडंबर, सामाजिक अन्याय, और नैतिक अनाचार के कटु बोध ने निराला के मन में विराट की उपासना के स्थान पर सामाजिक क्रांति और मानवीय करुणा के भाव भर दिए। निराला के यथार्थवादी विकास में करुणा की कितनी बड़ी भूमिका है, इसका स्पष्ट संकेत स्वयं निराला ने 'परिमल' की 'अधिवास' कविता में किया है। विराट का उपासक कवि समझता है कि उसका अधिवास वहाँ है जहाँ गति रुक जाती है, लेकिन उसी के भीतर से एक दूसरी आवाज उठती है :

भला इस गति का शेष
संभव है क्या
करुण स्वर का जब तक मुझमें
  रहता है आवेश?

एक दुःखी भाई को देखकार उसके हृदय में वेदना उमड़ आती है, उसकी 'मैं शैली' काफूर हो जाती है। अहं के भीतर बंद रहकर विराट् की उपासना का दंभ टूट जाता है, निर्वेद-जन्य अगति या स्थिर-प्रज्ञता की स्थिति असंभव हो जाती है, कवि संसार की माया में फँस जाता है और निरंतर चलते रहने को विवश हो जाता है :

उसकी अश्रुभरी आँखों पर
  मेरे करुणांचल का स्पर्श
करता मेरी प्रगति अनन्य
  किन्तु तो भी मैं नहीं विमर्श
छूटता है यद्यपि अधिवास
  किंतु फिर भी न मुझे कुछ भास।

इस 'प्र'—गति का हर कदम विराट पर लघु की, वेदांत के ब्रह्म और मायावाद पर 'जड़ता' की विजय थी। रास्ता आसान नहीं। इस पर चलने का अर्थ खुली चुनौती देकर समाज के साथ-साथ सौंदर्य और विलास की मनोवृत्ति और अन्य छायावादी संस्कारों से मुक्ति पाने के लिए अपने से ही जूझना था। इस सदी के चौथे दशक के उत्तरार्द्ध में आत्म-मंथन की यह प्रक्रिया सभी छायावादी कवियों में तेज हो गई, लेकिन उसके घुमाव और काँटेदार रास्ते पर चलते हुए स्वेद और रक्त से अभिषिक्त कवि का जो उन्नत वक्ष किंतु करुणामय रूप निराला में व्यक्त हुआ, वह आधुनिक

युग के हिंदी-साहित्य में दुर्लभ है। 'देवी' और 'कुल्लीभाट' में निराला ने विराटता के स्वप्नभंग का बड़ा सुंदर संकेत किया है। देवी के जीवन की लघुता की महानता देखकर बड़प्पन के भाव से कवि की तनी नसों और सीधी रीढ़ में ढीलापन आ गया—'पगली का ध्यान ही मेरा ज्ञान हो गया। उसे देखकर मुझे बार-बार महाशक्ति की याद आने लगी। महाशक्ति का प्रत्यक्ष रूप, संसार को इससे बढ़कर ज्ञान देनेवाला और कौन होगा? राम, श्याम, और संसार के बड़े-बड़े लोगों का स्वप्न सब इस प्रभात की किरणों में दूर हो गया। बड़ी-बड़ी सभ्यता, बड़े-बड़े शिक्षालय चूर्ण हो गए। मस्तिष्क को घेर कर केवल यही महाशक्ति अपनी महत्ता में स्थित हो गई। उसके बच्चे में भारत का सच्चा रूप देखा, और उसमें—क्या कहूँ, क्या देखा।' इसी तरह कुल्ली भाट और उसके समाज-लांछित साथियों के सामने सौंदर्य, विलास और विराटता के स्वप्न में पड़े कवि की आँखें खुल गईं।

छायावाद के जमाने में ही उन्होंने 'परिमल' की भूमिका में छायावाद की सीमाओं को तोड़कर आनेवाले एक नंगे जमाने का जिक्र किया था। उन्होंने लिखा था—'छायावाद में अभी कर्म की अविश्राम धारा बढ़ती हुई नहीं दीख पड़ती। ××× परंतु ऐसा जान पड़ता है कि इस नवीन जीवन के भीतर से शीघ्र ही एक ऐसा आवर्त बँधकर उठने वाला है, जिसके साथ साहित्य के अगणित जलकण उस एक ही चक्र की प्रदक्षिणा करते हुए, उनके साथ एक ही प्रवाह में बह जाएँगे और लक्ष्य-भ्रष्ट या निदाघ-शुष्क न हो, एक ही जीवन के उदार महासागर में विलीन होंगे। यह नवीन साहित्य के क्रियाकाल में संभव होगा।' निराला की बाद की यथार्थवादी रचनाओं ने इस क्रिया-काल को अस्तित्व में लाने और उसकी दिशाएँ निर्धारित करने का असाधारण कार्य किया। उन्होंने हिंदी-साहित्यिकों की नयी पीढ़ी के लिए जिंदगी के नये-नये अनुभवों की अभिव्यक्ति को सधे हुए साँचों में ढाल और सँवार कर प्रस्तुत किया। निराला की कविता ने ओज, व्यंग्य, करुणा, विषाद आदि जैसे विविध और परस्पर भिन्न स्वरों को बाँधने की अपूर्व क्षमता विकसित कर, उन्हें नयी पीढ़ी के कवियों के शिल्प-गुरु के रूप में प्रतिष्ठित किया। समसामयिक प्रगतिशील और प्रयोगवादी कविता पर निराला के शिल्प की गहरी छाप है। साहित्य में वस्तु और शिल्प की रूढ़ियों के विरुद्ध नयी पीढ़ी की बहुत-सी लड़ाइयाँ निराला ने ही जीतीं। यह नयी पीढ़ी का सौभाग्य था कि निराला में अद्भुत काव्य-प्रतिभा के साथ-साथ महान् शिल्पी और आलोचक की सूक्ष्म अंतर्दृष्टि थी।

निराला का यथार्थवादी गद्य-साहित्य उनकी कविता की तरह ही संघर्षों के बीच उनके अपराजेय व्यक्तित्व का प्रतिबिंब है। कुल्ली भाट, चतुरी चमार, बिल्लेसुर बकरिहा अपने नाम से लेकर चरित्र तक में वास्तविक हैं और उनके साथ निराला का संपर्क भी वास्तविक है। उन पर होने वाले सामाजिक अत्याचारों ने निराला की अदम्य मानवता को क्रियाशील बनाकर उनके व्यक्तित्व को और भी आलोकित किया। इन रेखाचित्रों

से स्पष्ट है कि निराला अपनी सामाजिक, राजनीतिक और सांस्कृतिक चेतना में हमारे राष्ट्रीय आंदोलन और उसके उच्च या मध्यवर्गीय नेताओं से बहुत आगे थे। इसीलिए राजनीतिक नेताओं से मुठभेड़ होने पर निराला में हीनता के स्थान पर दर्प के भाव जागते थे। 'प्रबंध-प्रतिमा' निबंध-संग्रह में महात्मा गांधी और पंडित जवाहरलाल नेहरू से हुई उनकी बातचीत या हिंदी साहित्य-सम्मेलन के अधिवेशनों में साहित्यिकों पर राजनीतिक नेताओं द्वारा प्रभुत्व स्थापित करने की प्रवृत्ति के विरुद्ध उनकी विद्रोहपूर्ण प्रतिक्रियाओं में इसके स्पष्ट प्रमाण हैं। निराला का गद्य-साहित्य राजनीतिक, सामाजिक, धार्मिक, सांस्कृतिक, साहित्यिक हर तरह के गुरुडम के विरुद्ध चुनौती-भरी आवाज है। उसमें निराला की तेजस्विता और दर्प है, जिसने केवल सहज निश्छल मानवता के सामने, दलित और लांछित लघुता के बीच सहसा विद्युत-सी चमक जाने वाली महानता के सामने पिघलना सीखा था। निराला ने जिस तरह आखिरी साँस तक तपाकर, उसकी आहुति देकर, लघुता के बीच पाई जानेवाली महानता के मान की रक्षा की, उसे समझने में निराला के गद्य-साहित्य से बहुत मदद मिलती है।

निराला के इस नये कथा-साहित्य के क्रांतिकारी यथार्थ महत्त्व की समझ लोगों में है। प्रेमचंद ने 'आदर्शोन्मुख यथार्थवाद' की आवश्यकता बतलाई थी। निराला ने उससे आगे के यथार्थ की बात सोची। 'प्रबंध-प्रतिमा' में 'सामाजिक पराधीनता' लेख में उन्होंने लिखा, 'समाज की भूत संज्ञा है, रहस्य नहीं। उसका सुधार भूत या जड़ सुधार है। दुनिया भर के पौराणिक खुराफात लोग मानते हैं, पर जीवन के सत्य को नहीं मानेंगे। इसकी क्या दवा है? यह मानते हुए, संस्कार-जन्य कमजोरी है, प्रेमचंद कहानियों में आदर्श की पुष्टि करते हैं। लिखते हुए आदर्श को बड़ा सत्यं बतलाते हैं। मैं कहता हूँ कि यह आदर्श वैसा ही सत्य है, जैसा सूर्य का वंश चला और रघु, दशरथ, रामचंद्र पैदा हुए, चंद्र का वंश चला, वसुदेव, कृष्ण पैदा हुए। लेकिन यह कितना बड़ा प्राकृतिक सत्य है? इसमें जड़ बोध की मात्रा कितनी है? अविवाहिता कुंती से सूर्य के रमण द्वारा कर्ण पैदा हुए। सब लोग मानते हैं। रोज महाभारत पढ़ते हैं। पूछिए, यह कैसे हुआ? फिर उत्तर कौन देता है! रहस्यवाद के भीतर से यह सब गद्य-पद्यों द्वारा सिद्ध करने का वायु-विकार मुझसे ज्यादा है, अतएव उत्तर माँगे हुए तरीके पर सत्य साबित करते हुए दीजिए। हमारे साहित्य में प्रेमचंद जी स्वनाम-धन्य साहित्यिक हैं। वह आदर्श का पक्ष लेते हैं। मैं समझता हूँ, यदि उनकी अनमोल कृतियाँ वास्तव-सत्य (यद्यपि उनके आदर्शवाद में यथार्थ ही प्रधान है) को लेकर समाज के दुष्परिणाम के रूप रंग कर चलतीं तो साहित्य तथा समाज को और बड़ी-बड़ी वस्तुएँ मिली होतीं।' एक अन्य लेख 'हिंदी साहित्य में उपन्यास' में उन्होंने नये यथार्थ की आवश्यकता पर जोर देते हुए लिखा—'राजनीतिक मैदान में जिस तरह बड़ी-बड़ी लड़ाइयों के लिए सिर उठाना आवश्यक है, उसी तरह साहित्य के मैदान में भी है।' आदर्शवादी समाधान पेश करनेवालों पर व्यंग्य करते हुए उन्होंने कहा—'आदर्श की

पराकाष्ठा पर काष्ठ की तरह बैठे हुए हिंदू-समाज को हिला देना मेरा उद्देश्य नहीं, कारण मैं किसी का घोंसला नहीं छीनता। इतना ही कहूँगा कि घोंसलेवाले घोंसलेवाले ही हैं और उनके चित्र, चित्रण, चरित्र वर्तमान उन्नत समाजों के मुकाबले में वैसे ही अधम।' ऐसे लोग शक्ति-संयुक्त भाषा नहीं लिख सकते, पुष्ट चित्र नहीं खोल सकते। इस संदर्भ में निराला के यथार्थवादी कथा-साहित्य की क्रांतिकारी देन को समझा जा सकता है। निराला सत्य की रक्षा के लिए दूसरों से ज्यादा निर्मम स्वयं अपने साथ हो सकते थे। अपनी रुग्णावस्था के विक्षिप्त क्षण में वे अक्सर अपने को विज्ञान के विद्यार्थी के रूप में पेश करते थे। यह शायद उनके अद्वैतवादी अतीत की प्रतिक्रिया थी। जीवन की सच्चाइयों के लिए अपनी प्रिय से प्रिय वस्तु को अलग धर देने की उनमें अद्भुत क्षमता थी। निराला के व्यक्तित्व और साहित्य के सौंदर्य और शक्ति का रहस्य उनके सारे अंतर्द्वंद्वों के बीच से अप्रतिहत ऊपर को उठता हुआ जीवन का सत्य है।

कवि त्रिलोचन शास्त्री

छायावाद के बाद वाली पीढ़ी के कवियों में त्रिलोचन शास्त्री जैसे काव्यविद् और शास्त्रज्ञ कवि बहुत कम होंगे। संस्कृत और प्राचीन और नवीन हिंदी के अतिरिक्त उन्होंने उर्दू और अन्य भाषाओं के कवियों को भी पढ़ा है और उनकी बहुत-सी पंक्तियाँ उन्हें कंठस्थ हैं। कवियों पर कभी-कभी इसका स्वस्थ प्रभाव नहीं पड़ता और वे प्रतिध्वनि मात्र बन जाते हैं। लेकिन त्रिलोचन को कविता शास्त्रों से नहीं बल्कि जीवन से मिली है। इसीलिए जहाँ एक ओर उनमें शिल्प की आर्षता है, वहाँ दूसरी ओर उनके स्वर पूरी तरह आधुनिक भी हैं।

अभी तक त्रिलोचन शास्त्री के तीन काव्य-संग्रह प्रकाशित हुए हैं और यह उनकी अप्रकाशित कृतियों का एक अंश भर है। इन संग्रहों से उनके विकास की दिशा स्पष्ट होती है। लेकिन गुणात्मक दृष्टि से भी छायावाद के बाद वाली पीढ़ी के कवियों में त्रिलोचन शास्त्री का महत्त्वपूर्ण स्थान है। प्रगतिवादी काव्यधारा के कुछ चुने हुए कवियों में उनका नाम निस्संकोच लिया जा सकता है। कभी-कभी कुछ लोग उन्हें प्रयोगवादियों की श्रेणी में रख देते हैं जो वास्तव में प्रगतिवाद और प्रयोगवाद दोनों के विषय में भ्रांत धारणाओं का परिणाम है। अनेक प्रगतिवादी कवियों ने प्रगतिवाद के स्वस्थ यथार्थवाद और वैज्ञानिक दृष्टिकोण का अत्यंत संकुचित अर्थ लगाया और अक्सर जीवन की सतह पर ही तिरते रह गए। प्रगतिवाद के विरोधियों ने हमारे समाज की विषमताओं से अनेक बार टूट जाने वाले किंतु उठ सकने में समर्थ व्यक्तित्व पर मरणासन्न पूँजीवाद की प्रवृत्तियों को थोपा और उन्हीं को मानव-जीवन के शाश्वत सत्य के रूप में प्रस्तुत करना शुरू किया। त्रिलोचन शास्त्री ने इन दोनों प्रवंचनाओं से बचते हुए जीवन के यथार्थ को अपना पथ-प्रदर्शक बनाया और उसके अंतर्विरोधों के बीच ही उसकी पूर्णता देखने की कोशिश की। इसीलिए उनकी कविताओं की भावभूमि व्यापक और उनकी अनुभूतियों में सच्चाई और गहराई है।

त्रिलोचन शास्त्री ने अपनी कविताओं में स्वानुभूति जीवन रूपायित किया है।

अवध के गाँव में पैदा होनेवाले इस कवि ने बचपन से ही जीवन की विषमताओं को नजदीक से जाना है। उसने गाँवों की जनता के लिए शिक्षा और संस्कृति के बंद द्वार देखे। किशोरावस्था में ही उसे स्वयं अपनी शिक्षा को बीच में ही समाप्त कर देना पड़ा। युवावस्था में बहुत दिनों तक उसने दर-दर की ठोकरें खाईं। परिवार से दूर रहते हुए उसके भीतर परिवार की ममता कौंधती रही। लेकिन बुरे दिनों से वह टूटा नहीं, बल्कि उसका मनोबल और भी दृढ़ हुआ। उसने गरीबी और अंधविश्वास के बीच मरती-जीती ग्रामीण जनता की मानवता को पहचाना और गाँवों से दूर रहते हुए भी उसने उस मानवता को एक अक्षय प्रेरणा के रूप में अपने हृदय में सँजोया। इन सारी बातों का स्पष्ट प्रभाव हमें त्रिलोचन शास्त्री के सबसे पहले काव्य-संग्रह 'धरती' में दीख पड़ता है, जिसका प्रकाशन 1945 में हुआ और जिसमें उनके कवि-जीवन के प्रथम दस बरसों की चुनी हुई कविताएँ हैं। 'धरती' के कवि के स्वरों में दर्द और आस्था का सुंदर संयोग है। जीवन के मधुर-तिक्त स्वाद से परिचित इन प्राथमिक कविताओं में भी त्रिलोचन शास्त्री में अपनी राह चलने का प्रयत्न दीख पड़ता है। प्रयत्न इसलिए कि 'धरती' की अनेक कविताएँ छायावाद के अंतिम चरण की हैं और छायावादी शैली की केंचुल से सर्वथा मुक्त रहना किसी भी तरुण कवि के लिए आसान न था। दूसरी ओर दर्द के स्वरों से प्रगति के कवि कुछ खिंचे-से रहते थे। आज भी त्रिलोचन शास्त्री की यह विशेषता है कि उनके हृदय की खिड़कियाँ हर तरह के स्वस्थ संवेदन के लिए खुली रहती हैं।

छायावाद के अंतिम चरण के अनेक अवशेष 'धरती' की कविताओं में मौजूद हैं। अनेक स्थानों पर कवि का प्रेम किशोरवय के आदर्शवादी उच्छ्वास में लिपटा है। 'प्रिये बड़े ही मनोयोग से' कविता में प्रेमिका का सौंदर्य इसी ढंग का है। अनेक स्थानों पर कवि आत्मपरक होकर अपनी व्यक्तिगत व्यथा और अवसादपूर्ण जीवन की बात करता है, जैसे 'आज मैं अकेला हूँ' में। उसमें प्रकृति के ऐकांतिक सौंदर्य की उपासना की प्रवृत्ति भी है। शिल्प की दृष्टि से भी बहुत-सी कविताओं में छायावादी प्रभाव स्पष्ट है। छायावादी कवियों की संस्कृत-निष्ठ उदात्त भाषा, आवश्यकता से अधिक उनके स्वर और माधुर्य के लिए 'थान', 'प्रानी' इत्यादि जैसे प्रयोग, क्रिया-पदों में 'है' 'था' इत्यादि का लोप और पंक्तियों में तथ्य संगीत इन कविताओं में अनेक स्थानों पर मिलते हैं। लेकिन इस संग्रह की अधिकांश कविताओं में संग्रह के नाम के अनुकूल धरती का मोह है। कवि में यौवन-सुलभ सौंदर्य-सुख की कामना है :

> मुझे अभी रूप की तृषा है
> अभी रंग चाहिए
> अभी मुझे
> आँखों का अर्थ जान पड़ता है

—अभी कहाँ मुझे शांति मिली

लेकिन 'धरती' की कविताओं का युग हिंदी-कविता में विचारों और अनुभूतियों में एक नयी हलचल का युग था। स्वयं छायावादी कवि सौंदर्य की ऐकांतिक उपासना से अलग होकर जीवन के बहुमुखी यथार्थ को अपनाने और व्यक्तिवाद की सीमित परिधि को तोड़ने लगे थे। त्रिलोचन की 'धरती' में यही प्रवृत्ति है। 'अपनी चेतनता की ज्वाला में परिसीमित', अंधकार में 'भस्मावृत लूकी-सा' पड़ा हुआ कवि उठता है।

इसीलिए त्रिलोचन की इन कविताओं में यथार्थ प्रेम, यथार्थ जीवन और यथार्थ प्रकृति की ओर मुड़कर व्यक्तिवादी रुझानों से मुक्त होने का प्रयत्न है। 'धरती' में यह प्रयत्न उपलब्धि की दृष्टि से सर्वथा सफल नहीं कहा जा सकता लेकिन त्रिलोचन के भावी विकास की दृष्टि से उसका काफी महत्त्व है। यथार्थ को स्वीकार करके कवि अपने सबसे पुष्ट अनुभव, ग्रामीण-जीवन की ओर जाता है। इस जीवन के कुछ चित्र अपनी स्वच्छ सरलता के कारण बहुत सुंदर बन पड़े हैं, जैसे 'तारकों से ज्योति चलकर भूमि तल पर', 'चम्पा काले अक्षर नहीं चीन्हती', 'एक पहर दिन आया होगा' इत्यादि। यह ठीक है कि उनमें डॉ. रामविलास शर्मा की अवध संबंधी कविताओं का विशिष्ट व्यक्तित्व नहीं है और छायावाद के आदर्शीकरण की प्रवृत्ति यथार्थ चित्रों में भी है, लेकिन इससे इनकार नहीं किया जा सकता कि इस संग्रह की अनेक कविताएँ 'ग्राम्या' की बहुत-सी कविताओं के समकक्ष रखी जा सकती हैं। 'ग्राम्या' की तरह ही इस संग्रह की यथार्थवादी कविताओं की भाषा छायावाद की उदात्त भाषा के नजदीक है, उसमें केदारनाथ अग्रवाल या डॉ. शर्मा का भदेसपन नहीं। भदेसपन का सौंदर्य तो त्रिलोचन की इधर की कविताओं में आया है।

'गुलाब और बुलबुल' का प्रकाशन 'दिगंत' से कुछ माह पहले का है, लेकिन 'दिगंत' के सानेटों की रचना 'गुलाब और बुलबुल' की रुबाइयों और ग़ज़लों से पहले हुई। फिर भी अभिव्यक्ति का जो सौंदर्य 'दिगंत' में है वह 'गुलाब और बुलबुल' में नहीं। शायद इसका प्रधान कारण यह है कि त्रिलोचन का जो अधिकार सानेट के रूप और उसमें प्रयुक्त रोला छंद पर है, वह ग़ज़लों के रूप और वहरों पर नहीं। छायावादियों से लेकर आज तक अनेक हिंदी-कवियों ने सानेट और रोला छंद को लेकर प्रयोग किए हैं। लेकिन यह कहना शायद अत्युक्तिपूर्ण या अनुचित नहीं कि त्रिलोचन ने हिंदी में उनकी शक्ति का उद्घाटन करके अन्य कवियों से कहीं ज्यादा उन्हें हिंदी-कविता में स्थापित कर दिया है। बहुत पहले पंतजी ने आधुनिक हिंदी-कविता में रोला की संभावनाओं की ओर संकेत किया था। उसके पहले भी रोला हिंदी का लोकप्रिय छंद था। लेकिन त्रिलोचन ने उसमें लय की विविधता की सृष्टि से आधुनिक हिंदी-कवियों का ध्यान नये सिरे से उसकी ओर खींचा है। बच्चन द्वारा किए गए शेक्सपियर के अनुवादों में त्रिलोचन की इस उपलब्धि का प्रभाव स्पष्ट है।

'गुलाब और बुलबुल' का प्रकाशन 'धरती' से लगभग 11 बरस बाद हुआ।

इस अर्से में त्रिलोचन के चिंतन और भावभूमि में कितना अधिक विस्तार हुआ, इसका कुछ अनुमान 'गुलाब और बुलबुल' से लगाया जा सकता है। इस संग्रह में भी, 'धरती' की तरह जमीन मानव-जीवन के प्रति आस्था और विश्वास की है। लेकिन अब त्रिलोचन के पाँव उस पर इतने जमे हुए हैं कि उन्हें जीवन के अनुभवों के एक बहुत बड़े अंश को समेटने और सँभालने का साहस है। 'गुलाब और बुलबुल' नाम से थोड़ा भ्रम हो सकता है। उसमें त्रिलोचन के दृष्टिकोण की ओर आंशिक संकेत भी है। प्रगतिवादी कवियों में सौंदर्यवादी रुझान उनमें सबसे ज्यादा है। त्रिलोचन की कविता जीवन में संघर्ष की प्रेरणा देने से कहीं ज्यादा हमें जीवन के सौंदर्य का बोध कराती है। यह सौंदर्य उनके लिए केवल प्रेम तक सीमित नहीं है बल्कि पूरे अस्तित्व में है। इस अस्तित्व का कोई सूक्ष्म आध्यात्मिक धरातल नहीं है। उसका धरातल उन सामान्य प्रयत्नों और अनुभूतियों का है जो हमारे जीवन के यथार्थ परिवेश की उपज हैं। त्रिलोचन की प्रगतिशीलता इसमें है कि वे उन प्रयत्नों और अनुभूतियों को स्वस्थ रूप में ग्रहण करते हैं। इसीलिए उनके प्रेम का दर्द भी आत्मदाह या क्षय की ओर नहीं ले जाता। ज़िंदगी में दर्द को निमंत्रण देने की ज़रूरत नहीं पड़ती। लेकिन अगर दर्द आदमी को हमेशा के लिए तोड़ दे, उसे समाज से काट दे तो उसका महत्त्व अरण्य-रोदन से ज़्यादा नहीं। दर्द हमें दूसरों से जोड़ता है, हमारी आत्मा को प्रसार देता है। त्रिलोचन का दर्द ऐसा ही है। उनका कहना है :

दर्द जो आया तो दिल में उसे जगह दे दी,
आके जो बैठ गया मुझसे उठाया न गया। —पृ. 33

ग़ज़लों की परंपरा के अनुसार 'गुलाब और बुलबुल' की कविताएँ आत्म-व्यंजक हैं। लेकिन उनके बीच झाँकता हुआ व्यक्तित्व दर्द का ही नहीं, स्वाभिमान और अल्हड़ मस्ती का भी है।

बिस्तरा है न चारपाई है।
ज़िंदगी हमने खूब पाई है ॥

× × ×

ठोकरें दर-ब-दर की थीं, हम थे,
कम नहीं हमने मुँह की खाई है। —पृ. 41

जिस समृद्ध और सुखी ज़िंदगी की चाह कवि को है वह अभी तक उसे नहीं मिली लेकिन :

क्या करूँ झोली अगर खाली की खाली ही रही,
अपने बस की बात है फेरी लगा देता हूँ मैं। —पृ. 73

इन कविताओं में त्रिलोचन उतना ही कहना चाहते हैं जितना उनका अपना सच है :

यह नहीं है वह नहीं है यह कहा ही जाएगा,
जानता हूँ खूब क्या देना है क्या देता हूँ मैं। —पृ. 74

लेकिन यह सच किसी सिकुड़े या सिमटे अहं का नहीं है और न खंडित या क्षण को समर्पित सत्य है। वह जीवन की अजस्र धारा का सत्य है, इसलिए व्यक्ति का होकर भी समाज का है :

रंग कुछ ऐसा रहा और मौज कुछ ऐसी रही,
आपबीती भी वह मेरी वह समझे कोई वाद था।—पृ. 35

'गुलाब और बुलबुल' की रुबाइयों में त्रिलोचन की कविता में एक नया तत्त्व भी आया है। वह उनका व्यंग्य है। हिंदी-कविता में व्यंग्य की कई दिशाएँ रही हैं। एक दिशा सामंती दृष्टिकोण की है जिसमें आधुनिक जीवन के हर विकास की खिल्ली उड़ाई जाती है, और विशेष रूप से नारी की स्वतंत्रता की। दूसरे प्रकार का व्यंग्य वह है जिसमें अहंवादी दृष्टिकोण रहता है जिसमें कवि अपने अहं के अतिरिक्त हर वस्तु को हेय समझता है और व्यंग्य का निशाना बनाता है। ऐसे कवियों को प्रयोगवादियों के बीच ढूँढ़ा जा सकता है जिन्हें ग़लाजत से इतना प्यार है कि उसमें से निकलने का प्रयास उनके लिए व्यंग्य की सामग्री है। रूस, चीन, साम्यवाद और स्वयं अपने देश की जनता के महान् प्रयासों पर मीन-मेख करते रहना ही उनका काम है। ऐसा व्यंग्य अवसरवाद और अराजकतावाद से प्रेरित होता है।

व्यंग्य के ये दोनों दृष्टिकोण हानिकारक हैं। भारतेंदु-युग के लेखकों से लेकर निराला तक हम एक-दूसरे प्रकार का व्यंग्य देखते हैं। उनका व्यंग्य समाज की ह्रासशील, प्रतिगामी और अवैज्ञानिक प्रवृत्तियों पर है। इसीलिए उनके व्यंग्य में कटुता भले ही आ जाए, उसका मानवतावादी रूप धुँधला नहीं पड़ता। उसमें विकासशील जीवन की आवश्यकताओं का समर्थन होता है। इसी परंपरा का निर्वाह डॉ. रामविलास शर्मा (अगिया वैताल), नागार्जुन, त्रिलोचन आदि ने किया है। त्रिलोचन के व्यंग्य में विद्रूप की जगह संयम और गहरी चोट करने की जगह नोक चुभाने की प्रवृत्ति है।

उदाहरणार्थ :

पद्मविभूषण जो हँसे हँसते रहे
हम जो लहरों में फँसे फँसते रहे
बाघ बूढ़ा व कड़ा सोने का
लोग दलदल में फँसे फँसते रहे —पृ. 11

× × ×

आप देखेंगे सिर धुनेंगे अब
सोचकर कोई पथ चुनेंगे अब
वे समाजवाद के नशे में हैं
आपकी बात क्या सुनेंगे अब —पृ. 22

'गुलाब और बुलबुल' का कवि 'धरती' के कवि की तुलना में बहुत अधिक संश्लिष्ट व्यक्तित्व का परिचय देता है। उसमें अपने सामाजिक चिंतन और ज्ञान की

अनुभूतियों की तरलता देने की शक्ति है। ग़ज़ल और रुबाई की विशेषता होती है रूप की सघनता जिसमें हर शब्द उक्ति और अनुभूति को सहज ढंग से ऊपर की ओर उठाता है। उनकी अभिव्यक्ति की ऋजुता में भी कौशल और चातुरी रहती है। यह नहीं कहा जा सकता कि इन सब बातों में त्रिलोचन को हर जगह या पूरी तरह सफलता मिली है। उनकी ग़ज़लों में अच्छे और बुरे शेर मिले हुए हैं। अनेक स्थानों पर शब्दों का गठन ढीला पड़ जाता है और कविता केवल कथन बनकर रह जाती है। कहीं-कहीं लय और छंद में ऊबड़-खाबड़पन जान पड़ता है और कहीं-कहीं सरल शब्दों की पीठ पर कोई भारी-भरकम शब्द आकर उक्ति की कमर तोड़ देता है। लेकिन त्रिलोचन की सफलता इसमें है कि अपनी अधिकांश पंक्तियों में वे इन दोषों से बच सके हैं। उन्होंने ग़ज़ल की अनेक परंपराओं को ग्रहण करते हुए भी उसे आधुनिक जीवन का माध्यम बनाया है। उर्दू की तरह उच्चारण की सुविधा के लिए ह्रस्व को दीर्घ और दीर्घ को ह्रस्व करने की प्रवृत्ति से शायद कुछ पाठकों को शिकायत हो लेकिन छंद और लय में मुक्ति और उदारता की इन संभावनाओं की उपेक्षा नहीं की जा सकती। इसके अतिरिक्त त्रिलोचन ने 'गुलाब और बुलबुल' नाम की उदारता के अनुकूल शब्दों से परहेज़ न करके सरल टकसाली भाषा का प्रयोग किया है। हिंदी-कविता के विकास की दृष्टि से इसका बहुत महत्त्व है।

त्रिलोचन का 'दिगंत' केवल उनकी ही नहीं बल्कि वर्तमान हिंदी-कविता की भी एक बड़ी उपलब्धि है। आजकल उपलब्धियों की बात इतनी की जा रही है कि खरे और खोटे की पहचान मुश्किल हो गई है। यह विश्वास के साथ कहा जा सकता है कि इस संग्रह के अनेक सानेट आधुनिक कविता के अच्छे-से-अच्छे संग्रह में स्थान पा सकते हैं। इन कविताओं में जीवन की मार्मिक अनुभूति के साथ-साथ ऐसा क्लासिक निखार है जो आधुनिक कवियों में कम ही मिलता है। त्रिलोचन ने विनम्रता के साथ कहा है कि यह ''चीज़ किराये की है'' और उन्होंने ''झूठे ठाट-बाट बाँधे हैं।'' लेकिन उनमें गहरा आत्म-विश्वास भी है। इसीलिए उन्होंने यह कहा है :

लड़ता हुआ समाज, नयी आशा-अभिलाषा,
नये चित्र के साथ नयी देता हूँ भाषा।

—ध्वनिग्राहक

नयी चेतनाओं के मुझको बाण अनोखे
सीधे लगे मर्म में आकर चोखे चोखे।

—भिखरिया

इन सानेटों में उन्होंने अपने सारे अनुभव और अध्ययन को काव्य-साधना में तपाकर प्रस्तुत किया है :

भाषाओं के अगम समुद्रों का अवगाहन
मैंने किया मुझे मानव-जीवन की माया

सदा मुग्ध करती है, अहोरात्र आवाहन
सुन-सुन कर धाया-धूपा, मन में भर लाया
ध्यान एक से एक अनोखे सब कुछ पाया
शब्दों में, देखा सब कुछ ध्वनि-रूप हो गया

—भाषा की लहरें

अंग्रेज़ी के कवियों के अध्ययन से त्रिलोचन ने सानेट के रूप की विशेषताओं को पहचाना और उसकी शक्ति और सीमाओं का ज्ञान प्राप्त किया। उसके आधार पर उन्होंने सानेट के विषय में लिखा है :

इस सानेट का रस्ता चौड़ा
अधिक नहीं है, कसे कसाए भाव अनूठे
ऐसे आएँ जैसे क़िला आगरा में जो
नग है, दिखलाता है पूरे ताजमहल को
गेय रहे, एकान्विति हो। —सानेट का पथ

त्रिलोचन के सानेट इसी आदर्श को सामने रखकर लिखे गए हैं और इसमें उन्हें अभूतपूर्व सफलता मिली है। त्रिलोचन के पहले भी हिंदी में छिट-पुट रूप में सानेट लिखे गए थे, लेकिन यह कहना शायद अत्युक्ति न हो कि हिंदी में सानेटों का अपना विशेष स्वाद पहली बार त्रिलोचन ने ही दिया है। त्रिलोचन के सानेटों की विशेषता यही नहीं है कि वे चौदह पंक्तियों में लिखे गए हैं। त्रिलोचन ने सानेट के विभिन्न रूपों का अध्ययन यांत्रिक ढंग से नहीं किया है, बल्कि उनमें वस्तु और रूप की अन्विति के तर्क का अध्ययन किया है। रचना-विधान के इसी सूक्ष्म अध्ययन के कारण त्रिलोचन के सानेटों में विविधता आ सकी है।

वैसे तो त्रिलोचन ने सानेट में गेय तत्त्व का भी उल्लेख किया है, लेकिन सानेट में तरल संगीत की गुंजाइश नहीं होती। त्रिलोचन के सानेटों में मधुरता है, लेकिन वह स्निग्ध और कोमल स्वरों की नहीं। उसमें चिंतन के दृढ़, कठोर स्नायु हैं। रोला छंद हिंदी का अत्यंत गेय छंद रहा है, लेकिन त्रिलोचन ने जान-बूझकर उसमें भावों की इकाइयों को एक पंक्ति से दूसरी पंक्ति में खींचकर संगीत की समानांतर इकाइयों की जगह यतियों की विविधता का सौंदर्य पैदा किया है। इस तरह के तुकों के बंधन में रहकर भी अंग्रेजी के अतुकांत काव्य के संगीत-अनुच्छेद (verse-paragraph) की सृष्टि कर सके हैं। 'भाषा की लहरें' सानेट से उद्धृत की गई पंक्तियों में इस सौंदर्य को देखा जा सकता है। पंक्तियाँ लहरों-सी उठती-गिरती, बनती-टूटती अत्यंत उदात्त लय की सृष्टि करती हैं। एक और मिसाल के तौर पर इन पंक्तियों का ज़िक्र किया जा सकता है :

नया वर्ष आया है, माथे पर होली की
भस्म लगाए, अंगों में बहार रंगों की

छाई है, अमराई में नूतन ढंगों की
सिंदूरी केसरिया मंजरियाँ टोली की
छटा बढ़ाती हैं, बहार पिक की बोली की
सभी कान वालों के पग में नव भंगों की
बेड़ी अलख डाल जाती हैं। इन संगों की
स्मृति उतनी सुखकर है जितनी हमजोली की।

—नया वर्ष

त्रिलोचन के सानेटों का संगीत बाँसुरी या जल-तरंग का संगीत नहीं, बल्कि वीणा का है, जिसके माधुर्य में भी ओज भरी टंकार है, जिसमें स्वरों की गूँजें एक-दूसरे से टकराकर और फिर एक होकर वितान-सी तन जाती हैं।

आधुनिक हिंदी-कविता की प्रवृत्ति बिंबों के माध्यम से बात कहने की है। कुछ कवि बिंब पर बिंब लादते चलते हैं। सानेट में ऐसा करना शायद संभव नहीं है और त्रिलोचन ने आमतौर से एक-दो बिंबों का ही सहारा लिया है। उनमें उनको उभारने की अद्‌भुत क्षमता है :

दर्शन हुए, पुनः दर्शन, फिर मिलकर बोले,
खोला मन का मौन, गान प्राणों का गाया,
एक-दूसरे की स्वतंत्र लहरों को पाया
अपनी अपनी सत्ता में जैसे पर तोले
दो कपोत दाएँ-बाएँ-स्थित उड़ते उड़ते
चले जा रहे दूर क्षितिज के पार हवा पर
उसी तरह हम प्राणों के प्रवाह पर स्वर भर
लिख देते अपनी कांक्षाएँ।

—प्राणों का गान

त्रिलोचन के बिंबों में असामान्यता नहीं। अधिकतर वे परंपरा से लिए गए हैं लेकिन कल्पना के सहारे त्रिलोचन ने उनमें नयी भंगिमा भर दी है। आज के अनेक प्रयोगवादी कवि ऐसे दुरूह बिंबों की ओर झुके दीख पड़ते हैं जिनमें जीवन की लघुता, उसका खंड-खंड होना, उसकी अराजकता का आभास मिले। त्रिलोचन के बिंब, उनकी आस्था की ही भाँति, उन्नत शिर और उन्नत बाहु हैं। जीवन की छोटी-से-छोटी स्थिति को भी नाटकीय आकस्मिकता से स्वप्नलोक का विस्तार और भव्यता देने की जो शैली हम निराला में पाते हैं उसे त्रिलोचन के सानेटों में भी देख सकते हैं।

त्रिलोचन के बिंबों में उनका प्रकृति-प्रेम भरा हुआ है। इसके अलावा प्रकृति के स्वतंत्र चित्रों में भी प्रकृति के प्रति त्रिलोचन का मुग्ध आत्मीय भाव प्रगट होता है। हमारे आधुनिक मध्यवर्गीय कवि कभी-कभी अवकाश के दिनों में पहाड़ों और समुद्रों का सौंदर्य देखने जाते हैं। उनमें से अधिकांश के पास या तो प्रकृति के संस्कार

नहीं या वे शहरों में धुँधले पड़ गए हैं। इसलिए उनके प्रकृति-चित्रों में आत्मीयता के स्थान पर रोमानी विलक्षणता या असाधारणता पर ज़ोर रहता है।

आज पश्चिम के ह्रासशील साहित्य से प्रकृति-प्रेम उठता जा रहा है। जो जीवन से ही बेज़ार हैं और भीतरी उधेड़-बुन में लगे हैं उन्हें अपने बाहर के प्राकृतिक सौंदर्य को देखने का अवकाश कहाँ है। लेकिन उन्हीं के अनुकरण पर हमारे यहाँ भी प्रकृति की उपेक्षा कर रहे हैं। केवल कुछ बिंबों को ग्रहण करना प्रकृति-प्रेम नहीं कहा जा सकता। उनमें से कुछ यदि प्रकृति के चित्र खींचने की कोशिश भी करते हैं तो केवल अनुभूतिहीन चित्र ही देते हैं। एफ.आर. लिविस ने अंग्रेजी के आधुनिक कवियों में प्रकृति के 'तटस्थीकरण' (Neutralisation) का उल्लेख किया है। उसी का अनुकरण हमारे प्रतीकवादी भी करते हैं। किसी भी निष्पक्ष व्यक्ति के लिए यह स्पष्ट है कि आधुनिक हिंदी-कविता में भारत की प्रकृति को चित्रित करने का सबसे बड़ा प्रयास सौंदर्य को बनाने वाले प्रगतिशील कवि ही कर रहे हैं। त्रिलोचन का स्थान ऐसे कवियों के बीच है। 'दिगंत' में इस उल्लास और ओज के अनेक सुंदर चित्र हैं।

उदाहरणार्थ सूर्यास्त का यह सजीव और सूक्ष्म अध्ययन पूर्ण चित्र :

अपनी आँखों देखा, रवि ने जाते जाते
ली अबीर की मूठ, रसा की ओर चला दी
लाली खिल-सी उठी। रात ने आते आते
धीरे-धीरे सहम-सहम कर छुआ—ढला दी
स्वर्ण-धूलि से परिधि लोह की और गला दी
धातु सघन संचित आशा की। हारी हारी
आँखें तारों में जा अटकीं। अमृत कर डारी
वक्र चंद्र ने। कुछ पहले का भारी भारी
मन हलका हो चला। चित्त की सारी सारी
व्यथा-कथा कुछ और रूप में आई, अब से,
तब का सब, कुछ और हो गया। प्यारी-प्यारी
छवि अम्बर में आँक उठी थी, न्यारी सबसे।
मैं जीवन का चित्रकार हूँ चित्र बनाता
घूम रहा हूँ, मन ही मन कल्याण मनाता

'दिगंत' की कविताओं का कवि जीवन के सामने विश्व है। इसीलिए वह दुःख और पीड़ा के बीच भी उसके सौंदर्य का बोध करता है।

स्वयं कवि अपने विषय में कहता है :

धर्म-विनिर्मित अंधकार से लड़ते लड़ते
आगामी मनुष्य, तुम तक मेरे स्वर बढ़ते।

—पश्यंती

'दिगंत' का कवि प्रेम और सौंदर्य का उपासक भी है। लेकिन उसकी हर अनुभूति अपने चारों ओर की मानवता की मंगलकामना से जुड़ी है। त्रिलोचन की कविता के उदात्त व्यक्तित्व और स्वर का यही रहस्य है।

• **'समालोचक' मासिक, आगरा, वर्ष 1, अंक 4, मई, 1958**

कवि रामविलास शर्मा

1937 और उसके बाद की कविताओं का नयापन छायावाद में प्रकृति के आदर्शीकृत चित्रों के स्थान पर उसके वस्तुनिष्ठ ग्रामीण चित्रों, जीवन की अमा से लड़ने के लिए एक स्वस्थ दृष्टिकोण, छायावादी सस्वरता के स्थान पर आधुनिक जीवन के चिंतन और विकल्प के भार से टूट-टूट जानेवाली पंक्तियों और तत्समता-बोझिल भाषा के स्थान पर 'भदेसपन' और संयम-जन्य स्नायविक गठन से युक्त भाषा में दीख पड़ता है।

छायावाद के पहले कवि ग्रामीण प्रकृति के यथार्थ पर आदर्श की स्थूलता थोप दिया करते थे और उनकी दृष्टि काशीफल और कुष्मांड के बीच श्रम करते हुए किसानों तक रह जाती थी। छायावाद को प्रकृति के अपरिचित सौंदर्य का मोह था और इसके कारण परिचित दृश्यों पर भी कुहासा डालकर ही उन्हें देखना छायावादी कवि पसंद करते थे। डॉक्टर रामविलास के प्रकृति-चित्रों की विशेषता यह है कि उनमें हम प्रकृति और मानव-जीवन के यथार्थ और संश्लिष्ट रूप को देखते हैं। डॉक्टर रामविलास शर्मा ने 'तारसप्तक' के 'वक्तव्य' में लिखा था, 'बचपन गाँव के खेतों में बीता है और वह संपर्क कभी नहीं छूटा।' बैसवाड़े के खेतों से दूर रहते हुए भी खेतों को प्यार करना कवि नहीं भूल पाया। खिड़की से बाहर किसी दूसरे स्थान (शायद आगरा) के खेतों को देखकर कवि कहता है—'ये मेरे गाँव के खेत भी नहीं हैं; गाँव से सैकड़ों मील दूर हैं। फिर भी हिंदुस्तान के जिस गाँव पर भी साँझ की सुनहली धूप पड़ती है, वह अपने गाँव जैसा ही लगता है। 19वीं सदी के रोमांटिक कवियों में मुझे फ्रांस के कवि इसीलिए ज्यादा पसंद हैं कि उन्होंने इन खेतों को किसानों की तरह प्यार किया है।' छायावादी युग के पहले की अनेक नाम-गणनात्मक शैली में लिखी गई प्रकृति-संबंधी कविताओं से भिन्न यहाँ हम प्रकृति का यथार्थ और सूक्ष्म निरीक्षण पाते हैं। 'प्रत्यूष के पूर्व' का वर्णन इस दृष्टि से अत्यंत मोहक है :

दूर छिपा है भोर अभी आकाश में,
पश्चिम में धीरे-धीरे पर डूबता

ठिठुरन से छोटा हो पीला चंद्रमा,
धुँधली है तुषार से भीगी चाँदनी।
सीत-सीत करती बयार है बह रही,
बरस रहा खेतों पर हिम-हेमन्त है,
हरी-भरी बालों के भारी बोझ से,

....

'सिलहार' कविता में प्रकृति का वैसा ही सूक्ष्म निरीक्षण है :

अभी दुपहरी में पर, जब आकाश को
चाँदी का-सा पात किए है तप रहा,
छोटा-सा सूरज सिर पर बैसाख का,
काले धब्बों-से बिखरे वे खेत में
फटे अंगोछों में, बच्चे भी साथ ले,
ध्यान लगा सीला चमार हैं बीनते।

'कतकी', 'शारदीया', 'कुहरे के बादल', 'तीसरे पहर' आदि कविताओं, 'दिवास्वप्न' की प्रथम 14 और 'किसान-कवि और उसका पुत्र' की प्रथम 20 पंक्तियों में प्रकृति-चित्रण का यही सौंदर्य दीख पड़ता है। आमतौर से प्रकृति के इन चित्रों में मीनाकारी का सौंदर्य है, प्रकृति के भव्य और उदात्त सौंदर्य का रुझान कम है। इन कविताओं में ग्रामीण-जीवन की शांत और मंद गति के अनुरूप छंदों का प्रवाह और अभिव्यक्ति का संयम इन्हें हिंदी की प्रकृति-संबंधी कविताओं में अद्वितीय स्थान देता है। और यथार्थ के इस कवि ने बड़े ही संयमित संकेतों द्वारा इस निश्चलता के बीच जीवन के विषाद और मुक्ति के चित्र प्रस्तुत किए हैं। यदि एक ओर 'शारदीया' का यह चित्र है :

सोना ही सोना छाया आकाश में,
पश्चिम में सोने का सूरज डूबता,
पका रंग कंचन जैसे ताया हुआ,
भरे ज्वार के भुट्टे पककर झुक गए।
'गला-गला' कर हाँक रही गुफना लिए
दाने चुगती हुई गलरियों को खड़ी,
सोने से भी निखरा जिसका रंग है
भरी जवानी जिसकी पककर झुक गई।

तो दूसरी ओर 'कुहरे के बादल' में बिगही भरती हुई युवती का यह चित्र भी है :

माह पूस में सुर-सुर करती
जब ठंडी बयार यह बहती,

निखर गई धुल और निकाई,
गालों पर है लाली छाई,
ओस और पाले से धोए
फूलों से है अंग कपोये,
बीच खेत में सहसा उठकर,
खड़ी हुई वह युवती सुंदर,
घेरे उसे जहाँ दल के दल,
उठते हैं कुहरे में बादल,
चाँदी के किरणों से झलमल,
हो जाते आँखों से ओझल।

इसी प्रकार जहाँ कवि स्वप्न देखते बैलों की धीमी चाल देखता है वहाँ यह भी देखता है कि :

सकर घटी कर पार, जहाँ लहरा रही
सर्-सर् करती गंगा की धारा वहाँ
रंग-बिरंगा कोलाहल करता बड़ा,
बालू पर मेला है एक जुड़ा हुआ।

—'कतकी'

डलमऊ या बैसवाड़ा में धरती के भीतर ढूहों की अगम 'नींव' है।

पर अदम्य अंतर्धारा-सी
इस धरती पर बहती है
पावन जनगंगा।

—'बैसवाड़ा'

मानव-जीवन और प्रकृति के इसी अटूट संबंध के कारण डॉक्टर शर्मा की कविताओं में चित्रित प्रकृति देशकाल निरपेक्ष नहीं, बल्कि देशकाल-सापेक्ष है। छायावादी कवियों ने प्रकृति को अक्सर प्रतीक के रूप में ही ग्रहण किया। इसीलिए प्रकृति उनका साधनमात्र जान पड़ती है। डॉक्टर शर्मा आधुनिक कवियों की भाँति, प्रकृति को प्रकृति के रूप में प्यार करना जानते हैं। उन्होंने प्रकृति को सर्वात्मवादी चोला नहीं दिया है और न उसे मानव-अनुभूतियों के प्रति सहानुभूति या उपेक्षा तक सीमित रखा है। डॉक्टर शर्मा की कविताओं में प्रकृति मानव के श्रम की सहचरी है। वह श्रम को निखारती है और उससे जुड़ी होने से स्वयं निखरती है। डॉक्टर शर्मा का यह दृष्टिकोण साधारण-जन का दृष्टिकोण है और प्रकृति-संबंधी अनेक दार्शनिक उद्‌भावनाओं से अधिक सहज और वैज्ञानिक है।

प्रकृति के प्रति यह नया दृष्टिकोण डॉक्टर रामविलास शर्मा के नये सामाजिक दृष्टिकोण का ही एक अंग था दूसरे महायुद्ध के पूर्व संसार भर की जनता में राजनीतिक

चेतना का एक अभूतपूर्व उभार आ रहा था और उस युद्ध के दौरान में और उसके बाद वह उभार चरमोत्कर्ष पर पहुँचा। हमारे देश में भी जनता साम्राज्यवाद से अपनी आखिरी लड़ाई की तैयारियाँ कर रही थी। चीन और स्पेन में फासिस्ती नृशंसता से हमारी जनता क्षुब्ध थी। ये धर्म हमारे देश में प्रगतिशील साहित्य के व्यापक विकास के थे। 'रूपतरंग' की इस समय की कविताओं में कवि की युग-चेतना मुखर है। डॉक्टर शर्मा के लिए यह नये विश्वास और आस्था का युग था। कवि जीवन की पीड़ा की ओर से आँखें नहीं मूँदता, लेकिन वह इसे नये जीवन की जन्म पीड़ा मानता है। जनता लड़ती है, पीछे भी हटती है लेकिन अंत में आगे बढ़ती है—ठीक वैसे ही जैसे :

पीछे हटकर सिर धुनकर भी
आगे बढ़ती है लहर-लहर।

—समुद्र के किनारे

समाज में नर-कंकाल भरे हैं लेकिन—
जन्म होगा हड्डियों के ढाँचों से
रक्ताभ मांसल शरीका।

—'हड्डियों का ताप'

'ईश के सुवर्ण सिंहासन' से पुष्पक-विमान पृथ्वी पर अग्नि वर्षा करते हैं, लेकिन 'विश्व-शांति' के लिए :

अग्नि विद्रोह की
तोड़कर क्षमाशील पृथ्वी के वक्ष का
सहस्रों शिखाओं में, उठी है गगन में, सुवर्ण सिंहासन ओर।

हमारा कलियुग 'विषाक्त कर्दममय जलराशि है' लेकिन :

विषाक्त जलधि के हृदय में
फूटकर धीरे-धीरे उठ रहा मुक्ति का कमल वह,
खिलेगा जो एक दिन काले जल-तल पर
नव अरुणाभा में—नव सतयुग के प्रकाश में।

और सतयुग के उसी प्रकाश के लिए कवि किसान की 'असंस्कृत भूमि' में असंतोष का 'महातिक्त बीज' बोता है, बंगाल के अकाल के समय नौजवानों को सावधान करता है कि 'वीरान न हो वह प्यारा शांति निकेतन! यह हरा-भरा बंगाल!' फासिस्तों के हाथों जलाए गए रूसी घर के स्थान पर 'पहले से भी बड़ा और उससे सुंदर' घर बनते और 'तीसरे पहर' पीत चाँदनी में बोलते घुग्घू और उलूक के स्वरों के बाद 'हरी दूब पर किरणों से मोती' चमकते देखता है।

आजादी के बाद की कविताओं में संघर्ष और स्वप्न का वही स्वर है। दक्षिण भारत और कश्मीर संबंधी कविताओं में सामाजिक और राष्ट्रीय चेतना और भी व्यापक

और निखरी हुई है। डॉक्टर शर्मा की इन कविताओं में संदेश है, किंतु वह धर्म-गुरुओं और शास्त्रार्थ-पटु प्रचारकों का नहीं, बल्कि कवि का, उसकी सौंदर्य प्रिय और संवेदनशील आत्मा का संदेश है। इन कविताओं में कवि ने अतीत के गौरव, वर्तमान के जागरण और भावी के स्वप्नों की संतुलित अभिव्यक्ति अत्यंत प्रांजल और उदात्त स्वरों में की है। इन कविताओं में अतीत को नयी भाव-भंगिमा और नया अर्थ मिला है।

1937 के बाद असाधारण विकास होता है। इनमें एक ओर तो छायावादी युग की गदरायी और कोमल भाषा पुष्ट और पौरुषेय हो जाती है, दूसरी ओर साधारण बोल-चाल की चपल और स्फूर्तिमयी भाषा है जो अवध की धरती, खेतों और खलिहानों के संपर्क से रसस्निग्ध है। कश्मीर और दक्षिण भारत संबंधी कविताओं में पहले प्रकार की भाषा का उल्लेख हो चुका है। निराला-संबंधी कविताओं में, विशेषतः 'कवि' में महाकाव्यों की उदात्त भाषाओं की गूँज और अबाध प्रवाह है। कवि निराला के रूप और व्यक्तित्व का वर्णन इन शब्दों में करता है :

वह सहज विलंबित मंथर गति जिसको निहार
गजराज लाज से राह छोड़ दे एक बार;
काले लहराते बाल देव-सा तन विशाल,
आर्यों का गर्वोन्नत, प्रशस्त, अविनीत भाल;
झंकृत करती थी जिसकी वाणी में अमोल,
शारदा सरस वीणा के सार्थक सधे बोल;—
कुछ काम न आया वह कवित्व आर्यत्व आज,
संध्या की वेला शिथिल हो गए सभी साज

'चाँदनी' कविता खड़ी बोली की सरल नैसर्गिक सुंदरता को प्रकट करती है :

चाँदी की झीनी चादर-सी
फैली है वनपर चाँदनी।
चाँदी का झूठा पानी है
यह माह पूस की चाँदनी।
खेतों पर ओस भरा कुहरा
कुहरे पर भीगी चाँदनी,
आँखों में बादल से आँसू,
हँसती है उन पर चाँदनी।
दुःख की दुनिया पर बुनती है
माया के सपने चाँदनी।
मीठी मुस्कान बिछाती है
भीगी पलकों पर चाँदनी।

'दाराशिकोह' की कथा, 'आजाद पताका' के स्तवन और 'वंदिनी कोकिला'

की कातरता की यही भाषा है और इस सरल और नैसर्गिक खड़ी बोली और अवध की धूल में सनी भाषा के संपर्क का सौंदर्य प्रकृति-संबंधी अनेक कविताओं के अतिरिक्त 'किसान कवि और उसका पुत्र' (जो पढ़ी सजी और उनकी मृत्यु पर एक अत्यंत सुंदर शोकगीत है) में इस प्रकार है :

नीले रंग में डूब गया सारा नभमंडल,
पूर्व दिशा में उठे घने दल के दल बादल।
लहराती पुरवाई के झोंकों पर आए,
धूल भरे लूमे झुलसे खेतों पर छाए।
आमों की सुगंध से महक उठी पुरवाई,
पिउ-पिउ के मृदुरव से गूँज उठी अमराई।
जग के दग्ध हृदय पर गह-गह बादर बरसे,
डह-डह अंकुर फूटे वसुधा के अंतर से।

या उसी कविता की इन पंक्तियों में :

फिर भी सूनी धूप देखकर तरु-पातों पर,
कहीं बिलम जाता है मन बिसरी बातों पर।

भाषा, छंदों और अनुप्रासहीन वर्णों और स्वरों के वजन पर तुकों में अनेक प्रयोगों के कारण डॉक्टर शर्मा का नाम प्रयोगवादियों में लिया जाने लगा। किंतु डॉक्टर शर्मा की कविताओं और आज की प्रयोगवादी कविताओं को देखकर केवल यही कहा जा सकता है कि साहित्य में प्रगतिशीलता काव्य के नये रूपों के विरुद्ध नहीं। वर्ना प्रयोगवादियों और डॉक्टर शर्मा की साहित्यिक और सामाजिक मान्यताओं में कोई समानता नहीं। डॉक्टर शर्मा के उपमानों में प्रयोगवादियों-सा नयापन अवश्य है, किंतु प्रयोगवादियों की चौंकानेवाली प्रवृत्ति (एक्सेन्ट्रिसिटी) से कोसों दूर है। उदाहरणार्थ उनके कुछ उपमानों का उल्लेख किया जा सकता है :

1. नारी का वर्णन–

श्याम धरती जैसी फैली हैं बरौनियाँ।
पुरवाई पर उड़ते मेघों से हैं कुंतल।

–'वंदिनी कोकिला'

2. निराला–

नीली नसें खिंची हैं कैसी
मानचित्र में नदियाँ जैसी।

–'अर्चना'

3. राष्ट्रीय पताका का स्तवन–

एक नये पौधे-सी उगती
उड़ती है आजाद पताका।

× × ×

मुक्त हुए पंछी के स्वर-सी
उड़ती है आजाद पताका।

× × ×

अन्नपूरना के आँचल-सी
उड़ती है आजाद पताका।

—'आजाद पताका'

डॉक्टर शर्मा के प्रयोग अपने माध्यम में उनकी रुचि के प्रमाण हैं, प्रयोगवाद के अनेक अधकचरे कवियों के प्रदर्शन और क्रीड़ावृत्ति के नहीं।

छायावाद की पीढ़ी के बाद वाले कवियों में 'रूपतरंग' का कवि अनेक दृष्टियों से अग्रगण्य है। अपनी कविता के विषय में बहुत 'सीरियस' न होने का उल्लेख शायद वह उसके परिमाण की लघुता के कारण ही करता है। किंतु अक्सर देखा गया है कि अपने माध्यम के प्रति 'सीरियस' न रहनेवाले कवि लकीर के फकीर ही बने रह जाते हैं। विश्वविद्यालयों में ऐसे प्राध्यापक कवि मिल जाते हैं जो कविता क्रीड़ा मानकर आजीवन सवैया और कवित्त में ही अलंकारों की छटा दिखलाते रहते हैं। वे 'रूपतरंग' का कवि वस्तु और शिल्प दोनों के प्रति जागरूक रहा है और उसकी कविता ने कई मंजिलें तय की हैं। उसकी कविता केवल आंदोलनों की हवा में नहीं बल्कि जीवन की गहरी अनुभूति और चिंतन से उपजी है। निस्संदेह, उसपर आंदोलन का प्रभाव है, लेकिन वह आंदोलनों के प्रमुख कवियों की प्रतिध्वनि मात्र नहीं। उसमें एक समर्थ और पुष्ट व्यक्तित्व है जो जिंदगी के स्वप्न और सौंदर्य पर रीझ सकता है, उसके यथार्थ में आस्था के स्वर भर सकता है, उसके कलुष से लड़ सकता है, मानव के दुख-दर्द पर कातर और करुणा-विगलित होकर रो उठता है और प्रकृति की छवि में निर्द्वंद्व भाव से डूब सकता है। जीवन की विविधता के प्रति 'रूपतरंग' के कवि का यह आकर्षण आधुनिक कवियों में कम ही दीख पड़ता है। 'रूपतरंग' नरेंद्र शर्मा को समर्पित करते हुए कवि ने शुक्लजी के इन शब्दों को उद्धृत किया है। संसार-सागर की रूप-तरंगों से ही मनुष्य की कल्पना का निर्माण और रूप-गति से, उसके भीतर विविध भावों या मनोविकारों का विधान हुआ था। डॉक्टर रामविलास शर्मा के कवि में युग की दीक्षा और संस्कार है। स्वाभाविक था कि छायावादी-युग से प्रभावित होकर भी वह उस युग से बाहर चला आता। छायावादी युग के पतन के पूर्व ही उसने नये स्वर उठाए और कुछ लोगों ने उसे प्रयोगवादी कवि कहना शुरू किया। किंतु आज की अधिकांश प्रयोगवादी कविताएँ, मानसिक रुग्णता और अनास्था से अभिशप्त हैं। इसी को प्रयोगवादी आलोचक कविता की आंतरिकता और गहराई कहते हैं। प्रयोगवादी कविता में कवि के 'अहं' का बहुत बड़ा स्थान है और अपने 'अहं' मुक्ति और प्रगति की आकांक्षा से दीप्त 'अहं' नहीं है। इसीलिए अधिकांश

प्रयोगवादी कविता की अनुभूति सार्वजनीन नहीं और उसका रूप दीक्षागम्य है। किंतु 'रूपतरंग' के कवि का प्रयोग निराला की भाँति, युग के जीवन से संबद्ध है, उसकी आंतरिकता युग-चेतना का, उसका अहं युग-संघर्ष का और उसके प्रयोग युग की नयी अनुभूति और अभिव्यक्ति का पर्याय है। इस तरह प्रयोग उसकी शक्ति है, रोग नहीं।

'रूपतरंग' की कविताओं के बावजूद जो बहुत पहले से प्रकाशित होती आई हैं, यदि डॉक्टर रामविलास शर्मा 'अज्ञात नाम' कवि ही रहे हैं तो इसमें दोष उनकी कविताओं का नहीं। कुछ दिन हुए 'नया पथ' में एक अन्य कवि की चर्चा करते हुए शमशेरबहादुर सिंह ने डॉक्टर शर्मा के संबंध में लिखा था—डॉक्टर रामविलास का कवि (जिसे उसके पार्टिजन आलोचक ने बुरी तरह दबा रखा है) कहीं अगर उन्मुक्त होकर अपनी नैसर्गिक भावनाओं की दुनिया को सच्ची शिल्प-साधना प्रदान करने का अवसर निकाल पाता (या अब भी निकाल सके) तो आज हमारे युग के बहुत बड़े कवियों में वह होता (या शायद अब भी हो जाए)। पार्टिजन आलोचक के सिर पर कलंक का टीका लगना कोई आश्चर्य की बात नहीं। साहित्य की रूढ़ साम्यता तो यहाँ तक है कि कवि बिगड़कर ही आलोचक बनता है, किंतु कवि रामविलास शर्मा की उपलब्धि और संभावनाओं के विषय में प्रकट किए गए इस मत से शायद ही किसी का मतभेद हो। आजकल साहित्य के इतिहासकार कवियों की सूची अपनी मित्र-मंडली या आकाशवाणी से बनाया करते हैं। किंतु यह समझना कुछ मुश्किल है कि 'रूपतरंग' के प्रकाशन के बाद डॉक्टर शर्मा गंभीर आलोचक या हिंदी इतिहासकार डॉक्टर शर्मा के प्रति उपेक्षा कर सकेगा।

कवि ‘राकेश’

रामइकबाल सिंह ‘राकेश’ नये खेवे के कवियों में हैं। आचार्य हजारीप्रसाद द्विवेदी ने इनकी कविताओं के संग्रह ‘चट्टान’ के लिए अपने ‘आशीर्वचन’ में कवि की दो विशेषताओं की ओर संकेत किया है। पहली विशेषता उनके काव्य की भावभूमि से संबंध रखती है और उसके मूल-उत्स के लिए द्विवेदीजी ‘राकेश’ के लोक-गीतों के प्रेम का उल्लेख करते हैं। “इतिहास और राजनीति हमें बार-बार याद दिलाते हैं कि मनुष्य कितनी बार थका है, हारा है, रुक गया है और लोक-गीत हमें बराबर आगे की ओर मुख किए हुए दुर्जय मानव की विजय-यात्रा का संवाद सुनाते हैं। ‘राकेश’ जी की कविताओं में इस बात के सबूत हैं कि वे मनुष्य के इस रूप से बहुत प्रभावित हुए हैं।” दूसरी विशेषता कला-संबंधी है और द्विवेदीजी उसकी स्थापना करते हैं ‘चट्टान’ के साभिप्राय नामकरण द्वारा। ‘राकेश’ जी ने अपने कविता-संग्रह का नाम ‘चट्टान’ पसंद किया है। “××× इससे उनकी मानसिक रुचि का पता लगता है। वे माधुर्य की उतनी परवा नहीं करते, जितनी ओज की। इसीलिए कविता की भाषा को सँवारकर मधुर बनाने की ओर उनकी प्रवृत्ति उतनी नहीं है जितनी ओजपूर्ण और उद्‌बोधक बनाने की ओर।” दोनों कथन सत्य हैं, किंतु दोनों ही एकांगी हैं, क्योंकि उनमें हम कवि के एक दूसरे पक्ष का कोई उल्लेख नहीं पाते। वह पक्ष है कवि की 1940-41 के पूर्व की मानसिक भूमि और तज्जनित कविताओं का रूप। स्वयं कवि ने उन कविताओं को ‘रहस्यवादी अथवा वैयक्तिक अनुभूति की शैली’ के अंतर्गत रखा है। उनमें पराजय का स्वर भी है और भाषा और भाव मधुर बनाने का प्रयास भी। किंतु यदि द्विवेदीजी ने उनका उल्लेख करना छोड़ दिया है, तो यह किसी पक्षपात के कारण नहीं, वरन् इसलिए कि हम किसी को आशीर्वचन देते समय उसकी त्रुटियों की ओर संकेत नहीं करते। उस अवसर पर हम उसकी शक्तियों को दृष्टि में रखकर उनके चरम प्रस्फुटन और विकास की शुभकामना करते हैं। और निस्संदेह, ‘राकेश’ की रहस्यवादी और वैयक्तिक अनुभूति की शैली में लिखी गई कविताओं में हम उनकी क्षमता का दर्शन नहीं करते वरन् उनकी निर्बलता का। ‘आशीर्वचन’ में उनकी उपेक्षा

स्वाभाविक और उचित ही थी।

इन कविताओं का मुख्य दोष यह नहीं कि उनकी शैली 'रहस्यवादी अथवा वैयक्तिक अनुभूति की शैली' है, वरन् यह कि वे केवल प्रतिध्वन्यात्मक हैं। उनमें कवि का व्यक्तित्व नहीं और उनमें अनुभूति की वह तीव्रता नहीं जिसके बिना कविता केवल क्रीड़ा जान पड़ती है। आगे चलकर 'रण-शृंगी' का नाद करनेवाला कवि इन कविताओं में छायावाद-युग की वेदनापूर्ण करुण रागिनी छेड़ने का प्रयत्न करता है, किंतु भाव और भाषा की कृत्रिमता से स्पष्ट ज्ञात होता है कि कवि की प्रतिभा अपना सही रास्ता भूल गई है। इन कविताओं में सर्जना-शक्ति का अभाव भाषा के कृत्रिम माधुर्य के आवरण में नहीं छिप पाता। 1940 में लिखी गई 'प्रणय-दर्शन' कविता की अंतिम पंक्तियों की शिथिलता के उदाहरण इस काल की लगभग प्रत्येक कविता में दृष्टिगोचर हैं :

> बिन चढ़े शूली, कहो, किसने ललन से की मिताई?
> काक गोलक न्याय यह, मन मौन शंकित हो रहे हैं,
> नयन सावन हो रहे हैं।

इनमें हम कल्पना से अधिक तर्क की प्रधानता पाते हैं और इनके चित्रों की योजना में विकल्पात्मकता। अनुभूति के अभाव में ऐसी चित्र-योजनाएँ भी खोखली जान पड़ने लगती हैं, बिल्कुल जर्जर—

> किंतु हारिल-सा उड़ा हूँ वृत्त नभ का नापने मैं,
> फटफटाते पंख से निज क्षितिज का तट लाँघने मैं,
> टिटहरी-सा रेत-कण ले जलधि क्षण में पाटने मैं,
> शक्ति संचित चितिमयी अब कर उठी प्रतिकार मेरी;
> प्रेम की मनुहार मेरी।

इन कविताओं में अस्वस्थता का आभास मिलता है। इनमें सबसे स्पष्ट प्रतिध्वनि महादेवी के गीतों की है—वही लय, वही गहन निराशा और वही आध्यात्मिक वेदना। हाँ, कहीं-कहीं इस वेदना की अभिव्यक्ति बड़े सुंदर और मार्मिक शब्दों में हुई है। यथा :

> विकल चिर कल्पान्त से है प्रेम की मनुहार मेरी,
> लो, डहककर हो गई है वेदना अंगार मेरी।

किंतु, इस काल की अधिकांश कविताओं में व्याप्त निर्जीवता और पाण्डुता के कारण इनका मूल्य नगण्य-सा है। बीसवीं सदी में पराधीन भारत का युवक-कवि युग के चैलेंज से भागकर जब इन शब्दों में हाहाकार कर उठता है :

> भटक शत-शत घर्षणों से विकल कब का फिर रहा हूँ,
> कर्म कोल्हू में निरंतर कुचल फिर-फिर पिर रहा हूँ;
> पंक-पिच्छिल, शूल-संकुल, पंथ दुर्गम गिर रहा हूँ,

अंबु से हो विलग व्याकुल मीन-सा म्रियमाण हूँ;
बेसमझ अनजान हूँ मैं।

—तो जिस भाषा में वह लिख रहा है, उसकी साहित्यिक प्रगति में उससे कोई सहायता मिलने की संभावना नहीं रहती। और उस समय तो और भी निराशा होती है जब लोकगीतों की शुद्ध भावानुभूति में पला हुआ कवि ऐसी-ऐसी गद्यात्मक पंक्तियाँ लिखता है :

धूल में है शर्करा बल से कहो कैसे निकालूँ?
पटुरसज्ञ पिपीलिका-सा जी सरस कैसे बना लूँ?

अथवा,

'धँसा हुआपन' अगर मिटा दो
'उठा हुआपन' मिट जाएगा;
'उठा हुआपन' अगर मिटाओ
'धँसा हुआपन' मिट जाएगा।
और एक के मिट जाने से
दोनों का अस्तित्व न रहता;
पर दोनों के मिट जाने से
कहो कड़ाहापन क्या रहता?

आगे चलकर जब कवि अपना स्वर-संधान कर लेता है तब वह स्वयं इसकी कमजोरियों को पहचानता है और उनके प्रति अपने असंतोष को उपेक्षा के माध्यम से प्रकट करता है; क्योंकि 'चट्टान' के 'आत्मनिवेदन' में वह 'रहस्यवादी अथवा वैयक्तिक अनुभूति की शैली' की कविताओं के अंतर्गत अधिकांश में इन कविताओं का नाम न लेकर दूसरी कविताओं का नाम लेता है—'शून्य-घट', 'श्मशान की खोपड़ी', 'कुहेलिका', 'प्रवासी पंथी', 'डंठल से गिरा हुआ फूल', 'संप्रश्न' इत्यादि। इनमें से अधिकांश उसकी प्रतिभा के अपने सच्चे मार्ग पर आने और उन निर्बल रचनाओं के बीच शृंखला-सी हैं। इनकी भावनाएँ भले ही पूर्व की रचनाओं की हों, किंतु इनमें जीवन-दर्शन एक व्यापक पीठिका पर आधारित है। उदाहरणार्थ, हम उसकी 'श्मशान की खोपड़ी' में जीवन की विफलता और पराजय का वही पुराना स्वर सुनते हैं। कवि अपनी पराजय की कटुता को श्मशान की नीरवता में भूल जाना चाहता है :

आ मेरे मधु-रस मज्जित मन
          यह जग जीवन
रुक्ष, क्लिष्ट, कटु, पंकिल, करुणागार
अहे, बितावें इस निर्जन में
          बैठ विजन में
आज उतारें विफल हृदय के भार।

यह कवि की यथार्थोन्मुखता की पहली सीढ़ी है। इसकी वेदना का आधार आध्यात्मिक नहीं, वरन् सामाजिक है। इस प्रकार की रचनाओं में 'डंठल से' गिरा हुआ फूल भी है जिसमें आशा का संदेश है। कवि फूल के गिर जाने पर भी उसमें से एक नवीन जीवन के उदय होने का विश्वास रखता है।

सिंधु के ज्यों अतुल जल को सोखता दिनमान
किंतु फिर भी उछलता रह मुदित एक समान
या कि जैसे सघन घन घिर बरस होते रिक्त,
और अजगव से पुनः नभ में गरजते दृप्त।
क्या न वैसे ही खिलोगे ऊर्जस्वित मुदमान,
कल्प-तरु की डाल पर तुम नखत से अम्लान।

अनायास ही हमें कीट्स के 'हाइपेरियन' की निम्नलिखित पंक्तियाँ याद आ जाती हैं :

...On our heels a fresh perfection treads,
A power more strong in beauty, born of us
And fated to excel us, as we pass
In glory that old Darkness.

अंतर इतना है कि कीट्स की ये पंक्तियाँ सुंदर का सुंदर के ही हाथों विध्वंस देखकर आशा का संदेश देने के लिए लिखी गई थीं और 'राकेश' की पंक्तियों में सुंदर की विजय असुंदर पर, शिव की विजय अशिव पर प्रतिपादित की गई है।

अटल मृत्यु के बाद अमरता होगी प्राप्त सनातन

जीवन में सौंदर्य की विजय के सिद्धांत की स्वीकृति के पश्चात् कवि का ध्यान जीवन में शिव के प्रति जाना स्वाभाविक ही है। यहीं से कवि के आज के व्यक्तित्व का प्रारंभ होता है। जीवन के प्रति उसका दृष्टिकोण बदलता है। उसकी अभिव्यक्तियों में अधिक ओज और शक्ति का समावेश होता है, उसकी कल्पना अधिक ठोस हो जाती है और उसकी सामाजिक चेतना क्रमशः प्रखर होती जाती है और उसकी दिशा भी निर्धारित होने लगती है। 'चट्टान' में कवि के व्यक्तित्व का उल्लेख इस प्रकार है :

सूख गया प्राणों का रस निज
पौरुष के निर्माण में।

'विराट-दर्शन' में मानो कवि अपने अतीत का ध्यान रखकर स्वयं से संबोधित कर लिखता है :

अरे कौन तुम मोह सुरा पी
ढूँढ़ रहे मरु में शीतलता?
कोमलता पवि में, मधु विष में

अस्थि खंड में नव मांसलता!
व्यर्थ न भटको इंद्रजाल में
सत्य स्वप्न में पा न सकोगे,
भव के क्रंदन आर्तनाद में
सामगान तुम गा न सकोगे।

'पवमान सोम के प्रति' अपने संबोधन में कवि कहता है :

स्रवणशील हे!
सृजनशील हे!
तरुण किरण
संचरणशील हे!
निर्मल कर दो भव का कुत्सित जीवन।

वह 'दीपराग' की कामना करता है। अपने एक सानेट में वह उसी शक्ति को शक्ति मानता है जो 'आसुरीय तम का पट फाड़े नूतन स्वर्ण-विहान करे'। उसे एक नये युग के जन्म में विश्वास है और चारों ओर उसकी तैयारियाँ होती दीख पड़ती हैं :

बज उठा डंका नपुंसक शांतता को चीर
गढ़ रहा युग स्वयं नूतन सृजन की तस्वीर।

अपनी वाणी को वह इन प्रगति शक्तियों का माध्यम बनाना चाहता है :

स्वराकार बन वाणी मेरी कल कूजन कर
लाओ प्रगति चेतना मृत साँसों में सुखकर।

और इसके लिए अब उन स्वरों से काम नहीं चल सकता जो कवि के कविता-क्षेत्र में प्रथम चरण रखने के समय उसके पास थे। कवि 'चट्टान' संग्रह के पश्चात् की एक कविता—'रण-शृंगी'—में एक दूसरे प्रसंग में लिखता है :

नहीं पिक-तान से ब्रह्मांड फटते,
नहीं शुक-तुंड से गज शुंड कटते!

ऐसा जान पड़ता है कि प्रगतिकाल के आरंभ में अपनी कविता के विषय में भी इन पंक्तियों का सत्य कवि को हृदयंगम हो गया था।

कवि की इस जागरूक चेतना के प्रस्फुटन की अनेक दिशाएँ हैं। सबसे पहले हमारा ध्यान उसकी उस क्रांतिकारी विचारधारा की ओर जाता है जो आज की समाज-व्यवस्था में आमूल परिवर्तन चाहती है और विध्वंस के अतिरिक्त कोई दूसरा रास्ता नहीं देखती। जैसा कि स्पष्ट है, समाज में शोषक-वर्ग के नाश के बिना कोई न्यायसंगत आधार नहीं हो सकता। इसलिए कवि क्रांति की लपटों में 'मठ, मंदिर, मस्जिद, गिरजाघर' सभी को भस्म होते देखता है और उनके साथ हर प्रकार के शोषकों का अंत :

शोषक, धनपति शठ व्यापारी
मैनेजर, मुंशी, पटवारी
पंडे, पीर, महंथ, पादरी
पैगंबर, गुरु, धर्माधारी।

कवि नियतिवाद को पृथक् रख देता है और विधाता को 'बधिर' कहता है। समाज में न्याय-स्थापन के लिए, एक नवीन युग के निर्माण के लिए ईश्वर पर भरोसा करना मूर्खता है। आधुनिक युग में कम ऐसे कवि हुए हैं जिन्होंने 'राकेश' की भाँति अनेक स्थानों पर मानव का शक्ति-गान गाया है और 'राकेश' की भाँति इस गान के हेतु सुंदर और भव्य प्रतीक-कथाओं (myths) की सृष्टि की है। स्वयं 'चट्टान' संग्रह में इस प्रकार की कविताओं में उसका अंतिम गीत, 'हिमालय-अभियान' है जिसने बड़ी प्रभविष्णु तथा ओजस्विनी शैली में मानव का विजय-गान गाया है। हिमालय की ओर बढ़ते आरोही-दल का वर्णन कवि ने इन उदात्त शब्दों में किया है :

बेध सर्पिल सौर-मंडल दीर्घ वृत्ताकार,
धूमकेतु निहारिकाएँ निखिल वलयाकार।
कुंडली मारे गगन में दिग-दिगन्त समेट,
बाहुओं में अर्क मंडल अंतरिक्ष लपेट।
तोड़ बाधा-बाँध दुर्गम लौह दुर्ग-कठोर,
बढ़ चले ओ महामानव लक्ष्य-पथ की ओर।
ध्येय के निर्माण में हो सफल जीवन-होम,
बने ढोकें और टेकड़ियाँ पिछलकर मोम।
सिंधु से भी अधिक गर्वीला तुम्हारा गान,
सूर्य के ऊपर चमकता तुंग तेरा यान।
निखिल व्योम ललाट तेरा और पद पाताल,
सघन कज्जल केश कानन वज्र भुज दिगपाल।
हास विद्युत श्वास मारुत शैल देह अखंड,
नयन दिनमणि रक्त अम्बुधि दाढ़ मृत्यु प्रचंड।
श्रेष्ठ तुझसे नहीं कुछ भी मनुज जग में अन्य,
तुम्हीं वामन-से बने हो विश्व-पुरुष वरेण्य।

इस संग्रह के पश्चात् प्रकाशित एक अन्य कविता में कवि ने फिर मानव की शक्ति का स्तोत्र-गायन ऐसे ही भव्य शब्दों में किया है और साथ ही कवि ने इस कविता में जिस प्रतीक कथा का निर्माण किया है, वह काव्य की दृष्टि से हिंदी में अद्वितीय है। धरती अन्नहीन हो रही थी और–

वक्ष पर उसके थे काल-दंड-से गड़े
मगर पिशाच से कराल रूप धारण कर

बरछे की नोक जैसे पर्वत भयावने,
सावधान मुद्रा में संतरी-से
देते थे दिखाई मानो दे रहे हों पहरे।
आँखों में कुटिल हास्य, दाढ़ों में लिए काट,
फरसे की धार से पसारे फटे जबड़े,
खोले कपाट चाट जाने त्रिभुवन को।
उस समय पृथ्वी से अन्न दोहन के हेतु—
आया तब मानव आर्त्त प्राणियों का नाद सुन
करुणाधन, दयाधाम बन पृथु प्रतापवान,
सूर्य चंद्र-सा महान, हवा से भी वेगवान,
कीर्तिमय, विजयशील रथ पर चढ़ा हुआ,
मोटे विशाल तपे सोने से भूषित किए
विवर के टेढ़े कुछ सर्प-से ले धनुष-बाण,
पैरों की धमक से उसके भूकंप हुआ,
तितर-बितर मेघ हुए केशों के झंझे से,
नेत्रों की ज्वाला से सूर्यादि फीके पड़े,
दीखना दिशाओं का बंद हुआ तेज से,
नदियों का पानी लगा खौलने—
औंटा ज्यों गया हो गर्म चूल्हे की आँच से।
मर्यादित सीमा के बाहर हो सप्त सिंधु
योजन तक फैल गए धक्के से श्वास के।
विंध्या की चोटी-सी ऊँची बड़ी लहरों में
शंख, सीप, मगर आदि बाहर निकल पड़े।
उल्कापात हुए और तारागण टूट गिरे,
विटप-वृंद उखड़कर धूल लगे फाँकने।

—'अन्नदोहन' (विशाल भारत, नवंबर 1946)

इसी विश्वास के कारण फरवरी 1947 के विशाल भारत में प्रकाशित 'नेत्रदान' कविता में मानव को संबोधित करता वह लिखता है :

निर्माण तुम हो!
संहार तुम हो, निर्माण तुम हो!
ईश्वर तुम्हारा!
मिथ्या सहारा, ईश्वर तुम्हारा!
असमर्थता की अनुप्रेरणा जो।
श्रुतिमान्यता की जड़ कल्पना जो!

अज्ञानता की अभ्यर्थना जो!
चिथड़ा पुराना, ईश्वर तुम्हारा!

यह कौन सा निर्माण है जिसके लिए कवि मानवता को प्रेरणा और प्रोत्साहन का गीत सुनाता है? इसका उत्तर स्पष्ट है; क्योंकि कवि इस युग के अनेक क्रांतिकारी कवियों की भाँति केवल विध्वंस का ही राग अधिक समय तक न आलाप कर प्रारंभ में ही अपनी सामाजिक और राजनीतिक चेतना को रूप और नाम दे देता है। 'चट्टान' की तीसरी कविता 'विराट-दर्शन' में कवि समाज में आर्थिक शोषण का उल्लेख कर एक ऐसे समाज की कामना करता है जो 'वर्ग-राहु से मुक्त' हो, जिसमें :

चरण पंगु को, श्रवण बधिर को
नयन अंध को मिले विभामय।

दिसंबर 1946 के 'विशाल भारत' में प्रकाशित 'भारत-भूमि' कविता में कवि पुनः चाहता है कि ''हम वर्ग-राहु से मुक्त धरणि में भासमान हों।'' आर्थिक क्रांति के अभाव में सामाजिक या राजनीतिक क्रांति असफल रह जाएगी। वह भारत-भूमि के जर्जरित और जड़ीभूत जीवन में साम्य के अतिरिक्त और कोई दूसरा रास्ता नहीं देखता :

घिरी अटाओं से सोने की
हमें जलाती होगी लंका
हिल्लोलित करना होगा
जन-जीवन में यौवन-झरना;
जीर्ण-पुरातन पतझड़ में
होगा वसंत को कुसुमित करना।

इसलिए 'काल-पुरुष गांधी' की अहिंसा में विश्वास न करते हुए भी कवि उन्हें युग-पुरुष और राष्ट्रनियंता मानता है। और उसकी दृष्टि केवल राष्ट्रीयता की सीमाओं से बद्ध नहीं। वह अंतर्राष्ट्रीय साम्य का स्वप्न भी देखता है :

हो विविध वर्ग, देशों, राष्ट्रों की शक्ति एक;
समता के सक्रिय संस्थापन में दृष्टि एक।
जग तोड़ सके शृंखला दासता की कठोर;
बाँध ऐक्य-सूत्र में बाधाओं के शृंग फोड़।

कवि की दृष्टि तालाबी पखेरुओं पर इसीलिए जाती है। उनका अपना-अपना वर्ण है, अपना-अपना व्यक्तित्व है; किंतु उनकी कला सामूहिक है और तालाब में उनकी छाया एक वर्ण की हो जाती है।

विविध वर्ण के विहग वृंद जल में प्रतिबिंबित,
एक वर्ण में रूप सरोवर में आलोकित।

यहाँ कवि उनको देखकर और उनमें नर-मादा के संबंधों की नैसर्गिकता का

अध्ययन कर वैसे ही संबंधों की आवश्यकता मानव-समाज के लिए भी बतलाता है :

सुंदर इनका मिलन, न उर से उर का गोपन,
सुंदर इनका रमण, न लज्जा का उद्‌बोधन।

कवि के विकास की इस रूपरेखा से हमें यह स्पष्ट हो जाता है कि कुछ ही वर्षों के भीतर-भीतर इस कवि ने अपनी पहली कविताओं के प्राणहीन स्वर को छोड़कर जिस प्रकार नये और जीवित स्वरों को अपनाया है और उन्हें अपनी संपत्ति बना ली है, वह स्तुत्य है। इन दो युगों के कवियों को देखकर यह कोई नहीं कह सकता कि उनके पीछे एक ही कवि का व्यक्तित्व है। यही नहीं, वरन् जिस प्रकार कवि ने समय के साथ-साथ काव्यकला पर भी अपने अधिकार को पुष्ट किया है, वह भी कम आश्चर्यजनक नहीं। 'चट्टान' और उसके पश्चात् की प्रकाशित कविताओं के बीच 'राकेश' ने 'युगवाणी' और 'ग्राम्या' का व्यवधान पार कर लिया है। 'चट्टान' की प्रगतिशील कविताओं में 'युगवाणी' की बौद्धिकता और नग्न सिद्धांतवादिता का काफी अंश है। किंतु, इधर की कविताओं में हम उन्हीं सिद्धांतों का अधिक अनुभूति और काव्यमय उद्‌गार पाते हैं। इनमें हम न तो उनके सिद्धांतवाद पाते हैं और न वह निष्कर्ष-प्रियता या नीतिवादिता। इन कविताओं में ओज और प्रवाह की वृद्धि हो गई है।

राकेश की कविताओं में एक अन्य विशेषता उनकी चित्र-योजना में है। एक ओर तो हम उनके 'तालाबी पखेरू' इत्यादि रचनाओं में 'हरिऔध' और गुरुभक्त सिंह की संश्लिष्ट चित्र-योजना की शैली पाते हैं, दूसरी ओर उससे भी अधिक सफलता कवि ने छिट-पुट चित्रों द्वारा सारे वातावरण को आकार और जीवन देने में प्राप्त की है। उदाहरणार्थ 'विषमता' में ग्रीष्म से आक्रांत वातावरण की समाधि-तुल्य नीरवता इस एक ही चित्र में आँखों के सामने नाचने लगती है :

धधकती धरा, उगलती धुआँ,
खदकते ताल-तलैया, कुआँ।
चीरती चली जा रही नील
गगन में ऊपर-ऊपर चील।

ऐसी ही सफल चित्र-योजनाओं के अनेक दृष्टांत हैं :

विवर-शून्य अजगर से टेढ़-मेढ़े नाले,
सोए अलस शीत-निद्रा में ज्यों मतवाले।

—'तालाबी पखेरू'

नसों के तूणीर से चिनगारियों के तीर,
झनझनाकर छूटते, बजती हवा में मीड़।

—'हिमालय अभियान'

गड़गड़ाता बढ़ रहा ढक्कन धरा का तोड़,
पवनपंखी ग्लेशियर वह पर्वतों को फोड़।

—'हिमालय अभियान'

और कवि की शैली में सबसे स्वागत योग्य विकास यह हुआ है कि उसने अपनी प्रतीक-कथाओं (myths) को भव्य माप पर निर्माण करना जान लिया है। 'विराट् दर्शन' में कवि संसार में चलते हुए एक विराट् नंगे नाच का—शोषण के नंगे नाच का दर्शन करता है अवश्य, किंतु उसकी अभिव्यक्ति के लिए वह विराट् चित्रों की योजना करने में असफल रह जाता है। आज के विस्तृत और व्यापक जीवन की अभिव्यक्ति के लिए जिस विशाल और उदार संकल्पनात्मक अनुभूति और कल्पना की आवश्यकता है, उसके सबूत हमें राकेश की पहली कविताओं में नहीं मिलते। उनमें ऐसा जान पड़ता है, मानो कवि मोम से पंख सटाकर सूर्यलोक तक पहुँचना चाहता है। स्पष्टीकरण के हेतु हम 'विराट् दर्शन' की कुछ पंक्तियों के रूपकों को ले सकते हैं :

कुचल रही स्वातंत्र्य-लता को
प्रभुता की फौलादी जूती।

अथवा

चूस रहा है रक्त जिगर का
वज्रमूढ़ शासन का खटमल
गन्ने-सा कोल्हू में पिसकर
चिल्लाता जग दुख से विह्वल।

इन चित्रों से एक कमी मालूम होती है। वह कमी है यह कि जिस विशाल पैमाने पर शोषण की क्रिया हो रही है, उसी विशाल माप पर कवि ने चित्रों की योजना नहीं की है। किंतु यदि हम कवि की इधर की कविता 'अन्नदोहन' को लें तो स्पष्ट हो जाएगा कि कवि में भव्य चित्र-योजना की भी क्षमता आई है जिसके बिना महान् समस्याओं को लेकर चलनेवाली प्रतीक-कथाएँ निर्जीव हो जाती हैं।

'राकेश' के काव्य पर इस विहंगम दृष्टि से जो बात हमारे सम्मुख प्रमुख रूप से स्पष्ट हो उठती है, वह यह है कि कवि ने छाया-युग से प्रगति-युग में आने में असाधारण स्फूर्ति दिखलाई है। उसके मधु-कुंड के जीवन और ज्वालामुखियों के जीवन के बीच बहुत कम समय का व्यवधान है; किंतु उसी कम समय में उसने अपने अतीत के बहुत सारे धब्बों को मिटा डाला और जीवन में प्रगति की शक्तियों के नये प्रकाश का स्वागत किया है।

• **पारिजात : वर्ष 2, अंक 4, अक्टूबर, 1947**

छायावादी गद्य और यथार्थवाद

"पवन—प्रिये, यह जागृति है या स्वप्न?
सुरभि—नाथ, यह सत्य है या कल्पना?"
—पंत : 'ज्योत्स्ना', तृतीय संस्करण, अंक 3, पृ. 55

छायावाद की छाया के पीछे ही भटकते रहने वालों को सही रास्ता दिखलाने के लिए ऊपर के शब्द बड़े काम के हैं। छायावाद ने हिंदी-कविता को स्वप्न और कल्पना की स्वच्छंदता दी। लेकिन यह कला की ही नहीं, बल्कि जीवन के प्रति भी एक नये रूढ़ि-मुक्त दृष्टिकोण और बोध की स्वच्छंदता थी। छायावाद भारतीय जीवन के नवोन्मेष का साहित्य था। इसीलिए छायावादी कवियों के निकट स्वप्न और कल्पना जागृति और सत्य के पर्याय थे। 'ज्योत्स्ना' में ज्योत्स्ना स्वप्न और कल्पना को 'मानवी भावनाओं के वस्त्र पहना एवं मानवी रूप, रंग और आकार ग्रहण कराकर' 'उन्मुक्त निःसीम' से पृथ्वी पर इसलिए उतारती है कि वे अपनी 'अलौकिक शक्ति, वायवी प्रतिभा एवं मायावी आकर्षण के प्रभाव से' 'मानव-जाति के कल्याण एवं मुक्ति का द्वार खोलने में' उसकी सहायता करें। 'ज्योत्स्ना', पृ. 57-58। स्वप्न यह योजना प्रस्तुत करता है : "सम्राज्ञी का मनोरथ सहज ही में सिद्ध हो जाए, यदि मनुष्य के लिए एक और भी उत्तेजक, मादक, मोहक, सूक्ष्म और मार्जित छलना की सृष्टि कर दी जाए; जिसके सौंदर्य-जाल पर मुग्ध होकर, वह विलासिता, कदर्य, पशुता, जड़वाद आदि की दासता से मुक्त हो सके। सम्राज्ञी की आज्ञा हो तो मैं अपनी दिव्य वायवी शक्तियों का परिचय दूँ, और मनुष्य की आँखों के सामने एक ऐसे अननुभूत ऐश्वर्य और स्वर्गीय सौंदर्य का अलौकिक इंद्रजाल उछाल दूँ कि वह इंद्रियों की देह से मुक्त होकर एक अभिनव सूक्ष्म शोभा के भस्माकाश में विचरण करने लगे।" वही, पृ. 60। अंत में अपनी भूमिका पूरी कर चुकने के बाद स्वप्न-कल्पना ज्योत्स्ना से कहते हैं : "चेतना के निःसीम प्रांगण में साँसों की डोरियों में झूलते हुए हृदय के स्पंदित पलनों पर सोई हुई असंख्य आत्माएँ, स्वप्न और कल्पना के वायवी पंखों में उड़कर, अभिनव

भावनाओं के स्वर्ग-लोक में अभिसार कर आई हैं। नवीन सौंदर्य के उन्माद से उत्तेजित होकर वे विश्राम करना भूल गई हैं। ऊपर फिर से निद्रा की प्रगाढ़ विस्मति का आँचल डालकर उन्हें सुला देना चाहिए, जिससे वे मानसिक क्लांति से मुक्त हो, कल स्वस्थ होकर जग सकें। कल का प्रभात सोने का प्रभात होगा।'' वही, पृ. 95।

स्पष्ट है कि जितनी सरलता से छायावाद और यथार्थवाद के बीच खड़ी रेखा खींच दी जाती है उतनी सरलता से वह खींची नहीं जा सकती। छायावादी कवि अपनी महान् सांस्कृतिक भूमिका के प्रति सजग थे और 'अनेक रहस्यपूर्ण रूपों एवं छाया-छवियों' में उन्होंने 'पलकों के स्वप्नों की तरह, मानव-जाति का समस्त भविष्य' प्रतिबिंबित करने का प्रयास किया। वही, पृ. 61। जीवन और साहित्य के प्रति रीतिकालीन दृष्टिकोण को पराधीनता का प्रतीक मानकर निराला ने छायावाद की स्वच्छंदता के विषय में 'परिमल' की भूमिका में लिखा था : ''साहित्य की मुक्ति उसके काव्य में देख पड़ती है। इस तरह जाति के मुक्ति-प्रयास का पता चलता है। धीरे-धीरे चित्र-प्रियता छूटने लगती है। मन एक खुली हुई प्रशस्त-भूमि में विहार करता है। चित्रों की सृष्टि तो होती है, पर वहाँ तमाम चित्रों को अनादि और अनंत सौंदर्य में मिलाने की चेष्टा रहती है। पल्लवों के हिलने में किसी अज्ञात चिरंतन अनादि सर्वज्ञ को हाथ के इशारे अपने पास बुलाने का इंगित प्रत्यक्ष करते हैं। इस तरह चित्रों की सृष्टि असीम सौंदर्य में पर्यवसित की जाती है। और यही जाति के मस्तिष्क में विराट दृश्यों के समावेश के साथ-ही-साथ स्वतंत्रता की प्यास को भी प्रखरतर करते जा रहे हैं।'' 'परिमल', तृतीयावृत्ति, पृ. 17। उनके अनुसार जन-जागरण के लिए 'मौलिक उद्भावना ही दरकार' 'प्रबंध-प्रतिमा', पृ. 75 (1940) थी। उन्होंने छायावाद की तीन विशेषताएँ बतलाईं—'प्रसार, कल्पना, उदारता' वही, पृ. 48। इस तरह छायावाद की स्वच्छंदता अराजकतामूलक न होकर साहित्य और जीवन को नये निर्माण की ओर प्रेरित करने वाली थी।

छायावादियों का यथार्थवाद कविता से और भी अधिक उभरकर उनके गद्य में प्रगट हुआ। स्वप्न और कल्पना जहाँ छायावादी कविता की शक्ति थे वहाँ उसकी सीमा भी। जीवन के कठोर और संश्लिष्ट परिवेश को बाँधना उनके लिए दुस्तर कार्य था। इसकी ओर संकेत करते हुए निराला ने 'परिमल' की भूमिका में लिखा था : ''छायावाद में अभी कर्म की अविश्राम धारा बहती हुई नहीं दीख पड़ती।'' 'ज्योत्स्ना' में जो देव-बाल और बालाएँ ''अनेक मनोरम मानसी प्रतिमाओं का आकार-प्रकार ग्रहण कर'' स्वप्न और कल्पना द्वारा निर्मित चित्रपट पर अवतरित होती हैं उनके ''पाँव फ़र्श को नहीं छूते, प्रत्युत, अपने ही हलकेपन के कारण, संगीत की उठती-गिरती लहरों पर, ताल-लय-पूर्वक नृत्य करते एवं गाते हुए, ये ऊपर-नीचे तथा एक ओर से दूसरी ओर वाहित होते हैं।'' 'ज्योत्स्ना', पृ. 62-63। पंत ने 'रूपाभ' के प्रथम संपादकीय में उन्हें फ़र्श पर उतारने का जो संकल्प किया था उसे प्रसाद और निराला

बहुत पहले से ही गद्य के माध्यम से पूरा करते आ रहे थे। बाद में महादेवी वर्मा ने भी अपने सामाजिक निबंधों और रेखाचित्रों या संस्मरणों में यही कार्य संपन्न किया। उन्होंने 'शृंखला की कड़ियाँ' निबंध-संग्रह में 'अपनी बात' में लिखा : ''विचार के क्षणों में मुझे गद्य लिखना ही अच्छा लगता रहा है, क्योंकि उसमें अपनी अनुभूति ही नहीं बाह्य परिस्थितियों के विश्लेषण के लिए भी पर्याप्त अवकाश रहता है।'' इस तरह छायावादी गद्य छायावादी कविता की प्रतिच्छाया मात्र नहीं, बल्कि उसका पूरक भी है। उसमें छायावादी यथार्थ का एक नया स्तर है, अनेक स्थलों पर उसका गुणात्मक विकास है।

छायावादी गद्य में यथार्थ की अधिक पुष्ट अभिव्यक्ति का ऐतिहासिक कारण भी है, जिसका उल्लेख प्रसाद ने अपने लेख 'यथार्थवाद और छायावाद' में किया है। यह मानते हुए कि कविता में भी ''हरिश्चंद्र ने राष्ट्रीय वेदना के साथ ही जीवन के यथार्थ रूप का भी चित्रण आरंभ किया था।'' 'काव्य और कला तथा अन्य निबंध', प्र. संस्करण, पृ. 137। उनकी स्थापना है कि ''हिंदी में इस प्रवृत्ति का मुख्य वाहन गद्य साहित्य ही बना।'' वही, पृ. 143। इस तरह छायावादियों को कविता की अपेक्षा गद्य में यथार्थ की अधिक सशक्त परंपरा मिली थी। उस परंपरा की शक्ति का अनुमान इसी से लगाया जा सकता है कि आमतौर से साहित्यिक विवेचना में राजनीतिक शब्दों के प्रयोग से कतराने और छायावादी कविता को 'पौराणिक युग' की स्थूल, वर्णनात्मक साहित्यिक रूढ़ियों के विरुद्ध रहस्य की प्रतिक्रिया के रूप में प्रस्तुत करनेवाले प्रसाद ने उसकी व्याख्या इन शब्दों में की : ''भारत के लिए उस समय दोनों ही वास्तविक थे—यहाँ के दरिद्र जनसाधारण और महाशक्तिशाली नरपति। किंतु जनसाधारण और उनकी लघुता के वास्तविक होने का एक रहस्य है। भारतीय नरेशों की उपस्थिति भारत के साम्राज्य को बचा नहीं सकी। फलतः उनकी वास्तविक सत्ता में अविश्वास होना सकारण था। धार्मिक प्रवचनों ने पतन में और विवेक दंभपूर्ण आडंबरों ने अपराधों में कोई रुकावट नहीं डाली। तब राजसत्ता कृत्रिम और धार्मिक महत्त्व व्यर्थ हो गया और साधारण मनुष्य जिसे पहले लोग अकिंचन समझते थे वही शुद्धता में महान् दिखलाई पड़ने लगा। उस व्यापक दुःख संवलित मानवता को स्पर्श करने वाला साहित्य यथार्थवादी बन जाता है।'' वही, पृ. 139-140। दूसरे शब्दों में, इस यथार्थवाद का जन्म सामंती व्यवस्था के अवसान और एक नयी मानवता के उदय की अनिवार्यता में विश्वास से हुआ था। और भी विकसित और दृढ़ होकर यही विश्वास छायावादी यथार्थ का भी आधार बना। लेकिन छायावादी कविता में यह यथार्थ कहीं इतना सूक्ष्म (महादेवी के शब्दों में) और कहीं इतना विराट (निराला के शब्दों में) रूप धरकर व्यक्त हुआ कि उसकी सामाजिक व्यावहारिकता देख पाना यदि असंभव नहीं तो श्रमसाध्य अवश्य है। इसीलिए छायावादी कविता पलायन का भ्रम पैदा करती है। छायावादी गद्य ने काफ़ी हद तक उस यथार्थ में सूक्ष्म और विराट की (जो वास्तव

में रहस्यवादी सिक्के के ही दो पहलू हैं) आत्यंतिकता का अंत किया। जहाँ छायावादी कविता के विरोधियों की ओर संकेत करते हुए निराला ने शिकायत की थी कि "हिंदीवाले रूढ़िग्रस्त हैं। वे जड़ रूप ही समझते हैं, तत्त्व नहीं।" 'प्रबंध प्रतिमा', पृ. 36-37 वहाँ उन्होंने यथार्थ-विरोधियों को लक्ष्य कर यह भी कहा : "समाज की भूत संज्ञा हैं, रहस्य नहीं। उसका सुधार भूत या जड़ सुधार है। फिर जड़ को जब रहस्य बनना होगा, बन लेगा।" वही, पृ. 144। छायावादी गद्य के यथार्थ की विशदता का प्रमाण यह भी है कि जिस समय छायावादी कविता, मुख्य रूप से भारतीय जागरण की मध्यवर्गीय चेतना तक ही सीमित थी उस समय वह मध्यवर्गीय जीवन की आलोचना भी प्रस्तुत कर रहा था। इस तरह गद्य के माध्यम से ही छायावादियों ने अपने वर्ग की सीमाएँ भी तोड़ीं। प्रसाद ने बहुत ही सूझ के साथ इस यथार्थवाद की परिभाषा 'लघुता की ओर साहित्यिक दृष्टिपात' 'काव्य और कला तथा अन्य निबंध', पृ. 138 की थी। यह 'लघुता' कहीं सामंती व्यवस्था और उसके नैतिक मूल्यों के विरुद्ध मध्यवर्ग की और कहीं उनके साथ-साथ मध्यवर्गीय मूल्यों के विरुद्ध देश की साध.रण जनता, मजदूरों और किसानों की थी। इसलिए छायावादी गद्य का यथार्थवाद केवल मध्यवर्गीय नहीं, बल्कि अनेक स्थानों पर उसमें समाजवादी ध्वनि भी है।

इसमें संदेह नहीं कि छायावादियों की प्रारंभिक गद्य-रचनाओं पर रोमानियत का गहरा रंग है, लेकिन इससे भी बड़ा सत्य यह है कि उनकी विचारधारा प्रगतिशील मानवतावाद की है। नारी और पुरुष के प्रेम के माध्यम से प्रसाद और निराला ने उसका ज़ोरदार समर्थन किया। प्रसाद की अनेक कहानियाँ बौद्ध या मुग़ल-काल के चरित्रों को लेकर लिखी गई हैं; कुछ ऐसी भी हैं जो कोल-कंजरों के जीवन पर आधारित हैं। जीवन के इन सुदूर या ऐकांतिक अनुबंधों में भी उन्होंने जिस प्रेम की उद्‌भावना की है वह हमारे समाज में एक नयी क्रांतिकारी चेतना का फल है। 'छाया' की पहली कहानी 'तानसेन' में जब मुसलमान सरदार सौसन को तानसेन को सौंपते हुए यह कहता है : "लेकिन धर्म के साथ इससे ब्याह करो" उस समय तानसेन उत्तर देता है : "आज से हमारा धर्म 'प्रेम' है।" 'छाया', चतुर्थ संस्करण, पृ. 8। प्रसाद की कहानियों के प्रेमी इसी तरह के हैं। उनमें प्रेम आत्मा के बंधन को छोड़कर और कोई बंधन नहीं मानता—माता-पिता की रुचि, ऊँच-नीच, जाति-पाँति के भावों और सामाजिक रूढ़ियों की दाल वहाँ नहीं गल पाती। वहाँ प्रेम ऐकांतिक साधना, उत्सर्ग या विद्रोह है। एक साधारण नारी भी कह सकती है : "समाज से डरो मत। अत्याचारी समाज पाप कहकर कानों पर हाथ रखकर चिल्लाता है। वह पाप का शब्द दूसरों को सुनाई पड़ता है; पर वह स्वयं नहीं सुनता।" ('विजया') 'चंदा' में कोलकुमारी/चंदा, 'रसिया बालम' में बलवंत सिंह, 'चित्तौड़-उद्धार' में हम्मीर, 'आँधी' में लैला, 'दासी' में बलराज और इरावती, 'घीसू' में घीसू और बिंदो, 'ग्राम-गीत' में रोहिणी, 'पुरस्कार' में मधूलिका, 'इंद्रजाल' में गोली और बेला में प्रेम का यही उदात्त रूप है। अगर

प्रेम को मैला किया है तो मध्यवर्गीय रामेश्वर ने ('आँधी' कहानी में) या सामंती व्यवस्था में पले हुए जीवनसिंह ने ('ग्राम-गीत' कहानी में) और ठाकुर ने ('इंद्रजाल' कहानी में)। रूढ़िवादी सामंती प्रेम में नारियों की निष्क्रिय भूमिका होती है, प्रसाद की नारियाँ प्रेम में कहीं-कहीं पुरुषों से भी अधिक सक्रिय हैं। अगर समाज के सामने कभी कोई घुटने टेकता है तो पुरुष ही, नारियाँ प्रेम के गौरव को पहचानती हैं और पुराने समाज को चुनौती देती हैं। प्रसाद के प्रेम की कल्पना समानता के आधार पर, रूढ़िगत नैतिक विवशता से मुक्त, दो हृदयों का विह्वल आदान-प्रदान है।

निराला की प्रारंभिक कहानियों में यह प्रेम आधुनिक जीवन के परिवेश में प्रसाद की तुलना में अधिक स्थूल और प्रचारात्मक रूप में व्यक्त हुआ है। उनकी कहानियों में प्रसाद की मर्मस्पर्शिता या विह्वलता नहीं; कर्तव्यपरायणता का भाव अधिक है। लेकिन उनका प्रेम भी मनुष्यता के अतिरिक्त और किसी धर्म को स्वीकार नहीं करता। 'लिली' कहानी-संग्रह में ब्राह्मण-परिवार की पद्मा अपने पिता की अंतिम इच्छा के अनुसार क्षत्रिय राजेन्द्र से विवाह नहीं करती, लेकिन "जिस जाति के विचार ने उसके पिता को इतना दुर्बल कर दिया था, उसी जाति की बालिकाओं को अपने ढंग पर शिक्षित कर, अपने आदर्श पर लाकर पिता की दुर्बलता से प्रतिशोध लेने का उसने निश्चय कर लिया।" 'लिली', पंचमावृत्ति, पृ. 21। उधर राजेन्द्र भी अविवाहित रहकर देशसेवा में लग जाता है। 'ज्योतिर्मयी' कहानी में षड्यंत्र के द्वारा निराला जी विधवा ज्योतिर्मयी को कायर विजय के गले ढोल-सी लटका देते हैं और विजय भी उन्हें निराश नहीं करता। इस कहानी में निराला ने प्रेम के स्वतंत्र नैसर्गिक रूप का वर्णन इस प्रकार किया है : "उसने देखा, नील पलकों के पंखों से युवती की आँखें अप्सराओं-सी आकाश की ओर उड़ जाना चाहती हैं, जहाँ स्नेह के काव्य-वसंत में मदन और रति नित्य मिले हैं, जहाँ किसी भी प्रकार की निष्ठुर शृंखला नवोन्मेष को झुका नहीं सकती, जहाँ प्रेम की आँखों में मनोहर चित्र, कंठ में मधुर संगीत, हृदय में सत्यनिष्ठ भावना और रूप में खूबसूरत आग है।" वही, पृ. 26। 'श्यामा' कहानी में ब्राह्मण-पुत्र वंकिम लोधकुमारी श्यामा से विवाह करता है। निराला प्रेम की आदर्श कल्पना में कोई संभव-असंभव व्याघात सहन करने को तैयार नहीं, क्योंकि यह कल्पना भारतीय जागरण के नये प्रगतिशील मानवधर्म का अंग है। इसमें संदेह नहीं कि उनकी कहानियों में विश्वास या आवश्यकता से अधिक मनचाहे फल लग जाते हैं। लेकिन षोडश वर्षीय नायिकाओं के रोमानी रंग के बावजूद निराला का प्रेम स्वप्न या प्रवंचना नहीं, बल्कि युगों की जड़ धरती को तोड़ता हुआ मुक्त जीवन का अंकुर है।

प्रसाद और निराला का यह नया मानवतावाद केवल प्रेम में ही नहीं केंद्रित है। उनकी कहानियों में अनेक राजनीतिक, आर्थिक और सामाजिक समस्याओं की भी विवृति है। प्रेम और देशप्रेम का द्वंद्व प्रसाद और निराला का प्रिय विषय था।

दोनों ही उदात्त भाव हैं और उनके द्वंद्व के अनेक नाटकीय समाधान दोनों लेखक प्रस्तुत करते थे। 'आँधी' कहानी-संग्रह की नायिका मधूलिका अपने प्रेमी, मगध के विद्रोही राजकुमार अरुण की कोसल पर अधिकार करने की योजना का भेद खोल देती है जिससे वह पकड़ लिया जाता है। मधूलिका को कोसल-नरेश से प्रतिशोध लेना था क्योंकि उसने उसकी भूमि पर अधिकार कर लिया था। अरुण की सफलता के बाद वह कोसल की रानी बन सकती थी। लेकिन उसका देश-प्रेम इन चीज़ों से बड़ा था। अरुण को मृत्युदंड मिलता है। कोसल-नरेश मधूलिका से पुरस्कार माँगने को कहते हैं। वह प्रेमी की प्राण-भिक्षा न माँगकर अपने लिए मृत्युदंड माँग लेती है। प्रेम और देश-प्रेम दोनों अपराजित रह जाते हैं। 'इंद्रजाल' कहानी-संग्रह की 'नूरी' कहानी की नायिका नूरी अकबर के दरबार की प्रसिद्ध नर्तकी है। उसमें और कश्मीर के निष्कासित शहज़ादा याक़ूब खाँ में प्रेम है। शहज़ादा अकबर की कश्मीर-विजय का प्रतिशोध उसकी हत्या कर लेना चाहता है। नूरी उसे रोकती है। देश-प्रेम पर अपने प्रेम को उत्सर्ग करने को प्रस्तुत शहज़ादा नूरी से कहता है : "नूरी, मैं तुम्हारे प्रेम को लौटा देने के लिए आया हूँ।" 'इंद्रजाल', चतुर्थ संस्करण, पृ. 38। 'सालवती' कहानी में मगध और वैशाली के बीच युद्ध छिड़ने पर वैशाली के दार्शनिक कुलपुत्र भी अस्त्र उठा लेते हैं और सेनापति अभय सोचता है : "जिस देश के दार्शनिक भी अस्त्र ग्रहण कर सकते हैं, वह पराजित नहीं होगा।" वही, पृ. 142।

देश-प्रेम की यही प्रखरता प्रसाद के नाटकों में भी है। नाटकों के माध्यम से प्रसाद भारत के प्राचीन इतिहास में अपनी गवेषणाएँ ही नहीं प्रस्तुत कर रहे थे बल्कि देश की स्वाधीनता के लिए संघर्ष करने का संदेश भी दे रहे थे। उनके 'स्कंदगुप्त' का कालिदास क़लम के साथ-साथ पराक्रम और वीरता का भी धनी है। वृद्ध पर्णदत्त देशवासियों को पुकारकर कहता है : "जो दे सकता हो अपने प्राण, जो जन्मभूमि के लिए उत्सर्ग कर सकता हो जीवन, वैसे वीर चाहिए; कोई देगा भीख?" देवसेना के चरित्र की पवित्रता उसकी प्रेमनिष्ठा में ही नहीं, बल्कि देश के लिए प्रेम की बलि दे देने में है। हतोत्साहित स्कंदगुप्त को फिर से तलवार उठाने की प्रेरणा उससे मिलती है। देश-प्रेम के प्रवाह में विजय का पाप धुल जाता है। जहाँ गांधीजी ने गीता को भी प्रेम और अहिंसा का शास्त्र बना दिया था, वहाँ प्रसाद के यथार्थवादी दृष्टिकोण ने आवश्यकतानुसार सशस्त्र संघर्ष को भी स्वीकार किया।

निराला के कई उपन्यासों और कहानियों में भी देश की स्वाधीनता के लिए संघर्ष को आदर्श के रूप में रखा गया है। उनके प्रारंभिक उपन्यासों, 'अप्सरा' और 'अलका' के नायकों के जीवन में प्रेम और देश-प्रेम का ताना-बाना है। 'अप्सरा' के नायक राजकुमार और 'अलका' के नायक विजय के लिए प्रेम के फल के पूर्व देश-सेवा जैसे अनिवार्य तप हैं। 'पद्मा और लिली' के नायक राजेन्द्र के लिए तो तप ही स्वयं फल भी है। कुल्लीभाट भी अपने पापों का प्रायश्चित्त देश-सेवा से ही

करते हैं। निराला के देश-सेवक भी अहिंसा की सीमा तोड़कर किसी अत्याचारी अंग्रेज को चारों खाने चित कर सकते हैं। कुल्लीभाट ऐसे निस्पृह देश-सेवक हैं कि नेताओं को भी खरी-खोटी सुना सकते हैं। महात्माजी को सत्रह चिट्ठियाँ लिखने के बाद भी जब उत्तर नहीं पाते तो उन्हें लिखते हैं : ''हर एक की परिस्थिति को आप हरगिज़ नहीं समझ सकते, अगर समझते, तो मौन न रहते, जब मौन हैं, तब आप भगवान हरगिज़ नहीं हो सकते, भगवान अंतर्यामी होते हैं, आप अंतर्यामी नहीं हैं, यह मुझे पूरा-पूरा विश्वास हो गया है, आपको बनियों ने भगवान बनाया है, क्योंकि ब्राह्मणों और ठाकुरों में भगवान हुए हैं, बनियों में नहीं; जिस तरह बनियों ने आपको भगवान बनाया है। उसी तरह आप बनिया-भगवान हैं।'' 'कुल्लीभाट', चतुर्थ संस्करण, पृ. 121। पं. जवाहरलाल को ''पहले तो सीधे-सीधे लिखा, जैसा सबको लिखा जाता है। बड़े आदमी हैं, इसलिए कुछ इज़्ज़त के साथ लिखा, लेकिन उसका उत्तर जब न आया, तब डाँटकर लिखा। अरे, अपने राम को क्या, रानी रिसायंगी, अपना रनवास लेंगी।'' वही, पृ. 122-3। कुल्ली पचास पार कर गए थे; निराला की कल्पना के नहीं, यथार्थ व्यक्ति थे; इसलिए उनके लिए किसी षोडशी का प्रबंध करना निराला के लिए असंभव था। फिर भी उन्होंने भी एक मुसलमानिन बिठा ली। लेकिन जहाँ निराला की कल्पना स्वच्छंद थी वहाँ उनके देश-सेवी युवक ''देह के वृंत पर अपलक खिली हुई, ज्योत्स्ना के चंद्रपुष्प की तरह, सौंदर्योज्ज्वल पारिजात की तरह एक अज्ञात प्रणय की वायु से डोल उठती'' युवतियों से नीचे देख ही नहीं सकते थे। कुल्ली की मुसलमानिन तक आते-आते निराला रोमांस की भूमि से बाहर यथार्थ की भूमि पर खड़े थे। डॉ. रामविलास शर्मा के शब्दों में, निराला की रोमानी दुनिया के देश-सेवी, ''अपने विवाहित जीवन का मूल और अविवाहित रोमांस का ब्याज वसूल करते हैं।'' 'निराला', (1948), पृ. 88। देश-सेवा और जनसेवा पीछे रह जाती हैं।

प्रसाद और निराला के लिए स्वाधीनता का अर्थ स्वामियों के बदलने से अधिक व्यापक था। स्वाधीनता की सार्थकता पुराने, रूढ़ि-जर्जर सामाजिक संबंधों के स्थान पर मानवीय और समतापूर्ण संबंधों की स्थापना में थी। यह उल्लेखनीय बात है कि उनकी कहानियों और उपन्यासों में ऐसे उदात्त संबंध उनमें अधिक मिलते हैं जो साधारण और शोषित वर्गों के हैं।

प्रेम की तरह दाम्पत्य का आदर्श भी इन्हीं वर्गों में मिलता है। 'इंद्रजाल' कहानी-संग्रह की 'परिवर्तन' कहानी में मध्यवर्गीय चंद्रदेव और मालती का दाम्पत्य संबंध अराजकता, स्वार्थ और कटुता से भरा हुआ है। श्रम पर जीने वाली पहाड़ी युवती बूटी और उसके भावी श्रमिक पति नीलधर का संबंध उन्हें बहुत बड़ा सबक़ दे जाता है। आदिम चित्र के रूप में ग़लत किंतु सामंती और मध्यवर्गीय चित्र के रूप में सही, नारी-पुरुष के संबंधों को प्रसाद ने 'चित्रमंदिर' कहानी में व्यथा के साथ प्रस्तुत किया है : ''नारी ने इन दोनों भावों (हँसी और आँसू) की अभिव्यक्ति को

स्थायी रूप देना चाहा। शावक की आँखों में उसने पहला रूप देखा था। कुचली हुई वेतस की लता को उसने धातुराग में डुबोया और अपनी तिकोनी गुफा में पहली चितेरिन चित्र बनाने बैठी। उसके पास दो रंग थे, एक गैरिक दूसरा कृष्ण। गैरिक से उसने अपना चित्र बनाया, जिसमें हिरनों के झुंड में स्वयं वही खड़ी थी, और कृष्ण धातुराग से आखेट का चित्र, जिसमें पशुओं के पीछे अपना भाला ऊँचे किए हुए भीष्म आकृति का नर था।'' 'इंद्रजाल', पृ. 90।

प्रसाद जी का पहला उपन्यास 'कंकाल', जो हिंदू-समाज के जड़, कुत्सित और सड़े हुए अंग का चित्र है, नारी की अपमानजनक और दयनीय स्थिति के प्रति उनके क्षोभ और विद्रोह को भी व्यक्त करता है। घंटी विजय से कहती है : ''हिंदू स्त्रियों का समाज ही कैसा है, उसमें कुछ अधिकार हो तब तो उसके लिए कुछ सोचना-विचारना चाहिए। और, जहाँ अंध-अनुसरण करने का आदेश है, वहाँ प्राकृतिक, स्त्री-जनोचित प्यार कर लेने का जो हमारा नैसर्गिक अधिकार है—जैसाकि घटनावश प्रायः स्त्रियाँ किया करती हैं—उसे क्यों छोड़ दूँ! यह कैसे हो, क्या हो, और क्यों हो—इसका विचार पुरुष करते हैं। वे करें, उन्हें विश्वास बनाना है, कौड़ी-पाई लेना रहता है और स्त्रियों को भरना पड़ता है। तब, इधर-उधर देखने से क्या! 'भरना है'—यही सत्य है। उसे दिखावे के आदर से ब्याह करके भरा लो या व्यभिचार कहकर तिरस्कार से।'' सप्तम संस्करण, पृ. 176-7। मंगलदेव कहता है : ''सीता निर्वासन एक इतिहास विश्रुत महान् सामाजिक अत्याचार है, और ऐसा अत्याचार अपनी दुर्बल संगिनी स्त्रियों पर प्रत्येक जाति के पुरुषों ने किया है। किसी-किसी समाज में तो पाप के मूल में स्त्री का ही उल्लेख है, और पुरुष सदैव निष्पाप है।'' वही, पृ. 284-5। यह आत्मक्षोभ और ग्लानि का स्वर है क्योंकि मंगलदेव ने एक दिन तारा के साथ यही व्यवहार किया था। घंटी, जो कभी ''वृंदावन की गली की एक हँसोड़ पागल थी'' इसी अन्याय के कारण जीवित-शव बन गई है : ''मर गई, घंटी मर गई! ...पर, यह कौन सोच रही है! हाँ, वह मरघट की ज्वाला धधक रही है—ओ, ओ मेरा शव! ××× । हाय! मेरा शव कुछ नहीं करता है—न रोता है, न हँसता है, तो मैं क्या हूँ! जीवित हूँ!'' वही, पृ. 188। गाला मंगलदेव से कहती है : ''नारी जाति का निर्माण विधाता की एक झुँझलाहट है।'' वही, पृ. 243। मंगल और गाला एक होकर ज़िंदगी की राह पकड़ लेते हैं, लेकिन घंटी के अतिरिक्त एक और चित्र गहरा अवसाद बनकर सारे उपन्यास पर छा जाता है : ''मलिन वसन में बैठी'' हुई एक स्त्री (तारा, यमुना), आँसुओं से भीगा हुआ उसका घूँघट, और उसके पास निराश्रय पड़ा हुआ एक कंकाल (विजय)।

'तितली' सामाजिक विषमता का और भी व्यापक और जटिल चित्र है। इसमें प्रसाद ने समाज की समस्याओं को वर्गों के पारस्परिक संबंधों के दृष्टिकोण से देखा है। जहाँ तक प्रेम और दाम्पत्य का सवाल है, सामंती वर्ग खुद तो गिरा ही हुआ

है, वह दूसरों की ज़िंदगी में भी विष घोलने से बाज़ नहीं आता। इंद्रदेव प्रसाद के आदर्श पात्र हैं, इसलिए उनका फिसलते-फिसलते सँभल जाना स्वाभाविक है। लेकिन उनके बहनोई श्यामलाल ने उनकी बहन माधुरी को मायके में छोड़ रखा है, ससुराल में मज़ा लेने और वहाँ से कुछ ऐंठने के ख़्याल से दो-चार रोज़ के लिए चला जाता है। वह ससुराल में ही मध्यवर्गीय बुद्धिजीवी वर्ग की डॉक्टर अनवरी से प्रणय व्यापार चलाता है और वहाँ की नौकरानियों को अपने सुख का साधन समझकर मलिया के साथ दुर्व्यवहार करता है। सामंती टुकड़ों पर पलने वाले चौबे जी और महंतजी मधुबन की ग़रीब विधवा बहन की इज्ज़त लेने में कोई कोर-कसर नहीं उठा रखते। प्रेम और दाम्पत्य का नैसर्गिक और स्वस्थ रूप मधुबन और तितली में ही मिलता है, जो साधारण किसान हैं और श्रम ही जिनकी जीविका है। उनमें समानता और सहयोग देखकर शैला को ईर्ष्या होती है। सामंती और मध्यवर्गीय परिवार टूटते हैं क्योंकि "स्त्रियों को उनकी आर्थिक पराधीनता के कारण जब हम स्नेह करने के लिए बाध्य करते हैं, तब उनके मन में विद्रोह की सृष्टि भी स्वाभाविक है! आज प्रत्येक कुटुंब उनके इस स्नेह और विद्रोह के द्वंद्व से जर्जर है और संगठित है। हमारा सम्मिलित कुटुंब उनकी इस आर्थिक पराधीनता की अनिवार्य असफलता है। उन्हें चिरकाल से वंचित एक कुटुंब के आर्थिक संगठन को ध्वस्त करने के लिए दिन-रात चुनौती मिलती रहती है।" 'तितली', चौथा संस्करण, पृ. 158। समाजवादी व्यवस्था में ही परिवार का स्वस्थ रूप विकसित होगा, प्रसाद इसका स्पष्ट संकेत करते हैं: "जिस माता-पिता के पास स्नेह नहीं होता, वही पुत्र के लिए धन का प्रलोभन आवश्यक समझते हैं। किंतु यह भीषण आर्थिक युग है। जबतक संसार में कोई ऐसी निश्चित व्यवस्था नहीं होती कि प्रत्येक व्यक्ति बीमारी में पथ्य और सहायता तथा बुढ़ापे में पेट के लिए भोजन पाता रहेगा, तब तक माता-पिता को भी पुत्र के विरुद्ध अपने लिए व्यक्तिगत संपत्ति की रक्षा करनी होगी।" वही, पृ. 269। सामंती शोषण और उसकी दुरभिसंधियों ने तितली के पिता देवनंदन के परिवार को मिट्टी में मिला दिया, तितली और मधुबन के परिवार को रौंदा, और रामदीन और मलिया को परिवार बनाने से रोक दिया। उनके बीच तितली किसान-वर्ग की श्रमजीवी नारी का दर्पपूर्ण अप्रतिहत स्वर है। इंद्रदेव की सहायता ठुकराने का कारण बतलाती हुई वह शैला से कहती है : "वे कुछ करते भी इसका मुझे विश्वास है; परंतु मैंने यही समझा कि मुझे दूसरों के महत्त्व प्रदर्शन के सामने अपनी लघुता न दिखानी चाहिए। मैं भाग्य के विधान से पीसी जा रही हूँ। फिर उसमें तुमको, तुम्हारे सुख से घसीट कर, क्यों अपने दुख का दृश्य देखने के लिए बाध्य करूँ? मुझे अपनी शक्तियों पर अवलंब करके भयानक संसार से लड़ना अच्छा लगा। जितनी सुविधा उसने दी है, उसी की सीमा में मैं लड़ूँगी, अपने अस्तित्व के लिए।" वही, पृ. 252।

'निरुपमा' और 'प्रभावती' की नायिकाओं के रूप में निराला रोमांस की विराट,

वैभवपूर्ण और चित्रमयी दुनिया की ओर मुड़-मुड़ कर देख लिया करते थे, लेकिन यथार्थ की वजह से निगाहों से 'बड़प्पन' का रंग उतर गया था। 'चतुरी चमार' कहानी-संग्रह की 'सफलता' कहानी में मनुष्य-धर्म में दीक्षित साहित्यिक नरेंद्र, ग़रीबी और सामाजिक विरोध के बावजूद, गाँव के मंदिर में हर साँझ दीप जलाने जाती "श्वेत शेफाली सी रंगे प्रभात के रश्मि-पात-मात्र से वृंतच्युत-जैसे केवल देवार्चन के लिए चुनी हुई" 'चतुरी चमार', पृ. 59। विधवा आभा से विवाह कर लेता है। उसे पढ़ा-लिखा और नृत्य-गीत की शिक्षा दिलाकर एक प्रसिद्ध अभिनेत्री बना देता है। धन पैरों पर लोटने लगता है। घटनाओं के छायावादी इंद्रजाल से दोनों फिर 'बड़प्पन' की राह पर बढ़ते हैं। यह भटकाव है, और जैसे निराला की आत्मा आभा के शब्दों में बोल उठती है : "नरेंद्र, तुम बुरा तो न मानोगे, मैं देखती हूँ, दुःख बहुत थे ज़रूर; पर मंदिर का वह दीप जलानेवाला जीवन मुझे बड़ा सुखमय लग रहा है।" वही, पृ. 70। यह लघुता की महानता की स्वीकृति है।

'देवी' कहानी की पगली इसीलिए देवी है। होटल के बरामदे में बैठा हुआ साहित्यिक दुनिया में हर जगह 'बड़प्पन' की क़द्र देखता है और इस विचार के साथ ही "मेरी नसें तन गईं और नाम-मात्र के प्रभाव से मैं उठकर रीढ़ सीधी कर बैठ गया। सड़क की तरफ़ बड़े गर्व से देखा, जैसे कुछ कसर रहने पर भी बहुत बड़ा आदमी बन गया होऊँ। मेरी नज़र एक स्त्री पर पड़ी।" वही, पृ. 40। वह पगली थी, जो होटल के नौकर संगमलाल के अनुसार पहले "हिंदू थी, फिर मुसलमान हो गई, इसका बच्चा मुसलमान से पैदा हुआ है; पहले यह पागल नहीं थी, न गूँगी; बाद को हो गई।" वही, पृ. 43-4। वह पच्चीस साल से कम उम्र की, फटेहाल, अपने डेढ़ साल के बच्चे के साथ बैठी हुई थी। "उसे देखते ही मेरे बड़प्पन वाले भाव उसी में समा गए और फिर वही छुटपन सवार हुआ।" वही, पृ. 40। "दुनिया की आँखों को लुभाने वाला उसमें कुछ न था, ××× पर मेरी आँखों को उसमें वह रूप देख पड़ा, जिसे मैं कल्पना में लाकर साहित्य में लिखता हूँ; केवल वह रूप नहीं, भाव भी।" वही, पृ. 41। राम, श्याम और बड़े-बड़े लोगों का स्वप्न टूटा और "मस्तिष्क को घेरकर केवल यही महाशक्ति महत्ता में स्थित हो गई। उसके बच्चे में भारत का सच्चा रूप देखा, और उसमें—क्या कहूँ, क्या देखा।" वही, पृ. 42। लेकिन "वह देश की सहानुभूति का कितना अंश पाती है—हमारी थाली की बची रोटियाँ जो कल तक कुत्तों को दी जाती थीं। ××× उसकी आत्मा से यही ध्वनि निकलती है—संसार ने उसे जगह नहीं दी—उसे नहीं समझा; पर संसारियों की तरह वह भी है—उसके भी बच्चा है।" वही, पृ. 42-3। नेता का जुलूस उसके बच्चे को कुचलता हुआ चला जाता है, नेता दस हज़ार की थैली लेकर ग़रीबों के उपकार के लिए चले जाते हैं, रामायणी कथा से मँजकर लौटने वाली भक्त-मंडली "इसी संसार में स्वर्ग और नरक देख लो", "कर्म के दंड हैं" और "सकल पदारथ हैं जग माहीं; कर्महीन नर पावत

नाहीं'' कहती हुई उधर से गुज़र जाती है, हिंदू, मुसलमान, बड़े-बड़े पदाधिकारी, राजा, रईस, सब उस रास्ते आते-जाते हैं; पर ''किसी ने दिल से भी उसकी तरफ़ देखा, ऐसा नहीं देखा।'' एक दिन ठंड लग जाने से उसे डबल निमोनिया हो गया और वह चल बसी। उसका बच्चा अनाथालय पहुँचा दिया गया।

ज़ाहिर है निराला 'देवी' में 'सुकुल की बीवी' और उस जैसी कहानियों के आदर्श-लोक से बहुत आगे निकल चुके थे जहाँ सुकुल से पुष्कर का शुभ-विवाह अनेक साहित्यिकों और कनवजियों की उपस्थिति में इन बातों के बावजूद संपन्न हो जाता है कि उसकी ब्राह्मणी माँ ने अपने वाजपेयी पति से ठुकराई जाने के बाद मुसलमान से शादी कर ली थी और अपनी माँ के पूर्व पति से उत्पन्न होकर भी वह मुसलमान के घर में बड़ी हुई थी। वह आदर्श-लोक इतना सच होता तो पगली किसी मुसलमान की सुखी गृहस्थी की शोभा हुई होती। कुमारिया ने पृथ्वीराज से नहीं उसके रूप से प्रेम किया था। वरे हुए वीर को वर कर कीर्ति को वरती हैं, जो स्त्री हैं। इसलिए इनका विवाह अस्वाभाविक और समाज के लिए घातक है। 'निराला', पृ. 175। निराला ने 'बाहरी स्वाधीनता और स्त्रियाँ' नाम के प्रबंध में लिखा : ''अब वह समय नहीं रहा कि हम स्त्रियों के सामने वह रूप रक्खें, जिसके लिए गोस्वामी तुलसीदासजी ने ''चित्र-लिखे कपि देखि डेराती'' लिखा है। सारल्य तथा कोमलता के भीतर की वह सृष्टि निस्संदेह अनुपम थी। उस त्रेताकाल की कल्पना की ही तरह कोमल विलास के मंजु अंक पर पली हुई स्त्रियों को प्राप्त कर कर्तव्य के कठोर पुरुषों को संसार के यथार्थ सुख का अनभुव होता था, और उस समय के चित्रण में अत्यंत कठोर और अत्यंत कोमल का ही सम्मिश्रण समाज तथा काव्यों में किया गया है।'' 'प्रबंध-प्रतिमा', पृ. 130। लेकिन 'चोटी की पकड़' का वातावरण और भी विषाक्त है क्योंकि यहाँ विलास का संबंध वीरता से नहीं, पैसे से है। राजा राजेन्द्र प्रताप वेश्याओं के शौक़ीन हैं, एजाज़ हमेशा साथ रहती है, लेकिन रानी साहिबा ने भी ''जवाब में पति को प्रेमी चुनकर झुकाया'' 'चोटी की पकड़', प्रथम संस्करण, पृ. 4। उनके बीच बुद्धि में असाधारण किंतु सामाजिक स्थिति में साधारण कहार जाति की बेवा दासी मुन्ना को ही अपने स्त्रीत्व पर घमंड है। जमादार जटाशंकर उसे ''पकड़कर चूमने लगे, तो मुन्ना ने उनके होठों के भीतर जीभ चला दी और कहा, 'तुमने हमारा थूक चाटा। हमारी जात कहार की है। हम गढ़ भर में कहेंगे। तुम कौन बाँभन हो?' जटाशंकर सूख गए। सोचा, 'यह कुल चकमा उनकी जात मारने के लिए था। कल से कोई पानी नहीं पिएगा।' बहुत डरे। देवता की याद आई कि उन्होंने न बचाया। सोचा, ब्रह्मा की लड़ाई में काम आ गए होते तो अच्छा होता।'' वही, पृ. 40। बाद में उन्हें डाँटती हुई मुन्ना कहती है : ''जब किसी को पकड़ो तब उसी को पकड़े रहो, यह क़ायदा है। तुम समझे थे, मैं तुम्हारी रखैली की तरह रहूँगी; अपनी स्त्री बनाकर तुम मुझको खुश किए रहोगे। मैं जैसी औरत

हूँ, मैं तुम्हें रखवाले की ही तरह रख सकती हूँ; मगर राजा ही बनाए रखती। यह न समझना कि मैं ग़रीब हूँ। मैंने कहा, मैं रानी हूँ। तुम्हारा यह ख़याल कि एक औरत को रखैली बनाकर रहनेवाला वैसा ही ब्राह्मण है जैसे तुम बिल्कुल ग़लत है।'' वही, पृ. 77। राजा राजेन्द्र प्रताप की नक़ल करने में जमादार जटाशंकर की मदद करने के लिए मुन्ना, 'विधवा, बदचलन, सहृदय' होती गई। यहाँ भी 'देवी' की तरह छोटी औरत का बड़प्पन है। राजा से मिलने के बाद एजाज़ को इसी तरह का अनुभव होता है। एज़ाज को राजा साहब चाहते थे, पर दिल देकर नहीं।...सिर्फ़ कला-प्रेम था या रूप और स्वर का प्रेम जो रुपये से मिलता है। यही हाल एजाज़ का। उसके पास धन था, रूप और स्वर भी, पर तारीफ़ न थी, यह दूसरों से मिलती थी, और उन्हीं लोगों से जो रूप, स्वर और यौवन ख़रीद सकते हैं। षोडशी होकर जिस समूह में वह चक्कर काटती थी, वह कैसा था, आज प्रभाकर को देखकर उसकी समझ में आया। वह बड़प्पन कितना बड़ा छुटपन है; राजा साहब के बर्ताव से परिचित हुआ। प्रभाकर को न देखने पर वह समझ न पाती कि आदमी की असलियत क्या है। आज तक जैसे उस छुटपन वाले बड़प्पन से उसका छुटकारा न था। आज के परिवर्तन के साथ प्रभाकर का प्रकाश उसके दिल में घर करता गया। खेल और मज़ाक दिल नहीं। किसी को बनाना और किसी को बिगाड़ना दिलगीरी नहीं। सौदा है। वही, पृ. 89-90। रोमांस का मुलम्मा उतर गया है। यहाँ 'अप्सरा' का नायक राजकुमार नहीं जो वेश्या-पुत्री कनक की तरह उसे उबार ले। सामंती व्यवस्था और संस्कारों के बीच प्रेम, दाम्पत्य, कुटुंब और अन्य संबंध, सभी के सभी सड़ गए हैं।

इस अमानवीय यथार्थ से प्रसाद और निराला को घृणा है, निराशा नहीं। दोनों भारतीय मध्यवर्ग और किसानों और मज़दूरों के संघर्षों के परिपार्श्व में लिख रहे थे। उनके सामने नयी चेतना, नये संस्कारों का उदय हो रहा था। उनका समाज ज़ोला और फ्लाबेर का पतनशील समाज न था। इसलिए उन्होंने ऐसे चरित्रों का भी निर्माण किया जो उस यथार्थ को बदल रहे थे, एक नयी मानवता की नींव रख रहे थे। उनकी छायावादी कल्पना यदि उन्हें कभी-कभी अत्यंत वायवी या यांत्रिक बना देती थी तो इस नयी मानवता के चित्र उतारने में भी उनकी सहायता करती थी। 'चोटी की पकड़' की कथा के संबंध में अपने 'निवेदन' में निराला ने कहा है : ''युग की चीज़ बनाई गई है।'' यह स्वदेशी आंदोलन की कथा है, बहुत पुराने समय की नहीं। लेकिन प्रसाद और निराला की पुराने समय की कथाओं के बारे में भी यह बहुत अंश तक सच है।

नारी-पुरुष के संबंध में सामंती नैतिकता अगर उसी वर्ग तक सीमित रहती तो समस्या इतनी व्यापक न होती।

महादेवी वर्मा ने अपने अनेक रेखा-चित्रों में यह दिखलाया है कि यह नैतिकता गाँवों और शहरों के साधारण वर्गों पर भी हावी है। युगों तक सामंती व्यवस्था ने

इन साधारण वर्गों पर राजनीतिक और आर्थिक शासन ही नहीं किया है, बल्कि उनकी आत्मा को भी बाँध रखा है।...नैतिकता और संस्कार भी स्वामियों के ढाँचे में ढले हैं। इसलिए वे उन स्त्रियों को भी आदर नहीं देते, अपने समान नहीं समझते जो रनिवासों और हवेलियों की सुकुमारियों से भिन्न हैं और जो उनके साथ कंधे से कंधा भिड़ाकर श्रम करती हैं। 'अतीत के चलचित्र' के एक रेखाचित्र में महादेवी वर्मा लिखती हैं : "पुरुष भी विचित्र है। वह अपने छोटे-से-छोटे सुख के लिए स्त्री को बड़ा-से-बड़ा दुःख दे डालता है और ऐसी निश्चिंतता से, मानो वह स्त्री को उसका प्राप्य ही दे रहा है। सभी कर्तव्यों को वह चीनी में ढकी कुनैन के समान मीठे-मीठे रूप में ही चाहता है।" 'अतीत के चलचित्र', पाँचवाँ संस्करण, पृ. 47 अपवाद भी हैं। कुछ स्त्रियाँ अपने चरित्र की दीप्ति और दृढ़ता से पुरुषों को रूढ़ि-प्रिय समाज से विद्रोह करने और लड़ने की शक्ति देती हैं। लेकिन पुरुषों का अधिकांश कापुरुषों या क्रूरों का है। इसलिए अक्सर समाज का सारा आक्रोश और अन्याय स्त्रियाँ अकेले झेलती हैं। अपने बाहु-बल पर विश्वास करनेवाली स्त्रियाँ तो समाज से लड़ लेतीं और कभी-कभी उसे झुका भी देती हैं, लेकिन जिन्हें अभिजात्य का शाप है वे टूटने से ज़्यादा झुकना पसंद करती हैं। इनके लिए भी महादेवी वर्मा के हृदय में सहानुभूति और करुणा है, लेकिन उनकी आदर्श, महिमामयी और पूज्य नारियाँ वे हैं जो झुकने से इनकार कर देती हैं।

भारतीय नारी के अभिशप्त जीवन के अनेक पक्ष महादेवी वर्मा के 'अतीत के चलचित्र' और 'स्मृति की रेखाएँ' में हैं। पहले संग्रह का दूसरा चित्र एक उन्नीस बरस की मारवाड़ी विधवा का है जो अपने बूढ़े ससुर के साथ ऐसे घर में रहती थी, "जिसमें न एक भी झरोखा था न रोशनदान, न एक भी नौकर दिखाई देता था, न अतिथि और न एक भी पशु रहता था न पक्षी ×××। उस समाधि जैसे घर में लोहे के प्राचीर से घिरे फूल के समान वह किशोरी बालिका बिना किसी संगी-साथी, बिना किसी प्रकार के आमोद-प्रमोद के, मानो निरंतर वृद्धा होने की साधना में लीन थी।" वही, पृ. 28-9। कभी-कभी उसी शहर में ब्याही ननद ठुकाई करने के लिए चली आया करती थी। विधवा के संयम-प्रधान जीवन से ऊबकर उसका मन किसी विपरीत दिशा में न जाए, इसलिए उसे एक ही समय बाहर जाने की अनुमति थी। तुलसी-पूजा के अतिरिक्त "खंडहरनुमा लंबे-चौड़े आँगन में बैठ-बैठ कर बुहारना, आँगन के कुएँ से अपने और ससुर के लिए ठहर-ठहरकर पानी खींचना और धोबी के अभाव में, मैले कपड़ों को काठ की मोंगरी से पीटते हुए रुक-रुक कर साफ़ करना।" वही, पृ. 29, खाना बनाना, बर्तन माँजना, कूटना-पीसना इत्यादि—बस यही उसकी ज़िंदगी थी। आठ वर्ष की छात्रा महादेवी से परिचय होने के बाद उसने अपने यौवन की सारी दबी रंगीन इच्छाओं को महादेवी के गुड्डों और गुड़ियों के वस्त्रों में व्यक्त करना शुरू किया। एक दिन अबोध छात्रा ने अपने स्नेह की भेंट एक रंगीन ओढ़नी उसके

सिर पर डाल दी। उसी वक्त ससुर अपनी बेटी को उसके ससुराल से लेकर आ पहुँचे। उसके बाद जो हुआ उससे "बालिका प्रौढ़ हो गई" और "युवती वृद्धा"। महादेवी को "रंगीन कपड़ों के प्रति विरक्ति" हो गई। उनके मन में एक प्रश्न रह-रह कर कौंध जाता है : "जब वृद्ध ने कभी न खोलने के लिए आँखें मूँद ली होंगी तब वह, जिसे उन्होंने संसार की ओर देखने का अधिकार ही नहीं दिया था, कहाँ गई होगी!" वही, पृ. 34।

चौथा चित्र उनकी जमादारिन सबिया का है जिसका पति मैकू बच्चों और अंधी माँ को उसके सहारे छोड़कर एक दूसरी औरत गेंदा के साथ भाग जाता है। जब वह गेंदा को लेकर लौटता है, सबिया दोनों का स्वागत करती है, गेंदा को महादेवी से माँगी हुई रेशमी साड़ी दे देती है, कर्ज़ ले और गहने बेचकर जाति-भाइयों को शांत करती है। गेंदा तेज़ औरत है और दिन-रात सबिया से लड़ा करती है, लेकिन सबिया का स्नेह कम नहीं होता। वह पास में चोरी होने पर पति के फँस जाने के डर से विचलित हो उठती है। संदेह से ही चोर-पत्नी भी समझी जाती है। महादेवी ने उसके विषय में लिखा है : "सच तो यह है कि मैं सबिया को उस पौराणिक नारीत्व के निकट पाती हूँ जिसने जीवन की सीमा-रेखा किसी अज्ञात लोक तक फैला दी थी। उसे यदि जीवन के लिए मृत्यु से लड़ना पड़ा था तो यह न मरने के लिए जीवन से संघर्ष करती रहती है।" वही, पृ. 52।

पाँचवाँ चित्र बिट्टो का है जिससे छुट्टी पाने के लिए भाइयों ने उसका पुनर्विवाह एक बुड्ढे से कर दिया है। "जिस समाज में 64 वर्ष का व्यक्ति 14 वर्ष की पत्नी चाहता है, वहाँ 32 वर्ष की बिट्टो के पुनर्विवाह की समस्या सुलझा लेना टेढ़ी खीर थी। उसके भाग्य से ही 150 वर्ष की पूर्णायु वाला कोई पुरुष न मिला और उसके जन्म-जन्मांतर के अखंड पुण्य-फल से हमारे 54 वर्ष के बाबा ने उसके उद्धार का बीड़ा उठाया।" जिस घर में वह पैदा हुई थी, वहाँ उसका कोई अधिकार न था और जिस घर में वह पुनर्विवाह के बाद गई वहाँ तीसरी विमाता थी। जब कुछ वर्षों बाद वृद्ध विषम ज्वर से पीड़ित होकर अंतिम घड़ियाँ गिन रहे थे, उनके पुत्रों ने आकर "अपनी धरोहर सँभालने का पुण्य अनुष्ठान शुरू कर दिया।" उसका भविष्य अंधकारमय हो गया। आशा की बात एक ही थी......... उसके लिए निरंतर कटिबद्ध वृद्ध परोपकारियों की, इस पुण्यभूमि में और विशेषकर इस जाग्रत युग में, कमी नहीं हो सकती। वही, पृ. 59।

छठा चित्र एक मातृ-पितृहीन 18 वर्ष की विधवा युवती का है जिसकी अवैध संतान के कारण दादा और बुआ उसे दूसरे शहर में छोड़ने आए थे। वह अपनी संतान को छोड़ने के लिए तैयार न थी। वह उन स्त्रियों में थी जो "अपने शिशु को गोद में लेकर साहस से कह सकें कि 'बर्बरो, तुमने हमारा नारीत्व, पत्नीत्व सब ले लिया, पर हम अपना मातृत्व किसी प्रकार न देंगी'।" वही, पृ. 65। मनुष्यता

की पुकार से वृद्ध ने उसे नहीं छोड़ा, महादेवी ने उसे और उसके बच्चे को लड़की और नाती के रूप में स्वीकार किया, लेकिन प्रश्न रह जाता है : समाज में उस लड़की की तरह विद्रोही और उसके दादा और महादेवी की तरह मनुष्य कितने हैं?

आठवाँ चित्र एक वेश्या-पुत्री का है जिसने अपने प्रेमी से विवाह कर अपनी वृत्ति छोड़ दी है। विद्रोही पति को घरवालों ने निकाल दिया है। "स्वेच्छाचार से उत्पन्न यह पवित्रता की साधना उस शूद्र की तपस्या के समान ही बेचारे समाज की वर्ण-व्यवस्था का नाश कर रही है, जिसका मस्तक काटने के लिए स्वयं मर्यादा पुरुषोत्तम दौड़ पड़े थे।" वही, पृ. 85। उसके सारे संघर्ष और प्रयत्न के बाद भी उसका पति तपेदिक से मर जाता है। घरवाले पुत्र के अंतिम संस्कार के लिए आते हैं। वह उनके साथ जाना चाहती है। उत्तर मिलता है : "जो लेकर अपने घर से निकली थी वही लेकर भलमनसाहत से अपनी माँ के पास लौट जाओ।" वही, पृ. 86। वह लौटती नहीं है, सिलाई-बुनाई आदि के द्वारा उसे कुछ मिल ही जाता है। लेकिन वह अभिजात्य पर एक प्रश्नचिह्न की तरह अँक जाती है।

ग्यारहवाँ चित्र पहाड़ी युवती लछमा का है जो एक अविकसित बुद्धि के पहाड़ी को ब्याही गई थी, जिसके देवर-जेठों ने उसके पति की संपत्ति को हड़प जाने के लिए उसे रास्ते से हटाना चाहा और एक रोज़ उसे खूब पीट और मृत समझ कर खड्ड में छिपा दिया, और जो अब अंधे बाप, लूली माँ और मातृ-विहीन भतीजी-भतीजे के साथ मायके में रहती है। "एक ऊँचे टीले पर लछमा का पहाड़ के हृदय पर पड़े छाले जैसा छोटा घर है।" वही, पृ. 112। पत्नी के मर जाने से भाई विरक्त है और सबको ज़िंदा रखना लछमा की ज़िम्मेवारी है। वह हृदय की अत्यंत सरल और स्वच्छ है और अपनी पवित्रता की रक्षा के लिए कुछ आँखों का अमंगल मनाया करती है। जब ससुराल के संबंधी उसके पति को लेकर उसे बुलाने आए, उसने जाने के लिए मना कर दिया। उसको बहुत समझाया कि वह उसके साथ ही रहे, वह नहीं मानी। आस-पास के लोग लछमा के बारे में तरह-तरह की बातें करने लगे। "एक पुरुष के प्रति अन्याय की कल्पना से ही सारा पुरुष-समाज उस स्त्री से प्रतिशोध लेने को उतारू हो जाता है और एक स्त्री के साथ क्रूरतम अन्याय का प्रमाण पाकर भी सब स्त्रियाँ उसके अकारण दंड को अधिक भारी बनाए बिना नहीं रहतीं।" वही, पृ. 122। 'स्मृति की रेखाएँ' संग्रह में धोबिन युवती बिबिया की कहानी और भी दर्दनाक है। दो चरित्रहीन पतियों द्वारा संदेह में बुरी तरह दंडित होकर वह मायके में रहती है। वह दुःख सहना जानती है, लेकिन एक रोज़ भाभी के व्यंग्य-बाण से विक्षिप्त हो भदहीं यमुना में शरण लेती है (छः)।

सामंती मापदंड के अनुसार पुरुष और नारी क्रमशः स्वच्छंदता और उत्सर्ग के लिए बने हैं। आल्हा-ऊदल की कथा के प्रेमी ठकुरी बाबा की लड़की बेला बचपन के साथी के अंधे हो जाने पर भी अपने हठ से उससे विवाह करती है (पाँच)। 'स्मृति

की रेखाएँ' : पंचम संस्करण, पृ. 85। दूसरी ओर गुंगिया है जिसके पिता रघ्घू तेली ने धोखा देकर दामाद पाया था। 'न्याय की महिमा' बनाए रखने के विचार से पैरों पर गिरी हुई गुंगिया को ठुकराकर ससुरालवालों ने उसके पिता के पास भेज दिया। पिता ने संधि के विचार से उसकी छोटी बहन की शादी उसी आदमी से कर दी। बहन एक बच्चा छोड़कर चल बसी। पति बच्चे को लेकर गुंगिया के पास आया और गुंगिया से चलने को कहने लगा। आत्म-सम्मान से भरी हुई गुंगिया ने जाने से इनकार तो कर दिया, लेकिन उस नन्हे बच्चे को पास रखकर जिस भक्ति से पालना शुरू किया उसे देखकर गाँववालों ने दाँतों तले उँगली दबा ली। वही, सात।

इन सारे चित्रों के बीच दाम्पत्य के आलोक-स्तंभ की तरह कुम्हार बदलू और रधिया हैं। दीन परिवार है, बहुत से मुँह हैं। बर्तनों के बेचने से पूरा नहीं पड़ता, रधिया आस-पास के खेतों में काम करने चली जाती है। लेकिन पूरा परिवार प्रेम में बँधा हुआ है, रधिया को पति से कोई शिकायत नहीं। "वह जीवन-रस से जितनी निचुड़ी हुई थी, दुःख में उतनी ही भीग कर भारी हो उठी।" 'अतीत के चलचित्र', पृ. 103। दोनों "चकवा-चकवी के जोड़े" से थे। संघर्षों में टूटी हुई रधिया पति से पहले उठ गई। "सवेरे से साँझ तक और साँझ से सवेरे तक वह रधिया के लौट आने की प्रतीक्षा करता रहता था।" वही, पृ. 111। महादेवी ने लिखा है : "स्त्री में माँ का रूप ही सत्य, वात्सल्य ही शिव और ममता ही सुंदर है। जब वह इन विशेषताओं के साथ पुरुष के जीवन में प्रतिष्ठित होती है तब उसका रिक्त स्थान भर लेना असंभव नहीं तो कठिन अवश्य हो जाता है।" वही, पृ. 111-2। दाम्पत्य का यह असाधारण आदर्श संपत्ति नहीं, समता पर टिका है। पुरुष के निकम्मेपन के बावजूद महादेवी की स्त्रियाँ उसकी रक्षा करती हैं।...निराला जी ने दो लेखों में उनके आदर्शवाद की आलोचना की। 'सामाजिक पराधीनता' (1931) लेख में उन्होंने लिखा : "हमारे साहित्य में प्रेमचंद जी स्वनाम-धन्य साहित्यिक हैं। वह आदर्श का पक्ष लेते हैं। मैं समझता हूँ, यदि उनकी अनमोल कृतियाँ वास्तव सत्य (यद्यपि उनके आदर्श में यथार्थवाद ही प्रधान है) को लेकर समाज के दुष्परिणाम के रूप रँग कर चलतीं, तो साहित्य तथा समाज को और बड़ी-बड़ी वस्तुएँ मिली होतीं।" 'प्रबंध-प्रतिमा', पृ. 144। 'हिंदी-साहित्य में उपन्यास' (1933) लेख में उन्होंने लिखा : "प्रेमचंद जी हिंदी के सबसे बड़े औपन्यासिक हैं; पर पूर्व-कथन के अनुसार, युग के नये साँचे में ढाल देनेवाली रचनाएँ उन्होंने नहीं दीं, युग के अनुकूल रचनाएँ की हैं। प्रायः आदर्श को नहीं छोड़ा। यद्यपि उनके पात्र कभी-कभी प्राकृतिक सत्य की पुष्टि उल्लघंनों तथा उच्छृंखलताओं के भीतर से कर जाते हैं, तथापि रचना में उनके आदर्शवाद की ही विजय रहती है, उनके सितार में वही बोल विशेष रूप से स्पष्ट सुन पड़ता है।" वही, पृ. 221-2। इसी लेख में उन्होंने कहा : "देवियों के वर्तमान चित्रण में अपार भारतीयता आदर्श की पराकाष्ठा पर काष्ठ की तरह बैठे हुए हिंदू-समाज को हिला

देना मेरा उद्देश्य नहीं, कारण मैं किसी का घोंसला नहीं छीनता, इतना ही कहूँगा, घोंसलेवाले घोंसलेवाले ही हैं और उनके चित्र, चित्रण, चरित्र वर्तमान उन्नत समाजों के मुकाबले में वैसे ही अधम।'' वही, पृ. 225। यह जीवन को मध्यवर्गीय सुधारवाद, पुनरुत्थानवाद और छायावादी या रहस्यवादी अलंकारों से मुक्त रखकर देखने की चुनौती है।

विधवाओं की हालत पर भी निराला की निगाह गई। आभा षोडशी थी, नरेन्द्र मिल गया। लेकिन विधवाओं के जीवन का यथार्थ 'चोटी की पकड़' की बुआ में है। अपनी ग़रीबी और वैधव्य लिए हुए वह अपने भतीजे के सौभाग्य से राजा राजेन्द्र प्रताप के प्रासाद में रहने लगती हैं। वहाँ रानी के कुचक्रों से उनके सतीत्व की रक्षा संयोग से आ पहुँचे क्रांतिकारी प्रभाकर के हाथों होती है। उनकी नाक और गाल पर यौवन में किसी बलात्कारी के हाथों बने हुए 'औरत पर अपमान के दाग़' कुछ और गहरे हो जाते हैं। सामंती व्यवस्था में दाम्पत्य की जो हालत होती है उसका चित्र निराला ने 'प्रभावती' जैसे रोमानी उपन्यास में भी खींचा था। डॉ. रामविलास शर्मा के शब्दों में ''कवियों ने पृथ्वीराज और संयोगिता के प्रेम से भारती को कृतार्थ किया। लेकिन निराला की दृष्टि ने देखा कि जामवन्ती, इच्छाकुमारी, शशिव्रता, इन्द्रावती, हंसावती आदि आदि...।''

महादेवी वर्मा ने स्त्रियों की समस्या को लेकर लिखे गए निबंधों के संग्रह 'शृंखला की कड़ियाँ' में स्त्री और पुरुष की अलग-अलग विशेषताओं का उल्लेख इस प्रकार किया है : ''पुरुष समाज का न्याय है, स्त्री दया; पुरुष प्रतिशोधमय क्रोध है, स्त्री क्षमा, पुरुष शुष्क कर्तव्य है, स्त्री सरस सहानुभूति और पुरुष बल है, स्त्री हृदय की प्रेरणा।'' 'शृंखला की कड़ियाँ', षष्ठ संस्करण, पृ. 13। नारी के प्रति भावुकता का दृष्टिकोण छायावाद की विशेषता है और महादेवी के रेखाचित्रों में उसकी प्रचुरता है। निबंधों में भी वैज्ञानिक विश्लेषण के प्रयत्न के बावजूद, उसकी कमी नहीं। उनकी कविताओं के प्रमुख तत्त्व, वेदना और अवसाद, इन रेखाचित्रों के अभिन्न अंग हैं। रधिया के विषय में उन्होंने लिखा है : ''दुःख एक प्रकार का शृंगार भी बन जाता है, इसी कारण दुःखी व्यक्तियों के मुख, देखनेवाले की दृष्टि को बाँधे बिना नहीं रहते।'' 'अतीत के चलचित्र', पृ. 103। महादेवी की चित्रमय कल्पना ने इसके माध्यम से यथार्थ को आदर्शोन्मुख और सक्रिय बनाया है। दर्द के स्वरों में उन्होंने हमारी मनुष्यता को आँखें खोलने के लिए पुकारा है। निराला अक्सर धन की चोटें भी करते हैं; महादेवी का व्यंग्य भी आँसुओं से गीला रहता है। प्रेम और नारी-पुरुष के संबंधों को लेकर छायावादियों ने अपनी गहरी सामाजिक चेतना का परिचय दिया। जगह-जगह रोमानियत का पुट देते हुए भी उन्होंने यथार्थ को ओझल नहीं किया। आजकल अनेक कथाकार नारी-पुरुष के संबंधों में मनोवैज्ञानिक यथार्थ के नाम पर रहस्यवाद की सृष्टि किया करते हैं। भारतीय समाज की ठोस समस्याओं पर ध्यान न देकर वे

प्रायः फ्रायड और उसकी परंपरा के अन्य मनोवैज्ञानिकों की सेक्स की स्थापनाओं को नारी-पुरुष के बीच देशकाल-निरपेक्ष द्वंद्वों के रूप में चरितार्थ करते हैं। लेकिन रहस्यवाद का काफ़ी ज्ञान रहते हुए भी छायावादियों ने अपने गद्य में इस तरह के रहस्यवाद को दूर ही रखा। यौवन और शृंगार पर मुग्ध होनेवाली उनकी कल्पना ने, चोली-चीर उतारने या 'भुवन, मुझको लो' वाली निरी कामुकता को सामाजिक रूढ़ियों के प्रति विद्रोह या क्रांतिकारी दर्शन के रूप में नहीं प्रस्तुत किया। उनका उत्तरदायित्वपूर्ण सामाजिक चिंतन उसे कुत्सित समझता था। व्यक्तिगत रुझानों को महत्त्व देते हुए भी उन्होंने प्रेम और दाम्पत्य की समस्या को सामाजिक और आर्थिक अनुबंध में रखकर देखा। इसलिए उनके चित्रों और विचारों में व्यापकता और बोधगम्यता है। उनमें कभी-कभी यथार्थ को धुँधलके के बीच देखने की प्रवृत्ति भी थी, लेकिन यथार्थवादी दृष्टिकोण के उत्तरोत्तर विकास के साथ उन्होंने इस प्रवृत्ति को भी दूर किया। 'कंकाल' के 'भारतसंघ' की स्थापना जैसे आश्रमवादी समाधानों का मोह छोड़कर उन्होंने जीवन के दुःखांत को स्वीकार करना अधिक श्रेयस्कर समझा।

- **'आज' में प्रकाशित**

प्रगतिवादी कला

आई. ए. रिचर्ड्स ने टी.एस. इलियट की कविता की दुरूहता के समर्थन में लिखा है कि भविष्य में कला दुरूह से दुरूहतर होती जाएगी। हिंदी में टी. एस. इलियट के चेले अज्ञेय ने 'त्रिशंकु' और 'तारसप्तक' के अपने वक्तव्य में कहा है कि आज और आगे की कविता का दीक्षागम्य होना अनिवार्य है।

इसका मतलब यह हुआ कि अब कवि के संबोधन का दायरा अधिक से अधिक जनसमाज न होकर उसके मित्रों-परिचितों और विशेषज्ञों तक सीमित रहेगा। स्पष्ट है कि यह दायरा अभिजात वर्ग के उन लोगों का होगा जो कला को निरी पच्चीकारी समझते हैं और जो विषय-वस्तु पर नहीं बल्कि केवल रूप पर ज़ोर देते हैं और जो अपने वर्ग-स्वार्थ से प्रतिक्रियावादी विचारों और सिद्धांतों को कला के बाहरी बनाव-शृंगार, उसकी तड़क-भड़क में छिपाना चाहते हैं, जिनके विचार और सिद्धांत प्रगतिशील और क्रांतिकारी हैं, जो उन्हें अधिक-से-अधिक जनता तक पहुँचाना चाहते हैं, वे ऐसा माध्यम, ऐसी शैली कभी नहीं चुन सकते जो उन्हें दुर्बोध बना दे। कला की दुर्बोधता कोई आकस्मिक वस्तु नहीं, उसके पीछे कलाकार की विषय-वस्तु की प्रतिगामी प्रकृति या रुझान होती है।

इसीलिए मार्क्सवादी आलोचना विषय-वस्तु और उसके रूप में यांत्रिक विभाजन नहीं करती। रूस में क्रांति के पहले अभिजात-वर्ग द्वारा भाड़े पर लिए गए आलोचक और प्रतिक्रियावादी सोशल डिमोक्रैट तोल्सतॉय को एक महान् कलाकार के रूप में स्वीकार करते थे, किंतु तोल्सतॉय की रचनाओं के उस पक्ष पर उनकी दृष्टि नहीं जाती थी जहाँ ज़मींदारों के शोषण से परेशान किसानों में विद्रोह की ज्वाला भभकती थी, जहाँ किसानों की ग़रीबी और दयनीय दशा का चित्र है। ऐसा करना अभिजात-वर्ग के स्वार्थ के विरुद्ध जो होता। इसी तरह टी.एस. इलियट की कला और उसके प्रयोगों की प्रशंसा के पुल प्रतिक्रियावादी आलोचकों ने बाँध दिए हैं किंतु उसकी जन-विरोधी, फासिस्तवादी विचारधारा, उसके पोपपंथ का जरा भी जिक्र उन्होंने नहीं किया है क्योंकि इससे उसकी कविता की सारी दुरूहता और उसके प्रयोगवाद का भंडाफोड़ हो जाता।

इसी प्रकार हिंदी में अज्ञेय, इलाचंद्र जोशी इत्यादि की कला की प्रशंसा, उनकी मनोवैज्ञानिक सूझ की काफ़ी तारीफ़ प्रतिक्रिया के आलोचकों ने की है किंतु उनके विचारों की असामाजिकता, क्रांति-विरोधी रुझान को प्रकाश में नहीं लाया गया है। ये आलोचक उनकी शैली की उतनी ही अधिक प्रशंसा करते जाते हैं जितनी ही अधिक वह दीक्षागम्य होती जाती है। मार्क्सवादी आलोचकों ने उनकी शैली, उनकी कला के पीछे उनकी बढ़ती हुई जन-विरोधी प्रवृत्तियों और सिद्धांतों का पर्दाफ़ाश किया है। जैसे-जैसे वे जनता से दूर होते जाते हैं, वैसे-वैसे वे दुर्बोधता के दलदल में फँसते जाते हैं और इसी का नाम उन्होंने 'आत्माभिव्यक्ति' दे रखा है।

प्रगतिवादी कलाकार की आत्मा जनवादी भावों और विचारों से ओतप्रोत होती है। वह शोषित और जकड़ी हुई जनता का उसके संघर्ष में साथी होता है। उसके सामने सपना होता है एक नयी मानववादी संस्कृति का जिसकी स्थापना उस जनता की विजय के साथ निश्चित है। वह अपनी कला को जनता की मुक्ति का अस्त्र बनाता है। प्रसिद्ध रूसी कवि मायकोवस्की ने ज़ारशाही और क्रांति के बाद रूस में गृहयुद्ध भड़काने वाले ज़ार के चरों के विरुद्ध अपनी कविता को बहुत ही प्रभावशाली ढंग से इस्तेमाल किया था। उसने लिखा था कि क्रांतिकारी कवि "अपनी क़लम को हमारे तीखे वर्ग-संघर्ष में सर्वहारा-वर्ग के अस्त्रागार के सुपुर्द करता है।" प्रगतिवादी कला दीक्षागम्य नहीं हो सकती क्योंकि ऐसा होने से उसका प्रगतिवादी विषय अपने लक्ष्य में परास्त हो जाएगा। दीक्षागम्य न होने का मतलब एक थोथी सरलता नहीं। और न प्रगतिवादी कला प्रयोगों के विरुद्ध है। स्वयं मायकोवस्की से बड़ा प्रयोगवादी कवि कौन हो सकता है, लेकिन जहाँ मायकोवस्की अपने प्रयोगों के द्वारा जनता के समीप आना चाहता है वहाँ प्रतिक्रियावादी कला जनता से दूर जाना चाहती है। गोर्की ने अपने एक लेख में कहा था : "हवा की बनी हुई तोप से सचमुच के बमगोले नहीं फेंके जा सकते—हालाँकि हवा भी एक पदार्थ है। विषय-वस्तु का जितना ही अधिक सामाजिक महत्त्व होगा, उतनी ही अधिक आवश्यकता इस बात की होगी कि उसका रूप सुगढ़, उपयुक्त और स्पष्ट हो।" आमतौर से प्रेमचंद की कला इसका सुंदर उदाहरण है। उसमें जहाँ एक ओर साम्राज्यवादी, पूँजीवादी और सामंतवादी व्यवस्था में पिसी हुई मज़दूर और किसान जनता और उसके संघर्ष की या भाग्यवादी प्रवृत्तियों का चित्र है वहाँ दूसरी ओर साधारण जनता की शैली के आधार पर उनके मुहावरों और अभिव्यक्ति की विशेषताओं का सहारा लेकर अत्यंत सरल, स्वाभाविक किंतु सुंदर और सशक्त शैली का निर्माण हुआ है। प्रेमचंद की कला में विषय और उसके रूप में एकात्म-सा हो गया है और प्रेमचंद के साहित्य की सार्थकता और उसके क्रांतिकारी महत्त्व का यही रहस्य है।

अभिजातवर्गीय आलोचक इसे कला को बाज़ारू बनाना कहते हैं। श्री इलाचंद्र जोशी तो इस बात तक का दावा करते हैं कि वे प्रेमचंद से कहीं अधिक बड़े कलाकार

हैं क्योंकि प्रेमचंद की कला स्थूल है और उनकी अपनी कला सूक्ष्म! प्रेमचंद ने चूँकि किसानों और मज़दूरों के जीवन का उनकी समस्याओं और उनके जीवन का चित्रण किया, इसलिए वे भोंडे कलाकार हुए और इलाचंद्र जोशी जो दिन-रात मध्यवर्ग और ऊँचे तबके लोगों की यौन-संबंधी दबी हुई वासनाओं से उत्पन्न मानसिक रोगों और गुत्थियों में डूबते-उतराते रहते हैं, हुए सूक्ष्म कलाकार! उनके अनुसार प्रेमचंद ने कला को प्रचार का साधन और संघर्ष का अस्त्र बनाकर उसके सौंदर्य के मापदंड को नीचा कर दिया। वे कला को राजनीति से अलग रखना चाहते हैं। लेकिन किस प्रकार के साहित्य की रचना वे स्वयं करते हैं? उनके साहित्य में भी राजनीति और प्रचार हैं। उनके साहित्य की राजनीति सरमायादारी की रक्षा की राजनीति है क्योंकि वह जनता को अपनी मुक्ति का संदेश नहीं देती वरन् उसे संघर्ष-विमुख बनाती है। उनका प्रचार है कि आज की सामाजिक, राजनीतिक, आर्थिक और सांस्कृतिक समस्याओं की जड़ में पूँजीवाद और सामंतवाद नहीं हैं वरन् मन की वे गुत्थियाँ हैं जो यौन-वर्जनाओं से पैदा होती हैं। इस प्रकार वे शोषण-व्यवस्था को फ्रायड के मनोविज्ञान की ओट में कर लेते हैं।

प्रगतिवादी कला में स्पष्टता और सीधे ढंग से बात कहने का मतलब अतिसाधारणीकरण या भोंडापन नहीं है। लेनिन, गोर्की, ज्दानोव, माओत्सेतुंग इत्यादि महान् विचारकों ने हमेशा इन प्रवृत्तियों के विरुद्ध लिखा है। लेनिन का रुख़ कला और साहित्य के प्रति भी वही था जो आमतौर से सारी पूँजीवादी संस्कृति के विषय में। लेनिन के पूँजीवादी संस्कृति और उसके साहित्य को कूड़ा कहकर फेंक देने की सलाह कभी नहीं दी। उन्होंने उसका महत्त्व साम्यवादी संस्कृति के लिए बतलाते हुए कहा कि हम पूँजीवाद की प्रगतिशील परंपरा, उसकी प्रगतिशील विचारधारा को ग्रहण कर उसे एक नयी समाजवादी व्यवस्था में और आगे बढ़ाएँगे। उन्होंने रूस के उन प्रगतिशील लेखकों को, जो क्रांति के पहले हुए थे, अलग नहीं धर दिया था। स्वयं वे पुश्किन की क्रांतिकारी विचारधारा के प्रशंसकों में थे और बेलिन्सकी और चर्नीशेविस्की की बात तो दूर जिनमें भौतिकवादी विचारधारा काफ़ी स्पष्ट थी, लेनिन ने हर्ज़न, तोल्सतॉय इत्यादि की प्रशंसा उनके प्रगतिशील विचारों के लिए की। इसलिए लेनिन ने जब लाल-क्रांति के बाद के लेखकों को जन-जीवन का अध्ययन नज़दीक आकर करने की सलाह दी और कहा कि इस प्रकार उनके विषय और उनकी कला में निखार आएगा तो इसका आशय यह नहीं था कि वे पुराने साहित्य की सारी परंपरा को ठुकरा दें। ज्दानोव ने सोवियत संघ के संगीतज्ञों की एक कॉन्फ्रेंस के वाद-विवाद में भाग लेते हुए कहा था कि नयी समाजवादी कला प्राचीन कलाकारों द्वारा किए गए कला के रूप में सौंदर्य के विकास का अध्ययन करे और उसमें जो कुछ भी उसके काम की चीज़ हो उसे स्वीकार करे और उसे नयी क्रांतिकारी कथावस्तु द्वारा और अधिक सुंदर रूप दे। माओत्सेतुंग ने 'कला और साहित्य की समस्या'

में कहा है : ''हम अपने पूर्वजों और विदेशी लेखकों की कृतियों के उपयोग से मुँह नहीं मोड़ सकते–भले ही वे सामंती या पूँजीवादी वर्गों के हों।'' लेकिन उन्होंने इस स्वीकार के पहले पैने विश्लेषण की आवश्यकता बतलाई है। इस प्रकार कला और साहित्य को जनता की मुक्ति, उसके संघर्ष और सांस्कृतिक उत्थान का साधन बनाने का आशय उन्हें स्थूल या कुरूप बनाना नहीं। प्रगतिवादी कला अतीत की कला में जो कुछ भी सौंदर्य है उसे ग्रहण करने के साथ-साथ नये-नये प्रयोगों द्वारा उसे संघर्ष की विषय-वस्तु के उपयुक्त बनाना अपना एक अहम काम समझती है। उसका यही लक्ष्य है जो उसके प्रयोगों और अभिजातवर्ग की कला के प्रयोगों के मौलिक अंतर को स्पष्ट करता है। प्रगतिवादी कला ने नहीं, वरन् आज की अभिजातवर्गीय कला ने सौंदर्य के सारे प्राचीन मानों को धूल में मिला दिया है। यह ठीक है कि प्रगतिवादी कला के रूप में बहुत अधिक निखार की आवश्यकता है, किंतु यह भी उतना ही ठीक है कि प्रगतिवादी कला ही आज कला के प्राचीनतम मूल्यों का निर्वाह और प्रयोगों द्वारा उन्हें नयी दिशा दे रही है। उदाहरणार्थ, हिंदी के प्रगतिशील कवियों–नागार्जुन, केदार, शंकरशैलेन्द्र इत्यादि की रचनाओं को चाहे जितनी भोंडी कहा जाए, इसमें थोड़ा भी संदेह नहीं कि वे कला के दृष्टिकोण से तुलसीदास के अधिक समीप हैं, अज्ञेय, पंत और नरेन्द्र शर्मा के नये संस्करणों की अपेक्षा और इस समीपता का रहस्य यह है कि वे जनकवि हैं और उनकी कला जन-कला है। आज जनता का सांस्कृतिक स्तर स्वयं बहुत ऊँचा नहीं है, इसलिए प्रगतिवादी कला के शरीर में धूल लगी हुई है और रूक्षता है, किंतु उसकी नसों में शुद्ध रुधिर की धार बहती है और उसकी मांसपेशियाँ पुष्ट होती जा रही हैं। जनता के संघर्ष में उसका साथ देती हुई, उसके सांस्कृतिक स्तर को ऊँचा उठाती हुई स्वयं प्रगतिवादी कला अपना रूप निखारती और अपने को शक्तिमान बनाती जाएगी।

प्रतिक्रियावादी कलाकार जन-जीवन से दूर होने के कारण और अपनी रचना की सार्थकता बताने के लिए कला को अपने अहं की अभिव्यक्ति कहते हैं। वे कलाकार और साधारण सामाजिक प्राणी में मौलिक अंतर मानते हैं। उनके अनुसार कलाकार की चेतना में कहीं-न-कहीं ऐसी कुंठा होती है जो साधारण व्यक्ति की चेतना में नहीं होती। और अपनी उस कुंठा, अपर्याप्तता से क्षुब्ध होकर कलाकार अपनी उपयोगिता प्रमाणित करने के लिए, यह दिखाने के लिए कि 'मैं भी कुछ हूँ' कला सृष्टि करता है। इस प्रकार त्रिशंकु में अज्ञेय कला की यह व्याख्या करते हैं : ''कला अंततः एक प्रकार का आत्मदान है, जिसके द्वारा व्यक्ति अहं, अपने को अक्षुण्ण रखना चाहता है, सामाजिक उपादेयता, यथार्थ भौतिक उपादेयता से श्रेष्ठ ढंग की उपादेयता, का अनुभव करना चाहता है।'' इस प्रकार ये साहित्यिक रेशम के कीड़े की भाँति अपनी चेतना के चारों ओर अपने अहं, अपने व्यक्तित्व की कुंठाओं का सूत बुनकर और अपनी अनुभूति और कल्पना का दायरा संकुचित कर अपनी सामाजिक

उपादेयता का दम भरते हैं?

ऐसे कलाकारों में हम विराट कल्पना और जीवन की स्वस्थ अनुभूति कैसे पा सकते हैं? उनके उपमानों और वातावरण पर भी मृत्यु की छाया मँडराती नज़र आती है। नरेंद्र शर्मा के 'प्रवासी के गीत' के कुछ उपमान ये हैं : "उद्विग्नलुब्धक"; "विजन के वृक्ष सा"; "जीर्ण तरु के भग्न उर"; "मैं भू पर के विजन के तरु-सा ही अपलक उदास"; "मैं जड़वत अभिलाषा"; "मरुभूमि सहारा की तृष्णा"; "मैं मरघट का पीपल तरु हूँ"; इत्यादि। बच्चन की कविताओं में निशा, उजड़े हुए नीड़, अकेलेपन और सूनेपन, प्रेतछायाओं इत्यादि से वातावरण आक्रांत है। इसी प्रकार आज भी भगवतीचरण वर्मा अपने विषय में यह लिखते चले जा रहे हैं :

मध्याह्न काल में मैं मरु की मृगतृष्णा।
प्रत्येक चरण पर मेरे शत-शत खंडहर ॥

—'प्रतीक' 6 (वसंत)

एक युग था जब नरेंद्र शर्मा ने अपने सामाजिक दायित्व को समझा था और उस समय की उनकी कविताओं में आशा और उल्लास का स्वर उनकी गति और उपमानों से ध्वनित होता है किंतु आज फिर उनमें वही पराजय और क्षय का स्वर उभर रहा है :

धूल मिट्टी में दबा लाचार हूँ मैं।
खा रही है मुझे मेरी खीझ ॥

—'प्रतीक' 3 (शरद)

जनता से दूर पड़े हुए ये कवि देश-विदेश में महान् संघर्षों और मानव की मुक्ति के उपक्रम को देखने की कोशिश नहीं करते। वे पूँजीवादी और सामंतवादी व्यवस्था की ह्रासशील प्रवृत्तियों को अपने साहित्य में पाल-पोस रहे हैं। उनमें से व्यापकता और महान् कल्पनाओं की शक्ति चली गई है। अज्ञेय के लिए आकाश जैसी विराट और भव्य चीज़ भी क्या है?

यह चटक, तारों-सजा फूहड़ निलज आकाश—अज्ञेय ने अपने को एक कविता में 'पदाक्रांत रिरियाता कुत्ता' कहा है। यह परिभाषा केवल उनके लिए ही नहीं वरन् उन सभी कलाकारों के लिए उपयुक्त है जो जन-विरोधी पतनशील प्रवृत्तियों के दलदल में फँसे हुए हैं। उन्हें जीवन में क्षुद्रता के सिवा कुछ दिखाई नहीं देता।

संघर्ष का साहित्य ऐसे उपमानों पर और ऐसे वातावरण में नहीं जीता। उसमें व्यापकता और भव्यता होती है, उसमें प्रकाश और उल्लास होता है और वैसे ही उसके चित्र होते हैं। 'निराला' की प्रसिद्ध कविता 'वन-बेला' में बेला जीवन-संघर्ष में हार के क्षण में भी विजय का संदेश देती है और वह लघु होते हुए भी महान् संदेश का प्रतीक है। इसलिए उसके उपमान की सृष्टि भी समान विशालता और भव्यता लिए हुए है। कवि उसे देखकर सहसा सोचने लगता है।

...घिरकर हँसती उपवन-बेला जीवन में भर
यह ताप, त्रास
मस्तक पर लेकर उठी अतल की अतुल साँस,
ज्यों सिद्धि परम
भेदकर कर्म-जीवन के दुस्तर क्लेश, सुषम आई ऊपर।
जैसे पारकर क्षीर सागर, अप्सरा सुघर
सिक्त-तन-केश, शत लहरों पर
काँपती विश्व के चकित दृश्य के दर्शन-सर।

'राम की शक्ति पूजा' जो निराला जी के अपने जीवन के संघर्ष, पराजय और विजय का चित्र है ऐसे व्यापक उपमानों से भरी पड़ी है। 'दिनकर' और शिवमंगलसिंह 'सुमन' और गिरिजाकुमार माथुर की पिछली प्रगतिशील कविताओं में, शंकर शैलेन्द्र, नागार्जुन, केदार, राकेश इत्यादि की अनेक कविताओं में ऐसी चित्र-योजनाएँ संघर्ष की व्यापकता को स्पष्ट करती हैं। प्रगतिवादी कवि जो आज के युग से आगे भविष्य की भी कल्पना करते हैं, जो अपने देश की सीमा के बाहर अन्य देशों में चलते हुए जन-संघर्ष को अपने देश के संघर्ष का अंग मानते हैं, जो साम्राज्यवादी पिशाचों और अपने देश में उनके पिछलगों से लड़ने के लिए एक विशाल और इस्पाती जनवादी मोर्चा कायम करने में लगे हुए हैं, ऊँचे पैमाने पर सोचते हैं और उस ऊँचे पैमाने पर सोचने का साफ़ असर उनकी कला के रूप पर पड़ता है।

पूँजीवादी सभ्यता के ह्रास के कवियों के स्वर में मूर्च्छा और कराह भरी रहती है। 'बच्चन' के 'निशा-निमंत्रण' 'एकांत संगीत' आदि संग्रहों के छोटे-छोटे गीत और उनकी पंक्तियों की लंबाई और उनकी योजना आत्म-भक्षी कवि के भावों को ही अभिव्यक्त कर सकती है। उनकी पंक्तियों में उल्लासमय प्रवाह के स्थान पर निराशा में डूबे हुए व्यक्ति का दबे हुए स्वरों में स्वागत है। यही दशा नरेंद्र शर्मा की क्षयग्रस्त कविताओं की है। उनमें पंचम स्वर हो भी कैसे जब वे किसी विशाल जन-समूह को संबोधित कर नहीं लिखी गई हैं, बल्कि जब उनमें कवि स्वयं अपने से ही अपने जीवन की उधेड़-बुन में लगा हुआ हो। उदाहरणार्थ इन पंक्तियों की गति और स्वर :

नीम क्या रवि से बड़ा कवि,
पर कहाँ अब वह, कहाँ मैं।
नीम जड़, मैं मनुज-चेतन
उठ रहा वह, गिर रहा मैं।
मैं समाया गर्त में अब,
शर्म से मुझको दबाया हरजतन, हर काम ने।

नरेन्द्र शर्मा—'पलाशवन'

जैनेंद्र कुमार की गद्यशैली इस प्रकार के रोग का ज्वलंत उदाहरण है।

प्रगतिवादी कला के स्वर में चुनौती का स्वर है, क्योंकि वह उद्‌बोधन की कला है। हिंदी में यह चुनौती का स्वर सबसे अधिक तेज़ नये प्रगतिशील कवि शंकर शैलेन्द्र में है। जंगखोरों को ललकारता हुआ कवि कहता है :

आओ आग लगाओ घिरी घटाओं में,
जंजीरें बाँधो आँधी के पाँवों में,
खौल रहा हर सागर, ढक्कन से ढाँको,
चढ़ी नदी में बाढ़ बाँस का पुल बाँधो;
राज रहे इंसानों पर हैवानों का!

× × ×

ख़बरदार ऐ मददगार ग़द्दारों के,
अधम पुजारी खूनरंगी तलवारों के;
तुम सोवियत रूस पर हमला बोलोगे
भर देंगे हम आग अगर मुँह खोलोगे;
हर घर हम हिम्मतवर मर्दानों का!

आज जब जनता सामंतवाद से लड़ रही है और अपने देश के पूँजीवादी वर्ग के उस भाग से देश की बाग़डोर छीन लेना चाहती है जिसने देश की स्वतंत्रता को साम्राज्यवादी आंग्ल अमरीकी गुट के हाथों सौंप दिया है, आज जब देश की व्यापक जनता रोटी की लड़ाई के साथ-साथ देश की प्रगतिशील परंपराओं के लिए एक व्यापक मोर्चा बनाकर डँटी हुई है, प्रगतिवादी कला पर पहले की अपेक्षा कहीं अधिक सान चढ़ गई है और अधिक सान चढ़ने की आवश्यकता है। प्रगतिवादी कला का दायरा पेशेवर आलोचकों और साहित्यिकों से नहीं खींचा जा सकता। उसका दायरा बनानेवाली आज देश-विदेश की कोटि-कोटि संघर्षरत जनता है। प्रेमचंद के उपन्यासों और कहानियों में जनवाद और वर्ग संघर्ष का जो कहीं धुँधला और कहीं स्पष्ट चित्र हम पाते हैं वह आज की प्रगतिशील कला में बिल्कुल खुले रूप में आने लगा है। आज के प्रगतिशील साहित्यिकों की कला में प्रेमचंद जैसा निखार भले ही न आया हो, इसमें संदेह के लिए स्थान नहीं कि उसके दृष्टिकोण में काफ़ी पैनापन आ गया है जिसके कारण वह एक मज़बूत हथियार का काम कर रही है। आज की प्रगतिवादी कला जनता और सर्वहारा-वर्ग की जानिबदारी अधिक खुले रूप में करती है और इसका प्रभाव उसके रूप पर पड़ा है। समय के साथ उसका रूप सँवरता जाएगा, उसमें शक्ति के साथ-साथ सौंदर्य का विकास होगा।

प्रतिक्रियावादी साहित्यिक प्रगतिवादी कला द्वारा जनता की जानिबदारी देखकर घबरा उठे हैं और माँग करते हैं कि उसे राजनीति से अलग रहना चाहिए। आज बहुतों को लिए यह कहने का साहस नहीं कि कला जीवन से दूर रहे, इसलिए उन्होंने तर्क की यह एक नयी शैली निकाली है। आजकल ऐसे साहित्यिकों में यह फैशन

हो गया है कि राजनीति और संस्कृति में विभाजन किया जाए। लेकिन यदि संस्कृति जीवन की प्रणाली का निचोड़ है और यदि जीवन और राजनीति में गहरा संबंध है तो फिर संस्कृति और राजनीति को पृथक् कैसे किया जा सकता है। इन साहित्यिकों से कहीं ज्यादा ईमानदार गोरिंग था जिसने कहा था कि जब कोई संस्कृति का नाम लेता है तो मेरा हाथ पिस्तौल पर चला जाता है। रूस, नये चीन और पूर्वी योरप के जनवादी देशों में साहित्य, कला, राजनीति, संस्कृति सबका एक घनिष्ठ संबंध है, वहाँ इन सबमें एक नये मानववाद की स्थापना की गई है और उसमें अपने अतीत की प्रगतिशील परंपरा का सहारा लिया है। प्रगतिवादी कला जिंदगी के यथार्थ की काली मिट्टी में पनपती और फूलती-फलती है। लेनिन और गोर्की इत्यादि ने हमेशा कलाकारों को ज़िंदगी के यथार्थ के समीप आने की सलाह दी। यांत्रिकता से बचने के लिए उन्होंने कलाकारों को रूस की नयी ज़िंदगी को फैक्टरियों, खेतों और विभिन्न प्रकार के मज़दूरों में जाकर नज़दीक से अध्ययन का रास्ता दिखलाया। इन सब बातों का गहरा असर रूसी साहित्य पर पड़ा है और वहाँ के उपन्यासों, नाटकों, कहानियों इत्यादि में एक नये प्रकार के व्यक्ति, नये प्रकार के नायक और उनके कार्यों के लिए नयी प्रेरक शक्तियों का दर्शन होता है। उन्होंने इन क्षेत्रों में काफ़ी कलात्मक प्रयोग और विकास किया है। दुनिया की तमाम प्रगतिवादी कला को रूसी साहित्य से बड़ा ही महत्त्वपूर्ण सबक़ मिला है और आज अभिजातवर्गीय आलोचक उससे आतंकित हैं और उसपर उल्टा-सीधा विक्षिप्त आक्रमण करते रहते हैं। नये चीन के साहित्यिकों ने, माओत्सेतुंग के नेतृत्व में, लेनिन और गोर्की की सलाह पर काम किया है, जिसके फलस्वरूप उन्होंने न केवल अपने देश में साम्राज्यवाद और उसके घरेलू पिट्ठुओं के विरुद्ध संघर्ष में साहित्य को एक महान् अस्त्र के रूप में इस्तेमाल किया है वरन् उन्होंने उसके रूप में भी, चीन के प्राचीन साहित्यिकों और लोक साहित्य की परंपरा से सहायता और प्रेरणा लेकर, नये-नये प्रयोग किए हैं।

प्रगतिवादी कला पर आक्रमण की एक यह भी दिशा है कि उसने ज़िंदगी के रोमानी तत्त्वों का खोज-खोज कर बहिष्कार किया है। आज से बहुत पहले इलाचंद्र जोशी ने एक लेख 'प्रगति या दुर्गति' में लिखा था : ''मानव हृदय की—कोमल तथा सुकुमार वेदनाओं, सुंदर तथा सुरुचिपूर्ण मनोवृत्तियों की कोई सार्थकता हमारे ये तथाकथित साहित्यिक स्वीकार नहीं करते।'' ('साहित्य सर्जना', पृ. 66) व्यक्तिवादी साहित्य की वकालत करते हुए उन्होंने आगे लिखा : ''प्रत्येक व्यक्ति की अंतश्चेतना अपने अंतस्तल के निभृत लोक में चित्र-विचित्र स्वप्नों का रंगीन जाल बुनना चाहती है। बिना इसके वह अपने प्रत्यक्ष जगत के अवास्तविक अस्तित्व की संकीर्णता तथा क्षुद्रता के बंधन से छुटकारा नहीं पा सकती। मानवात्मा की इस परमसत्य तथा अंतरतम आकांक्षा की चरितार्थता का मार्ग अवरुद्ध करके साहित्य में 'प्रगतिशीलता' के उन्नायकगण किस महान् उद्देश्य की पूर्ति करना चाहते हैं?'' (वही, पृ. 74) अवश्य

ही इलाचंद्र जोशी के अनुसार 'मानव हृदय की कोमल और सुकुमार वेदनाएँ' और 'सुंदर और सुरुचिपूर्ण वृत्तियाँ' सामंतवादी पूँजीवादी और सभ्यता में उच्चवर्ग और मध्यवर्ग के व्यक्तियों की रुग्ण चेतना और सेक्स आक्रांत आकांक्षाएँ हैं, क्योंकि प्रगतिवादी कला में इनके लिए स्थान नहीं। इलाचंद्र जोशी प्रत्यक्ष जगत के जीवन को अवास्तविक जीवन समझते हैं, उसे संकीर्ण और क्षुद्र कहते हैं और एक व्यक्ति की, वह भी रुग्ण मानसिक चेतना वाले व्यक्ति की भावनाओं और आकांक्षाओं को 'परम सत्य' मानते हैं। यह पूँजीवादी सभ्यता और साहित्य की वकालत है, क्योंकि जो प्रगतिवादी कला आज व्यक्ति को सामंतवादी, पूँजीवादी और साम्राज्यवादी शृंखलाओं से मुक्त करने में जन-संघर्ष का साथ देती है, उसके स्वप्नों और आकांक्षाओं और समाज के स्वप्नों और आकांक्षाओं में एकता स्थापित करने के लिए संघर्ष का रास्ता चुनती है, उसमें इलाचंद्र जोशी व्यक्तित्व का गला घुटना देखते हैं और पूँजीवादी बंधनों द्वारा पैदा हुए मानसिक रोगों और रंगीनियों में व्यक्तित्व की मुक्ति देखते हैं।

प्रगतिवादी कला के यथार्थ के प्रति यह धारणा कुछ-कुछ पंतजी की 'युगवाणी' से भी बनी। पंतजी ने उसे युग की वाणी का गद्यमय रूप कहा था और चूँकि सचमुच उसमें थोथी नैतिकता और गद्यमयता थी, इसलिए कुछ आलोचकों ने यह कहकर सारी प्रगतिवादी कला पर आक्रमण शुरू किया कि उसमें कोमल भावों के लिए स्थान नहीं। शांतिप्रिय द्विवेदी ने 'सामयिकी' में लिखा है : "निस्संदेह प्रगतिवाद 'भाव' को नहीं 'अभाव' को लेकर चला है, फलतः वह भावुक नहीं, विचारक है। विचार प्रधान भाषा कवित्व हीन 'गद्य' बन ही जाती है।" उन्होंने यह आशा प्रकट की है है कि आगे चलकर प्रगतिवादी कला का अंत हो जाएगा और फिर छायावाद जैसी किसी नयी ललितवादी कला का जन्म होगा। "आज चाहे हम छायावाद की उपेक्षा कर दें, किंतु प्रगतिवादी युग में अशन-वसन की चिंता से निश्चिंत हो जाने पर मन की रागात्मक समस्याओं में फिर किसी छायावाद का उदय होगा," इधर रामवृक्ष बेनीपुरी ने भी 'गेहूँ से गुलाब की ओर' का नारा बुलंद किया है।

यदि प्रगतिवादी कला पंत की 'युगवाणी' की ही कला हो तब तो शायद उनका कहना कुछ अंश तक सत्य भी होता; किंतु सचमुच इस कला में रोमानी प्रवृत्तियों और मनुष्य के सरस भावों का बहिष्कार नहीं किया जाता। हाँ, प्रगतिवाद का रोमांटिसिज़्म छायावादी रोमांटिसिज़्म से भिन्न प्रकार है, क्योंकि वह यथार्थ की जमीन से कटा हुआ नहीं। न तो प्रगतिवादी यथार्थवाद योरप में 19वीं शताब्दी के फ्लाबेर और जोला का यथार्थवाद है जिसमें पूँजीवादी ज़िंदगी के नग्न कटु सत्य का चित्र मात्र होता था। उसका यथार्थवाद हमेशा रोमांटिसिज़्म के साथ रहता है। उसमें हम एक सुंदर मानववादी संस्कृति की कल्पना, ऊँचे-से-ऊँचे आदर्शों, भावनाओं और मधुर-से-मधुर स्वप्नों का गहरा रंग पाते हैं। आज के जितने भी प्रगतिवादी कलाकार

हैं, उनकी रचनाएँ यदि पूँजीवादी कलाकारों की रचनाओं के सामने तुलना में रखी जाएँ, तो निश्चित रूप से यह स्पष्ट हो जाएगा कि मानव की सुंदर कोमल भावनाओं की वकालत करने और दम भरनेवाले ह्रासशील कलाकारों की रचनाओं में जहाँ शोक, निराशा और पस्तहिम्मती के चित्र हैं, या जहाँ उनमें फ्रायड के मनोविज्ञान के आधार पर मनुष्य के मानसिक रोगों का विश्लेषण मात्र है, जहाँ प्रगतिवादी रचनाओं में सच्ची मानवता कूट-कूट कर भरी हुई है, जहाँ मनुष्य संघर्ष के क्षणों में लगा हुआ भव्य स्वप्नों की दुनिया में रहता है और स्वर्ग को जमीन पर उतार लाना चाहता है। प्रगतिवादी कला गेहूँ और गुलाब का यांत्रिक विभाजन कर उन्हें एक-दूसरे से दूर नहीं देखती। वह जानती है जो गेहूँ की खेती करते हैं वे ही गुलाब की भी खेती करेंगे। रामवृक्ष बेनीपुरी का कहना है : ''मेरा तो ख्याल है कि गेहूँ की प्रचुरता होते ही हममें राक्षसता न आ जाए।'' इसी प्रकार उनके अनुसार गुलाब की खेती के लिए अनिवार्य शर्त भूख और गरीबी है। इंसान की भूख और गरीबी में ही संस्कृति का सौंदर्य अक्षुण्ण रह सकता है, उसकी कोमल भावनाएँ और मधुर कल्पनाएँ सुरक्षित रह सकती हैं—यह कहकर आज ये आलोचक साहित्य को प्रतिक्रिया का अस्त्र बनाना चाहते हैं। आश्चर्य नहीं कि इसीलिए बेनीपुरी ने साफ-साफ शब्दों में कहा : ''गेहूँ के बाद गुलाब होगा, गुलाब दोस्तो! राजनीति की चकाचौंध में मत आओ। यह कुछ नहीं है।'' प्रगतिवादी कला ठीक इसके विपरीत चलती है : क्योंकि वह वक्त काटने का बहाना नहीं, वरन् जनता की मुक्ति और उसके सांस्कृतिक उत्थान का माध्यम है। प्राचीन समय से लेकर आज तक सारी प्रगतिशील कला की यह विशेषता रही है कि उसने समाज के उस वर्ग का साथ दिया है जो प्रतिक्रियावादी रूढ़ियों, सामाजिक, राजनीतिक और आर्थिक बेड़ियों के विरुद्ध क्रांति उपस्थित करता रहा है। इसीलिए प्रगतिशील साहित्य में हमेशा मानव की मुक्ति का संदेश मिलता रहा है आज के प्रगतिशील साहित्य के सामने अपने देश में सामंतवाद, पूँजीवाद और विदेशी साम्राज्यवाद जो पहले दोनों पर हावी है, को उखाड़ फेंकना है; इसलिए उसे उनका साहित्य होना है जो इस कार्य को संपन्न करेंगे। इसके लिए उसे किसानों, मज़दूरों, मध्यवर्ग और उच्चवर्ग के प्रगतिशील व्यक्तियों का एक ऐसा संयुक्त मोर्चा बनाना है जो शत्रु की क़ब्र बन जाए। किंतु प्रधान रूप से वह मज़दूरों-किसानों का और गौण रूप से मध्यवर्ग का साहित्य होगा उसमें इनके शोषण का चित्र होगा, वह उसकी चेतना में क्रांतिकारी उभार लाना आपका लक्ष्य बनाएगा। वह अभिजातवर्ग के मानसिक और बौद्धिक विलास की सामग्री नहीं बन कर रह सकता। इसलिए प्रगतिशील साहित्य प्रयोगों में विश्वास करता हुआ भी उन प्रयोगों की दिशा जनता की ओर मानता है। उसके रूप की विशेषता यह होनी चाहिए जो बात कही जाए वह इस ढंग से कि व्यापक जनता के सीने में सीधे उतर जाए। अति-यथार्थवाद (Surrealism) और अस्तित्ववाद (Existentialism) की प्रतिक्रियावादी कला का विषय ही सन्निपात का बकवास नहीं,

उसका रूप भी उसी की भाँति ऊबड़-खाबड़, अनियंत्रित, विक्षिप्त-सा रहा है। अभिजातवर्गीय आलोचकों की प्रशंसाओं के पुल के बावजूद इनका सिक्का जनता पर नहीं जम पाया है। रोग इस हद तक बढ़ गया है कि आज साम्राज्यवादी और पूँजीवादी कलाकारों और हमारे देश में साम्राज्यवाद और सामंतवाद के संघर्ष ने सांस्कृतिक और साहित्यिक संकट का नारा उठाना शुरू किया है। इसका सबसे प्रधान कारण यह है कि इन प्रतिक्रियावादी कलाकारों ने महान् प्रयोगों के नाम पर स्वयं अपने देश की प्रगतिशील साहित्यिक और कलात्मक परंपराओं को ठुकरा दिया है। फ्रांस की कला अपनी स्पष्टता के लिए प्रसिद्ध है, किंतु फ्रांस के अस्तित्ववादी कलाकारों ने उसे ऐसा रूप दिया है कि वह या तो उन्हीं की समझ में आए या उनके दो-चार दोस्तों की समझ में। वैसे ये कलाकार अपने देश की संस्कृति, पश्चिमी योरप की संस्कृति इत्यादि का जाप बड़े जोरों से करते हैं, किंतु उन्होंने अपने देश की जनता में प्रचलित लोकगीतों और लोकगाथाओं की निर्मम उपेक्षा की है। लेकिन हर एक देश का प्रगतिशील साहित्य जहाँ एक तरफ साम्राज्यवादी और कहीं-कहीं साथ में सामंती चंगुल में फँसी हुई जनता के विश्व-संघर्ष का एक अंग है, वहाँ दूसरी तरफ वह अपने देश की संस्कृति और उसके साहित्य की परंपरा का भी सबसे बड़ा दोस्त और हिमायती है, क्योंकि अपने प्रयोगों में वह लोक साहित्य से बहुत घनिष्ठ संबंध स्थापित करता है। गोर्की ने अपनी रचनाओं में अपने देश की अनेक लोकगाथाओं और लोकगीतों को अमर कर दिया है और हर एक देश में प्रगतिशील कला ने इनमें युग-युग से संचित अपने यहाँ की विचारधारा, संस्कृति और जन-जीवन की धरती में पैदा हुए अनुभव को नष्ट होने से बचाया है। इससे कला पैनी होने के साथ-साथ जन-संपर्क द्वारा अपनी सामाजिक उपयोगिता भी बढ़ा सकी है। लोकसाहित्य के लिए प्रगतिशील कला की यह बड़ी भारी देन है।

प्रगतिवादी कला की शक्ति का स्रोत उसका जीवन में विश्वास है। प्रगतिवादी कला आस्था की कला है—वह मनुष्य में आस्था रखती है, विकास की उसकी क्षमता में आस्था रखती है, वह सौंदर्य में आस्था रखती है। बिना इस आस्था के कला निष्प्राण हो जाती है। इसलिए वह यथार्थ की कला होते हुए कुरूपता की कला नहीं है; धूल में सनी हुई भी मलिन नहीं है। उसमें त्रुटियों की कमी नहीं है—व्यापक दृष्टिकोण की उसे आवश्यकता है; उसे और मँजना चाहिए और निखरना चाहिए; उसमें रूप के प्रति और अधिक जागरूकता आनी चाहिए; उसे जीवन की समस्याओं को और अधिक समझना चाहिए। लेकिन इन त्रुटियों के होते हुए भी भविष्य की आशा उसी से बँधी हुई है। साम्राज्यवाद सरमायादारी और सामंतवादी के कलाकार लीक पीट रहे हैं; वही हमें नयी चीजें दे रही है—ऐसी चीजें जिनका हमारे जीवन से सीधा लगाव है और जिनकी शैली नयी और प्राणवान है।

• **नयी चेतना : अंक 5, 1951**

प्रगतिवाद–पुनर्मूल्यांकन और नयी दिशा

'स्वाधीनता' ने इधर लगातार अपने 'सांस्कृतिक पृष्ठ' नामक स्तंभ में जो लेख छापे हैं, उनके तर्कों, निष्कर्षों या शैली से पूरी तरह सहमत हुए बिना भी उनकी सामयिकता या महत्त्व को नजरअंदाज नहीं किया जा सकता। इन लेखों का प्रकाशन ऐसे समय हुआ है जब एक ओर प्रगतिशील लेखक संघ की निष्क्रियता और विघटन के कारण प्रगतिवाद के विरोधी उसकी मृत्यु की घोषणा कर चुके हैं और दूसरी ओर तथाकथित प्रगतिशील साहित्यिकों के साथ अनेक माने जाने प्रगतिशील साहित्यिक भी दिशाहीनता या अवसरवादी रुझानों को पालने-पोसने लगे हैं। 'स्वाधीनता' में छपे लेखों ने एक बार फिर साहित्य को राजनीति, वर्ग-चेतना और जीवन की यथार्थ समस्याओं से जोड़ने के प्रश्न पर जोर दिया है। इससे परेशान होने की जरूरत नहीं कि इस बहस के दौरान सही समझदारी के साथ-साथ कभी संकीर्णतावादी और कभी उदारतावादी दृष्टिकोण भी प्रस्तुत हुए हैं। इस बहस का महत्त्व इसमें है कि इसके दौरान बहुत सारे सही प्रश्न उठाए गए हैं और जैसा कि कहा जाता है, समस्याओं का आधा हल सही प्रश्न उठाने में होता है। इसमें संदेह नहीं कि यह बहस हमारे साहित्यिकों को आज के जीवन की ज्वलंत समस्याओं के प्रति जागरूक करेगी, उनकी चेतना में पैनापन लाएगी और हमारे साहित्य के विकास की दिशा को आलोकित करेगी।

प्रगतिवादी आंदोलन के चरित्र को समझने और उसके वर्तमान और भावी विकास की दिशा की ओर कुछ सही संकेत कर पाने के लिए यह जरूरी है कि हम उसकी भूमिका का अध्ययन उसके ऐतिहासिक परिप्रेक्ष्य में करें।

प्रगतिवादी आंदोलन का उदय हमारी राष्ट्रीय स्वाधीनता की लड़ाई के उस दौर में हुआ जब पूँजीवादी नेतृत्व द्वारा निर्धारित सीमाओं को तोड़ कर मजदूरों और किसानों के संगठित और वर्ग-चेतन आंदोलन व्यापक और शक्तिशाली होने लगे। उनका संघर्ष विदेशी साम्राज्यवाद से ही नहीं घरेलू पूँजीवादी और सामंतवादी शोषण से भी था। अक्तूबर क्रांति के बाद समाजवादी विचारधारा, जिसका प्रसार अभी तक धीरे-धीरे होता आया था, चौथे दशक में तेज रफ्तार से आगे बढ़ी और उसने हमारे

देश के बुद्धिजीवियों और साहित्यिकों को भी प्रभावित किया। इस तरह प्रगतिवादी आंदोलन हमारे राष्ट्रीय जागरण और समाजवादी विचारधारा का संगम था। उसमें दृष्टिकोणों की विविधता और वर्ग-चेतना के अनेक रूपों और स्तरों का होना स्वाभाविक था। उसके विभिन्न तत्त्वों में सहयोग और संघर्ष का होना भी उतना ही स्वाभाविक था। इसी के द्वंद्वात्मक प्रक्रिया के माध्यम से प्रगतिवादी आंदोलन का विकास हुआ, हमारे साहित्यिकों में जीवन की पकड़ गहरी हुई और यथार्थवाद हमारे साहित्य की मुख्य धारा बन सका। इस प्रक्रिया से गुजरते हुए अनेक लेखकों ने अपने सुधारवादी या पूँजीवादी-मानवतावादी दृष्टिकोण को क्रांतिकारी मोड़ दिया। प्रेमचंद उसके अकेले नहीं, एक उदाहरण हैं।

जाहिर है कि प्रगतिवाद पर ऐकांतिक रूप से समाजवादी विचारधारा को आरोपित करना गलत होगा। इस तरह की समझदारी प्रगतिवाद के अतीत का भ्रमात्मक मूल्यांकन होने के अलावा उसके वर्तमान चरित्र और भावी विकास के बारे में गलत स्थापनाओं की ओर ले जा सकती है। प्रगतिवाद की सबसे बड़ी देन यह थी कि उसने हमारे साहित्य की 19वीं सदी की यथार्थवादी परंपरा को और पुष्ट किया, उसे आगे बढ़ाया। उसने हमारे साहित्य को समाजवादी नहीं, बल्कि जनवादी चरित्र दिया।

इस तथ्य पर बल देना इसलिए आवश्यक है कि अक्सर आत्मपरक तरीके से प्रगतिवादी आंदोलन का मूल्यांकन करते हुए हम उससे ऐसी उपलब्धियों की अपेक्षा करते हैं जिनका वस्तुस्थिति से कोई संबंध नहीं होता। प्रगतिवादी आंदोलन का सही मूल्यांकन और उसकी वर्तमान और भावी भूमिका का सही निर्धारण तभी संभव है जब हमें वस्तुस्थिति का यथार्थ बोध हो; जब हम अपने समाज में विभिन्न शक्तियों के अंतर्विरोधों और संतुलन का सही जायजा ले सकते हों और जब हमें समाज में पतनशील या मरणासन्न और नये, अंकुरित होते हुए तत्त्वों की सही पहचान हो। इसके विपरीत चलकर हम संकीर्णता और दुस्साहसिकता या अवसरवाद के दलदल में फँस सकते हैं।

मिसाल के तौर पर 'स्वाधीनता' में हंसराज रहबर के लेख 'परंपरा और साहित्यिक यथार्थवाद' का जिक्र किया जा सकता है। उनके अनुसार "हमारा दौर समाजवादी क्रांति का, वर्ग-संघर्ष का दौर है और इस समझदारी को वे न केवल आज के प्रगतिशील साहित्य की संभावित भूमिका पर आरोपित करते हैं, बल्कि इस कसौटी पर ही वे प्रगतिवादी आंदोलन के अतीत को परखने का जोरदार आग्रह करते हैं।" प्रेमचंद ने प्रगतिशील लेखक संघ के प्रथम अधिवेशन में अध्यक्ष-पद से जो भाषण दिया था उसकी आलोचना करते हुए वे लिखते हैं कि उन्होंने "यथार्थ की नयी व्याख्या करते हुए आदर्शवाद के—मजहब के मार्ग को छोड़ने पर बल दिया। 'कफन' कहानी में उन्होंने इस व्याख्या को कलात्मक रूप प्रदान किया, लेकिन यह व्याख्या अधूरी थी क्योंकि उन्होंने यह तो ठीक कहा कि अब हमें साहित्य की यथार्थवादी परंपरा को

आगे बढ़ाने के लिए धर्म का—आदर्शवाद का मार्ग छोड़ना होगा, पर वे यह नहीं बता पाए कि हमें दूसरा मार्ग द्वंद्वात्मक भौतिकवाद का अपनाना होगा। नतीजा जाहिर है कि हम वक्त की माँग को पूरा नहीं कर पाए।" (स्वाधीनता, 23 सितंबर, 1967)

यहाँ वस्तुस्थिति की इस समझदारी और उसके आधार पर रचे गए इस साहित्यिक मापदंड के खतरों का जिक्र कर देना शायद अप्रासंगिक न हो। सबसे पहले, यह समझदारी गलत है कि हमारा दौर समाजवादी क्रांति का है। स्वाधीनता के बाद समाजवादी ढाँचे, जनतांत्रिक समाजवाद या समाजवाद के नाम पर हमारे देश में पूँजीवादी-सामंतवादी शासक-वर्ग ने, जहाँ तक संभव हुआ है, सामंती तत्त्वों पर आघात किए बिना पूँजीवादी विकास का रास्ता अपनाया है। आज हमारी जनता का संघर्ष केवल पूँजीवादी शोषण के विरुद्ध ही नहीं, बल्कि उसके साथ-साथ सामंती शोषण के विरुद्ध भी है। इसका अर्थ यह हुआ कि आज हमारी क्रांति पूँजीवाद से समाजवादी संक्रमण के दौर में नहीं बल्कि पूँजीवाद-सामंतवाद से जनवादी संक्रमण के दौर में है। एक ओर मुट्ठी भर शोषकों का वर्ग है और दूसरी ओर विशाल जन-समुदाय है, जिसमें मजदूरों और किसानों के अलावा टुटपुँजिया पूँजीपति या मध्यमवर्ग भी शरीक हैं। इसलिए आज के प्रगतिशील साहित्य की केंद्रीय भूमिका समाजवादी चेतना का विकास नहीं, बल्कि जनवादी चेतना का विकास है, केवल पूँजीपति वर्ग और मजदूर वर्ग के अंतर्विरोधों को ही नहीं, बल्कि पूँजीपति-सामंत वर्ग और विशाल जनसमुदाय के अंतर्विरोधों को प्रतिबिंबित करना है; केवल मजदूर-वर्ग की चेतना और संघर्ष के संकल्प को नहीं, बल्कि सारी जनता की चेतना और संघर्ष के संकल्प को उभारना और शक्तिशाली करना है। जाहिर है कि जनता के सबसे क्रांतिकारी अंग के रूप में इस संक्रमण का नेतृत्व मजदूर-वर्ग ही करेगा और हमारे बुद्धिजीवियों और साहित्यिकों का एक काफी बड़ा हिस्सा उसके दर्शन, समाजवाद से प्रभावित होगा। इसलिए प्रगतिशील साहित्य में समाजवादी यथार्थवाद को नेतृत्व की भूमिका संपन्न करनी होगी। लेकिन यहाँ नेतृत्व और ऐकांतिक प्रभुत्व के बीच भेद करना आवश्यक है, अन्यथा हम प्रगतिशील साहित्य की धारा को संकीर्ण, दुस्साहसिक और यथार्थ विरोधी दिशा में ले जाने का विफल प्रयत्न करेंगे।

यहाँ एक दूसरे खतरे की ओर भी संकेत कर देना आवश्यक जान पड़ता है। यह ठीक है कि प्रगतिवादी साहित्य पर विचार करते समय मार्क्सवादी लेखक सर्वहारा की विचारधारा, समाजवाद पर बल देते हैं। लेकिन वे अक्सर साहित्य में उस विचारधारा की अभिव्यक्ति की विधि, समाजवादी यथार्थवाद, की उपेक्षा कर देते हैं, जो ठीक नहीं। 'स्वाधीनता' के लेखों में अक्सर विचारधारा पर एकांगी बल दिया गया है। इस संबंध में माओ-त्से-तुंग का एक उद्धरण देना उचित होगा। साहित्य और कला पर येनान में आयोजित गोष्ठी के अवसर पर उन्होंने अपने प्रसिद्ध भाषण में कहा था : "साहित्यिक और कलात्मक आलोचना की दो कसौटियाँ हैं, राजनीतिक और

कलात्मक...। एक ओर राजनीतिक कसौटी होती है, दूसरी ओर कलात्मक कसौटी। दोनों के बीच क्या संबंध है? राजनीति और कला में समानता नहीं कही जा सकती और न किसी सामान्य जीवन-दर्शन और कलात्मक रचना और आलोचना की विधि में समानता कही जा सकती है। हम केवल इसे ही अमान्य नहीं समझते कि राजनीति की कोई सूक्ष्म और ऐकांतिक रूप से अपरिवर्तनीय कसौटी होती है, बल्कि इसे भी कि साहित्य की कोई सूक्ष्म और ऐकांतिक रूप से अपरिवर्तनीय कसौटी होती है। सारे वर्ग-समाजों में प्रत्येक वर्ग की अपनी-अपनी राजनीतिक और कलात्मक कसौटियाँ होती हैं। किंतु सारे वर्ग-समाजों में सभी वर्ग हमेशा राजनीतिक कसौटी को प्रथम स्थान देते हैं और कलात्मक कसौटी को द्वितीय। हम जिस चीज़ की माँग करते हैं वह है राजनीति और कला की एकता, वस्तु और रूप की एकता, क्रांतिकारी राजनीतिक वस्तु और अधिक से अधिक संभाव्य पूर्णता से अलंकृत कलात्मक रूप की एकता। कलात्मक गुण से हीन कृतियाँ निर्जीव होती हैं, राजनीतिक रूप से वे चाहे कितनी ही प्रगतिशील क्यों न हों। इसलिए हम दोनों के विरोधी हैं–ऐसी कलाकृतियों के जिनमें गलत राजनीतिक दृष्टिकोण होता है और उस प्रवृत्ति के भी जो 'इश्तहार और नारेबाजी की शैली' की ओर ले जाती है, ऐसी शैली की ओर जो राजनीतिक दृष्टिकोण से ठीक है लेकिन जिसमें कलात्मक क्षमता नहीं होती। साहित्य और कला संबंधी प्रश्नों को लेकर हमें दो मोर्चों पर संघर्ष करना होगा।''

हमें यह मानना पड़ेगा कि विचारधारा पर सही जोर देने के साथ ही प्रगतिवादी आंदोलन में काफी बड़े पैमाने पर साहित्य के रूपगत पक्ष की उपेक्षा की प्रवृत्ति रही है। यह प्रवृत्ति यथार्थ के चित्रण में विविधता, व्यक्तिगत रुचियों के आधार पर नये-नये रूपों की रचना के रास्ते में अवरोध का काम करती रही है; समाजवादी यथार्थ हर तरह के शोषण से मुक्त समाज की रचना में सक्रिय तत्त्वों की खोज पर जोर और उनकी अभिव्यक्ति के लिए उपयुक्त रूप योजनाओं के द्वारा मानवता को जीवन का नया सौंदर्य-बोध देता है। प्रयोग उसकी चरित्रगत विशेषता है, और हमारे साहित्य में भी प्रगतिवादी आंदोलन का उदय प्रयोगों के साथ हुआ। छायावादी कवियों में अग्रगण्य पंत और निराला को भी उसने नये प्रयोगों की ओर प्रेरित किया। उसके विरोधियों ने एक दौर में उसमें रूपगत सौंदर्य के प्रति उपेक्षा की प्रवृत्ति में आई तेजी की निंदा के बहाने उसकी सारी उपलब्धियों पर परदा डालने का प्रयत्न किया है। किंतु यह बहुत चिंता की बात नहीं। चिंता की बात यह है कि काफी हद तक आज भी यह प्रवृत्ति सक्रिय है जिसके चलते हम समकालीन साहित्य में यथार्थ बोध के अनेक नये रूपों को पहचान नहीं पाते, स्वागत करने की जगह उनका विरोध करते हैं।

समाजवादी यथार्थवाद साहित्य और कला में समतलता का दर्शन नहीं। उसे अपना कर भी हमें उस साहित्य का सम्मान करना चाहिए जो अपनी विचारगत सीमाओं

और असंगतियों के बावजूद हमें जीवन के एक या अनेक पहलुओं का सच्चा बोध कराता है। प्रगतिवादी साहित्य में जनता के विभिन्न वर्गों की विचारधारा के समानांतर यथार्थ के विभिन्न रूपों की रचना स्वाभाविक है। प्रगतिवादी साहित्य का विकास समाजवादी यथार्थवाद और यथार्थवाद के अन्य रूपों के बीच प्रतियोगिता के द्वारा ही संभव है। जिस साहित्यिक आंदोलन में जनता के विभिन्न वर्गों के जीवन, विचारधारा और हितों का प्रतिनिधित्व हो उसकी तो बात ही अलग है। लेनिन ने स्वयं कम्युनिस्ट साहित्य के बारे में लिखा था : ''इसमें कोई संदेह नहीं कि साहित्य पर सबसे कम मात्रा में यांत्रिक अनुरूपता या समतलता लादी जा सकती है, सबसे कम मात्रा में यहाँ बहुसंख्यक का अल्पसंख्यक पर शासन चल सकता है। इसमें कोई संदेह नहीं कि इस क्षेत्र में निजी पहलकदमी, व्यक्तिगत प्रवृत्ति, विचार और कल्पना, रूप और वस्तु को अन्य क्षेत्रों की अपेक्षा अधिक छूट होनी चाहिए। इस सबसे इनकार नहीं किया जा सकता। लेकिन इस सारी बात से यह नतीजा निकलता है कि सर्वहारा पार्टी के उद्देश्य का साहित्यिक पक्ष उसके अन्य पक्षों से एकरूप नहीं जा सकता।'' (लेनिन : पार्टी संगठन और पार्टी साहित्य) गोर्की को एक पत्र में उन्होंने लिखा था : 'मैं मानता हूँ कि कलाकार हर तरह के दर्शन से बहुत सारी ऐसी सामग्री का चयन कर सकता है जो उसके लिए उपयोगी होती है। अंत में, मैं इस विचार से भी पूरी तरह सहमत हूँ कि लेखन-कला के मामलों में आप ही सबसे अच्छे निर्णायक हैं और मैं इससे भी सहमत हूँ कि अपने कलात्मक अनुभव और दर्शन (चाहे वह दर्शन भाववादी ही क्यों न हो), दोनों से ही इस तरह के विचारों को प्राप्त कर आप ऐसे निष्कर्षों पर पहुँच सकते हैं जो सर्वहारा वर्ग की पार्टी के लिए अत्यधिक उपयोगी हो सकते हैं।'

लेनिन की विशेषता यह थी कि वे क्रांति-विरोधी लेखकों के भी यथार्थवादी चित्रणों का स्वागत करते थे। आर्कादी एवश्चेंको नामक क्रांति-विरोधी लेखक की 1921 में पेरिस में छपी पुस्तक 'क्रांति की पीठ में एक दर्जन छुरे' की उन्होंने इसलिए प्रशंसा की कि उसमें जारशाही के जमाने के अनेक यथार्थ चित्र थे, हालाँकि उसमें क्रांति के कई नेताओं के व्यक्तिगत, पारिवारिक जीवन के बारे में झूठे और गंदे प्रचार की बातें भी थीं। उन्होंने लिखा : ''मेरी राय में इनमें कुछ ऐसी कहानियाँ हैं जिनका पुनर्मुद्रण करना चाहिए। प्रतिभा को प्रोत्साहन देना चाहिए।'' लेनिन का यह रुख प्रगतिवादी आंदोलन में समाजवादी विचारधारा वाले लेखकों की शिक्षा के लिए बहुत महत्त्वपूर्ण है, क्योंकि वह यह सिखलाता है कि कैसे सिद्धांतों के मामले में किसी तरह के समझौते के बिना भी अपने विरोधियों के प्रति लोचदार नीति का अनुसरण कर साहित्य में समाजवादी यथार्थवाद को समृद्ध और पुष्ट बनाया जा सकता है। इसकी ओर संकेत करना इसलिए और भी आवश्यक जान पड़ता है कि 'स्वाधीनता' में छपे कई लेखों में जिनमें प्रगतिवादी साहित्य के पुनर्मूल्यांकन का प्रयत्न किया गया

है केवल राजनीतिक मतभेदों के आधार पर रामविलास शर्मा, नागार्जुन, केदारनाथ अग्रवाल इत्यादि को प्रतिक्रियावादी लेखकों की श्रेणी में रखा गया है। लेकिन उनके गलत रुझानों के विरुद्ध संघर्ष करना जितना जरूरी है उतना ही जरूरी उनके सकारात्मक पक्ष का सही मूल्यांकन करना भी है। पिछले जमाने में प्रगतिवादियों की एक बहुत बड़ी कमजोरी लेखकों का सूचीवादी मूल्यांकन करना रही है। पुरानी सूचियों की जगह नयी सूचियाँ बना लेने से प्रगतिशील साहित्य को मजबूत नहीं किया जा सकता। यह कम आश्चर्य की बात नहीं कि जहाँ हम अपने पुराने साहित्य, विशेषतः संत-साहित्य के मूल्यांकन में कवियों और लेखकों को उनके युग के अनुबंध में रखकर देखते हैं, और उनकी विचारगत असंगतियों के बावजूद उनके स्वास्थ्य तत्त्वों को उभारने का प्रयत्न करते हैं, वहाँ हम अपने समकालीन साहित्य के प्रति अक्सर घोर संकीर्णतावादी रुख अपनाते हैं। यहाँ भी हम तोल्सतॉय पर लिखे गए लेनिन के लेखों से बहुत सबक ले सकते हैं। उन्होंने एक ओर तो तोल्सतॉय की आलोचना सर्वहारा वर्ग के पक्षधर के दृष्टिकोण से की और दूसरी ओर तोल्सतॉय को उसके अपने युगों की परिस्थितियों के बीच रखकर देखा और इस नतीजे पर पहुँचे कि अपनी विचारगत असंगतियों के बावजूद तोल्सतॉय 'रूसी क्रांति का दर्पण' था। इसके विपरीत हम अक्सर परंपरा के प्रति आवश्यकता से अधिक उदार और समकालीन साहित्य के प्रति आवश्यकता से अधिक अनुदार हो जाते हैं। ये दोनों तरीके गलत हैं।

हंसराज रहबर ने आज के दौर को वर्ग-संघर्ष का दौर कहा है। शायद उनका मतलब तीव्र होते हुए वर्ग-संघर्ष के दौर से है। हमारे अधिकांश लेखक मध्यवर्ग से आते हैं, जो स्वयं शोषित वर्ग है और जो आज की सामाजिक परिस्थितियों से घोर असंतुष्ट है। यदि उसके एक हिस्से का असंतोष और विद्रोह अराजकतावादी दिशा की ओर जाता है तो उससे भी बड़े हिस्से का असंतोष और विद्रोह मुक्तिकामी है। उसके असंतोष और विद्रोह को समझना, चित्रित करना और सही दिशा देना आज के प्रगतिवादी आंदोलन का एक महत्त्वपूर्ण कार्य है। ऐसे असंतोष और विद्रोह के प्रति प्रगतिवादी लेखकों का रुख प्रायः असहानुभूति या विरोध का रहा है। इस तरह का रुख प्रगतिशील साहित्य के दायरे को छोटे-से-छोटा बनाकर ही संतोष-लाभ करता है, किंतु यह जितना ही हानिकारक है उतना ही अवैज्ञानिक भी। यदि हम अपने साहित्य को जनक्रांति का दर्पण और अस्त्र बनाना चाहते हैं तो यह जरूरी है कि आज की परिस्थितियों के विरुद्ध जनता के हर वर्ग के असंतोष और विद्रोह को संघर्ष के लिए मोर्चाबंद करें। यह कार्य साहित्य में स्थूल राजनीतिक नारों के द्वारा नहीं बल्कि सूक्ष्म और कलात्मक ढंग से जनता की सामाजिक चेतना को ऊपर उठाकर उसमें स्वस्थ सुंदर और मुक्त जीवन की आकांक्षा और संकल्प जगाकर ही किया जा सकता है। इसी तरह समाजवादी विचारधारा, समाजवादी यथार्थवाद और उसकी क्रांतिकारी रोमानियत को नेतृत्व की भूमिका प्राप्त हो सकती है। इसका अर्थ यह

नहीं कि नये क्रांतिकारी तत्त्वों के प्रति हम उनकी रूपगत कमजोरियों के कारण अनुदार या विरोधी रुख अपनाएँ। अक्तूबर क्रांति के बाद जो नया साहित्य सामने आया उसमें काफी कमजोरियाँ थीं, लेकिन फिर भी लेनिन ने उसका स्वागत किया। ल्यूनाचार्स्की ने लिखा है कि लेनिन का मत था : "क्रांति के प्रभाव से जो नया साहित्य अस्तित्व में आया है उसका समर्थन करना। चिंता की बात नहीं यदि वह प्रारंभ में कमजोर है। उसका मूल्यांकन केवल कलात्मक दृष्टिकोण से नहीं होना चाहिए। नहीं तो पुरानी और अधिक प्रौढ़ कला नये के विकास को अवरुद्ध कर देगी और हालाँकि स्वयं पुरानी कला में परिवर्तन होगा, लेकिन यह प्रक्रिया अपेक्षाकृत धीमी होगी यदि उससे प्रतिद्वंद्विता करने वाली नयी कला उसे अपनी जोरदार प्रतियोगिता द्वारा आगे बढ़ने की प्रेरणा देने में असमर्थ है।" इसका अर्थ यह हुआ कि साहित्य में प्रतिबिंबित नये जीवन, नयी आकांक्षाओं और संकल्पों के लिए केवल कलात्मक मापदंड का प्रयोग हमें गलत दिशा में ले जाएगा। यहीं पक्षधरता का सवाल उठता है, जिसके बिना प्रगतिशील साहित्य का उत्तरोत्तर विकास असंभव है। अंत में एक बात और। प्रगतिवादी आंदोलन के अतीत के मूल्यांकन और वर्तमान और भविष्य के विकास की दिशा निर्धारित करने का काम शायद अब पुराने प्रगतिशील लेखकों और आलोचकों के बूते का नहीं। अक्सर साहित्यिक रुचियाँ एक हद तक विकसित हो चुकने के बाद रूढ़ हो जाती हैं और वे साहित्य के विकास को रोकना शुरू करती हैं या उसे रोकने का विफल प्रयत्न करती हैं। रुचियों का कुछ तो उम्र से संबंध होता है और कुछ व्यक्तियों के मानसिक आलस्य का। इन दोनों कमजोरियों से प्रगतिशील लेखकों की नयी पौध पुराने प्रगतिशील लेखकों से अधिक मुक्त है। नये जीवन को समझने और उसे प्रतिबिंबित करने के उसके प्रयत्नों को सहानुभूति और आदर की दृष्टि से देखना आवश्यक है। 'स्वाधीनता' के कुछ लेखों में उसके जो संकेत हैं उसका स्वागत होना चाहिए।

• **स्वाधीनता : नवंबर '67**

नयी कविता–परिवेश, बोध और नाम

स्वप्न के भीतर एक स्वप्न
विचारधारा के भीतर और
एक अन्य
सघन विचारधारा प्रच्छन्न!!
कथ्य के भीतर एक अनुरोधी
विरुद्ध विपरीत
नेपथ्य...संगीत!!

—ग.मा. मुक्तिबोध, 'चाँद का मुँह टेढ़ा है', पृ. 16

नयी कविता और भारतीय स्वाधीनता लगभग समवयस्क हैं। इसलिए यह स्वाभाविक है कि स्वाधीनता के बाद का संक्रमणशील भारतीय परिवेश उसे आंदोलित करे, उसमें प्रतिबिंबित हो। इस देशगत परिवेश के साथ-साथ उसका एक अन्य वृहत्तर परिवेश द्वितीय महायुद्ध के बाद का संकट और नवोन्मेष की परस्पर-विरोधी स्थितियों से गुज़रता हुआ विश्व है। इसलिए यह भी स्वाभाविक है कि वह वर्तमान विश्व की संक्रमणशील स्थिति से आंदोलित हो, उसे प्रतिबिंबित करे।

नयी कविता को इस दोहरे संक्रमण के अनुबंध में रखकर देखने का उद्देश्य उसके चरित्र के मूल तत्त्व को पकड़ना है। वस्तुतः नयी कविता को जिन विशेषताओं के कारण 'आधुनिक' कहा जाता है, उनके आधार पर उसे 'नयी' की जगह संक्रमणशील कहना अधिक युक्तिसंगत जान पड़ता है। यह सही है कि नयेपन की तरह संक्रमणशीलता भी काल-सापेक्ष होती है, इतिहास में उत्तरोत्तर ऊँचे स्तरों पर उसकी आवृत्तियाँ होती रहती हैं। यह भी सही है कि हर संक्रमण के युग में कविता प्रयोगधर्मा होती है, मनुष्य की संवेदनाओं को जीवन के नये संदर्भों से जोड़ती है, नयी भाव-भूमियाँ उद्‌घाटित करती है। लेकिन संक्रमण हर नयेपन की अनिवार्य शर्त नहीं। संक्रमण-मुक्त किंतु विकासशील समाज में भी कविता ज़िंदगी के नये पहलुओं की चुनौती का सामना करने के लिए अपना नवीनीकरण करती रहती है।

'नयी कविता' नाम से अनिवार्यतः नहीं, लेकिन शायद, अनुभूतियों और चिंतन की एक सामान्य, स्थिर भूमि पर पहुँच जाने का बोध भी हो सकता है। लेकिन नयी कविता के अंतर्गत विवेचित कविता के इतने ध्रुवांत हैं कि उन्हें जोड़ने के प्रयत्न में अक्सर नयी कविता का अभिप्राय समसामयिक कविता जान पड़ने लगता है। यदि परिभाषा या नामकरण में वैज्ञानिकता का भी महत्त्व है तो मानना पड़ेगा कि नयी कविता का पहले वाला नाम, 'प्रयोगशील' कविता, उसके वर्तमान नाम से कहीं अधिक वैज्ञानिक था। पहले 'तार सप्तक' के कवियों को अज्ञेय ने 'राहों के अन्वेषी' कहा था, जो आज के नये कवियों के लिए उतने ही या अधिक औचित्य के साथ प्रयुक्त हो सकता है। मुद्राराक्षस ने 'वर्तमान कविता के संदर्भ में कुछ प्रश्न' नामक अपने लेख में इसकी ओर संकेत करते हुए लिखा है : "पहले संग्रह 'तार सप्तक' में जिस प्रयोग का स्थान सबसे अधिक बुलंद था, उसी का स्थान 'दूसरा सप्तक' में नीचे उतर आया और 'तीसरा सप्तक' में उसी प्रयोगशीलता का स्थान पूर्णतः नयी कविता ने ले लिया। प्रश्न है कि 'तीसरा सप्तक' में नयी कविता की शरण लेने से पहले यह ज़रूरी क्यों नहीं समझा गया कि इस नामान्तर का स्पष्टीकरण किया जाए? प्रयोग का ज़िक्र जिन राहों की खोज के लिए किया गया था क्या वे राहें 'तीसरा सप्तक' तक आते-आते उपलब्ध हो गईं? चाहे उत्तर हाँ में हो या न में, दोनों ही हालतों में यह ज़रूरी है कि 'तीसरा सप्तक' में प्रयोगशीलता की उपेक्षा का कारण स्पष्ट किया जाता।" ('साहित्य और समीक्षा', पृ. 135)

कारण यह था कि 'प्रयोग' के नाम पर 'तार सप्तक' और 'दूसरा सप्तक' के कवि अज्ञेय के वस्तु और रूप संबंधी आग्रहों को अस्वीकृत करते थे। किसी तरह एकता कायम रखने के विचार से उन्होंने 'दूसरा सप्तक' की भूमिका में कहा : "प्रयोग का कोई वाद नहीं। हम वादी नहीं रहे, न ही हैं। न प्रयोग अपने आप में इष्ट या साध्य है। ठीक इसी तरह कविता का भी कोई वाद नहीं है; कविता भी अपने-आप में इष्ट या साध्य नहीं है। अतः हमें 'प्रयोगवादी' कहना उतना ही सार्थक या निरर्थक है जितना हमें 'कवितावादी' कहना।" (पृ. 6) उनका कहना था कि प्रयोगशील कविता में "आज का जीवित सत्य अभिव्यक्ति खोज रहा है।" (वही, पृ. 7) लेकिन 'तार सप्तक' के चार कवि खुले रूप से मार्क्सवादी थे और उन्होंने आज के जीवित सत्य को खोजने के लिए अपने वाद को, यानी जीवन के प्रति दृष्टिकोण को, अलग धर देने की ज़रूरत नहीं समझी। 'दूसरा सप्तक' में भी स्थिति कुछ ऐसी ही रही। कुल मिलाकर इन दोनों संकलनों के अधिकांश कवियों का जीवन के प्रति स्वस्थ और उत्तरदायित्वपूर्ण दृष्टिकोण था। स्पष्ट था कि प्रयोगशीलता के आधार पर प्रगतिशील कविता के दिवंगत होने की घोषणा, कुछ लोगों के लिए काम्य होते हुए भी, बहुत आश्वस्त होकर नहीं की जा सकती थी। प्रगतिशील कविता स्वयं सहज प्रयोगशील थी, कम-से-कम इतनी कि उसे दोनों सप्तकों में स्थान मिल सके।

प्रयोगशील कविता और अज्ञेय के आग्रहों में असंगति थी। 'तार सप्तक' में अज्ञेय वस्तु में कुंठा और रूप में दीक्षा के आग्रही थे। 'दूसरा सप्तक' में प्रयोगशील कवि 'राहों के अन्वेषी' से 'आत्म-सत्य के अन्वेषी' (पृ. 6) हो गए! इसमें संदेह नहीं कि हर वस्तु-सत्य व्यक्ति की चेतना में आत्म-सत्य के रूप में ही प्रतिबिंबित होता है। लेकिन आत्म-सत्य के अन्वेषण के नाम पर अज्ञेय कुछ नये आग्रहों की क़लमें लगाना चाहते थे—जैसे, क्षणवाद, लघु मानव, व्यक्तित्व की खोज, व्यक्ति के टूटने की अनुभूति आदि आदि। इस लक्ष्य-सिद्धि के लिए 'प्रयोगशील' कविता 'नयी' कविता में नामांतरित हो गई।

प्रारंभ से ही नयी कविता के साथ इन आग्रहों के जुड़ जाने का दुष्परिणाम यह हुआ है कि प्रायः उसकी व्याख्या इस तरह की जाती है जैसे उसकी मुख्य दिशा प्रयोग और वर्तमान संक्रमणकालीन बोध को संश्लिष्ट करने की न होकर प्रयोग और ह्रासशील सभ्यता में रहनेवाले व्यक्ति के ऐकांतिक संकट-बोध को अभिव्यक्त करने की हो। वास्तव में नयी कविता अपने आत्म-नियुक्त व्यवस्थापकों की परिभाषाओं के बावजूद आधुनिक बोध के संक्रमणकालीन तत्त्वों को उनके व्यापक और विविध रूपों में ग्रहण करने के लिए प्रयत्नशील हैं। दृष्टिकोणों के इस द्वंद्व से वह विचित्र स्थिति उत्पन्न होती है जब एक ओर अज्ञेय नये कवि को पथभ्रष्ट समझ कर "आ, तू, आ, तू" टेरते हुए अपने निकट बुलाते हैं और दूसरी ओर नया कवि उन्हें आधुनिक बोध से कटा हुआ, पुराना, गुरुडम की भावना से प्रेरित और आत्म-रति से पीड़ित अध्यात्मवादी मान कर उनसे दूर हटता जाता है। यह स्थिति नयी कविता को उसके सही परिप्रेक्ष्य में रखकर देखने में बाधक है। यह अनिवार्य-सा प्रतीत होता है कि या तो नयी कविता के बारे में रूढ़ समझदारी और परिभाषाएँ बदलें या उसकी परस्पर-विरोधी प्रवृत्तियाँ अपने लिए अलग-अलग रास्ते और नाम चुन लें।

संक्रमण-काल में एक ही साथ विघटन और पुनर्रचना की शक्तियों की सक्रियता का तीव्र बोध होता है। समाज में विभिन्न वर्गों के शक्ति-संतुलन और अंतर्द्वंद्व, समाज में व्यक्ति की स्थिति और उसके संस्कारों और प्रचलित विचारधाराओं से नियंत्रित यह बोध अलग-अलग व्यक्तियों में अलग-अलग ढंग से होता है। इस बोध की प्रकृति अत्यंत जटिल होती है क्योंकि विघटन और पुनर्रचना की शक्तियाँ व्यक्तियों में निरपेक्ष रूप से विभाजित होकर नहीं बल्कि संयुक्त, संश्लिष्ट रूप से सक्रिय होती हैं।

नयी कविता में 'बाह्यपक्ष और आत्मपक्ष के द्वंद्व की उपज' के रूप में जिस 'तनाव' के वातावरण का उल्लेख मुक्तिबोध ने अपनी पुस्तक 'नयी कविता का आत्मसंघर्ष तथा अन्य निबंध' के 'काव्य : एक सांस्कृतिक प्रक्रिया' लेख में किया है उसे और अच्छी तरह से आज के संक्रमणशील समाज में रहनेवाले व्यक्ति की चेतना में विघटन और पुनर्रचना की शक्तियों के अंतर्द्वंद्व के प्रतिबिंब के रूप में समझा जा सकता है। नयी कविता को इस अंतर्द्वंद्व के दृष्टिकोण से न देख पाने के कारण

अक्सर उसके संबंध में भ्रांतिपूर्ण या असंगत विचार व्यक्त किए जाते हैं। कभी आत्यंतिक विघटन की दृष्टि से देखने पर पुनर्रचना की प्रवृत्तियाँ काल्पनिक, कृत्रिम या दुराग्रही जान पड़ती हैं, और कभी आत्यंतिक पुनर्रचना की दृष्टि से देखने पर विघटन की प्रवृत्तियाँ काल्पनिक, कृत्रिम या दुराग्रही जान पड़ती हैं।

नयी कविता में परिवेश के प्रति विघटनवादी दृष्टिकोण की व्यापकता का एक बड़ा कारण यह है कि हमारे कवि आमतौर पर मध्यवर्गीय बुद्धिजीवी हैं। मध्यवर्गीय बुद्धिजीवी अपनी शिक्षा-दीक्षा से अत्यंत महत्त्वाकांक्षी होता है; आज के समाज में वही सबसे प्रतिभा-संपन्न है। लेकिन सामाजिक संबंधों के वर्तमान ढाँचे में उसकी महत्त्वाकांक्षा और प्रतिभा के लिए या तो अनेक बाधाएँ हैं या सत्ताधारियों के आश्रय में जाने का विकल्प है। श्रम और साधारण वस्तुओं की तरह वह भी अपने को ख़रीद-फ़रोख़्त की चीज़ बनाने के लिए विवश है। अपनी असाधारणता का बोध और साधारणता में जीवित रहने की विवशता—मध्यवर्गीय बुद्धिजीवी की यही ट्रैजेडी है। प्रतिकूल सामाजिक परिवेश उसे वह नहीं होने देता जो वह होना चाहता है। उसकी मुख्य समस्या 'अस्तित्व' की है, अपने निजत्व की विशिष्टता को सुरक्षित रखने की स्वतंत्रता प्राप्त करने की है। उस स्वतंत्रता पर अंकुश लगाने वाली किसी भी प्रकार की सामाजिक-नैतिक मर्यादा उसके लिए अर्थहीन और अस्वीकार्य है। भीड़ में अपने 'अस्तित्व' को खोने के भय से वह जन-संघर्षों से दूर रहता है और अपने आहत अहं को ही अपना उपजीव्य बनाकर इतिहास के प्रति व्यक्ति के उत्तरदायित्व को नकारता है।

मध्यवर्गीय बुद्धिजीवियों में इस तरह के व्यक्तिवाद का अत्यंत विकसित रूप 'अस्तित्ववाद' है। सार्त्र के उपन्यास 'एज आव् रीज़न' का नायक मैथ्यू कहता है : "मैं स्वयं ही अपना स्वाद हूँ, मैं हूँ। अस्तित्व का अर्थ यही है : प्यास न भी लगी हो लेकिन अपने को आखिरी बूँद तक पीते जाना और चुक जाना।" व्यक्ति की स्वतंत्रता के बारे में वह कहता है : "स्वतंत्रता, वह उसकी गुप्त वाटिका है : नन्ही-सी एक ऐसी योजना है जिसमें अपना सहायक बस वह खुद है।" यह स्वतंत्रता मैथ्यू के जीवन में 'निर्वासन के लंबे क्षण' लाती है, लेकिन यह स्वीकार्य है, क्योंकि 'अस्तित्व'-लाभ के लिए हर दंड सह्य है। इस निर्वासन और उसके दंड का विस्तृत वर्णन अस्तित्ववादी आल्बेर कामू ने अपने प्रसिद्ध उपन्यास 'द प्लेग' में किया है। ओरान नगर में भयंकर प्लेग फैला हुआ है। किसी को वहाँ से बाहर जाने या बाहर से वहाँ आने की अनुमति नहीं है। वहाँ के लोगों की मनःस्थिति समाज-निर्वासितों की है। 'रिक्तता का बोध' उनके भीतर जगह कर गया है, उनमें 'साहस, संकल्प और सहन-शक्ति का ध्वंस' हो गया है। इसलिए उन्होंने 'मुक्ति के संदिग्ध दिन' की बात न सोचने की, भविष्य की ओर न देखने की और 'अपने पैरों पर आँखें गड़ाए रखने' की आदत डाल ली है। उनमें से एक व्यक्ति अपनी और अपने साथियों

की स्थिति के विषय में कहता है : "अतीत के विरोधी, वर्तमान से असंतुष्ट और भविष्य से वंचित हम बहुत-कुछ उन लोगों की तरह थे जिन्हें मनुष्य का न्याय, या घृणा, कारा के सीखचों के पीछे रहने के लिए बाध्य करते हैं।"

कहना न होगा कि नयी कविता के काफ़ी बड़े भाग पर इस प्रकार के भाव-बोध और उससे उत्पन्न विचारधारा का गहरा प्रभाव है। छायावादी कवियों ने भी अतीत का विरोध किया, लेकिन अंधे होकर नहीं। वे अतीत के जीवंत तत्त्वों को ग्राह्य समझते थे। उन्हें भी वर्तमान से असंतोष था, लेकिन वर्तमान को वे अपरिवर्तनीय नहीं समझते थे, उसमें से निकास के रास्ते भी देखते थे, भले ही वे रास्ते धुँधले रहे हों। भविष्य से वंचित होने के स्थान पर उन्होंने उसकी अत्यंत उदात्त कल्पना की। छायावादी कवियों की ही तरह, किंतु उनकी तुलना में अधिक वैज्ञानिक, यथार्थवादी और संघर्षशील आग्रहों के साथ, प्रगतिशील कवियों ने भी अतीत, वर्तमान और भविष्य के प्रति रचनात्मक दृष्टिकोण अपनाया। यह आलोचना सही है कि छायावादी कवियों के इतिहास-बोध में बहुत कुछ काल्पनिक और अमूर्त था और प्रगतिशील कवियों का इतिहास-बोध वस्तुवादी दृष्टिकोण के नाम पर व्यक्ति के अंतर्जीवन की उपेक्षा करता था। लेकिन इतिहास, या दूसरे शब्दों में सामाजिक विकास की परंपरा को मान्यता देकर छायावादी और प्रगतिशील कवियों ने यह सत्य ग्रहण किया कि व्यक्ति में जो कुछ भी साक्षात्कृत होता है उसके खरेपन की जाँच के लिए व्यक्ति से बाहर और उससे बढ़कर एक दूसरी कसौटी है। छायावादी कवि की तरह नये कवि को आत्मपरक कहा जाता है, लेकिन दोनों की आत्म-परकता में यह भेद करना आवश्यक है कि जहाँ एक व्यक्ति से वृहत्तर सत्ता की भी, चाहे वह सामाजिक हो या आध्यात्मिक. कल्पना करता है, वहाँ दूसरा व्यक्ति से इतर मूल्यों के किसी दूसरे स्रोत को स्वीकार नहीं करता। धर्मवीर भारती के शब्दों में "ऐसे भी क्षण होते हैं जब हमें यह लगता है कि यह सब जो बाहर का उद्वेग है—महत्त्व उसका नहीं है—महत्त्व उसका है जो हमारे अंदर साक्षात्कृत होता है—चरम तन्मयता का क्षण जो एक स्तर पर सारे बाह्य इतिहास की प्रक्रिया से ज्यादा मूल्यवान सिद्ध हुआ है।" ('कनुप्रिया', भूमिका, पृ. 6)

इतिहास की कसौटी को अमान्य कर देने का अर्थ होता है सामाजिक विकास की नियमित प्रक्रिया को अमान्य कर देना। यह दृष्टिकोण नये कवियों की भारी संख्या में अनेक रूपों में व्यक्त हुआ है। उसका एक रूप क्षणवाद है, जिसकी चर्चा अक्सर नयी कविता के प्रसंग में होती है। क्षणवाद अर्थ-निरपेक्ष अनुभव का दर्शन है। उसे प्रतिपादित करते हुए अज्ञेय ने लिखा है :

> जो होता है जब होता है तब
> एक बार ही सदा के लिए हो जाता है :
> यही अमरत्व है।
> क्षण-क्षण जो मरता दिखता है

अविरल अंतःसत्व है।
जीवन की गति धारा है
या एक लड़ी है–
क्रम तो अनवच्छिन्न है
हर क्षण आगे-पीछे
बँधा हुआ है, इसी लिए पर
अद्वितीय है, भिन्न है।

–'इंद्रधनु रौंदे हुए ये,' पृ. 48-9

कोई भी क्षण दुहराया नहीं जाता, वह विशिष्ट होता है, इसलिए क्षणों के अनुभवों का साधारणीकरण नहीं हो सकता–यही क्षणवादियों का तर्क है और इसी के आधार पर वे सामाजिक विकास की नियमबद्ध प्रकृति को अस्वीकार करते हैं। अज्ञेय ने जीवन की गति को धारा या लड़ी मानते हुए भी क्षण की जो कल्पना की है उसके अनुसार क्षण किसी एक बिंदु पर स्थिर हो गया जीवन है। हर क्षण अद्वितीय है, भिन्न है, क्योंकि उसमें 'अविरल अंतःसत्व' का एक अंश मर कर अमर ड़ो गया है। इसी जड़ीभूत अंश को अज्ञेय अपनी रचना 'नयी कविता : एक संभाव्य भूमिका' में ''क्षण में प्रवहमान व्याप्त संपूर्णता'' कहते हैं। ('इंद्रधनु रौंदे हुए ये', पृ. 44) उनकी दृष्टि में नये कवियों के लिए इतना ही अलम् है कि

आज के विविक्त अद्वितीय इस क्षण को
पूरा हम जी लें, पी लें, आत्मसात कर लें।

इस क्षण को उन्होंने 'होने का अस्तित्व का अजस्र अद्वितीय क्षण' कहा है।

जीवन की प्रवहमानता, क्रम की अनवच्छिन्नता और हर क्षण के आगे-पीछे बँधे होने की दशा को मान लेने के बाद भी क्षणवाद सत्य के साक्षात्कार की समस्या को ग़लत ढंग से पेश और हल करता है। हर क्षण के आगे-पीछे बँधे होने का अर्थ यह होता है कि किसी भी क्षण में व्यक्त होने वाला सत्य अतीत, वर्तमान और भविष्य-सापेक्ष होता है, ऐतिहासिक प्रक्रिया के रूप में व्यक्त होता है, परिवर्तित और विकसित होता है। इसलिए सत्य का साक्षात्कार प्रत्येक 'क्षण में प्रवहमान व्याप्त संपूर्णता' का यांत्रिक योग नहीं; प्रत्येक क्षण अपने पहले वाले क्षण की 'संपूर्णता' को सापेक्ष, इसलिए परिवर्तनीय और विकासशील, सिद्ध करता है, उसे अंशतः ध्वस्त और परित्यक्त करता है और अपने को उससे अधिक पूर्ण बनाने के लिए उसके शेष रहे सत्य को अपने नये अनुभव के साथ जोड़ता, पुनः संगठित करता है। जीवन की ही तरह सत्य का बोध भी क्षणों के माध्यम से निरंतर परिवर्तित और विकसित होता रहता है। इसलिए क्षण में सत्य का जो साक्षात्कार होता है वह अंशतः सापेक्ष और अंशतः निरपेक्ष दोनों है। सापेक्ष इसलिए कि क्षण के बिना वह व्यक्त नहीं हो सकता, क्षण के अनुभव से संपृक्त होता है। निरपेक्ष इसलिए कि क्षण के अतीत

हो जाने के बाद भी पहले से अधिक पूर्णता के साथ उसका अस्तित्व रह जाता है। आगे आने वाला हर क्षण उसे प्रमाणित करता है, विकसित करता है! वह 'प्रवहमान' तो होता है, लेकिन उसमें 'संपूर्णता' नहीं व्याप्त होती, क्योंकि 'संपूर्णता' समय की अनंतता में ही कल्पित की जा सकती है, जहाँ सत्य शाश्वत, निश्चल हो जाता है, क्षण-साध्य नहीं रहता। समय की अनंतता मानव-चेतना के बाहर है, इसलिए वह 'संपूर्णता' की स्थिति भी मानव-चेतना के बाहर है। उस काल्पनिक 'संपूर्णता' की स्थिति से क्षणों में सत्य के साक्षात्कार की क्रिया का अंत हो जाता है। इसे अज्ञेय ने 'क्षण के अखंड पारावार' का संपूर्णता के 'साक्षात् के क्षण' में पर्यवसित हो जाना कहा है :

एक क्षण, क्षण में प्रवहमान
व्याप्त संपूर्णता।
इससे कदापि बड़ा नहीं था महाम्बुधि जो
पिया था अगस्त्य ने।

—'इंद्रधनु रौंदे हुए ये,' पृ. 44

भारती की कनुप्रिया भी अपनी 'चरम तन्मयता' के क्षण में उसी संपूर्णता का साक्षात्कार करती है, ''समस्त बाह्य—अतीत, वर्तमान और भविष्य'' को जी लेती है (अवश्य ही यहाँ भारती का अर्थ समय की अनंतता से है, क्योंकि 'समस्त बाह्य' की कल्पना 'अतीत, वर्तमान और भविष्य' में नहीं, समय की अंतता में ही संभव है), इतिहास को 'बैसाखियों पर चलता हुआ' देखती है, उसकी प्रक्रिया को अर्थहीन पाती है।

इस तरह क्षणवाद की स्वाभाविक परिणति कभी रहस्यवाद की परंपरागत शब्दावली के साथ और कभी उसके बिना भी एक नये रहस्यवाद में होती है। इसका उदाहरण अज्ञेय का सबसे नया काव्य-संग्रह 'आँगन के पार द्वार' है। उसका स्थायी स्वर अद्वैत की वरेण्यता है। कवि एक ओर देखता है :

उस बीहड़ काली एक शिला पर बैठा दत्तचित्त—
वह काक चोंच से लिखता ही जाता है अविश्राम
पल-छिन, दिन-युग, भय-त्रास, व्याधि-ज्वर,
जरा-मृत्यु,
बनने-मिटने के कल्प, मिलन-बिछुड़न,
गति-निगति-विलय के
अंतहीन चक्रांत।

—'आँगन के पार द्वार', पृ. 60

और दूसरी ओर :

इस धवल शिला पर यह आलोक-स्नात,

उजला ईश्वर-योगी, अक्लांत शांत,
अपनी स्थिर, धीर, मंद स्थिति से वह सारी लिखत,
मिटाता जाता है।

—'आँगन के पार द्वार', पृ. 60

उसके लिए यही स्मिति काम्य है। उसकी सारी काव्य-साधना का लक्ष्य है :

महाशून्य
वह महामौन
अविभाज्य, अनाप्त, अद्रवित, अप्रमेय
जो शब्दहीन
सब में गाता है।

—'आँगन के पार द्वार,' पृ. 87

इस महाशून्य, महामौन में 'तिजोरी में सोने की खनक' और युद्ध के ढोल से लैकर 'नयी वधू की सहमी-सी पायल ध्वनि' और 'मंदिर की ताल-युक्त घंटा-ध्वनि' तक सभी समा जाते हैं। एक अर्थ में यह 'इंद्रधनु रौंदे हुए' के 'विविक्त क्षण' से आगे का क़दम है, क्योंकि यह एकांतिक स्वीकृति की स्थिति है, जीवन में चुनाव करने की, 'हाँ' या 'न' कहने की अनिवार्यता से मुक्ति की स्थिति है। 'क्षण में प्रवहमान व्याप्त संपूर्णता' के माध्यम से रहस्यवाद और अस्तित्ववाद का यह संगम आश्चर्यजनक नहीं। एक जमाने में 'एतदृशता-मात्र का विरोधी', 'उद्धत विद्रोही' शेखर आज 'प्रियंवद! केशकम्बली! गुफा-गेह!' होना चाहता है—होगा भी, क्योंकि वे एक ही व्यक्ति के दो रूप हैं, समान रूप से अराजक हैं, अस्तित्व से इतर किसी वस्तु से प्रतिबद्ध नहीं है। शेखर हर चीज पर 'न' की मुहर लगाता था, प्रियंवद हर चीज़ पर 'हाँ' की मुहर लगाता है। लेकिन दोनों में कोई मूलभूत अंतर नहीं, क्योंकि परम अस्वीकृति में परम स्वीकृति निहित होती है, जो व्यक्ति हर चीज़ को 'न' कहता है, वह हर चीज़ को 'हाँ' कह सकता है। ''जीवन निस्संग समर्पण है'' ('इंद्रधनु रौंदे हुए ये', पृ. 48)—इसी परम स्वीकृति की घोषणा है। इस स्थिति तक पहुँचने में केवल इतनी देर होती है कि व्यक्ति अपनी शक्ति की असीमता की प्रवंचना से अपनी निपट असहायता के बोध तक पहुँच जाय, तरुण से वृद्ध हो जाने का बोध करने लगे।

क्षणवाद से पैदा हुआ यह निष्क्रिय चिंतन विशेषतः ऐसे कवियों में व्यापक रूप से मिलता है जो अराजक विद्रोह से थक कर ऐसी सामाजिक स्थिति में है जहाँ कुछ सुस्ताने और विचारों की पागुरी करने का मौक़ा है। इस स्थिति में व्यक्ति जीवन और जगत के द्वंद्वों से ऊपर उठा हुआ महसूस करता है, अपने आत्म-केंद्रित चिंतन से बाहर निकलने से घबराता है, क्योंकि :

जितनी स्फीति इयत्ता मेरी झलकाती है

उतना ही मैं प्रेत हूँ।
जितना रूपाकार-सारमय दीख रहा हूँ।
रेत हूँ।

—'आँगन के पार द्वार,' पृ. 47

वह शिष्ट और संस्कृत होकर परिस्थिति-जन्य असंतोष, क्षोभ, संशय इत्यादि को व्यक्त करने वाली नयी पीढ़ी को 'अति-प्रगल्भ' समझता है :

भीतर सब गूँगे, बहरे, अर्थहीन जल्पक,
निर्बोध, अयाने, नाटे,
पर बाहर जितने बच्चे उतने ही बड़बोले।

—'आँगन के पार द्वार', पृ. 11

बाहरी दुनिया से जितना ही वह कट जाता है, उतना ही अपने को पहुँचा हुआ समझता है, महामौन और महाशून्य की दशा में उपलब्ध सत्य के साक्षात्कार की अनिर्वचता को शब्द देने में हकलाने लगता है :

दिन-दिन होता जाता वयस्क,
दिन-दिन धुँधलाती आँखों से
सुस्पष्ट देखता जाता था;
पहचान रहा था रूप,
पा रहा वाणी और बूझता शब्द,
पर दिन-दिन अधिकाधिक हकलाता था :
दिन-दिन पर उसकी घिग्घी बँधती जाती थी।

—'आँगन के पार द्वार,' पृ. 11

क्षणवाद की एक परिणति यदि इस प्रकार की आध्यात्मिकता और रहस्यवाद में होती है तो दूसरी परिणति जीवन और जगत को समझने की संभावना की अस्वीकृति में होती है। जहाँ हर क्षण अपने में संपूर्ण है, वहाँ क्षणों के साधारणीकरण की बात व्यर्थ हो जाती है, लेकिन जीवन और जगत का ज्ञान क्षणों की कल्पित स्वायत्तता में नहीं बल्कि उनकी अटूट शृंखला, ऐतिहासिक क्रम में ही संभव है। सत्य के वस्तुगत अस्तित्व को नकार कर यदि उसे एकांतिक रूप से क्षण-सापेक्ष मान लिया जाए तो उसकी कोई कसौटी नहीं रह जाती, वह अप्रमेय हो जाता है, उसका एकमात्र साक्षी उसका भोक्ता रह जाता है। अनेक नये कवियों में घोर व्यक्तिवादी प्रवृत्ति के मूल में यही दृष्टिकोण है, जिसे ज्ञानहीन भोग कहा जा सकता है। ऐसे कवियों का कहना है कि हम 'मसीहाई का शौक़' छोड़कर सिर्फ़ सलीब पर चढ़ना जानते हैं। इस प्रवृत्ति को विघटन की प्रक्रिया, प्रतिकूल परिवेश और उसमें व्यक्ति के अकेलेपन के अनुभव से काफ़ी प्रोत्साहन मिलता है।

यह 'अंधा युग' है, संकट-ग्रस्त युग है, सलीब पर चढ़ना ही है, क्योंकि वह

आज के व्यक्ति की नियति है, उसे करो, उसकी पीड़ा से शायद कुछ रच सकोगे—यह बोध है उन नये कवियों का, जिन्होंने दो महायुद्धों में पश्चिम की पूँजीवादी-साम्राज्यवादी सभ्यता के विकलांग होने को इतिहास का आदि और अंत मान लिया है। उनके निकट आधुनिक परिवेश का अर्थ यही विकलांगता है। यह परिवेश पश्चिम की दो 'आधुनिक' विचारधाराओं में प्रतिबिंबित हुआ है—अस्तित्ववाद और नव-निश्चयवाद (नियो-पाज़िटिविज़्म) में। नयी कविता की कुछ प्रवृत्तियों को इन विचारधाराओं की पृष्ठभूमि में ही समझना संभव है।

अस्तित्ववाद के अनुसार व्यक्ति की मूल समस्या यह नहीं है कि इस अजनबी, अर्थहीन, पीड़ामय और अनुर्वर लोक-जीवन को कैसे बदले (क्योंकि यह तो उसकी अंतःप्रकृति है), बल्कि यह है कि इसके बीच रहता हुआ वह यह बोध कर सके कि "मैं हूँ।" इस बोध के प्रसंग में क्या उचित है और क्या अनुचित, क्या नैतिक है और क्या अनैतिक में विवेक करने का प्रश्न उठाना निरर्थक है। व्यक्ति जीवन और जगत के प्रति उत्तरदायी नहीं है। वह उत्तरदायी है केवल इस बोध के प्रति। उत्तरदायित्व का बोध आत्महत्या है और चूँकि समाज इसकी माँग करता है, इसलिए व्यक्ति मृत्यु के भय में जी रहा है, फिर भी यह मृत्यु-भय वरदान है, क्योंकि इससे छूटते ही व्यक्ति आत्महत्या कर लेता है। यह मृत्यु-भय ही उसे विद्रोही बनाता है, "मैं हूँ" का बोध कराता है। यह विद्रोही जब आंदोलन का रूप धारण कर लेता है तो सारे व्यक्तियों की मुक्ति हो जाती है। कामू के शब्दों में, "मैं विद्रोह करता हूँ—इसलिए हम सब हैं।" ('द् रिबेल', पेरेगिन बुक्स, पृ. 28)

नव-निश्चयवादियों ने औपचारिक रूप से जगत और जीवन की वस्तुगत सत्ता को मान्यता देते हुए किंतु वास्तव में उन्हें व्यक्तियों की भावात्मक रचनाएँ कहकर वर्तमान युग में दोनों के बारे में बहुत-सी भ्रांतियों को जन्म दिया है। इस विचारधारा के प्रवर्त्तकों में प्रसिद्ध बर्ट्रण्ड रसेल का कहना है : "हम गुणों का अनुभव करते हैं, उस वस्तु का नहीं जिसमें ये गुण निहित माने जाते हैं।" ('एन इन्क्वायरी इन्टू मीनिंग एंड ट्रुथ', पेलिकन, पृ. 93) उनके अनुसार वस्तु 'अज्ञेय' है और "जब व्यक्ति सोचता है कि वह बाह्य जगत का निरीक्षण कर रहा है, उस समय वास्तव में वह अपने भीतर जो हो रहा है उसी का निरीक्षण करता होता है।" (वही, पृ. 13) इसलिए वस्तुगत सत्य के साक्षात्कार की बात अनावश्यक और निरर्थक है। 'तथ्य', यानी वह अनुभव जो हमारे लिए निश्चयात्मक है और जिसके संचय के आधार पर हम सत्य का साक्षात्कार करते हैं, वस्तु जगत का अनुभव नहीं, बल्कि हमारे इंद्रिय-बोध या संवेदन, भाव और प्रतिपत्तियाँ हैं। वस्तु तो एक प्रतीक मात्र है, जिसके माध्यम से हम अपने इन्हें व्यवस्थित करते हैं और यदि उन्हें 'व्यक्त' करना हुआ तो एक अन्य प्रतीक चुनते हैं—शब्द। इन्हीं शब्दों को तर्कसम्मत क्रम में रखकर हम अपने अनुभव को 'प्रतिज्ञाओं' के रूप में प्रस्तुत करते हैं और 'प्रतिज्ञाओं' की संचित राशि

और उनके अंतःसंबंधों के विश्लेषण के आधार पर हम अपने लिए वस्तुजगत की रचना करते हैं। बर्ट्रेण्ड रसेल के शब्दों में, " 'अंशतः', वाक्य-रचना के अध्ययन से हम जगत की रचना के बारे में बहुत कुछ जान सकते हैं।" (वही, पृ. 328)

नव-निश्चयवादियों के तर्क से स्पष्ट है कि वस्तुजगत की रचना इंद्रियबोधों, भावों और प्रतिपत्तियों के बाद होती है। चूँकि प्राथमिकता अनुभव की है, इसलिए उसे साक्ष्य की आवश्यकता नहीं होती। साक्ष्य की आवश्यकता होती है वस्तुजगत को जिसे हम रचते हैं। स्वतः सिद्ध अनुभव का तर्क-नियमित शब्द और वाक्यगत संगठन ही वस्तुजगत है। इसलिए इस संगठन की संभावनाओं पर ही वस्तुजगत का ज्ञान निर्भर होता है। यदि हम इस संगठन को परिवर्तित कर दें तो वस्तुजगत भी परिवर्तित हो जाए।

स्व-रचित जगत और जीवन की वास्तविकता के नाम पर यह विचारधारा मूलतः जगत और जीवन के यथार्थ, वस्तुगत सत्य को समझने की आवश्यकता, उनके प्रयत्न को व्यर्थ मानती है। सचेत या अचेत रूप से अनेक नये कवियों पर इस विचारधारा का गहरा असर पड़ा है। इससे उत्पन्न अनेक प्रवृत्तियों का चित्रण भारती के 'अंधा युग' में हुआ है। इस विचारधारा का नायक धृतराष्ट्र अपने बारे में कहता है :

मैंने अपने ही वैयक्तिक संवेदन से जो जाना था
केवल उतना ही था मेरे लिए वस्तुजगत
× × ×
मेरा स्नेह, मेरी घृणा, मेरी नीति, मेरा धर्म
बिल्कुल मेरा ही वैयक्तिक था।
उसमें नैतिकता का कोई बाह्य मापदंड था ही नहीं।

—पृ. 17-18

लेकिन महाभारत के बाद उसके स्व-रचित जगत और जीवन ध्वस्त हो जाते हैं :

आज मुझे भान हुआ।
मेरी वैयक्तिक सीमाओं के बाहर भी
सत्य हुआ करता है
आज मुझे भान हुआ ॥

—पृ. 19

दूसरी ओर गांधारी है, जो कहती है :

मैंने यह बाहर का वस्तुजगत अच्छी तरह जाना था
धर्म, नीति, मर्यादा, यह सब है केवल आडंबर मात्र
मैंने यह बार-बार देखा था
निर्णय के क्षण में विवेक और मर्यादा

व्यर्थ सिद्ध होते आए हैं सदा

× × ×

मुझको इस झूठे आडंबर से नफरत थी
इसलिए स्वेच्छा से मैंने इन आँखों पर पट्टी बाँध रक्खी थी।

—पृ. 21

धृतराष्ट्र वस्तुगत जगत और जीवन पर अपने स्व-रचित जगत और जीवन को आरोपित करता है : गांधारी उन्हें देख और समझ सकने की स्थिति में होने के बावजूद उनसे या उनके प्रति अपने उत्तरदायित्व से बचने के लिए आँखों पर पट्टी बाँध लेती है। अंधा होने और जानबूझ कर अंधा बन जाने में विशेष अंतर नहीं है। दोनों भीषण दावाग्नि में भस्म हो जाते हैं। कहना न होगा कि नव-निश्चयवादी विचारधारा से प्रभावित कवियों की यही स्थिति है।

'अंधा युग' में धृतराष्ट्र और गांधारी की स्थिति से दूर जान पड़ने वाले चरित्र भी वास्तव में उससे प्रभावित हैं। जब वस्तुगत जीवन में विवेक और मर्यादा के लिए स्थान नहीं रह जाता, जब उनकी गति और दिशा की पकड़ के लिए कोई नियम नहीं रह जाता, उस समय व्यक्ति या तो कर्म से डरता है, जैसे संजय—

जीवन भर रहा मैं निरपेक्ष सत्य
कर्मों में उतरा नहीं
धीरे-धीरे खो दी दिव्य-दृष्टि
उस दिन वन के उस भयानक अग्निकांड में
घुटने भी झुलस गए!

—पृ. 121

या विवेक के साथ कर्म करने के बावजूद कुछ बदला हुआ न पाकर पश्चात्ताप करता है, गूँगा हो जाता है और अंत में ऊब कर आत्महत्या कर लेता है, जिससे सारा वातावरण विषाक्त हो जाता है :

यह आत्महत्या होगी प्रतिध्वनित
इस पूरी संस्कृति में
दर्शन में, धर्म में, कलाओं में
शासन-व्यवस्था में
आत्मघात होगा बस अंतिम लक्ष्य मानव का

—पृ. 110

या वह विवेक शून्य होकर अश्वत्थामा की तरह दूसरों की हत्या करने लगता है :

किंतु मैं हूँ अमानुषिक अर्द्धसत्य
तर्क जिसका है घृणा और स्तर पशुओं का है। —पृ. 125

या भविष्य को झूठा समझकर केवल वर्तमान से प्रतिबद्ध होकर निस्संग कर्म के नाम पर नैतिक-अनैतिक कुछ भी करने को तैयार हो जाता है :

झूठी थी सारी अनिवार्यता भविष्य की।
केवल कर्म सत्य है
मानव जो करता है इसी समय
उसी में निहित है भविष्य
युग-युग तक का!

—पृ. 40

या फिर हर शोक, संशय, अनास्था से बचता हुआ दोनों प्रहरियों की तरह दास-वृत्ति अपनाकर सारा जीवन बिता देता है :

पर यह जो हम दोनों का जीवन
सूने गलियारे में बीत गया

—पृ. 26

इसी तरह का परिवेश-बोध है उन नये कवियों का जो आज के संक्रमणशील जीवन में चारों ओर विघटन ही विघटन देखते हैं। एक ही तरह का बोध करते हुए भी सब अपनी व्यक्तिगत विशिष्टता के दावेदार हैं। उसकी रक्षा के नाम पर सब केवल अपने 'मैं' के प्रति दायित्व का बोध करते हैं। जीवन के प्रति या तो वे कनु का रुख़ अपनाते हैं, जो कहते हैं :

इस विराट समुद्र के किनारे ओ अर्जुन, मैं भी
अबोध बालक हूँ।

—'कनुप्रिया', पृ. 82

या कनुप्रिया का, जो कहती है :

कर्म, स्वधर्म, निर्णय, दायित्व...
मुझ तक आते-आते सब बदल गए हैं
मुझे सुन पड़ता है केवल
राधन्, राधन्, राधन्।
शब्द, शब्द, शब्द
तुम्हारे शब्द अगणित हैं कनु—संख्यातीत
पर उनका अर्थ मात्र एक है—
मैं,
मैं,
केवल मैं!

—वही, पृ. 77-8

ये दोनों ही दृष्टिकोण जीवन को समझने या बदलने के नहीं हैं। इन्हें अपनाने

के बाद पराजित, क्षुब्ध और अहं-केंद्रित होकर आत्म-भक्षण ही संभव है। ऐसे कवि जब यह कहते हैं कि :

मैं देना चाहता हूँ
वह ही नहीं जो मेरे पास है
बल्कि वह भी जो आने वाली
शताब्दियों में मेरे पास होगा,
लेकिन होंठ काट कर रह जाता हूँ।

—सर्वेश्वरदयाल सक्सेना, 'कविताएँ : 1963', पृ. 166

उस समय यह घोषणा यदि शुद्ध रंगमंचीय नहीं तो वायवीय अवश्य जान पड़ती है। "अपनी एक मूर्ति बनाता हूँ और ढहाता हूँ" (रघुवीर सहाय, 'कविताएँ : 1963', पृ. 102) यह प्रवृत्ति यदि मूर्ति को अधिक पूर्ण, अधिक छवियुक्त बनाने की इच्छा से पैदा हो, तो उसे स्वस्थ कहा जाएगा, किंतु अक्सर नयी कविता में उसे आत्म-सुख के रूप में प्रस्तुत किया जाता है। इसलिए नयी कविता के प्रति अपनी सारी सहानुभूति के बावजूद मुक्तिबोध को कहना पड़ता है कि उसमें कल्पना को "मानव जीवन को मूर्त और साक्षात् करनेवाली रचनात्मक शक्ति के रूप में उपस्थित नहीं किया गया" है। ('नयी कविता का आत्मसंघर्ष तथा अन्य निबंध,' पृ. 15) शायद उनका यह कहना कि नयी कविता के पास कोई जीवन-दर्शन नहीं है बहुत ठीक नहीं है। ठीक कहना शायद यह होगा कि बहुत से नये कवियों के पास दर्शन तो है, लेकिन वह दर्शन आज के जीवन को विकृत रूप में ही प्रस्तुत कर सकता है।

नयी कविता की दूसरी महत्त्वपूर्ण धारा वह है जिसमें आज की विषम परिस्थितियों से पैदा होनेवाले सारे अंतर्द्वंद्वों के प्रतिबिंब हैं लेकिन जिसका मूल स्वर अपराजेयता का है। ऐसे अनेक कवियों में मुक्तिबोध का नाम अग्रगण्य है। जीवन के दर्द को उन्होंने किसी भी नये कवि से कम नहीं जाना था, लेकिन उन्होंने दर्द को न तो दर्शन और न आत्म-प्रदर्शन का रूप दिया :

हर पल चीखता हूँ, शोर करता हूँ
कि वैसी चीखती कविता बनाने में लजाता हूँ।

—'चाँद का मुँह टेढ़ा है', पृ. 149

निर्वासन और सूनेपन का बोध उनमें भी था, लेकिन

सूनी दूरियों के बीच रह कर भी
जगत से आत्मसंयोगी
उपस्थित हूँ।

—वही, पृ. 161

व्यक्तित्व के टूटने की अनुभूति भी उनमें है, लेकिन उसके भीतर से एक नये व्यक्तित्व के उदय का निश्चित बोध भी है :

मैं अपनी अधूरी दीर्घ कविता में
उमग कर
जन्म लेना चाहता फिर से
कि व्यक्तित्वांतरित हो कर,
नये सिर से समझना और जीना
चाहता हूँ, सच!!
नये सिर से समझना और जीना
चाहता हूँ, सच!!

—वही, पृ. 164

इसीलिए बड़ी दृढ़ता के साथ वह कह सकते हैं कि :

एक विजय और एक पराजय बीच
मेरी शुद्ध प्रकृति
मेरा 'स्व'
जगमगाता रहता है
विचित्र उथल-पुथल में।

—वही, पृ. 183

यह महसूस करते हुए भी कि :

उद्भ्रांत शब्दों के नये आवर्त में
हर शब्द निज प्रतिशब्द को भी काटता,

—वही, पृ. 11

उनका कहना है कि यह :

बुरे-अच्छे-बीच के संघर्ष
से भी उग्रतर
अच्छे व उससे अच्छे बीच का संगर है।

—वही, पृ. 12

नयी कविता में अक्सर जिस परंपरा-विद्रोह की बात की जाती है, उसके अनेक रूप हैं। एक विद्रोह तो उस क्षुब्ध नयी पीढ़ी का है जो उसमें कुछ भी स्वीकार्य नहीं पाती, जो उसे 'शॉक', धक्का, पहुँचाकर ध्वस्त कर देना चाहती है। दूसरा विद्रोह वह है जो उससे आज के व्यक्ति के लिए स्थान की माँग करता है। उदाहरणार्थ, केदारनाथ सिंह की ये पंक्तियाँ :

छोटे से आँगन में
माँ ने लगाए हैं
तुलसी के बिरवे दो;
पिता ने उगाया है

बरगद छतनार!
मैं अपना नन्हा गुलाब
कहाँ रोप दूँ!

—'अभी बिल्कुल अभी', पृ. 26

यहाँ परंपरा को उखाड़ फेंकने का प्रयत्न नहीं है, बल्कि उसके शोध का है।

संक्षेप में, नयी कविता की यह महत्त्वपूर्ण उपलब्धि है कि उसने आधुनिक जीवन की चुनौती को स्वीकार किया है। यह बात दूसरी है कि काफी बड़ी संख्या में ऐसे कवि हैं जो आज के जीवन की संक्रमणशीलता में से केवल विघटन के तत्त्वों को चुनते हैं और इस तरह हमें एक दमघोंट वातावरण का एहसास कराना चाहते हैं। लेकिन उसका एक अत्यंत जीवंत पक्ष भी है जो नये जीवन के तत्त्वों को परखने के लिए प्रयत्नशील है, जो उसकी रचनात्मक प्रक्रिया के प्रति जागरूक है, जो अपने पास आती हुई इन आवाज़ों को सुनता है :

दूर बहुत दूर
कहीं
आहत सन्नाटे में
रह-रह कर
ईंटों पर
ईंटों के रखने की...

—केदारनाथ सिंह, 'अभी, बिल्कुल अभी', पृ. 34

• **माया : 'भारत 1965'**

1956 : हिंदी कविता

किसी भी वर्ष की हिंदी कविता का सही लेखा-जोखा करना कठिन कार्य है। कठिन इसलिए कि उसके उत्पादन से उसकी उपलब्धि का पूरा-पूरा अनुमान करना संभव नहीं है। उपन्यास और आलोचना की साधारण-से-साधारण रचना का प्रकाशन आसान है, किंतु ऊँची-से ऊँची कविताओं का संग्रह निकल पाना मुश्किल है। मैं उनकी बात नहीं करता जिन्हें आधुनिक जीवन में कविता नहीं मिलती और जो 'सभ्यता की परिष्कृति से दूर' 'अरौंदी छाया तले' ही कविता पा सकते हैं, किंतु व्यावहारिक अर्थ में आज हिंदी में सबसे दुस्तर कवि का जीना है। यह हिंदी कविता की प्राण-शक्ति का प्रमाण है कि वह फिर भी जी रही है, अर्थात् प्रकाश में आने के अपने अधिकार को नहीं छोड़ती। 1956 में कविता का उत्पादन संतोष और आशाजनक रहा है और सब कठिनाइयों के होते हुए भी लेख लिखने के समय तक मेरे सामने दो दर्जन से अधिक संग्रह और संकलन हैं, जिनमें से एक दर्जन निस्संदेह उच्च कोटि की रचनाओं में स्थान पा सकते हैं।

प्रकाशन की कठिनाइयों की बात के साथ मैं डॉक्टर रामविलास के कविता-संग्रह 'रूपतरंग' का उल्लेख करना चाहता हूँ जिसकी भूमिका में उन्होंने लिखा है—'इन्हें प्रकाशित करके जो हानि होगी, उसे लाभ में बदलने के लिए मैंने एक आलोचना पुस्तक लिखने का वादा भी किया है।' डॉक्टर रामविलास शर्मा की कविताओं का यह पहला स्वतंत्र संग्रह है। उनकी कविताओं की बानगी हिंदी ने पहले 'तारसप्तक' में देखी थी। वहाँ उनकी तथाकथित प्रयोगवादी कविताएँ ही संगृहीत थीं। 'रूपतरंग' में उनके विकास की सारी मंजिलें देखने को मिलती हैं। उनकी प्रारंभिक कविताओं पर निराला का प्रभाव स्पष्ट है और उन्होंने इसको स्वीकार करते हुए लिखा है—'कहते हैं कि प्रथम प्रणय की याद कभी भुलाई नहीं जा सकती।' 'रूपतरंग' की सबल और सुगठित मांसपेशियों में स्वस्थ स्निग्धता के साथ-साथ संघर्ष-प्रियता और करुणा विगलित तरलता है। डॉक्टर रामविलास शर्मा में जो कुत्सित समाजशास्त्रीयता ही ढूँढ़ा करते हैं उन्हें इस संग्रह से दृष्टि-लाभ होगा, क्योंकि 'रूपतरंग' में मानव हृदय

की विविध और तीव्र संवेदनाएँ अभिव्यक्त हुई हैं। 'प्रत्यूष के पूर्व', 'कतकी', सिलहार', 'शारदीया', 'मूर्तियाँ', 'बैसवाड़ा' इत्यादि कविताओं में जो प्रायः 1938 के आसपास लिखी गई हैं, रामविलास शर्मा का प्रकृति-निरीक्षण और उनके सौंदर्य-संचयन की शक्ति का पता चलता है। प्रकृति-निरीक्षण का एक उदाहरण :

दूर छिपा है भोर अभी आकाश में
पश्चिम में धीरे-धीरे पर डूबता,
ठिठुरन से छोटा हो पीला चन्द्रमा
धुँधली है तुषार से भीगी चाँदनी।
सीत्-सीत् करती बयार है बह रही
बरस रहा खेतों पर हिम हेमंत है,
हरी-भरी बालों के भारी बोझ से
मूर्च्छित हो धरती पर झुकी मोराइयाँ

कनेर के फूल से बियाबान उद्यान तक, प्रेम की ध्वजा के सामने आत्मसमर्पण से असंतोष के महातिक्त बीज तक, उन्नतफन भुजंग मन के मलिन आकाश द्वारा बार-बार 'चाप' दिए जाने की पराजय तक तप्त-स्वर्ण से नव कवि के वपु के निर्माण-स्वप्न तक, घुग्घू और उलूक के स्वरों की कालरात्रि से दिवा के रथ और प्रत्यूष की प्रभाती तक के किनारों को छूनेवाली इस 'रूपतरंग' के कवि से केवल एक शिकायत हो सकती है—कविताएँ कम लिखने की।

डॉक्टर रामविलास शर्मा का कहना है कि कविताएँ लिखना उनके लिए श्रमसाध्य कार्य है। 'नीरज' ने अपने नये संग्रह 'दर्द दिया है' की भूमिका (दृष्टिकोण) में लिखा है, 'जब लिखने को लिखा जाता है तब जो कुछ लिखा जाता है उसका नाम है गद्य। पर जब लिखे बिना रहा न जाए और जो खुद लिख-लिखा जाए उसका नाम है कविता।' 'नीरज' उन कवियों में रहे हैं जो अपने स्वर पर स्वयं मुग्ध होते हैं और जब तक फुल पिच पर भाषण कर अपने स्वर की प्रतिध्वनि न गुँजा दें, संतोष नहीं करते। अंग्रेजी में कीट्स ने भी कहा था कि वह कविता कविता नहीं जो उस तरह न आए जिस तरह पेड़ों पर पत्तियाँ आती हैं। किंतु कीट्स को अंग्रेजी के अत्यंत जागरूक कलाकारों में गिना जाता है। शब्दों की मितव्ययिता के लिए वह प्रसिद्ध हैं। 'नीरज' की वर्ण्य-वस्तु बदल गई है, उनमें पहले से ज्यादा विश्वास है, नये जीवन की आकांक्षा है, संघर्ष की प्रेरणा है, पर मानस की गहराइयों से निकला हुआ चिंतन नहीं है। वे आज भी प्रधानतया कंठ के कवि हैं। इसमें संदेह नहीं कि प्रवाह की दृष्टि से उनके जोड़ के बहुत कम कवि हिंदी में हैं, किंतु शब्दों की मितव्ययिता या चित्र योजना में वैयक्तिक चिंतन की कमी से उनकी कविताएँ अभिशप्त-सी जान पड़ती हैं। उनके चित्रों में अक्सर विक्षिप्त अस्त-व्यस्तता भी रहती है। उदाहरणार्थ एक कविता की अंतिम पंक्तियाँ इस प्रकार हैं :

श्रम ने उँगली पर उठा
  लिया पूँजी-पहाड़,
फिर से युग कोई
  रास रचानेवाला है।
बिजली की पायल पहिने
  दिशा ठुमुकती है,
शायद नभ बादल
  राग सुनानेवाला है।

एक तरफ गोवर्धन-धारण है, दूसरी ओर रास रचा जा रहा है और उस प्रलंयकर वर्षा के बादलों की बिजली पायल बजा रही है और बादल राग अभी होनेवाला है।

कहीं-कहीं प्रवाह के मोह में भाषा की शिथिलता की ओर भी उनका ध्यान नहीं गया है। उदाहरणार्थ :

जनम से मरण की शिकायत यही है
'कि जीवन नहीं मानता हुक्म मेरा',
कफन ने सदा ही कहा **किंतु रोकर**
'**कि** है मौत से बस न मेरा तेरा',
सृजन नाश के दो क्षणों में बँधा मैं
जनम पर हँसूँ या मरण पर **रिझाऊँ**!
विरह रो रहा है, मिलन गा रहा है
किसे याद कर लूँ, किसे भूल जाऊँ?

मोटे टाइप में छपे शब्दों का प्रयोग चिन्त्य है। इसी तरह उन्होंने एक स्थान पर 'खून भरी गोली' गुँजा दी है। अनेक कविताओं में वाक्य-विन्यास का पुनरावृत्यात्मक संतुलन मन को ऊब से भर देता है।

किंतु इस आलोचना का यह आशय नहीं कि संग्रह पठनीय नहीं। 'नीरज' की कविताओं में ओज के साथ एक विचित्र माधुर्य है जो हमें दिनकर की कविताओं में कहीं ही कहीं मिलता है। हाँ, एक शिकायत यह जरूर है कि कवि ने पुस्तक की भूमिका कुछ ऐसे स्वर में लिखी है कि यदि उसका शीर्षक 'दृष्टिकोण' न होकर 'पाठक पर धौंस' होता तो नामकरण अधिक उपयुक्त होता।

शिवमंगल सिंह सुमन की कविताओं का नया संग्रह 'पर आँखें भरी नहीं' उनकी स्वयं की परंपरा को आगे बढ़ाता है। प्रेम और आस्था के इन गीतों में अनुभूति और स्वर-गांभीर्य पहले की अपेक्षा कहीं ज्यादा है। प्रयोगवाद की नयी हवा से दूर वह अपनी पुरानी ही शैली में लिखते, किंतु उसे निरंतर माँजते जा रहे हैं। अपने गीतों के विषय में इस संग्रह की एक कविता में वह लिखते हैं :

मेरे गीतों से सोए पंथी जाग पड़े,
जो उठ बैठे वे आगे पैर बढ़ाए,
प्रत्येक चरण में मंजिल लिपटी फिरती है
विश्वास-श्वास शीतल समीर बन जाए।

किंतु मैं समझता हूँ यदि गांधीजी के महानिर्वाण पर लिखी गई कविताओं का स्वर और पंक्तियों की गति कुछ गंभीर होती तो शायद विषय के साथ अधिक न्याय हुआ होता। उदाहरणार्थ–

क्या सुना आज कानों ने
मेरे बापू तुम नहीं रहे?
युग-युग के बापू नहीं रहे?
जन जन के बापू नहीं रहे?

इन पंक्तियों की शैली 'तलवारों से तलवार लड़ी'–जैसी है। किंतु संग्रह की अधिकांश कविताओं का शिल्प निखरा हुआ है और उनकी रूप-योजनाएँ अति वैयक्तिकता के दोष से बचती हुई भी ताजगी लिए हुए हैं।

कवियों के स्वतंत्र संग्रहों के दृष्टिकोण से 1956 की महत्त्वपूर्ण रचनाओं में कुँवर नारायण का कविता-संग्रह 'चक्रव्यूह' है। इस संग्रह की कविताओं पर अंग्रेजी कविता के इमेजिस्ट स्कूल और टी.एस. इलियट का प्रभाव स्पष्ट है। यह प्रभाव केवल बात को चमत्कारपूर्ण या दीक्षागम्य ढंग से कहने तक सीमित नहीं है, वरन् चित्रों की योजना-शैली और छंदों की गति तक व्याप्त है। किंतु यह कहना अन्याय होगा कि इस कवि में आमतौर से प्रयोगवादियों में पाया जानेवाला केवल अनास्था का स्वर है और हर स्थान पर कवि द्वारा पाठक को हतबुद्धि करने का प्रयास है। बल्कि कहना यह चाहिए कि वह दूसरों के मर्म तक अपनी बात पहुँचाना चाहता है। 'माध्यम' शीर्षक कविता में कवि कहता है :

मेरे काव्य के इन मानस परोक्षों से
एक अपना आकाश रचो,
मेरे असंतुष्ट शब्दों को लो
और कला के इस विदीर्ण पूर्वग्रह
मात्र को
सौंदर्य का कोई नया कलेवर दो,
(क्योंकि यही एक माध्यम है जो सदा अक्षुण्ण है)
शब्दों में घनिष्ठता बढ़ने दो
कि उनकी एक अस्फुट लहक
तुम्हारे सौम्य को छू ले
और तुम्हारी विशालता

मेरे अदेय को समझे–

कवि के मन में अतृप्ति है, तनाव है, विश्वास के लिए संघर्ष करने की आकांक्षा है। यह ठीक है कि :

आत्मा व्योम की ओर उठती रही,
देह पंगु मिट्टी की ओर गिरती रही

किंतु कवि 'आकाश की निस्सीम नीली सतह पर तैरती' 'असंख्य सीपियों' को देखकर दृढ़ता के साथ कहता है :

डूब जाने को तत्पर
ये सभी किसी जुए की
फेंकी हुई कौड़ियाँ हैं
जो अभी-अभी बटोर ली जाएँगी
फिर भी
किसी संदेश से आशान्वित
ये एक असंभव बूँद के लिए खुली हैं,
और हमारे पास उन अनंत ज्योति संकेतों को भेजती हैं
जिनसे आकाश नहीं
धरती की गरीब मिट्टी को सजाया जाता है।

कुँवर नारायण की कविता में विकल्प और बौद्धिकता का तत्त्व प्रधान है, किंतु कवि अपनी पंक्तियों को तोड़ता हुआ भी एक परुष गति और लय का सृजन करता है। प्रेम-विषयक कविता 'छोटा-सा उत्सव' की पंक्तियाँ इस संबंध में उद्धृत की जा सकती हैं :

प्रिय, इन आँखों के नीले एकांत में
प्यार के अनेक भावों को उमगने दो,
कुछ भी न बोलें हम,
बिल्कुल न डोलें हम,
केवल दो जूही से
जीवन प्रदेश में
फूलें और महकें हम

आजकल कविता में व्याकरण के नये प्रयोगों की भी प्रवृत्ति है। नरेश मेहता तो भाषा में संस्कृत की विभक्तियों को जोड़ने लगे हैं। कुँवर नारायण ने भी कहीं-कहीं भाषा के साथ स्वच्छंदता की नीति अपनाई है। जैसे :

तुम किस विषाद इतने उदास
  हे शरद इन्दु?
तुम किस नाते रोते तारों

बन तुहिन बिन्दु?
किस मर्म गगन चुप?
प्राणों को मथता रहता
कुछ कहने को मैं असमर्थ
अर्थ-गंभीर सिंधु?

कुँवर नारायण का यह प्रथम कविता-संग्रह विकास की संभावनाओं से पूर्ण है, इसलिए ऐसे कवि को प्रगतिशीलता के नाम पर टाल देना अन्याय होगा। कुँवर नारायण की कविता इस बात का प्रमाण है कि हिंदी के अधिकांश कवि जीवन को समझना चाहते हैं, उसे अपनी रचनाओं में उतारना चाहते हैं।

नवोदित कवियों में सूर्यप्रताप सिंह का छोटा-सा कविता-संग्रह 'आस्था' कवि के भविष्य के प्रति हमें आशान्वित करता है। 'आस्था' का कवि क्षयग्रस्त है, किंतु उसमें प्रमुख स्वर निराशा का नहीं और न तो जीवन के प्रति भीरुता या आशंका का है, इसीलिए कवि मुक्त, स्वस्थ हृदय से प्रकृति और जीवन के बिखरे सौंदर्य को अपनाता है। कवि में 'कर्म-चेतना' है और इसी शीर्षक की कविता में वह कहता है :

कर्म के ये ग्रथित अनगिन तार
घेर जीवन, बार-बार गुहार,
जगा जाते हैं अचेतन बोध–
स्वप्न जीवन का नहीं व्यापार।

'आस्था' की कविताओं का रूप-शिल्प नया है, किंतु प्रयोगवाद के नाम से प्रचलित कविताओं में 'रूप के लिए रूप' का आग्रह यहाँ नहीं दीख पड़ता। इन कविताओं में अनुभूति की सहज प्रेषणीयता है, जो प्रयोगवादी कविता में दुर्लभ है।

इस संग्रह की कविताओं में प्रकृति के मनोरम चित्रों की योजना उनका विशिष्ट गुण है। कवि को अपने गाँव के दृश्य याद आते हैं और अपने स्वजन और गाँव से दूरी उन्हें रोमानी इंद्रजाल से ढक देती है। कवि एक दृश्य याद करता है :

घिरे मेघों की दरारों से उझककर
छिपी पूनम-चाँदनी का झाँकना!
दूर बाँसों के सघन छितनार पर
बहकी हवा का ठमकना-सनकारना!
रात का सुनसान, रह-रहकर किसी
अनजान पंछी का चिहुँक उटकारना!
याद है क्या, वह विदा की बेबसी,
मन पर उमड़ते आँसुओं से आँकना!

'आस्था' में कहीं-कहीं लोकगीतों की सरल गेय अनुभूतियों को कवि ने बड़ी

ही सुंदरता से व्यक्त किया है। 'पिया गये परदेस' कविता आधुनिक हिंदी कविता की इस प्रवृत्ति का उत्कृष्ट उदाहरण है :

कुछ अलसायी हुई नीम की डाल,
हवा की पाँख उड़-उड़कर
अब थकी-थकी-सी सोई
डूब गई चाँदनी सत्तमी की
छिप बंसवारी के पीछे,
सघन रेशमी काले कच्चे धागों बाँधी
रैन दरद की,
बुझता दिया
अभाव भरा दिल,
भरी-भरी अँखियाँ!
उठता गीत
कहीं दूरी पर—
'पिया गए परदेस
सेजरिया सूनी रे सखियाँ!'

'आस्था' का कवि मुग्ध विह्वल स्वरों का कवि है, किंतु उसमें सामाजिक चेतना के कारण व्यंग्य की शक्ति भी है। 'एको रसः करुणेव' में यह सधा हुआ व्यंग्य है :

बन गया अब शाक्त,
क्रम से रहा
वैष्णव
शैव,
चतुष्पदि,
जागरण तेरे या विरह के ऐब!
दुग्ध-धवल
कपास कोमल सेज,
रस-संधान,
खटमलों ने सीख दी—
'एको रसः करुणेव'।

'आस्था' के कवि के प्रति यह मंगल कामना करने को जी होता है :

धरा देगी प्राण,
फिर अधर पर
उषा रच देगी
मधुर मुस्कान!

नवोदित कवियों में चंद्रदेव सिंह की दो कविता-पुस्तकें 1956 में प्रकाशित हुई हैं। एक पुस्तक 'बुद्ध शरणं' है जिसमें बुद्ध के जीवन से संबंधित 7 कथानक हैं। आनंद कौसल्यायन ने पुस्तक की भूमिका में पुस्तक के कुछ गुण-दोष बतलाए हैं। पुस्तक में कवि ने बुद्ध को भगवान के रूप में न देखकर एक महामानव के रूप में देखा है और इसलिए उस पर आधुनिकता की छाप है। सिद्धार्थ का 'मन' सिद्धार्थ को समझाता है :

सृष्टि का नहीं है आदि
सृष्टि का नहीं है अंत
मानव ही है अनादि
मानव ही है अनंत।

इसमें मानव के प्रति आदर और श्रद्धा का भाव स्पष्ट है। अंतिम कविता में आधुनिकता का रंग और भी गहरा है। तथागत अपने शिष्य श्रमणों से कहते हैं :

अन्न शरण, अन्न त्राण
अन्न बिना नहीं महामानव
का कल्याण
कोई यदि भूखा हो
कोई यदि अन्न बिना मरता हो
उसको दो प्रथम अन्न
उसका सम्मान करो
रोगी को देखो तो व्यर्थ दो न
उपदेश
रोग का निदान करो।

प्रगतिशील कवियों में महेंद्र भटनागर का नया काव्य-संग्रह 'नयी चेतना' उनकी पहले की रचनाओं से बहुत आगे है। महेंद्र भटनागर का स्वर हमेशा 'सामूहिक जनता का स्वर' रहा है, उसके संघर्षों और उसके विश्वासों को उनकी वाणी मुखर करती रही है। किंतु उनकी पहली कविताओं में सँवार की कमी थी। यह हर्ष का विषय है कि 'नयी चेतना' में वे इस ओर भी जागरूक हैं।

इस पुस्तक के कुछ अंश सुंदर हैं, किंतु 'छंद के बंध' खुल जाने से जो शब्द बहुलता की प्रवृत्ति हो जाती है, उससे यह सर्वथा मुक्त नहीं।

कवि की दूसरी पुस्तक 'साँसों के फूल' उसकी मुक्तक कविताओं का संग्रह है। अधिकांश कविताएँ आधुनिक बौद्धिकता से अछूते मुग्ध उच्छ्वास-सी हैं। संग्रह की अंतिम कविता 'गीत का मौसम' में कवि ने स्वयं ही कहा है :

आज आँसू दृगों में कम नहीं है
कौन जाने आज का मौसम नहीं है?

ठाकुर प्रसाद सिंह ने अपनी नयी कविताओं में संथाली लोकस्पर्श वाले अनेक प्रयोग किये हैं। उनकी ऐसी रचनाओं में शब्द-प्रयोग माधुर्य के अनुशासन में ढला है, विचार के अनुशासन से बँधा नहीं है। उदाहरण के लिए—

खोल कल्पना कुन्तल
आज दृगों में काजल
पुरवा के झूले पर झूल रही बदरी।

अथवा—

साँझ साँवरी
भरकर गगरी
अभी खड़ी पनघट पर।

इस संग्रह से कवि की गीतात्मक क्षमता प्रकट है, किंतु अभी व्यक्तित्व की कमी जान पड़ती है।

अशांत त्रिपाठी के कविता-संग्रह 'चेतना के गीत' में अधिकांशतः ओजपूर्ण उद्‌बोधक कविताएँ हैं। कुछ कविताएँ प्रेम-संबंधी हैं, किंतु उनमें स्वर-गांभीर्य के स्थान पर उथलापन है। भाषा में प्रवाह और सरलता है, किंतु कहीं-कहीं तुकबंदी-सी प्रतीत होती है।

कुछ अन्य पुस्तकें भी सामने हैं—जयदेव शर्मा का संग्रह 'मन के गीत', विद्याधर 'मंजु' का संग्रह 'मुस्कान', जयशंकर त्रिपाठी का खंडकाव्य 'आंजनेय', राजेशदयालु की ब्रजभाषा में लिखी हुई 'राजेश सतसई', किंतु ये अज्ञात कुल-शील रचनाएँ हैं और उनके विशेष उल्लेख की आवश्यकता नहीं।

श्याम नारायण प्रसाद की रचना 'पन्ना दाई' प्रसिद्ध पन्ना को लेकर लिखा हुआ प्रबंध-काव्य है। उनके प्रबंध काव्य 'झाँसी की रानी' के पाठक इसकी भी प्रशंसा अवश्य करेंगे।

'रश्मिहास' का विशेष उल्लेख करना उचित केवल इसीलिए नहीं कि यह एक हिंदी-भाषेतर कवि आनंदवर्धन रामचंद्र रत्नपारखी की रचना है, बल्कि इसलिए भी कि इसमें अधिकांश कविताएँ मध्य कोटि की हैं और उसमें स्वरों और रूपों की विविधता है।

• **आज : रविवार, 13 जनवरी, 1957**

1957 : हिंदी कविता

1957 को कविता का वर्ष कहना तो शायद कविता के प्रति पक्षपात जान पड़े, लेकिन यह कहना अनुचित न होगा कि यह कविता का भी वर्ष रहा है। कविता की पुस्तकों या संग्रहों की संख्या ही नहीं बल्कि उनकी उपलब्धियों को भी देखते हुए 1957 महत्त्वपूर्ण वर्ष है। संख्या को तो केवल यशःप्रार्थी प्रवृत्ति कहकर टाला जा सकता है और शायद कुछ लोग हिंदी के कुछ अच्छे प्रकाशकों के भी कविता संग्रहों के मात्र वितरक रूप में आने को इसका प्रमाण मानेंगे, लेकिन इस प्रकार की संकुचित दृष्टि आधुनिक हिंदी कविता की नहीं बल्कि ऐसे लोगों की ही कसौटी है। कुछ लोगों को हिंदी साहित्य की अन्य विधाओं की तरह कविता में भी केवल गत्यवरोध दीख पड़ता है। कुछ लोग उसमें केवल अनास्था और पश्चिम के पतनशील साहित्य की अनुकृति मात्र पाते हैं। कुछ को उसके नये प्रयत्नों से चिढ़ है। कुछ को उसमें लय नहीं, कुछ को उसमें रस नहीं, कुछ को उसमें नैतिकता नहीं और कुछ को, जो अधिक उदार हैं, उसमें प्रलाप मिलता है। ऐसे लोग किसी साहित्य को उस वक्त तक साहित्य नहीं मानते जब तक वह इतिहास न बन जाए, लेकिन जो लोग साहित्य को जीवन की समस्याओं के अनुबंध में रखकर देखना जानते हैं उन्हें अनिवार्य भटकावों के बीच भी आधुनिक हिंदी-कविता में विकास की सही दिशाएँ दीख पड़ेंगी, उसके प्रयत्नों में हिंदी-काव्य की परंपरा का आगे की ओर बढ़ता हुआ निर्वाह मिलेगा।

1957 का महत्त्व यह भी है कि उसने पुरानी और नयी पीढ़ी के अनेक कवियों को एक-दूसरे के परिपार्श्व में खड़ा किया है और अगर ईमानदारी से देखा और कहा जाए तो इसमें संदेह नहीं कि भविष्य नयी पीढ़ी के साथ है। ऐसा कहना पुरानी पीढ़ी के प्रति कृतघ्नता नहीं। यह नयी पीढ़ी पुरानी पीढ़ी की देन है, उसी की साधना का पाथेय लेकर आगे बढ़ रही है। नयी पीढ़ी की उपलब्धियाँ पुरानी पीढ़ी से कम हैं, लेकिन उसकी संभावनाएँ कम नहीं। पिछले साल अनेक तरुण कवियों के प्रथम संग्रह प्रकाशित हुए हैं और उनकी संभावनाओं को अस्वीकार करने के लिए बहुत बड़े पूर्वग्रह की आवश्यकता होगी। संभावनाओं और उपलब्धियों की विभाजक रेखा

अत्यंत अनिश्चित होती है, लेकिन यहाँ 'संभावनाओं' का प्रयोग इन नये कवियों के प्रति अयाचित संरक्षण की प्रवृत्ति के कारण नहीं किया गया है बल्कि इसलिए कि उनमें से अनेक इतनी मान्यता से भी संतुष्ट हैं और यह अपने कृतित्व के बारे में उनकी हीनभावना का नहीं, उनके विश्वास और निष्ठा का प्रमाण है।

यदि कृतियों की उत्तमता नहीं बल्कि कृतिकारों के ऐतिहासिक महत्त्व के अनुसार प्राथमिकता देना अनुचित न हो तो मैं सबसे पहले पंत, बच्चन और अंचल का नाम लूँगा। पिछले साल प्रकाशित इन कवियों की रचनाओं के नाम क्रमशः इस प्रकार हैं—'सौवर्ण', 'धारा के इधर-उधर' और 'विराम-चिह्न'। पंतजी इधर वर्षों से अरविंद से प्रभावित एक नये जीवन-दर्शन की स्थापना में लगे हुए हैं। इन पंक्तियों के लेखक ने कई वर्ष पहले पंतजी की 'स्वर्ण-धूलि', 'स्वर्णकिरण' और 'उत्तरा' के संबंध में विचार करते हुए उस जीवन-दर्शन की आलोचना की थी। जो भी हो, यह निर्विवाद है कि हिंदी कविता में उस विचारधारा के पोषक कवि केवल पंतजी हैं। शायद यह कहना भी अनुचित न जान पड़े कि उस विचारधारा ने पंतजी जैसे महान् कवि की प्रतिभा को भी बाँध दिया है और आज उनकी कविताओं में रक्त, मांस और मज्जा की कमी दीख पड़ती है। 'सौवर्ण' में पंत जी के दो रूपक हैं—एक, 'सौवर्ण' जो 'संक्रमणकालीन मानव-मूल्यों के विकास का प्रतीक' है और दूसरा, 'स्वप्न और सत्य' जो 'आदर्श और वास्तविकता के बीच युग-संघर्ष द्योतक काव्य' है। 'सौवर्ण' की पृष्ठभूमि 'विश्व सांस्कृतिक संचय-सी स्थित शुभ्र सनातन', 'हिमाद्रि श्रेणियाँ' हैं लेकिन मानव-विकास के लिए एक नये स्फुरण की आवश्यकता है। क्रांत-द्रष्टा कवि देखता है :

...बरफ बन गया, बरफ बन गया
बरफ बन गया पथराकर,
  जमकर, युग-युग का
मानव का चैतन्य शिखर—नीरव, एकाकी,
निष्क्रिय, नीरस, जीवन-मृत—
  सब बरफ बन गया।

पंतजी की इस कामना से विरोध नहीं हो सकता कि 'मध्य युगों के जड़ निषेध, जीवन वर्जन' से कुंठित जीवन को मुक्त होना है, लेकिन जिस नये मानव की कल्पना 'सौवर्ण' के रूप में की गई है उसका जन्म परिस्थितियों से संघर्ष करने के बाद ही हो सकता है जबकि पंतजी उसके अवतार की यांत्रिक कल्पना करते हैं। अपने दृष्टिकोण को पंतजी बाहर और भीतर का समन्वय मानते हैं, किंतु उनका समन्वय यथार्थ को देखते हुए भी केवल आदर्शवादी समाधान को स्वीकार करता है। 'सौवर्ण' कहता है :

तुम दीपक से भिन्न समझते
  दीप-शिखा को?

विस्मय करते कैसे आँधी-तूफानों में
जीवित रहती है वह? मैं तूफानों में ही
जलनेवाली अमर ज्योति हूँ!
...मैं रहस्य हूँ!
भंगुर मिट्टी के प्रदीप में ही पलता हूँ!
झंझा के पंखों पर चढ़ जीवन ज्वाला-सा
संग-संग फिरता मैं अम्बर,
सागर, कानन में!

'स्वप्न और सत्य' में छाया भी कलाकार से कहती है :

सफल मनोरथ हो तुम वत्स, कला जीवन की
मूर्त वास्तविकता बन सके, उसे जन-जीवन
नित नव सार्थकता है, वह जीवन तृष्णा का
मानव अंतर के प्रकाश में रूपांतर कर
उसे मनुज के योग्य बनाए,—घृणा-द्वेष को
प्रीति द्रवित कर!...

कला का इससे ऊँचा मानदंड, इससे बड़ी चरितार्थता की कल्पना नहीं की जा सकती, लेकिन पंतजी के अनुसार दीपक का तूफानों में जलते रहना उसकी आंतरिक शक्ति है और घृणा-द्वेष का प्रीति में बदल जाना भी मानव के अंतर की शक्ति है जबकि वास्तविकता यह है कि दीपक और मानव दोनों में यह शक्ति संघर्ष द्वारा बाह्य परिस्थितियों को अनुकूल बनाकर प्राप्त होती है। इसी संघर्ष की अस्वीकृति से पंतजी का समन्वय आदर्शवादी एक नयनता मात्र बनकर रह जाता है।

'सौवर्ण' में पंतजी की प्रतिभा के स्फुलिंग इधर-उधर उड़ते नजर आते हैं, लेकिन रूपकों की दृष्टि से इन कृतियों की सबसे बड़ी कमजोरी यह है कि इनके चरित्र वायवीय हैं, इनके स्वरों और भाषा में विविधता के स्थान पर एकस्वरता है और चरित्रों में आंतरिक या पारस्परिक द्वंद्व प्रायः नगण्य है। यह तो स्पष्ट है कि कविता केवल सिद्धांतों के बल पर नहीं उठ सकती—चाहे सिद्धांत आदर्शवादी हों या मार्क्सवादी। छायावादी युग की रचनाओं या 'ग्राम्या' में भी पंतजी आदर्शवाद से मुक्त नहीं थे, किंतु उन रचनाओं की शक्ति का रहस्य जीवन और उसके यथार्थ के प्रति उनकी उदार चेतना में था। मानव-प्रगति और मंगल में पंतजी की आस्था वरेण्य है, लेकिन उसे मुक्ति और उदार भूमि की आवश्यकता है।

बच्चन आत्मदाह और समाज के प्रति व्यक्ति के विद्रोह के कवि रहे हैं और उसी क्षेत्र में उन्हें सबसे अधिक सफलता मिली है। 'धार के इधर-उधर' में 1940 से 1956 तक की विशेष अवसरों पर अथवा विशेष मानसिक परिस्थितियों में लिखी हुई कविताएँ संगृहीत हैं। इन कविताओं के संबंध में बच्चन का स्वयं कहना है कि

'अपने विकास की अंतर्धारा में इसका स्थान निश्चित कर सकना मुझे कठिन प्रतीत हुआ है।' इन कविताओं में बच्चन का भीतर से बाहर आना स्पष्ट है और शायद यह संकेत ही उनका महत्त्व है। इन कविताओं में बच्चन की चिरपरिचित सरल प्रवाहमयी भाषा है और कुछ कविताओं में सहज अनुभूति और ओज है, लेकिन अधिकांश कविताएँ अनुभूतिशून्य और अत्यधिक अवसर प्रेरित हैं और भविष्य के संदर्भ से कटा हुआ अवसर अपने युग से भी कट जाता है। यही इन कविताओं की सबसे बड़ी कमजोरी है। क्षण की अनुभूति भी महत्त्वपूर्ण हो सकती है, लेकिन क्षण का इतिवृत्त इतिहास का अंग हो सकता है, कविता नहीं।

अंचल के नये संग्रह का नाम 'विराम-चिह्न' है। उन्होंने यह नहीं स्पष्ट किया है कि हम इसे अर्द्ध-विराम समझें या, पूर्ण-विराम। लेकिन इधर बहुत दिनों से उनकी कविता संश्लिष्ट वाक्य के समानांतर और समतुल्य वाक्यांशों की भाँति पुनरावृत्ति करती जा रही है। उनके अनुसार–

कितने गान बचे हैं
  जिनके बोल नहीं अब तक टूटे,
कितने स्वप्न पड़े हैं,
जिनके पंख नहीं अब तक फूटे?

यह प्रश्नवाचक चिह्न औपचारिकता मात्र है। इसीलिए अंचल अभी गाते ही जा रहे हैं और उनके गीतों का निर्माण चाँदनी, रवि, बादल, दीप इत्यादि के तले होता जा रहा है। उनकी स्वाभाविक अनुभूतियाँ यौवन की वासना और अतृप्ति की हैं और उनके बीच गांधीवाद और प्रगतिवाद अपनी असंगति महसूस करते हैं और कवि के आग्रह से ही असमंजस में पड़े बैठे रहते हैं। इस असंगति के द्वंद्व का हल पाए बिना और आधुनिक जीवन की आवश्यकताओं को अस्वीकार कर अंचल की कविता आगे नहीं बढ़ सकती। उनमें साहस और शक्ति की नहीं, बोध की कमी जान पड़ती है।

अर्से से लिखते आनेवाले कवियों की सबसे बड़ी समस्या यही बोध की समस्या होती है। किसी विशेष युग में सफलता प्राप्त करनेवाले कवि अपनी राह चले जाते हैं और सहसा उन्हें पता चलता है कि उनके पैरों के नीचे की धरती खिसक गई है। कुछ अपनी लीक छोड़कर नयी धरती पर आ खड़े होते हैं, कुछ हतबुद्धि से रह जाते हैं और कुछ त्रिशंकु-से लटके रह जाते हैं। कवियों की प्रेरणा की कोई उम्र नहीं हुआ करती। उसकी उम्र कवि के परिवेश के प्रति उसकी जागरूकता पर निर्भर रहती है। पहले युद्ध के बाद और दूसरे युद्ध तक अनेक नये कवि आए। इस पूरे अर्से में पंत, निराला और प्रसाद ने हिंदी-कविता को दिशा दी, उसे ढाला और सँवारा। उनके बाद आनेवाले अनेक कवि उनके साथ-साथ लिखते रहे, किंतु किसमें उनसे युग की अधिक समृद्ध चेतना थी, हमारे समाज की हलचलों का अधिक तीव्र बोध

था, यदि आज पंत या बच्चन युग को उस तरह आंदोलित नहीं कर पाते जिस तरह उन्होंने एक जमाने में किया था तो जाहिर है कि उनकी उँगलियाँ गलत तारों पर पड़ रही हैं।

बच्चन के समकालीन और उनके कुछ पीछे के नये कवियों के संग्रह पिछले साल निकले हैं। उनमें से कोई भी बच्चन की ख्याति के जमाने में उनके समकक्ष नहीं था, लेकिन आज हिंदी कविता के भविष्य की ओर देखते समय उनकी उपेक्षा नहीं की जा सकती। ऐसे कवियों में सबसे पहले मैं केदारनाथ अग्रवाल का नाम लेना चाहूँगा जिनकी इधर की कविताओं का एक छोटा-सा संग्रह 'लोक और आलोक' के नाम से पिछले साल प्रकाशित हुआ है। केदार का प्रारंभ रोमानी कवि के रूप में हुआ था, हालाँकि उस रोमांस में मिट्टी अधिक थी और पराग कम। उसके बाद उनकी प्रगतिशील कविताओं का संग्रह 'युग की गंगा' के नाम से प्रकाशित हुआ। 'लोक और आलोक' को कुछ लोग प्रयोगवादी काव्य संग्रह कहते हैं। लेकिन यदि कट्टर प्रयोगवादी दृष्टिकोण से देखा जाए तो शायद इन कविताओं की आत्मा और उनके धरातल और प्रयोगवाद में कोई संगति नहीं मिल सकेगी। 'लोक और आलोक' में छायावाद युग की रोमानी प्रवृत्ति के स्वस्थ तत्त्वों को ग्रहण कर ही केदार में वह शक्ति आई है कि वर्तमान की जमीन पर खड़े होकर भविष्य को उसके सहज-सुंदर रूप में उतार सके। 'लोक और आलोक' के कवि की तरह हुलसकर अपने युग को अंक में भर लेनेवाला कोई दूसरा कवि नहीं। केदार की अनुभूति और अभिव्यक्ति की सरलता का यही रहस्य है और इसी विशेषता के कारण कविताओं की बड़ी-से-बड़ी भीड़ में भी केदार की कविताएँ बोलती हैं। केदार में अटपटे बैन भी हैं और वे इस बात के सबूत हैं कि कबीर की तरह केदार के लिए अनुभूति की सच्चाई सबसे बड़ी चीज है। इसलिए केदार की कविताओं में प्रयोग अनुभूति के माध्यम से आता है। कोई भी ऐसा वाद जो केदार के शिल्प को उनकी अनुभूतियों से अधिक महत्त्व देता है केदार के कवि-व्यक्तित्व का सही रूप नहीं हो सकता। रूप के मोह को छोड़कर ही केदार की कविता रूपवती हो सकी है। केदार की दूसरी विशेषता यह है कि वे अक्सर क्षण की अनुभूतियाँ और चित्र प्रस्तुत करते हैं, लेकिन उनका समर्पण क्षण को नहीं, बल्कि युग को है। क्षण को प्रस्तुत करते हुए भी क्षण का मोह छोड़ने से ही केदार का व्यक्तित्व विशद और अर्थ से भरा हुआ है। सरलता में संश्लिष्टता, सहजता में रूप, बिंब में अर्थ, यथार्थ में कल्पना, क्षण में युग और वर्तमान में भविष्य की अन्विति से समृद्ध केदार के स्वर आधुनिक हिंदी कविता की बहुत बड़ी उपलब्धि हैं। केदार की कविताओं में युग के पौरुष और कोमल संवेदना का मिलन चाँद-चाँदनी के मिलन जैसा है :

विश्व के
वट-वृक्ष के ऊँचे शिखर पर,

चाँद चढ़कर,
चाव से नीचे निरखकर
दूध की बाँहें पसारे,
मानवी मधुरा धरा को भेंटता है,
और
यौवन-यामिनी की—
चाँदनी का—
फूल फेनिल चूमता है।

जीवन की इसी स्वस्थ और विविधता पूर्ण भूमि पर त्रिलोचन शास्त्री के सानेट लिखे गए हैं जिनका प्रकाशन पिछले साल 'दिगंत' के नाम से हुआ है। 'दिगंत' की रचना 'धरती' छोड़ने के लिए नहीं हुई है। 'धरती' पर खड़े होकर ही त्रिलोचन ने जीवन के दिगंतों में उड़ान भरी है, जिसके फलस्वरूप उनमें आत्मविश्वास दृढ़ हुआ है और उनकी कविताओं में पृथ्वी की विपुलता आई है। 'दिगंत' में त्रिलोचन ने बड़े ही ओज भरे शब्दों में इस नये आत्मविश्वास को व्यक्त किया है :

ध्वनिग्राहक हूँ मैं, समाज में उठनेवाली
ध्वनियाँ पकड़ लिया करता हूँ।

× × ×

मेरे उर के तार बजाकर जब भी चाहा
तुमने गाया गीत, मौन मैं सुननेवाला
कृपापात्र हूँ सदा तुम्हारा, चुननेवाला
स्वर सुमनों का।

× × ×

नयी चेतनाओं के मुझको बाण अनोखे
सीधे लगे मर्म में आकर चोखे-चोखे।

त्रिलोचन ने जीवन को नजदीक से देखा है और उसमें काफी संघर्ष किया है। ऐसे कवि के स्वरों में दर्द का होना अनिवार्य है, किंतु त्रिलोचन का व्यक्तित्व इस दर्द के बीच भी दमकता है। त्रिलोचन ने कहा है :

मुझमें जितना बल था,
अपनी राह चला, आँखों में रहे निराला,
मानदंड मानव के तन के मन के,
तो भी पीस परिस्थितियों ने डाला।

अद्‌भुत क्षमता त्रिलोचन में दीख पड़ती है। त्रिलोचन जीवन के प्रति सहज अनुरक्ति के कवि हैं। सौंदर्य उनका मूल भाव है, चाहे वह प्रकृति का हो या मानव की आत्मा या रूप का। उनकी आस्था उस अनुरक्ति की स्वाभाविक परिणति है।

इसीलिए त्रिलोचन की कविता चिंतनशील है किंतु चिंतन उसकी पीठ का बोझ नहीं बल्कि टहनी पर खिले हुए फूल की तरह है।

हिंदी में नश्तर की काट करनेवाले व्यंग्य की बहुत कमी है। 'दिगंत' की अनेक कविताएँ इस दिशा में सफल प्रयोग हैं। 1008 स्वामी जी के भोजन के बाद—

प्रणत हो गया भक्त, कहा,
  'स्वामीजी, भोजन
रुचि का हुआ न होगा,
  हम वैसा आयोजन
कहाँ कर सके' 'अजी माल
  था तुष्ट हूँ यहाँ।'
हँसी-हिलोरों से फिर
  तो वह काया मोटी
हिलने लगी तोंद में
  सिहरी संचित रोटी

इस तरह के संयत किंतु तीक्ष्ण व्यंग्य 'दिगंत' में अनेक स्थानों पर हैं। हिंदी के व्यंग्य लिखनेवाले कवियों के लिए इनमें सबक है। इनमें नोक है, हथौड़े की स्थूलता नहीं। दूसरी भाव-भूमियों पर भी अपनी पंक्तियों को सुभाषितों की सघनता और नोक देने की असाधारण क्षमता त्रिलोचन की इन कविताओं में मिलती है।

'दिगंत' के पहले भी हिंदी में सानेट लिखे गए किंतु हिंदी के किसी अन्य कवि ने सानेट के रूपों में त्रिलोचन जैसी विविधता उपलब्ध न की। त्रिलोचन ने हिंदी में सानेट को माँज और निखारकर अत्यंत लोकप्रिय बना दिया है।

शिल्प की दृष्टि से भी 'दिगंत' प्रगतिशील कविता को बहुत बड़ी देन है। 'दिगंत' के एक सानेट में त्रिलोचन ने कवि जन-सुलभ दर्प के साथ नयी भाषा ढालने का दावा किया है। उन्होंने 'तुलसी बाबा' सानेट में लिखा है :

तुलसी बाबा, भाषा मैंने तुमसे सीखी
मेरी सजग चेतना में तुम रमे हुए हो।

'दिगंत' में त्रिलोचन शास्त्री ने वर्तमान खड़ी बोली के व्यावहारिक रूप को ही अपनी कविता में और उदात्त बनाया है और बोलियों के भदेसपन से अलंकृत कर केदार की तरह उसे खूब लचीली और संवेदनशील कर दिया है। आधुनिक हिंदी कविता में 'दिगंत' का स्थान असंदिग्ध है।

त्रिलोचन की ही तरह दूसरे महायुद्ध के पूर्व से ही लिखनेवाले कवियों में प्रभाकर माचवे का संग्रह 'स्वप्न-भंग' प्रकाशित हुआ है। नाम कुछ चौंका देनेवाला है। क्योंकि प्रभाकर माचवे आमतौर से 'खाली चा की प्याली' के कवि समझे जाते रहे हैं। 'स्वप्न-भंग' होने के पहले स्वप्न का देखना जरूरी होता है और प्रभाकर माचवे 'परन्तु'

की मानसिक स्थिति के कवि हैं। स्वप्न संकल्पात्मक मन की शक्ति है जबकि माचवे की प्रवृत्ति मानसिक विकल्प की है। इसके फलस्वरूप उनकी कविता में अनुभूति की जगह बौद्धिकता है। एक कविता में उन्होंने अपने को 'स्वाती कालिदास आशा में' बैठा हुआ चातक कहा है। लेकिन यदि उन्हीं की पंक्तियों में यह कहना उचित हो तो 'स्वप्न-भंग' की अनेक कविताओं में उन्होंने

क्या कविता का कर डाला, अः
चौदह टुकड़े, चौदह-चौदह!

'स्वप्न-भंग' में लगभग बीस वर्ष की कविताएँ संगृहीत हैं। इसलिए उनमें अनेक रंगों का होना स्वाभाविक है। माचवे दिल्ली से बहुत दूर जाने पर, जैसे, आसाम और दक्षिण के मंदिरों इत्यादि में छायावादी, दिल्ली के समीपवर्ती नगरों में प्रगतिवादी और दिल्ली में प्रयोगवादी जान पड़ते हैं। यह बात उनके शिल्प-भर को ध्यान में रखकर नहीं बल्कि उनके दृष्टिकोण के आधार पर भी कही जा रही है। स्वयं निराला जी में समानांतर स्थितियाँ रही हैं, लेकिन उनके कवि में वह शक्ति भी थी जो एकसूत्र कर सके। माचवे का दृष्टिकोण समन्वयहीन संचय का है। इस तरह वह टी.एस. इलियट की शक्ति के बिना 'वेस्टलैंड' को दुहरा रहे हैं।

'स्वप्न-भंग' के नाम पर माचवे ने अनेक स्थानों पर भाषा और लय को बड़ी स्वच्छंदता के साथ तोड़-ताड़ डाला है। टी.एस. इलियट की तरह जान-बूझकर कुछ विशेष प्रभाव उत्पन्न करने के लिए, अनगढ़ होना एक बात है और बिना जाने अनगढ़ हो जाना दूसरी बात।

इन सारी बातों का यह आशय नहीं कि 'स्वप्न-भंग' उपेक्षणीय है। इस संग्रह में अनेक सुंदर कविताएँ हैं और व्यंग्य, कहीं-कहीं पर पादरियों के स्वर के बावजूद बहुत चुस्त और सधा हुआ है। किसी नये कवि का संग्रह होता तो इसका स्वागत होना चाहिए था। लेकिन 'स्वप्न-भंग' एक ऐसे कवि का रचनाफल है जो अर्से से लिखता चला आ रहा है। ऐसे कवि से हम अधिक पुष्ट कविता की आशा कर सकते हैं। इतने अर्से के बाद भी यदि माचवे यह कहते रहें कि :

तिनका-जंगल, पत्थर-प्रतिमा
यह सब मुझमें कहीं सुप्त है।

तो यह खेद की बात है। माचवे के सामने हम अपने युग के ऐसे चार नये कवियों के संग्रह रख सकते हैं जिनमें से हर एक ने दूसरे महायुद्ध के बाद लिखना शुरू किया। ये कवि नरेश मेहता, दुष्यन्त कुमार, कुमारी रमा सिंह और श्रीकांत वर्मा हैं। इनमें से दो, नरेश और दुष्यन्त के विषय में केवल संभावनाओं का ही नाम लेना उनके प्रति अन्याय है।

नरेश के संग्रह 'बनपाखी सुनो' की अधिकांश कविताएँ पिछले चार-पाँच वर्षों की हैं जिन्हें कुछ लोग 'हिंदी कविता में प्रयोगवादी उन्मेष' या 'व्यक्तित्व की खोज'

के वर्ष कहते हैं। नरेश छायावाद के प्रभाव में पनपे हैं, उनकी आस्था प्रगति में है और उन्हें प्रयोगवादी भी समझा जाता है। नरेश की अनुभूतियों में व्यक्ति की भंगिमा है लेकिन उनकी जमीन न तो छायावादी स्वप्न की है और न प्रयोगवादी सूक्ष्म अहं की। व्यक्ति के माध्यम से नरेश अपने को ही नहीं बल्कि पूरे समाज को देखते हैं। इसलिए व्यक्तिगत रूप से जीवन में वेदना को 'आत्मज' की तरह स्नेह करते और 'अंचल में ढककर' रखते हुए भी उनकी प्रार्थना है :

प्रभु, मोर कंठ के
बल देवो, घोष देवो, न्याय देवो!

विषमताओं के बोध के बावजूद 'बनपाखी सुनो' के कवि का मन अनुभूतियों के गीतिमय पद्य में ही रमता है। इसीलिए नरेश में अनुभूतियों का द्वंद्व या संश्लिष्टता नहीं। इसी गीतिमय रुझान के कारण नरेश के प्रतीक आमतौर से आधुनिक जीवन के परिवेश से नहीं बल्कि प्रकृति से लिए गए हैं और उनकी अनेक कविताओं में लोकगीतों का रस आता है। 'ये हरिण-सी बदलियाँ', 'डाकती संझा', 'चन्द्रमायनी', 'पीले फूल कनेर के' इत्यादि कविताओं में नरेश की इस विशिष्टता को देखा जा सकता है।

नरेश से केवल एक शिकायत है और वह यह कि हर भाषा की सीमाएँ होती हैं, हिंदी भाषा की भी सीमाएँ हैं। कवि की शक्ति उन्हीं सीमाओं के भीतर व्यक्त होती है। कवि स्वच्छंद होता है, स्वच्छंदता के लिए भी कारण ढूँढ़ लेता है। भिक्षुओं के प्रसंग में लिखित बंगला-बहुल भाषा से ऐसा जान पड़ता है कि भिक्षु केवल बंगालियों के द्वार पर ही जाते हैं। नरेश ऐसे प्रयोगों से नहीं, इनके बावजूद कवि हैं और 'बनपाखी सुनो' के कवि से हिंदी कविता को बड़ी आशाएँ हैं।

'सूर्य का स्वागत' के कवि दुष्यंत का स्वर आधुनिक परिवेश से अधिक संपृक्त है। इन कविताओं में मध्यवर्गीय युवक को कुंठित करनेवाली परिस्थितियों से विद्रोह प्रकट हुआ है। परंतु यह विद्रोह आरंभिक बच्चन का आत्म-भक्षी या उच्छृंखल विद्रोह नहीं है। दुष्यंत की कविताएँ ग्रास में पड़े हुए सूर्य-सी क्षुब्ध और दीप्त हैं। उन्हें बोध है कि 'मेरी कुंठा—क्वाँरी कुन्ती' के समान 'द्रोही, घातक' कर्ण को जन्म देगी और—

प्राप्य सत्य के लिए
महाभारत-सा जब-जब युद्ध छिड़ेगा,
यह कुंठा का पुत्र हमेशा
कौरव दल की ओर रहेगा
और लड़ेगा।

इसीलिए आज की अपनी-अपनी पराजय को वह पराजय मानने के लिए तैयार नहीं—

मुझपर हर ओर से चोटें पड़ रही हैं

कोपलें उग रही हैं,
पत्तियाँ झड़ रही हैं
मैं नया बनने के लिए खराद पर चढ़ रहा हूँ,
लड़ता हुआ
नयी राह गढ़ता हुआ आगे बढ़ रहा हूँ।

अपने इसी विश्वास और आस्था को अपने आसपास मिलनेवाले प्रतीकों के सहारे, नये ढंग से, स्वाभाविक ओज के साथ कहना दुष्यंत की अपनी विशेषता है। दुष्यंत का विकास छायावाद की छाया से सर्वथा मुक्त वातावरण में हुआ है। इससे उनमें भाव और भाषा का कुहासा बिल्कुल नहीं है और हर जगह अभिव्यक्ति की स्वच्छता है। दुष्यंत की कविताओं में प्रेम की विह्वलता और कातरता की भी वही निश्छल अभिव्यक्ति है। सादगी का दामन पकड़कर जिंदगी की उलझनों को सुलझे रूप में रखने का यह ढंग हिंदी-कविता के स्वस्थ विकास का संकेत है।

श्रीकांत वर्मा में अनुभूति और अभिव्यक्ति का वह सौंदर्य या सघनता नहीं मिलती जो दुष्यंत में है, फिर भी उनका संग्रह 'भटका मेघ' ऐसे कवि की रचना है जो अपने सामाजिक उत्तरदायित्व और माध्यम के प्रति एक-सा जागरूक है। उन्होंने बड़े विनय के साथ इस संग्रह के पूर्व कथन में लिखा है—'आज अनेक परिचित-अपरिचित नये कवियों द्वारा नयी मानवचेतना रचने का प्रयास बड़ी ईमानदारी के साथ संपन्न हो रहा है। उनकी लेखनी अनगढ़ हो सकती है, निरर्थक नहीं, उनकी वाणी अटपटी हो सकती है, उद्‌देश्यहीन नहीं। उन्हीं की परंपरा में आज अपना यह हस्ताक्षर प्रस्तुत कर रहा हूँ। सीमाएँ मेरी हैं, संभावनाएँ इस धारा की हैं।'

श्रीकांत वर्मा प्रतीकों में बात करना पसंद करते हैं, परंतु प्रतीकों को उभारने की ओर जरा कम ध्यान देते हैं। उनके प्रतीकों का अयत्नज रूप भी नहीं दीख पड़ता। बौद्धिक प्रक्रिया के परिणामस्वरूप प्रतीक लाद देने से अनुभूति की तीव्रता कम होने के साथ-साथ प्रतीकों में भी असंगति पैदा हो जाती है। इसीलिए 'भटका मेघ' में आमतौर से वे कविताएँ अधिक सुन्दर बन पड़ी हैं जो छोटी हैं और एक-दो प्रतीकों पर टिकी हैं। 'अनपहचाना घाट', 'स्वरों का समर्पण', 'फूहड़ बाट', 'मणिसर्प' आदि कविताओं में संयमित अभिव्यक्ति का सौंदर्य है। वाचालता और दीर्घसूत्रता से अपनी कविता को मुक्त कर यह कवि पुष्ट हो जाएगा इसके संकेत 'भटका मेघ' में हैं।

कुमारी रमा सिंह का अपना अंदाज और रंग है। उनके संग्रह 'समुद्र-फेन' से स्पष्ट है कि उनका महत्त्व केवल कवयित्री नहीं बल्कि कवि होने में है। उनकी कविताओं में विचारों, अनुभूतियों या शिल्प का कोई पूर्वग्रह नहीं है और हर बात को समतल जमीन पर बहते हुए निर्मल सोते की तरह बनाकर कहना उनकी अपनी विशेषता है। अनुभूति को गहराई और उफान और टेढ़े-मेढ़े रास्ते में ले जाना उन्हें पसंद नहीं।

परंपरागत वस्तु को नये रूप में ढालना उन्हें व्यक्तिगत अनुभूति से कहीं ज्यादा प्रिय है। उनकी तेजी व्यंग्यों में दीख पड़ती है। 'मोड़', 'मडगार्ड', 'प्रशस्ति काव्य', 'विनम्र निवेदन' आदि कविताओं में उन्होंने कवयित्रियों की लीक छोड़कर पैने व्यंग्य का माध्यम भी अपनाया है। आमतौर से कुमारी रमा सिंह की सबसे बड़ी कमजोरी उनकी अनुभूतियों पर सौंदर्यवादी लेप है जो उन्हें स्थिर और उन्मेषहीन बना दिया करता है।

शम्भुनाथ सिंह का 'माध्यम मैं' का स्थान भी पिछले वर्ष के काव्य-संग्रहों में ऊँचा है। इधर कुछ दिनों से उन्होंने अपना उपन्यास 'रसिक' छोड़ दिया है, परंतु वास्तव में वह अब तक जीवन की मधुरता के ही कवि हैं। इसका यह अर्थ नहीं कि वह लड़ना नहीं जानते बल्कि यह कि लड़ते हुए भी गीत गाना ही उन्हें पसंद है।

एक अजन्मे जीवन के सुख की आशा में,
लड़ने का यह दुःख मैं गाऊँगा, गाऊँगा!

यह उनके 'माध्यम' की पुष्टता का प्रमाण है कि 'शंख, सीपी और तटरेखाएँ', 'ताबूत की कीलें', 'सोंधी प्रतिध्वनियाँ' और 'लाल-हरी पत्तियाँ' सभी उससे प्रभावित हैं। शम्भुनाथ सिंह ने छायावाद की गीत-शैली को अपनाया तो उसे बहुत कुछ दिया भी है और हिंदी स्वरों की विविधता को पहचाना। उनका महत्त्वपूर्ण स्थान है। उनके इधर के गीतों की विशेषता यह है कि वे लोकगीतों की तरह सरल, भाव-प्रवण और मधुर हैं। इस संग्रह में 'सोंधी प्रतिध्वनियाँ' खंड के लगभग सारे गीत इसी तरह के हैं। रोमानी रुझान और गीत शम्भुनाथ सिंह की अपनी चीजें हैं और उनसे छूटकर वह अपने से छूट जाते हैं। 'शंख, सीपी और तट-रेखाएँ' खंड की कविताएँ इस बात की सबूत हैं। उनमें उनका निजीपन खो गया है और दूसरों की प्रतिध्वनियाँ सुनाई पड़ती हैं। कवि कहता है :

शेषशायी बनो!
अहं के अणुओं को फोड़ो
टूटो और विषधर को तोड़ो
खोली को छोड़ो!

और वह स्वयं अहं के इर्द-गिर्द मँडराता है। वह अतृप्ति के द्वीप की मनःसृष्टि करता है, लेकिन शम्भुनाथ सिंह जीवन में रोमांस की अतृप्ति के नहीं, बल्कि रोमांस के भोगजन्य सुख के कवि रहे हैं और यही चीज उनको अपने पूर्ववर्ती रोमांटिक कवियों से अलग करती है। शायद उन्हें भी इसका बोध है। इसीलिए 'माध्यम मैं' की अंतिम चार पंक्तियों में उन्होंने अपने कवि से कहा है :

वह तेरा मधुमासी पंचम ही
है तेरा अंतिम साखी।

सुने अनागत तेरा सरगम
ओ मेरे प्राणों के पाखी।

पिछले साल प्रकाशित अज्ञेय के संग्रह 'इंद्रधनु रौंदे हुए ये' का नाम इतने संग्रहों के बाद आना उसकी अपेक्षाकृत हीनता का सबूत नहीं। ऐसा केवल विषय की सुविधा से हुआ है। ऐसा समझा जाता है कि तथाकथित नयी कविता की हर बात अज्ञेय की देन है और नये कवि उनकी प्रतिच्छाया मात्र हैं। ऊपर कई कवियों का उल्लेख हुआ है। उनकी तरह के महत्त्वपूर्ण कवियों का उल्लेख केवल इसीलिए नहीं हो सका है कि उनका कोई संग्रह पिछले वर्ष प्रकाशित नहीं हुआ है। अगर उन सबकी उपलब्धियों को ध्यान में रखकर 'इंद्रधनु रौंदे हुए ये' का अध्ययन किया जाए तो मालूम होगा कि इन कवियों की अनुभूतियों की ऋजुता और स्वस्थता ने भी अज्ञेय को प्रभावित किया है। यहाँ एक दूसरे संदर्भ में कही हुई अज्ञेय की इस पंक्ति का उद्धरण देना शायद अनुचित न हो—'दाता की स्पर्धा हो जहाँ, मन होता है मंगते का।' यह हिंदी कविता के विकास का शुभ लक्षण है कि एक दाता और अनेक मंगतों की जगह पारस्परिक विनिमय की प्रवृत्ति जोर पकड़ रही है।

'इंद्रधनु रौंदे हुए ये' का महत्त्व सिर्फ यही नहीं है कि वह एक ऐसे कवि का संग्रह है जिसको लेकर हिंदी में काफी बहस है, बल्कि यह भी है कि उनके अहंवादी और क्षणवादी दृष्टिकोण के बावजूद इसकी अनेक कविताओं में स्वस्थ प्रवृत्तियों का असंदिग्ध समावेश है। आज मानव-समाज के सुंदर भविष्य की आस्था इतनी प्रबल हो उठी है कि उसके सामने वेदना, निराशा और कुंठा की दीवारें भी ढह जाती हैं। 'मैं वहाँ हूँ' कविता में अज्ञेय ने अपनी कल्पना एक सेतु के रूप में की है :

जो मानव से मानव का हाथ मिलाने से बनता है,
जो हृदय से हृदय को
श्रम की शिखा से, श्रम की शिखा को
कल्पना के पंख से, कल्पना के पंख को
विवेक की किरण से, विवेक की किरण को
अनुभव के स्तंभ से, अनुभव के स्तंभ को
मिलाता है।
जो मानव को एक करता है।
समूह का अनुभव जिसकी धरा है।
और जीवन की अजस्र प्रवाहमयी नदी
जिसके नीचे से बहती है।

'हमने पौधे से कहा' कविता में उन्होंने उन लोगों पर व्यंग्य किया है जो चाहते हैं कि कवि मिट्टी की ओर न देखे और 'हवाई-यात्रा ऊँची उड़ान' भरनेवाले कवि को याद दिलाते हैं कि 'पृथ्वी पर चीकट कंबल की (नयी) घुटन' में ही 'मानव का

समूह-जीवन' पनप रहा है। उनका ऐसे कवि से यह कहना है :

अपने उड़नखटोले की खिड़की को खोलो,
और पैर रखो मिट्टी पर
खड़ा मिलेगा
वहाँ सामने तुमको
अनपेक्षित प्रतिरूप तुम्हारा
नर, जिसकी अनझिप आँखों में नारायण की व्यथा भरी है!

इसी स्वस्थ प्रवृत्ति के कारण इस संग्रह की कविताओं में प्रकृति के भी अनेक ऐसे चित्र हैं जो कुंठा और अवसाद से मुक्त हैं। अतृप्त वासना और यौन प्रतीकों को भी अज्ञेय ने इन कविताओं में छोड़-सा दिया है। वेदना का उल्लेख इनमें अनेक स्थलों पर है, लेकिन वह वेदना भी हर जगह कुंठा की वेदना नहीं है, बल्कि जैसे प्रसव की वेदना हो। 'मरु और खेत' कविता में इस प्रसव की वेदना से सर्वथा मुक्त मरु से खेत कहता है :

तब—उस एकमात्र क्षण में—
किंतु काका, आपसे क्या कहूँ और....
नव-सर्जना में जो
अपने को होमकर होते हैं आनंदमग्न
उनकी तो दृष्टि और होती है।

इसके पहले अज्ञेय के किसी भी कविता-संग्रह में उनकी समाजोन्मुख प्रवृत्ति इतनी उभरकर नहीं आई है और शायद इसी प्रवृत्ति का असर है कि उनका प्रयोगवाद जो अपनी दीक्षागम्यता के लिए प्रसिद्ध है, इस संग्रह में कुछ दूसरे ही रूप में प्रकट हुआ है। इन कविताओं के बहुत सारे प्रतीक सरल, स्पष्ट और बोधगम्य हैं और सामान्य जीवन से लिए गए हैं। अज्ञेय भावों की अबाध सरलता और शिल्प की माँसलता में विश्वास नहीं करते। इसलिए उनकी अभिव्यक्ति में कोमल फूल का नहीं बल्कि कठोर बिल्लौर का सौंदर्य है। कुछ लोग कहते हैं कि इन कविताओं में कोई लय नहीं है। इससे जाहिर है कि अतुकांत छंद और मुक्त छंद में भेद करना अभी कुछ लोगों को नहीं आया है और ऐसे लोग अभी हर कविता को मात्राओं और वर्णों की तराजू पर तौलते हैं। यह कुछ ऐसा ही है जैसे लोहे को कसौटी पर कसकर शिकायत की जाए।

इन सारी बातों का यह अर्थ नहीं कि 'इंद्रधनु रौंदे हुए ये' में अज्ञेय ने अपने कुंठित अहंवादी दृष्टिकोण से पूरी मुक्ति पा ली है, लेकिन अहं और व्यक्ति को लेकर आजकल काफी कुहासा भी फैलाया जाता है। कुछ लोग इसे नहीं देख पाते कि व्यक्ति और अभिव्यक्ति के बीच वस्तु है और कुछ लोग इसे नहीं कि वस्तु और अभिव्यक्ति के बीच व्यक्ति है। इसीलिए पहली कोटि के लोग जीवन के वस्तुनिष्ठ सत्य की

उपेक्षा करते हैं और दूसरी कोटि के लोग कवि के व्यक्तित्व की उपेक्षा। 'इंद्रधनु रौंदे हुए ये' में अज्ञेय इस तरह के भ्रम के शिकार हैं। उनके इस कथन से कि :

जितना तुम्हारा सच है
उतना ही कहो।

या उनके 'सत्य' के इस रूप से कि :

नभ के तुम कि गुहा-गह्वर के तुम
मोम के तुम, पत्थर के तुम
तुम किसी देवता के नहीं निकले
तुम मेरे साथ मेरे ही आँसू में गले
तुम मेरे ही रक्त पर पले
अनुवाद के दाह पर क्षण-क्षण उकसती
मेरी अशमित चिता पर
तुम मेरे ही साथ जले।

बहुत पहले कीट्स ने कहा था—उसके गीत रक्त में लिखे थे। इसके सबसे बड़े क्रांतिकारी और समाजवादी कवि मायाकोव्स्की से किसी ने शिकायत की कि तुम अपने को मजदूर वर्ग का समूहवादी कवि मानते हो, और हमेशा मैं, मैं, मैं लिखा करते हो! मायाकोव्स्की का उत्तर था—'बहुत ठीक, लेकिन इसके बारे में आप क्या कहेंगे? क्या निकोलस द्वितीय समूहवादी था? वह हमेशा 'हम' लिखा करता था। हम, निकोलस द्वितीय...।' अज्ञेय का 'मैं', तो 'मैं' है ही, अक्सर उनका 'तुम' भी 'मैं' ही है। इसीलिए व्यक्ति के नाम पर उनमें वस्तुगत सत्य की उपेक्षा है। उनका क्षणवाद भी अराजक गति और प्रगति के भेद को स्पष्ट नहीं होने देता और वैयक्तिक अनुभूति के नाम पर अहं की उलझनों में गुमराह करता है। उन्होंने कहा है कि :

तुम्हारी आँखों की ज्योति से
अधिक चौंध है जिस रूप की
उसका अवगुंठन मत खोलो।

और यह भी कि :

जीवन निस्संग समर्पण है
जीवन का
एक यही तो सत्य है।

लेकिन स्रष्टा, द्रष्टा, दाता, कवियों की जिस लंबी परंपरा का उन्होंने उल्लेख किया है उसके कवियों ने यह समझा था कि अहं खुद अपने को नहीं देख सकता, आँखें खुद अपने को नहीं देख सकतीं और यदि वस्तुजगत का अस्तित्व न हो तो अहं और आँखें जड़ हो जाएँगी। महान् कवियों ने जीवन का निस्संग समर्पण नहीं किया, यदि निस्संगता का अर्थ उद्देश्यहीनता है। उन्होंने अपना 'अहं' समाज को

दिया, समाज से कुछ लिया और उस 'कुछ' को नया और समृद्ध कर फिर समाज को दिया। उनमें 'मंगते' और 'दाता' का वह समन्वयहीन द्वंद्व न था जो हम 'इंद्रधनु रौंदे हुए ये' के कवि में पाते हैं। अज्ञेय का अनुकरण करनेवाले कट्टर प्रयोगवादियों के 'अहं' का संकोच ही उन्हें आज के जीवन की व्यापकता और उसकी महान् संभावनाओं को ग्रहण नहीं करने दे रहा है और अज्ञेय उनसे इसी बात में बहुत ऊँचे हैं कि वे अक्सर संकुचित दृष्टि से ऊपर उठने की शक्ति भी रखते हैं।

अब तक इन कवियों के संग्रहों के अध्ययन से यह स्पष्ट है कि हिंदी के अधिकांश कवि सिर्फ लीक पर चलना पसंद नहीं करते। जिंदगी के आँचल में कविता के स्वस्थ नये रूपों को विकसित करने की उनकी प्रवृत्ति ने हिंदी को कुछ दिया ही है, भले ही कठमुल्लों के हाथ कुछ न पड़ा हो। उनकी दृष्टि भी व्यापकता की ओर है। पिछले साल दिनकर के दो ग्रंथ प्रकाशित हुए हैं 'सीपी और शंख' और 'नये सुभाषित'। 'सीपी और शंख' का उल्लेख शायद इसीलिए उचित है कि अनुवाद होते हुए भी उसमें बहुत कुछ दिनकर का जोड़ा और घटाया हुआ है। इसका महत्त्व यह देखने में है कि ऊँट किस करवट होता है। दिनकर शायद अपने पुराने रोगों से ऊब-से गए हैं और वे दूसरों के माध्यम से आधुनिक जीवन की नयी अनुभूति और नयी अभिव्यक्ति की ओर उन्मुख हैं। वही प्रयास उनके सुभाषितों में भी है जिनमें से कई तो दूसरे कवियों या लेखकों की प्रतिध्वनियाँ हैं और बाकी उनके अपने हैं। लेकिन इन सबसे यह जाहिर है कि आधुनिक युग की कविता 'उपराष्ट्र कवि' को भी प्रभावित कर रही है जैसे एक दिन छायावाद ने राष्ट्रकवि को प्रभावित किया था। वैसे उनकी आधुनिकता अभी वैसी ही है जैसे राष्ट्रकवि मैथिलीशरणजी के सिर पर छायावादियों के लंबे बाल लगते हैं।

पिछले साल के प्रकाशित अन्य संग्रहों के नाम श्री मन्मथनाथ गुप्त ने जनवरी 1958 की 'सरिता' में पृ. 29 पर गिना दिए हैं। मुझे उस सूची में तीन नाम और जोड़ने हैं—उदयभान मिश्र का 'गीतों का हमला', रामाधार त्रिपाठी का 'जिंदगी के गीत' और रामऋषि शुक्ल का 'उन्मेष'। इनमें से पहले दो तो ऐसे हैं कि उन्हें हिंदी का पाठक आशीर्वाद ही देगा लेकिन तीसरा 'हम कृष्ण-कृष्ण बोलेंगे' शैली में है और जिसके भगवान ही मालिक हों उसका हिंदी का पाठक क्या बिगाड़ लेगा?

यह युग महाकाव्यों या प्रबंध काव्यों के लिए अनुपयुक्त समझा जाता है। लेकिन बालकृष्ण शर्मा नवीन के प्रबंधकाव्य 'उर्मिला' और मैथिलीशरणजी की 'विष्णु-प्रिया' के अतिरिक्त जो इस समय मेरे सामने नहीं हैं, इतने महाकाव्य या खंडकाव्य मेरे सामने हैं—केदारनाथ मिश्र प्रभात का महाकाव्य, 'ऋतंवरा', परमेश्वर द्विरेफ का महाकाव्य 'मीरा', ताराचंद हारीत का महाकाव्य 'दमयंती', अतुलकृष्ण गोस्वामी का महाकाव्य 'नारी', राजदेव सिंह कौशल का महाकाव्य 'निदान' और आनंद मिश्र का 'खोजपूर्ण-ऐतिहासिक खंड काव्य' और 'चंदेरी का जौहर'। इतने महाकाव्यों के भार

से केवल एक वर्ष की कविता का सिंहावलोकन करनेवाला आलोचक यदि दब जाए तो कोई आश्चर्य नहीं। इसमें कुछ कवि तो सीधे महाकाव्यों के साथ उतरे हैं और इस बात के सबूत हैं कि लेखक से पहले महालेखक और कवि से पहले महाकवि बनना कुछ वैसा ही है जैसे बिना नींव का घर या बिना जड़ का पेड़। लेकिन अगर इस कहने का यह असर पड़े कि लोग 'प्रभात' के महाकाव्य 'ऋतंवरा' को साधारण प्रयास समझें या 'मीरा', 'दमयंती' और 'चंदेरी का जौहर' न पढ़ें तो इन पंक्तियों के लेखक को खेद होगा। बाद वाले तीनों प्रबंध काव्य आमतौर से छायावाद युग की मँजी हुई प्रवाहमयी भाषा में अनुभूति और सूझ-बूझ के साथ लिखे गए हैं। जहाँ तक 'प्रभात' का सवाल है इसमें संदेह नहीं उन्होंने खंडों में बहुत ही सुंदर कविता का निर्माण किया है, लेकिन मनु की कथा होने के नाते उनका महाकाव्य 'कामायनी' की छाया से मुक्त नहीं है। उनमें कथा का तत्त्व 'कामायनी' से भी अधिक विरल है और चरित्रों में रूपकों की जड़ता है। गठन की कमी और अनावश्यक पुनरावृत्ति से भी प्रबंध में शिथिलता आ गई है। लेकिन 'ऋतंवरा' एक ऐसे कवि की रचना है जिसमें अनुभूति की गहराइयों में जाने और शिल्प को निखरा रूप देने की बड़ी क्षमता है। शायद 'ऋतंवरा' किसी पुष्ट महाकाव्य की भूमिका है।

अंत में इस खेद के साथ कि बालकृष्ण राव के संग्रह 'हमारी राह' (और जैनेन्द्र के संग्रह 'न कोई' का विस्तृत उल्लेख) न मिलने के कारण न हो सका और इस आशा के साथ कि 1958 में शमशेर, नागार्जुन, मुक्तिबोध, केदारनाथ सिंह, कीर्ति चौधरी इत्यादि (जिनकी कविताओं को 'विशिष्ट कवि' शीर्षक के अंतर्गत 'कवि' पत्रिका ने पिछले साल प्रकाशित किया है) अपने कविता-संग्रह पाठकों के सामने प्रस्तुत करेंगे। यह सिंहावलोकन समाप्त होने को है। 1957 के साथ 1857 का स्मरण होना स्वाभाविक है और इससे हर्ष होता है कि हिंदी कविता की मुख्य प्रवृत्ति आज भी सामाजिक उत्तरदायित्व, राष्ट्रीयता और स्वस्थ जन-संस्कृति के विकास की ओर है। अभी हाल में पंतजी ने प्रयाग में कहा था—घोंसला बनाने के लिए भी डाल की जरूरत होती है। 1957 की कविता इसका प्रमाण है कि हमारे अधिकांश कवि यह बात अच्छी तरह जानते हैं।

• **12 जनवरी, 1958**

लाल क्रांति का कवि : मायाकोव्स्की

मायाकोव्स्की सोवियत संघ की नयी ज़िंदगी और उसके नये सपनों का कवि था और उसकी मृत्यु के पश्चात् स्तालिन ने कहा था : "मायाकोव्स्की हमारे समाजवादी युग का सबसे अधिक प्रतिभा-संपन्न कवि था और अब भी है। उसकी याद के प्रति उदासीनता दिखाना अपराध होगा।" लाल क्रांति को गर्व के साथ उसने 'अपनी क्रांति' कहा और अनेक आलोचकों की टीका-टिप्पणियों के बावजूद उसने अपनी प्रतिभा को उस क्रांति के दुश्मनों के विरुद्ध एक अस्त्र की भाँति प्रयुक्त किया। उसने समाजवादी व्यवस्था को ताक़तवर बनाने के लिए कवि-योद्धा का धर्म अपनाया और इश्तहारों, चित्रों, व्यंग्य-चित्रों और राज्य की ओर से विज्ञापन के लिए शीर्षकों और छोटी-छोटी कविताओं द्वारा उसकी अच्छाइयों का प्रचार किया, उसके संदेश को उस विशाल संघ के गाँव-गाँव नगर-नगर में पहुँचाया। अपने बीस वर्षों के कार्य की प्रदर्शनी के अवसर पर स्वयं अपने विषय में उसने यह कहा था : "क्रांतिकारी कवि का काम पुस्तकें लिखकर ही समाप्त नहीं हो जाता; सभाएँ, भाषण, उत्तम हास्यपूर्ण कविताएँ, आंदोलन और प्रचार के लिए एक दिन के लिए लिखी गई छोटी-छोटी नाटिकाएँ, रेडियो पर उसकी ज़िंदा आवाज़ और ट्रामगाड़ियों पर बड़े-बड़े अक्षरों में लिखे गए नारे—ये सभी समान रूप से और कभी-कभी बहुत ही बहुमूल्य कविता के उदाहरण हैं।" प्रदर्शनी के विषय में उसने यह लिखा था : "इस प्रदर्शनी का उद्देश्य यह सिद्ध करना है कि एक क्रांतिकारी लेखक ह्रासशील व्यक्ति नहीं होता जिसकी कविता छपने के बाद अलमारी के सबसे ऊपरी दराज़ में पड़ी-पड़ी धूल में दब जाए, बल्कि एक क्रांतिकारी लेखक प्रतिदिन के कार्य में और समाजवाद के निर्माण में बहुत ही सक्रिय भाग लेता है। यह बतलाते हुए कि उसे सोवियत संघ में जो कुछ भी हो रहा है उसमें रुचि है।" चाहे वह फैक्टरियों में काम करनेवालों के लिए छोटे-से-छोटे नियम हों या कोई और बड़ा काम हो—उसने लिखा था : "यह चीज़ मेरी क़लम को और मेरे कवि को अपनी ओर खींच लेती है और मैं इसे लंबकेशी गीतकारों के अत्यधिक, अलौकिक, प्रेरणापूर्ण विषयों से कहीं अधिक महत्त्वपूर्ण समझता

हूँ। क्यों मैं किसी प्रेमी और उसकी प्रेमिका के प्रेम के विषय में लिखने के लिए अपने को बाध्य मानूँ और क्यों न मैं अपने को इस राज्य का एक अंग मानूँ जो एक नयी ज़िंदगी रच रहा है। इस प्रदर्शनी का विशेष उद्देश्य यह सिद्ध करना है कि कवि वह नहीं है जो घुँघराले बालोंवाले मेमने की भाँति प्रेम के गीत मिमियाता फिरे, बल्कि वह है जो हमारे तीव्र वर्ग-संघर्ष में अपनी क़लम को सर्वहारा के हाथों में एक अस्त्र बना कर रखता है और जो किसी भी गंदे या परिश्रम-साध्य काम को, क्रांति के संबंध में किसी भी विषय को या जनता द्वारा खेती में किसी नयी योजना के निर्माण को घृणा की दृष्टि से नहीं देखता और जो इनमें से किसी पर भी प्रचारात्मक कविताएँ लिखता है।'' इस प्रकार मायाकोव्स्की ने लाल क्रांति में अपने को घुला-मिला दिया था और उसी की जमीन और हवा-पानी में पनपा। उसकी प्रत्येक धड़कन उस नयी ज़िंदगी की धड़कन थी, उसका प्रत्येक सपना उस नयी ज़िंदगी का सपना था। इसीलिए क्रांति के बाद लिखी गई एक कविता के नीचे उसने अपना नाम नहीं दिया क्योंकि उसके अनुसार उसकी कविता को लिखनेवाली सोवियत संघ की सारी जनता थी :

''1,50,000,000 व्यक्ति बोलते हैं
मेरी जीभ पर''

व्लादिमीर व्लादिमिरोविय मायाकोव्स्की का जन्म जार्जिया के एक प्रांत में बगदादी नाम के गाँव में हुआ था। यह गाँव चारों ओर ऊँचे पहाड़ों से घिरा हुआ था और हर जगह अंगूर की बेलें फैली हुई थीं। पहाड़ के क़दमों में लकड़ी के लट्ठों के बने हुए घर थे। एक तेज़ सोते के किनारे स्थित ऐसे ही घर में मायाकोव्स्की परिवार रहता था। स्वयं मायाकोव्स्की ने अपनी रोमानी प्रवृत्तियों का कारण इसी प्राकृतिक सौंदर्य को बतलाया था।

क्रांति की भी दीक्षा मायाकोव्स्की को बचपन में ही मिल गई। 1905 की क्रांतिकारी घटनाओं ने उस पर क्या प्रभाव डाला होगा। यह एक पत्र से स्पष्ट है जो उसने मास्को में रहनेवाली अपनी बड़ी बहन को लिखा था :

''प्रिय लूडा,

तुम्हारा पत्र मिला और उसके मिलते ही हम सब उत्तर लिखने के लिए बैठ गए। अभी तक कोई भयानक चीज़ कुताइस में नहीं हुई है, हालाँकि अपर स्कूल और तिज़ारती स्कूल में हड़ताल रही। हड़तालें करने के लिए काफ़ी कारण थे। तोपों का मुँह अपर स्कूल की तरफ़ कर दिया गया और उन सबों ने तिज़ारती स्कूल में तो और भी तारीफ़ का काम किया, उन्होंने तोपों को अहाते में लाकर खड़ा कर दिया और यह घोषणा कर दी कि अगर किसी ने अपनी ज़ुबान भी खोली तो सारे स्कूल की वे धज्जियाँ उड़ा देंगे।

''कोसक सिपाहियों ने 'चकाचौंध' कर देनेवाली एक दूसरी विजय त्बीलिसी

में प्राप्त की। अपर स्कूल के लड़कों को यह हुक्म दिया गया कि वे सिर से टोपियाँ उतार कर निकोलस की उस मूर्ति को, जो हमारे सामने जुलूस में लाई गई थी, सलाम करें और जब विद्यार्थियों ने इससे इनकार कर दिया तो कोसकों ने उन पर गोलियाँ चलाईं।''

इस समय मायाकोव्स्की की उम्र बारह साल की थी। 1906 में उसके पिता की मृत्यु हो गई और मायाकोव्स्की ने लिखा है कि उनको दफ़नाने के बाद परिवार के पास तीन रूबल भर रह गए थे। कुर्सियाँ और मेज़ें बेचकर सारा परिवार मास्को चला आया जहाँ उनका कोई विशेष परिचय न था। भर पेट खाना भी मिलना मुश्किल था। पिता की मृत्यु के बाद परिवार को केवल 10 रूबल पेंशन के मिलते थे। काम चलाने के लिए मायाकोव्स्की की माँ ने कुछ विद्यार्थियों को किराए पर टिका लिया था। ये विद्यार्थी समाजवादी थे और मायाकोव्स्की उनके संपर्क में आकर मार्क्स, एंगेल्स और लेनिन को पढ़ने लगा। 1908 में वह बोल्शेविक पार्टी का सदस्य बन गया। मार्च 1908 और जुलाई 1909 के बीच तीन बार ज़ार की पुलिस द्वारा गिरफ्तार कर जेलों में डाला गया। अंतिम बार की गिरफ़्तारी में वह 11 महीनों तक बुतिर्की के जेल में रखा गया।

11 महीनों का यह समय उसके जीवन में बहुत ही महत्त्वपूर्ण और एक नयी दिशा का समय था। जेल में उसने बहुत अधिक और भिन्न-भिन्न प्रकार के साहित्य का अध्ययन किया। उसने नये साहित्य का अध्ययन किया, प्रतीकवादियों और फिर वायरन, शेक्सपियर और लिओ तोलस्तॉय की रचनाओं को देखा। उसने नयी शैलियों और काव्य के रूपों का भी विस्तृत अध्ययन किया। उसके हृदय में इस प्रकार समाजवादी साहित्य और शैली निर्माण करने का उत्साह जगा। जेल से छूटने के बाद इस काम में पूरी तरह से लग जाने के विचार से उसने बोल्शेविक पार्टी को छोड़ दिया। इस समय के अपने मानसिक संघर्ष के विषय में मायाकोव्स्की ने लिखा है : ''मैं जेल से बाहर एक मानसिक उथल-पुथल लेकर आया। जिन लेखकों को मैंने पढ़ा था वे महान् कहे जानेवाले लेखक थे। लेकिन उनसे कहीं अधिक अच्छा लिखना कितना आसान था। मैंने दुनिया के प्रति एक सही दृष्टिकोण प्राप्त कर लिया था। मुझे बस कला के क्षेत्र में अनुभव की ज़रूरत थी। मुझे यह कहाँ मिल सकता था? मैं अभी अधकचरा था। मेरे लिए पक्की ट्रेनिंग की ज़रूरत थी। अनेक हाई स्कूलों ने मुझे ठुकरा दिया था, स्ट्रागनोवस्की के स्कूल ने भी। पार्टी में रहने का मतलब था लुक-छिप कर रहना। और मैंने सोचा कि लुक-छिप कर रहने का मतलब यह होगा कि मैं अपने अध्ययन को पूरा न कर पाऊँगा। यानी भविष्य में मेरे लिए सिर्फ यह काम रह जाता—ज़िंदगी भर इश्तहार लिखना और किताबों से सही विचारों को लेकर उन्हें फिर से सजाना, उन विचारों को जिन्हें मेरे मस्तिष्क ने नहीं निकाला था। जो कुछ मैंने पढ़ा अगर वह मुझसे छीन लिया जाता तो मेरे पास शेष क्या

रहता? मार्क्सवादी प्रणाली : संभवतः यह एक अबोध बालक के हाथों पड़ गई थी। किसी प्रणाली का प्रयोग उस समय सरल हो जाता है जब कोई उसे अपने विचारों में लागू करे। लेकिन मेरी जब शत्रुओं से मुठभेड़ हो जाती है तब? आखिर मैं बेली (एक रूसी प्रतीकवादी कवि) से अच्छा नहीं लिख पाता। ...अतीत की काव्य शैली के विरुद्ध, जो मेरे ऊपर एक ग्लेशियर की भाँति टूट पड़ी थी, मैं कौन-सी चीज़ रख सकता था? क्या क्रांति के लिए गंभीर ट्रेनिंग की आवश्यकता न थी? मैं मेदयेदेव के पास, जो मेरा पार्टी कामरेड था, गया; उससे कहा कि, मैं समाजवादी कला का निर्माण करना चाहता हूँ। वह बहुत देर तक हँसता रहा और तब कहा : ''तुम कायर हो।'' मैं अब भी सोचता हूँ कि उसे मेरे साहस का पूरा अनुमान न था। मैंने पार्टी का काम छोड़ दिया और अध्ययन में लग गया।''

लेकिन प्रारंभ असफलता से हुआ। ''मुझे ऐसा जान पड़ता कि मैं कविता लिख नहीं सकता। मेरे प्रयत्न दयनीय होते। मैं चित्रकला की ओर मुड़ा।'' बाद में मायाकोव्स्की एक ऐसे स्कूल में भर्ती हुआ जहाँ चित्रकला, मूर्तिकला इत्यादि की शिक्षा दी जाती थी और यहाँ बड़े ही नाटकीय ढंग से उसकी मित्रता बरल्यूक नाम के विद्यार्थी से हुई। वही मायाकोव्स्की को कविता में 'भविष्यवाद' (Futurism) की ओर ले आया। एक रात मायाकोव्स्की ने अपने साथी को अपनी कुछ कविताएँ सुनाईं। बरल्यूक ने उसकी ओर देखते हुए कहा : ''तुमने यह सब कुछ खुद लिखा है! तुममें बहुत प्रतिभा है।'' इस प्रशंसा ने मायाकोव्स्की को उमंग से भर दिया और उसी के शब्दों में ''मैं कविता में डूब गया। उस रात को मैं अकस्मात् कवि बन गया।'' फिर तो बरल्यूक ने हर एक व्यक्ति से उसे 'प्रतिभावान' कह कर उस पर कविता लिखने के लिए दबाव डालना शुरू किया। उसने कहा–''देखो, अब तुम लिखते चलो नहीं तो तुम्हारी वजह से लोग मुझे खासा मूर्ख समझ लेंगे।'' बरल्यूक ने ही मायाकोव्स्की को फ्रांसीसी और जर्मन कवियों की भी रचनाएँ सुनाईं। उसने ही मायाकोव्स्की को आधा रूबल प्रतिदिन देना शुरू किया। ताकि वह अपना लिखना भूख की चिंता से मुक्त रह कर जारी रखे। थोड़े ही समय बाद मायाकोव्स्की का परिचय रूस के दो और उदीयमान कवियों से हुआ जिनका नाम रब्लेब्नीकाफ़ और क्रुचेनिख़ था। इन सब लोगों ने मिलकर भविष्यवादी कला का घोषणा-पत्र 1913 में निकाला और अपनी रचनाओं का संकलन 'सामाजिक रुचि पर थप्पड़' (A Slap at Public Taste) शीर्षक से निकाला।

इस काल का भी मायाकोव्स्की के कवि-जीवन में बड़ा महत्त्व है। उसने स्वयं इसके संबंध में यह लिखा है : ''मेरे लिए यह काव्य के रूप पर श्रम करने का काल था, काव्यमय शब्द पर अधिकार प्राप्त करने का काल।'' इसे स्मरण रखना इसलिए और भी अधिक आवश्यक है कि मायाकोव्स्की की प्रचार-वृत्ति के नीचे कुछ लोग उसकी कलाकारवाली प्रतिभा नहीं देख पाते। मायाकोव्स्की की कविता अधिक-से-

अधिक प्रचारात्मक होती गई, उसने अधिक-से-अधिक तथाकथित अकाव्यमय विषयों को चुना, लेकिन कहीं भी कविता के संवाद में कमी नहीं आई। सही शब्दों के चुनाव में मायाकोव्स्की उतना श्रम करता था जितना श्रम उस खान खोदनेवाले को करना पड़ता है जो हज़ारों टनों की चट्टानों को काट कर तब कहीं कीमती खनिज को प्राप्त करता है।

मायाकोव्स्की की प्रारंभिक रचनाएँ नगर के जीवन तक सीमित हैं। किंतु नगर का जो चित्र हमारे सामने आता है वह चौड़ी-चौड़ी सड़कोंवाला, रोशनी में नहाता हुआ अमीरों का नगर नहीं, वरन् उनका है जो भूख और बेबसी में अपनी छोटी-छोटी कोठरियों में पड़े ज़िंदगी गुजार देते हैं और जिनकी मुसीबतों पर ध्यान देने के लिए अमीरों के पास वक्त नहीं। इस काल की रचनाओं में उसकी सबसे प्रसिद्ध रचना है उसका दुःखांत नाटक जिसका शीर्षक स्वयं मायाकोव्स्की का अपना नाम है। इसमें कवि बेबसों के प्रति अपनी सहानुभूति, अपना प्रेम अभिव्यक्त करता है। वे भी उसके पास आते हैं किंतु, कवि उनके प्रति गहरी सहानुभूति के सिवाय और कुछ उन्हें नहीं दे पाता। इस प्रकार इन रचनाओं में समाज की शोषण व्यवस्था के प्रति असंतोष है, किंतु भविष्य की गोद में पल रही क्रांति का कोई संकेत नहीं।

1914 के महायुद्ध की घोषणा के बाद मायाकोव्स्की का विचार हुआ कि फ़ौज में भर्ती होकर वह युद्ध के भीषण जीवन को समीप से देखे, किंतु वह खतरनाक व्यक्ति समझा जाने के कारण सेना में नहीं लिया गया। युद्ध की विभीषिकाओं के बढ़ने के साथ-साथ उसके प्रति मायाकोव्स्की की घृणा भी बढ़ती गई। इसी समय उसने एक कविता लिखी–"आह, बंद कर दो, आह बंद कर दो अख़बारों की आँखों को।" इसी भाव की अनेक कविताएँ उसने लिखीं। ज़िंदगी में एक ऐसी पस्तहिम्मती आई कि कला में भी उसकी रुचि घट गई।

1915 में कुछ पैसा हाथ आने पर वह फिनलैंड चला गया। इसी वर्ष उसकी प्रसिद्ध कविता "A Cloud in Trousers" लिखी गई, जब मायाकोव्स्की अपने ही शब्दों में "सुंदर–बाईस वर्ष का नौजवान" था। इस कविता की प्रेरणा कवि को अपने असफल प्रेम से मिली। ओडेसा में कवि मार्या अलेक्ज़ेन्ड्रोविना नाम की 17 वर्ष की एक अत्यंत सुंदर और चतुर लड़की के प्रेम में बंदी हो गया। कवि के जीवन में प्रेम का यह पहला उदय था और वह उसके साथ पागल-सा हो उठा। इस कविता में उसने पूँजीवादी संस्कृति के अंगों पर इन चार भागों में आक्रमण किया–1. "तुम्हारा प्रेम मुर्दाबाद" 2. "तुम्हारी कला मुर्दाबाद" 3. "तुम्हारा समाज मुर्दाबाद" 4. "तुम्हारा धर्म मुर्दाबाद।" इस कविता के संबंध में हर्बर्ट मार्शल का, जिसने इसका अंग्रेज़ी में अनुवाद किया है, यह कहना है : "पाठक को यह ध्यान रखना चाहिए कि यह कविता रूस में 1915 में लिखी गई थी, ज़ारशाही के ज़माने में, एक साम्राज्यवादी युद्ध के दौरान में और उस समय जब मायाकोव्स्की पर 'भविष्यवाद' का सबसे अधिक

प्रभाव था। इस पृष्ठभूमि से यह कविता इस प्रकार ऊपर उठती है मानो निश्चय ही यह एक ऐसे व्यक्ति की अंतिम निराश पुकार हो जो विश्व के सामने निरावरण और अकेला खड़ा हो :

"मेरी अंतिम पुकार
कम से कम तुम
आनेवाले युगों के भीतर अपनी चीख़ भर जाओ
और कहो कि मैं जल रहा हूँ जल!"

'भविष्यवादी' कला और विचारधारा में प्राचीनता के प्रति विद्रोह की भावना इस कविता में बड़े ज़ोरदार शब्दों में उसने व्यक्त की :

"दादा लोगों की मधुरता से अछूता हूँ
मेरी आत्मा में एक भी सफ़ेद बाल नहीं
दुनिया को अपनी वज्रघोष से गुँजाता हुआ
मैं चला आता हूँ—सुंदर
बाईस वर्ष का नौजवान!"

भविष्य की ओर देखता हुआ कवि बोला :

"मैं 'शून्य' कहता हूँ
उस सबको जो पहले हो चुका।"

मानवता के प्रति जो अगाध श्रद्धा इस कविता में उमड़ती दीख पड़ती है उसका उदाहरण वाल्ट ह्विटमैन की कविताओं के अतिरिक्त शायद ही कहीं मिले। उसने लिखा :

"जीवित मनुष्य का लघुतम कण भी
अधिक बहुमूल्य है उस सबसे जो कुछ
मैंने किया है या करता हूँ।"

और—

"प्रार्थनाओं से कहीं अधिक सत्य
स्नायु और रक्तवाहिनी नसें हैं।"

लेकिन इस कविता का सबसे अधिक महत्त्व इस बात में है कि यहाँ हम सबसे पहले मायाकोव्स्की की विचारधारा को एक ठोस रूप लेते देखते हैं। इसी कविता में उसने शीघ्र आनेवाली लाल क्रांति की घोषणा की। मायाकोव्स्की का मानवता-प्रेम वर्ग-संघर्ष के रास्ते में रोड़ा नहीं था। वह जानता था कि बिना वर्ग-संघर्ष के मानवता की मुक्ति नहीं होने की। इसलिए उसने तोलस्तॉय की भाँति क्षमा, अहिंसा इत्यादि का नारा नहीं उठाया। उसने क्रांति की घोषणा, उसकी भविष्यवाणी अत्यंत दृढ़ शब्दों में की :

"मैं,
जिसका मेरे युग के सहधर्मी उपहास करते हैं
तिरस्कृत क्षीण तुक जैसा समझ कर,
वह चीज़ देखता हूँ जिसे और नहीं पाते हैं
समय के पर्वतों के ऊपर से चली आती
जहाँ मनुष्य की दृष्टि नहीं पहुँच पाती।
भूखे हुए लोगों की भीड़ में
क्रांति का काँटोंवाला ताज पहने हुए
1916 को देखता हूँ
और तुम्हारे बीच इसका मैं मसीहा हूँ
जहाँ कहीं भी पीड़ा है वहाँ हूँ
हर एक गिरती हुई आँसू की बूँद पर
क्रास पर लटके ईसा मसीह की वेदना सहता हूँ
लेकिन हर प्रकार की क्षमा को ख़त्म करने की
घोषणा करता हूँ।"

इस कविता के कुछ अंशों को मायाकोव्स्की ने सबसे पहले गोर्की को सुनाया था और उन्हें सुनकर गोर्की उसके कंधे पर सिर धर कर रोने लगा था। यह कविता उस समय के समाज को ही चुनौती न थी बल्कि उस समय की कविता को भी क्योंकि मायाकोव्स्की ने अपनी क्रांतिकारी विचारधारा के लिए कविता की एक नयी शैली का भी निर्माण किया। इस कविता में उसने नये ढंग से तुकों और पंक्तियों का व्यवहार कर एक अत्यंत ओजपूर्ण शैली निकाली जो वाल्ट ह्विटमैन की शैली का प्रवाह निर्माण करने के साथ-साथ शब्दों के चुनाव में कहीं अधिक सावधानी और मितव्ययिता बरतती थी। इस कविता में मायाकोव्स्की का प्रयोगवादी और नया रूप उभरकर सामने आया।

इसी वर्ष मायाकोव्स्की को सेना में ज़बरन भर्ती कर लिया गया किंतु मायाकोव्स्की इस साम्राज्यवादी युद्ध में जान देने के लिए तैयार न था। इसलिए उसने बहाना बना कर मोर्चे पर जाने से अपने को बचा लिया। गोर्की के कहने से उसने कुछ कविताएँ लिखीं जिसमें 'युद्ध और विश्व' कविता काफ़ी प्रसिद्ध है और जिस पर ज़ारशाही के सेंसर ने पाबंदी लगा दी थी। इन कविताओं में साम्राज्यवाद और युद्ध के प्रति घृणा अभिव्यक्त की गई थी। लेकिन मायाकोव्स्की लाल क्रांति के कुछ पूर्व निराशा की एक गहन निशा में खोया-सा जान पड़ता है। यह समय क्रांति से पहले के उन छः महीनों का है जब रूस में घोर सामाजिक अशांति और निराशा का वातावरण था। उसे अपनी शक्ति और प्रतिभा में विश्वास था किंतु वह वातावरण उसे न मिलता था जिसमें वह उनका उपयोग कर सके। इसलिए उसने लिखा :

"किसी रुग्ण और
सन्निपात की रात्रि में
जाने किस दानव के हाथों ने
मेरा निर्माण किया
जिससे मैं इतना विशाल हूँ
किंतु इतना
अर्थहीन!"

अक्तूबर 1917 की क्रांति ने उसे वह वातावरण दिया। मायाकोव्स्की की सहानुभूति हमेशा रूस की बोल्शेविक पार्टी से रही और क्रांति की घड़ी में भी, जब वह सरकारी सेना में था, उसने मेन्शेविकों और करेन्सकी के विरुद्ध लिखा था। इसलिए क्रांति का उसने खुले दिल से स्वागत किया। अक्तूबर क्रांति के प्रति अपने रुख़ का ज़िक्र उसने अपनी आत्मकथा में इन शब्दों में किया है : "इसे स्वीकार किया जाए या अस्वीकार? मेरे सामने यह सवाल कभी उठा ही नहीं। यह तो मेरी अपनी क्रांति है।" कातनयान ने जो कवि का मित्र रह चुका है, एक महत्त्वपूर्ण दस्तावेज़ का ज़िक्र करते हुए इस संबंध में लिखा है : अभी हाल में ही एक मज़ेदार डाकुमेंट लेनिनग्राद में प्राप्त हुआ है, जो कलाकारों के यूनियन की उस मीटिंग की रिपोर्ट है जो 17 नवंबर 1917 की क्रांति के कुछ दिन बाद हुई थी। इस बैठक ने शिक्षा के मंत्री ल्यूनाचार्स्की द्वारा देश की कला के संगठन के लिए एक प्रस्ताव पर विचार-विनिमय किया गया था। उपस्थित लोगों में से कुछ ने बोल्शेविकों द्वारा राज्य सत्ता को हाथ में ले लिए जाने की तीव्र निंदा की और यह प्रस्ताव रखा कि सरकार से कोई सहयोग न किया जाए। बहुमत किसी निर्णय पर नहीं पहुँच सका और चुप साधे रहा। केवल मायाकोव्स्की एक सीधा और साफ़ प्रस्ताव लेकर आगे आया : "नयी सत्ता का स्वागत किया जाए और उससे संपर्क बढ़ाया जाए।"

क्रांति के बाद की कविताओं में समाजवाद और नयी ज़िंदगी के लिए मायाकोव्स्की का उत्साह उमड़ पड़ता है। इस नये उत्साह की सुंदर अभिव्यक्ति उसके नाटक 'Mystery Bouffe' में हुई जिसमें नाटक, महाकाव्य, विद्रूप सब शैलियों का उपयोग कर मायाकोव्स्की ने समाजवादी व्यवस्था के निर्माण की तस्वीर खींची है। एक इंजीनियर पात्र इस काव्य-नाटक में यह कहता है :

"हम अनेक पृथ्वियों के स्रष्टा हैं,
ग्रहपिण्डों का शृंगार करते हैं
हम चमत्कारों के स्रष्टा हैं
सूर्य को बाँध
चमकीली झाड़ू बना, हम साफ कर देंगे
बादल आसमान से

बिजली की सहायता से।
दुनिया की नदियों में मधु की धार भर देंगे।
दुनिया के कूचों पर चमकते सितारे जड़ देंगे।''

समाजवादी क्रांति की प्रशंसा में सोवियत साहित्य में यह पहला नाटक था और अपनी शैली के दृष्टिकोण से भी यह सर्वथा नवीन था।

उसने सरकार द्वारा स्थापित कला-विभाग को अपना सहयोग दिया और अपने युग के कवियों को भी इस नयी ज़िंदगी को ताक़त पहुँचाने के लिए संदेश दिया।

लगातार मायाकोव्स्की की कविताएँ राजनीतिक विषयों पर और समाजवादी कला के समर्थन में निकलने लगीं। उसकी कविता की शैली और उसकी विचारधारा यथार्थ के नज़दीक आती गई। मायाकोव्स्की को अपनी कविताएँ मज़दूरों और आम जनता के बीच सुनाने के निमंत्रण मिलने लगे और इसका बड़ा ही अच्छा असर उसकी शैली पर पड़ा। मायाकोव्स्की ने आमफ़हम शब्दों और तथाकथित अकाव्यमय शब्दों का सफल प्रयोग कर समाजवादी यथार्थवाद की नींव को और मज़बूत बनाया। उसकी प्रसिद्ध कविता 'लेफ्ट मार्च' 1918 में लाल जहाज़ियों के बीच सुनाने के लिए लिखी गई थी और उसमें हम मायाकोव्स्की की इस नयी दिशा का संकेत पाते हैं। उस कविता की अंतिम पंक्तियाँ इस प्रकार हैं :

''कहीं गरुड़ पक्षी की दृष्टि कमज़ोर पड़ती है?
क्या हम प्राचीन पर आँखें गड़ाते रह जाएँगे?
सर्वहारा की अँगुलियाँ ने
ज़ोर से पकड़ लिया
दुनिया की गर्दन को
सीना तानकर चलो। कंधा सीधा रखो!
उमड़ते हुए लाल झंडों को आसमान में गाड़ो!
कौन है वहाँ जिसका दाहिना पैर उठा?
लेफ्ट!
लेफ्ट!
लेफ्ट!''

लाल क्रांति के पश्चात् सोवियत संघ को भीतरी और बाहरी दुश्मनों के आक्रमणों से बचाने और अपने देश में समाजवादी व्यवस्था को शक्ति प्रदान करने के लिए मायाकोव्स्की ने जिस प्रकार अपनी प्रतिभा का एक अस्त्र की भाँति प्रयोग किया वह संसार के साहित्य में एक बेजोड़ चीज़ है। सन् 1920 में उसने लगभग 3000 पोस्टरों और उनके लिए उचित 6000 शीर्षकों की सृष्टि की। ये पोस्टर दुकानों की अगली खिड़कियों पर चिपकाए जाते थे और उनके द्वारा समाजवादी सरकार की छोटी-से-छोटी योजनाओं की अच्छाई पर प्रकाश डाला जाता था। डेनिकिन और उसके

साथियों की निंदा व्यंग्य चित्रों द्वारा की जाती थी। उनके विरुद्ध और बाहरी दुश्मनों की सेनाओं से लड़ती लाल सेना के लिए जाड़े के कपड़े एकत्र करना, साबुन बनाने की विधि, अनुशासन की भावना को जाग्रत करना, खेती के सामानों का सहकारी स्वामित्व, रक्त-रोग से पीड़ित बच्चों को कुकुरमुत्ते खिलाना—इन सब बातों का प्रचार इन पोस्टरों द्वारा किया जाता था और मायाकोव्स्की ने इसमें अपने कवि या कलाकार के धर्म का अपमान न समझा। इस प्रचार के द्वारा कवि की राजनीतिक समझ बढ़ती गई और उसने देश के प्रति अपनी प्रतिभा के उत्तरदायित्व की अनुभूति और परख की। इसलिए गृहयुद्ध के ख़त्म हो जाने पर भी मायाकोव्स्की ने अपना प्रचारात्मक काम ख़त्म नहीं किया क्योंकि गृहयुद्ध के बाद देश को निर्माण के मोर्चे पर मज़बूत बनाना था। एक लंबे अर्से के बाद मायाकोव्स्की ने 1922 में अपनी कविता 'कान्फ्रेंसों के संबंध में' लिखी जिसमें सहानुभूतिमय व्यंग्य शैली में कम्युनिस्टों की अटूट कान्फ्रेंसों का मज़ाक किया गया था। लेकिन फिर भी पोस्टरों और शीर्षकों द्वारा प्रचार का काम बंद नहीं हुआ। 1922 से लेकर 1925 तक के समय में उसने धर्म, शराबखोरी इत्यादि के विरुद्ध और शिक्षा और संस्कृति की विकास-योजनाओं के प्रशंसात्मक चित्रों की सृष्टि की। 1922 के बाद उसने रोज़मर्रा की समस्याओं पर अनेक कविताएँ लिखीं और किसी भी अवसर विशेष के लिए मायाकोव्स्की की कविता संपादकों के निमंत्रण के पहले ही अक्सर तैयार रहती थी। कातनयान का कहना है कि कवि अक्सर संपादकों के निमंत्रण का यह उत्तर देता था : "हाँ, मुझे मालूम है। मैं इसे आधी पहले ही लिख चुका हूँ।"

लेनिन की मृत्यु दुनिया के सर्वहारा वर्ग पर बिजली टूटने के समान थी। मायाकोव्स्की ने लेनिन की मृत्यु पर जो रचना की शायद वह उसकी सुंदरतम सृष्टि है। इस कविता में लेनिन के महान् व्यक्तित्व का जो महत्त्व दुनिया की मेहनतकश जनता के लिए था उसे मायाकोव्स्की ने परख कर अभिव्यक्ति दी। कविता का प्रारंभ शोक की सघनता से होता है लेकिन उसका अंत विजय और उल्लास के साथ होता है क्योंकि लेनिन की ज़िंदगी सर्वहारा वर्ग की विजय की दृढ़ नींव पड़ जाने के बाद ही खत्म हुई थी। कवि ने मौत के बाद भी लेनिन के हाथों में दुनिया के सर्वहारा वर्ग का झंडा देखा और उसने पुकारा :

"मेहनतकशो!
उठो
अंतिम लड़ाई के लिए कमर कसो!
अपनी पीठ सीधी करो
अपने घुटनों पर से उठ खड़े हो
सर्वहारा की फ़ौज
तुम्हारे लिए रुकने का मौक़ा नहीं।

इनक़िलाब ज़िंदाबाद,
खुश हो और जल्दी करो!
यह सबसे महान् युद्ध है
उन महान् युद्धों में
जो इतिहास के पन्नों में लिखे हैं।''

इस कविता में लेनिन का महान् व्यक्तित्व, उनकी संगठन करने की शक्ति, सर्वहारा के दुश्मनों के विरुद्ध उनकी मोर्चेबंदी में चतुरता, योद्धा के साथ-साथ उनमें महान् विचारक की प्रतिभा और प्रखरता—इन सबके दर्शन हमें होते हैं। इस कविता में मायाकोव्स्की एक तपे हुए बोल्शेविक कवि के रूप में आया और उसने अपनी वाणी और शक्ति को सर्वहारा वर्ग को समर्पित करते हुए ये पंक्तियाँ लिखीं :

''गर्जना की अपनी सारी शक्ति
मैं तुम्हें समर्पण करता हूँ
दुश्मन पर धावा बोलते वर्ग!
'प्रालीतारियत'—यह शब्द—
भद्दा और भोंडा है
उनके लिए
जिनके लिए कम्युनिज़्म
मौत-सी भयानक महामारी है
किंतु हमारे लिए
यह एक शब्द
इतना प्रबल संगीत है
कि वे भी
जो मौत में सोते हैं
उठकर युद्ध को तैयार हो जाते हैं।''

1922 के बाद मायाकोव्स्की लगभग हर साल दूसरे देशों के भ्रमण के लिए निकल जाता था। स्वयं अपने देश का कोना-कोना उसने देख रखा था और एक स्थान से दूसरे स्थान जाकर कभी विद्यार्थियों के बीच, कभी साधारण नागरिकों के बीच, कभी नाविकों के बीच और कभी खान के मज़दूरों और सिपाहियों के बीच वह अपनी कविताओं का पाठ करता रहता था। इससे उसे सोवियत संघ की नयी ज़िंदगी को नज़दीक से देखने का मौक़ा मिलता था और साथ ही अपने सुननेवालों के संपर्क में आने से मायाकोव्स्की अपनी शैली में भी आवश्यक विकास करता गया। 1926 में अपने कार्य के इस पक्ष पर दृष्टि डालते हुए उसने कहा था : ''मैं फ्रांस के प्राचीन प्रेमगाथा गानेवाले कवियों और चारणों की परंपरा जीवित करता हूँ और एक नगर से दूसरे नगर अपनी कविताएँ सुनाता फिरता हूँ।'' मायाकोव्स्की अपने

सुननेवालों में बहुत शीघ्र ही प्रिय हो जाता था। आकर्षक व्यक्तित्व और उसकी कविताओं में समाजवाद के निर्माण और सपनों की तस्वीर के अतिरिक्त उसकी वाणी में एक महान् वक्ता की ओजस्विता थी और इसके कारण उसकी कविताओं का ज़ोरदार प्रभाव सुननेवालों पर पड़ता था। उसके साथ काम करनेवाले पी. लाउत ने इन सफ़रों का बड़ा ही रोचक वर्णन किया है और वहाँ हमें मायाकोव्स्की के व्यक्तित्व के अनेक पहलुओं की झाँकी मिलती है।

अपने देश के अतिरिक्त मायाकोव्स्की ने यूरोप, अमरीका और मेक्सिको इत्यादि का भी भ्रमण किया। यह भ्रमण केवल तफ़रीह के लिए न था बल्कि वह ज़िंदगी को नज़दीक से देखना चाहता था और सोवियत संघ और पूँजीवादी देशों की ज़िंदगियों के अंतर को देख कर वह गर्व से सिर उठा लेता था। उसकी कविता 'मेरा सोवियत पासपोर्ट' में सोवियत संघ की नागरिकता का अभिमान फूटा पड़ता है। दूसरे देशों के अधिकारियों को, जो उसकी ओर घूर-घूर कर देखते हैं, वह उसी तरह घूरते हुए और गर्व से कहता है :

> ''पढ़ो इसे
> और मुझसे ईर्ष्या करो
> मैं नागरिक हूँ
> समाजवादी सोवियत संघ का!''

अमरीका की उत्पादन प्रणाली से वह प्रभावित हुआ लेकिन उसकी बर्बरता से भी वह परिचित था। इसलिए न्यूयार्क के संबंध में लिखी गई अपनी एक कविता में उसने कहा :

> ''न्यूयार्क को देख किसे आश्चर्य नहीं होगा?
> इसलिए मुझे भी आश्चर्य होता है
> किंतु मैं उसको श्रद्धा नहीं दे सकता
> मैं अपना सिर उसे नहीं झुका सकता।
> हम सोवियतवाले
> जानते हैं कि कहाँ सिर झुकाना चाहिए
> सरमायदारों के सामने
> कभी नहीं।''

मायाकोव्स्की का यह अदम्य उत्साह, उसकी कला की यह जानिबदारी, प्रतिक्रियावादी रैप (Rapp) की आँखों में खटकती थी। इसलिए उन्होंने मायाकोव्स्की पर निरंतर आक्रमण करते रहने का षड्यंत्र रचा और कहते रहे कि उसने कला को धूल में मिला दिया है। उसमें समाजवादी कला को निर्माण करने की क्षमता नहीं है, वह न तो जनता के निकट है और न वह जनता के हित की परवाह करता है। इस प्रकार का आक्रमण समय-समय पर उसकी रचनाओं और उस पर होता रहा। मैक्सिम

गोर्की को ज़हर द्वारा मार डालने के षड्यंत्र जैसा ही भीषण षड्यंत्र यह भी था। असफल प्रेम, गिरते स्वास्थ्य और इस प्रकार के रोगों से क्षुब्ध होकर इस महान् योद्धा-कवि ने 1930 में आत्महत्या कर ली। आज इन आरोपों को सुन कर कोई भी व्यक्ति क्रुद्ध हुए बिना नहीं रह सकता लेकिन मायाकोव्स्की के जीवन काल में इन आरोपों द्वारा काफ़ी भ्रम पैदा किया गया था। लेकिन आज मायाकोव्स्की सोवियत संघ की पीढ़ी का सबसे अधिक प्रिय कवि है। श्रीमती लेनिन ने लेनिन के संबंध में अपने संस्मरणों में लिखा है कि एक स्थान पर नौजवानी के बीच लेनिन ने पाया कि वे पुश्किन से कहीं अधिक प्यार मायाकोव्स्की से करते थे। इससे मायाकोव्स्की की हत्या के पीछे सोवियत के नागरिकों की उदासीनता न थी, वरन् उसके विरुद्ध गंदे प्रचार का एक गुट द्वारा षड्यंत्र था।

हर्बर्ट मार्शल ने इस प्रश्न का उत्तर देते हुए कि क्यों मायाकोव्स्की साथ-ही-साथ एक लोकप्रिय कवि और क्लासिक भी है यह लिखा है कि "वह क्लासिक अपनी मौलिकता और काव्य के रूप की पूर्णता के कारण है और अपनी कविता में लोकप्रिय आज की ज़िंदगी के रोज़मर्रा विषयों के कारण।" मार्शल ने मायाकोव्स्की और प्राचीन ग्रीस के योद्धा कवियों में समानता का ज़िक्र करते हुए यह भी लिखा है : "निस्संदेह यह देखने की चीज़ है कि क्लासिक ग्रीस और आज के रूस के महान् कलाकारों में कैसी समानता है। वे क्रांतिकारी कलाकार भर नहीं हैं, वरन् क्रांतिकारी और कलाकार हैं। और जिस तरह एसकिलस की समाधि पर मरथान में उसकी बहादुरी की प्रशंसा खुदी हुई है और उसकी नाटक सृष्टि करने की शक्ति की नहीं, उसी प्रकार मायाकोव्स्की की यादगार पर ये शब्द खोदे जा सकते हैं : 'यह व्यक्ति 1909 में बोल्शेविक था।' "

लाल क्रांति ने मायाकोव्स्की की कविता के विषय और उसकी कला में भी क्रांति की। प्रारंभ का व्यक्तिवादी कवि अब समाज की हर धड़कन की लय में अपने दिल और दिमाग़ की धड़कन मिलाकर रहने लगा। गृहयुद्ध के ज़माने में किसी आलोचक ने 19वीं सदी के रूस के प्रसिद्ध कवि नेक्रासोव के बारे में उसकी लिखित राय जाननी चाही। पहला प्रश्न इस प्रकार था—"क्या आपको नेक्रासोव की कविताएँ पसंद हैं?" मायाकोव्स्की का उत्तर था—"कुछ कह नहीं सकता। इस प्रश्न पर मैं गृहयुद्ध ख़त्म हो जाने के बाद विचार करूँगा।" मायाकोव्स्की क्रांति के पश्चात् अपनी कला को जागरूक बनाकर समाजवाद का अस्त्र बनाने में लगा रहा। उसने अपने एक लेख में लिखा कि वह स्वयं अपनी कविताओं को इन दो कल्पना-चित्रों से आँकता था : "यदि सारे कवि अपनी कब्रों से बाहर निकल आएँ तो वे यह अवश्य कहें : हमारे समय में ऐसी कविताएँ न थीं। न तो हमने ऐसी कविताएँ देखी थीं और न यही जानते थे कि उन्हें कैसे लिखा जाता है। दूसरे, यदि अतीत अपनी कब्र से बाहर उठ खड़ा हो—ह्वाइट गार्ड्स और वे सब लोग जो पुरानी व्यवस्था को फिर से क़ायम करना चाहते हैं—तो मेरी कविताओं में वह अभिशाप होना चाहिए जो उनका पता

चला ले और उनका विनाश कर दे।"

अक्तूबर क्रांति के पहले भी मायाकोव्स्की की सामाजिक चेतना जगी हुई थी किंतु उसे दिशा भ्रम भी हो जाता था। अक्तूबर क्रांति के पहले 1915 में उसने अपने साथी कवियों से चुनौती के स्वर में पूछा था :

"और तुम
जो एक चाँद को देखकर काँप उठते हो
और शेख़ी मारते हो कि तुम एक भव्य युग के
संरक्षक हो
आज के लिए लिखने को तुम्हारे पास है क्या?
किसी भी सालिसिटर के सहयोगी को
ज़िंदगी
सौगुनी अधिक रुचिकर लगती है जितनी तुम्हारे लिए
संभ्रांत कविगण!
क्या तुम्हारा मन भरा नहीं
दूतों से
महलों से
प्रेम से
और बकाइन के फूलों से?
अगर तुम्हीं जैसे लोग
स्रष्टा हो सकते हैं
तो मैं सारी कला पर थूकता हूँ।"

और 1918 में उसने अपने भविष्यवादी साथियों को आगे बढ़ने का बुलावा देते हुए लिखा था :

"वही सच्चा कम्युनिस्ट है
जो इसलिए कि लौटा न जा सके पुल को जला देता है
धीरे धीरे चलना छोड़ो, भविष्यवादियो!
और कूद पड़ो भविष्य में।"

उसने इस नयी ज़िंदगी को एक यथार्थवादी की भाँति देखा। मायाकोव्स्की ने लाल क्रांति को आसमान में तारों की भाँति न देखकर उसे अपने देश की जनता की ज़िंदगी में सुख, समृद्धि और एक ऊँची मानव संस्कृति के निर्माण के रूप में देखा। इसलिए उसने इस क्रांति और उसकी नयी व्यवस्था से निकटतम संबंध क़ायम किया। जैसा कि कातनयान ने कहा है मायाकोव्स्की के लिए क्रांति एक विषय मात्र न थी वरन् वह क्रांति के लिए ही जीता था। 1924 में पुश्किन की जयंती के अवसर पर उसने ये पंक्तियाँ लिखी थीं :

"अब हमारी क़लमें
संगीनें बन गई हैं
और हमारे दाँत
इस्पात की भाँति मज़बूत
क्रांति की लड़ाइयाँ
'पोल्तोवा'[1] की लड़ाइयों से कहीं अधिक अहम हैं
और प्यार कहीं ज्यादा भव्य है
ओनेजिन[2] के प्यार से।"

अपनी कविता 'बीस वर्ष' में आनेवाली पीढ़ियों को संबोधित करते हुए उसने कहा :

"मैं चाहता था
तुम्हारे लिए लिखूँ
प्रेम-गाथाएँ
वे आकर्षक होती हैं
और उनसे द्रव्य-लाभ भी होता है
लेकिन मैंने अपने को वश में रखा
और पैरों के नीचे घोंट डाला
स्वयं अपने गीतों का गला।
सुनो!
साथी उत्तराधिकारियो और वंशजो
एक प्रचारक को,
लाउड-स्पीकर-इन-चीफ़ को :
भीषण रव
कविता का प्रलय प्रवाह,
मैं तुम्हारे पास चला आ रहा हूँ
गीतों के संग्रहों को पार करता
और मैं जीवित व्यक्ति की भाँति
जीवितों से बोलता हूँ।"

मायाकोव्स्की के विषय में यह कहा जाता था, विशेषतः उन आलोचकों की ओर से जो किसी भी प्रयोग के विरोधी थे, कि उसने कविता को एक स्वतः प्रसूत,

---

1. पुश्किन रचित एक कविता जिसमें पोल्तोवा की लड़ाई का वर्णन है। इसमें पीटर महान् ने स्वीडेन के बादशाह चार्ल्स बारहवें को हराया था।
2. पुश्किन की सबसे प्रसिद्ध रचना 'यूजीन ओनेजिन' का प्रेमी-नायक।

स्वांतः सुखाय और उसके ब्रह्मानंदी ऊँचे स्तर से उतार कर फैक्टरियों में आर्डर पर बने हुए माल के स्तर पर ला दिया है। स्वयं मायाकोव्स्की का उत्तर यह था कि कवि और प्रकार के निर्माताओं से भिन्न नहीं है और उसकी रचना किसी ब्रह्मानंद का फल नहीं, वरन् उसकी जागरूक चेतना का फल है। इसलिए उसने अपनी कविता 'घर की ओर' में 1925 में लिखा :

"मैं चाहता हूँ कि योजना कमीशन
पसीने से तर हो जाए बहस करते-करते
कि मुझे कितनी कविता का निर्माण करना है
राज्य की निर्माण-योजना के भाग के रूप में"

क्योंकि :

"मैं महसूस करता हूँ
कि मैं एक सोवियत फैक्टरी हूँ
जहाँ सुख का निर्माण होता है।"

उसी कविता की अंतिम प्रसिद्ध पंक्तियों में उसने यह अभिलाषा प्रकट की :

"मैं चाहता हूँ कि क़लम
बंदूक की बराबरी करे
और उसकी गणना हो
लोहे के साथ
उद्योग में,
और यह कि पोलित ब्यूरो के कार्यक्रम में
विषय नंबर एक
स्तालिन की रिपोर्ट हो—
'कविता का उत्पादन' "

और मायाकोव्स्की की क़लम बंदूक के बराबर थी। पिछली लड़ाई के ज़माने में फासिस्तों के ख़िलाफ़ लड़ते हुए सोवियत संघ के सिपाही मायाकोव्स्की की कविताओं को चाव के साथ मोर्चे पर पढ़ते थे। मायाकोव्स्की की कविताओं में घोर निराशा के बीच भी आशा का संदेश है और उसने बहुत पहले ही फासिस्तों की बर्बर योजनाओं की ओर संकेत करते हुए लिखा था :

"जब तुम्हारे सामने
खड़ा हो जाए
फासिस्तों का टिड्डी-दल
उस समय ऐसा न हो
कि तुम्हारे हाथ तलवार पर न हों।"

उसने फासिस्तों के विरुद्ध मोर्चेबंदी का आदेश देते हुए कहा था :

"जहाँ कहीं भी
ज़मीन पर,
सूरज की रोशनी पड़ती है
वहाँ सबका नारा होना चाहिए
एक सा
बोलो—
फासिस्तों से
संगीनों की प्रखर बुद्धि से;
गोलियों के शब्दों में आग की जीभ से।"

फासिस्तों के विरुद्ध अनवरत युद्ध की आवश्यकता की यह भविष्यवाणी और समाजवादी मानवता और संस्कृति के प्रति मायाकोव्स्की का उमड़ता हुआ उत्साह और प्रेम—ये चीज़ें थीं जो युद्ध में लगे हुए सोवियत सिपाहियों को अपने देश की रक्षा और संसार को फासिज़्म से बचाने के लिए दृढ़ता से मुक़ाबिला करने की शक्ति में योग देती थीं।

लेकिन मायाकोव्स्की की महानता केवल उसके विषयों पर ही नहीं है बल्कि इस पर भी कि उसने अपने नये विषयों के लिए कविता की ऐसी शैली का निर्माण किया जिसमें :

"गोली सा—खरपात
और तुक—जैसी एक मकान से दूसरे मकान में
गोलियों की बौछार हो।"

मायाकोव्स्की की काव्य-शैली उसके विचारों और भावों पर और भी तेज़ सान चढ़ा देती है। मायाकोव्स्की ने सजग कलाकार की भाँति एक नयी काव्य शैली का निर्माण किया—जैसा कि उसने अपने एक लेख 'कविता लिखने का ढंग' में लिखा था : 'काव्य रचनाओं में नवीनता अनिवार्य वस्तु है।' और यह नयी शैली एक ऐसे मुक्त काव्य के रूप में आई जिसमें बोलचाल के स्वरपात की सुंदरता, भाषण-कला में स्वरों के आरोह-अवरोह की प्रेषणीयता, गीतिकाव्य की व्यक्तिगत अनुभूति और तीव्रता—इन सबका अत्यंत प्रभावोत्पादक प्रयोग किया गया। मायाकोव्स्की ने रूसी कविता की क्रांतिकारी परंपरा को जीवित रखने के साथ-साथ उसे एक नया रूप दिया और इस दृष्टिकोण से पुश्किन और उसके बीच इतना महान् कवि कोई और नहीं।

मायाकोव्स्की मद्धम सुरोंवाली मीठी-मीठी आवाज़ का कवि नहीं—उसमें भीषण प्रवाह है। वह पंचम स्वर का कवि है। उसकी कविता में पहाड़ों की, चट्टानों की विराट् भव्यता के साथ-साथ एक सजग सुगढ़ता है। अपनी कविता का चित्र उसने इन पंक्तियों में खींचा था :

"मेरी कविता
ज़ोर लगा कर
बोझिल युगों को चीरती हुई
बाहर निकलती है
विचारमग्न
चट्टान की भाँति परुष
युगों की भाँति भीषण
जैसे कि आज
कोई जलस्कंध निकलता है
जो कभी दृढ़ता से गाड़ा गया था
रोम के दागे दासों द्वारा।"

इस दृष्टिकोण से मायाकोव्स्की और वाल्ट ह्विटमैन में बहुत कुछ समानता है किंतु शब्दों के चुनाव में मायाकोव्स्की ने वाल्ट ह्विटमैन से अपेक्षाकृत मितव्ययिता से काम लेकर और प्रभाव की प्रबलता अक्षुण्ण रख कर अपने को कहीं अधिक बड़ा कलाकार सिद्ध किया है। शब्दों के चुनाव के विषय में मायाकोव्स्की ने कहा था : "हम चाहते हैं कि भाषा का हर एक शब्द बम की तरह धड़ाका करे, चोट में दर्द की भाँति चुभे या विजय के तुमुल नाद-सी ध्वनि उत्पन्न करे। कविता की व्यंजना शक्ति को उसकी सीमा तक पहुँचा देना चाहिए।" और मायाकोव्स्की की यह शैली स्वाभाविक शैली थी क्योंकि उसकी कविताएँ कमरे में बैठे हुए एक-दो आदमियों के पढ़ने के लिए नहीं थीं बल्कि मैदानों, फैक्टरियों और हालों के विशाल समूहों के लिए।

इसी के फलस्वरूप मायाकोव्स्की की शैली पर एक दूसरा प्रभाव यह पड़ा कि उसने धड़ल्ले के साथ बोलचाल और असाहित्यिक समझे जानेवाले शब्दों का और गालियों का भी प्रयोग किया। कविता में प्राचीनतावादी आलोचक इसकी बड़ी कटु आलोचना करते थे और इसे वे मायाकोव्स्की में एक उथले प्रयोगवाद की प्रवृत्ति मात्र कहते थे। इस संबंध में मायाकोव्स्की ने एक सभा में यह उत्तर दिया था : "यहाँ एक साथी का कहना है कि इन अभद्र शब्दों का लिखने में प्रयोग कर, जबकि हम ज़िंदगी में उनका प्रयोग न करते, कोई समाजवाद का निर्माण नहीं कर सकता। यह सोचना निरा भोलापन होगा कि मैं उन शब्दों के सहारे समाजवाद का निर्माण करना चाहता था। ये साथी सही हैं—आप समाजवाद का किन्हीं भी शब्दों के सहारे निर्माण नहीं कर सकते। मैंने उन शब्दों का इस्तेमाल इसलिए नहीं किया है। मुझे भी यह चीज़ भाती है जब कोई कवि यथार्थवाद की ओर से अपनी आँखें मूँद कर मधुर-मधुर स्वरों में गाता है, लेकिन कोई उसे कुत्ते का पिल्ला समझ कर उसकी नाक सीधे ज़िंदगी में जाकर लगा दे तो? यह तो काव्य की एक शैली भर है।"

बहुत से लोगों का यह विचार था कि मायाकोव्स्की प्राचीन कवियों की सारी परंपरा को ख़त्म कर रहा था। स्वयं मायाकोव्स्की अपने प्रयोगवाद का आशय यह कभी नहीं समझता था। उसका तो यह कहना था कि समाजवादी व्यवस्था की नयी ज़िंदगी और उसके नये मानों में साहित्य रचना के पुराने मान नहीं काम दे सकते। उसका प्रयोगवाद नये विषयों और नये पढ़ने और सुननेवालों के लिए एक नयी शैली ढूँढ़ने का प्रयत्न था। उसी सभा में इस संबंध में मायाकोव्स्की ने यह कहा था : ''एक साथी का कहना है कि मैं साहित्य के प्राचीन ग्रंथों के सौंदर्य को ख़त्म कर रहा हूँ। मैंने इस प्रकार की मूर्खता का कोई काम नहीं किया है। ...अगर मैं उनके ख़िलाफ़ कभी भी युद्ध करता हूँ तो इसलिए नहीं कि उनका अंत कर दिया जाए। मैं चाहता हूँ कि उनका अध्ययन हो, उनका विश्लेषण हो और जो कुछ भी उनमें मज़दूर वर्ग के हित का हो सकता है उसका इस्तेमाल हो। लेकिन उन्हें आप आँख मूँद कर स्वीकार नहीं कर सकते।'' प्राचीन साहित्य को देखने का यह तरीक़ा मार्क्सवादी तरीक़ा था और लेनिन ने अभिजातवर्गीय संस्कृति के प्रति यही दृष्टिकोण अपनाया था।

मायाकोव्स्की के काव्य का अत्यंत व्यापक प्रभाव सोवियत संघ के कवियों पर पड़ा है। मायाकोव्स्की के शैली के क्षेत्र में प्रयोग आज सोवियत की अनेक रिपब्लिकों में कवियों के लिए प्रकाश-स्तंभ की भाँति हैं। ऐजरबैजान, तुर्कमेनिया, कज़ाकिस्तान आदि की रिपब्लिकों में कवियों ने मायाकोव्स्की की ही भाँति बोलचाल के शब्दों और काव्य में संबंध जोड़ने का सफल प्रयोग किया है, जहाँ पहले अरबी और फ़ारसी के शब्दों की भरमार रहती थी। मायाकोव्स्की के उदात्त रूपकों और चित्र योजनाओं की शैली का भी प्रभाव सोवियत संघ के अनेक कवियों पर पड़ा है। असयेव, किरसनोव, तिख़ोनोव इत्यादि कवियों को हम मायाकोव्स्की की परंपरा के कवि कह सकते हैं। मायाकोव्स्की ने सोवियत साहित्य में जो क्रांति की उसके प्रति श्रद्धा प्रकट करने के लिए ही उसके साथी कवि असयेव ने उसे लेकर एक महाकाव्य की सृष्टि की है और मायाकोव्स्की के व्यक्तित्व के क्रांतिकारी महत्त्व को बतलाते हुए लिखा है :

''हमारा यह मित्र आनेवाले दिनों में दिखाई पड़ेगा
मेक्सिको में,
पेरिस में,
कॉकेशस पहाड़ की खड्डों में,
अपनी विशाल आँखों से दुनिया को आर-पार
देखता—
घुटी हुई दाढ़ी-मूँछों में कौतूहल की मुस्कुराहट लिए
और पत्थर की सड़ी हुई मूर्ति की भाँति नहीं
या काँसे की निर्जीव मूर्ति-सा

या प्राणहीन मिट्टी के लोंदे-सा
बल्कि मानवीय मुस्कुराहटों के साथ
यह व्यक्ति जीवित यों रहेगा
अविराम जैसे खून दौड़ता है
आदमी की नसों में''

मायाकोव्स्की ने सोवियत काव्य में शैली और विषय में जनवादी परंपरा को समाजवादी दिशा दी और उसके कारण आज उसे हर सोवियत नागरिक के दिल और दिमाग में आदर का स्थान प्राप्त हुआ है और उसी की अभिव्यक्ति स्तालिन ने मायाकोव्स्की के संबंध में कहे गए इन शब्दों में की थी : ''मायाकोव्स्की हमारे समाजवादी युग का सबसे अधिक प्रतिभावान कवि था और अब भी है। उसकी याद के प्रति उदासीनता अपराध होगा।''

• अजंता : अक्तूबर 1953

टी.एस. इलियट : आतंकित आत्मा का कवि

टी.एस. इलियट ने अपने बारे में कहा कि मैं साहित्य में क्लासिकवादी, राजनीति में राजभक्त और धर्म में ऐंग्लिकन कैथोलिक हूँ। उसके साहित्यिक, राजनीतिक और धार्मिक दृष्टिकोण एक-दूसरे से अविभाज्य हैं और उनका सीधा संबंध पश्चिम के उस राजनीतिक, सामाजिक और सांस्कृतिक संकट से है जो पहले महायुद्ध के बाद पहले से कहीं ज्यादा गहरा हो गया। युद्ध ने बड़े पैमाने पर पश्चिमी देशों में धन और जन की ही क्षति न की, बल्कि उनके परंपरागत मूल्यों को भी ध्वस्त कर दिया। घोर व्यक्तिवाद के सहारे खड़ी पश्चिम की सभ्यता और संस्कृति का खोखलापन स्पष्ट हो गया। रूस की सफल समाजवादी क्रांति और पूर्वी यूरोप के अनेक देशों में उभरी, किंतु साम्राज्यवादी हस्तक्षेप से दबा दी गई, जनक्रांतियों ने पूँजीवादी व्यवस्था और उसके असर में रहनेवाले बुद्धिजीवियों को भयभीत कर दिया। युद्ध के बहुत पहले ही यूरोपीय जीवन-दर्शन के आधार व्यक्तिवाद का अमानवीय और पतनशील रूप प्रकट होने लगा था, युद्ध के बाद उसकी असामाजिकता ने और भी कुत्सित रूप धारण कर लिया। पश्चिम के बुद्धिजीवियों के लिए यह घोर स्वप्न-भंग संशय, अनास्था और आश्रयहीनता का युग था।

टी.एस. इलियट की कविता ऐसे ही संकटापन्न युग की देन है। प्रथम महायुद्ध के पहले हार्वर्ड में विद्यार्थी के रूप में वह इर्विंग बैबिट और बाद में इंगलैंड के साहित्य चिंतक टी.ई. हुल्म से बहुत प्रभावित हुआ था। दोनों ही यूरोपीय पुनर्जागरण के मानवतावादी दर्शन के कट्टर विरोधी थे। हुल्म के अनुसार यूरोप के सांस्कृतिक संकट का कारण यह था कि मानवतावादी दर्शन ने विश्व के केंद्र में ईश्वर के स्थान पर मानव को बिठा दिया, उसकी पतनोन्मुखता की अवहेलना की और उसे पूर्णता की अपरिमित संभावनाओं से परिपूर्ण बतलाया। मानवतावादी दर्शन ने ही रोमानियत को जन्म दिया था। इसलिए बैबिट और हुल्म के अनुसार यूरोप के सांस्कृतिक पुनर्जन्म के लिए रोमानियत को खत्म करना नितांत आवश्यक था। हुल्म ने रोमानियत को रोग कहा। उसके विरुद्ध क्लासिकी दृष्टिकोण का समर्थन करते हुए उसने कहा—'मनुष्य

असाधारण रूप से बद्ध और परिमित प्राणी है और उसकी प्रकृति पूर्णतया अचल है। केवल परंपरा और संघटन के सहारे ही उसमें से कोई भली चीज निकाली जा सकती है।'

इन दो चिंतकों के अतिरिक्त टी.एस. इलियट पर एफ.एच. ब्रैडले के दर्शन का प्रभाव भी पड़ा था। ...उसके लिए जिंदगी रोमानियत से अछूती है। वह राजकुमार हैमलेट की भाँति 'जीता रहूँ या मर जाऊँ', 'करूँ या न करूँ' के अनिश्चय में पड़ा हुआ है, लेकिन वह जानता है कि 'मैं राजकुमार हैमलेट नहीं हूँ, और न इसके लिए बनाया गया'। उसका जीवन उद्देश्यहीन है जिसे उसने 'कॉफी के चम्मचों से नाप-नाप कर बिता दिया है'। होटल में जब–

कमरे में औरतें आती और जाती हैं
माइकेल जेलों की बातें करती हुईं।

तो उसमें रोमानियत की दुनिया की यादें ताजी हो जाती हैं। लेकिन वह नपुंसकता से ग्रस्त है, उसके सिर के बाल झड़ रहे हैं, वह बूढ़ा हो रहा है। रोमानियत की यादें उसे परेशान कर देती हैं, लेकिन रोमानियत उसकी पहुँच के बाहर है :

मैंने जलपरियों को गाते सुना है,
आपस में सुना-सुना कर,
मैं नहीं समझता कि वे
मुझे भी सुनाकर गाएँगी।

आधुनिक समाज की अर्थहीन शिष्टताओं और सतही अनुभवों के बीच रहते-रहते उसने आदिम पौरुष, तेज, सरलता, सक्रियता–सभी गुणों को खो दिया है :

काश, मैं खुरदुरे पंजों का
एक जोड़ा हुआ होता
सुनसान समुद्रों के फर्शों के
आरपार दौड़ता हुआ।

सन् 1920 में इलियट की कविताओं का दूसरा संग्रह प्रकाशित हुआ, जिसकी प्रसिद्ध रचनाओं में 'जेराण्टियन' और 'स्वीनी एमंग द नाइट-इंगेल्स' हैं। प्रुफ्राक की तरह जेराण्टियन भी अपने परिवेश से त्रस्त है। पुराने युगों की आस्था से रिक्त–'मेरे पास प्रेत नहीं है'–वह प्रतीक्षा कर रहा है कि शायद कभी उसके जीवन की प्यासी धरती पर वर्षा हो :

मैं हूँ यहाँ, बुड्ढा
आदमी सूखे माह में,
लड़का पढ़कर सुनाता जा रहा,
वर्षा की राह देख रहा हूँ।

आज की व्यवसाय और वाणिज्य-प्रधान सभ्यता ने, मानवतावादी दर्शन के बौद्धिक दंभ ने और व्यक्ति में आध्यात्मिक अनुभव की अक्षमता ने सारे मानव-समाज में ईश्वर-भीरुता और धर्म को समाप्त कर दिया है। यह अराजक समाज है, जिसका विध्वंस निश्चित है। 'जेराण्टियन' की यही केंद्रीय विषय-वस्तु है।

'स्वीनी एमंग द नाइटइंगेल्स' आधुनिक जीवन के विघटन का चित्र है। स्वीनी और उसके साथी मर्द और औरतें आवेग रहित हैं, उनमें जड़ें नहीं हैं; विश्व में सौंदर्य अभी बाकी है, लेकिन उनमें भोक्ता सार फिशर किंग के आहत, वृद्ध और नपुंसक हो जाने के कारण उसके राज्य की सारी भूमि अनुर्वर हो गई थी। मसीही धर्म के अनुसार सारी मानवता का जीवन पाप और दुःख से भरा है। क्योंकि आदि-पिता आदम ने आदि नारी हौवा की बात मानकर और ईश्वर की आज्ञा का उल्लंघन कर वर्जित फल खा लिया था। इस पाप से मुक्ति संभव है, लेकिन इसके लिए मानव को कठोर साधना और तप करना है, अपने को ईश्वर के हाथों में सौंपना है। यही आज संभव नहीं दीखता। इसलिए कविता का अंत उसके प्रारंभ की ही तरह, चिंता और आतंक की मानसिक स्थिति में होता है।

इस प्रकार कविता की बंजर भूमि मानव-आत्मा की बंजर-भूमि है। उसका शापमुक्त होना दुष्कर है क्योंकि वह लिप्साओं में जकड़ी हुई है। 'द वेस्ट लैंड' में इन लिप्साओं का प्रतीक आज के समाज में निम्नतम कोटि के यौन-संबंधों को चुना गया है। जीवन की अनुर्वरता का एक चित्र इन पंक्तियों में है :

यहाँ जल नहीं केवल चट्टान है
चट्टान और जल नहीं और बालू भरा रास्ता
रास्ता घुमावदार ऊपर की ओर जाता हुआ पहाड़ों के बीच
पहाड़ जो चट्टानों के हैं जलहीन
यदि जल होता तो हम रुकते और पीते
चट्टानों के बीच रुकना और सोचना संभव नहीं
पसीना सूख गया है और पैर बालू में हैं
काश, चट्टान के बीच बस जल होता
निष्प्राण पर्वत के सड़े हुए दाँतों का
          मुँह है जो थूकने में अक्षम है
यहाँ कोई खड़ा रह सकता है न
          लेट सकता है न बैठ सकता है
इन पहाड़ों में निःशब्दता भी तो नहीं है
बल्कि सूखी अनुर्वर वज्रध्वनि है
वर्षाहीन...

आधुनिक सभ्यता की इस बंजर भूमि के जल को खोज—आत्मा की आध्यात्मिक

यात्रा—में विफलता के बीच केवल एक आश्रय है वह है वृहदारण्यक उपनिषद् में जीवों के लिए प्रजापति का उपदेश—'दत्त दयध्वम दाम्यत्'। मंगल की कामना से कविता का अंत 'शांतिः शांतिः शांतिः' से होता है। किंतु जो चित्र अंत में भी उभर कर आता है वह है—'लंदन का पुल गिर रहा है गिर रहा है गिर रहा है'—दूसरे शब्दों में, यूरोप की सभ्यता ध्वस्त हो रही है, ध्वस्त हो रही है, ध्वस्त हो रही है। उस सभ्यता को एक नया खतरा पैदा हो गया है—रूस में समाजवाद का उदय, पूर्वी यूरोप के देशों में हुई जनक्रांतियाँ जो दबा दी गईं किंतु हमेशा की तरह प्रारंभिक कविताओं के स्वर बार-बार उठते हैं।

इलियट की कविताओं का प्रथम संग्रह 'प्रुफ्राक एंड अदर आब्जर्वेशंस' (1917) है, जिसमें मुख्यतः प्रेम और यौन-संबंधों को लेकर आधुनिक व्यक्ति के जीवन की अर्थहीनता, निर्वीर्यता, अवसाद, घुटन आदि का चित्र प्रस्तुत किया गया है। इस संग्रह की प्रसिद्ध कविता 'द लव सांग आव जे. अल्फ्रेड प्रुफ्राक' में इलियट ने प्रुफ्राक के माध्यम से आधुनिक युग के उच्च और मध्यवर्गीय व्यक्तियों की मानसिक स्थिति का उद्घाटन किया है। प्रुफ्राक की शहरी ज़िंदगी उसी तरह नीरस, अवसादपूर्ण और गतिहीन है। जैसे वह संध्या जब वह अपने प्रेमी या प्रेमिका को किसी सस्ते होटल में चलने के लिए आमंत्रित करता है...'वेस्ट लैंड' के पहले ही टी.एस. इलियट में धर्म-भावना जोर पकड़ रही थी। उसके अनुसार विघटित जीवन को धर्म का आश्रय लेकर ही पुनः संघटित किया जा सकता था। 'द वेस्ट लैंड' में प्रधान स्वर विघटन के आतंक का है, किंतु उसमें पुनः संघटन के संकेत को, चाहे उसकी विधि मान्य या अमान्य समझी जाए, ध्यान में रखना होगा।

'द वेस्ट लैंड' पर प्रथम महायुद्ध के बाद उत्पन्न स्वप्न-भंग की मानसिक स्थिति की गहरी छाया है। लेकिन यह दार्शनिक कविता किसी एक युग के जीवन की ही नहीं बल्कि पूरे मानव-जीवन की अनंत पापमय और दुःखपूर्ण नियति की अभिव्यक्ति है। कविता की पृष्ठभूमि वह पौराणिक कथा है जिसके अनुसार मानव की विजय मानव आत्मा की आध्यात्मिक यात्रा में एक नयी बाधा का उत्पन्न होना था।

हवा में ऊपर वह कैसी आवाज है
मातृ-विलाप की हल्की आवाज
कौन हैं वे शिरस्कंध बाणों से सुसज्ज
        उमड़ते हुए यूथ
सीमाहीन मैदानों में, विवरपूर्ण पृथ्वी पर लुढ़कते हुए
केवल सपाट क्षितिज से वलयित
वह कौन नगर है पहाड़ों पर
बैंगनी हवा में धमाके और विस्फोट हैं
गिरते हुए स्तूप

येरुसलम एथेंस सिकन्दरिया वियना लंदन
अयथार्थ।

टी.एस. इलियट के मन पर छाया हुआ यह आतंक अंशतः भय और निराशा के उस वातावरण की देन है जो पूँजीवादी-साम्राज्यवादी देशों में रूस में समाजवाद के उदय से पैदा हुआ था।

'द वेस्ट लैंड' के बाद की रचना 'द हालो मेन' (1925) में व्यक्तित्व के पक्षाघात-पीड़ित होने का चित्र है। आज का व्यक्ति खोखला है, भूसा भरी खालों के समान है, अनुभूति-शून्य है, स्वप्न-शून्य है, आस्थाहीन है, आत्मा की मुक्ति से डरता है, वाणी की शक्ति से पंगु है, नेत्रहीन है :

यह मृत देश है
यह नागफनी का देश है
यहाँ पत्थरों की मूर्तियाँ
प्रतिष्ठापित हैं और उन्हें अर्पित है
मृत व्यक्ति के हाथ की अभ्यर्थना
धुँधले पड़ते हुए सितारे की झिलमिलाहट में।

टी.एस. इलियट के लिए इस आतंकमय वातावरण से मुक्ति का साधन केवल एक था—अहं और सांसारिक तृष्णाओं को छोड़कर, पश्चात्ताप और विनय के साथ दिव्यता के प्रतीक चर्च की शरण में जाकर, लोकोत्तर संयम और अनुशासन को स्वीकार कर, आत्मा को एकांतप्रिय आंतरिक जीवन की खोज में प्रवृत्त करना। ऐंग्लिकन चर्च में दीक्षित होने के बाद इलियट की कविताओं में धर्म का गहरा रंग भरता गया। 1927 के बाद लिखी गई 'ऐरियल पोएम्स' (प्रकाशित 1931) की कविताओं में यही स्वर प्रधान है। इनमें मृत्यु के द्वारा नये जीवन को प्राप्त करने का संघर्ष है, कठोर संघर्ष जिसमें पाँव बार-बार फिसल जाते हैं और व्यक्ति को 'द वेस्ट लैंड' और 'द हालो मेन' की दुनिया में पटक देते हैं। वह पराजित होकर कहता है :

मेरे लिए शहादत नहीं है, चिंतन और प्रार्थना का आनंद।
मेरे लिए नहीं है अंतिम दर्शन।

'ऐश वेन्जडे' (1930) इस नयी दिशा की सबसे महत्त्वपूर्ण कविता है। इसमें आध्यात्मिक यात्रा की वह स्थिति है जहाँ व्यक्ति त्रिशंकु की तरह लटका हुआ नीचे भी गिर सकता है और ऊपर भी उठ सकता है। यह 'मृत्यु और जीवन के बीच तनाव' की स्थिति की कविता है।

• **31 जनवरी, 1965**

'फाँसी के तख़्ते से'

'फाँसी के तख्ते से' उठी हुई आवाज़ में सन्निपात के रोगी के अस्त-व्यस्त उद्‌गार नहीं, उसकी आँखों में खिंचे हुए मृत्यु के तथा अन्य भयावने चित्र नहीं। इसमें एक ऐसा व्यक्तित्व बोलता है जिसके गले में जल्लाद की रस्सी है, आँखों में कल आनेवाले स्वप्न हैं। हृदय में उनकी पूर्ति का हिमाचल-सा दृढ़ विश्वास है और जिसकी बुद्धि और कल्पना, उसके दम टूटते-टूटते, शरद की पूनो की भाँति स्वच्छ और पारदर्शक बनी रहती हैं। यह एक ऐसे व्यक्ति की कहानी है, जिसे जीवन से इतना प्यार था कि मौत के क्षणों में भी उसने उसके चित्र को विद्रूप चित्र नहीं बनने दिया। और वह व्यक्ति एक व्यक्ति नहीं, वरन् संसार के इतिहास में बर्बरता के सबसे बड़े नंगे नाच के युग में, कीचड़ के ऊपर खिले हुए कमल की भाँति, उठती हुई स्वच्छ और सुंदर मानवता है। इसलिए सच्चे अर्थों में 'फांसी के तख़्ते से' आती हुई आवाज़ यूलियस फूशिक की ही आवाज़ नहीं—यह दानवी अजगर की लपेटों में फँसी हुई मानवता के लाकून की मुक्ति की आवाज़ है, एक नये समाज और दर्शन की और उनकी प्रेरणा से मिट्टी के पुतलों में दिव्य चेतना के भरने की घोषणा है।

आज के चेकोस्लोवाकिया के निर्माण का 'फाँसी के तख्ते से' अच्छा अनुबंध शायद ही मिले। उस देश में जनवादी क्रांति के सफल होने पर साम्राज्यवादियों ने बहुत चिल्ल-पों मचाई है और संसार में झूठा और गंदा प्रचार करना शुरू किया है कि चेकोस्लोवाकिया की आज की व्यवस्था वहाँ की जनता की इच्छा का प्रतिनिधित्व नहीं करती। उसके लिए अधिक सफाई न देकर दुनिया के सामने इस 'फांसी के तख़्ते से' उठती हुई आवाज़ को रखना काफी होगा, क्योंकि इसमें यूलियस फूशिक के शब्दों में उसका देश बोलता है—वह देश जिसने नात्सी हूणों के सामने सिर न झुकाया चाहे उन्होंने उसे रौंद भले ही डाला, जिसने अपने अदम्य साहसी पुत्रों और पुत्रियों के बलिदान से सत्य और न्याय के नव-निर्माण के स्वप्न को सफल बनाने का युद्ध जारी रखा। उन्हीं आहुतियों और बलिदानों की नींव पर आज का चेकोस्लोवाकिया खड़ा हुआ है। नात्सियों ने चेक लोगों के खून से उनके देश की जो धरती रंग दी

थी, उसे कब्रिस्तान बना डाला था उस पर विचार करते हुए यूलियस फूशिक ने यह भविष्यवाणी की थी—"ओह, उन भयानक बीजों से एक दिन ऐसी फसल उठ खड़ी होगी!" वह फसल आज का चेकोस्लोवाकिया है। नात्सीज्म और फासिज्म पर इस फसल से बड़ा और कोई दूसरा जीवित व्यंग्य नहीं हो सकता था।

यूलियस फूशिक चेकोस्लोवाकिया के कम्युनिस्ट नेताओं में से था, जिन्होंने अपने देश पर नात्सियों के आक्रमण के बाद वहाँ से भाग जाने से उसकी और दुनिया की आजादी के लिए लड़कर मर जाना अच्छा समझा। फरवरी 1941 में गेस्टपो ने वहाँ की कम्युनिस्ट पार्टी की केंद्रीय कमेटी के लगभग सारे सदस्यों को गिरफ्तार कर लिया। किंतु जनता का युद्ध चलता रहा। 22 जून सन् 1941 को समाजवाद के देश सोवियत रूस पर नात्सियों का आक्रमण हुआ और इधर दुनिया की प्रगतिशील शक्तियों ने बढ़े हुए जोश के साथ, जहाँ पर भी वे थीं, शत्रु की आगे की पंक्तियों से लेकर पीछे और घर की पंक्तियों तक पर अपना जवाबी आक्रमण शुरू कर दिया। फूशिक ऐसे ही योद्धाओं में से था। उसने पार्टी के कुछ अन्य नेताओं के साथ, उसकी बिखरी शक्तियों से भी जितना काम हो सकता था, काम शुरू किया। वह कलम का भी वीर था और अपने पत्रों, अखबारों और पैम्फलेटों द्वारा जनता को नात्सियों के विरुद्ध तैयार करता रहा, उन्हें लड़ने को प्रोत्साहित करता रहा। किंतु कुछ साथियों की असावधानी के कारण अपने कई साथियों के साथ 24 अप्रैल 1942 को वह गेस्टपो के हाथों पकड़ा गया। यहाँ से हम देखते हैं कि वह साहित्य, संगीत और कला का सेवी और विद्यार्थी किस धातु का बना था। गेस्टपो के हाथ पड़ने का अर्थ मौत के सिवाय कुछ और न था किंतु यहाँ, जैसाकि उसने अपने एक दूसरे साथी के विषय में लिखा है, "वह सदा साहसी, स्फूर्तिमय और प्रसन्नचित्त रहा—दूसरों को सदा भविष्य की ओर संकेत करता रहा। जबकि स्वयं उसका अपना भविष्य सीधे मौत की ओर संकेत कर रहा था।" गेस्टपो के अफसरों ने उसके प्रत्येक अंग को क्षत-विक्षत कर डाला कि वह अपनी पार्टी के सदस्यों का पता बतला दे। उसे मुक्ति का लोभ दिया गया। किंतु वह वीर अपने जीवन को दूसरों के जीवन की कीमत देकर नहीं खरीदना जानता था। मौत सामने खड़ी थी और फूशिक ने कहा—"मैंने अपने जीवन को व्यर्थ नहीं किया है, और उसके अंत को मैं बिगाड़ना नहीं चाहता।" और जब वह सोचता है कि उसकी अंतिम घड़ी आ पहुँची है तो भी बड़े दृढ़ स्वर में कहता है—"मैंने जीवन को प्यार किया और उसके सौंदर्य के लिए युद्ध करने निकल पड़ा। मैंने तुम्हें प्यार किया, लोगों, और तुमसे भी बदले में प्यार पाकर फूल उठता था। मुझे व्यथा होती थी जब मेरे प्रति तुम्हारे मन में कोई गलतफहमी पैदा हो जाती थी। तुम, जिसको मैंने कभी कोई हानि पहुँचाई हो, मुझे क्षमा कर देना और तुम जिसे मैंने कभी प्रसन्नता दी हो, मुझे भूल जाना। मेरी कामना है कि मेरे नाम के साथ शोक न जुड़े। ××× यदि तुम्हारा विचार है कि आँसू व्यथा की मलिन

धूलि को पोंछ देंगे तो कुछ क्षण रो लेना। किंतु पश्चात्ताप न करना। मैं आनंद के लिए जीता रहा; मैं आनंद के लिए मर रहा हूँ। मेरी समाधि पर रोने के लिए किसी देवदूत की मूर्त्ति स्थापित करना मेरे प्रति अन्याय होगा।'' किंतु इस्पात के कारखाने में काम करनेवाले मज़दूर के बेटे का शरीर भी मानो इस्पात का हो गया था। सारी पीड़ाओं को वह झेल गया और जो डॉक्टर उसे सुबह देखने आया था, कह उठा—''यह देह है या वज्र!''

पैनक्राट्स के उस जेल में ही फूशिक की पत्नी गस्टीना भी कैद थी। नारी होते हुए भी साहस और बलिदान में उसने अपने पति से पीछे रहना नहीं सीखा था। फूशिक को पहचानने के लिए जब उसे लाया गया तो उसने किसी भावुकता के प्रदर्शन बिना पहचानने से इनकार कर दिया। अपने इसी जीवन-साथी के विषय में, जबकि बर्बर उसे पोलैंड में कठिन परिश्रम के लिए भेज रहे थे, फूशिक ने 19 मई, 1943 को लिखा—''यदि अगले कुछ दिनों में मुझे अवसर मिला तो जो कुछ मैं लिख सकता हूँ उसे लिखने की कोशिश करूँगा, किंतु आज मैं नहीं लिख सकता। मेरे मस्तिष्क और हृदय में गस्टीना ही गस्टीना है, जो महान् और सहृदय है, ऐसी अनमोल और सच्ची सुहृदा उस जीवन के लिए जिसमें गहराइयाँ रही हैं किंतु जो कभी ठीक-ठीक शांत नहीं रह पाया।

''एक संध्या से दूसरी संध्या को मैं उसके लिए वे गीत गाता हूँ, जो उसे सबसे अधिक प्रिय हैं। विस्तृत चरागाहों की उन हरी घासों का गीत जिनमें साम्यवादी युद्धों की गौरव-गाथाएँ गुनगुनाती हैं। उस कौसक बालिका का गीत जो अपने पति के पार्श्व में स्वतंत्रता के लिए लड़ी, उसकी वीरता का गीत और इसका कि कैसे एक युद्ध में वह ज़मीन पर सदा के लिए सो गई।

''ओह, मेरे साहसी साथी, तुम्हारे इस छोटे शरीर में और सुंदरता से गढ़े हुए चेहरे में कौन-सी शक्ति है! तुम्हारी शिशु की-सी उन विशाल आँखों में कैसी कोमलता है! अंतहीन संघर्ष और बहु-बहु अनुपस्थितियों ने हमें ऐसा चिरंतन प्रेमी बना दिया है, जिनके जीवन में प्रथम दुलार और प्रथम मिलन के जलते क्षण सैकड़ों बार फिर-फिर कर आए हैं। हम लोगों के हृदय की सदा एक ही गति रही है, आनंद के क्षणों और चिंता के प्रहरों में, उत्तेजना या शोक में सदा हम दोनों की साँसें एक ही रही हैं।

''वर्षों हमने एक साथ काम किया है और एक-दूसरे की सहायता की है, जैसी सहायता केवल एक मित्र ही दूसरे मित्र के लिए कर सकता है। ××× वर्षों तक हम उन संघर्षों में एक-दूसरे के साथ डटे रहे, जिनसे हमारा जीवन पूर्ण रहा है। वर्षों तक हम दोनों एक-दूसरे का हाथ पकड़कर उस देश में घूमे हैं, जो हम दोनों को प्रिय है। हमारे सामने परीक्षा के अनेक क्षण आए और अनेक महान् हर्षों के क्षण भी, क्योंकि हमारे पास ग़रीबों का धन रहा है—वह धन जो स्वयं हमारे भीतर है।''

ये उद्‌गार उनको चुनौती हैं जो कहा करते हैं कि साम्यवाद पारिवारिक प्रेम

की शृंखला को तोड़ देता है! यहाँ पर दो हृदय एक हो गए हैं, इसलिए नहीं कि यह उनकी इंद्रियों की विवशता है, वरन् इसलिए कि ज़िंदगी के जिन ऊँचे सपनों को वे देखते हैं, वे एक हैं और उस ओर उनके कदम आप-ही-आप उठते चलते हैं। ऐसे ही दंपति और भी हैं–आर्नस्ट लारेंज और उसकी पत्नी जिसे 1942 के मार्शल कानून के दिनों मौत के घाट उतार दिया गया; जेलिनेक दंपति, जिनके घर में फूशिक गिरफ्तार हुआ, जिनकी गिरफ्तारी का चित्र लेखक ने इस प्रकार प्रस्तुत किया है :

''तब उसने अपना सिर धीरे से अपने पति की ओर मोड़कर पूछा–'अब क्या होगा, जो?'

''उसे कभी भी बहुत बात करने की आदत न थी, बात करने में उसे शब्द ढूँढ़ने पड़ते थे और इससे वह उत्तेजित हो जाया करता था। किंतु अब उसने शांति से कहा, बिना किसी प्रयास या शोक की मुद्रा में–'हम लोग अब मरने के लिए चलेंगे, मेरी।' 'वह चिल्लाई नहीं और न काँपी। बड़े ही कोमल ढंग से उसने अपने दाएँ हाथ को नीचे किया और पिस्तौलों के मुँहों के सामने होते हुए भी उसने अपने पति का हाथ पकड़ लिया।' और कुछ दिनों बाद जब उसे मौत के लिए बाहर ले जाने की तैयारी हुई तो उसने यह अंतिम संदेश फूशिक के पास भिजवाया–'सरदार, बाहरवालों से कहला देना कि वे मेरे लिए शोक न करें, और कोई भी मेरे अंत से भीरु न बने। मैंने एक साधारण कार्यकर्ता की जिम्मेदारी निभाई और उसी भाँति मरूँगी भी।' '' ऐसा ही परिवार था विसुशीलों का; ऐसी ही थी लिडा–एक नौजवान लड़की जो हँसते-हँसते बड़े-बड़े कामों को कर डालना जानती थी, ऐसे ही थे वे चैक पहरेदार, जिनमें से एक कोलिन्सकी ने फूशिक को अपने जीवन का खतरा मोल लेकर इन संस्मरणों को लिखने के लिए कागज और पेंसिल लाकर दी थी। वह उन्हें धीरे-धीरे बाद में प्रकाशन के लिए एकत्र करता रहा था। ये सभी साधारण धातु के बने हुए थे, किंतु परीक्षाओं की आग में जलकर वे सभी खरा सोना बन गए थे। जैसाकि फूशिक ने जेलिनेक दंपति के विषय में लिखा है–'ये सरल व्यक्ति थे जिनमें साधारण परिस्थितियों में सूरमा बनने की क्षमता न थी।' साथियों की रक्षा, देश की रक्षा और दुनिया की रक्षा के आदर्श ने इन सरल साधारण व्यक्तियों में एक ऐसा उत्साह और दृढ़ता भर दी थी कि वे टूट गए, किंतु झुके नहीं। पैनक्राट्स के जेल में और गेस्टपो के हाथों में जाँच-पड़ताल का इम्तहान एक ऐसा इम्तहान था, जिसमें आदमी या तो बिल्कुल खरा या बिल्कुल खोटा निकल आता था। बीचवालों के लिए वहाँ कोई स्थान न था। अन्यथा माइरेक को, जिसने अपनी जान बचाने के लिए फूशिक का और सारे साथियों का नाम बतला दिया, कहाँ खोटा सिद्ध होना पड़ता, उस माइरेक को जो स्पेन में फ्रांकों के विरुद्ध लड़ चुका था, जो फ्रांस में जर्मनों के कांसेन्ट्रेशन कैम्पों में रह चुका था और वहाँ से भाग कर चेकोस्लोवाकिया में जनता का युद्ध गुप्त रूप से, साहस के साथ चला रहा था। फूशिक की विवेचना के अनुसार–''हममें

से प्रत्येक में शक्ति और निर्बलता, साहस और भीरुता, दृढ़ता और अनिश्चय, पवित्रता और कालिमा होते हैं। यहाँ उनमें से केवल एक ही चीज रह पाती है। हाँ—या नहीं। यदि कोई इन दो चरम सीमाओं के बीच कौशल से नृत्य करने का प्रयत्न करता था तो उसकी स्थिति ऐसी हँसी की हो उठती थी जैसे कोई अपने हैट में पीले पंख लगा ले अथवा अर्थी के जुलूस में अपने हाथों में झाँझ लेकर नाचे।''

पैनक्राट्स जेल के यंत्रणा के कारखाने में मानवता किस तरह पनप रही थी, इसके भी सुंदर चित्र 'फांसी के तख़्ते से' फूशिक ने खींचे हैं। वहाँ के जेल की कोठरी में उसके सबसे पहले साथी एक नौजवान कारेक और एक साठ वर्ष का अध्यापक जोजेफ़ पेशेक थे, जिसको प्यार से उसके दोनों साथी कैदी 'पिता' कह कर पुकारते थे। कारेक के मौत के घाट उतरने के लिए चले जाने पर 'पिता' ही फूशिक के घावों से निकलती हुई मवाद को साफ करता और उसके दिल को बहलाने के लिए अपनी ज़िंदगी के लिए ख़तरा मोल लेकर भी प्रातः आध घंटे की कसरत के समय मौका पाकर घास के कुछ तिनके और फूल चुन लाता था। इसी प्रकार दुःख ने उनमें से प्रत्येक कैदी को एक-दूसरे के समीप ला दिया था। इस भाव के कारण पैनक्राट्स का जेल एक परिवार हो गया था, जिसमें व्यक्तियों की शक्ति सामूहिक शक्ति बन गई थी, व्यक्तियों के सुख-दुःख सामूहिक सुख-दुःख बन गए थे। वहाँ जैसे दूसरों के लिए जीने के सिद्धांत में बाजी मारने के लिए उनमें होड़-सी लग गई थी। कम्युनिस्टों का देश की रक्षा में महत्त्व समझकर वे भी अपनी शक्ति भर उनकी मदद करने लगे थे, जिन्होंने नात्सियों द्वारा फेंके गए टुकड़ों पर अपनी आत्मा बेच दी थी।

और दूसरी ओर थे नात्सी अफ़सर, जिनमें से लगभग सभी में मानवता दफ़न हो चुकी थी। उनमें इंसान के खून की प्यास थी, धन का लोभ था, जाति का दंभ था और पैशाचिक क्रूरताओं में आनंद पाने की विशेषता थी। नात्सी व्यवस्था के अमानवीकरण के व्यापार का इतना यथार्थ चित्र मिलना कठिन है, क्योंकि यहाँ वह सैद्धांतिक विश्लेषणों द्वारा नहीं वरन् व्यक्तियों के चरित्रों के बीभत्स पतन द्वारा प्रस्तुत किया गया है।

यदि ऐसी परिस्थितियों में भी पैनक्राट्स के रहनेवाले कैदी 'सिनिक' नहीं बन गए तो इसका मुख्य रहस्य यही है कि मानवता में उनका अटल विश्वास था। इसलिए कितनी ही व्यथाओं को तो वे हास्य की मुद्रा में लेते थे। फूशिक की बड़ी-बड़ी मूँछों के बालों को मुट्ठियों में उखाड़कर जब नात्सी गार्ड उसे दिखाते तो उसे वैसे ही हँसी आती जैसे हम विदूषकों पर हँसते हैं—''सचमुच यह हँसी की चीज़ है, और अब मुझे पीड़ा का अनुभव नहीं हो रहा।'' फूशिक को संगीत से प्रेम था और वह उसे जीवन की उच्चतम घड़ियों का अनिवार्य अंग मानता था। इसीलिए यहाँ हम देखते हैं कि ''267 नंबर की कोठरी गाती है। मैंने जीवन भर गाया है और कोई कारण नहीं देखता, जीवन के अंत समय उसे बंद कर देने का, जबकि व्यक्ति का जीवन

तीव्रतम हो उठता है। ××× और इसीलिए जब कभी भी हमें खुशी से भरा दिन मिलता है तो हम गाते हैं, या जब कभी भी अभिलाषाओं की भीड़ उमड़ पड़ती है। हम अपने से बिछुड़ते हुए साथी को, जिससे फिर हम कभी न मिल सकेंगे, विदा करते हुए गाते हैं। हम पूर्वी मोर्चे से खुशख़बरी पाकर गाते हैं। गाते हैं खुशी में या अपने को सांत्वना देने के लिए, जैसे कि लोग युगों से गाते आए हैं और जैसा कि वे उस समय तक गाते जाएँगे जब तक जन समाज है।''

'फाँसी के तख़्ते से' भी यह आह्लाद क्यों? यह साहस और आशा क्यों? यह इसीलिए कि जो अपना जीवन दे रहे थे, उन्हें जनता की अंतिम विजय में विश्वास था और वे जानते थे कि उनका बलिदान किसी-न-किसी दिन फले-फूलेगा। अपनी गिरफ्तारी के बाद पहली मई को फूशिक सोचता है—''पहली मई। इन्हीं प्रातः घड़ियों में हम नगर की बाहरी बस्तियों में रहनेवाले उठते और अपने परचमों को तैयार करते। इन्हीं घड़ियों में मास्को की सड़कों पर साधारण सैनिक मई दिवस की परेड के लिए अपने-अपने स्थानों पर खड़े हुए होंगे। इन्हीं घड़ियों में इंसान की आजादी के लिए अंतिम युद्ध में लाखों लड़ रहे हैं और संघर्ष में काम आ रहे हैं। मैं भी उन्हीं में से एक हूँ! और उनमें से एक होना कितना सुंदर है, अंतिम युद्ध के सिपाहियों में स्वयं एक सिपाही होना।'' उनका यही विश्वास देखकर नात्सी बर्बरों के पैरों के नीचे की धरती खिसक जाती थी। और इन सब अदम्य सूरमाओं की टोली का नेता स्वयं फूशिक था, इन दीपकों की पंक्तियों में खड़ा एक ऊँचे आलोक-स्तंभ-सा।

'फाँसी के तख़्ते से' निकले हुए उसके उद्‌गारों में स्वाभाविक हर्ष, विषाद, व्यंग्य, मस्ती, सहानुभूति, प्रेम, दृढ़ता, कर्मठता सब कुछ है—ऐसा जान पड़ता है कि जीवन का कोई अंग यहाँ क्षत-विक्षत या अनुपस्थित नहीं है। मौत के केंद्र पर आकर भी जीवन अपनी संपूर्णता में ज्योतित हो उठा है। इसलिए इसमें आश्चर्य नहीं, यदि फूशिक अपने देश के बड़े-बड़े सूरमाओं की पंक्ति में रखा जाता है।

फूशिक को बर्लिन के एक नात्सी कोर्ट ने 25 अगस्त 1943 को मृत्यु का दंड दिया और 8 सितंबर 1943 को उस सेनानी को जल्लाद की रस्सी से झूलना पड़ा। किंतु अपने जीवन का यह नाटक समाप्त होने पर भी वह अपने साथ यह विश्वास लेता गया कि उससे एक वृहत्तर नाटक की पूर्ति उसके देश की और अन्य देशों की जगी हुई जनता करेगी—''इसे ख़त्म करने के पहले ही यदि जल्लाद की रस्सी से मैं झूल जाता हूँ तो मेरे पीछे लाखों हैं, जो इसका 'सुखांत' लिखेंगे।'' चेकोस्लोवाकिया की जनता और अनेक देशों की जनता आज उस नाटक का सुखांत लिख रही है। शहीदों का खून भी कहीं व्यर्थ जाता है? इसी आशा को लेकर तो फाँसी के तख़्ते की ओर अपने पैर बढ़ाते हुए श्री फूशिक ने ये शब्द कहे थे—''मैंने तुम सब को प्यार किया है, साथियो! सावधान रहना!''

• **नयी चेतना : अंक 3, 1950**

'दक्षिणी हवा का झोंका'

[एल्मर ग्रीन का जन्म 1909 ईसवी में लेनिनग्राद में हुआ। बचपन में ही अनाथ हो जाने के कारण उसका शैशव और बाल्यावस्था अनाथालय में व्यतीत हुआ। किशोरावस्था में उसने आर्मिया और कॉकेशस में खेतों पर मजदूरी का काम करना शुरू कर दिया। अब तक उसकी कितनी ही कहानियाँ निकल चुकी हैं। बीते युद्ध में उसने सैनिक और संपादक का कार्य किया। 'दक्खिनी हवा का झोंका' उपन्यास पर उसे सोवियत रूस में अत्यंत सम्मान का स्तानिल-पुरस्कार मिल चुका है।—लेखक]

यह उपन्यास सामाजिक अंध-विश्वासों, दासता और नियतिवाद-जन्य हीन-भावना की शृंखलाओं में जकड़े और सोए एक किसान की दक्खिन से नयी हवा और सूरज से नयी रोशनी मिलने पर, मुक्ति और जागरण की आत्म-कथा है। किशोरावस्था के अपने अनुभवों का सहारा लेकर एल्मर ग्रीन ने फिनलैंड के ग्रामीण—खेतों पर मजदूरी करनेवाले, एनारी के जीवन के चित्र द्वारा उस शोषण को हमारी आँखों के सामने रखा है जो आज भी दुनिया के अनेक देशों में किया जा रहा है। एनारी जब अपने स्वामी मुर्कीमाकी के खेतों पर 25 वर्ष कठिन परिश्रम कर चुका तो पुरस्कार-स्वरूप उसे एक ऐसा पहाड़ी टीला मिला जो शायद सदियों पूर्व चट्टान के ऊपरी भाग के टूट कर गिर जाने के कारण चौरस हो गया था। उस छोटे चौरस स्थान में एनारी ने अपनी कुटिया बनाई और उसके पीछे दक्षिण की ओर फूल, फलों और तरकारियों की खुश क्यारियाँ तैयार कीं। उसने खून और पसीना एक कर पहाड़ी के नीचे से अपनी पीठ पर मिट्टी लाद-लाद कर ये क्यारियाँ तैयार की थीं और जब-जब बरसात के दिनों में यह मिट्टी धुलकर नीचे बह जाती तब-तब उसे ऐसा करना पड़ता। इसके लिए उसे कोई क्रोध नहीं था, वरन् वह अपने स्वामी के प्रति बड़ा कृतज्ञ था यद्यपि बार-बार प्रार्थना करने पर भी उसे दल-दल की या जंगल की कुछ ऐसी भूमि नहीं मिल सकी थी जिसे तैयार कर वह कुछ खेती कर सकता। उसके जीवन का सबसे बड़ा स्वप्न था भूमि की एक टुकड़ी प्राप्त कर लेना और इस उम्मीद में कि शायद उसका स्वामी—उसका भाग्य देवता—उसकी सेवा और अर्चना से कभी प्रसन्न हो

उठे और उसे वरदान मिल जाए, उसके खेतों पर जी तोड़ परिश्रम करता जा रहा था। उसका स्वप्न पूरा नहीं हुआ था किंतु उसका दिल भी नहीं टूटा था। क्या हुआ जो उस टीले का एक किनारा इतना खड़ा था कि उसके नीचे बहता हुआ सोता एक कुआँ-सा बन गया था; क्या हुआ जो उसके घर के दक्षिण की ओर एक ऊँची चट्टान की ऐसी दीवार थी कि उधर से सूरज की रोशनी नहीं पहुँच पाती थी या उधर से वासंती पवन का झोंका न आ सकता था। और उसकी छाया से कुछ क्यारियों में पौधे उग कर सूख जाते थे या सूरजमुखी वहाँ कभी फूल न पाया और उसके बच्चों का मन उदास हो गया! उसने अपने को नियति के हाथों में छोड़ दिया था और चट्टानों के बीच घिरा हुआ भी अपने जीवन को जितना सरस बना सकता था उसका प्रयत्न करता रहा। उसी के शब्दों में 'समय आगे बढ़ता जाता है और जो कुछ भी उसे करना है वह करता चलता है। भले ही कोई ऐसी चीज न हुई हो जिससे कोई खुशी के मारे नाच उठे, किंतु फिर भी इस पृथ्वी पर जिंदगी कोई ऐसी बुरी चीज नहीं।'

किंतु एनारी का छोटा भाई विल्को अपने अधिकारों के प्रति अधिक सजग है। उसके हृदय में इस शोषण के प्रति विद्रोह भरा हुआ है और समय पाकर उसकी यह भावना तीव्र से तीव्रतर होती जाती है। उसके शब्दों में तीखे व्यंग्य की शक्ति है और यह 25 वर्ष का नौजवान अपने बड़े भाई की दासता से कूट-कूट कर भरी मनोवृत्ति का उपहास करने के विचार से टीले के उस घर के विषय में यह कहता है—"ठीक है, सुओमी में लाखों ऐसे लोगों में जो चट्टानों पर रहते हैं एक और शामिल हो गया। उसने अपने को एक चट्टान पर स्थिर कर दिया है और अपने चट्टान जैसे हर्ष से चिपका हुआ है।" किंतु एनारी यह सब कुछ अपने छोटे भाई की समझ की कमी मानता है, क्योंकि वह स्वयं परिवर्तन भीरु है, उसकी आँखों के सामने कोई ऐसी चीज नहीं जिसके लिए वह 'अपने चट्टान जैसे हर्ष' को अलग धर दे। और यह अज्ञान उसका शोषण आसान बना देता है और उसका फायदा उठाकर उसके स्वामी और स्वामी के पुत्र विक्तोरी जैसे चतुर शोषक इन गरीबों को प्रगति की शक्तियों के विरुद्ध खड़ा कर देते हैं। इसलिए तो एनारी कहता है—"क्यों, यह तो मदरसों के छोकरे तक जानते हैं कि दुनिया में जितनी बुराइयाँ हैं वे सब सदियों से चली आती हैं।" किंतु विल्को, जो फिनलैंड की ओर से रूस के विरुद्ध लड़ता है जान जाता है कि लड़ाई वास्तव में किनके बीच है और वह कहता है—"यह कोई पहले-पहल ही नहीं व्यर्थ का रक्तपात हुआ है।" वर्ग-स्वार्थ और वर्ग-मनोवृत्तियाँ इतनी प्रबल हैं कि एनारी के स्वामी की पुत्री हिल्डा जो विल्को से प्रेम करने लगती है, अपने वर्ग को प्रेम की वेदी पर बलिदान करने को तैयार नहीं होती! विल्को, जो युद्ध में अनुभव प्राप्त कर चुका है और जो अपने अधिकारों के प्रति जागरूक है उससे विवाह केवल इसी शर्त पर करने को तैयार है कि वह अपने परिवार से अपने

वर्ग से नाता तोड़ ले किंतु वह ऐसा करने में हिचकती रहती है।

किंतु एनारी की आँखें भी खुलती हैं। देश के नाम पर वह नात्सियों की मदद करने के लिए रूस से लड़ता है और जाकर देखता है कि रूसी हैवान नहीं जैसा उसने सुन रखा था या समझता था, वरन् उनमें एक ऐसी इंसानियत थी जिसका स्वप्न भी एनारी ने न देखा था। उसने देखा कि रूस का युद्ध फिनलैंड की जनता से नहीं वरन् उन नात्सियों तथा फिन शोषकों से था जो गठबंधन कर समाजवाद के देश को कुचल देना चाहते थे। यह पर्दाफाश हो जाने पर एनारी की दृष्टि ही बदल जाती है। युद्ध से लौट कर वह एक अच्छा इंसान बन जाता है और विल्को के लिए उसके हृदय में और अधिक आदर और प्यार हो जाता है। विल्को तो कम्युनिस्ट बनकर ही मोर्चे से लौटता है और वह चाहता है कि उन लोगों को दंड मिले जिन्होंने फिन जनता को देश के नाम पर रूस के विरुद्ध युद्ध में मरने-कटने के लिए झोंक दिया था। रूस के प्रति सद्भाव प्रकट करता हुआ वह अपने भाई एनारी से कहता है, ''यह दुःख की बात है कि तुमने अपने पथरीले पहाड़ी टीले पर से बहुत कम देखा है। चारों ओर से चट्टानों ने दबा रखा है। यहाँ तक कि तुम ठीक से अपने पड़ोसी को भी नहीं जान सके। और यह तुम्हारा कर्तव्य था, एनारी।''

विल्को और एनारी की भाँति ही और भी तो जग गए होंगे। यह देखकर कुर्कीमाकी अब उन्हें खरीदना चाहता है। वह विल्को को अपनी नयी डेयरी में फौरमैन का पद देने को तैयार है किंतु विल्को को उसकी आवश्यकता नहीं। वह एक अखबार में काम करने चला जाता है। और एनारी का भी स्वप्न पूरा होने का समय आ जाता है। कुर्कीमाकी अब उससे भयभीत है। एनारी से कुर्कीमाकी की खाद की गाड़ी टूट जाती है किंतु वह काँपता नहीं। उल्टा उसे अपने सिर पर उठा ऐसे जोर से पटकता है कि गाड़ी चकनाचूर हो जाती है। किंतु उसका स्वामी, जिसकी भौंहों में बल पड़ जाना मौत-सा जान पड़ता था, आज कितना निर्बल हो उठा है कि वह एनारी को डाँटता या मारता नहीं, बल्कि उसे अपनी ओर दृढ़ता से आता देख डर कर मुँह दूसरी ओर फेर लेता है। यह है एक इंसान का चित्र जो पंक से, धूल से उठ कर गौरव के साथ खड़ा है और ऐसा ही चित्र है वह भी जब दूसरे रोज एनारी अपने स्वामी के हाथों अपना ईमान, अपनी जाग्रत चेतना को बेचने से इनकार कर देता है। उस रोज कुर्कीमाकी स्वयं उसके दरवाजे आकर अपने घुटने टेक देता है और बारह एकड़ पहले से ही जोतने-बोने की भूमि, बारह एकड़ चरागाह और बारह एकड़ जंगल की जमीन बेचने को तैयार हो जाता है। अपनी उदारता से एनारी को वह खरीद लेना चाहता है किंतु एनारी उस रहस्य को समझ गया है। ''मुझे उसकी दया का स्मरण हो आया। उसके सिगरेट के धुएँ को देख मुझे याद हो आया कि कैसे मैं उसके पीछे-पीछे एक भिखारी की भाँति उसी चीज के लिए फिरता था जिसे आज वह स्वयं मेरे पास लाया था। तब क्यों नहीं वह ऐसा दस्तावेज़ लेकर मेरे पास आया?

उस समय मैं नौजवान था और इस दस्तावेज को मैं एक पवित्र निधि की भाँति अंगीकार करता। उस समय मैंने इसकी पूजा की होती। किंतु अब मैं इसकी असल कीमत जान गया था।'' और काग़ज को दूर रखते हुए एनारी ने अपने भौचक्के स्वामी से कहा—''मैं इसे स्वयं ले लूँगा जबकि इसके लिए उचित समय आएगा।'' क्योंकि अपने अधिकारों को शोषक के हाथों से छीन लेने की अपनी शक्ति में उसे विश्वास हो गया था। ''मेरे हाथ 30 साल तक उसकी भूमि पर बेकार ही के लिए काम नहीं करते रहे। अब उन्होंने शांतिपूर्वक काम करते रहने के अतिरिक्त कुछ और भी सीख लिया है, अब उन्होंने घूँसे बाँधना भी सीख लिया है, बड़े घूँसे बाँधना लोहे के समान मजबूत। उस समय मेरा अंग-अंग लोहे का बन गया था और इस लंबी-चौड़ी सारी दुनिया में अब मुझे किसी चीज़ का भय नहीं रह गया था।''

एक समय था जब हिल्डा ने उसके घर को देख कर कहा था—कितना मनोहर! यह तो अद्भुत है। मालूम है एनारी तुम्हें, तुम तो बस जादूगर हो। तुमने पत्थर में जान डाल दी है और निर्जीव चट्टानों की ढेर में तुमने परियों की कथाओं की एक दुनिया ही रच डाली है। एनारी ने मन में कहा था—'कह नहीं सकता वह मुझे कैसा जादूगर समझती उस समय यदि मैं सचमुच की जमीन पर तीन-चार साल बैठने का अवसर पा जाता।' एक नये प्रकाश ने यह अवसर उसके सामने ला खड़ा किया। दक्खिन की हवा—रूस की ओर से आती हुई हवा—एक समय उन्हें कँपा देती थी किंतु आज उसी हवा ने सब दुनिया के हृदय को संगीत से भर दिया। बर्फ से ढकी हुई पृथ्वी नंगी हो उठी और बीज अंकुर बनने लगे, अंकुर पौधे। लड़खड़ाते पैरों में जान आ गई और आसमान में छाए बादल फटने लगे। नये मानव के जन्म का यह प्रतीक कितना गौरवपूर्ण और कितना उदात्त है, क्योंकि एनारी की मुक्ति एक व्यक्ति की नहीं वरन् एक समाज की—एक वर्ग की मुक्ति है।

और उपन्यास के अंतिम शब्दों में एलमा, ग्रीन गर्व के साथ सोवियत संस्कृति की ओर संकेत करता है और उसके शब्दों में यह दृढ़-विश्वास है कि उस संस्कृति के विरुद्ध दुनिया की जनता को शोषक युद्ध के लिए प्रेरित न कर सकेंगे। यहाँ इस उपन्यास में हम राजनीति प्रचुर मात्रा में पाते हैं और जो प्रगतिशील साहित्य पर राजनीति-प्रधान होने का दोष लगाया करते हैं उन्हें चाहिए कि यहाँ देखें कि जीवन में सौंदर्य और असौंदर्य का प्रश्न राजनीति से कितना संबद्ध है और यह भी कि साहित्य को सुंदर होने के लिए शाश्वतवाद या 'उपन्यासवाद' की आवश्यकता नहीं, वरन् उस जीवन की आवश्यकता है जिसके अभाव में हम जो कुछ ऊँचा या नैतिक समझते हैं मर जाता है और जिसके अस्तित्व में हमारे विकास सुख-स्वप्नों और आदर्शों का अस्तित्व है। हमारे अनेक साहित्यिक समझते हैं कि उनके चरित्रों की महानता उनकी मनोवैज्ञानिक उलझनों पर निर्भर है इसलिए वे अपने चरित्रों को 'अद्वितीय' बनाने की धुन में लगे रहते हैं। यहाँ सभी चरित्र अपनी व्यक्तिगत

विशेषताओं के होते हुए भी 'सरल' और साधारण हैं; किंतु सामाजिक परिवर्तनों के अनुबंध में उनकी प्रतिक्रिया उन्हें बड़ा या छोटा बना देती है। इसीलिए विल्को और एनारी जैसे साधारण व्यक्ति भी उदात्त बन जाते हैं। उनमें कोई ऐसा गुण नहीं जो औरों में न हो किंतु एक नयी सामाजिक चेतना के प्रति सही प्रतिक्रिया के कारण वे ऊँचे उठ जाते हैं क्योंकि उनका व्यक्तित्व एक व्यक्ति मात्र का नहीं रह जाता वरन् एक समाज का। इसी प्रतीकत्व के कारण उनके जीवन का गद्य गद्य नहीं रह जाता। उसके स्थान पर उसमें पद्यमयता—सरसता आ जाती है। इसीलिए 'दक्खिनी हवा का झोंका' राजनीति की शुष्कता को भी प्राणमय कर देता है।

● **जनमत : रविवार, 15 मई, 1949**

'रंगरूट'

'रंगरूट' का स्वागत आधुनिक बंगला साहित्य में एक नयी और महत्त्वपूर्ण देन के रूप में हुआ है और उसके लेखक बरेन वसु ने अपने इस पहले उपन्यास से ही अपने लिए एक अच्छा स्थान बना लिया है। थोड़े ही समय में बंगला में उसका दूसरा संस्करण भी निकल चुका है जो आज साहित्य को प्रधान रूप से प्रोत्साहन देनेवाली मध्यवर्गीय जनता के आर्थिक संकट की पृष्ठभूमि में, उसकी लोकप्रियता का प्रमाण है।

'रंगरूट' का हिंदी और अंग्रेजी में अनुवाद हुआ है; किंतु यह निश्चित-सा है कि उसका अनुवाद भारत की और भाषाओं में भी होगा। यह इसलिए कि विषय-वस्तु और शैली में नवीन होने के साथ-साथ उसने भारतीय जनता के एक अंश के अनुभवों का अत्यंत प्रभावशाली और यथार्थ चित्र प्रस्तुत किया है।

'रंगरूट' जहाँ एक ओर साधारण रूप से युद्ध द्वारा उत्पन्न व्यक्तिगत और सामाजिक समस्याओं का चित्र है, वहाँ दूसरी ओर विशेष रूप से वह ब्रिटिश साम्राज्यवादियों द्वारा संघटित और नियंत्रित भारतीय सेना के सैनिकों पर अनुशासन के नाम पर चलनेवाले क्रूरता के व्यापार का भी चित्र है।

द्वितीय महायुद्ध में बंगाल के क्षितिज से उठते हुए अकाल के बादलों की छाया में और महँगी और बेरोजगारी के थपेड़ों से ऊबे हुए, देश के अन्य भागों की तरह, बंगाल के नवयुवक और प्रौढ़ भी भारतीय सेना में भरती हो जाते हैं। 'रंगरूट' की कहानी प्रधानतः कुछ ऐसे बंगाली नवयुवक और प्रौढ़ सैनिकों के अनुभवों को ही लेकर चलती है। इन लोगों में विभिन्न वर्गों के लोग हैं, 'रंगरूट' का नायक अमल, मध्यवर्ग का ग्रेजुएट किंतु बेरोजगार, निम्न मध्यवर्ग के पंचकौड़ी, जयंत, खगेन इत्यादि; मुबारक, रहमान इत्यादि जैसे निम्नतर श्रेणी के लोग। ये सबके सब भारतीय सेना के रेलवे ट्रांसपोर्ट विभाग में सैपर की तरह भरती होते हैं—बड़ी-बड़ी आशाएँ लेकर, शीघ्र ही उन्नति के शिखर पर पहुँच जाने के स्वप्न देखते हुए।

लेकिन भरती होने के कुछ दिनों के बाद ही उनके स्वप्न टूट जाते हैं। अंग्रेज

यह स्पष्ट कर देते हैं कि अपने उपनिवेशों की जनता को वे अपना गुलाम समझते हैं। एक भारतीय एन.सी.ओ. साधारण एंग्लो-इंडियन सैपर पर हुक्म नहीं चला सकता, जबकि उससे बड़े ओहदेवाले बंगालियों पर वह अत्यंत नृशंस क्रूरता का शासन करता है। उसकी उन्नति ही इस बात पर निर्भर है कि वह कहाँ तक उनकी जिंदगी को दूभर बना सकता है। उनकी फौजी जिंदगी पग-पग पर यातनाओं और अपमानों की जिंदगी है। आत्म-ग्लानि और क्षोभ के अतिरिक्त उनका कोई आश्रय नहीं। अधेड़ उम्र के दादा को नवयुवक जमादार लात मार सकता है, वह जमादार जो दादा के बड़े लड़के से, यदि वह जीवित होता, अधिक उम्र का नहीं। फौज में जैसे 'इंसान नाम की कोई भी चीज नहीं है'। वहाँ पर चूँ करने का प्रश्न नहीं, केवल अनुशासन की चक्की में पिसते जाना है। वहाँ प्रथम शिक्षा ही दी जाती है कि 'आँख खोलो, कान खोलो, पर जबान मत खोलो।'

इन कठोर बंधनों में जकड़ी, तड़फड़ाती मनुष्य की आत्मा एक बड़ा आश्रय ढूँढ़ती है काम की स्वाभाविक-अस्वाभाविक क्षुधाओं में, उसके आनंदों में। सारे सैनिक वातावरण में काम-वासना की तीव्र गंध भरी हुई है। इस्पात की आत्मा भी उसके सामने झुक जाती है—अमल जैसा शिक्षित और सुसंस्कृत युवक भी एक बार उसकी देहली पर चला ही जाता है यद्यपि वहाँ जाकर रुक जाता है क्योंकि उसे नारी का शरीर नहीं चाहिए, उसका प्यार चाहिए।

'रंगरूट' में इन सारी चीजों का बड़ा ही सूक्ष्म और अंतरंग चित्र उपस्थित किया गया है, क्योंकि बरेन वसु ने इन्हें द्वितीय महायुद्ध में स्वयं एक सैनिक बनकर देखा था। जिन्होंने रेमार्क के प्रसिद्ध उपन्यास 'आल क्वाइट आन दी वेस्टर्न फ्रंट' को पढ़ा है, उन्हें उस जिंदगी का अनुमान हो सकता है। रेमार्क जैसी सघन तीव्रता शायद यहाँ न मिले, किंतु बड़े ही मर्मस्पर्शी ढंग से बरेन वसु ने सैनिकों के मानसिक द्वंद्वों को रूपायित किया है। कहीं-कहीं इस यथार्थ चित्र में वासना का रंग गहरा भी हो उठा है।

किंतु 'रंगरूट' एक महान् राजनीतिक अस्त्र भी है। इसमें साम्राज्यवाद विरोधी भावना कूट-कूटकर भरी है। इन यातनाओं और अपमानों की जिंदगी के बीच राष्ट्रीय जागरण की भूमि बंगाल के इन नवयुवकों की राष्ट्रीय चेतना भी जागरित हो रही थी। इधर बंगाल का अकाल और 1942 के आंदोलन में नेताओं की गिरफ्तारी और जनता पर साम्राज्यवादियों के बढ़ते हुए जुल्म और उधर हिंदुस्तान पर चढ़ता आ रहा जापान। और इन दोनों के ऊपर स्टालिनग्राड में लाल फौज के सैनिकों द्वारा लिखा जा रहा जर्मनी की बर्बर सेना के विरुद्ध संघर्ष और त्याग का अभूतपूर्व, भव्य महाकाव्य। इन सब परिस्थितियों ने इन नवयुवकों की राजनीतिक, उनकी राष्ट्रीय और अंतर्राष्ट्रीय चेतना को उभारा। फौज में दमन के विरुद्ध वे एकजुट होने लगे। 'उनमें धीरे-धीरे पराधीनता की चेतना जाग उठी थी। गुलामी की कायरता को वे

ठीक तरह से अनुभव कर रहे थे। इसीलिए एक-एक आदमी धीरे-धीरे विशाल सामाजिक भावना में एक होने के लिए व्याकुल होने लगा। उनकी समझ में आ गया था कि जिंदा रहने के लिए इन षड्यंत्रों के खिलाफ संघर्ष करना होगा। हर कदम पर इन षड्यंत्रों का विरोध करना होगा।' यह उस फौजी बगावत का बीज था जिसने भारत में ब्रिटिश साम्राज्य को 1946 में लगभग खत्म कर दिया था। साम्राज्यवाद की यह गहरी समझ ही उन्हें अमेरिकी फौजी अफसरों के सतही भाईचारे के धोखे में नहीं आने देती।

हिंदी में 'रंगरूट' का अनुवाद हिंदी क्षेत्र के रहनेवालों की राष्ट्रीय चेतना को गहरी बनाएगा, साम्राज्यवादियों के प्रति उनकी घृणा को तीव्र करेगा और शांति के लिए उनके संघर्ष को प्रेरणा देगा—इसमें संदेह नहीं। मैं समझता हूँ, युद्ध के अपने अनुभवों पर आधारित गदाधर सिंह की पुस्तक 'चीन में तेरह मास' के बाद, अर्थात् आज 50 वर्षों के बाद अनुवाद के माध्यम से हिंदी को साम्राज्यवाद विरोधी और शांति का एक तेज धारवाला अस्त्र मिला है। किंतु जहाँ गदाधर सिंह की पुस्तक उनके अनुभवों की डायरी के रूप में है, वहाँ बरेन वसु ने वैसे अनुभवों और नयी परिस्थितियों में पैदा हुए उनसे उच्च स्तर के अनुभवों को बड़ी ही रोचक और प्रभावशाली कथाओं के रूप में प्रस्तुत किया है।

'रंगरूट' एक उच्च कोटि का यथार्थवादी उपन्यास है और वह हमारे साहित्य में यथार्थवादी धारा को बल पहुँचाएगा। फौजी जीवन के यथार्थ के अतिरिक्त हम उसमें बंगाल के अकाल और बर्मा से लौटते हुए शरणार्थियों और सैनिकों का अत्यंत रोमांचकारी वर्णन पाते हैं। सारा उपन्यास अपने चारों ओर हो रही घटनाओं के वातावरण में विकसित होता है। यह देखने की बात है कि जहाँ अज्ञेय का बहु-प्रचारित उपन्यास 'नदी के द्वीप' उसी महायुद्ध के समय को लेकर चलता है किंतु उसके चरित्र अपने देश को निगल जानेवाली आपदाओं की उमड़ती और हुंकार भरती हुई नदी के बीच अपनी व्यक्तिगत वासनाओं के द्वीप पर निश्चित पड़े रहते हैं, वहाँ बरेन वसु के उपन्यास के चरित्र उन घटनाओं से आंदोलित और उत्तेजित होते हैं, वे अपने देश और संसार के विषय में सोचते हैं और भविष्य की ओर आशा से भरकर देखते हैं। इसी युद्ध के दौरान में उनमें युद्ध-विरोधी भावना जगती है—'यह साला युद्ध क्या आदमी मारने की मशीन है'। किंतु वे फासिस्ट-विरोधी युद्ध का महत्त्व भी समझते हैं। कोहिमा में मरे हुए अंग्रेजों की समाधियों के ऊपर खड़े विशाल स्मृति-स्तंभ पर लिखे गए ये शब्द मानो उनकी आत्मा से उठे हुए शब्द हैं।

'जब तुम घर वापस जाना
तो उन्हें हमारे बारे में बताना
और कहना
कि उनके भविष्य के लिए
हमने अपने वर्तमान की आहुति दे दी।'

यथार्थवादी विषय-वस्तु के अनुरूप एक अत्यंत प्रभावपूर्ण यथार्थवादी शैली का भी निर्माण बरेन वसु ने किया है। अत्यंत सफलता के साथ उन्होंने आम जनता की और विशेष रूप से फौज के अफसरों और साधारण सैनिकों की अभिव्यक्ति की शैली का अध्ययन किया है और उसके प्रवाह, प्रयोगों और उनके मधुर-तिक्त स्वाद से अपनी शैली की रचना की है। एक उदाहरण। सूबेदार साहब सैनिकों की वर्दी पर उन्हें सीख देते हुए कहते हैं–'फौज में वर्दी बिल्कुल रंडी की माफिक होना चाहिए।' वर्णन की शैली सामाजिक व्यंग से भरी हुई है। एक स्थान पर प्राकृतिक दृश्य का चित्रण करते हुए लेखक कहता है, 'बगुले अपने लंबे-लंबे पैरों से ऐसे चल रहे थे मानो गाँव के पुण्यात्मा ब्राह्मण हों।'

'रंगरूट' बरेन वसु का प्रथम उपन्यास है। उसकी सफलता को देखते हुए यह आशा बँधती है कि भविष्य में उनसे भारतीय साहित्य और समृद्ध होगा। उनमें जीवन और शब्द की परख है और उनका दृष्टिकोण मानवता को प्रगति और कल्याण की ओर ले जानेवाला है। जीवन की परिस्थितियों से पृथक् कर न परखने के कारण वरन् उसे परिस्थितियों के बीच में रखकर परखने के कारण उनके चरित्र यांत्रिक नहीं। वे उस तरह से जीते हैं जैसे व्यक्ति समाज़ में जीते हैं। उनमें जब एक ही सामाजिक चेतना होती है तब भी बरेन वसु उनके चरित्र की भंगिमाओं को धूमिल नहीं होने देते। यही कारण है कि 'रंगरूट' के चरित्रों के अनुभव, उनके जीवन की घटनाएँ, उनकी यातनाएँ, उनके संघर्ष, उनकी दृढ़ता, उनका विश्वास और संघर्ष के बीच पैदा हुआ उनका पारस्परिक बांधव तथा सहानुभूति–सारी चीजें कई दिनों तक मस्तिष्क में घुमड़ती रहती हैं जब हम उपन्यास को पढ़कर रख देते हैं।

[मूल लेखक–बरेन वसु, हिंदी अनुवाद–पी.के. मजुमदार, प्रकाशक-जन प्रकाशन गृह, 190 बी, खेतवाड़ी मेन रोड, बम्बई-4]

खंड : तीन

दस्तावेज

जनवादी लेखक संघ का स्थापना सम्मेलन : उपलब्धियाँ और दायित्व

दिल्ली में इस वर्ष 13 और 14 फरवरी को आयोजित जनवादी लेखक संघ का स्थापना सम्मेलन देश में जनवाद और जनवादी मूल्यों के लिए संघर्ष की मुख्यधारा में शरीक होकर लेखकों द्वारा अपने वर्तमान दायित्व के निर्वाह के आह्वान के साथ समाप्त हुआ। इस सम्मेलन में लगभग पाँच सौ लेखकों ने हिस्सा लिया और इन हिस्सा लेनेवालों में न सिर्फ हिंदी और कुछ उर्दू के लेखक थे, बल्कि सम्मेलन के प्रति शुभकामनाएँ व्यक्त करने के लिए आए हुए मलयालम, तमिल, उड़िया और पंजाबी के लेखक-संगठनों के प्रतिनिधि भी थे। असमी, मराठी, गुजराती और कन्नड़ के जनवादी लेखक-संगठनों ने भी सम्मेलन को बधाई और शुभकामनाओं के संदेश भेजे। इस अवसर पर इंग्लैंड में पंजाबी लेखकों के संगठन के प्रतिनिधि ने भी सम्मेलन की सफलता की कामना व्यक्त की।

सम्मेलन में जनवादी लेखक संघ के प्रस्तावित घोषणा-पत्र और संविधान पर हुई बहसों और अन्य भाषणों में इस बात के स्पष्ट संकेत थे कि हमारे देश में लेखकों का एक बहुत बड़ा हिस्सा हमारे राष्ट्रीय जीवन में गहराते सामाजिक, आर्थिक, राजनीतिक और सांस्कृतिक संकट से चिंतित है, और उसके साथ ही आज की परिस्थितियों का दबाव उसे लाजिमी तौर पर जनवाद और जनवादी मूल्यों के लिए संघर्ष की दिशा में ले जा रहा है।

सम्मेलन द्वारा पारित घोषणा-पत्र में कहा गया है कि हमारे देश का शासक वर्ग अपने और जनता के बीच निरंतर बढ़ते हुए अंतर्विरोध का हल जनता के जनवादी हकों, विभिन्न जनतांत्रिक संस्थाओं और जनवादी मूल्यों पर चौतरफा हमला बोलकर करना चाहता है, और यह असंभव है कि जनता अपने जनतांत्रिक अधिकारों और नागरिक स्वतंत्रता से वंचित होती जाए और लेखक अपनी कलम की आजादी कायम रख सके। जनवादी लेखकों की एकता के आधार को रेखांकित करते हुए घोषणा-पत्र

कहता है कि साहित्य में वस्तु और रूप के बारे में मतों की विविधता के बावजूद ऐसे लेखकों को एक मंच पर या संगठन में एकजुट किया जा सकता है जिनकी यह आस्था है कि हमारे सामाजिक और सांस्कृतिक जीवन का विकास और रूपांतरण जनवादी मूल्यों और परंपराओं की रक्षा करने और उन्हें दृढ़ और व्यापक बनाने पर निर्भर है।

इसमें कोई संदेह नहीं कि सम्मेलन ने जनवादी लेखकों की एकता की काफी मजबूत नींव डाली है। सम्मेलन द्वारा जनवादी लेखक संघ के नवनिर्वाचित अध्यक्ष भैरव प्रसाद गुप्त ने सम्मेलन में उपस्थित सारे लेखकों की भावनाओं को शब्द देते हुए यह सही कहा कि इस सम्मेलन का ऐतिहासिक महत्त्व है, क्योंकि जनवादी लेखक संघ के झंडे के नीचे एकजुट होकर हम जनवाद की रक्षा के संघर्ष में अपने को समर्पित करने की शपथ ले रहे हैं। सम्मेलन के उद्घाटन सत्र में इसी की ओर संकेत करते हुए प्रसिद्ध कथाकार राजेन्द्र यादव ने उपस्थित लेखकों का स्वागत करते हुए कहा कि सन् 1936 में प्रेमचंद की अध्यक्षता में लखनऊ में हुए प्रगतिशील लेखक संघ के प्रथम राष्ट्रीय सम्मेलन के बाद इस सम्मेलन का सबसे बड़ा महत्त्व है। इस सम्मेलन को उन्होंने जनता से लेखकों की एकता की स्थापना का सम्मेलन कहा।

यह कोई आश्चर्य की बात नहीं थी कि सम्मेलन में प्रारंभ से लेकर अंत तक प्रेमचंद का नाम बार-बार आता रहा। सम्मेलन का उद्घाटन करते हुए उर्दू के प्रसिद्ध कथाकार काजी अब्दुस्सत्तार ने जनवादी लेखक संघ की स्थापना की जरूरत का जिक्र करते हुए कहा कि वर्षों पहले प्रेमचंद ने राष्ट्र की मशाल लेखकों को सौंपी थी उसकी रोशनी में चलते हुए हमारे अनेक लेखकों ने अवाम से इज्जत और मुहब्बत पाई। लेकिन आजादी के बाद हमारे देश के शासक वर्ग ने भ्रमों का जाल फैलाना शुरू किया और प्रगतिशील लेखक संघ वक्त की चुनौतियों का सामना नहीं कर सका। उन्होंने कहा कि जनवादी लेखक संघ की स्थापना के साथ हम धूल में पड़ी उस मशाल को फिर उठा और जला रहे हैं और उसकी रोशनी में चलते रहने का संकल्प ले रहे हैं। सम्मेलन में उपस्थित लेखकों की बातचीत, उत्साह और व्यवहार में उनका यह अहसास साफ झलकता था कि वे एक महान् परंपरा के वारिस थे—जिस परंपरा ने अपनी जनता को शोषण, गरीबी और सांस्कृतिक पिछड़ेपन से मुक्त कराने के संघर्ष को अपना लक्ष्य बनाया था। स्वभावतः जिस समय सम्मेलन के संयोजक भैरव प्रसाद गुप्त ने अपने हाथ जोड़कर प्रेमचंद की याद को प्रणाम किया उस समय सारे सभाकक्ष में एक बिजली की लहर-सी दौड़ गई और वह उपस्थित लेखकों की करतल ध्वनि से देर तक गूँजता रहा। इसी वातावरण में उपस्थित लेखकों की बहसों का केंद्रीय विषय रहा : कैसे उस गौरवपूर्ण परंपरा की रक्षा की जाए, उसे मजबूत बनाया जाए, उसे आगे बढ़ाया जाए?

जनवादी लेखक संघ के स्थापना सम्मेलन के सामने दो मुख्य काम थे : पहला, अपने समाज के भौतिक और सांस्कृतिक विकास को अवरुद्ध करनेवाली शक्तियों के विरुद्ध संघर्ष में लेखकों की भूमिका के बारे में दृष्टिकोण की व्यापक एकता कायम करना, और दूसरा, दृष्टिकोण की इस एकता के आधार पर उन्हें संगठनबद्ध करना, ताकि वे आज की चुनौतियों के बीच अपनी भूमिका का प्रभावशाली ढंग से निर्वाह कर सकें।

इन बातों को ध्यान में रखते हुए सम्मेलन के काफी पहले ही जनवादी लेखक संघ के प्रस्तावित घोषणा-पत्र पर विभिन्न राज्यों में अनेक स्तरों पर बहसें चलाई गईं, जिनमें नयी और पुरानी दोनों पीढ़ियों के लेखक भारी तादाद में शरीक हुए। इन बहसों के दौरान प्रस्तावित घोषणा-पत्र के बारे में आम सहमति के अलावा अनेक नये सुझाव भी मिले और उनमें से कई घोषणा-पत्र में शरीक भी कर लिए गए।

इन बहसों के दौरान यह तथ्य असंदिग्ध रूप से सामने आया कि हमारे अधिकांश लेखक, विशेषतः नयी पीढ़ी के लेखक, जो जनता के जीवन और उसके संघर्षों से जुड़े हुए थे, जनवादी लेखक संघ जैसे संगठन की आवश्यकता महसूस कर रहे थे। प्रगतिशील लेखक संघ के अस्तित्व में रहने के बावजूद आम लेखक यह महसूस कर रहे थे कि "आम स्थिति यह है कि हमारे पास ऐसा कोई संगठन नहीं है जो सारे देशभक्त और जनवादी लेखकों को एकजुट कर उन्हें अपने साहित्य की गौरवपूर्ण राष्ट्रीय और जनवादी परंपरा को आज की नयी परिस्थितियों में आगे बढ़ाने के लिए प्रेरित और आंदोलित कर सके।" इस अभाव की पूर्ति के लिए ही जनवादी लेखक संघ की स्थापना का प्रस्ताव लाया गया था। लेखकों द्वारा उसके व्यापक स्वागत ने प्रस्तावित घोषणा-पत्र के इस कथन की पुष्टि की : "हमारे अधिकांश लेखक आज अपना एक ऐसा संगठन चाहते हैं जो किसी भी हालत में जन-विरोधी शक्तियों के प्रति अवसरवादी और समझौतापरस्ती का रुख न अपनाए।"

जब जनवादी लेखक संघ की स्थापना की तैयारियाँ की जा रही थीं, उस समय कुछ लोगों ने—विशेषतः प्रगतिशील लेखक संघ के नेतृत्व के लोगों ने—यह सवाल उठाया कि प्रगतिशील लेखक संघ के रहते जनवादी लेखक संघ की क्या जरूरत हो सकती थी। उन्होंने जनवादी लेखक संघ की स्थापना को फूटपरस्ती का कदम कहा। जनवादी लेखक संघ के घोषणा-पत्र में इस सवाल और आरोप का उत्तर मौजूद है। उसमें आजादी के पहले प्रगतिशील लेखक संघ की भूमिका का उल्लेख करते हुए कहा गया है : "प्रगतिशील लेखक संघ के व्यापक संगठन और प्रभाव के साथ साम्राज्यवाद-सामंतवाद-विरोधी संघर्ष सारी भारतीय भाषाओं के साहित्य की मुख्यधारा बन गया। भारतीय जनता की राजनीतिक, आर्थिक और सामाजिक मुक्ति के संघर्ष के साथ-साथ साम्राज्यवाद और सामंतवाद की पतनशील, पिछड़ी और अंधविश्वास पूर्ण विचारधाराओं के विरुद्ध एक प्रगतिशील और वैज्ञानिक विचारधारा के लिए संघर्ष

में उसकी महान् उपलब्धियों को अस्वीकार नहीं किया जा सकता।'' प्रगतिशील लेखक संघ के वर्तमान नेतृत्व का आजादी के पहले और कुछ वर्षों बाद तक के प्रगतिशील लेखक संघ के संघर्षमूलक चरित्र से कोई संबंध नहीं रह गया है। यह सही है कि इस दौर में भी कुछ गलतियाँ हुईं, लेकिन उस वक्त प्रगतिशील लेखक संघ अपने वर्तमान नेतृत्व की विसर्जनवादी और समझौतापरस्त नीतियों पर नहीं चल रहा था। जनवादी लेखक संघ के घोषणा-पत्र में कहा गया है : ''आजादी के बाद देश के शासक-वर्ग ने आम जनता में तरह-तरह के भ्रम पैदा किए। हमारे लेखकों का एक काफी बड़ा हिस्सा भी उन भ्रमों का शिकार हुआ। उन भ्रमों ने आजादी के बाद हमारे साहित्य में राष्ट्रीय और जनवादी संघर्षों की परंपरा के विकास को रोका। उस परंपरा के विरुद्ध प्रयोगवाद के नाम पर एक यथार्थ-विमुख नये सौंदर्यवाद का उदय और प्रचार-प्रसार हुआ।'' घोषणा-पत्र में इसका भी जिक्र हुआ है कि इस परंपरा पर हमला बोलने और उसे कमजोर बनाने के इरादे से हमारे देश के निहित स्वार्थों ने साहित्य और अन्य सांस्कृतिक माध्यमों से पश्चिमी देशों से आयातित पतनशील और अमानवीय मूल्यों को हमारी जनता के मन में बिठाने की कोशिश की। इस दौर में प्रगतिशील लेखक संघ के नेतृत्व की भूमिका का सही मूल्यांकन करते हुए घोषणा-पत्र में कहा गया है : ''नयी परिस्थितियों की पेचीदगी की पहचान करने में असफल, अपने नेतृत्व की संकीर्णतावादी समझ और व्यवहार और उसके बाद जनवाद विरोधी शक्तियों के खिलाफ संघर्ष की जगह उनसे अवसरवादी समझौता करने की नीति के कारण प्रगतिशील लेखक संघ संगठित, व्यापक और प्रभावशाली ढंग से इस हमले का सामना नहीं कर सका। ऐसी हालत में अपनी विश्वसनीयता खोकर उसका कमजोर हो जाना और बिखरना स्वाभाविक था।''

सन् 1953 में दिल्ली में प्रगतिशील लेखक संघ के अखिल भारतीय सम्मेलन के बाद उनका नया नेतृत्ववर्ग पिछली गलतियाँ सुधारने के नाम पर लगातार विसर्जनवाद और असवरवादी समझौतापरस्ती के दलदल में धँसता गया और हद से गुजरते हुए उसने वैचारिक और सांगठनिक दोनों ही स्तरों पर प्रगतिशील लेखक संघ को निरस्त्र कर दिया। वर्षों बाद सन् 1973 में बांदा सम्मेलन में उसे फिर से जिंदा करने की कोशिश की गई। लेकिन इस सम्मेलन का नेतृत्व भी ऐसे लोगों के हाथ में था जो व्यवस्था की प्रकृति के बारे में भ्रमों के शिकार थे और इन भ्रमों को सारे जनवादी और वामपक्षी लेखकों पर लादना चाहते थे। आजादी के बाद भी उन्हें जनता के मुख्य शत्रुओं के रूप में सिर्फ सामंतवाद और साम्राज्यवाद ही दिखलाई पड़ रहे थे। उनकी समझ के अनुसार देश में शासन की बागडोर ऐसे लोगों के हाथों में नहीं थी जो पूँजीपति-वर्ग और उसका नेतृत्व करनेवाले बड़े पूँजीपतियों के हित में काम कर रहे थे और जो प्रगति और जनवाद के विरोधी थे, बल्कि ऐसे लोगों के हाथों में थी जो सामंती प्रतिक्रियावाद और साम्राज्यवाद में लड़ रहे थे। बांदा सम्मेलन का

नेतृत्व करनेवालों का इरादा सारे जनवादी और वामपंथी लेखकों को इसी तथाकथित शासक वर्ग के समर्थन के लिए एकजुट करना था। इस समझ के विरुद्ध जानेवाले लेखकों के प्रति उनकी असहिष्णुता ने प्रगतिशील लेखक संघ को जनवादी और वामपंथी लेखकों के व्यापक हिस्से से काट दिया। प्रगतिशील लेखक संघ के इस नये नेतृत्व द्वारा वैचारिक निरस्त्रीकरण की प्रक्रिया उस सीमा तक पहुँच गई जहाँ प्रगतिशीलों में अनेक मार्क्सवादी लेखकों ने भी पूँजीवादी विचारधारा के सामने घुटने टेक दिए। उसकी समझ का दिवालियापन उस समय और भी उजागर हो गया जब आपातकाल के दौरान उसने जनता के दुश्मनों से गठजोड़ कर लिया। जनवादी लेखक संघ के घोषणा-पत्र में उस स्थिति के बारे में यह कहा गया है : "आपातकाल के दौरान उसके नेतृत्व ने आपातकाल का समर्थन और देश की जनवादी शक्तियों से गहरा अलगाव कर उसकी बची-खुची विश्वसनीयता भी समाप्त कर दी। आज भी उसका नेतृत्व-वर्ग इस संबंध में अपनी सही आलोचना करने के लिए तैयार नहीं है कि जनवाद विरोधी शक्तियों के साथ उनका समझौता किन कारणों से हुआ। आज भी वह इस तथ्य को स्वीकार नहीं करता कि आम जनवादी अधिकारों और कलम की आजादी के लिए सबसे बड़ा खतरा व्यवस्था पर बड़े पूँजीपतियों के नेतृत्व से पैदा होता है। वह उन कारणों पर भी विचार नहीं कर रहा है जिन्होंने प्रगतिशील लेखक संघ को जनवादी और वामपंथी लेखकों के एक व्यापक हिस्से से काट दिया।"

यह बात किसी से छिपी नहीं है कि प्रगतिशील लेखक संघ का नेतृत्व ऐसे लेखकों को सहन करने के लिए तैयार नहीं रहा जो व्यवस्था का नेतृत्व करनेवाले शासक-वर्ग के विरुद्ध थे। शासक-वर्ग के जन-विरोधी चरित्र को यह नेतृत्व आज भी कितना पहचान पाया है, यह इसी से स्पष्ट है कि इन दोनों के बीच नजदीकी रिश्ते न सिर्फ पहले की तरह कायम हैं, बल्कि और भी गहरे होते जा रहे हैं, और दोनों मिल-जुल कर लेखकों को सही भूमिका के चुनाव से विमुख करने में लगे हुए हैं।

प्रगतिशील लेखक संघ के नेतृत्व की यह आलोचना इसलिए जरूरी है ताकि यह देखा जा सके कि जनवादी लेखक संघ की स्थापना को उसके द्वारा फूटपरस्ती का कदम कहा जाना कहाँ तक सच है। जनवादी लेखक संघ प्रगतिशील लेखक संघ के नेतृत्व से गहरे मतभेदों के बावजूद उसे अपना शत्रु नहीं समझता और न यह उचित समझता है कि अपने से बाहर के लेखकों के प्रति विरोध के आग्रह से प्रेरित दृष्टिकोण अपनाया जाए। लेकिन जहाँ दृष्टिकोणों के बीच बुनियादी फर्क हो, वहाँ रास्तों का अलग हो जाना स्वाभाविक है।

जनवादी लेखक संघ के घोषणा-पत्र का लेखकों द्वारा व्यापक स्वागत इस बात का प्रमाण है कि उसमें वर्तमान स्थिति तथा उसके बीच जनवादी लेखकों की भूमिका और उनकी एकता के आधार की जो समझ प्रस्तुत की गई है, वह मूलतः सही जनवादी

लेखक संघ की स्थापना के बाद बहुत कम समय में ही जिस तरह असम, बंगाल, बिहार, उत्तर प्रदेश, दिल्ली, हरियाणा, पंजाब, राजस्थान, हिमाचल प्रदेश, मध्य प्रदेश, महाराष्ट्र, गुजरात, और आंध्र प्रदेश में राज्य-स्तरीय और स्थानीय इकाइयों का गठन हो रहा है, उससे जाहिर है कि लगभग तीन दशकों बाद जनवादी सैद्धांतिक और सांगठनिक आधारों पर लेखकों को पुनः संगठित करने के गंभीर प्रयास किए जा रहे हैं। लेखकों में उत्साह का अंदाजा इससे भी लगाया जा सकता है कि अनेक स्थानों पर लघु पत्रिकाओं ने खुद फैसला लेकर अपने को जनवादी लेखक संघ की स्थानीय पत्रिकाएँ कहना शुरू कर दिया है। जनवादी लेखक संघ के स्थापना-सम्मेलन के पूर्व ही उसके प्रस्तावित घोषणा-पत्र में कहा गया था कि व्यवस्था के "सारे संगठित प्रयत्नों के बावजूद जो उसने हमारे साहित्य को जनता के जीवन, उसकी आकांक्षाओं और उसके संघर्षों से विमुख करने के लिए किए हैं, हमारे लेखकों का एक काफी बड़ा हिस्सा अपनी सामाजिक भूमिका के बारे में लगातार सोचता रहा है और अनेक तरह के प्रलोभनों और कठिनाइयों का सामना करते हुए उसका सही निर्वाह कर रहा है।" जनवादी लेखक संघ को मिल रहा व्यापक समर्थन घोषणा-पत्र में लेखकीय मोर्चे पर वर्तमान स्थिति के आकलन की पुष्टि करता है। जरूरत इस बात की है कि सैद्धांतिक और संगठनात्मक दोनों ही स्तरों पर हर प्रकार की संकीर्णता से मुक्त रहते हुए श्रम, धैर्य और दूरदर्शिता के साथ जनवादी लेखक संघ को एक ऐसे संगठन के रूप में विकसित किया जाए जो राष्ट्र के भौतिक और सांस्कृतिक जीवन के विकास के लिए चलनेवाले संघर्ष में सक्रिय और महत्त्वपूर्ण भूमिका निभा सके।

जनवादी लेखक संघ के घोषणा-पत्र में वर्तमान सामाजिक दौर के महत्त्वपूर्ण जनवादी कर्तव्यों का विस्तार से उल्लेख हुआ है। उसके अंत में कहा गया है : "जनवादी लेखकों का यह संगठन ऐसे तमाम लेखकों को एकजुट होकर अपनी रचनात्मक शक्ति संयुक्त और संगठित करने का आह्वान करता है जिनकी जनवाद में आस्था है, जो सामाजिक विकास और परिवर्तन के प्रति एक वैज्ञानिक दृष्टि रखते हैं, जो साहित्य और संस्कृति के क्षेत्र में जनविरोधी, मानवविरोधी, अराजक आधुनिक प्रवृत्तियों की भर्त्सना करते हैं, जो अंतर्राष्ट्रीय तनाव और युद्धोन्माद पैदा करनेवाली शक्तियों के विरोधी और शांति के पक्षधर हैं, जो पतनशील पूँजीवादी विचारों के खिलाफ संघर्ष करते हैं, जो समाज और साहित्य के घातक सामंती अवशेषों का मूलोच्छेद चाहते हुए राष्ट्रीय संस्कृति की महान् जनवादी परंपरा के पोषक और पक्षधर हैं, जो हमारी जनता के लिए भूख, गरीबी, उत्पीड़न, अज्ञान और अंधविश्वास से मुक्त जीवन के निर्माण का स्वप्न देखते हैं, और जो अपनी रचनाओं के माध्यम से उस स्वप्न को साकार करने के लिए अनवरत संघर्षरत हैं।"

घोषणा-पत्र में इनके अलावा भी जनवाद के लिए संघर्ष के अन्य महत्त्वपूर्ण मुद्दों का उल्लेख हुआ है। जाहिर है कि इन तमाम मुद्दों पर तमाम जनवादी लेखकों

में दृष्टिकोणगत या चेतना के स्तर पर समानता का होना न तो संभव है और न आवश्यक। किसी भी समाज में जनवाद की लड़ाई उस वर्ग या उन वर्गों द्वारा ही लड़ी जाती है जिसे या जिन्हें व्यवस्था अपने शोषण या उत्पीड़न का शिकार बनाती है। हमारे देश की व्यवस्था में शोषण के शिकार न केवल मजदूर और किसान हैं, बल्कि मध्यम वर्ग के लोग, बुद्धिजीवी, छोटे व्यवसायी और छोटे पूँजीपति हैं और देश में जनवाद की रक्षा और विकास के साथ किसी न किसी तरह उनके हित जुड़े हुए हैं। जनवाद के बारे में अपने दृष्टिकोण और उसके लिए संघर्ष करने की अपनी सीमाओं के बावजूद ये वर्ग या समूह भी जनवादी शिविर के अंश हैं। इसलिए जनवादी दृष्टिकोण को केवल मजदूरों और किसानों के क्रांतिकारी दृष्टिकोण का पर्याय समझना गलत होगा, हालाँकि यह भी उतना ही गलत होगा कि मजदूरों और किसानों के क्रांतिकारी जनवादी दृष्टिकोण को जनवादी संघर्ष में प्रमुख स्थान न दिया जाए। याद रखने के लायक एक महत्त्वपूर्ण बात यह भी है कि जनवादी संघर्ष के तेज होने के साथ पूँजीवादी जनवाद की सीमाएँ स्पष्ट होने लगती हैं और बहुत से ऐसे लेखक जो पूँजीवादी जनवाद में आस्था से प्रारंभ करते हैं अंत में क्रांतिकारी जनवाद तक पहुँच जाते हैं। प्रेमचंद इस तरह के विकास के ज्वलंत उदाहरण हैं। इसमें सामाजिक परिवेश से प्राप्त अनुभव और वैचारिक संघर्ष दोनों ही महत्त्वपूर्ण भूमिका अदा करते हैं। जनवादी लेखक संघ के घोषणा-पत्र में यही समझ जनवादी लेखकों की एकता का आधार है।

जनवादी लेखक संघ ने अभी अपनी यात्रा की शुरुआत की है और उसके आगे एक लंबा और चुनौतियों से भरा रास्ता है। उसे न केवल व्यवस्था के विरोध का बल्कि उनका भी सामना करना है जो व्यवस्था से लड़ने के नाम पर हमारे लेखकों को अवसरवादी समझौतापरस्ती या अति-उग्रवादी दिशा की ओर ले जाना चाहते हैं। जनवादी लेखक संघ की स्थापना के साथ वे सक्रिय हो उठे हैं। जनवादी लेखक संघ में एकजुट लेखकों को उनका मुकाबिला केवल सांगठनिक स्तर पर ही नहीं बल्कि सैद्धांतिक स्तर पर भी करना है। इसके साथ ही यह भी समझना जरूरी है कि जनवाद की रक्षा और विकास की पेचीदा लड़ाई के दौरान ऐसे मुद्दे भी सामने आते हैं जिन पर सैद्धांतिक मतभेदों के बावजूद दूसरों से सहयोग करना आवश्यक हो जाता है। अपने सिद्धांतों पर दृढ़ रहते हुए यदि ऐसा सहयोग संभव हो तो उनकी उपेक्षा करना गलत होगा। इसके अलावा वैचारिक संघर्ष की उपयोगिता केवल अपने विरोधियों से वैचारिक संघर्ष करने तक ही सीमित नहीं की जा सकती। जनवादी लेखन की समस्याओं की समझ को निरंतर स्पष्ट और पुष्ट करने के लिए यह जरूरी है कि हम खुले किंतु संयत रूप से आपस में भी बहसें चलाएँ। पिछले दौर का अनुभव हमें बताता है कि अक्सर हम यह भूल जाया करते हैं कि लेखन एक विशिष्ट कर्म है और उसे उसकी समग्रता में ग्रहण किए बिना उसके लिए कोई भी प्रतिमान बनाना

खतरनाक साबित हो सकता है। वस्तु या रूप पर एकांगी जोर लेखन के कर्म की विशिष्टता के प्रति उपेक्षा की दृष्टि का ही परिणाम है। इसीलिए जनवादी लेखक संघ के घोषणा-पत्र में जहाँ एक ओर यह कहा गया है कि "जनवादी लेखक संघ का यह प्रयास है कि हमारे लेखक एकजुट होकर जनता के एक शक्तिशाली दस्ते के रूप में जनवाद की रक्षा और विस्तार के संघर्ष में अपने कर्तव्य का पूरा और सही निर्वाह कर सकें", वहाँ दूसरी ओर यह भी कहा गया है कि "उनका कर्तव्य है कि वे हमारी जनता के जीवन, उसके स्वप्नों और संघर्षों को अपनी रचनाओं में भाव और भाषा के सहज सुंदर रूपों में प्रतिबिंबित करें, उसकी जनवादी चेतना को पुष्ट और विकसित करें, उसके संघर्ष के मनोबल को दृढ़ करें।"

हमें उस गलती से भी बचना है जो विचारधारात्मक प्रतिबद्धता और जीवन के यथार्थ के प्रभावशाली कलात्मक प्रस्तुतीकरण के भेद को अनदेखा कर देती है। जिस देश की जनता में व्यापक अशिक्षा के बावजूद हमारे प्राचीन साहित्य की महान् कृतियों का इतना आदर और सम्मान है और जहाँ की जनता ने अत्यंत सशक्त और समृद्ध लोकभाषाओं और लोकसाहित्य की रचना की है, वहाँ उसके बीच साहित्य के नाम पर नारों के साथ जाना उसके सौंदर्य-बोध की क्षमता का अपमान करना है। जनवादी लेखक संघ की यह समझ है कि हमारे लेखक अपने में जनता की आत्मा के शिल्पी बनने की क्षमता तभी उत्पन्न कर सकते हैं जब वे उसकी संवेदनशीलता और कलात्मक रुचि को आत्मसात कर लें। इसलिए घोषणा-पत्र में कहा गया है कि "जनवादी लेखक संघ ऐसे लेखकों का संगठन है जो लोकभाषा और लोक साहित्य के प्रति न केवल सम्मान दिखाते हैं बल्कि उनकी निरंतर प्रवाहित धारा से प्रेरणा और शक्ति ग्रहण करते हैं।"

जनवादी लेखक संघ की स्थापना शब्द को कर्म से जोड़ने के उद्देश्य से हुई है और सच्चे अर्थों में यह काम लेखकों द्वारा नहीं बल्कि जनता द्वारा पूरा किया जा सकता है। शब्द को कर्म से जोड़ने का अर्थ होता है शब्द को सामाजिक विकास और परिवर्तन की भौतिक शक्ति में बदल देना और यह तभी संभव होता है जब शब्द जनता की चेतना और क्रिया के अंग बन जाते हैं। इसलिए जनवादी लेखक संघ के कार्य करने का तरीका ऐसा होना चाहिए जिससे हमारे लेखक अपने शब्द जनता तक पहुँचा सकें। इसके लिए जरूरी है कि हम जनता से नजदीकी और मजबूत रिश्ते बनाने के तरीकों पर गौर और अमल करें। इसे ध्यान में रखते हुए जनवादी लेखक संघ के संविधान में कहा गया है कि हमारे कार्यों में एक महत्त्वपूर्ण कार्य "संस्कृतिकर्मियों और बुद्धिजीवियों के संगठनों के साथ संबंध विकसित करना" भी है। अपने देश में जनता के बीच निरक्षरता की व्यापकता को देखते हुए यह बहुत आसानी से समझा जा सकता है कि शब्द और कर्म के बीच सेतु बनाने के महान् कार्य में संस्कृतिकर्मियों की भूमिका का बहुत बड़ा महत्त्व है।

जनवादी लेखक संघ के घोषणा-पत्र में हमारे देश में व्याप्त सामाजिक, राजनीतिक, आर्थिक और सांस्कृतिक संकट और उसका सामना करने के लिए जनवादी लेखकों के वर्तमान दायित्वों का जिक्र हुआ है। अब हमें उन दायित्वों को पूरा करने की दिशा में बढ़ना है। जनवादी लेखक संघ का जन्म महान् संकल्पों के साथ हुआ है और हमें विश्वास है कि हमारे लेखक उनसे अपने रास्ते में आनेवाली मुश्किलों से लड़ने और उन पर हावी होने की ताकत पाएँगे।

• **अक्तूबर 1982**

महासचिव की रिपोर्ट*

राष्ट्रीय-अंतर्राष्ट्रीय परिस्थिति

हमारे प्रथम राष्ट्रीय सम्मेलन से लेकर इस सम्मेलन के बीच लगभग ढाई वर्ष का समय बीत चुका है, इस अवधि में हमारे जीवन को गहराई से प्रभावित करनेवाली अंतर्राष्ट्रीय और राष्ट्रीय स्तर पर कई घटनाएँ घटी हैं, इन घटनाओं का न सिर्फ हमारे राष्ट्रीय जीवन से बल्कि मानवीय अस्तित्व और इसलिए हमारे लेखकीय उत्तरदायित्व से गहरा संबंध है।

यह सच है कि इस अवधि की घटनाओं के प्रवाह में हमें ऐसे कोई नये संकेत नहीं प्राप्त हुए हैं जिनसे हमारी मूलभूत समझ या हमारी मूलभूत प्रतिज्ञाओं में किसी प्रकार के परिवर्तन की जरूरत महसूस हो, लेकिन, इन वर्षों के दौरान इतना अवश्य हुआ है कि हमने जिन अंतर्राष्ट्रीय और राष्ट्रीय परिस्थितियों के परिप्रेक्ष्य में अपने उद्देश्यों और कार्यों की दिशा निर्धारित की थी, उन परिस्थितियों के तमाम अंतर्विरोध और भी तीखे तथा उग्र रूप में सामने आए हैं, इससे जहाँ वर्तमान परिस्थितियों के बारे में हमारी समझ सही सिद्ध होती है, वहीं इनके तीव्र होते अंतर्विरोध हमसे अधिक कारगर हस्तक्षेप की माँग करते हैं, इनका सही मूल्यांकन करते हुए हमें अपने आगे के सृजनात्मक, विचारधारात्मक और आंदोलनात्मक कार्यों की रूपरेखा तैयार करनी होगी।

विश्व-शांति के लिए किए गए संघर्ष में दुनिया के तमाम लेखकों, कलाकारों और बुद्धिजीवियों की एक महान् गौरवशाली परंपरा रही है, हम जनवादी लेखक उस महान् परंपरा से अपने को जोड़ते हैं, हमने अपने घोषणापत्र में साम्राज्यवादी ताकतों के युद्धोन्माद और अमरीका के नेतृत्व में एक महाविनाशकारी नाभिकीय युद्ध की उनकी तैयारियों से पैदा होनेवाले जिस खतरे का जिक्र किया है उसने आज और भी भयावह रूप ग्रहण कर लिया है, युद्ध की दानवी शक्ति के जरिये सारी दुनिया

* दूसरा राष्ट्रीय सम्मेलन वाराणसी, 20-21 अक्तूबर '84

को आतंकित करने और विश्व शक्ति संतुलन को अपने पक्ष में कर सारी दुनिया के शोषण की साम्राज्यवादी लिप्सा ने ही आज नाभिकीय शस्त्रास्त्रों की एक ऐसी होड़ शुरू कर दी है जिसका कहीं कोई अंत नजर नहीं आता।

विगत वर्षों के दौरान युद्ध की परिस्थिति का जो सबसे उल्लेखनीय पहलू उभरकर सामने आया है वह यह है कि अब अमरीका तथा उसके सहयोगी देशों ने खुले आम सोवियत संघ को अपने हमले का सीधा निशाना बनाना शुरू किया है।

हमें एक क्षण के लिए भी यह नहीं भूलना चाहिए कि द्वितीय विश्वयुद्ध के बाद से लेकर अब तक विकसित किए गए इन महाविनाशकारी हथियारों ने अब भविष्य में किसी भी विश्वयुद्ध के चरित्र को बुनियादी तौर पर बदल दिया है, अब न कोई विजेता होगा, न कोई विजित, बल्कि धरती पर से मानव जीवन के नामोनिशान मिट जाने का ही खतरा पैदा हो गया है।

इन महाविनाशकारी हथियारों के निर्माण में मनुष्य की सृजन शक्ति का जिसका उपयोग पृथ्वी पर मनुष्य के लिए सुखी और सुंदर जीवन के निर्माण में होना चाहिए, जिस प्रकार अपव्यय किया जा रहा है, उसे भी हम नजरअंदाज नहीं कर सकते। अपने उग्र अंतर्विरोधों से ग्रस्त और पतन के कगार पर खड़े साम्राज्यवादी देशों की युद्ध की योजनाओं में उनके प्रहार का प्रथम लक्ष्य सोवियत संघ देश है, क्योंकि वही सारे विश्व पर प्रभुत्व कायम करने की साम्राज्यवादी देशों की महत्त्वाकांक्षा के आड़े आता है। साम्राज्यवादी देश जानते हैं कि सोवियत संघ के कारण वे दुनिया भर में देशों की आजादी की लड़ाई और जनवादी आंदोलन को कुचलने में सफल नहीं हो सकते। इसलिए, सोवियत संघ के खिलाफ हमले का अर्थ है दुनिया के तमाम देशों की आजादी और जनवादी आंदोलन के खिलाफ हमला।

आज दुनिया के नक्शे पर यदि हम नजर डालें तो स्पष्ट हो जाता है कि लैटिन अमरीका के निकारागुआ और अलसल्वाडोर, दक्षिण अफ्रीका, नामीबिया, मध्य एशिया, अफगानिस्तान, कंपूचिया तथा कोरिया साम्राज्यवादियों की निरंतर साजिशों के चलते ऐसे नाजुक क्षेत्र बने हुए हैं जो किसी भी वक्त महाविध्वंसक विश्वयुद्ध का कारण बन सकते हैं।

आज सारी पक्षधरताओं के ऊपर मानव जाति के अस्तित्व की पक्षधरता है। साम्राज्यवादियों की महत्त्वाकांक्षाओं और युद्धोन्माद के कारण मानव सभ्यता ही नहीं बल्कि मानव अस्तित्व पर छाए संकट की इस घड़ी में हमारे कानों में गोर्की के ये शब्द गूँजते हैं; संस्कृति के समर्थको, तुम किसके साथ हो? मानवीय नियति के प्रति संवेदनशील कोई भी व्यक्ति, विशेषतः कोई भी लेखक या कलाकार, साम्राज्यवादियों की इन योजनाओं का तटस्थ द्रष्टा मात्र नहीं रह सकता। युद्ध के विरुद्ध और विश्व-शांति के पक्ष में अथक संघर्ष की गोर्की, बारबूस, रोम्यां रोला, रवींद्र, प्रेमचंद, बल्लतोल जैसे महान् लेखकों द्वारा स्थापित परंपरा से प्रेरणा लेते हुए हमें युद्धपिपासुओं

के दानवी इरादों और साजिशों के विरुद्ध जनगण को आंदोलित करना होगा। इस कर्तव्य की उपेक्षा या उसके निर्वाह में किसी भी प्रकार की शिथिलता हमारे लिए अक्षम्य होगी।

अतः इस सम्मेलन में हम इस माँग को उठाना चाहते हैं कि तत्काल नाभिकीय और नक्षत्रीय युद्ध की तमाम भौतिक और विचारधारात्मक तैयारियों को बंद किया जाए, मानव विध्वंसक बमों के निर्माण को रोका जाए, नाभिकीय शस्त्रों की संख्या को घटाते हुए उन्हें पूरी तरह समाप्त किया जाए, सारी दुनिया में सैनिक बजटों पर किए जा रहे बेइंतहा खर्च को कम करके हमारी दुनिया के जनगण के जीवन को अधिक स्वस्थ और सुंदर बनाने के लिए अधिक-से-अधिक साधन जुटाए जाएँ।

युद्ध के विरुद्ध शांति का प्रश्न और साम्राज्यवाद की युद्ध संबंधी रणनीति के विरोध का प्रश्न हमारे लिए सिर्फ महाविनाशकारी विश्वयुद्ध की आशंका के संदर्भ में ही महत्त्वपूर्ण नहीं है, बल्कि हमारी राष्ट्रीय सुरक्षा, अखंडता तथा हमारे देश में जनतंत्र की रक्षा की दृष्टि से भी यह एक अत्यधिक महत्त्व का प्रश्न बन गया है।

यदि हम अपने भारतीय उपमहाद्वीप की स्थिति पर नजर डालें तो पाकिस्तान, बंगलादेश और श्रीलंका की स्थिति हमें इस बात के काफी प्रमाण देती है। अपनी विश्व रणनीति के चलते अमरीका ने जिस प्रकार पाकिस्तान को आधुनिकतम हथियारों से लैस करने की नीति अपनाई है, उससे युद्ध सीधे तौर पर हमारी सीमाओं पर आ गया है। दिएगोगार्सिया में अमरीका सैनिक अड्डा तो पहले से ही हमारी सुरक्षा और स्वतंत्रता पर एक बड़ा ख़तरा बना हुआ है। इसके अलावा, हाल में श्रीलंका में हुए दंगों ने वहाँ से भारी संख्या में तमिल भाषियों के पलायन ने भारत के लिए एक आंतरिक संकट पैदा कर दिया है और श्रीलंका को भी एक और अमरीकी सैनिक अड्डे में बदल दिया है। बंगलादेश की वर्तमान सरकार की स्थिति भी हमारे सामने है।

इस प्रकार, भारत को पाकिस्तान, श्रीलंका, बंगलादेश और दिएगोगार्सिया में अपनी सैनिक मौजूदगी से घेरकर तथा स्वयं हमारी अर्थव्यवस्था में अपनी गहरी पैठ का लाभ उठाकर अमरीका भारत को भी अपना एक गुलाम राष्ट्र तथा अपनी विश्व रणनीति का मोहरा बनाने की साजिश रच रहा है। जाहिर है कि अमरीका की इस साजिश में सबसे बड़ी बाधा हमारे देश की एकता तथा एकता में निहित मजबूती है। इसलिए, उसने अब भारत में अलगाववादी शक्तियों को बल पहुँचाकर इसे टुकड़ों-टुकड़ों में बाँट कर कमजोर और गुलाम बनाने की योजना बनाई है। जैसाकि हमने अपने घोषणा-पत्र में कहा है, हमारे शासक दल ने भी आज़ादी के बाद के इन तमाम वर्षों में देश के विकास का जो रास्ता अपनाया है, वह हमारे देश में पूर्व-पूँजीवादी आर्थिक और सामाजिक संबंधों के खिलाफ समझौताहीन संघर्ष का रास्ता नहीं है। आज भी जाति, संप्रदाय और धर्म की पूर्व-पूँजीवादी संकीर्ण विभाजनकारी

और पृथकतावादी विचारधाराएँ और प्रवृत्तियाँ पहले की तरह ही शक्तिशाली दिखाई देती हैं। बल्कि, हम यह भी कह सकते हैं कि आज वे पहले से भी ज्यादा विविध, जटिल, भयावह और आक्रामक रूपों में प्रकट हो रही हैं। इसके कारण हमारी राष्ट्रीय एकता आजादी के इन सैंतीस वर्षों के बाद भी चिंता का विषय बनी हुई है।

वस्तुतः सामंती और अर्धसामंती परिस्थितियों तथा उनसे पैदा होनेवाली संकीर्णतावादी और पृथकतावादी विचारधाराओं के विरुद्ध संघर्ष द्वारा उन्हें पराजित किए बिना हम राष्ट्रीय एकता को विकसित और दृढ़ नहीं कर सकते।

आज जब हम अपने देश की परिस्थिति पर गहराई से दृष्टिपात करते हैं तो हमें यह समझने में देर नहीं लगती कि हम न सिर्फ एक राजनीतिक-आर्थिक संकट से गुजर रहे हैं, बल्कि एक गहरा विचारधारात्मक संकट भी हमारे सामने वर्तमान है। आजादी की लड़ाई के दिनों साम्राज्यवाद के खिलाफ व्यापक जनता के एकजुट संघर्ष के अनुभव के बीच हमने जो बौद्धिक और विचारधारात्मक प्रगति हासिल की थी, उसे आज जातिवादी, सांप्रदायिक और अन्य अलगाववादी प्रतिक्रियावादी ताकतें पैरों तले रौंद कर भारत को फिर से अंधविश्वासों और मध्ययुगीन विघटन के रास्ते पर ढकेल रही हैं।

ये प्रतिक्रियावादी ताकतें हमारे देश के आर्थिक पिछड़ेपन तथा असमान विकास की परिस्थितियों से जनता के व्यापक हिस्से में फैले असंतोष का लाभ उठा रही हैं तथा हमारा शासक दल भी अपने नितांत तात्कालिक, क्षुद्र राजनीतिक स्वार्थों के लिए इन्हीं शक्तियों से तमाम प्रकार के समझौते करने से नहीं चूकता। आज जिस प्रकार अखिल भारत-रथयात्रा और राम-जन्मभूमि-मुक्ति-अभियान आदि के जरिये आक्रामक हिंदू धर्मांधता सिर उठा रही है, जिस प्रकार पेट्रोडालर से पोषित इस्लामिक रूढ़िवादी ताकतें एक अलग कौम के सिद्धांत का प्रचार कर रही हैं, धर्म के आधार पर सिखों की जो एक अलग राष्ट्र बनाने और खालिस्तान के रूप में एक अलग देश बनाने की जो माँग उठाई जा रही है, आदिवासी बहुल क्षेत्र में ईसाई मिशनरियाँ जिस प्रकार के अलगाववादी कार्यों में लगी हुई हैं, असम तथा उत्तर-पूर्वी राज्यों में अलगाववादी प्रवृत्तियों को हवा दी जा रही है—ये सब हमारे देश की एकता को तोड़ने, जनतंत्र को कमजोर बनाने तथा प्रगतिशील शक्तियों पर आक्रमण के सुनियोजित कार्यक्रम के अंग हैं।

आज़ादी के लिए हमारे संघर्ष का अनुभव हमें बताता है कि जिस प्रकार अंग्रेज शासकों ने अपनी 'फूट डालो और राज करो' की नीति पर चलते हुए देश में फैले धार्मिक अंधविश्वासों, जात-पाँत, छुआछूत और भाषा संबंधी संकीर्णताओं का हमारे खिलाफ प्रयोग किया था, उसी प्रकार आज़ादी के इन सैंतीस वर्षों बाद भी हमारे देश के शासक वर्ग इन्हीं प्रवृत्तियों को बढ़ावा देकर हमारी राष्ट्रीय एकता को कमजोर कर रहे हैं, और साम्राज्यवाद हमारी इन्हीं कमजोरियों का लाभ उठाकर राष्ट्र विरोधी

सांप्रदायिक, विभाजनकारी, पृथकतावादी और विघटनकारी शक्तियों के जरिये हमारी राष्ट्रीय एकता को तोड़ने की साजिशें कर रहा है।

क्या हम जनवादी लेखक इन सारी परिस्थितियों के तटस्थ और मौन द्रष्टा बने रह सकते हैं? क्या इससे हमारी अभिव्यक्ति की स्वतंत्रता के मूलभूत अधिकार का कोई संबंध नहीं है?

अलीगढ़ विश्वविद्यालय में प्रो. इरफ़ान हबीब को सांप्रदायिक शक्तियों के दबाव से अपमानित किया जाना, महाराष्ट्र में इतिहास के एक प्रोफेसर को शिवाजी पर लिखी पुस्तक के लिए लांछित किया जाना, असम में वहाँ के सामाजिक इतिहास पर अपने लेख के लिए एक बंगाली प्रोफेसर को उनके पद से हटा दिया जाना, आकाशवाणी के अधिकारियों द्वारा डॉ. रामशरण शर्मा के लेख की मनमाने ढंग से काट-छाँट करने की कोशिश करना तथा अमृता प्रीतम को उनकी कविताओं के लिए सिखों के बीच बदनाम किया जाना, पंजाब के धर्मनिरपेक्ष, गौरवशाली परंपरा के अखबार 'प्रीत लड़ो' के संपादक की हत्या करना तथा लगातार कई महीनों तक पंजाब के अखबारों के संपादकों का सासत में जीना इन बढ़ती हुई प्रतिक्रियावादी और अलगाववादी शक्तियों और विचारधाराओं के द्वारा लेखक समुदाय पर सीधे हमलों के कुछेक उदाहरण हैं।

ऐसी परिस्थिति में हमारा यह कर्तव्य हो जाता है कि हम रूढ़िवाद, जातिवाद और धार्मिक अंधविश्वासों के खिलाफ संघर्ष में अपना कारगर विचारधारात्मक हस्तक्षेप करें। सांस्कृतिक प्रतिक्रियावाद अनेक तरीकों से हमारे अतीत के इतिहास को गलत ढंग से प्रस्तुत कर पूरी तरह से हस्तगत कर लेना चाहता है। उसकी इन कोशिशों को नाकाम करने के लिए जरूरी है कि हम अपने सांस्कृतिक अतीत का सही मूल्यांकन कर जनवादी मूल्यों की रक्षा और विकास के वर्तमान संघर्ष को उसकी क्रांतिकारी परंपराओं से जोड़ें।

साथियो, हम स्पष्ट रूप से देख रहे हैं कि हमारे देश के वर्तमान शासक-वर्गों की नीतियों से पैदा हुआ आर्थिक, राजनीतिक, सामाजिक और सांस्कृतिक संकट और हमारी राष्ट्रीय एकता और अखंडता पर छाया हुआ यह खतरा ही प्रकारांतर से हमारे देश के वर्तमान शासकों की जनतंत्रविरोधी सर्वाधिकारवादी मुहिम के लिए रसद जुटाने का काम करता है। इसके साथ ही सारी सत्ता को केंद्रीभूत करके संघीय ढाँचे में राज्यों को मिले न्यूनतम अधिकारों तक के हनन की हमारे शासकों की निरंतर कोशिश इन अलगाववादी ताकतों को बल पहुँचाती है।

इस प्रकार, शासक दल की सर्वाधिकारवादी मुहिम और अलगाववादी शक्तियों का राष्ट्रीय एकता विरोधी अभियान एक साथ मिलकर एक ऐसे कुचक्र का निर्माण कर रहे हैं जिसमें हमारे राष्ट्रीय जीवन की परिस्थितियाँ अधिकाधिक विषम और चिंतनीय होती जा रही हैं।

इसमें संदेह नहीं कि आज़ादी के बाद शासक दल द्वारा अपनाई गई जनविरोधी नीतियों ने अंततोगत्वा आर्थिक संकट के साथ-साथ जिस गहरे राजनीतिक संकट को पैदा किया है, उससे निबटने और उसका बोझ मेहनतकश जनता के सिर पर लादने के लिए वर्तमान केंद्रीय सरकार अपनी दमनकारी शक्ति को लगातार बढ़ाती जा रही है। मीसा, नासा जैसे कानून उनकी इसी जन-विरोधी नीति की उपज हैं। आज देश के विभिन्न क्षेत्रों में सिर उठा रही अलगाववादी प्रवृत्तियों ने भी हमारे शासक दल को इन काले कानूनों को और भी दमनकारी बनाने तथा शांति और व्यवस्था कायम रखने के नाम पर अपनी सेना, पुलिस, केंद्रीय रिजर्व पुलिस तथा दूसरे सैनिक, अर्द्धसैनिक बल का प्रशासनिक मामलों में अधिकतम प्रयोग करने का बहाना प्रदान किया है। उत्तर-पूर्वी राज्यों से लेकर असम, पंजाब तक के मामलों में सेना के लगातार प्रयोग की प्रवृत्ति नग्न सैनिक तानाशाही का जो दूसरा खतरा पैदा कर रही है, इसे भी हमें अपनी नजरों से ओझल नहीं करना है।

हाल में राज्यपाल के पदों का दुरुपयोग करके सिक्किम, कश्मीर तथा आंध्र प्रदेश की चुनी हुई सरकारों को गिराया जाना, पश्चिम बंगाल में एक राजनीतिक संकट पैदा करने की कोशिश करना, आज भी पश्चिम बंगाल और त्रिपुरा के खिलाफ आर्थिक भेदभाव अपनाकर वहाँ की सरकारों को आर्थिक संकटं में डालने का प्रयत्न करना, कर्नाटक की सरकार को गिराने के लिए विधायकों की खरीद-फरोख्त की नग्न साजिशें करना—ये सब वर्तमान शासक दल की सर्वाधिकारवादी मुहिम के ही प्रमाण हैं।

हम जनवादी लेखकों को अपने देश की इस राजनीतिक परिस्थिति के प्रति हर स्तर पर पूरी तरह सजग रहने की आवश्यकता है। हमारे घोषणा-पत्र में यह कहा गया है कि जनता के जनतांत्रिक अधिकारों पर होनेवाले किसी भी हमले से लेखक बच नहीं सकते हैं, लेखक की अभिव्यक्ति की स्वतंत्रता की रक्षा पूरी तरह से जनता के जनवादी अधिकारों की रक्षा के साथ जुड़ी हुई है। हमारे देश में जनतंत्र पर किए जानेवाले हर हमले के खिलाफ हमें अपनी आवाज़ उठानी होगी तथा जनता के जनवादी आंदोलन का हर कदम पर सहभागी बनना होगा।

हमने अपने घोषणा-पत्र में कहा है कि हमारे देश में एक ओर यदि शासक दल की सर्वाधिकारवादी मुहिम तथा प्रतिक्रियावादी शक्तियों का अलगाववादी अभियान जारी है तो इसके समानांतर हमारी जनता का एकजुट जनवादी आंदोलन भी कम शक्तिशाली नहीं है, हाल में आंध्र प्रदेश की घटनाओं पर देश भर में व्यापक प्रतिरोध का जो तूफान उठा, उसने न केवल केंद्रीय सरकार को अपना कदम वापस लेने के लिए मजबूर किया, बल्कि जनतंत्र की रक्षा के संघर्ष में हमारी जनता की भरोसेमंद शक्ति का प्रेरणादायी उदाहरण भी प्रस्तुत किया।

हम जनवादी लेखकों की शक्ति जनता की इस जनवादी चेतना और उसके

सक्रिय आंदोलन में ही निहित है। इस शक्ति को विकसित करने के हर संभव प्रयत्न के जरिये ही हम अपने स्वतंत्र क्रिया-कलाप और निर्विघ्न सृजन के लिए आवश्यक परिस्थितियाँ पैदा कर सकते हैं।

साहित्यिक परिदृश्य

हमारे घोषणा-पत्र के शुरू में ही कहा गया है कि—"आजादी के तैंतीस वर्षों के बाद भी हमारा देश आज नाजुक परिस्थिति से गुजर रहा है। आजादी के पहले हमारी जनता ने अपने राजनीतिक, सामाजिक, आर्थिक और सांस्कृतिक पुनर्निर्माण के जो महान् स्वप्न देखे थे, वे इन वर्षों के दौरान लगातार टूटते और बिखरते गए हैं। उन्हें साकार करने के लिए जनता के संघर्षों में अपनी पूरी शक्ति और संकल्प के साथ शरीक होते हुए हमारे महान् लेखकों ने हमारे साहित्य की राष्ट्रीय और जनवादी परंपरा स्थापित की थी। इसलिए इस परंपरा को अपनी जनवादी परंपरा समझनेवाले हमारे सारे लेखकों के लिए इन स्वप्नों का टूटना और बिखरना स्वभावतः चिंता का विषय है।"

शासक-वर्गों की जनविरोधी नीतियों के विरुद्ध जन-आंदोलनों के उभार के साथ ही सातवें दशक के मध्य से जनवादी साहित्यिक आंदोलन की नयी लहर उठी और हमारे लेखकों ने राष्ट्रीय और जनवादी लेखन की अपनी महान् परंपरा से जुड़ने और उसकी रक्षा और विकास करने की जरूरत का गहरा अहसास किया। शुरू-शुरू में इसकी अभिव्यक्ति विभिन्न अंचलों से निकलनेवाली लघु पत्रिकाओं के प्रकाशन के रूप में हुई और इसने धीरे-धीरे पूरे देशव्यापी आंदोलन का रूप धारण कर लिया। पत्रिकाओं ने आपस में आदान-प्रदान और पहचान का सिलसिला शुरू किया, फिर छोटे स्तरों पर विचार-गोष्ठियों की शुरुआत हुई और इस प्रकार यह लेखन एक वेगवती धारा का आकार ग्रहण करता गया। पूरे दस वर्षों के जनवादी साहित्य की गतिविधियों का जायजा लेने के लिए 1987 में दिल्ली में संपन्न जनवादी लेखक शिविर संगठन की दिशा में उठाया गया एक महत्त्वपूर्ण कदम था। इस संदर्भ में प्रेमचंद जन्मशती वर्ष में प्रेमचंद के मूल्यांकन और आज के संदर्भों में उनकी प्रासंगिकता को लेकर देशव्यापी गोष्ठियों और समारोहों का जो अभियान जनवादी लेखकों ने चलाया उसने हमारे समकालीन साहित्यिक परिदृश्य को बदलने की दिशा में महत्त्वपूर्ण भूमिका अदा की। उसमें प्रेमचंद का गंभीर विश्लेषण और मूल्यांकन तो सामने आया ही, उसके साथ-साथ परंपरा के प्रति हमारा दृष्टिकोण, स्वाधीनता-आंदोलन के मूल्यों का रेखांकन, यथार्थवाद का स्वरूप, जनवाद की अवधारणा, मूल्यांकन के मानदंडों के तमाम सवाल भी उभरकर सामने आए। सभी जनवादी पत्रिकाओं ने प्रेमचंद पर अपने विशेषांक निकाले, शहरों, कस्बों और गाँवों तक में उन पर गोष्ठियाँ आयोजित हुईं। इस अभियान में उठे सवालों ने हिंदी के सभी लेखकों को आंदोलित किया।

आज जब हम पिछले डेढ़ दशक के इस साहित्यिक विकास पर दृष्टि डालते हैं तो हमारे सामने एक ऐसे व्यापक संघर्ष का दृश्य उभरता है जिसमें जहाँ एक ओर रचनात्मक स्तर पर नये तेवर और स्वर लेकर सैकड़ों की संख्या में नये रचनाकारों की एक पूरी पीढ़ी अपनी रचनाओं के माध्यम से संपूर्ण साहित्यिक परिदृश्य को नया रूप रंग प्रदान करती नजर आती है तो साथ ही वैचारिक स्तर पर सामंती रूढ़िवाद, शीतयुद्धीय मान्यताओं, और रूपवादी और कलावादी प्रवृत्तियों के विरुद्ध संघर्ष भी स्पष्ट देखा जा सकता है। इस संघर्ष में जहाँ एक ओर अपनी महान् परंपरा को सामने लाने के प्रयास किए गए, वहीं प्रतिक्रियावादी, रूपवादी, लेखन के विरुद्ध जबरदस्त मुहिम चलाई गई।

जनवादी लेखक संघ के निर्माण में इसका बहुत महत्त्वपूर्ण योगदान है। समकालीन साहित्यिक परिदृश्य की विशेषता यह कि जनवादी साहित्य उसकी सबसे समृद्ध और निर्णायक प्रवृत्ति है, जिसे छोड़कर समकालीन साहित्य पर कोई भी सार्थक बात नहीं की जा सकती। इस परिदृश्य के कुछेक पहलुओं पर यहाँ संक्षेप में विचार करना आवश्यक है।

सबसे पहले इस दौर में निकलनेवाली लघु साहित्यिक पत्रिकाओं के आंदोलन को ही लें। हम सब इस बात से आज अच्छी तरह परिचित हैं कि आजादी के आंदोलन के दौरान जिन व्यावसायिक और अर्द्ध-व्यावसायिक पत्रिकाओं ने एक राष्ट्रीय भूमिका अदा की थी और एक हद तक गंभीर साहित्य को भी मंच प्रदान किया था, आजादी के बाद उनकी नीतियों और स्वरूप में हुआ परिवर्तन पतन और विकृतियों की ओर तेजी से बढ़ने की सिलसिलेवार कहानी रहा है। पहले उन्होंने आधुनिकतावादी मान्यताओं और उनसे प्रेरित साहित्य को साहित्य की एकमात्र प्रवृत्ति के रूप में उभार कर पेश किया और प्रगतिशील साहित्य की नितांत उपेक्षा कर उस पर तेज आक्रमण किए। इसके बाद वे अधिकाधिक रूढ़िवादी सामंती मूल्यों के प्रचार-प्रसार, पतनशील पूँजीवादी विकृतियों की वाहक और अपसंस्कृति के मंचों के रूप में विकसित होती गई हैं। हिंदी में लघु साहित्यिक पत्रिकाओं का आंदोलन इन्हीं विकृतियों और पतनशील मूल्यों के विरुद्ध साहित्य के पक्ष से उठ रही जोरदार आवाज का परिणाम था। व्यावसायिक पत्रिकाओं के विरुद्ध लघु-पत्रिकाओं के इस आंदोलन को इसी वैचारिक संघर्ष के संदर्भ में रखकर देखा जाना चाहिए। इस वैचारिक संघर्ष का यह स्वाभाविक विकास था कि धीरे-धीरे इन लघु-पत्रिकाओं ने स्वयं को एक स्वस्थ वैकल्पिक मूल्य व्यवस्था से जोड़ने के प्रयास किए। इन पत्रिकाओं के माध्यम से जो रचनाएँ सामने आईं उनमें एक स्पष्ट राजनीतिक चेतना दिखाई पड़ती है। इस प्रकार साहित्य में प्रचलित व्यक्तिवादी-अस्तित्ववादी प्रवृत्तियों का धुँधलका छँटना शुरू हुआ और नये तेवरों से युक्त कविताएँ, कहानियाँ और आलोचनाएँ सामने आईं। आज यह बात दावे से कही जा सकती है कि इस दौर की रचनाशीलता को अपने संपूर्ण आयामों

में यदि कहीं देखना हो तो वह लघु साहित्यिक पत्रिकाओं में ही एकत्र उपलब्ध हो सकती है।

जनवादी साहित्य ने पूरे साहित्यिक परिदृश्य में जो गुणात्मक परिवर्तन घटित किया है, उसका प्रभाव इस दौर में चलनेवाली तमाम बहसों पर पड़ा है और उनके विषयों तथा तर्कों में भारी उलट-फेर हुआ है। किसी भी साहित्यिक-सामाजिक प्रवृत्ति के प्रभाव की व्यापकता का अंदाजा इसी बात से लगाया जा सकता है कि उस जमाने में विचारों की जो टकराहट चल रही है, बहसें चल रही हैं, उनके मुद्दे क्या हैं और उनका स्वरूप क्या है। एक वक्त ऐसा भी गुज़रा है जब साहित्य की बहसों के केंद्र में अनुभव की प्रामाणिकता, भोगा हुआ यथार्थ, अजनबीपन, लघु मानव, अकेलापन, विसंगति और विडंबना आदि विषय केंद्र में थे और उसी के पक्ष या विरोध में तमाम उठा-पटक चल रही थी। हमारे इस दौर की विशेषता यह है कि आज तमाम बहसें साहित्य और राजनीति के रिश्तों, रचना में अनुभव और विचारधारा की भूमिका, साहित्य का सामाजिक आधार, यथार्थवाद, जनवाद, मार्क्सवादी सौंदर्यशास्त्र आदि विषयों पर केंद्रित हो गई हैं। स्थिति यहाँ तक बदल गई है कि आज इन तमाम बातों से तीखा विरोध और गहरी वितृष्णा करनेवाले लेखक भी इन्हीं पर बहस चलाने या उनमें हिस्सा लेने के लिए बाध्य हैं। ये बहसें जनवादी और गैर-जनवादी लेखकों के बीच ही नहीं स्वयं जनवादी लेखकों के बीच भी चल रही हैं। मजेदार स्थिति तो यह है कि आज कलावादी-सौंदर्यवादी लेखक भी अपनी बात इन्हीं बहसों से उभरे पारिभाषिक शब्दों और मुहावरों में कहने के लिए बाध्य हैं। कुल मिलाकर आज का हमारा साहित्यिक माहौल बहुत ही जीवंत और हलचलों से भरा है।

रचनाधर्मिता के स्तर पर भी स्थिति इसी प्रकार संभावनापूर्ण है। आज जनवाद का अंध-विरोधी लेखक भी इस तथ्य की उपेक्षा नहीं कर सकता कि हमारे समय में जो महत्त्वपूर्ण रचनाकर्म हो रहा है उसमें जनवादी लेखन की भूमिका निर्णायक है। कविता, कहानी, उपन्यास, आलोचना, नाटक सभी विधाओं में परिमाण और गुण दोनों ही दृष्टि से जो सर्वाधिक और सर्वश्रेष्ठ लिखा गया है वह जनवादी लेखकों द्वारा ही लिखा जा रहा है। ऐसे लोगों का लेखन लगातार अप्रासंगिक होता जा रहा है जो साहित्य के सामाजिक सरोकारों से कटकर रचना कर रहे हैं। ऐसी स्थिति में हम यह दावा भले ही न करें कि जनवादी लेखकों द्वारा लिखा जा रहा सारा साहित्य उच्च कलात्मक मूल्यों की कसौटी पर खरा उतरता है, लेकिन इसमें कोई संदेह नहीं कि श्रेष्ठ रचनाएँ और रचनाकार उसी के बीच से उभर रहे हैं।

जनवादी लेखक संघ का निर्माण इसी उत्साहजनक साहित्यिक वातावरण का परिणाम है जो इस संपूर्ण रचनात्मकता को संगठित कर एक सांस्कृतिक आंदोलन का रूप देने की दिशा में बढ़ाया गया एक ठोस कदम है। इस संपूर्ण रचनात्मक गतिविधि को संगठित कर उसे वैचारिक नेतृत्व प्रदान कर सही दिशा-निर्देश देना हमारे

संगठन के प्राथमिक कार्यभारों में हैं। हमारे संगठन का संकल्प है कि वह एक ऐसे रचनात्मक वातावरण के निर्माण और विकास में सहायक हो जिससे हमारा लेखन सांस्कृतिक पुनर्जागरण का एक महत्त्वपूर्ण अस्त्र बनने में समर्थ हो सके। इस रचनात्मक वातावरण के निर्माण और विकास के लिए हमारे संगठन ने इन ढाई वर्षों में एक सुदृढ़ पीठिका तैयार कर दी है। इस बीच साहित्यिक माहौल में हमारे संगठन के हस्तक्षेप के कुछेक उदाहरणों का जिक्र करना अप्रासंगिक न होगा।

हमारी रचनाओं में उपस्थित जनवादी चेतना के बावजूद हमारे प्रयास कुछ पत्रिकाओं और नगरों में होनेवाली सभा-गोष्ठियों तक ही सीमित थे। लेकिन संगठन के निर्माण के दौरान जो प्रक्रिया शुरू हुई, उसने हमारे कार्यक्षेत्र को इतना व्यापक बना दिया कि शहरों की सभाओं और गोष्ठियों से निकलकर साहित्य-चर्चा दूर-दराज के क्षेत्रों तक जा पहुँची। राज्य-सम्मेलनों और जिला-सम्मेलनों की तैयारियों में गाँवों, कस्बों और नगरों के लेखकों ने जिस उत्साह से भाग लिया और आयोजन के लिए आवश्यक स्रोतों के लिए जिस तरह जन-सामान्य से संपर्क अभियान चलाया, वह अपने में एक महत्त्वपूर्ण बात थी। इन राज्य और जिला-सम्मेलनों का महत्त्व इतना ही नहीं है कि इनमें हमने अपनी इकाइयों का निर्माण किया, बल्कि इनमें बड़ी संख्या में उपस्थित स्थानीय लेखकों और बाहर से आए लेखकों के बीच वैचारिक और रचनात्मक आदान-प्रदान की जो प्रक्रिया चली, वह इस दौर की महत्त्वपूर्ण घटना है। इससे हमारे परिचय क्षेत्र का ही विस्तार नहीं हुआ, समकालीन साहित्य में सक्रिय तमाम रचनाकारों ने एक-दूसरे को नजदीक से जाना, विभिन्न मुद्‌दों पर एक साथ खड़े होकर विचारों का आदान-प्रदान किया, रचना-गोष्ठियों में एक-दूसरे की रचनाओं को सुनकर उनका मूल्यांकन किया, इस प्रक्रिया में नये से नये और दूर-दराज के क्षेत्रों में रहनेवाले लेखकों ने अपने को एक व्यापक सांस्कृतिक आंदोलन का अंग महसूस किया। यदि इन ढाई वर्षों में हम अपने संगठन के नेतृत्व और उसके सदस्यों की गतिविधियों का आकलन करें तो एक अद्‌भुत दृश्य सामने आता है जिसमें लेखक लगातार घूम रहे हैं, दूर-दराज के लेखकों से संपर्क कर रहे हैं, संगठन की इकाइयों की समस्याओं पर सोच रहे हैं, प्रत्येक सदस्य की गतिविधियों में रुचि ले रहे हैं। ये सारी बातें इसका स्पष्ट संकेत हैं कि हमारे लेखकों में एक देशव्यापी जनवादी सांस्कृतिक आंदोलन विकसित करने की जरूरत का गहरा एहसास है। हम इस बात पर गर्व कर सकते हैं कि इसमें हमारे संगठन की भूमिका महत्त्वपूर्ण रही है।

संगठन के निर्माण के साथ ही राज्य और जिला इकाइयों ने स्थानीय लेखकों को मंच देने के लिए अपनी पत्रिकाओं की योजनाएँ बनाई हैं जो अपने लेखकों को जहाँ साहित्य की मुख्य धारा से जोड़ने का काम करेंगी वहीं साहित्य की मुख्यधारा को अंचल विशेष की विविधताओं से संपन्न करेंगी। इसमें कई इकाइयों ने पहल भी की है। संगठन के निर्माण के बाद हुई बहसों और रचनाओं के मूल्यांकन ने हमारे

लेखकों के रचना-कर्म को अधिक गंभीरता दी है और उसे अनेकानेक खामियों से मुक्त होने में मदद पहुँचाई है।

साहित्य के क्षेत्र में जनवादी लेखन और जनवादी लेखक संघ की उपलब्धियों का हवाला देने का अर्थ यह नहीं है कि हम उन खतरों से सावधान न रहें या उन चुनौतियों का सामना करने के लिए तैयार न रहें, जो आज हमारे सामने हैं। इनमें सबसे बड़ा खतरा है साहित्य के व्यवसायीकरण का, जिसने हमारे साहित्य के तमाम सृजनात्मक मूल्यों और उसके सामाजिक उद्देश्यों के लिए गंभीर खतरा पैदा कर दिया है। पिछले कुछ वर्षों में प्रकाशन-साधनों की कीमतों में जो लगातार और तेज वृद्धि हुई है उसने साहित्यिक पत्र-पत्रिकाओं और साहित्यिक कृतियों के प्रकाशन को भी लगभग असंभव बना दिया है। इसका परिणाम यह हो रहा है कि हमारी पत्रिकाएँ और कृतियाँ सामान्य पाठकों की क्रय-शक्ति के बाहर हो गई हैं। अभिव्यक्ति की स्वतंत्रता पर शासक वर्गों की ओर से होनेवाले सीधे हमलों की कड़ी में लगाई गई यह एक अप्रत्यक्ष सेंसरशिप है। इससे कुरुचिपूर्ण और कुत्सित साहित्य को खुली छूट मिलती है जिससे आज हमारे बाजार और फुटपाथ पटे हुए हैं।

साहित्यिक माहौल में जनवाद के पक्ष में हो रहे परिवर्तनों से चिंतित शासक वर्गों ने संस्कृति और साहित्य के क्षेत्र में सीधे हस्तक्षेप की नीति अपनाई है। एक ओर जहाँ यह विश्व हिंदी सम्मेलन और विश्व पंजाबी सम्मेलन जैसे आयोजनों के माध्यम से सामने आ रही है, वहाँ दूसरी ओर विभिन्न साहित्य और कलापरिषदों की सक्रियता के माध्यम से लेखकों को अपनी ओर आकर्षित करने का प्रयत्न कर रही है। इनमें मध्य प्रदेश की कला और साहित्य परिषदें अग्रणी भूमिका निभा रही हैं और साहित्य और कलाओं के सम्मान की लंबी-चौड़ी उद्घोषणाओं से लेखकों के एक हिस्से में भ्रम पैदा कर रही हैं। साम-दाम दंड-भेद की नीति अपनाकर चल रही ये संस्थाएँ अपनी साधन-संपन्नता और वैभव का लालच देकर जनवादी लेखकों की पाँत में फूट डालने की हर संभव कोशिश में लगी हैं। जनवादी लेखकों को इनके वास्तविक चरित्र और इरादों को पहचानकर उनका पर्दाफाश करना होगा।

हमने अपने घोषणा-पत्र में लेखकों को जिन आधुनिकतावाद और कलावाद से सावधान किया था आज वह विविध रूपों में हमारे सामने आते हैं, उनके वे ही परंपरागत हथियार और नारे नहीं हैं जिनसे हम परिचित रहे हैं, बल्कि वे सृजनशीलता की निरपेक्षता, कृति की स्वायत्त सत्ता, संरचनावाद, भाषा-शैली, विज्ञान-केंद्रित मूल्यांकन आदि जैसे मुखौटे लगाकर सामने आते हैं, उनकी हर संभव कोशिश यह रहती है कि वह साहित्य और जीवन के अंतःसंबंधों के मूलभूत मुद्दों से ध्यान हटाकर कुछ ऐसे मुहावरे और नारे उछालें जिनसे साहित्य की बहस निरर्थक विषयों पर भटक जाए, सृजनशीलता और सौंदर्य मूल्य-बोध का उनका दंभ हमारी जनता के सौंदर्यबोध और उसके नैतिक और आत्मिक आदर्शों की अस्वीकृति मात्र है, 'कविता की वापसी,'

अन्य कलाओं के मानदंडों को साहित्य पर लागू करने का आग्रह, उपन्यास में भारतीयता की खोज आदि अनेक उत्तेजक नारे इसी गहरी साजिश का परिणाम है, यही नहीं, वे साहित्य में सृजनशीलता के पक्षधर बनते हुए हमारे साहित्य को फूहड़ रूप से पेश करने की कोशिश करते हैं, हमें यह भी स्पष्ट समझना चाहिए कि जब हम पश्चिम से आयातित आधुनिकतावाद का विरोध करते हैं तो उसका अर्थ यह नहीं कि हम पश्चिमी साहित्य की क्रांतिकारी विरासत को भी त्याज्य समझते हैं, ऐसी स्थिति में हमारा कर्तव्य है कि हम अपनी लोकतांत्रिक संस्कृति और विश्व साहित्य की क्रांतिकारी विरासत के परिप्रेक्ष्य में इन तमाम आधुनिकतावादी, कलावादी प्रवृत्तियों का विश्लेषण कर उन्हें उनके असली रूप में सामने लाएँ और उनके विरुद्ध वैचारिक संघर्ष चलाएँ।

अनेक स्तरों पर आयोजित हमारी गोष्ठियों और सम्मेलनों में होनेवाली परिचर्चाओं तथा हमारे बीच चली बहसों से कभी-कभी ऐसा लगता है कि अभी जनवाद के बारे में हमारे विचारों में काफी धुँधलापन शेष है। यह धुँधलापन दूसरे स्तर पर हमारे रचनात्मक-कर्म में भी प्रतिबिंबित होता है। यह धुँधलापन जनवादी लेखक संघ और जनवादी लेखन के लिए संकीर्णतावाद और उदारतावाद के खतरे पैदा कर सकता है। स्पष्ट रूप में उदारतावाद तब सामने आता है जब जनवादी लेखक संघ की मूलभूत चारित्रिक विशेषता, यानी जनवाद में उसकी आस्था की उपेक्षा या निषेध करते हुए यह कहा जाता है कि चूँकि यह लेखकों का संगठन है और लेखन एक नितांत वैयक्तिक कर्म है, इसलिए इसमें शरीक होनेवाले लेखकों से दृष्टिकोण संबंधी कोई भी आग्रह गलत है। उदारतावाद का खतरा उस वक्त भी पैदा होता है जब ऐतिहासिक विकास की प्रक्रिया में जनवाद के समृद्ध और व्यापक होते चले गए अर्थ से उसे वंचित कर उसे संसदीय पूँजीवाद और उसकी संस्थाओं तथा मूल्यों तक सीमित कर दिया जाता है।

दूसरी ओर, संकीर्णतावाद के खतरे की जड़ में जनवाद को उसके विकास के क्रांतिकारी रूपांतरण, यानी कृषि-क्रांतियाँ समाजवादी क्रांति का पर्याय मान लेना है। यह समझ जनवाद के प्रति विभिन्न वर्गों के दृष्टिकोण में अंतर और उसके विकास और क्रांतिकारी संक्रमण के बीच आनेवाले अनेक चरणों और उनके दौरान पारस्परिक वर्गीय असंगतियों या टकरावों के बावजूद सहयोग करनेवाले वर्गों की सकारात्मक भूमिका के महत्त्व की उपेक्षा करती है।

संकीर्णतावादी दृष्टिकोण के कारण ही हम अक्सर अपने राष्ट्रीय जीवन से दूर हटकर यथार्थवाद के वर्तमान प्रासंगिक रूप पर अपनी बहसों के दौरान उसके जनवादी या क्रांतिकारी जनवादी और समाजवादी रूपों को एक-दूसरे के सहयोगी नहीं, बल्कि शत्रु के रूप में प्रस्तुत करते हैं। हमें यह याद रखने की जरूरत है कि हमारे राष्ट्रीय जीवन के विकास की परिकल्पना विश्व के स्तर पर सामाजिक विकास

की वर्तमान ऐतिहासिक प्रक्रिया से अछूती नहीं रह सकती। इसलिए, यह अनिवार्य है कि जहाँ एक ओर हमारे अनेक लेखकों के दृष्टिकोण की सीमाएँ सामाजिक विकास की जनवादी या क्रांतिकारी परिकल्पना से निर्धारित होंगी, वहाँ हमारे बीच ऐसे अनेक लेखक भी होंगे, जिनकी दृष्टि इन सीमाओं से आगे जाकर उस यथार्थ को भी प्रतिबिंबित करेगी, जिसे गोर्की ने 'तीसरी यथार्थ' कहा है, जो मनुष्य की भावी नियति का यथार्थानुमोदित स्वप्न चित्र है।

अंतिम विश्लेषण में उदारतावाद और संकीर्णतावाद दोनों ही अलग-अलग तरीकों से जनवादी लेखकों की एकता को कमजोर करने या अपने उग्रतम रूप में विघटन की ओर ले जा सकते हैं।

रचना में ये दोनों दृष्टिकोण विभिन्न रूपाकार धारण कर सामने आते हैं। उदारतावादी समझ की परिणति जहाँ विचारधारा के विसर्जन और अनुभववाद में होती है वहीं संकीर्णतावादी दृष्टिकोण की परिणति विचारधारा से साहित्य गढ़ने में। इन दोनों ही प्रवृत्तियों से हमारा लेखन अपने घोषित लक्ष्य के विपरीत जा पड़ता है या वह कलात्मक मूल्यों की कसौटी पर खरा नहीं उतरता। हमें इन दोनों ही खतरों से अपने संगठन और लेखन को बचाना है।

इस प्रसंग में आलोचना के महान् दायित्व का उल्लेख करना आवश्यक है। हमारे आलोचक सामाजिक यथार्थ को उसकी सारी गहनता, जटिलता और अंतर्विरोधों में समझे बिना उस दायित्व को पूरा नहीं कर सकते। यथार्थ का गहन अध्ययन ही उन्हें अनेक रूपों और शैलियों में होनेवाली उसकी अभिव्यक्ति को समझने की क्षमता प्रदान कर सकता है, रचनाओं पर एकांगी सरलीकृत, यांत्रिक और आत्मगत सौंदर्यशास्त्रीय मापदंडों के आरोपण की प्रवृत्ति से मुक्ति दिला सकता है। संक्षेप में, हमें आलोचना को इस सर्वांगीण और संतुलित रूप में विकसित करना है कि वह एक ही साथ हमारी मूल सामाजिक और सांस्कृतिक प्रतिबद्धताओं और रचना-कर्म की जटिल और विशिष्ट अपेक्षाओं के बारे में हमारी गहरी समझ और उनके प्रति गंभीर और उत्तरादायित्वपूर्ण दृष्टिकोण को प्रतिबिंबित कर सके। ऐसी आलोचना के बिना हम साहित्य को दिशा या गति नहीं दे सकते और न सामाजिक यथार्थ की अभिव्यक्ति के विविध रूपों के सृजनात्मक अन्वेषण को प्रोत्साहित कर सकते हैं।

संगठन के बारे में

आप सब जानते हैं कि 13-14 फरवरी, 1982 को दिल्ली में हुए प्रथम राष्ट्रीय सम्मेलन में लगभग 500 लेखकों की उपस्थिति में हमने अपने संगठन का निर्माण किया था। इस संगठन निर्माण के पीछे वर्षों की जद्दोजहद, लंबे विचार-विमर्श का सिलसिला और अनेकानेक मुद्दों पर आपसी बहस-मुबाहिसे की प्रक्रिया रही। हमारे संगठन का लेखकों के व्यापक हिस्सों में स्वागत हुआ और बड़ी संख्या में नये-पुराने लेखक

उससे जुड़े। राज्यों में सदस्यता-अभियान शुरू किया गया। और कुछ ही महीनों में हमारी सदस्य संख्या एक हजार को पार कर गई। पर्याप्त सदस्य संख्या हो जाने के पश्चात् राज्य-सम्मेलनों का आयोजन कर राज्य स्तर के संगठनों का निर्माण शुरू हुआ। राज्यों की तदर्थ समितियों ने अपने सम्मेलनों को सफल बनाने में एक-दूसरे से होड़ की जिसके परिणामस्वरूप अधिकांश राज्यों के सम्मेलनों का वैभव हमारे राष्ट्रीय सम्मेलन के स्तर का ही रहा। प्रायः दो दिनों के इन राज्य-सम्मेलनों में बड़ी संख्या में राज्य के लेखकों की उपस्थिति, संगठन के केंद्रीय नेतृत्व का बड़ी संख्या में प्रतिनिधित्व, विचारगोष्ठियों की गंभीरता तथा कवि-सम्मेलनों और सांस्कृतिक कार्यक्रमों का ऊँचा स्तर यह सब संगठन निर्माण की प्रक्रिया का उत्साहपूर्ण दृश्य था। राज्य-सम्मेलनों से संबंधित संक्षिप्त ब्यौरा इस प्रकार है :

क्रम	राज्य	सम्मेलन तिथि	स्थान	सम्मेलन के अवसर पर सदस्य संख्या
1.	हिमाचल प्रदेश	20-21 जून 1982	शिमला	50
2.	बिहार	31 जुलाई, 1 अगस्त 1982	जमशेदपुर	150
3.	उत्तर प्रदेश	7-8 अगस्त 1982	कानपुर	229
4.	दिल्ली	22 अगस्त 1982	दिल्ली	210
5.	प. बंगाल	4-5 सितंबर 1982	कलकत्ता	121
6.	हरियाणा	19 सितंबर 1982	रोहतक	42
7.	मध्य प्रदेश	20-21 नवंबर 1982	भोपाल	161
8.	पंजाब	27-28 नवंबर 1982	जालंधर	45
9.	महाराष्ट्र और गुजरात	30-31 दिसंबर 1982	बंबई	54
10.	राजस्थान	13-14 अगस्त 1983	जोधपुर	102

इसके अलावा, आंध्र प्रदेश और असम जैसे गैर-हिंदी भाषी राज्यों में भी हमारी इकाइयाँ कार्य कर रही हैं, लेकिन विशेष परिस्थितियों के कारण इनके राज्य सम्मेलन नहीं हो पाए हैं। राज्य संगठनों के निर्माण के बाद सदस्य संख्या और बढ़ी तथा जिला स्तर पर संगठन निर्माण का कार्य शुरू हुआ, जो अभी तक जारी है।

हमें यह कहते हुए गर्व का अनुभव हो रहा है कि राष्ट्रीय सम्मेलन के बाद इस अल्प समय में ही 13 राज्यों और लगभग 100 जिलों में हमारी इकाइयों का गठन घोषणापत्र और संविधान के अनुसार संपन्न हो चुका है। हम आज विश्वास के साथ यह दावा कर सकते हैं कि लेखकों के बीच हमारा संगठन ही सबसे व्यापक

प्रतिनिधित्व वाला जीवंत संगठन है। केंद्र से लगाकर राज्य और जिला इकाइयों तक ने इस स्थिति तक संगठन को पहुँचाने के लिए इन ढाई वर्षों में जो अथक प्रयास किए हैं उन सबका तथ्यात्मक उल्लेख भी इस रिपोर्ट में संभव नहीं है। हम कुछेक चीजों की ओर संकेत ही यहाँ कर सकते हैं :

(क) केंद्रीय संगठन

1. राष्ट्रीय सम्मेलन के बाद केंद्र ने अपना कार्य ऐसी स्थिति में शुरू किया जब उसके पास अपना कोई कोष नहीं था। लेकिन, एक महीने के अंदर ही उसने घोषणापत्र, संविधान, सदस्यतापत्र, सम्मेलन की रिपोर्ट, चुनी गयी समितियों की सूचना छपवाकर राज्यों को भिजवा दीं। और हालाँकि अभी तक हमारे केंद्र के पास संगठन के कार्य को पूरा समय देनेवाले लोग नहीं हैं, लेकिन फिर भी केंद्रीय कार्यालय ने राज्यों और जिला इकाइयों को आवश्यक सामग्री उपलब्ध कराने, उन्हें केंद्रीय निर्णयकारी समितियों द्वारा लिए गए फैसलों से अवगत कराने, आए हुए पत्रों का उत्तर देने और ऊपर से नीचे तक संगठन के बीच लगातार आदांन-प्रदान करने की जो बड़ी जिम्मेदारी निभाई है, वह कोई मामूली काम नहीं था।

2. किसी भी संगठन की जनवादी कार्य-पद्धति को बनाए रखने की सबसे बुनियादी शर्त है उसकी निर्णयकारी समितियों की सक्रियता और सामूहिक निर्णय लेने की प्रक्रिया का बने रहना। हमारे संविधान में केंद्रीय कार्यकारिणी और केंद्रीय परिषद् की बैठकों की निश्चित व्यवस्था की गई है, जिसका पालन करके ही हम जनवादी कार्य-पद्धति का विकास कर सकते हैं। आप सभी जानते हैं कि हमारे संगठन के पास कोई ऐसा बना-बनाया कोष नहीं है कि केंद्रीय समितियों की बैठकों में आने के लिए सदस्यों को मार्ग-व्यय की व्यवस्था की जा सके। यह एक अखिल भारतीय स्तर का संगठन है और हमारी निर्णयकारी समितियों में गुजरात-महाराष्ट्र से लेकर कलकत्ता-असम तथा हिमाचल प्रदेश से लेकर आंध्रप्रदेश तक के सदस्य हैं। इसलिए एक बैठक में भाग लेने के लिए हर सदस्य को चार-पाँच सौ रुपयों और चार-पाँच रोज की छुट्टियों का प्रबंध करना होता है। आज हमें यह बताते हुए संतोष का अनुभव होता है कि इन कठिनाइयों के बावजूद हमने अपने संविधान में दी हुई व्यवस्था का अनुशासनबद्ध सिपाही की तरह पालन किया है। इस बीच हमारी कार्यकारिणी की सात बैठकें हुई हैं—तीन दिल्ली में, एक अलीगढ़ में, एक इलाहाबाद में, एक भोपाल में तथा एक वाराणसी में तथा केंद्रीय परिषद् की चार बैठकें क्रमशः दिल्ली, अलीगढ़, इलाहाबाद और वाराणसी में हुई हैं। इन बैठकों में उपस्थित हुए सदस्यों की संख्या और इनमें हुआ विचार-विमर्श और कामकाज इस बात के प्रमाण हैं कि हमारा संगठन सिद्धांत में ही नहीं, व्यवहार में भी जनवादी कार्य-प्रणाली पर अमल करता है।

3. हालाँकि समय-समय पर कार्यक्रम बनाकर विचार-गोष्ठियों, रचना-गोष्ठियों, प्रमुख लेखकों के जयंती-समारोहों आदि का आयोजन करना राज्य और जिला इकाइयों के कार्यभारों में ही आता है और इस संबंध में केंद्र की भूमिका दिशा-निर्देशक की ही हो सकती है, लेकिन केंद्र ने इस मामले में भी एक व्यावहारिक उदाहरण प्रस्तुत किया और अपनी निर्णयकारी समितियों की बैठकों को अधिक उपयोगी बनाने के लिए उनके साथ जोड़कर अखिल भारतीय स्तर के परिसंवाद तथा रचना-गोष्ठियाँ आयोजित करने का निर्णय लिया। इसकी शुरुआत दिल्ली में सितंबर, 1983 में केंद्रीय कार्यकारिणी की बैठक से हुई। बैठक के अवसर पर दोनों दिन की संध्याओं का उपयोग कहानी और कविता-गोष्ठियों के रूप में किया गया। एक पूरे दिन दो सत्रों में मार्क्सवादी सौंदर्यशास्त्र और यथार्थवाद विषय पर राष्ट्रीय स्तर के परिसंवाद का आयोजन किया गया। केंद्र द्वारा आयोजित इस कार्यक्रम की अभूतपूर्व सफलता ने हमारे इस निर्णय को सही सिद्ध करने के साथ ही विभिन्न राज्यों से आए प्रतिनिधियों के सम्मुख एक उदाहरण भी प्रस्तुत करते हुए उनमें नये उत्साह का संचार किया। यह कहने की अलग से आवश्यकता नहीं है कि राष्ट्रीय स्तर की इन गोष्ठियों के कारण एक ओर जहाँ उस स्थान विशेष के लेखकों में हमारी निर्णयकारी समितियों के प्रति जिज्ञासा पैदा हुई, वहीं बड़ी संख्या में स्थानीय लेखकों की हिस्सेदारी ने स्थानीय संगठन की प्रतिष्ठा को भी बढ़ाया। इसी प्रकार की विचार-गोष्ठियों और रचना-गोष्ठियों का आयोजन इलाहाबाद और भोपाल में हुई बैठकों के अवसर पर भी किया।

4. केंद्र ने इन ढाई वर्षों में दो राष्ट्रीय स्तर के परिसंवाद कराए। पहला मार्क्सवादी सौंदर्यशास्त्र पर और दूसरा आचार्य रामचंद्र शुक्ल की जन्मशती के अवसर पर उनकी विरासत का मूल्यांकन। प्रेमचंद के बाद आचार्य शुक्ल की जन्मशती व्यापक पैमाने पर मनाने का निर्णय अपनी परंपरा के मूल्यांकन, उसके प्रति सही दृष्टि विकसित करने और समकालीन संदर्भों में उनकी प्रासंगिकता को परिभाषित करने की पहल थी। इसलिए शुक्लजी पर देश भर में विचार-गोष्ठियों की कड़ी शुरू करने के लिए कार्यकारिणी ने एक उप-समिति का निर्माण किया जिसके तत्त्वावधान में भोपाल में राष्ट्रीय स्तर का आयोजन किया गया। उस परिसंवाद में पढ़े गए लेख और उन पर हुई बहस में शुक्लजी के मूल्यांकन का गंभीर प्रयास सामने आया। इसलिए हमारे संगठन को यह श्रेय जाता है कि शुक्लजी पर उसने एक व्यापक बहस की शुरुआत की जो आनेवाले दिनों में एक राष्ट्रीय आयोजन का रूप लेगी।

5. केंद्र ने संगठन की गतिविधियों से अभी सदस्यों और अन्य लेखकों को परिचित कराने के लिए 'समाचार विज्ञप्ति' का प्रकाशन शुरू किया जिसके अब तक सात अंक निकल चुके हैं। कॉपीराइट कानून, व्यावसायिक पत्र-पत्रिकाओं और सरकारी प्रचार माध्यमों, सरकारी-अर्द्धसरकारी अकादमियों का अध्ययन करने और इन पर संगठन का दृष्टिकोण स्पष्ट करने के लिए केंद्र ने कुछ उप-समितियाँ बनाईं जिनकी

स्वीकृत रिपोर्टें सम्मेलन में वितरित की गई हैं।

6. केंद्रीय कार्यकारिणी ने गंभीरता से महसूस किया कि आज वैज्ञानिक दृष्टि से लिखे गए हिंदी साहित्य के इतिहास की बेहद आवश्यकता है और अब इस कार्य को अधिक दिनों तक नहीं टाला जा सकता। इस उद्देश्य के लिए उसने हिंदी साहित्य के इतिहास लेखन से जुड़ी समस्याओं का अध्ययन करने तथा उसका प्रारूप तैयार करने के लिए एक समिति का निर्माण किया।

(ख) राज्य संगठन

इस बात का पहले ही उल्लेख किया जा चुका है कि प्रथम राष्ट्रीय सम्मेलन के बाद राज्यों ने अपने-अपने सम्मेलनों में राज्य संगठनों का निर्माण किया और उसके बाद जिला स्तर पर इकाइयों के गठन के कार्य को प्रमुखता दी। सभी राज्य और जिला इकाइयों के संगठनों द्वारा किए गए महत्त्वपूर्ण कार्यों की जानकारी देना तो यहाँ संभव नहीं है, लेकिन संक्षेप में कुछ विशेष बातों का उल्लेख करना जरूरी है।

(1) राष्ट्रीय सम्मेलन के बाद तेजी से राज्यों की तदर्थ समितियों ने सदस्यता अभियान चलाया और थोड़े ही समय में अपने सम्मेलन संपन्न किए।

(2) राज्य और जिला संगठनों के निर्माण के कार्य को प्रमुखता देने के साथ-साथ राज्य इकाइयों ने घोषणापत्र में दिए गए कार्यभारों को पूरा करने के कार्य को भी समान महत्त्व दिया। इस संबंध में इतना कहना ही पर्याप्त होगा कि इन ढाई वर्षों से राज्य और जिला स्तर पर विचार-गोष्ठियों और रचना-गोष्ठियों का सिलसिला बड़ी तेजी से शुरू हुआ और यहाँ से वहाँ तक पूरे संगठन ने उत्साह और सक्रियता का उदाहरण प्रस्तुत किया। सौंदर्यशास्त्र की समस्याओं, यथार्थवाद के स्वरूप और वस्तु और रूप की आवयविकता पर गोष्ठियाँ आयोजित की गईं, महत्त्वपूर्ण पुस्तकों और प्रकाशित होनेवाली रचनाओं के मूल्यांकन का प्रयास किया गया, कविता, कहानियों को रचना-गोष्ठियों के माध्यम से सामने लाया गया, विभिन्न लेखकों की जयंतियों के आयोजन द्वारा अपनी विरासत को रेखांकित किया गया।

(3) विचार-गोष्ठियों, रचना-गोष्ठियों और समारोहों के अलावा राज्य और जिला इकाइयों ने समय-समय पर उन राष्ट्रीय-अंतर्राष्ट्रीय समस्याओं पर भी प्रतिक्रिया व्यक्त की जो हमारे राष्ट्रीय सांस्कृतिक जीवन को प्रभावित करती हैं। इनमें युद्धोन्माद के विरुद्ध और शांति के पक्ष में आवाज उठाने, देश के विभिन्न भागों में सक्रिय पृथकतावादी और सांप्रदायिक शक्तियों का विरोध कर राष्ट्रीय एकता के पक्ष में जनमत तैयार करने, जनतंत्र पर हो रहे हमलों का विरोध करते हुए जनवाद की रक्षा और उसके विस्तार के लिए कार्य करने, अभिव्यक्ति की स्वतंत्रता के दमन के विरुद्ध लेखकों को एकजुट करने आदि के कार्य शामिल हैं। हमारी राज्य और जिला इकाइयों ने अपनी-अपनी क्षमता के अनुसार इन सवालों पर पहल की है और वक्तव्य जारी

करने से लेकर जुलूस निकालने तक के तरीके अपनाए हैं।

(4) राज्य सम्मेलनों के बाद हमारे राज्यों और जिलों की कई इकाइयों ने अपनी पत्रिकाएँ निकालने का निर्णय भी लिया है और कुछ इकाइयों ने उस पर अमल करना भी शुरू कर दिया है। इस संबंध में हिमाचल और हरियाणा राज्य इकाइयों का विशेष उल्लेख किया जा सकता है।

(5) कई राज्य और जिला इकाइयों ने राज्य संगठन के कार्यभारों के अतिरिक्त केंद्रीय समितियों की बैठकों और राष्ट्रीय परिसंवाद के आयोजन की जिम्मेदारी उठाकर इस बात का प्रमाण प्रस्तुत किया कि हमारी अनेक इकाइयाँ अपने सीमित साधनों के बावजूद संगठन के किसी भी बड़े दायित्व का भार वहन कर सकने में समर्थ हैं। इसके लिए अलीगढ़, इलाहाबाद और भोपाल इकाइयों के योगदान का विशेष उल्लेख आवश्यक है और अब वाराणसी जैसी छोटी इकाई ने राष्ट्रीय सम्मेलन का व्यापक दायित्व लेकर यह सिद्ध कर दिया है कि यदि दृढ़ संकल्प हो तो अनेक इकाइयों में इतनी क्षमता है कि वह बड़े कार्यों को अंजाम दे सकें।

केंद्र, राज्य और जिला संगठनों की गतिविधियों का यह संपूर्ण परिदृश्य बहुत ही उत्साहवर्धक एवं जीवंत है। हमारे संगठन के निर्माण के प्रारंभ से ही जो उत्साह और लगन देखने में आई, इन ढाई वर्षों की ये तमाम गतिविधियाँ उसी के विस्तार की सूचक हैं।

साथियो,

हमारे संगठन को बने ज्यादा समय नहीं हुआ है। लेकिन, अपने अस्तित्व के ढाई वर्षों में ही उसने अभूतपूर्व गति से अपना विस्तार किया है। इसका श्रेय हमारे संगठन के तमाम सदस्यों तथा जिला इकाइयों से लेकर केंद्रीय स्तर के संगठन के श्रम और सक्रियता को जाता है।

अब मैं आपके सामने उन कुछेक संगठनात्मक समस्याओं का जिक्र करना चाहूँगा जो इस बीच हमारे सामने उभरकर आई हैं। इस संबंध में सबसे पहला सवाल उठा कि हमारे संगठन के सदस्य कौन होंगे। उसको विस्तार देने के क्रम में उसकी सदस्य संख्या बढ़ाने तथा उसमें अधिक-से-अधिक लोगों को शरीक करने का प्रयत्न किया गया। इस प्रयास में ऐसे तमाम लोगों को भी संगठन से जोड़ने का प्रयास किया गया जो स्वयं लेखक तो नहीं, लेकिन साहित्य के गंभीर पाठक हैं और हमारी गतिविधियों में गहरी दिलचस्पी लेते हैं। लेकिन, संगठन की सदस्यता के संबंध में हमें यह ध्यान में रखना होगा कि हमारा संगठन एक लेखक संगठन है, इसलिए उसकी सदस्यता की एक मूलभूत शर्त लेखक होना है। यह बात अपनी जगह सही है कि हम अपने कार्यों द्वारा ऐसा रचनात्मक माहौल पैदा करें जिससे कि नये प्रतिभाशाली लेखक उभरकर सामने आएँ तथा साहित्य में रुचि रखनेवाले गंभीर पाठक

लेखन कर्म की ओर आकर्षित हों। यह भी हमारा दायित्व है कि हम अपने आयोजनों में अधिक-से-अधिक लोगों को लाएँ और अन्य सक्रिय संस्कृति और कलाकर्मियों या उनके संगठनों से निकट सहयोग विकसित करें। लेकिन, हमें यह बात हमेशा ध्यान में रखनी होगी कि हमारा संगठन लेखकों का संगठन है और उसके सदस्य केवल लेखक ही हो सकते हैं। इस तरह के संगठनों की विशेषता केवल इस बात में निहित नहीं है कि हमारे सदस्यों की संख्या कितनी अधिक है, बल्कि इसमें है कि हम कितने अधिक लेखकों को अपने संगठन में ला सकते हैं, कितने नये लेखकों को उभार सकते हैं, हमारी रचनाएँ कितना व्यापक प्रभाव डालती हैं तथा हमारी रचनाएँ किन ऊँचाइयों को छूती हैं। यह सही है कि हम एक लेखक संगठन की हैसियत से लेखकों के हित तथा कल्याण के लिए आंदोलनात्मक कार्य भी करते हैं। तथा राष्ट्रीय-अंतर्राष्ट्रीय समस्याओं पर विविध रूपों में अपनी संगठित प्रतिक्रिया भी व्यक्त करते हैं। लेकिन, हमारा बुनियादी कार्य ऐसा रचनात्मक वातावरण तैयार करना है जिसमें जनवादी लेखन को बढ़ावा मिल सके। इसके साथ ही उसे जनता के बीच ले जाना तथा भावों और विचारों के माध्यम से जनता की सांस्कृतिक चेतना को जनवादी मोड़ देना है।

एक दूसरी समस्या उन गैर-हिंदी भाषी राज्यों में उभरकर सामने आई जहाँ वहाँ की प्रांतीय भाषाओं के लेखकों की संख्या अधिक है। क्या हम उन लेखकों को अपने संगठन का सदस्य बनाएँ? यह समस्या पंजाब, गुजरात, महाराष्ट्र, आंध्र, असम तथा पश्चिम बंगाल में विशेष रूप से है। अभी हमारा संगठन केवल हिंदी-उर्दू लेखकों का ही राष्ट्रीय संगठन है, इसलिए यह जरूरी है, कि हम केवल हिंदी-उर्दू के लेखकों को ही फिलहाल उसका सदस्य बनाएँ तथा अन्य भाषा-भाषी लेखकों से सहयोग बनाकर कार्य करें।

इसी से जुड़ी एक अन्य समस्या अन्य भाषा-भाषी लेखकों के संगठनों के साथ हमारे सहयोग की है। यहाँ भी हम यह बात ध्यान में रखकर उनके साथ सहयोग से कार्य करें कि अभी हमारा संगठन महासंघ नहीं है। परिस्थितियों के परिपक्व होने पर हमें उस पर विचार करना और निर्णय लेना होगा।

अब मैं आपका ध्यान संगठन की उन खामियों और कमजोरियों की ओर आकृष्ट करना चाहूँगा जो इन ढाई वर्षों के बीच उभरकर हमारे सामने आई हैं। ऊपर जिन उपलब्धियों का हवाला मैंने दिया है वे निश्चय ही हमारे लिए संतोष और गर्व की चीज़ है। लेकिन हमें इस आत्म-प्रवंचना से बचना चाहिए कि सब जगहों पर सब कुछ ठीक-ठाक है। इसके लिए जरूरी है कि हम केंद्र, राज्य और जिला इकाइयों के कार्यों और कार्य-विधियों का लेखा-जोखा लेते रहें, अपनी आत्मालोचना करते रहें ताकि आत्म-सम्मोहन से बचा जा सके और अपनी खामियों पर विजय पाई जा सके।

हमें अपनी उपलब्धियों के संदर्भ में इस बात को कभी नहीं भूलना चाहिए

कि हमारे संगठन के अभूतपूर्व विस्तार और उसकी ओर लेखकों के आकर्षण का कारण मात्र हमारा प्रयास ही नहीं रहा है बल्कि वह अनुकूल वातावरण रहा है जिसका निर्माण हमारे देश के शासक-वर्ग की नीतियों के विरुद्ध उभरते हुए जन-संघर्षों ने और हमारी जनता के साथ-साथ व्यापक पैमाने पर हमारे लेखकों के हृदय में धड़कती हुई जनवादी आकांक्षाओं ने किया है। लेखकों की आकांक्षाओं और स्वतःस्फूर्त प्रतिक्रियाओं को संघर्ष और रचना के धरातलों पर रूप और दिशा देने में हमारी क्षमता और अक्षमता ही हमारे संगठन की सफलता या विफलता की कसौटी होनी चाहिए। हमारी रचनात्मक और संगठनात्मक, क्षमताओं और सफलताओं का उल्लेख ऊपर किया जा चुका है। अब हमें अपनी अक्षमताओं और असफलताओं को भी देखना है, ताकि हम दूसरे राष्ट्रीय सम्मेलन से अपनी खामियों को दूर कर सकने की समझ और शक्ति लेकर निकलें।

मैं जानता हूँ कि हमारे सदस्यों में इस बात को लेकर असंतोष है कि अभी तक हम एक मजबूत केंद्र की स्थापना नहीं कर पाए हैं जो हमारे बढ़ते हुए कार्यों को पूरा कर सके और हर क्षेत्र में इकाइयों का ठीक से दिशा-निर्देश कर सके। हमारे केंद्रीय कार्यालय को चलाने के लिए केंद्र में कुछ ऐसे सक्रिय वरिष्ठ सदस्यों का होना आवश्यक है जो कार्यालय के रोजमर्रा के कार्यों को पूरा करने के साथ-साथ बीच-बीच में उभरनेवाली समस्याओं और स्थितियों के संबंध में निर्णय लेकर उनसे निपट सकें।

पिछले ढाई वर्षों में एक ओर जहाँ हम राष्ट्रीय सम्मेलन के कुछ प्रस्तावों को अमल में नहीं ला सके, वहीं केंद्रीय समितियों द्वारा लिए गए उनके महत्त्वपूर्ण निर्णयों पर भी अपेक्षित तत्परता से कार्य नहीं कर सके। राष्ट्रीय सम्मेलन के एक प्रस्ताव के अनुसार हमें लेखकों के एक सहकारी प्रकाशन की योजना बनाकर उस पर अमल करना था और संगठन की केंद्रीय पत्रिका निकालनी थी। लेकिन इन दोनों महत्त्वपूर्ण कार्यों पर हम विचार करने से अधिक कुछ नहीं कर पाए। ऐसा इसलिए हुआ कि इस तरह की योजनाएँ जितने श्रम, समय और स्रोतों की माँग करती हैं उतना सब जुटाना संगठन की वर्तमान स्थिति में संभव नहीं था। इसलिए ये योजनाएँ केवल योजना बनाने के स्तर तक ही रह गईं। इन पर केंद्रीय समितियों में अनेक बार विस्तार से विचार किया गया, लेकिन हर बार साधनों और अन्य आवश्यक स्रोतों के अभाव में वे अधर में ही लटकी रह गईं। स्पष्ट है कि इसकी मुख्य जिम्मेदारी केंद्र पर है और सामान्य रूप से हमारे संगठन की सभी इकाइयों और सदस्यों पर। इसके लिए कुछ अनुभवों को आपके समक्ष रखना चाहूँगा।

केंद्र के व्यापक दायित्वों को पूरा करने के लिए केवल सदस्यता शुल्क के केंद्रीय भाग से ही काम नहीं चल सकता। इसलिए केंद्र के लिए एक स्थायी कोष का निर्माण करने का निर्णय लिया गया और राज्यों की राशि निश्चित की गई। लेकिन बार-बार अनुरोध करने पर भी अधिकांश इकाइयों ने अपने आश्वासनों को पूरा नहीं किया।

यही नहीं सदस्यता के पैसों और समाचार विज्ञप्ति की राशि के लिए भी बार-बार केंद्र को लिखना पड़ा है। आवश्यक स्रोतों के अभाव में हम केंद्र के दैनंदिन कार्यों और अन्य योजनाओं को लागू करने में हिचकते हैं। ऐसी स्थिति में पत्रिका और प्रकाशन का खर्चीला काम कैसे शुरू किया जा सकता था? हमारी केंद्रीय समितियों ने दूसरे राष्ट्रीय सम्मेलन के अवसर पर पुनः सदस्यों से अनुरोध किया है कि वे पत्रिका के वार्षिक शुल्क के रूप में 15 रुपये जमा कर राज्यों में ग्राहक अभियान तेज करें जिससे कि अविलंब इस योजना को अमल में लाया जा सके।

हमने अपनी इकाइयों को बार-बार परिपत्रों के माध्यम से याद दिलाया कि हमारे संगठन का एक बहुत ही महत्त्वपूर्ण कार्य है जनवादी साहित्य को व्यापक जनता के बीच ले जाना और उसका प्रचार-प्रसार करना। इसके लिए कवि-मंचों की स्थापना, जनसमूह के बीच रचना-पाठ के कार्य की परंपरा को पुनः शुरू करना, अन्य संस्कृतिकर्मियों के सहयोग से इस कार्य को आगे बढ़ाना तथा प्राकृतिक और मानव-निर्मित आपदाओं के समय संगठन की ओर से लेखकों के दस्ते जनता के बीच भेजना। लेकिन यह बहुत अफसोस के साथ कहना पड़ता है कि हमारी इकाइयाँ केवल लेखकों के बीच गोष्ठियों तक ही सीमित रहीं और उन्होंने इस कार्य को गंभीरता से नहीं लिया।

इसी प्रकार पत्रों और समाचार विज्ञप्ति के माध्यम से बार-बार यह अनुरोध किया गया कि हमारी इकाइयाँ अपनी गतिविधियों की नियमित सूचना केंद्र को भेजें, अपने लेखकों के रचनात्मक कार्यों और उपलब्धियों का ब्यौरा केंद्र को भेजें। लेकिन इस अनुरोध पर गंभीरता से अमल नहीं किया गया। इस सतत जानकारी के अभाव में न तो हम अपने संगठन के सदस्यों की रचनात्मक उपलब्धियों पर विचार कर सकते हैं और न पूरे साहित्यिक परिदृश्य में अपने सदस्यों के रचनात्मक हस्तक्षेप का अंदाजा लगा सकते हैं। यही कारण है कि हमारी निर्णयकारी समितियों का अधिकांश समय केवल संगठनात्मक कार्यों पर विचार-विमर्श और निर्णय लेने तक ही सीमित रहता है, रचनात्मक स्थिति का मूल्यांकन करने, उसके संबंध में सामूहिक समझ विकसित करने और उसमें प्रभावी हस्तक्षेप करने के लिए इकाइयों का मार्ग-निर्देशन करने का महत्त्वपूर्ण कार्य नहीं हो पाता। यदि हमने इस कार्य को गंभीरता से नहीं लिया तो यह तय है कि हम रचनात्मक माहौल पैदा करने और उसे जनवादी दिशा में अग्रसर करने के अपने घोषित लक्ष्यों को पूरा करने में असमर्थ होंगे।

इन अभावों और खामियों की चर्चा यहाँ किसी पर दोषारोपण करने के लिए नहीं, बल्कि इनसे शीघ्रातिशीघ्र मुक्त होकर संगठन को नया अर्थ और सार्थकता देने के लिए ही की गई है। दूसरे राष्ट्रीय सम्मेलन से हम यह प्रेरणा लेकर जाएँ कि संगठन का जो सुदृढ़ ढाँचा हमने खड़ा किया है, वह रचना-जगत् में कारगर बदलाव ला सके। दूसरे राष्ट्रीय सम्मेलन के अवसर पर इसकी जरूरत है कि हम अपने

घोषणा-पत्र और संविधान से निकलनेवाले कार्यभारों को ठोस रूप में सामने लाएँ और अपनी खामियों पर विजय पाकर व्यवहार में इन कार्यभारों पर तेजी से अमल करें।

हमारे कार्यभार

हमने अपने इस प्रतिवेदन में सामाजिक, आर्थिक, राजनीतिक और सांस्कृतिक जीवन की जिन समस्याओं और खतरों की चर्चा की है, जनवादी लेखक उनके प्रति उदासीन नहीं रह सकते। इन खतरों और समस्याओं के विरुद्ध कारगर ढंग से हस्तक्षेप की फौरी जरूरत है। इसके लिए जरूरी है कि जनवादी लेखकों के समक्ष अपने कार्यभार की सुनिश्चित रूपरेखा हो। इसे मद्देनजर रखते हुए हम आगामी दिनों के लिए अपने कार्यभार की एक संक्षिप्त रूपरेखा प्रस्तुत कर रहे हैं :

1. युद्ध के विरुद्ध व्यापक मंच बनाने के लिए तमाम अमन पसंद लेखकों को गोलबंद करना, जगह-जगह सेमिनारों, गोष्ठियों, चित्र-प्रदर्शनियों का आयोजन करना, नाटकों, फिल्मों आदि का प्रदर्शन करना, हिरोशिमा दिवस मनाना, जुलूसों एवं प्रदर्शनों का आयोजन करना, लेखकों के हस्ताक्षर से विश्वशांति के लिए कार्य करना।

एशिया, अफ्रीका एवं लैटिन अमेरिका के देशों में जनता के मुक्ति संघर्षों का समर्थन करना।

दुनिया के स्वाधीन देशों, खासतौर से विकासशील देशों के घरेलू मामलों में साम्राज्यवादी हस्तक्षेप का विरोध करना।

फिलिस्तीनी जनता द्वारा अपनी मातृभूमि की वापसी के लिए संघर्ष का समर्थन करना।

2. यह बहुत गंभीर षड्यंत्र के तहत योजनाबद्ध ढंग से साम्राज्यवादी शक्तियाँ सामाजिक और सांस्कृतिक स्तर पर हमारी जनता के पिछड़े हुए हिस्से की धार्मिक, जातीय, भाषाई, सांस्कृतिक और आंचलिक भावनाओं का हमारे राष्ट्र की एकता के विरुद्ध इस्तेमाल करने की जो कुचेष्टाएँ कर रही हैं, उनका पर्दाफाश करना। साम्राज्यवाद की घोर व्यक्तिवादी तथा यौन अपराध, हिंसा-केंद्रित कुत्सित, अमानवीय संस्कृति का विरोध करना।

साहित्य के क्षेत्र में साम्राज्यवाद द्वारा प्रयोगवाद, कलावाद, सौंदर्यवाद, आधुनिकतावाद के आवरण में प्रचारित-प्रसारित जन-विरोधी पतनशील अमानवीय मूल्यों एवं प्रवृत्तियों के विरुद्ध संघर्ष करना।

3. ग्रामीण जनता के आर्थिक, सामाजिक एवं सांस्कृतिक शोषण के अवशिष्ट सामंती उपक्रमों के विरुद्ध वैचारिक और रचनात्मक संघर्ष करना। जात-पाँत के आधार पर हरिजनों, आदिवासियों तथा पिछड़ी जातियों पर अत्याचार, दमन और असमान व्यवहार के विरुद्ध तथा इन पिछड़ी जातियों में जनवादी सांस्कृतिक चेतना के विकल्प

के लिए सतत संघर्ष करना।

हमारे लेखक, ग्रामीण जिला इकाइयों के माध्यम से गाँवों में साहित्यिक शिविर लगाएँ, कविताएँ, कहानियाँ सुनाएँ, नाटकों के मंचन, बैले और लोक कलाओं के प्रदर्शन आदि की व्यवस्था करें, ग्रामीण जनकवियों से संपर्क करें, उनकी रचनाओं को प्रकाश में लाने की व्यवस्था करें, ग्रामीण-जनजीवन के सामाजिक, सांस्कृतिक संघर्षों को रेखांकित करने के लिए रिपोर्ताज, रेखाचित्र आदि साहित्यिक विधाओं का इस्तेमाल कर उन्हें प्रकाशित करें। जिले के स्तर पर अपने सीमित साधनों को देखते हुए पोस्टर कविता, लघु कथा, साइक्लोस्टाइल या मुद्रित पत्रिका का प्रकाशन करना।

4. बड़े शहरों में केंद्रित लेखक औद्योगिक अंचलों में जाएँ और उपरोक्त माध्यमों के जरिये मजदूरों के बीच अपने कार्यों का प्रचार-प्रसार करें। हमें याद रखने की जरूरत है कि आधुनिक उद्योगों की स्थापना और तकनीक के नये माध्यमों के आविष्कार के कारण आज उद्योगों में प्रशिक्षित और कुशल मजदूरों की एक भारी संख्या उपस्थित है। भविष्य में हमारे जनवादी साहित्य का एक बड़ा पाठक वर्ग और संरक्षक यह वर्ग हो सकता है, यदि हम इनसे रचनात्मक और व्यावहारिक स्तर पर तादात्म्य स्थापित कर सकें। इन मजदूरों के बीच से अच्छे लेखक भी पैदा हो सकते हैं। उन्हें मंच देना और उनकी रचनाओं को परिमार्जित रूप में प्रकाशित कराने का दायित्व लेना हमारा कर्तव्य है।

हमें यह भी याद रखने की जरूरत है कि भारतीय सर्वहारा का बहुत बड़ा हिस्सा आज भी सामंती अवशेषों से जकड़ा हुआ है। साथ ही पूँजीवादी पतनशील संस्कृति का हमला भी लगातार बढ़ रहा है। इन दोनों प्रवृत्तियों से लगातार संग्राम की जरूरत है।

5. देश के अंदर की यथास्थितिवादी प्रतिक्रियावादी शक्तियाँ हमारी जनता के जीवन में व्याप्त धार्मिक अंध-विश्वासों और रूढ़ियों का इस्तेमाल अपने स्वार्थों की पूर्ति के लिए खतरनाक सीमा तक कर रही हैं। जनता की जनवादी सांस्कृतिक चेतना के विकास के रास्ते को अवरुद्ध करने के लिए सुनियोजित साजिशें हो रही हैं। इन परिस्थितियों से जूझना और अपनी जनता के सांस्कृतिक और सामाजिक जीवन को उसके आर्थिक, राजनीतिक संघर्षों के साथ संबद्ध करते हुए, उसकी जनवादी चेतना को विकसित करना हमारा सर्वाधिक महत्त्वपूर्ण कर्तव्य है। हम जनवादी लेखकों को जिस प्रकार जनता के जीवन से सबक लेना है; ठीक उसी प्रकार उसकी चेतना, रागात्मक वृत्तियों और भावनाओं को परिमार्जित करने का दायित्व भी हम पर आ पड़ा है।

6. हम देख रहे हैं कि साहित्य और कला के विभिन्न माध्यमों का इस्तेमाल शासक वर्ग अपने हित में बड़ी चतुराई के साथ कर रहा है। वह लेखकों को आर्थिक सुविधाएँ आदि देकर वर्तमान व्यवस्था के विरुद्ध जानेवाली उनकी रचनात्मक धार को कुंद करने में पूरी तरह संलग्न है। केंद्र और कुछेक राज्यों में साहित्य और कला

के नियामक लेखक और कलाकार नहीं, बल्कि कुछ सरकारी अफसर बनते जा रहे हैं। साहित्य और संस्कृति के असली मुद्दों से लेखकों का ध्यान अन्य दिशा में संचालित करने के लिए साहित्य की विषयवस्तु, रूप और विचार पर होनेवाली बहस को भटकाने के लिए विधाओं की टकराहट आदि को बहस के केंद्र में लाने की कुचेष्टा की जा रही है। जनजीवन की समस्याओं से लेखकों का ध्यान हटाने के लिए कलाकार को विभिन्न रूपों में साहित्य और कला मंचों पर उपस्थित किया जा रहा है। जनवादी लेखकों का कर्तव्य है कि वे इन तमाम कुचक्रों का पर्दाफाश करें।

7. आकाशवाणी, दूरदर्शन, साहित्य और संस्कृति के अन्य माध्यमों, फिल्म, नाटक तथा सरकारी या अर्द्धसरकारी साहित्य और कला संस्थानों के जरिये नैतिक मूल्यों के अवमूल्यन, जनता में भ्रम उत्पन्न करने तथा उसकी रुचि को विकृत करने की साजिश को हम बेनकाब करें।

8. इजारेदार घरानों की पत्र-पत्रिकाएँ और धन-कुबेरों द्वारा संचालित तथाकथित साहित्य और कला-संबंधी संस्थाएँ जनविरोधी मंच के रूप में आज कार्यरत हैं। ये शक्तियाँ साम्राज्यवादी अपसंस्कृति को अपने में पचाकर बड़ी चालाकी से उनका भारतीयकरण करने की कुचेष्टा कर रही हैं और इस देश की जनता पर उसे थोप रही हैं। इन तमाम परिस्थितियों से पैदा होनेवाली चुनौतियों का मुकाबला करने के लिए और एक वैकल्पिक जनवादी सांस्कृतिक मंच की स्थापना के लिए हम निरंतर प्रयास करें।

विभिन्न स्थानों पर सेमिनारों, गोष्ठियों आदि का आयोजन कर, अपने संघ की केंद्रीय पत्रिका और राज्य इकाइयों की अपनी पत्रिकाओं का प्रकाशन कर हम इस मंच को विकसित करें, और अपनी रचनाओं के माध्यम से वैकल्पिक जनवादी साहित्य को अपनी जनता के सामने उपस्थित करें।

9. हमारे संगठन ने पिछले दिनों प्रेमचंद और कार्ल मार्क्स की जन्मशती तथा निधन शती मनाई, और अब आचार्य रामचंद्र शुक्ल की जन्मशती मनाई जा रही है। इन आयोजनों के माध्यम से हमने सफलता के साथ अपनी स्वस्थ और जनवादी परंपराओं की तलाश की है और उससे अपने को जोड़ा है। आगामी दिनों में भी हम अपने इस कार्यक्रम को जारी रखेंगे। 1985 में विश्व-विख्यात चिंतक और लेखक जार्ज लुकाच की जन्मशती आ रही है। हमें जार्ज लुकाच और इस प्रकार के अन्य मनीषियों की जयंतियाँ मनाने की तैयारी अभी से शुरू कर देनी चाहिए। मैं, आपको यह भी याद दिलाना चाहता हूँ कि हम अपना राष्ट्रीय सम्मेलन भारतेन्दु नगर में कर रहे हैं और हिंदी साहित्य में राष्ट्रीयता और जनवाद की सर्वप्रथम प्रतिष्ठा करनेवाले भारतेन्दु की मृत्यु का यह सौवाँ वर्ष है। अतः यह उचित होगा कि हम इस अवसर पर इस नगर में एक राष्ट्रीय परिसंवाद गोष्ठी का आयोजन करें और भारतेन्दु की विरासत का वर्तमान संदर्भों में मूल्यांकन करते हुए उससे प्रेरणा लें और उसे आगे बढ़ाएँ।

10. अपने देश के साहित्य और संस्कृति की गौरवशाली मानवतावादी, राष्ट्रीय और जनवादी परंपरा का मूल्यांकन करना और उसे वर्तमान से जोड़ना और विश्व साहित्य की स्वस्थ और गौरवशाली परंपरा के अवदान से लेखकों और जनता को परिचित कराना भी हमारा कर्तव्य है। इस चीज को ध्यान में रखकर हमारे संगठन की राष्ट्रीय परिषद ने हिंदी साहित्य के इतिहास के पुनर्लेखन के लिए एक समिति का गठन किया है। हम आशा करते हैं कि यह समिति इस श्रम साध्य कार्य को संपन्न करेगी।

11. हमारी राष्ट्रीय परिषद ने लेखकों के कॉपीराइट के संबंध में, व्यावसायिक पत्र-पत्रिकाओं के बारे में हमारे दृष्टिकोण के संबंध में और सरकारी-अर्द्धसरकारी साहित्य और संस्कृति की विभिन्न अकादमियों के जनवादीकरण के बारे में तीन उपसमितियों के माध्यम से रिपोर्ट तैयार कराई है। आप साथियों को वे रिपोर्ट स्मारिका में छपी मिल गई हैं। उन रिपोर्टों को आधार बनाकर अपने विचार को जनता और आम लेखकों के बीच ले जाने की पहल करना हमारा आवश्यक कर्तव्य है।

12. हमारे देश में जनतांत्रिक पद्धति और अभिव्यक्ति की स्वतंत्रता पर शासक वर्ग और सत्तारूढ़ पार्टी लगातार हमले कर रही है। जनता द्वारा चुनी गई राज्य सरकारों को संविधान के नियमों को ताक पर रखकर और राज्यपालों का कठपुतले की तरह इस्तेमाल कर भंग कर दिया जा रहा है। तरह-तरह के काले कानूनों के जरिये जनता के जनतांत्रिक अधिकारों को खत्म किया जा रहा है। लेखकों, बुद्धिजीवियों, पत्रकारों के लेखन पर बंदिशें लगाई जा रही हैं। जनवादी लेखक संघ सर्वाधिकारवाद के इस खतरे से आँखें नहीं मूँद सकता। इस खतरे का प्रतिरोध करने के लिए निश्चित रूप से हम आगे आएँगे। इसके लिए आवश्यक है कि जनवादी लेखक अपनी रचनाओं के माध्यम से जनता से एकजुट हों।

13. देश के अंदर विघटनवादी सांप्रदायिक और क्षेत्रीयतावादी शक्तियाँ, साम्राज्यवादियों की मिलीभगत से देश की अखंडता को विघटित करने के खतरनाक कुचक्र में संलग्न हैं। आसाम, त्रिपुरा, पंजाब आदि राज्यों में घटनेवाली घटनाएँ और विभिन्न स्थानों पर, खासतौर से हिंदी भाषी प्रदेशों में सांप्रदायिक दंगे इसके ज्वलंत उदाहरण हैं। इन काली ताकतों के खिलाफ संघर्ष करना हमारा कर्तव्य है।

14. भारतीय संघीय ढाँचे के अंदर राज्यों को, विभिन्न संस्कृतियों, भाषाओं और जातियों को अधिकाधिक स्वायत्तता तथा आर्थिक और राजनीतिक अधिकार प्रदान करने की माँग करना भी हमारे लिए आवश्यक है।

15. किसी भी कार्यभार को सफलता के साथ संपन्न करने के लिए हमारे पास मजबूत और सक्रिय संगठन की जरूरत है। संगठन की कार्रवाइयों के संचालन में जनतांत्रिक केंद्रीयता की पद्धति का अनुसरण करना चाहिए। केंद्र, राज्य एवं जिला इकाइयों में सामूहिक नेतृत्व की प्रक्रिया शुरू करनी चाहिए, इसके लिए जरूरी है

कि केंद्र से लेकर सब स्तर तक की इकाइयों की नियमित बैठकें हों, सामूहिक निर्णय लिए जाएँ और उनपर अमल हो।

संगठन के अंदर मैत्रीपूर्ण आलोचना, प्रत्यालोचना को प्रोत्साहित करें, सहिष्णुता का रुख अपनाएँ, ऊपर से नीचे तक की इकाइयों में निरंतर संपर्क की प्रक्रिया जारी रखें।

अधिक-से-अधिक लेखकों, खासतौर से नयी प्रतिभाओं को संगठन में लाने का प्रयास करें।

उपसंहार

इस पूरी रिपोर्ट में हमने विस्तार के साथ अपनी राष्ट्रीय और अंतर्राष्ट्रीय परिस्थिति, अपने साहित्यिक परिदृश्य, संगठन की अब तक की उपलब्धियों, हमारे सामने आनेवाली व्यावहारिक बाधाओं तथा आगे के अपने कार्यभारों की जो रूपरेखा रखी है, हमारा विश्वास है कि उनसे आनेवाले दिनों में हमारे कार्य की दिशा और पद्धति निर्धारित करने में हमें सहायता मिलेगी।

हम किसी भी स्तर पर अपने अब तक के अनुभवों के बीच से सामने आई अपनी सीमाओं को छिपाना नहीं चाहते। उन्हें छिपाना उतना ही गलत और खतरनाक होगा जितना अपनी वास्तविक उपलब्धियों को कम करके आँकना। इसमें कोई संदेह की बात नहीं है कि अपने तमाम प्रयत्नों के बावजूद हम अपने लेखकों की सारी अपेक्षाओं की पूर्ति नहीं कर पाए हैं। हमारे देश के सामने इसी बीच कई ऐसी चुनौतियाँ आई हैं जिन पर हम अपने लेखकों का दिशा-निर्देशन नहीं कर पाए हैं। हम कई महत्त्वपूर्ण साहित्यिक मसलों पर अपना प्रभावशाली हस्तक्षेप नहीं कर पाए हैं।

ज़रूरत इस बात की है कि हम अपने चारों ओर के यथार्थ और उसके बीच अपने लेखकीय दायित्वों की समझदारी को और गहन करने और अपनी सक्रियता को बढ़ाने के साथ-साथ अपने साधनों की कमी को भी दूर करें। तभी हम अपनी कमजोरियों पर काबू पा सकेंगे। लगातार अभियानों के जरिये जहाँ हमें अपने कार्यों के लिए जरूरी साधन जुटाने होंगे, वहीं केंद्र स्तर से लेकर राज्य और जिला स्तर तक पहले से बेहतर समन्वय कायम करके महत्त्व की विभिन्न घटनाओं पर तत्काल प्रतिक्रिया जाहिर करने और आलोचनात्मक पहलकदमी करने के कार्य पूरे करने होंगे।

पुनः हम यह विशेष तौर पर रेखांकित करना चाहेंगे कि हमारे संघर्ष का प्रमुख औजार रचनात्मक और विचारधारात्मक लेखन ही है। इसी के जरिये हम अपने लिए अपनाए गए विशेष सामाजिक और सांस्कृतिक दायित्व की पूर्ति कर सकते हैं और तमाम प्रकार के कुसंस्कृतिमूलक प्रभावों से अपने समाज की रक्षा कर सकते हैं।

महज ढाई वर्षों में हमें दूर-दूर तक फैले न सिर्फ हिंदी के बल्कि अन्य भाषाओं से भी जनवादी लेखकों से जो लगातार सहयोग और समर्थन मिला है, वही हमारा

बहुत बड़ा संबल है। आनेवाले दिनों में हमें अपने संगठन को और मजबूत बनाकर और अपने कार्यों के विस्तार और अपने रचनात्मक तथा विचारधारात्मक संघर्ष में तीव्रता के जरिये सहयोग और समर्थन के इसी आधार को विस्तृत करना है ताकि अपनी जनता में नयी सांस्कृतिक चेतना जगाने, उसकी जिंदगी को भौतिक और आत्मिक दृष्टियों से बेहतर बनाने और सारी मानवता के सुखी और समृद्ध जीवन के लिए संघर्षरत रहने का हमारा संकल्प हमारे देश के लेखकों के व्यापक समुदाय के संकल्प में परिवर्तित हो जाए।

वाराणसी, 20 अक्तूबर 84 को प्रस्तुत **चन्द्रबली सिंह**
और 21 अक्तूबर 84 को पारित

जनवादी लेखक संघ की केंद्रीय कार्यकारिणी की 14 मार्च 85 को दिल्ली में हुई बैठक में प्रस्तुत महासचिव की रिपोर्ट

जलेस के दूसरे राष्ट्रीय सम्मेलन द्वारा गठित केंद्रीय कार्यकारिणी की यह पहली बैठक है। सम्मेलन के समक्ष प्रस्तुत महासचिव की रिपोर्ट और उस पर हुई बहस ने जलेस की स्थापना से लेकर सम्मेलन तक की उपलब्धियों के साथ ही उन कमजोरियों को भी रेखांकित किया जो हमारे संगठन के विकास को अवरुद्ध करती हैं और जिन पर हावी हुए बिना हम अपने लेखकों की उन अवस्थाओं और आकांक्षाओं को पूरा नहीं कर सकते जो हमारे संगठन के साथ जुड़ी हुई हैं। यह कहने की जरूरत नहीं कि वे राष्ट्रीय और अंतर्राष्ट्रीय परिस्थितियाँ जिनमें हमें जनवादी रचनाएँ और नागरिक के अपने दोहरे दायित्व का निर्वाह करना है। जटिलता होती जा रही है, मैं विशेष रूप से उन घटनाओं का जिक्र करना चाहूँगा जो सम्मेलन के बाद आज तक के चंद महीनों के दौरान हुई हैं और जिन्होंने हमारे जनमानस को बुरी तरह मथ कर रख दिया है।

हमारे राष्ट्रीय सम्मेलन के ठीक दस दिन बाद हमारे देश में वह भयंकर घटना हुई जिसने हमारी राष्ट्रीय एकता और अखंडता को तोड़ने के प्रयत्न में लगी हुई आंतरिक और साम्राज्यवादी शक्तियों की मिलीजुली साजिश के फलस्वरूप हमारे देश की प्रधानमंत्री श्रीमती इंदिरा गांधी की हत्या कर दी गई। जनवादी लेखक संघ ने इस नृशंस हत्या की कड़ी निंदा की। इस अत्यंत घृणित और निंदनीय कांड के फौरन बाद देश भर में सांप्रदायिक हिंसा की भयंकर ज्वाला भड़क उठी। एक संप्रदाय-विशेष के हजारों नारी-पुरुष और अबोध शिशु तक क्रूरता के साथ मौत के घाट उतार दिए गए और हजारों परिवारों की संपत्ति आग की लपटों में स्वाहा हो गई और उन्हें

शरणार्थी शिविरों में पनाह लेनी पड़ी। उन घटनाओं ने हर संवेदनशील और प्रबुद्ध नागरिक की आत्मा को दहला दिया। यह भी कम दुःख और चिंता की बात नहीं थी कि इस हिंसा को भड़काने में शासक दल के लोगों का भी हाथ रहा। इन घटनाओं के भयंकर दूरगामी कारनामों को नजरअंदाज करना खतरनाक होगा। जनवादी लेखक संघ ने तत्काल इन राष्ट्र-विरोधी, असामाजिक, उन्मादग्रस्त और अमानवीय तथ्यों के विरुद्ध अपनी प्रतिक्रिया व्यक्त की जो समाचार-पत्रों में प्रकाशित हुई। इन घटनाओं ने हमारे सामने हमारे राष्ट्रीय जीवन पर छाये भयंकर संकट को उघाड़ कर रख दिया है और हमें इसका अहसास कराया है कि हमारे कर्तव्यों का अंत उनके विरुद्ध बयान जारी करने भर से नहीं हो जाता, बल्कि हमें हस्तक्षेप के और भी कारगर तरीकों का इस्तेमाल करना होगा।

इन दुःखद घटनाओं के ठीक एक महीने बाद भोपाल स्थित यूनियन कार्बाइड में से एम.आई.सी. गैस के रिस जाने से उस इलाके के हजारों नागरिकों की जानें गईं, लाखों प्रभावित हुए और उनमें से असंख्य उस जहरीली गैस के भयंकर दूरगामी प्रभावों के आतंक की छाया में जी रहे हैं। इस कांड ने हर संवेदनशील व्यक्ति के हृदय में उसके शिकार नागरिकों के प्रति सहानुभूति और करुणा और बहुराष्ट्रीय निगमों की अमानवीयता और धनलोलुप राक्षसी कृत्यों के प्रति घृणा और आक्रोश जगाया। जलेस ने एक बयान में इन प्रतिक्रियाओं की अभिव्यक्ति की। लेकिन हमें इस जरूरत का गहरा अहसास है कि रचनाकारों की हैसियत से हमारी प्रतिक्रिया साधारण प्रतिक्रिया से भिन्न होनी चाहिए। द्वितीय विश्वयुद्ध के दौरान बंगाल के अकाल के जमाने में प्रगतिशील लेखकों की भूमिका से हम अगर भोपाल गैस त्रासदी के बीच आज के लेखकों की भूमिका की तुलना करें तो हमें यह तलब अहसास हुए बिना नहीं रह सकता कि हमारी रचनाधर्मिता और हमारी जनता के सुख-दुःख के बीच वह रिश्ता नहीं कायम हो सका है जिसके बिना हमें लेखक कहलाने में भी संकोच होना चाहिए।

आपको याद होगा कि जलेस की केंद्रीय कार्यसमिति और केंद्रीय परिषद ने अलीगढ़ में हुई अपनी बैठक में राष्ट्रीय एकता और अखंडता की रक्षा और धार्मिक तत्त्ववाद और धार्मिक उन्माद के विरुद्ध संघर्ष तेज करने के लिए देश के लेखकों का आह्वान किया था। वाराणसी में हुए हमारे द्वितीय राष्ट्रीय सम्मेलन ने इसी आशय का एक बयान सम्मेलन में उपस्थित अनेक लेखकों के हस्ताक्षर से जारी किया और पुनः देश के सारे लेखकों से विचारधारात्मक मतभेदों से ऊपर उठकर राष्ट्रीय एकता और जनवाद की रचना तथा विकास के संघर्ष में शरीक होने का आह्वान किया। हमें लेखकों के बीच अपने इस बयान का व्यापक प्रचार-प्रसार करना है, उसके लिए उनका समर्थन प्राप्त करना है और उन्हें उपर्युक्त संघर्ष के लिए प्रेरित और एकजुट करना है। इस दिशा में हमारा सबसे पहला कदम देश के लेखक संगठनों और लेखकों से संपर्क स्थापित करना होना चाहिए।

मैं आपका ध्यान इस ओर भी आकृष्ट करना चाहता हूँ कि यह वर्ष राष्ट्रीय कांग्रेस की स्थापना की सौवीं वर्षगाँठ का है और शासक वर्ग इस अवसर पर तरह-तरह के समारोह आयोजित करेंगे। हमें इस संबंध में कोई भ्रम नहीं होना चाहिए कि शासक वर्ग हमारे राष्ट्रीय आंदोलन में अपनी भूमिका की वास्तविक प्रकृति पर पर्दा डालते हुए उसे अलंकृत रूप में प्रस्तुत करने का प्रयत्न करेंगे। इस अवसर का इस्तेमाल हमें साम्राज्यवाद-सामंतवाद-विरोध, देश-प्रेम, धर्म-निरपेक्षता, भारतीय जनता के लिए सुखी और समृद्ध भौतिक और आत्मिक जीवन के निर्माण आदि के उन महान् आदर्शों और मूल्यों को उजागर करने के लिए करना चाहिए जिन्हें हमारे राष्ट्रीय मुक्ति आंदोलन ने हमारे राष्ट्रीय जीवन का अभिन्न अंग बना दिया है। हमारे देश के सभी महान् साहित्यकारों ने अपनी रचनात्मक शक्ति इन्हीं आदर्शों और मूल्यों की रचना और विकास के संघर्ष को समर्पित की। हमारे लिए आवश्यक है कि हम अपनी साहित्यिक और सांस्कृतिक विरासत को राष्ट्रीय आंदोलन से प्राप्त योगदान को रेखांकित करते हुए लेखकों में राष्ट्रीयता और जनवाद के मूल्यों के लिए संघर्ष की चेतना को व्यापक और गहन बनाएँ। इसमें कोई संदेह नहीं कि बीसवीं सदी के संपूर्ण भारतीय साहित्य को हमारे राष्ट्रीय आंदोलन से ही सामंतयुगीन रूढ़िवाद सौंदर्य-बोध से मुक्ति की प्रेरणा और शक्ति और अभिव्यक्ति के सर्वथा मौलिक रूपों के अन्वेषण की स्फूर्ति मिली। स्पष्ट है कि इन दोनों के अंतःसंबंधों का गहन और अंतरंग अध्ययन का हमारे लेखकों के लिए बहुत बड़ा महत्त्व है। इसलिए हमें इस वर्ष अपने राष्ट्रीय आंदोलन की साहित्यिक और सांस्कृतिक विरासत पर एक राष्ट्रीय गोष्ठी के आयोजन की पहल करनी चाहिए। इस गोष्ठी के अवसर पर हम उपस्थित लेखकों की ओर से राष्ट्रीय एकता और जनवाद की रचना और विकास के संघर्ष में देश के सभी लेखकों से एकजुट होने की अपील जारी कर सकते हैं। इस अवसर पर हम सभी उपस्थित लेखकों की ओर से नाभिकीय युद्ध के विरुद्ध और निरस्त्रीकरण और शांति के पक्ष में एक दूसरी अपील भी जारी कर सकते हैं। हमारा दृढ़ विश्वास है कि इस आयोजन में हमें सभी देशभक्त और मानवताप्रेमी लेखकों का सहयोग और समर्थन प्राप्त होगा।

हमने पिछले दिनों सहकारी-अर्धसहकारी साहित्य और इन संस्थानों की गतिविधियों पर एक उपसमिति गठित कर एक रिपोर्ट तैयार कराई थी, जिन्हें जलेस की कार्यसमिति राष्ट्रीय परिषद और द्वितीय राष्ट्रीय सम्मेलन ने पारित कर दिया है उक्त रिपोर्ट में तथ्यों के आधार पर उपर्युक्त संस्थाओं की कार्यविधियों के स्वरूप को खोल कर सामने रखा गया है और उन्हें नौकरशाही के चंगुल से मुक्त कर उनके जनवादीकरण की माँग की गई है। इस बीच भोपाल के भारत भवन से संबंधित घटनाओं और तथाकथित विश्व वाल्मीकि कविता उत्सव से संबंधित घटनाओं ने हमारी रिपोर्ट की प्रमाणिकता को साबित कर दिया है। इसके अतिरिक्त लेखकों के लेखकीय हितों की रक्षा के लिए कापीराइट-कानून में सुधार की माँग पर भी हमने एक रिपोर्ट

तैयार की थी। मास मीडिया के इस्तेमाल के बारे में भी अपने दृष्टिकोण को स्पष्ट करते हुए हमने एक रिपोर्ट तैयार की है। हम इन तमाम रिपोर्टों को एक पुस्तिका के रूप में प्रकाशित करें और इन सवालों पर आम लेखकों को गोलबंद कर एक आंदोलन का रूप दें। जलेस के द्वितीय राष्ट्रीय सम्मेलन जो जलेस के अंतर्गत उर्दू लेखकों को भी संगठित करने के लिए एक प्रस्ताव पारित किया था और एक उर्दू सेल का गठन किया। इस बीच उर्दू सेल ने अपनी प्रारंभिक कार्रवाइयाँ शुरू कर दी हैं। आशा है कि शीघ्र ही उर्दू लेखकों के नाम एक अपील प्रकाशित की जा सकेगी, जिसके आधार पर हम उर्दू लेखकों को भी अपने संगठन में बड़े पैमाने पर शामिल करने की मुहिम और तेज कर पाएँगे।

शुरू से ही हमारे लेखकों की यह मंशा रही है कि जलेस की अपनी एक केंद्रीय पत्रिका हो। इस आशय का एक प्रस्ताव हमारे द्वितीय राष्ट्रीय सम्मेलन ने भी पारित किया है। हम पत्रिका निकालने की प्रारंभिक कार्रवाई के लिए एक कमेटी बनाने का प्रस्ताव कार्य समिति के समक्ष उपस्थित कर रहे हैं कमेटी निम्नलिखित सदस्यों को लेकर बनाई जाए : (1) भैरवप्रसाद गुप्त (2) रमेश कुंतल मेघ, (3) डॉ. शिवकुमार मिश्र, (4) डॉ. कुँवरपाल सिंह, (5) श्री इसराइल, (6) डॉ. कांतिमोहन, (7) सव्यसाची, (8) रमेश उपाध्याय (9) मार्कण्डेय।

इस कमेटी के संयोजक के रूप में डॉ. कुँवरपाल सिंह का नाम प्रस्तावित है। यह कमेटी इन सभी छः महीने के अंदर पत्रिका निकालने के प्रारंभिक कार्यों को पूरा कर ले।

समाचार विज्ञप्ति को और भी सुचारु रूप से समय से निकालने की व्यवस्था हो। इसके लिए आवश्यक है कि राज्य शाखाएँ और स्थानीय शाखाएँ रिपोर्टें और बुलेटिन के पैसे भेजने में मुस्तैदी बरतें।

हमारे द्वितीय राष्ट्रीय सम्मेलन ने विश्वविख्यात मार्क्सवादी चिंतक जार्ज लुकाच की जन्मशती और भारतेन्दु की निधनशती मनाने का प्रस्ताव पारित किया था। उसके लिए हमें प्रारंभिक कार्रवाई शुरू करनी चाहिए।

राष्ट्रीय सम्मेलन के बाद राज्यों के सम्मेलन इसी साल के अंदर होने चाहिए इसके लिए आवश्यक है कि सम्मेलन के पूर्व राज्यों में पुराने सदस्यों के नवीनीकरण और नये सदस्य बनाने के लिए हमारी सभी स्तरों की कमेटियाँ अभी से सक्रिय हों।

कोष के अभाव में हमारा बहुत सारा आवश्यक कार्य रुक रहा है। किसी भी संगठन को सुचारु रूप से चलाने के लिए कोष आवश्यक है। सदस्यता-शुल्क के अलावा विशेष चंदे के तौर पर धन इकट्ठा करना आवश्यक हो गया है। इसलिए हमारे साथी नये साल के लिए नया कोटा निर्धारित क़रें और केंद्रीय कोष के लिए धन इकट्ठा करने का काम शुरू कर दें।

हमने द्वितीय राष्ट्रीय सम्मेलन के पहले और द्वितीय राष्ट्रीय सम्मेलन में जो

अनेक महत्त्वपूर्ण आयोजनों के फैसले लिए, उनमें से कुछ को हमने कार्यान्वित किया और कुछ अभी अधूरे पड़े हैं। कहने की जरूरत नहीं कि ये सारे फैसले हमारे घोषणा-पत्र के महान् संकल्पों के तहत लिए गए थे। हमने द्वितीय राष्ट्रीय सम्मेलन में अपने संगठन के लिए एक विस्तृत कार्यक्रम भी तैयार किया है। जाहिर है कि यदि इन सारी चीजों को मात्र पुनीत कामनाओं के रूप में नहीं रह जाना है तो हमें हर स्तर पर अपने संगठन को पहले से ज्यादा सक्रिय और व्यापक बनाना है। इस कार्य को संपन्न किए बिना हम अपने आंदोलन को लेखकों के आम आंदोलन में नहीं बदल सकते। इस काम की शुरुआत हम, केंद्र से कर रहे हैं। केंद्र में सचिव मंडल ने अपने कार्यों को और सुचारु रूप से चलाने के लिए कुछ सांगठनिक जिम्मेवारियों का बँटवारा किया है, जो इस प्रकार हैं :

केंद्रीय कार्यालय का संचालन	:	चंचल चौहान
सहयोग	:	डॉ. महादेव साहा
दिल्ली और हिमाचल प्रदेश	:	कर्णसिंह चौहान
सहयोग	:	राजेन्द्र यादव
पश्चिमी उत्तर प्रदेश और राजस्थान	:	सव्यसाची
सहयोग	:	शील
पूर्वी उत्तर प्रदेश और बिहार	:	डॉ. चन्द्रभूषण तिवारी
सहयोग	:	भैरवप्रसाद गुप्त और मार्कण्डेय
बंगाल और हरियाणा	:	डॉ. ओमप्रकाश ग्रेवाल
सहयोग	:	डॉ. रमेश कुंतल मेघ
मध्यप्रदेश, बंगाल और आसाम	:	इसराइल
सहयोग	:	डॉ. कुँवरपाल सिंह
महाराष्ट्र, गुजरात और आंध्रप्रदेश	:	चन्द्रबली सिंह
सहयोग	:	डॉ. शिवकुमार मिश्र

हमारी राज्य-इकाइयों को भी चाहिए कि वे अपने यहाँ संगठन की स्थिति का जायजा लेकर आवश्यकतानुसार कार्य विभाजन कर लें। साथियो, हम बार-बार इसका उल्लेख करते हैं कि हम अभी वह रचनात्मक माहौल नहीं बना पाए हैं जिसके आधार पर हम लेखकों के व्यापक समूह को अपने महान् लक्ष्यों तक पहुँचने के संघर्ष में शरीक कर सकें। इसमें शक नहीं कि हमें इस कार्य में सफलता के लिए सैद्धांतिक स्तर पर बहुत कुछ चिंतन और विचार-विमर्श करना है लेकिन उससे कम शक इसमें भी नहीं कि हमारे संकल्पों और हमारी संगठनात्मक सक्रियता में मौजूद चौड़ी खाई भी हमारी वांछित प्रगति को अवरुद्ध कर रही है। हमें अपनी इस कमजोरी को स्वीकार करना और अपने कार्यों के प्रति आत्मालोचनात्मक दृष्टि रखते हुए उसे दूर करने

का प्रयत्न करना होगा। हमें अपनी सक्रियता में न केवल निरंतरता ही बनाए रखना होगा बल्कि इसके साथ-साथ उसे ऊँचे स्तर पर भी ले जाना होगा।

महासचिव की रिपोर्ट

केंद्रीय कार्यकारिणी के समक्ष प्रस्तुत अलीगढ़ 27.7.85
केंद्रीय परिषद के समक्ष प्रस्तुत अलीगढ़ 28.7.85

हमारे द्वितीय राष्ट्रीय सम्मेलन के बाद हमारी केंद्रीय कार्यकारिणी की यह दूसरी बैठक है। सम्मेलन के बाद हमारी केंद्रीय परिषद की बैठक कल होगी। प्रारंभ में अपने साहित्यिक, सांस्कृतिक परिदृश्य तथा राष्ट्रीय-अंतर्राष्ट्रीय संदर्भों की ओर मैं आपका ध्यान आकृष्ट करना आवश्यक समझता हूँ। साथियो, अपने वर्तमान साहित्यिक परिदृश्य पर हम निगाह डालें तो हम पाते हैं कि रचना तथा विचार दोनों ही स्तरों पर काफी प्रतिकूल और मुश्किल स्थितियों का हमें सामना करना पड़ रहा है और इससे बख्ती तौर पर एक गतिरोध जैसा आया दीखता है। लेखक और पाठक के बीच की दूरी तेजी से बढ़ती प्रतीत होती है, रचनात्मक और वैचारिक कृतियाँ सामान्य पाठकों के साधनों की पहुँच के बाहर पड़ती जा रही हैं और सबसे अधिक चिंता का विषय तो यह होता जा रहा है कि बहुत सारी सार्थक और मूल्यवान कृतियाँ भी लंबे अर्से तक या तो अचर्चित बनी रहती हैं अथवा उनकी बहुत ही कम चर्चा होती है, यहाँ तक कि सामान्य पाठक-वर्ग को अच्छी कृतियों की तत्काल सूचना तक नहीं हो पाती। यह स्थिति व्यावसायिकता और शासन-तंत्र की मिली-जुली साजिश और शासक वर्ग के संस्कृति-विरोधी कुत्सित अभियान का अनिवार्य प्रतिफल है। शासक वर्ग आम जनता की संवेदना और सौंदर्याभिरुचि के साथ उसकी वैचारिक चेतना को भी कुंठित तथा विकृत करने के हर संभव प्रयत्न कर रहा है। सजग और सचेष्ट जनता को लेखकों के लिए व्यवस्था तथा शासन-तंत्र की ओर से उत्पन्न यह एक गंभीर चुनौती है। ऐसी स्थिति में यह आवश्यक है कि जनवादी लेखक मौजूदा साहित्यिक परिदृश्य की अपनी समझ को निरंतर पैनी करते हुए अपने तात्कालिक कार्य-भारों को निर्धारित करें और नये संदर्भों में उन्हें इस प्रकार परिभाषित करें ताकि मौजूदा यथार्थ पर उनकी प्रभावकारी पकड़ हो और उनकी रचनाएँ और अधिक जीवंत बन सकें। इसके लिए उन्हें निरंतर आत्म-संघर्ष करते हुए अपने उन मध्यवर्गीय संस्कारों से उबरना होगा, जो उन्हें जाने-अनजाने व्यावसायिकता और सुविधावाद की अँधेरी गलियों में खींच ले जाते हैं और जनता से उनके संपर्क को कमजोर और बेजान कर देते हैं। साथियो, जाहिर है कि मौजूदा चुनौतियों के बीच इस प्रकार की शिथिलता हमारे लिए और हमारी जनवादी रचनाधर्मिता के लिए बहुत ही घातक है।

हिंदी-भाषी क्षेत्र की आम जनता के आर्थिक-सांस्कृतिक पिछड़ेपन का फायदा

उठाकर शासक वर्ग अपने निरंतर विकसित होते और विस्तार पाते प्रचार माध्यमों तथा कई और तरीकों द्वारा उसकी मानसिकता को अपने हितों की दृष्टि से विकृत करने का हर संभव प्रयत्न करता है और काफी हद तक कामयाब भी होता दिखाई देता है। साहित्य और संस्कृति के क्षेत्र के ऐसे उपक्रमों का सीधा संबंध शासक वर्ग के आर्थिक और राजनीतिक उद्देश्यों और आवश्यकताओं से जुड़ा हुआ है। इन माध्यमों से जनता की चेतना को विकृत करते हुए वह अपने शासकीय उद्देश्यों की पूर्ति के लिए उसके अंदर खतरनाक किस्म का विभाजन भी पैदा करता है। इस विभाजन की तात्कालिक परिणति मौजूदा वैचारिक अधिरचना के अंतर्गत विद्यमान प्रतिगामी तत्त्वों से विकसित और पोषित ऐसी समस्याओं के रूप में होता है जो देश की एकता और अखंडता के लिए गंभीर खतरा बन जाते हैं। उदाहरण के लिए गुजरात के आरक्षण विरोधी आंदोलन का जातिवाद का रूप लेना और अल्पसंख्यकों के विरुद्ध उसका हिंसक कार्यवाही में बदल जाना, हमारे देश में जातिवाद और सांप्रदायिकता का भयावह रूप ले चुका है। इसी तरह सिख उग्रवाद और सम्प्रदायवाद के खतरों की भयावहता को हम पंजाब-समस्या के संदर्भ में देख रहे हैं। हम मुस्लिम तत्त्ववाद के इस खतरे का भी उल्लेख कर सकते हैं जो शरियत के नाम पर स्त्रियों को उनके न्यूनतम मानवीय और मान्य सामाजिक अधिकारों तक से वंचित करने पर उतारू है।

साथियो, जनता की चेतना को विकृत करने और उसके व्यापक हिस्से को विभाजित करने के इस घृणित उपक्रम में साम्राज्यवादी ताकतों के राजनीतिक और सांस्कृतिक माध्यमों के भी हाथ हैं, हमें यह नहीं भूलना चाहिए। ये ताकतें न सिर्फ हमारे देश, बल्कि दुनिया के तमाम अविकसित और विकासशील देशों में, इस प्रकार के घृणित षड्यंत्र में लगी हुई हैं। साथियो, हमारे सामने समस्त मानवता की सांस्कृतिक उपलब्धियों के ध्वंस का खतरा भी साम्राज्यवादी शक्तियों द्वारा नाभिकीय युद्ध की तैयारियों के रूप में है और ये सारे राष्ट्रीय और अंतर्राष्ट्रीय प्रसंग हमारे लिए गंभीर चिंता के विषय हैं। जनवादी लेखकों के लिए ये गंभीर चुनौतियाँ प्रस्तुत करते हैं और हमें अपना कार्य भार समझने और संपन्न करने में इन्हें भी दृष्टिगत रखना आवश्यक है।

इसी क्रम में, हमें अपनी इस समान चिंता का उल्लेख करना भी उचित होगा जो हमारी वर्तमान संगठनात्मक स्थिति और समय-समय पर लिए गए हमारे विभिन्न संकल्पों के कार्यान्वयन को लेकर है।

मैंने केंद्रीय कार्यकारिणी की पिछली बैठक में आपको सूचना दी थी कि केंद्र में सचिव मंडल ने अपने कार्यों को और सुचारु रूप से संचालित करने के लिए कुछ सांगठनिक जिम्मेवारियों का आपस में विभाजन और उसमें सहयोग के लिए केंद्रीय पदाधिकारियों को सम्मिलित करने का फैसला लिया था। आत्मालोचना करते हुए मैं और सचिव मंडल के अन्य सदस्य यह स्वीकार करते हैं कि हमारा वह फैसला

अभी कारगर ढंग से लागू नहीं किया जा सका है। हमारे सामने अनेक कठिनाइयाँ भी हैं, और रहेंगी, लेकिन हम यह दावा नहीं कर सकते कि हमने अपनी वर्तमान कठिनाइयों पर हावी होने का उतना प्रयास किया है जितना हमें करना चाहिए। किंतु आपको यह जानकर प्रसन्नता होगी कि अब हमें केंद्रीय कार्यालय के लिए एक संतोषजनक स्थायी स्थान नयी दिल्ली में मिल गया है। इससे हमारी एक कठिनाई दूर अवश्य हो गई, लेकिन मैं नहीं चाहता कि इसका यह आशय लिया जाए कि अब तक हमारी संगठनात्मक कमजोरियों का मुख्य कारण स्थायी केंद्रीय कार्यालय का न होना था। केंद्रीय कार्यालय के स्थायी स्थान होने से कहीं ज्यादा महत्त्वपूर्ण केंद्रीय नेतृत्व का सक्रिय होना है और तरह-तरह की दिक्कतों के बावजूद उसने जो कुछ अबतक किया है और वह सर्वथा नगण्य नहीं है—उससे बहुत ज्यादा करने की जरूरत थी। लेकिन जहाँ एक ओर हम केंद्रीय नेतृत्व की कमजोरियों पर नजर डालते हैं, वहाँ हमें विभिन्न राज्यों और जिला स्तर की अपनी इकाइयों की गतिविधियों पर भी नजर डालनी चाहिए। हमारे द्वितीय राष्ट्रीय सम्मेलन के अवसर पर महासचिव की रिपोर्ट में सम्मिलित विस्तृत कार्यभारों का उल्लेख किया। लेकिन देखने में यह आया है कि केंद्र के निर्देशों के बावजूद हमारी राज्य और जिला इकाइयाँ आमतौर पर उतनी सक्रिय नहीं हुई हैं जितनी सक्रिय उन्हें होना चाहिए था। संगठनात्मक सक्रियता के लिए एक बहुत मामूली-सी आवश्यकता इकाइयों की नियमित बैठकें करना है। केंद्र से भेजे गए सर्कुलरों में यह बात बार-बार कही गई थी, मगर हमारी बहुत-सी इकाइयाँ यह भी नहीं करतीं। केंद्र से समय-समय पर दिए गए निर्देशों और हमारे घोषणा-पत्र, संविधान और महासचिव की रिपोर्ट में सम्मिलित कार्यभारों के आधार पर वे आयोजन भी नहीं करतीं। बहुत-सी इकाइयाँ जो अपेक्षाकृत सक्रिय हैं अपनी गतिविधियों की रिपोर्ट न तो केंद्र के पास जानकारी के लिए और न समाचार-बुलेटिन में छपने के लिए भेजती हैं। इसलिए उनकी गतिविधियों में जितना सन्नाटा वास्तव में है नहीं, उससे ज्यादा जान पड़ता है। जाहिर है इस मौजूदा स्थिति से उबरने के लिए हमारे संगठन में नेतृत्व से लेकर इकाइयों तक को अपनी कार्यपद्धति भी बदलनी होगी। अनेक मसलों पर हमारी इकाइयों के स्थानीय नेतृत्व को विविध प्रकार के आयोजनों द्वारा लेखकों के लिए रचनात्मक माहौल बनाने के साथ-साथ जनता को सही ढंग से आंदोलित करने की दिशा में भी पहल करनी होगी। हम बार-बार जनता से निकट के संबंध स्थापित और पुष्ट करने उससे कुछ सीखने और उसे प्रभावित करने की बातें करते रहे हैं। इस दिशा में पर्याप्त सफलता प्राप्त करने के लिए हमें ऐसे आयोजन करते रहने चाहिए ताकि रचनाकार तथा साधारण जनता का संपर्क और घनिष्ठ हो सके।

हमारे फैसलों के अनुसार दो-तीन महीनों में सभी राज्य-सम्मेलन हो जाने चाहिए थे, लेकिन इस संबंध में विभिन्न राज्यों से हमें अधिक उत्साहवर्द्धक सूचनाएँ नहीं

मिल रही हैं। उम्मीद है कि राज्य इकाइयाँ इस दिशा में शीघ्र सक्रिय होंगी।

मैं इसका उल्लेख करना भी जरूरी समझता हूँ कि हमें अपने संकल्पों को पूरा करने में हर तरह से आलस्य या शिथिलता से मुक्त होना चाहिए। मैं कुछ ऐसे महत्त्वपूर्ण कार्यों की ओर संकेत करना चाहता हूँ जिनका संकल्प हमने काफी पहले लिया था, लेकिन जिन्हें पूरा करने की दिशा में अभी हम संतोषजनक प्रगति नहीं कर पाए हैं। इनमें हमारे साधनों की सीमा भी एक प्रमुख कारण रही है। उदाहरण के लिए, हमने जनता के दृष्टिकोण से हिंदी साहित्य का संक्षिप्त इतिहास लिखने का निश्चय किया था। यह एक कठिन कार्य होते हुए भी अत्यंत महत्त्व का भी कार्य है, इस दिशा में हमने कुछ प्रारंभिक कार्य किया भी है, लेकिन इसके साथ ही हम यह भी स्वीकार करते हैं कि इस कार्य में अभी समुचित प्रगति नहीं हो सकी है। दूसरे, हमने यह निर्णय लिया था कि आचार्य रामचंद्र शुक्ल की जन्मशती के वर्ष में राज्यीय महत्त्व की एक परिचर्चा का आयोजन भोपाल में करें। इस कार्य को हमने काफी सफलता के साथ संपन्न किया और हमारी इस पहलकदमी का व्यापक प्रभाव भी पड़ा और रामचंद्र शुक्ल के कृतित्व के जनवादी पहलू को रेखांकित करने में हम समर्थ हुए। लेकिन परिचर्चा के अवसर पर पढ़े गए महत्त्वपूर्ण निबंधों को तथा देश के अंदर अन्यत्र संपन्न ऐसे आयोजनों में पढ़े गए निबंधों को हम साधनों की सीमा के कारण अभी तक पुस्तकाकार प्रकाशित रूप नहीं दे सके हैं। इसी प्रकार 14 मार्च की कार्यकारिणी में महासचिव द्वारा प्रस्तुत रिपोर्ट के कतिपय मुद्दों की दिशा में भी हम अपेक्षित प्रगति नहीं कर सके हैं। जाहिर है, कि हममें इन सभी कार्यभारों को पूरा करने की क्षमता है। जरूरत इस बात की है कि केंद्र और राज्य इकाइयाँ अपने मिले-जुले प्रयासों से इस क्षमता को सक्रिय रूप देने का माहौल तैयार करें जिसकी शुरुआत केंद्र से लेकर इकाइयों में मौजूद हर तरह की संगठनात्मक शिथिलता को दूर करने से होनी चाहिए।

केंद्रीय कार्यकारिणी की बैठक में कई सदस्यों ने उपुर्यक्त स्थिति पर विचार-विमर्श के दौरान अपनी चिंता और असंतोष व्यक्त किया था। इस स्थिति से उबरने के लिए संगठनात्मक कमजोरियों को दूर करने के अलावा रचनात्मक माहौल पर भी उन्होंने बल दिया था। हमारे संगठन में एक ओर जहाँ प्रेमचंद और आचार्य रामचंद्र शुक्ल की साहित्यिक विरासत पर राष्ट्रीय और स्थानीय परिसंवादों के माध्यम से अपनी साहित्यिक और सांस्कृतिक विधि के मूल्यांकन से संबंधित अनेक सैद्धांतिक प्रश्नों के हल में महत्त्वपूर्ण योगदान किया है, वहाँ हमें यह स्वीकार करना होगा कि हमारा संगठन वर्तमान लेखन से जुड़े अनेक ज्वलंत प्रश्नों को प्रभावकारी ढंग से रेखांकित करने में पूरी तरह समर्थ नहीं हो सका है। वर्तमान लेखन को सही दिशा देने की पहली शर्त इन ज्वलंत प्रश्नों की पहचान और उन्हें हल करने की हमारी क्षमता है। हमारी यह कमजोरी रही है कि हमने समकालीन लेखन के सर्वांगीण वैज्ञानिक मूल्यांकन

पर आवश्यक जोर नहीं दिया है। आलोचना के महान् दायित्व को समझते हुए हमें ऐसी दृष्टि का विकास करना है जो एक साथ वर्तमान सामाजिक यथार्थ को उसकी सारी जटिलताओं और अंतर्विरोधों में देख सके और अनेक रूपों शैलियों में होनेवाली उसकी अभिव्यक्ति का वैज्ञानिक विवेचन कर सके। हमें आशा करनी चाहिए कि ऐसी आलोचना के महत्त्व और तात्कालिक आवश्यकता को समझते हुए जलेस की प्रस्तावित पत्रिका और हमारी सहयोगी पत्रिकाएँ इस काम को आगे बढ़ाएँगी। यह प्रसन्नता की बात है कि काफी हिचकिचाहटों के बाद अब हमने अपने संघ की पत्रिका के प्रकाशन की योजना को अंतिम रूप दे दिया है। जिसे इस कार्य के लिए बनाई गई उपसमिति के संयोजक डॉ. कुँवरपाल सिंह आपके समक्ष प्रस्तुत करेंगे। मुझे पूरा विश्वास है कि हमारी सभी इकाइयाँ इस पत्रिका की भूमिका के महत्त्व को समझती हैं, पत्रिका के प्रकाशन में उनसे सहयोग का लगातार प्राप्त होनेवाला आश्वासन इसकी पुष्टि करता है। इस संबंध में अपने संगठन के उपाध्यक्ष डॉ. रमेश कुंतल मेघ की सहायता की पहल का उल्लेख करना मैं अपना कर्तव्य समझता हूँ। उन्होंने पत्रिका के लिए 10,000 रु. की धनराशि देने का वायदा किया है। मैं जलेस की केंद्रीय कार्यकारिणी तथा पूरे संगठन की ओर से उन्हें हार्दिक धन्यवाद देता हूँ। इस संबंध में कई अन्य इकाइयों के भी उत्साहवर्द्धक आश्वासन प्राप्त हुए हैं। इसके लिए हम उनके आभारी हैं। ऐसे समय जब शासक वर्गों की सुनियोजित नीतियाँ जिस ढंग से साहित्य के सृजन और उसके प्रचार-प्रसार की परिस्थितियाँ कठिनता बनाती जा रही हैं, जब व्यावसायिकता के हमले नागरिक उत्तरदायित्वों के बोध से रचे गए साहित्य को प्रकाशित करनेवाली पत्रिकाओं को ध्वस्त करते जा रहे हैं, जब दूरदर्शन के माध्यम से व्यापक पैमाने पर जनता की सांस्कृतिक रुचि को कुत्सित दिशाओं में ले जाने का प्रयत्न किया जा रहा है, जब वैज्ञानिक प्रगति के नाम पर साहित्य और संस्कृति के महत्त्व को घटाने की साजिश की जा रही है, ऐसे समय में पत्रिका निकालने का हमारा निश्चय इन सारी स्थितियों के विरुद्ध संघर्ष के हमारे संकल्प का द्योतक है। यह पत्रिका हमारे संघर्षशील संगठन की अपराजेय ध्वजा के समान फहराती रहे—यही हमारा प्रयत्न होना चाहिए।

अपनी इस रिपोर्ट में कार्यकारिणी की आज की बैठक में 'समकालीन साहित्यिक परिदृश्य का वस्तुगत विश्लेषण और जलेस के नये कार्यभार' पर होनेवाले विचार-विमर्श के संबंध में भी कुछ उल्लेख करना मैं आवश्यक समझता हूँ। यह सोचना गलत होगा कि हमने अपने घोषणा-पत्र में इस विषय पर कोई विचार नहीं किया है। समय-समय पर हम अपने साहित्य में विभिन्न प्रवृत्तियों के बीच शक्ति संतुलन का भी जायजा लेते रहे हैं। द्वितीय राष्ट्रीय सम्मेलन में भी महासचिव की जो रिपोर्ट स्वीकृत की उसमें भी हमारे समकालीन परिदृश्य का वस्तुगत विश्लेषण मौजूद है। इस वस्तुगत विश्लेषण के बिना हमारे संगठन का कार्यभार बनाना संभव नहीं हुआ

है। इसलिए यह उचित ही है कि हम इस विषय पर पूरे विस्तार के साथ विचार करें और समकालीन साहित्यिक परिदृश्य में ऐसे तत्त्वों को विशेष रूप से रेखांकित करें जो हमारे पूर्व स्वीकृत कार्यभारों में नये कार्यभार जोड़ने की आवश्यकता की ओर संकेत करते हैं। साथियो, इस संबंध में मैं एक बात जोर देकर कहना चाहता हूँ। हम अपने राष्ट्रीय जीवन में साहित्य और संस्कृति के जनवादी विकास के लिए संघर्षरत हैं यह एक लंबे दौर का संघर्ष है। इस दौर में ऐसी अनेक घटनाएँ हुई हैं और हो सकती हैं जो कुछ समय के लिए स्थिति की विपरीतता को और बढ़ाती दिखाई दें। हम जनवादी लेखकों के सामने अपनी जनता की भावी नियति के बारे में कोई संदेह नहीं होना चाहिए, क्योंकि हम न केवल अतीत और वर्तमान के यथार्थ को देखते हैं बल्कि उस यथार्थ को भी देखते हैं जिसे गोर्की ने 'तीसरा यथार्थ' कहा है, जो हमारे सामने अपने देश की जनता और सारी मानवता की बेहतर जिंदगी का भविष्य में आनेवाला चित्र प्रस्तुत करता है। इसके साथ ही हमें यह नहीं भूलना चाहिए कि थोड़े बहुत परिवर्तन सुधार या हमारे शासक वर्ग ने अपनी नीतियों से जो आर्थिक, सामाजिक, राजनीतिक और सांस्कृतिक संकट उत्पन्न किए हैं, मौजूदा नहीं कर सकते, क्योंकि जनता के संघर्षों के दबाव में शासकवर्गों को कुछ सुधार या परिवर्तन करने की विवशता होती है। आज भी वे सारे संकट मौजूद हैं। बल्कि कहीं-कहीं वे पहले से भी ज्यादा गंभीर रूप में हमारे सामने आ रहे हैं उदाहरण के लिए हम मुस्लिम तत्त्ववाद के खतरे का उल्लेख कर सकते हैं, जो हमारे सामने शरीयत की रक्षा की लड़ाई के रूप में आया है। इसी तरह गुजरात में आरक्षण विरोधी आंदोलन का जाति युद्ध का रूप लेना और अल्पसंख्यकों के विरुद्ध कार्यवाही में बदल जाना यह दिखाता है कि हमारे देश में जातिवाद और सांप्रदायिकता भयानक रूप ले चुके हैं। हम पंजाब-समस्या के हल पर प्रसन्नता व्यक्त करते हुए भी यह नहीं भूल सकते कि अभी वहाँ धार्मिक तत्त्ववादियों और आतंकवादियों की साजिशें पूरी तरह खत्म नहीं हुई हैं। हमने ये उदाहरण सिर्फ इसलिए दिए हैं, ताकि अपने संघर्ष की प्रगति और रूप के बारे में सारे भ्रमों से बचते हुए अपने नागरिक और लेखकीय कर्तव्यों को पूरा करने में अविचल बने रहें।

शासक वर्गों के पास इन समस्याओं का कोई हल नहीं है, समाज की परिवर्तनकारी ताकतें ही इनका निर्णयात्मक समाधान प्रस्तुत कर सकती हैं। इन ताकतों से प्रेरणा लेते हुए तथा अपने दायित्व की गंभीरता को महसूस करते हुए हम अपने रचनात्मक और वैचारिक कार्यभारों को पूरी निष्ठा और इस सक्रियता के साथ संपन्न करें। हमें यकीन है साथियो कि इस प्रकार के सामूहिक निश्चय से ही हम मौजूदा प्रतिकूल स्थितियों पर विजय पाने में समर्थ होंगे और सामाजिक परिवर्तन की दिशा में परिवर्तनकारी शक्तियों का साहित्य और संस्कृति के क्षेत्र में आवश्यक सहयोग कर सकेंगे।

अंत में निष्कर्ष के तौर पर जलेस के निम्नलिखित तात्कालिक कार्यभार सामने आते हैं :

1. राज्यों के सम्मेलन और जिला सम्मेलन जल्दी-से-जल्दी कराए जाएँ, यह कार्य दिसंबर 85 तक हो जाए।

2. सदस्यता अभियान चलाया जाए और नवीकरण का कार्य यथाशीघ्र इन सम्मेलनों से पहले पूरा किया जाए।

3. केंद्रीय पत्रिका के प्रकाशन और उसके लिए संसाधन जुटाने के लिए तुरत प्रयास शुरू किए जाएँ।

4. स्थानीय रचना गोष्ठियाँ, परिसंवाद, चर्चाएँ आयोजित करके जलेस की गतिविधियों में और अधिक तेजी लाई जाए। जहाँ भी आवश्यक हो केंद्र से सहयोग लिया जाए।

चन्द्रबली सिंह

अलीगढ़
27 जुलाई 85

जनवादी लेखक संघ की केंद्रीय कार्यकारिणी और केंद्रीय परिषद की क्रमशः 8 और 9 अगस्त 1986 को कलकत्ता में हुई बैठकों के समक्ष प्रस्तुत महासचिव की रिपोर्ट

अलीगढ़ में हुई केंद्रीय परिषद की बैठक के एक वर्ष बाद आज जब हम यहाँ कलकत्ता में मिल रहे हैं तो यह आवश्यक है कि अपने सामाजिक, सांस्कृतिक और साहित्यिक माहौल का जायजा लें और अपने कार्यभारों के प्रति नये उत्साह से समर्पित हों। अलीगढ़ की बैठक में हमने रचनात्मक माहौल की चरित्रगत विशेषताओं और अपनी सांगठनिक कमजोरियों को लेकर विचार-विमर्श किया था। आज के रचनात्मक माहौल की जटिलता का अनुमान इसी से किया जा सकता है कि इस पर होनेवाली बहस के दौरान हम इस पर भी एकमत नहीं हो सके थे कि गतिरोध है या नहीं, या यदि है तो उसकी प्रकृति क्या है। लेकिन इसे अस्वीकार नहीं किया जा सकता कि हमारे देश की स्थिति जिस तरह हमारी जनता के लिए विषम है, उसी तरह वह हमारे रचनाकारों और संस्कृतिकर्मियों के लिए भी है। रचनाकार के रूप में हम जिस सामाजिक और सांस्कृतिक परिवर्तन के लिए लड़ रहे हैं उसमें समय-समय पर स्थितियों का पहले से ज्यादा विषम हो जाना कोई अस्वाभाविक बात नहीं है, लेकिन अगर हम अपने संघर्ष को इतिहास के लंबे और व्यापक परिप्रेक्ष्य में देखें और हमें ऐसा करना भी चाहिए तो स्थिति वैसी निराशाजनक नहीं प्रतीत होगी जैसी वह कभी-कभी जान पड़ती है। हमने वर्तमान स्थिति में हस्तक्षेप की आवश्यकता समझते हुए तय किया

था कि हम अपनी संगठनात्मक गतिविधियों को तेज करें तथा अपनी केंद्रीय पत्रिका के प्रकाशन की योजना को तत्परता से अमली रूप दें।

हमने अपनी पिछली बैठक में अपने राज्य और जिला सम्मेलन करने का भी फैसला लिया था। जहाँ-जहाँ हमारे राज्य सम्मेलन हुए, वहाँ-वहाँ लेखकों के सामने आज भी चुनौतियों को ठीक से पहचानने की कोशिशें हुईं। उत्तर प्रदेश और हरियाणा के राज्य सम्मेलनों में राष्ट्रीय स्वाधीनता आंदोलन में अर्जित मूल्यों और आज उन पर लगातार होने वाले और उन्हें कमजोर बनाने वाले आक्रमणों पर चिंता बहस के केंद्र में रही। दिल्ली राज्य सम्मेलन में अपसंस्कृति के खतरे पर चिंता प्रकट की गई और अपने अतीत को भी आलोचनात्मक ढंग से देखने और आज के अपने कार्यभारों को पहचानने की कोशिश की गई। महाराष्ट्र राज्य सम्मेलन में भी अलगाववादी और फूटपरस्त ताकतों के द्वारा राष्ट्र की एकता और अखंडता के लिए पैदा किए जा रहे खतरे को रेखांकित किया गया। मध्यप्रदेश और विभिन्न राज्यों में होनेवाले जिला सम्मेलनों में भी इन्हीं खतरों का सामना करने की जरूरत हमारे लेखकों की प्रमुख चिंता के रूप में रेखांकित हुई। आज की बदली हुई परिस्थितियों में जरूरत इस बात की है कि हम रचनात्मक स्तर पर समर्पित भाव से इनका तथा उनसे उत्पन्न होनेवाली नयी चुनौतियों का सामना करने का प्रयास तेज करें। मगर उससे भी पहले इन बदली हुई परिस्थितियों की पहचान और आज के अपने कार्यभारों में प्राथमिकता तय करने का काम बहुत जरूरी है। एक लेखक संगठन के रूप में हमारा यह पहला दायित्व है कि अपने सामाजिक यथार्थ की पहचान ठीक से करें और उसी पहचान के आधार पर अपने कार्यभार तय करें।

आठवें दशक की शुरुआत से कुछ दिन पहले और उसके बाद हमारे लेखकों ने जो साहित्य रचा उसका केंद्रीय उद्देश्य जनवाद के लिए तानाशाही ताकतों द्वारा पैदा किए जा रहे खतरे की पहचान कराना था। इस खतरे की पहचान कराने और जनता को लामबंद करने की कोशिश का ही नतीजा वे लघु पत्रिकाएँ थीं जिन्होंने साहित्य में जनवादी आंदोलन को एक प्रभावी दिशा दी। समाज के भीतर घटित हो रहे हर जनविरोधी कदम का लेखक रचनाकार प्रतिरोध करते थे, जनता के जुझारू हिस्से भी उन कदमों का प्रतिरोध करते थे। आज जनता पर शोषक-शासक वर्गों के हमले जटिल तरीकों से हो रहे हैं, रोटी-रोजी, महँगाई और बदहाली की समस्याएँ ज्यों की त्यों बनी हुई हैं, लेकिन आज एक और सबसे बड़ी मूलभूत और व्यापक समस्या जो हमारे सामने आ खड़ी हुई है वह है देश की एकता और अखंडता की रक्षा की समस्या। देश के स्तर पर यह समस्या आज का केंद्रीय मुद्दा है। आज जो कुछ पंजाब या गुजरात में हो रहा है धर्म या संप्रदाय या भाषा या क्षेत्र के आधार पर नफरत और हिंसा, कूट और असुरक्षा का जो वातावरण पैदा किया जा रहा है और मिथ्या चेतना के आधार पर जनता को जिस तरह विभाजित किया जा रहा

है उससे आजादी के दौरान अर्जित राष्ट्रीय एकता के मूलभूत आधार पारस्परिक सद्भावना, राष्ट्रीय प्रेम, समानता आदि के सारे मानवीय और जनवादी मूल्य दिनोंदिन नष्ट होते जा रहे हैं। साम्राज्यवादी ताकतें इन मूल्यों पर आक्रमण करनेवाली सारी राष्ट्र विरोधी, संप्रदायवादी, धार्मिक तत्त्ववादी और विभाजनकारी ताकतों को अपना सहयोग, समर्थन और सहायता दे रही हैं। शासक-शोषक वर्ग यद्यपि खुद को राष्ट्रीय एकता और अखंडता के अलमबरदार के रूप में पेश करता है लेकिन अपने क्षुद्र स्वार्थों की खातिर और जनता के जनवादी आंदोलन की धार को कुंद करने के लिए इन्हीं ताकतों का अपने पक्ष में इस्तेमाल करता है। जनवादी आंदोलनों का जैसा उभार सत्तरोत्तरी वर्षों में देखने को मिलता था आज निश्चय ही वैसा उभार नहीं दीख पड़ता। इसका असर साहित्य पर भी पड़ा है।

अलीगढ़ में हमने साहित्यिक परिदृश्य को विश्लेषित करने की जो पहलकदमी की थी, वह एक अच्छा कदम था, लेकिन सही से सही विश्लेषण भी उस समय तक निरर्थक रहेगा जब तक हम अपने संगठन के माध्यम से उसे सक्रिय रचनात्मक रूप न दे सकें। हमें स्वीकार करना होगा कि हम इस दिशा में उतना नहीं कर पाए हैं जितना करना हमारी जिम्मेदारी है। अपने साहित्यिक परिदृश्य के विश्लेषण और उसके आधार पर अपने कार्यभार निश्चित करने की अनवरत प्रक्रिया के माध्यम से ही हम वर्तमान लेखन में कारगर हस्तक्षेप कर सकते हैं। यह आवश्यक है कि हम उसके बाद साहित्य में आए परिवर्तनों और उसके बाद पुनः नवें दशक के इन पाँच-छः बरसों में लिखे गए साहित्य में आई तब्दीलियों के बारे में किसी आम समझ तक पहुँचें और सामाजिक परिदृश्य में आए परिवर्तनों और इन कालखंडों में रचे गए साहित्य को जोड़कर उनके बीच रिश्ते की गहरी पहचान करें। सत्तर के बाद के वर्षों के जनवादी उभार के दौरान और इधर पिछले कुछेक वर्षों में उभरी चुनौतियों के बीच आए अंतर को ठीक-ठीक पहचानना और उनके कारण पैदा हुए रचनात्मक बदलाव को समझे बिना हम आज के लेखन में कोई प्रभावी हस्तक्षेप नहीं कर सकते। इसलिए आवश्यक है कि हमारा संगठन इस विषय पर बहस की पहल करे। इस बहस में नयापथ दिशासूचक माध्यम के रूप में अपनी भूमिका निभा सकता है।

साहित्यिक परिदृश्य के विश्लेषण की हमारी कोशिश तभी सार्थक होगी जब हम सामाजिक स्थिति के विश्लेषण को भी गंभीरता से लें, जो इसके मूल में निहित है। सत्तरोत्तरी बरसों की सामाजिक स्थिति और उनके प्रति रचनाकारों की प्रतिक्रिया को आज की स्थिति और उसके प्रति रचनाकारों की प्रतिक्रिया को साथ-साथ रखकर विश्लेषित करें तो पाएँगे कि गलतियाँ सिर्फ साहित्यिक परिदृश्य को समझने की ही नहीं सामाजिक परिदृश्य को भी समझने की होती हैं। जनवादी की सीमारेखा के भीतर मात्र आर्थिक राजनीतिक मसलों से आगे बढ़कर वर्ग संघर्ष के अन्य विचारधारात्मक आयामों की ओर ध्यान न देना खतरनाक होता है और जनवादी उभार के आरंभिक

दौर के लेखन में ऐसी प्रकृति भी मौजूद थी। एमरजेंसी ने मध्यवर्ग के अतिरिक्त उत्साह को काफी जोरों का धक्का पहुँचाया और उसके बाद वे तमाम जटिल पहलू एक के बाद एक अपने को उद्घाटित करने लगे जिनकी उसे कल्पना भी नहीं थी। आज यह स्पष्ट है कि आम जनता को जिसमें मजदूर और किसान भी शामिल हैं उस मिथ्या चेतना से मुक्त करना आवश्यक है जो उसे कभी-कभी थोड़े से उकसावे से ही सांप्रदायिकता, जातिवाद, क्षेत्रीयतावाद और अन्य दकियानूसी विचारधाराओं की गिरफ्त में ले लेती है और उसे बुरी तरह विभाजित कर देती है। जनवादी लेखक होने के नाते हमारी यह जिम्मेदारी है कि हम आज की इस स्थिति से पैदा होनेवाली चुनौती को लेखकों के सामने रखें। क्या हम रचनात्मक स्तर पर आज की चुनौतियों का उस तरह सामना कर रहे हैं जिस तरह हमें करना चाहिए? सांप्रदायिकता के जहर के खिलाफ लिख रहे हैं? आज पंजाब में निर्दोष इंसानों की उग्रवादियों के हाथों हत्या हो रही है, जिसकी वजह से अनेक परिवार वहाँ से भाग खड़े हुए हैं जिसका फायदा सांप्रदायिक ताकतें उठा रही हैं। देश की एकता और अखंडता और हमारी आजादी के लिए खतरा सिर्फ एक नारा भर नहीं है। हमने बार-बार इस खतरे के बारे में गंभीरता से सोचा है और प्रस्ताव पारित किए हैं। जनवादी लेखकों के लिए इन खतरों के प्रति सचेत रहना जरूरी है।

यह एक सच्चाई है कि आज की केंद्रीय चुनौती के बारे में अधिकांश लेखकों के बीच उस तरह का तल्ख एहसास नहीं है जैसा कि पिछले दशक में तानाशाही ताकतों द्वारा जनवाद की हत्या के बारे में था। पिछले दिनों लखनऊ में राष्ट्रीय प्रगतिशील लेखक महासंघ ने प्रलेस की स्वर्णजयंती का जो जश्न मनाया उसमें भी आज की चुनौतियों को विश्लेषित और परिभाषित करने की कोशिश नहीं हुई। जनवादी लेखक संघ ने आज की इस केंद्रीय चुनौती की ओर पहली बार ध्यान दिया और अलीगढ़ की पिछली केंद्रीय कार्यकारिणी की बैठक में इस मुद्दे पर बहस की शुरुआत की। हम चाहते हैं कि हमारी तमाम इकाइयाँ आज की मुख्य चुनौतियों को समझने और रचनात्मक स्तर पर उन चुनौतियों का मुकाबला करने के सवाल पर संजीदगी से बहस चलाएँ और आज के सांस्कृतिक माहौल में अपना कारगर हस्तक्षेप करने के लिए आगे बढ़ें।

अपने सामाजिक, सांस्कृतिक, साहित्यिक माहौल की चिंताओं से जुड़ी हुई हमारी एक जिम्मेदारी और है, वह है मानव मात्र के अस्तित्व के लिए पैदा किए जा रहे खतरे के प्रति सजग होना। अपने छोटे से दायरे में कूपमंडूक बन जाना या क्षण-क्षण जीने का दर्शन ओढ़ लेना या जीवन से उपराम हो जाना हमारे लेखकों का जीवनादर्श नहीं हो सकता। मानव जाति की नियति से जुड़े रहकर ही लेखक आत्म-विस्तार करता है और यह आत्म-विस्तार ही उसे महान् लेखक बनाता है। यदि मानव समाज के अस्तित्व पर छाया खतरा भी उसे बेचैन नहीं करता, पूरे विश्व के राख हो जाने

की कल्पना मात्र से वह काँप नहीं उठता तो संवेदनशीलता का उसका सारा दावा झूठा है। यह वर्ष अंतर्राष्ट्रीय स्तर पर विश्व शांति का वर्ष है। हमारे लेखकों को मानव जाति के लिए विश्व-शांति के महत्त्व को समझना होगा। आज अमानवीय युद्धोन्मादी साम्राज्यवादी ताकतें नाभिकीय अस्त्रों के प्रयोग से न सिर्फ समाजवादी देशों बल्कि विश्व के अन्य सारे देशों की प्राकृतिक संपदा, कच्चामाल, श्रम और बाजार को अपने कब्जे में कर लेना चाहती हैं। लेखक मानव समाज में होनेवाली हर घिनौनी जन-विरोधी घटना के खिलाफ अपनी आवाज बुलंद करता है, वह घटना चाहे अपने देश में हो या विश्व के किसी भी भाग में। जब बेंजामिन मोलाइसे को बोथा निजाम ने फाँसी दी, तो विश्वभर के कवि, कलाकार और संस्कृतिकर्मी उस पाशविक कदम के खिलाफ सड़कों पर निकल आए और उस कवि की शहादत पर सैकड़ों रचनाकारों ने रचना के माध्यम से श्रद्धांजलि अर्पित की। हम चाहते हैं कि हमारे लेखक अपनी इस विराट् संवेदना की जमीन को कभी बंजर न होने दें, वे विश्व-स्तर पर घटित होनेवाले हर घटना विकास के प्रति सजग रहें, चाहे वह विश्व-शांति की समस्या हो या निकारागुआ पर अमरीका द्वारा हमले की साजिश हो या दक्षिण अफ्रीका की जनता पर रंगभेदी प्रिटोरिया सरकार द्वारा ढाए जा रहे अत्याचार का सवाल हो। जनवादी लेखक संघ ने अपनी सभी सांगठनिक बैठकों में प्रस्तावों के माध्यम से इस दिशा में अपनी जागरूकता का परिचय दिया है किंतु हमारी यह कमी रही है कि पूरे राष्ट्र के पैमाने पर हम सारे लेखकों को चाहे वे हमारे संगठन में हों या उसके बाहर हों, इन प्रश्नों के बारे में उस हद तक आंदोलित नहीं कर पाए हैं जिस हद तक उन्हें करना चाहिए था।

सांगठनिक स्थिति

यद्यपि जनवादी लेखक संघ इस समय देश में हिंदी-उर्दू भाषी अवाम के बीच अकेला संगठन है जो अनुशासनबद्ध तरीके से नियमित रूप से सांस्कृतिक स्तर पर सक्रिय है और जो देश-विदेश में होनेवाले हर घटना विकास पर प्रतिक्रिया व्यक्त करता है या हस्तक्षेप करता है जो हमारे सांस्कृतिक अस्तित्व को प्रभावित करता हो, फिर भी हम अपनी उपलब्धियों के साथ-साथ अपनी कमजोरियों का भी जायजा समय-समय पर लेते रहे हैं क्योंकि हमारे संगठन की जीवंतता के लिए यह जरूरी है। अलीगढ़ में हुई पिछली केंद्रीय परिषद की बैठक में हमने दिसंबर 1985 के अंत तक अपने सभी राज्य सम्मेलन कर लेने का निर्णय लिया था। इस निर्णय का पूरी संकल्पशीलता से सिर्फ उत्तर प्रदेश, हरियाणा और दिल्ली राज्य इकाइयों ने पालन किया और अपने राज्य सम्मेलन दिसंबर 1985 से पहले ही कर लिए। इन राज्य सम्मेलनों से जलेस की गतिविधियों और उसके विस्तार में मदद मिली। सदस्य संख्या भी बढ़ी और नया उत्साह भी पैदा हुआ। उत्तर प्रदेश में कई नयी जिला इकाइयाँ बनीं दिल्ली में भी काम में गति आई। हरियाणा में जलेस ने स्वतंत्र रूप से अपना कार्यकलाप करने

का निर्णय लिया है जबकि पहले वे अपने सहयात्री जनवादी सांस्कृतिक मंच के साथ ही सारी गतिविधियाँ करते थे। दिसंबर 1985 की सीमा-रेखा के बाद मध्यप्रदेश और महाराष्ट्र के राज्य सम्मेलन भी हुए और इन राज्यों में भी जलेस के कार्य को गति मिली, महाराष्ट्र में बंबई की जिला इकाई का गठन भी हुआ और उस इकाई ने इस दौरान कई महत्त्वपूर्ण आयोजन किए। म.प्र. इकाई ने भी अपने कार्यक्रमों में तेजी लाने के प्रयासों के साथ-साथ भारत भवन के अफसरशाहों के कुकर्मों और वहाँ की धाँधलियों के खिलाफ व्यापक मोर्चेबंदी में अग्रणी भूमिका अदा की जिसके फलस्वरूप देश के राष्ट्रीय अखबारों और पत्रिकाओं तक ने हमारी म.प्र. इकाई की पहल का हवाला दिया। इसमें कोई अतिशयोक्ति नहीं है कि हमारे सीमित कार्यकलापों के बावजूद जलेस की प्रतिष्ठा एक लेखक संगठन के रूप में बढ़ी है। यदि हम अपनी कमजोरियों पर विजय प्राप्त करके अपने निर्णयों पर अमल कर पाते तो यह प्रतिष्ठा कहीं ज्यादा होती।

बिहार और राजस्थान जैसे विशाल संभावनाओं वाले राज्यों में अभी तक राज्य सम्मेलन नहीं हुए हैं। हम वहाँ के साथियों से अधिक सक्रिय होने की आशा करते हैं। अनेक वस्तुगत कारणों से प. बंगाल इकाई और हिमाचल प्रदेश इकाई भी समय से राज्य सम्मेलन नहीं कर सकीं। प. बंगाल का राज्य सम्मेलन अब हो रहा है और हिमाचल प्रदेश का राज्य सम्मेलन 13-14 सितंबर 1986 को होना तय हो गया है। हमारे कई राष्ट्रीय स्तर के सेमिनार भी नहीं हो सके। निर्णयों के प्रति इस प्रकार के रुख से हमारे संगठन को क्षति पहुँची है।

हमारा संगठन एक ओर कमजोरी का शिकार है, वह है समय से सदस्यता का नवीनीकरण न करना। केंद्र की ओर से निर्देश जाता है कि सभी इकाइयाँ संविधान के मुताबिक मार्च तक प्रतिवर्ष सदस्यता का नवीनीकरण कराएँ और सदस्यों के नाम व पतों सहित केंद्र की राशि केंद्रीय कोषाध्यक्ष को भेजें जिससे कि संगठन का कार्य सुचारु रूप से चल सके। मगर कुछ इकाइयों को छोड़कर ज्यादातर इकाइयाँ इस निर्देश पर ध्यान ही नहीं देती हैं। इसका नतीजा यह हुआ है कि केंद्रीय कार्यालय का वर्ष भर का किराया भी नहीं दिया जा सका है। 25 मई 1986 को केंद्रीय कार्यकारिणी ने फैसला लिया कि सभी राज्य इकाइयाँ केंद्रीय कार्यालय के किराये का भुगतान कराने के लिए केंद्र के पास कम-से-कम 100 रु. तत्काल भेजें, इस फैसले पर अभी तक बिहार और मध्यप्रदेश ने अमल नहीं किया। हम चाहते हैं कि हमारी इकाइयाँ इसका गहराई के साथ अहसास करें कि आर्थिक कठिनाइयों के कारण हम न केवल अपने कार्य को आगे बढ़ा पा रहे हैं बल्कि बहुत से ऐसे कार्यों को करने की स्थिति में भी नहीं हैं जो हम आज तक करते आए हैं।

अलीगढ़ की केंद्रीय परिषद की मीटिंग में हमने अपनी केंद्रीय पत्रिका के प्रकाशन के निर्णय को अमली रूप देने की योजना बनाई थी। फरवरी 1986 में संपादक मंडल

की बैठक ने नया पथ नाम को प्राथमिकता दी और श्री शिव वर्मा से जो पहले नया पथ निकालते थे और जिनके नाम से वह पंजीकृत है उसे जलेस केंद्र को हस्तांतरित करने की अपील की गई। हम शिवदा के आभारी हैं कि उन्होंने सहर्ष हमारा अनुरोध स्वीकार कर लिया और पत्रिका को जलेस केंद्र को हस्तांतरित करने की औपचारिक कार्रवाई भी अविलंब शुरू कर दी। संपादक मंडल ने दो अंकों की मोटे तौर पर रूपरेखा बनाई और अलीगढ़ में लिए गए पत्रिका संबंधी फैसले को ध्यान में रखते हुए सामग्री आदि का चयन किया। हालाँकि पत्रिका का प्रवेशांक मई 1986 में ही प्रकाशित होना था, किंतु यथेष्ट धन और सामग्री के समय से न मिल पाने के कारण थोड़ा विलंब हुआ और नया पथ का प्रवेशांक 30 जून को छपकर आ गया। यह अंक जुलाई-सितंबर 1986 अंक है। दूसरा अंक प्रगतिशील आंदोलन के 50 वर्ष पर केंद्रित विशेषांक होगा। प्रवेशांक का सभी हलकों में स्वागत हुआ है। और इससे एक नये उत्साह का संचार हुआ है। लेकिन हम अपने सदस्यों को यह भी बता देना चाहते हैं कि जहाँ पत्रिका का प्रकाशन शुरू करना संगठन का एक महत्त्वपूर्ण कर्म ही नहीं ऐतिहासिक जिम्मेदारी का निर्वाह भी है वहीं इसकी शुरुआत हम अनेक आर्थिक और सामग्री संबंधी समस्याओं से जूझते हुए ही कर पाए हैं। हम अपनी इस मीटिंग में इसकी तमाम समस्याओं को अलग से विचारार्थ रख रहे हैं जिससे कि कुछ ठोस फैसले लेकर हम अपने ऐतिहासिक दायित्व को पूरी ईमानदारी से निभा सकें। हम अपने साथी लेखकों से अनुरोध करते हैं कि वे रचनाओं, सुझावों और हर प्रकार के सहयोग से संगठन की केंद्रीय पत्रिका को लगातार बेहतर बनाने में मदद करें।

25 मई 1986 को नयी दिल्ली में हुई कार्यकारिणी की बैठक में एक अहम फैसला तृतीय राज्य सम्मेलन के बारे में हुआ। किंतु अभी कई राज्यों में दूसरा राज्य सम्मेलन नहीं हो पाया है, फिर भी हमें आशा है कि कार्यकारिणी के निर्णय के अनुसार अगला राष्ट्रीय सम्मेलन भोपाल में मार्च 1987 में हो सकेगा। जाहिर है कि राष्ट्रीय सम्मेलन एक बड़ा काम होता है अतः उसकी जिम्मेदारी भी बड़ी होती है। यह जिम्मेदारी मुख्य रूप से मध्यप्रदेश इकाई की होते हुए भी हमारी सभी राज्य इकाइयों को आर्थिक एवं सभी सहयोग देने की जिम्मेदारी उठानी होगी। हम चाहते हैं कि तृतीय राष्ट्रीय सम्मेलन की तैयारी के लिए हम सब अभी से जुट जाएँ, हमारे राज्य सचिव इस ओर विशेष ध्यान दें और तमाम जिला इकाइयों का दौरा करके धन संग्रह आदि के लिए निर्देश और सुझाव दें। धन जुटाने का काम कूपन बेचकर, विज्ञापन जुटाकर, फिल्म शो का प्रबंध करके, कवि सम्मेलन या नाटक समारोह करके भी किया जा सकता है।

साथियो, वक्त हमसे और अधिक सक्रियता की माँग कर रहा है। हमारी सभी इकाइयाँ समसामयिक रचनाशीलता पर सेमिनार कराने के साथ इस वक्त सभी प्रमुख

चुनौतियों के प्रति रचनाकारों को सजग करने और उन्हें रचनात्मक स्तर पर आयोजित करने की कोशिश करें। वे अपने यहाँ की सबसे अच्छी रचनाएँ नया पथ और अन्य सहयोगी पत्रिकाओं में प्रकाशनार्थ भेजें और रचनाकारों को प्रोत्साहित करें। अच्छे साहित्य के पठन-पाठन के लिए पाठक जनसमुदाय को भी अपने आयोजनों में भागीदार बनाएँ। और अपनी पत्रिकाओं को अधिक-से-अधिक लोगों तक पहुँचाएँ। जलेस की तमाम इकाइयों को अपने सदस्यों को इस दिशा में प्रवृत्त होने के लिए प्रोत्साहित करना होगा तभी जनवादी साहित्यिक आंदोलन एक सच्चे आंदोलन का रूप ग्रहण कर सकता है।

कलकत्ता 8 **चन्द्रबली सिंह**
अगस्त 1986

केंद्रीय कार्यकारिणी की दिनांक 25-5-86 की नयी दिल्ली में हुई बैठक में प्रस्तुत महासचिव की रिपोर्ट

जनवादी लेखक संघ की केंद्रीय कार्यकारिणी और केंद्रीय परिषद की पिछली बैठक अलीगढ़ में 27-28-29 जुलाई 1985 को संपन्न हुई। तब से आज तक 20 महीने गुजर गए। इस बीच देश की राजनीतिक और सामाजिक परिस्थितियों में सुधार की जगह संकट और गहरा हुआ है, जिससे साहित्यिक और सांस्कृतिक क्षण में हमारे सामने आई चुनौतियाँ और भी गंभीर हो गई हैं। देश की राष्ट्रीयता एकता को विघटित करनेवाली शक्तियों में सांप्रदायिक और धार्मिक तत्त्ववादी शक्तियाँ और भी सक्रिय हो उठी हैं। शाहबानों प्रकरण को लेकर मुस्लिम तत्त्ववादियों ने आम मुस्लिम जनता को बरगलाने और राष्ट्रव्यापी जनवादी आंदोलन की मुख्य धारा से काटने की साजिश के साथ जो खेल शुरू किया है, वह हमारे राष्ट्रीय जीवन में एक खतरनाक मोड़ है। शासक पार्टी ने संसद में मुस्लिम महिला विधेयक पारित कराकर और इस तरह मुस्लिम तत्त्ववादियों के सामने शर्मनाक ढंग से आत्म-समर्पण कर धार्मिक तत्त्ववाद के विरुद्ध हमारे संघर्ष को और कठिन और जटिल बना दिया है। यह शासक वर्गों की ऐसी स्थिति है जिसमें प्रगतिशील और जनवादी लेखन की सांप्रदायिक और धार्मिक अंधविश्वास-विरोधी गौरवशाली परंपरा से प्रेरणा और शक्ति लेकर देश के सारे जनवादी लेखकों को, चाहें वे हमारे संगठन में हों या उसके बाहर हों, दृढ़ और अनवरत संघर्ष करना होगा। शाहबानों प्रकरण ने यह सिद्ध कर दिया है कि धार्मिक तत्त्ववादियों की नजर में नारी के साधारण नागरिक, और पुरुषों के साथ समानता के अधिकार भी कोई अर्थ नहीं रखते। सत्ताधारी पार्टी ने मुस्लिम तत्त्ववादियों के सामने आत्म-समर्पण

कर हमारे राष्ट्रीय आंदोलन के जनवादी मूल्यों को विसर्जित कर यह साबित कर दिया है कि सत्ता के लोभ में उसे जनवादी मूल्यों की रक्षा और विकास में कोई रुचि नहीं है। उसने मुस्लिम जनता के बीच मौजूद जनवादी हिस्सों में पस्तहिम्मती फैलाई है।

इस दौरान हिंदी प्रदेशों में मुस्लिम तत्त्ववादियों के समानांतर हिंदू तत्त्ववादी भी खतरनाक ढंग से सक्रिय हुए हैं। तथाकथित बाबरी मस्जिद और रामजन्मभूमि के विवाद ने दोनों संप्रदायों की जनता को बरगलाने और उनके बीच जहर घोलने का काम किया है और पूरे हिंदी क्षेत्र में एक विस्फोटक स्थिति उत्पन्न कर दी है। सत्ताधारी दल का जनवादी-विरोधी चरित्र इस विवाद में भी उभरकर हमारे सामने आया है। हिंदू तत्त्ववादियों को खुश करने के इरादे से सत्ताधारी दल ने तथाकथित रामजन्म-भूमि का ताला खुलवाकर हिंदू-मुस्लिम तत्त्ववादियों को सांप्रदायिक विद्वेष फैलाने का मौका दिया है। इस पूरे विवाद में दोनों ओर के तत्त्ववादियों का नेतृत्व शासक दल के नेता कर रहे हैं। जाहिर है, यह लड़ाई देश के सारे जनवादी और प्रगतिशील लेखकों को मिल-जुलकर लड़नी है, ताकि हमारे राष्ट्रीय आंदोलन में धर्मनिरपेक्षता और विभिन्न धार्मिक समुदायों के बीच भाईचारे और सद्भाव के संबंधों की रक्षा की जा सके।

हमने अनेक बार अपनी बैठकों में पंजाब की घटनाओं से उत्पन्न स्थिति से राष्ट्रीय एकता पर छाए संकट की ओर अपने संगठन के और उसके बाहर के सारे देशभक्त लेखकों का ध्यान आकर्षित किया है। और उनसे एकजुट होकर इस खतरे के ख़िलाफ संघर्ष का आह्वान किया है। केंद्र में सत्ताधारी दल और पंजाब में सत्ताधारी अकाली दल की ढुलमुल समझौतापरस्त और अवसरवादी नीतियों ने वहाँ पर उग्रवादियों के धार्मिक उन्माद को और आगे बढ़ाने में सहायता पहुँचाई है। आज भी हर रोज पंजाब से आतंकवादी कार्यवाहियों और निर्दोष नागरिकों की हत्या के कारण परिवारों के अपने घरों को छोड़ने के लिए मजबूर होने की खबरें आ रही हैं और वहाँ अल्पसंख्यक हिंदुओं की रक्षा के नाम पर हिंदू-तत्त्ववाद का प्रतिनिधित्व करनेवाले शिवसेना तथा हिंदू संगठन भी सक्रिय होकर दोनों संप्रदायों में तनाव पैदा कर रहे हैं। एक बार पुनः वह स्थिति उत्पन्न हो रही है जब देश के विभाजन के बाद लाखों नर-नारियों को सांप्रदायिक उन्माद से अपने प्राणों और सम्मान की रक्षा के लिए घर-बार छोड़कर दूसरी जगहों पर शरण लेनी पड़ी थी। यह स्थिति किसी भी देशभक्त नागरिक के लिए चिंताजनक है और विशेषकर जनवादी लेखकों के लिए जिनकी संवेदनशील आत्मा उस भयावह स्थिति की कल्पना मात्र से दहल उठती है।

असम की बिगड़ती हुई स्थिति के बारे में पूँजीपतियों के अखबारों के चुप रहने की साजिश के बावजूद इस तथ्य से इनकार नहीं किया जा सकता कि वहाँ भी आग सुलग रही है और असमी भाषा और संस्कृति और अंध-क्षेत्रीयतावाद के आवरण में राष्ट्रविरोधी और विघटनकारी शक्तियों के हमारी राष्ट्रीय एकता को तोड़ने

के मंसूबों में कोई फर्क नहीं आया है। वहाँ भी दूसरी जातियों के लोग और अल्पसंख्यक समुदायों में असुरक्षा की भावना कम होने की जगह बढ़ती ही जा रही है। असम की स्थिति वहाँ सत्ताधारी दल से इन जनविरोधी और राष्ट्रविरोधी शक्तियों को मिलनेवाली सहायता से और भी भयावह हो गई है। असम में सत्ताधारी दल जिस तरह गैर-असमिया लोगों पर असमी भाषा लादने की नीति पर चल रहा है, उसका दायित्व बहुत बड़े अंश में केंद्र के सत्ताधारी दल की भाषा-नीति पर है।

राष्ट्रीय स्वाधीनता के बाद देश की सभी भाषाओं के समानता के अधिकार को तिरस्कृत करते हुए सत्ताधारी दल ने जिस तरह अंग्रेजी का वर्चस्व बनाए रखा है, उससे न तो हिंदी को और न देश की दूसरी भाषाओं को वह दर्जा मिल सका है जो उन्हें आजादी के बाद मिलना चाहिए था। इस नीति ने न केवल हिंदी के विकास में अवरोध पैदा किए हैं, बल्कि दूसरी भाषाओं के बोलनेवालों के मन में हिंदी के प्रति संशय और विरोध की भावना को बढ़ाया है और हिंदी के अंध-भाषावादी लोगों के दृष्टिकोण को पहले से भी ज्यादा दुराग्रहपूर्ण और आक्रामक बना दिया है। भाषा के प्रति यह नीति भी राष्ट्रीय एकता और जनवादी विकास के रास्ते में अवरोध का बहुत बड़ा कारक है। इस संबंध में प्रगतिशील लेखक संघ के नेतृत्व की अवसरवादी और चीजों को स्पष्ट कहने की जगह छिपाने की नीति से मुक्त रहते हुए जनवादी लेखकों को यह स्पष्ट घोषणा करनी चाहिए कि हम अपने देश की सारी भाषाओं की समानता और अस्मिता की रक्षा में विश्वास करते हैं और इसका समर्थन करते हैं कि किसी भी भाषा के व्यवहार करनेवाले अल्पसंख्यकों की भावनाओं का सम्मान होना चाहिए और उन्हें यह अधिकार प्राप्त होना चाहिए कि वे अपनी भाषा में शिक्षा प्राप्त कर सकें और जीवन के हर क्षेत्र में उसके माध्यम से काम कर सकें। इसी दृष्टि से जलेस ने उत्तर प्रदेश में उर्दू को दूसरी राज्यभाषा का दर्जा देने की माँग का समर्थन किया है। हम हिंदी-उर्दू के मसले को लेकर जनता के बीच में सांप्रदायिक विभेद पैदा करने और विभाजन के विरोधी हैं।

सांस्कृतिक क्षेत्र में शासक वर्गों की नीति में एक बहुत ही खतरनाक मोड़ नयी शिक्षा नीति से प्रकट हुआ है। भारत में किसी भी सही और वैज्ञानिक शिक्षा नीति का पहला उद्देश्य हमारे देश के करोड़ों जनों की साक्षरता होना चाहिए जिसके अभाव में वे हमारी सारी सांस्कृतिक विरासत और आधुनिक ज्ञान से वंचित रह जाते हैं। नयी शिक्षा नीति इस प्राथमिक आवश्यकता की पूरी तरह से उपेक्षा करते हुए एक नया सांस्कृतिक अभिजात वर्ग पैदा करना चाहती है, जिसकी जड़ें हमारी जमीन में नहीं होंगी और जो सामाजिक दायित्व की भावना से सर्वथा रिक्त होगा।

हमने अपने घोषणा-पत्र में और अपनी बैठकों में प्रस्तुत रिपोर्टों और प्रस्तावों में पिछड़ी जातियों, हरिजनों और कमजोर तबकों पर होनेवाले दमन और अत्याचार की ओर लेखकों का ध्यान बराबर आकर्षित किया है। आजादी के इतने वर्षों बाद

भी इस तरह के दमन और अत्याचार आज भी कायम हैं। हरिजनों और खेत मजदूरों पर भूस्वामियों की साँठ-गाँठ से पुलिस के बढ़ते हुए अत्याचारों का सबसे ताजा शर्मनाक और दिल को दहला देनेवाला अरवल कांड हमें पुनः याद दिलाता है कि शासन तंत्र और समाज के भीतर इस प्रकार की जनविरोधी और दमनकारी शक्तियों की जड़ें कितनी गहरी हैं। सदियों से लांछित और पद-दलित अपनी इस जनता को उत्पीड़न से बचाने और उसके साधारण मानवीय और नागरिक अधिकारों की रक्षा का दायित्व हमारे ऊपर भी है। वर्तमान समय की ये सारी चुनौतियाँ हमें याद दिलाती हैं कि अगर हम सच्चे अर्थों में पुराने प्रगतिशील आंदोलन की महान् परंपराओं के उत्तराधिकारी हैं, तो हमें अपने अंदर इन चुनौतियों से जुड़े दायित्वों को पूरा करने की सही समझ और अनवरत संघर्ष का दृढ़ संकल्प पैदा करना होगा। इन दायित्वों की चेतना हमें सिर्फ अपने लेखकों में ही नहीं, बल्कि सारे देशभक्त और जनवादी विचारधारा के लेखकों में विकसित करनी होगी और उन्हें इन चुनौतियों का सामना करने के लिए आंदोलित करना होगा।

इस संबंध में यह याद दिलाना भी बहुत जरूरी है कि हमने न सिर्फ अपने घोषणा-पत्र बल्कि बार-बार प्रस्तुत की गई रिपोर्टों में युद्धवादी साम्राज्यवादी शक्तियों द्वारा विश्व को नाभिकीय और नक्षत्रीय युद्ध की आग में झोंकने की साजिशें और तैयारियों के विरुद्ध अपने लेखकों के साथ-साथ अपने संगठन के बाहर के लेखकों का भी संघर्ष के लिए आह्वान किया है। साम्राज्यवादी और नस्लवादी ताकतें विकासशील और स्वाधीनता-प्रिय देशों की प्रभुसत्ता और स्वाधीनता को खत्म करने की तैयारियों में लगी रहने के साथ ही उनमें से अनेक को अपने खुले हमलों का शिकार बना रही हैं। हाल में लीबिया पर अमरीकी हमले ने यह साबित कर दिया है कि पागलपन की अवस्था तक पहुँचे हुए साम्राज्यवादियों की नजर में अन्य देशों की प्रभुसत्ता की कोई कीमत नहीं है। अपनी शक्ति का लीबिया में बेशर्म प्रदर्शन करने के बाद अब अमरीकी साम्राज्यवादियों की नजर अपने पास के छोटे किंतु स्वाभिमानी देश निकारागुआ पर है जहाँ किसी वक्त भी वह हमला कर सकता है। अमरीका के समर्थन से जिस प्रकार दक्षिण अफ्रीका की नस्लवादी सरकार ने अपने पड़ोसी अफ्रीका देशों पर आक्रमण किया है, उससे जाहिर होता है कि साम्राज्यवादियों और नस्लवादियों की नजर में सारे सभ्य और सर्वस्वीकृत अंतर्राष्ट्रीय संबंधों के नियमों का कोई अस्तित्व ही नहीं है। दक्षिण अफ्रीका की सरकार नामीबिया की जनता के स्वाधीनता-संग्राम का भी बर्बर दमन कर रही है। हम उस दमन की निंदा करते हैं और नामीबिया की बहादुर जनता का अभिनंदन करते हैं और उसके संघर्ष के लिए अपना समर्थन जाहिर करते हैं। स्वयं अपनी सीमाओं के भीतर दक्षिण अफ्रीकी सरकार ने अपने अश्वेत नागरिकों पर जो दमन और उत्पीड़न का भयंकर चक्र चला रखा है वह अपनी पाशविकता में बेमिसाल है। वहाँ की अश्वेत जनता के बहादुर योद्धा और प्रसिद्ध

कवि बेंजामिन मोलाइसे को विश्व के देशों और उनकी जनता के विरोध के बावजूद, जिस प्रकार नस्लवादी सरकार ने फाँसी के तख्ते पर लटकाकर विश्व जनमत की अवहेलना की है उससे स्पष्ट है कि उसके अंत के लिए निरंतर संघर्ष करना आवश्यक है। हमारा कर्तव्य है कि इन देशों की स्वतंत्रता-प्रेमी और मानवीय अधिकारों के लिए संघर्षशील जनता का अभिनंदन करें, उसे अपना समर्थन दें। प्रगतिशील आंदोलन की परंपरा ने हमें यह सीख दी है कि हम अपने राष्ट्रीय यथार्थ को अंतर्राष्ट्रीय परिस्थितियों से जोड़कर देखें। हमें इस तथ्य को आत्मसात करना होगा कि हमारी राष्ट्रीय स्वाधीनता और अखंडता के संघर्ष और पराधीन देशों के मुक्ति आंदोलनों और जनवादी और समाजवादी रूपांतरण की वर्तमान प्रक्रिया में निकट का और अविभाज्य संबंध है। इसके बिना वर्तमान जीवन की यथार्थ की गहरी पकड़ असंभव है।

वर्तमान परिस्थितियों ने हमारे सामने जो चुनौतियाँ प्रस्तुत की हैं, उनका सामना करने के लिए हममें जितनी शक्ति और सक्रियता होनी चाहिए, उसे देखते हुए हमें स्वीकार करना होगा कि हमारा संगठन अभी काफी कमजोर है। हालाँकि हमने अपने संगठन की स्थापना के बाद तेजी से अपना विकास किया है बहुत सारे महत्त्वपूर्ण आयोजन किए हैं और लेखन की दिशा को प्रभावित करने में कुछ हद तक कारगर हस्तक्षेप किया है, लेकिन यह सच्चाई अपनी जगह पर है कि विभिन्न स्तरों पर अपनी संगठनात्मक कमजोरियों और आवश्यक सक्रियता की कमी के कारण हम लेखन से संबंधित अनेक दायित्वों का सही निर्वाह नहीं कर पा रहे हैं। हम मानते हैं कि केंद्रीय नेतृत्व की कमजोरी इसके लिए बहुत हद तक जिम्मेदार है, लेकिन मैं बड़ी विनम्रता के साथ यह निवेदन भी करना चाहूँगा कि विभिन्न स्तरों पर हमारी इकाइयों ने भी केंद्र के सारे निर्देशों के बावजूद अपने कार्यभार को पूरा करने की जिम्मेदारी संतोषजनक ढंग से नहीं निभाई है। इस संबंध में आपको सूचित करना चाहता हूँ कि केंद्रीय कार्यकारिणी और केंद्रीय परिषद की पिछली बैठकों के फैसले के अनुसार जो राज्य सम्मेलन दिसंबर 1985 तक पूरे हो जाने थे, वे केवल उत्तर प्रदेश, हरियाणा, दिल्ली में ही समय पर पूरे हो सके हैं। इनके अलावा पिछले दो माहों में मध्य प्रदेश और महाराष्ट्र की इकाइयों ने भी अपने राज्य सम्मेलन कर लिए हैं। बाकी राज्य इकाइयों ने इस फैसले पर अमल नहीं किया है। हमें यह कहते हुए भी दुःख होता है कि ज्यादातर राज्यों में नवीनीकरण का कार्य या तो पूरा नहीं हुआ है या धीमा चल रहा है।

केंद्रीय कार्यकारिणी और केंद्रीय परिषद की पिछली मीटिंग में यह निर्णय लिया गया था कि एक राष्ट्रीय स्तर का सेमिनार 'राष्ट्रीय आंदोलन और लेखन' पर बिहार इकाई की ओर से पटना में, पश्चिम बंगाल इकाई की ओर से लूकाच पर एक सेमिनार कलकत्ता में तथा उत्तर प्रदेश यूनिट की ओर से भारतेन्दु पर एक सेमिनार वाराणसी

में होगा। बड़े अफसोस की बात है कि ये सेमिनार अभी तक नहीं हो सके हैं। मुझे आशा है कि हमारी सभी स्तरों की इकाइयाँ अपनी आत्म-आलोचना कर अपनी गतिविधियों को तेज करेंगी।

इन कमजोरियों के बावजूद आपको विश्वास दिलाना चाहता हूँ कि हमारी उपलब्धियाँ नगण्य नहीं हैं। हमारा केंद्रीय कार्यालय नियमित रूप से कार्यरत है और राज्य इकाइयों से संपर्क को और भी मजबूत और बेहतर बनाने के लिए प्रयत्नशील है। हम सारी आर्थिक कठिनाइयों के बावजूद अपनी समाचार विज्ञप्ति भी नियमित ढंग से निकालते जा रहे हैं। इस दौरान अनेक राज्यों में नयी जिला इकाइयों का गठन हुआ है और स्थानीय स्तर पर विभिन्न इकाइयों ने लेखन और साहित्यिक मूल्यांकन संबंधी अनेक कार्यक्रम आयोजित किए हैं। हमने समय-समय पर वक्तव्यों, सभाओं और प्रदर्शनों के माध्यम से अनेक सामाजिक और सांस्कृतिक मुद्‌दों पर हस्तक्षेप करने की कोशिश की है।

मध्य प्रदेश की राज्य इकाई ने भोपाल गैस कांड को लेकर अपने मुखपत्र 'नया विकल्प' का विशेषांक निकाला जिसमें संकलित रचनाओं से स्पष्ट है कि हमारे लेखकों का जनता के सुख-दुख से गहरा सरोकार है। अभी हाल में पश्चिम बंगाल में रवीन्द्रनाथ ठाकुर की 125वीं जन्मतिथि के अवसर पर लेखकों-कलाकारों-बुद्धिजीवियों के जुलूस में हमारे जनवादी लेखक संघ के लेखक भी सम्मिलित हुए और लीबिया पर हमले के खिलाफ अमरीकी दूतावास के सामने प्रदर्शन किया।

आपको यह सूचना देते हुए मुझे प्रसन्नता हो रही है कि केंद्रीय पत्रिका निकालने से संबंधित कार्यकारिणी और केंद्रीय परिषद के अत्यंत महत्त्वपूर्ण फैसले को कार्यान्वित करते हुए हम जलेस की केंद्रीय पत्रिका 'नयापथ' का प्रवेशांक जल्दी ही प्रस्तुत कर रहे हैं। यह अंक छपने के क्रम में है और जून में आप तक पहुँच जाएगा। लेकिन मैं इस आवश्यक कार्य के संपन्न हो जाने से आपको भ्रम में नहीं डालना चाहता कि आर्थिक मोर्चे पर सब कुछ ठीक-ठाक है। केंद्रीय कार्यकारिणी की पूर्व में हुई बैठक में केंद्रीय परिषद के सदस्यों से 100 रुपया देकर केंद्रीय परिषद के आजीवन सदस्य बन जाने की अपील की गई थी। हम इस अपील को फिर दोहरा रहे हैं और आशा करते हैं कि अधिकतर सदस्यों को आजीवन सदस्य बनने में असुविधा नहीं होगी। केंद्रीय कार्यकारिणी और केंद्रीय परिषद की बैठक में राज्य इकाइयों के सचिवों या प्रतिनिधियों ने यह जोरदार आश्वासन दिया था कि वे अपने-अपने राज्यों में केंद्रीय पत्रिका के विभिन्न स्तर के सदस्य बनाने का अभियान तेजी से चलाएँगे। इस संबंध में हमें जो सूचनाएँ अब तक मिली हैं, संतोषजनक नहीं हैं। अभी तक पत्रिका के प्रकाशन से संबंधित कार्य कर्ज लेकर चलाया जा रहा है। इस स्थिति में परिवर्तन होना चाहिए और यह भी तभी संभव है जब विभिन्न स्तरों की इकाइयों का नेतृत्व इस काम के महत्त्व को समझते हुए सक्रिय होकर सदस्यता अभियान के काम को

जल्द से जल्द पूरा करे। मैं यह भी अनुरोध करना चाहता हूँ कि अब तक जितने सदस्य बनाए जा चुके हैं, उनकी सहयोग-राशि अविलंब केंद्र को भेजें। हमें यह समझना चाहिए कि हमारी पत्रिका वर्तमान सामाजिक और सांस्कृतिक समस्याओं में हमारे लेखकीय हस्तक्षेप का अस्त्र है और इसमें हम किसी तरह की शिथिलता नहीं दिखला सकते। हमें यह भी ध्यान में रखना है कि हम अपनी पत्रिका के माध्यम से ही अपने नये उभरते लेखकों को सामने ला सकेंगे।

पत्रिका के अलावा हमारी और भी आर्थिक जिम्मेदारियाँ हैं जिसके निर्वाह के लिए हमें राज्य इकाइयों के सक्रिय आर्थिक सहयोग की जरूरत है। मौजूदा स्थिति यह है कि हम एक साल से दफ्तर का किराया भी नहीं दे सके हैं।

इस रिपोर्ट के समाप्त करने से पहले मैं आपको याद दिलाना चाहता हूँ कि यह लू शुन, प्रेमचंद और गोर्की की पचासवीं पुण्यतिथि का वर्ष है। ये तीनों लेखक हमारे निकटतम आत्मीय हैं। हम अपने लेखक और कर्तव्यों के निर्वाह में इनसे निरंतर प्रेरणा, शक्ति और दिशा प्राप्त करते हैं। इन महान् साहित्यकारों के जीवन और साहित्यिक विरासत से निकट का परिचय होना और उनसे सीख लेना हमारे लिए बहुत ही आवश्यक है और हम सभी इकाइयों से अनुरोध करते हैं कि वे इसे ध्यान में रखते हुए अपने स्तर पर गोष्ठियों और अन्य समारोहों का आयोजन करें।

इस वर्ष देश के विभिन्न भागों में रवीन्द्रनाथ ठाकुर की जन्मतिथि की 125वीं वर्षगाँठ के अवसर पर समारोह आयोजित किए जा रहे हैं। हमें इस अवसर पर रवीन्द्रनाथ ठाकुर के साहित्य पर गोष्ठियों-सेमिनारों आदि का आयोजन करना चाहिए।

इस विश्वास के साथ कि हमारी केंद्रीय कार्यसमिति संगठन की समस्याओं और लेखकीय दायित्व से संबंधित प्रश्नों का हल निकालने में सफल होगी, मैं इस रिपोर्ट को समाप्त करता हूँ।

नयी दिल्ली
25-5-86

चन्द्रबली सिंह

जनवादी लेखकों की एकता के संबंध में

आपातकाल के दौरान जनता के जनवादी अधिकारों और नागरिक स्वतंत्रताओं के साथ-साथ लेखकों की अभिव्यक्ति की स्वतंत्रता पर भी जो भयंकर आक्रमण हुए उनके विरुद्ध संघर्ष में कोई महत्त्वपूर्ण भूमिका संपन्न न कर पाने के कटु अनुभव से जनवादी लेखकों में अपने को संयुक्त और संगठित करने की आवश्यकता का बोध स्वाभाविक था। आपातकाल से सहानुभूति के अपने ग़लत रवैये की वजह से जनवादी लेखकों के संगठन के रूप में प्रगतिशील लेखक संघ ने अपनी बची-खुची विश्वसनीयता भी खो दी। बहुत बड़ी संख्या में ऐसे लेखकों ने भी जो कभी प्रगतिशील लेखक संघ के झंडे के नीचे संयुक्त और संगठित हुए थे यह महसूस किया कि अब फिर उसे जनवादी लेखकों की एकता का मंच बनाना संभव नहीं था। संगठन वक़्त के किसी ख़ास दौर की चुनौतियों का सामना करने के लिए अस्तित्व में आते हैं। उस दौर के ख़त्म हो जाने के बाद नए दौर की नई चुनौतियों का सामना करने के लिए नये संगठनों की आवश्यकता होती है। इस तरह संगठनों का भी इतिहास—जन्म, विकास और अंत होता है। उसके बाद भी उन्हें जीवित रखने का प्रयत्न करने वाले स्वयं अपनी घेराबंदी के सिवा और कुछ नहीं कर सकते। इसलिए जनवादी लेखकों को एक ऐसे संगठन की तलाश थी जो देश में गहरे होते हुए आर्थिक और राजनीतिक संकट के समानांतर वर्षों से धुँधले तौर पर और आपातकाल के दौरान बहुत साफ़ तौर पर सामने आनेवाले मुख्य संघर्ष यानी जनवाद की रक्षा के संघर्ष में उन्हें कारगर ढंग से अपनी भूमिका निभाने में मदद पहुँचा सके। वह तलाश अभी जारी है क्योंकि जनवादी लेखकों के बीच उस संगठन के सैद्धांतिक और सांगठनिक आधारों के बारे में सहमति का अभाव है। सहमति के इस अभाव के उल्लेख से भी ज़्यादा ज़रूरी यह संकेत करना है कि जिस व्यापक, गंभीर और एकाग्र तरीक़े से ऐसे संगठन के सैद्धांतिक और सांगठनिक आधारों के बारे में बहस होनी चाहिए, उस तरीक़े से अभी बहस चली ही नहीं है। और सबसे ज़्यादा ज़रूरी और ज़ोर देकर कहने की बात यह है कि हम जनवाद पर ख़तरे के बादलों के कुछ छँटने और फिर गहरा जाने

की हाल की घटनाओं से सही सबक़ लें और उसके आधार पर जल्द-से-जल्द ठोस कार्यवाही की दिशा में क़दम उठाएँ।

मैं समझता हूँ कि इन घटनाओं से जो सबसे पहला सबक़ हमें लेना चाहिए वह यह है कि जनवादी और जनवाद-विरोधी ताक़तों के बीच शक्ति-संतुलन का ग़लत, मनोगत आकलन ख़तरनाक साबित हो सकता है। ऐसा आकलन जनवाद की रक्षा की लड़ाई में हमारी लामबंदी की सही कार्यनीति के निर्धारण और विकास में बाधक होता है। हमारा पिछला अनुभव बात को स्पष्ट कर देता है।

मार्च 1977 में लोकसभा के आम चुनावों में देश की आज़ादी के बाद पहली बार केंद्र में कांग्रेस के सत्ता के एकाधिकार की समाप्ति और इंदिरा गांधी के सर्वाधिकारवाद की पराजय से देश में ख़ुशी की लहर का दौड़ जाना स्वाभाविक था। लेकिन उतना स्वाभाविक उन लोगों का नशा न था जिन्होंने हमें आज़ादी के बाद एक दूसरी क्रांति की संज्ञा दी। चुनावों के कुछ माह बाद इन पंक्तियों के लेखक को कलकत्ता की एक साहित्यिक गोष्ठी में ऐसे नशे में गिरफ़्त कुछ लेखकों की बहक सुनने का अवसर प्राप्त हुआ। उनके अनुसार चुनावों में जनक्रांति की निर्णयात्मक विजय हुई थी और उसके साथ देश में एक नये युग—जनवाद के युग का सूत्रपात हुआ था। पता नहीं 1980 के आम चुनावों के बाद आज उनका क्या कहना है, जबकि स्थिति की वास्तविकता से उन्हें उस नशे से छुटकारा मिल जाना चाहिए। उस अवसर पर मैंने तथा मेरे कुछ साथियों ने बहुत स्पष्ट और दृढ़ शब्दों में कहा था कि 1977 के आम चुनावों ने जनक्रांति नहीं की थी, उसने सिर्फ़ इंदिरा गांधी के सर्वाधिकारवाद को पराजित कर उन जनतांत्रिक अधिकारों और नागरिक स्वतंत्रताओं की पुनः स्थापना की थी जिनसे आपातकाल के दौरान जनता को वंचित कर दिया गया था। हमारी कोशिश उस विजय के महत्त्व को नकारने की नहीं बल्कि उसके सही आकलन की थी। हमने यह भी कहा था कि जब हम 'जन' शब्द का प्रयोग करते हैं तो हमारे सामने यह भी स्पष्ट होना चाहिए कि हम 'जन' शब्द से क्या समझते हैं, अर्थात् हम 'जन' शब्द के अंतर्गत अपने समाज के किन वर्गों और समुदायों को रखते हैं। यह सवाल उठाना उचित था, क्योंकि अक्सर 'जन' शब्द का अमूर्त्तन कर उसके अंतर्गत ऐसे वर्गों और तत्त्वों को भी रख दिया जाता है जो वास्तव में हमारी जनता और जनवाद के शत्रु हैं।

'कलम' के प्रवेशांक में उस गोष्ठी में हुई साहित्यिक परिचर्चा में व्यक्त किए गए हमारे विचार देखे जा सकते हैं। प्रवेशांक के संपादकीय में यह भी कहा गया था कि चुनावों के दौरान हमारे देश में जो व्यापक जनवादी उभार आया था उसको आधार बनाकर जनवाद की लड़ाई को और ऊँचे स्तर पर ले जाने की ज़रूरत थी। इस लड़ाई को आगे बढ़ाने में लेखकों की क्या भूमिका हो सकती है और किस तरह संगठित होकर वे इस भूमिका का उचित निर्वाह कर सकते हैं, इनकी ओर भी उस

संपादकीय में संकेत किया गया था।

आज हम फिर एक ऐसी स्थिति में हैं जिसमें अगर जनवाद से हमारा कोई रिश्ता या लगाव है तो उसकी रक्षा के लिए एक पेचीदा और मुश्किल लड़ाई में शरीक होने के सिवा हमारे सामने कोई दूसरा रास्ता नहीं है। यह लड़ाई पेचीदा और मुश्किल इसलिए हो गई है कि एक तरफ़ तो जनवाद के शत्रुओं ने उन सारे मुद्दों को काफ़ी हद तक धुँधला कर दिया है जिनकी समझ के बिना उस लड़ाई की ज़रूरत का अहसास हल्का पड़ जाता है और दूसरी तरफ़ वे शक्तियाँ विभाजित हैं जिन्हें जनवाद की रक्षा के लिए पंक्तिबद्ध होना चाहिए था।

आज़ादी के बाद के पिछले बत्तीस वर्षों के अनुभव ने यह सिद्ध कर दिया है कि पूँजीवादी और सामंती हितों का प्रतिनिधित्व करनेवाले राजनीतिक दलों या नेताओं से जनवाद की रक्षा या विकास होना असंभव है। उद्योग और कृषि में उत्पादन की सारी वृद्धि के बावजूद कांग्रेस के तीस वर्षों के शासन में देश आर्थिक संकट में और आर्थिक संकट से राजनीतिक संकट में फँसता ही गया और अंत में यह राजनीतिक संकट इतना गहरा हो गया कि श्रीमती इंदिरा गांधी ने आपातकाल की घोषणा कर पूँजीवादी-सामंती व्यवस्था के उन सीमित जनवादी अधिकारों और नागरिक स्वतंत्रताओं से भी जनता को वंचित कर दिया जिन्हें उसने लंबे और भीषण संघर्षों के माध्यम से प्राप्त किया था। भयंकर दमन का सामना करते हुए जनता ने उसका खुला प्रतिरोध किया। उस खुले प्रतिरोध से भी ज़्यादा ख़तरनाक आम लोगों के दिलों में सुलगती हुई आक्रोश की वह आग थी जो किसी दिन भड़क कर पूँजीवादी-सामंती व्यवस्था को ही भस्म कर सकती थी। इसलिए स्वयं उस व्यवस्था का समर्थक एक हिस्सा जनता के सीमित जनतांत्रिक अधिकारों और नागरिक स्वतंत्रताओं की समाप्ति के विरुद्ध था और उसने ही वामपंथी शक्तियों के कमज़ोर और विभाजित होने के कारण उनकी पुनः स्थापना के संघर्ष का नेतृत्व किया। उस नेतृत्व के लिए जनता ने उसे मार्च 1977 के संसदीय चुनावों में अप्रत्याशित विजय देकर पुरस्कृत किया। यह विजय अप्रत्याशित ही नहीं, असाधारण भी थी, क्योंकि इस विजय ने आज़ादी के बाद के तीस वर्षों के दौरान सत्ता पर कांग्रेस के अजेय-से प्रतीत होनेवाले आधिपत्य को समाप्त कर दिया। परिवर्तन की इस आकस्मिक और असाधारण प्रकृति से कुछ लोगों को 'जनक्रांति' का भ्रम हुआ। ज़ाहिर है कि ऐसे लोगों की 'जन' और 'क्रांति' की समझ सर्वथा अस्पष्ट और अमूर्त्त थी, क्योंकि उन्होंने पूँजीवादी-सामंती व्यवस्था के ही पक्षधर एक अन्य हिस्से को 'जन' का और उस व्यवस्था के पक्षधर को दो हिस्सों के बीच सत्ता के हस्तांतरण को 'क्रांति' का पर्याय समझा। सत्ता पर पहली बार अधिकार प्राप्त करनेवाले इस हिस्से ने भी राजघाट पर महात्मा गांधी की समाधि के सामने अपने सांसदों को उच्चाशयपूर्ण शपथ दिलाने जैसे नाटकीय कार्यों से इस भ्रम को पुष्ट और प्रचारित करने का पूरा प्रयत्न किया।

देश में व्यापक और शक्तिशाली जनवादी उभार के दबाव से जनता पार्टी की सरकार को जनतांत्रिक अधिकारों और नागरिक स्वतंत्रताओं की पुनः स्थापना के संबंध में चुनावों के दौरान किए गए वायदों के अनुसार कुछ क़दम उठाने ही पड़े। लेकिन ये क़दम जिस विलंब और अन्यमनस्कता के साथ और जिस तरह एक हाथ से देने और दूसरे हाथ से लेने की नीति का अनुसरण करते हुए उठाए गए थे उससे स्पष्ट था कि जनता पार्टी से यह आशा करना कि वह सही जनवादी रुख़ अपनाते हुए, अर्थात् पूँजीवादी-सामंती शोषक वर्ग के हितों की रक्षा करने के लिए नहीं बल्कि आम मेहनतकश जनता को अपने शोषण के विरुद्ध और अपनी ज़िंदगी को बेहतर बनाने के संघर्ष के अधिकार उपलब्ध कराने के लिए जनतांत्रिक अधिकारों और नागरिक स्वतंत्रताओं को पहले से अधिक पुष्ट और विस्तृत कर देश में जनवादी विकास का पथ प्रशस्त करेगी मात्र दिवा-स्वप्न था। जनता पार्टी का वर्गीय चरित्र उसकी आर्थिक और सामाजिक नीतियों में प्रगट था और ये नीतियाँ बड़े पूँजीपतियों और सामंतों के हितों को अग्रसर करने वाली थीं। उसके शासन में न केवल आंतरिक बल्कि साम्राज्यवादी शोषण का शिकंजा भी कसता ही गया। कोका कोला के निर्माताओं के विरुद्ध उठाया गया क़दम भी मूलतः प्रदर्शनात्मक ही था क्योंकि अन्य क्षेत्रों में साम्राज्यवादी पूँजी की घुसपैठ पर कोई अंकुश नहीं लगा। कांग्रेसी सरकारों की ही तरह जनता पार्टी की सरकारों ने भी मज़दूरों, किसानों, अध्यापकों, डॉक्टरों, इंजीनियरों, पुलिस कर्मचारियों आदि के संघर्षों को नग्न दमन के तरीक़ों से कुचलने की कोशिश की। किसी विशेष अंतर के बिना 'मिसा' की जगह 'मिनीमिसा' का व्यवहार होने लगा। हरिजनों पर पहले की ही तरह अत्याचार होते रहे। सांप्रदायिक दंगों का सिलसिला भी जारी रहा—स्वयं जनता पार्टी के भीतर एक बड़ा और प्रभावशाली हिस्सा ऐसा था जो इन दंगों को भड़काता रहा। शासन-तंत्र और राजनीतिक जीवन भ्रष्टाचार के दलदल में धँसते रहे। स्वार्थ और पद-लोलुपता से प्रेरित सिद्धांतहीनता का नंगा नाच पहले से भी ज़्यादा तेज़ हो गया और जनता पार्टी का स्वरूप एक विभाजित शिविर का था। शिक्षा और संस्कृति में जनवादी विकास के प्रयत्न की जगह प्रतिक्रियावादी सामंती प्रभावों की घुसपैठ को आसान बनाया जाने लगा।

सारी स्थिति मोहभंग की थी और अगर मोहभंग के साथ विकल्पहीनता का बोध भी जुड़ जाए तो यह स्थिति कितनी ख़तरनाक हो सकती है—यह हमारे सामने है। जनता पार्टी और लोकदल की जन-विरोधी नीतियों पर इससे बढ़कर स्पष्ट टिप्पणी और क्या हो सकती है कि जिस जनता ने मार्च 1977 के लोकसभा के आम चुनावों में सर्वाधिकारवादी शक्तियों को धूल चटाते हुए उन्हें शासनरूढ़ किया था उसी जनता ने लोकसभा के पिछले चुनावों में उन्हें धूल चटाते हुए सत्ता की बागडोर पुनः उन्हीं शक्तियों को सौंप दी। पूँजीवादी-सामंती शक्तियों का सबसे बड़ा सहारा हमारी ज़नता की पस्तहिम्मती और असहायता है और जनता को उनसे उबारने का एक ही रास्ता

है–वामपंथी और जनवादी शक्तियों का विकास और उनकी एकता। लोकसभा के पिछले आम चुनावों का एक बहुत बड़ा सबक़ यह भी रहा है कि हमारी जनता में पूँजीवादी विकास के रास्ते पर देश को ले जाने से पैदा हुए दुष्परिणामों के बारे में कोई भ्रम नहीं है और जहाँ कहीं भी उसे वामपंथी और जनवादी शक्तियों में पर्याप्त विकास और एकता दीख पड़ती है वहाँ वह पूँजीवादी-सामंती व्यवस्था के समर्थक विकल्पों के घेरे को तोड़कर वामपंथी और जनवादी विकल्प का चुनाव करती है।

यह उम्मीद करना कि सत्ता में आने के बाद सर्वाधिकारवादी शक्तियाँ अपनी पुरानी ग़लतियों के आधार पर अपनी आलोचना करेंगी और अपना रवैया बदलेंगी अपने को धोखा देना है। केवल 43 प्रतिशत के अल्पमत से ही सत्ता में आने के बावजूद उन्होंने ऐसा व्यवहार करना प्रारंभ कर दिया है जिससे स्पष्ट है कि आगे आने वाले दिनों में वे जनवाद पर अपने हमले और तेज़ करेंगी। आपातकालीन ज़्यादतियों से जुड़े हुए नाम फिर उभरने लगे हैं और इंदिरा कांग्रेस और सरकार में उन्हीं की तूती बोलती हुई जान पड़ती है। अभी जनता के दुःख-दर्द पर आँसू बहाने और उसके लिए जनता और लोकदल की सरकारों को दोषी ठहराने और उनकी अक्षमता से पैदा हुई भयावह स्थिति से देश को उबारने के लंबे-चौड़े वायदों का दौर है। लेकिन हमें कोई भ्रम नहीं होना चाहिए, क्योंकि वायदा करनेवालों के चेहरे पहचाने हुए हैं। पूँजीवादी विकास के नियम के अनिवार्य फल के रूप में देश में आर्थिक, सामाजिक और राजनीतिक संकट जैसे-जैसे और गहरा होगा और जनता जैसे-जैसे संघर्ष के रास्ते अपनाएगी वैसे-वैसे जनता के लिए बहाए जाने वाले आँसू सूख जाएँगे और उसे लंबे-चौड़े वायदों की जगह लाठियाँ और गोलियाँ मिलेंगी।

आज हम ऐसी ही ख़तरनाक हालत में हैं और अगर लेखकों के रूप में हम देश और अपनी जनता के भविष्य के बारे में सर्वथा उदासीन नहीं हैं तो हमें उसका सामना करने के लिए अपने वर्तमान कर्तव्य को निश्चित करना और उसे व्यावहारिक रूप देने के लिए अपने को संगठित करना होगा।

लेख के प्रारंभ में ही कहा गया है कि वर्तमान स्थिति में लेखकों के ऐसे संगठन की आवश्यकता तो महसूस की जाने लगी है जहाँ एकजुट होकर वे एक शक्तिशाली दस्ते के रूप में देश और जनता के प्रति अपने कर्तव्य का निर्वाह कर सकें, लेकिन अभी तक ऐसे संगठन के निर्माण के लिए जिस व्यापक, गंभीर और एकाग्र तरीक़े से बहस होनी चाहिए उस तरह से नहीं हुई है। व्यापक तरीक़े से बहस का मतलब यह है कि उसे विभिन्न राजनीतिक दृष्टिकोणों के अपने अलग-अलग दायरों में बाँधने की कोशिश न की जाए बल्कि ईमानदारी के साथ किसी संयुक्त निष्कर्ष पर पहुँचने के इरादे से पारस्परिक विचार-विमर्श हो। कोई भी संगठन जिसे हम किसी या किन्हीं ख़ास मुद्दे या मुद्दों के आधार पर विभिन्न और अक्सर अनिवार्यतः टकराते दृष्टिकोणों वाले व्यक्तियों के संयुक्त संगठन के रूप में बनाना और विकसित करना चाहते हैं

मात्र किसी एक दृष्टिकोण का प्रतिनिधि नहीं हो सकता। हम उसे केवल ऐसे तत्त्वों की एकता के आधार पर बना और विकसित कर सकते हैं जो उस या उन ख़ास मुद्दे या मुद्दों के संदर्भ में प्रासंगिक हों। दूसरे शब्दों में, उसमें संकीर्णता नहीं बल्कि लोच होनी चाहिए। यह कहना ग़लत न होगा कि लेखकों के ऐसे संगठन के बारे में अब तक जो बहसें चली हैं या जो घोषणापत्र सामने आए हैं वे मात्राओं के अंतर से संकीर्णता से ग्रस्त रहे हैं और उनमें जितनी ही अधिक संकीर्णता रही है उतनी ही अधिक आक्रामक उनकी भाषा रही है। फलतः ये बहसें और घोषणापत्र उस तीर की तरह रहे हैं जिसकी वायवी यात्रा में सनसनाहट तो बहुत हो किंतु जो लक्ष्य-च्युत हो।

गंभीरता से विचार या बहस करने का मतलब होता है गुटबाज़ी से ऊपर उठकर वर्तमान स्थिति की सही समझ पैदा करना, उन मुद्दों को तय करना जो हमारे सामाजिक विकास के लिए अनिवार्यतः महत्त्वपूर्ण हैं, उन शक्तियों की पहचान करना जो उन मुद्दों के आधार पर एकजुट की जा सकती हैं और उनकी एकता को क़ायम रखने और मज़बूत बनाने के लिए सावधानी और दूरदर्शिता के साथ सिद्धांतनिष्ठ किंतु लोचदार कार्यनीति का निर्धारण करना। ऐसा गंभीर विचार-विमर्श देश और जनता के प्रति उत्तरदायित्व के गहरे बोध के बिना असंभव है।

वर्तमान स्थिति में लेखकों के कर्तव्य और संगठन के बारे में एकाग्र तरीक़े से विचार-विमर्श करने का आशय यह है कि हम वक्तव्यों और घोषणाओं के रंगीन और ख़ूबसूरत कनकौवे उड़ाकर उन पर रीझते रहने की जगह यह महसूस करें कि देश में गहराता हुआ सामाजिक, राजनीतिक और सांस्कृतिक संकट हमसे अविलंब जवाबी कार्रवाई की माँग करता है और यदि हमने उसका सामना करने में कोताही करते हुए वक़्त को सरकते रहने दिया तो उसके विरुद्ध हमारा संघर्ष और भी मुश्किल और पेचीदा होता जाएगा। इसलिए ज़रूरत इस बात की है कि बहसों को किसी निर्णायक बिंदु पर पहुँचा कर ठोस व्यावहारिक क़दम उठाए जाएँ।

यह अप्रासंगिक न होगा अगर इस संबंध में सामने आई कुछ बहसों, वक्तव्यों और घोषणाओं का ज़िक्र किया जाए। 'लोकचेतना' (1)—प्रधान संपादक : लाल बहादुर वर्मा, गोरखपुर—में, जिसे 'राष्ट्रीय जनवादी सांस्कृतिक मोर्चे का मुखपत्र' कहा गया है, 'हमारी ओर से' शीर्षक से संपादकीय में हमारे देश की वर्तमान परिस्थिति का आकलन करने के बाद राष्ट्रीय जनवादी मोर्चे के कार्यक्रम और संविधान प्रस्तुत किए गए हैं। संपादकीय, कार्यक्रम और संविधान तीनों ही किसी भी प्रकार के संयुक्त मोर्चे के गठन के लिए बहुत अच्छी नकारात्मक शिक्षा प्रस्तुत करते हैं।

जब संयुक्त मोर्चे की बात की जाती है तो उसके पीछे अनिवार्यतः यह साधारण समझदारी होती है कि उसमें सम्मिलित होनेवाले वर्गों, समूहों या व्यक्तियों के दृष्टिकोण अंशतः समान और अंशतः परस्पर-विरोधी होंगे। इसलिए कोई भी संयुक्त मोर्चा उसके

किसी एक हिस्से के संपूर्ण दृष्टिकोण की किसी दूसरे हिस्से द्वारा स्वीकृति के आधार पर नहीं बल्कि सभी हिस्सों के दृष्टिकोणों के समान तत्त्वों पर उनकी सहमति के आधार पर ही गठित किया जा सकता है। 'लोकचेतना' के संपादकीय और उसमें प्रकाशित राष्ट्रीय जनवादी सांस्कृतिक संघ के कार्यक्रम तथा संविधान के प्रस्तावित प्रारूपों में इस साधारण समझदारी का कोई संकेत नहीं मिलता। वास्तव में इनमें देशभक्त और जनवादी शक्तियों को संयुक्त करने की नहीं बल्कि, सारे नेक इरादों की घोषणा के बावजूद, उनमें फूट डालने की कोशिश है।

संयुक्त मोर्चे के गठन के लिए यह भी आवश्यक है कि हम अपने समाज में क्रांति के वर्तमान दौर की, उसे अंशतः या पूर्णतः बल देने, विकसित करने और परिपक्वता या उत्कर्ष के बिंदु तक पहुँचाने वाली मित्र-शक्तियों, उसके विकास के मार्ग में अवरोध उपस्थित करनेवाली शत्रु-शक्तियों और इन दोनों के बीच चलनेवाले संघर्ष को मेंड़ पर बैठकर देखने या उनके बीच बदलते हुए शक्ति-संतुलन के अनुसार कभी तटस्थ और कभी सक्रिय हो जानेवाली ढुलमुलयक़ीन और अवसरवादी शक्तियों की सही पहचान करें। इस पहचान की सबसे बड़ी जिम्मेदारी उनकी होती है जो सामाजिक विकास को वैज्ञानिक दृष्टि से देखते और उसके अनुसार व्यवहार करते हैं।

संयुक्त मोर्चे के लिए यह भी अनिवार्य शर्त नहीं कि सामाजिक विकास के एक पूरे दौर की चरम परिणति के बारे में उसमें सम्मिलित होनेवाले सभी हिस्सों में पूर्ण सहमति हो या उस चरम परिणति में सभी हिस्सों की समान रुचि या समय स्वार्थ हो। उस आख़िरी मंज़िल तक पहुँचने की यात्रा के दौरान संयुक्त मोर्चे के सभी हिस्सों को अनेक पेचीदा राहों से गुज़रते हुए दूर से दूर तक ले जाने की भी सबसे बड़ी जिम्मेदारी उनकी होती है जो सामाजिक विकास को वैज्ञानिक दृष्टि से देखते और उसके अनुसार व्यवहार करते हैं। अन्य देशों की क्रांतियों का अनुभव हमें सिखाता है कि अगर इस जिम्मेदारी को सिद्धांतों के प्रति वफ़ादार रहते हुए लेकिन सूझबूझ के साथ और लोचदार तरीक़े से निभाया जाए तो प्रारंभ में संयुक्त मोर्चे के अनेक कमज़ोर और ढुलमुलयक़ीन हिस्सों को, जिनकी क्रांति की आख़िरी मंज़िल तक जाने में कोई रुचि नहीं हो सकती थी, संयुक्त मोर्चे में क्रांति की निर्णायक छलाँग तक और उसके बाद भी रखा जा सकता है। क्रांति का ज़ोर पकड़ता हुआ अभियान जहाँ कुछ हिस्सों को इतना आतंकित कर सकता है कि वे क्रांतिकारी शक्तियों की पंक्ति से टूटकर क्रांति-विरोधी शक्तियों की पंक्ति में जा मिलें, वहाँ कुछ अन्य हिस्सों को सामाजिक नियति का प्रखर बोध और क्रांतिकारी शक्तियों के पक्ष में उत्तरोत्तर होते हुए शक्ति-संतुलन के परिवर्तन के माध्यम से स्थिरता भी प्रदान करता है। क्रांति का नेतृत्व करने वाले वर्ग इन ख़तरों और संभावनाओं की उपेक्षा नहीं कर सकते और क्रांतिकारी शक्तियों को एकजुट करने की अपनी कार्यनीति में सैद्धांतिक

दृढ़ता के साथ-साथ व्यावहारिक लोच लाने के लिए इस अनुभव से लाभ उठाते हैं। क्रांति के अंतिम चरण मात्र को देखना और उसके विकास की प्रक्रिया या उसके दरम्यानी चरणों की उपेक्षा करना क्रांति के लिए भयंकर दुष्परिणामकारी सिद्ध होता है क्योंकि इस तरह क्रांति के मुख्य शत्रुओं को जनता से काटकर अलग करना और उत्तरोत्तर निर्बल बनाते हुए अंत में उन्हें ध्वस्त कर देना असंभव हो जाता है। यह रास्ता जनता और क्रांति-विरोधी शक्तियों के बीच अलगाव पैदा करने का नहीं बल्कि क्रांतिकारी शक्तियों में फूट पैदा करने का रास्ता है। यह रास्ता कठमुल्लों और क्रांतिकारी लफ़्फ़ाजी और बकवास करनेवालों का रास्ता है। ऐसे लोग अपनी शक्ति का ज़रूरत से ज़्यादा अनुमान लगाते हैं और फिर उस अंत को प्राप्त होते हैं जो अपने सिर पर ज़रूरत से ज़्यादा भारी चट्टान उठा लेनेवालों का अनिवार्य अंत होता है। ऐसे लोग क्रांतिकारी दूरदर्शिता, दृढ़ता, संयम, धैर्य, विनय आदि गुणों से संपन्न होने की जगह मध्यवर्गीय या निम्न मध्यवर्गीय अहम्मन्यता और अधैर्य से पीड़ित होते हैं और अपने घोंसलों में क़ैद क्रांति का दिवा-स्वप्न देखा करते हैं।

क्रांति के विकास के लिए यह भी आवश्यक होता है कि क्रांति का नेतृत्व करनेवाली शक्तियाँ जनता की चेतना का सही जायज़ा लें। इसके साथ ही उन केंद्रीय मुद्दों की पहचान भी ज़रूरी होती है जिनके चतुर्दिक जनता को संगठित और आंदोलित किया जा सकता है। कभी-कभी तात्कालिक महत्त्व के ऐसे मुद्दे भी उपस्थित हो जाते हैं जो जनता की क्रांतिकारी चेतना और संघर्ष को उभारने, गहरा बनाने और तेज़ करने में बहुत बड़ी भूमिका अदा करते हैं। उन्हें भी उपेक्षित नहीं किया जा सकता। इन मुद्दों के आधार पर खड़े होने वाले आंदोलनों और संघर्षों के माध्यम से जनता की क्रांतिकारी चेतना को नीचे के स्तर से ऊपर के स्तर की ओर ले जाना संभव होता है। यही नहीं, जनता के विभिन्न हिस्सों के हितों से जुड़े हुए तमाम आंशिक संघर्षों को क्रांति की मुख्यधारा से जोड़ने की आवश्यकता होती है। इनके विपरीत 'लोक चेतना' (1) के संपादकीय और उसमें प्रकाशित राष्ट्रीय सांस्कृतिक मोर्चे के कार्यक्रम और संविधान में 'र...र...र...रिवाल्यूशनरी' (बतर्ज़ लेनिन) लफ़्फ़ाजी की भरमार है। उनके प्रणेताओं की समझ में भरे हुए अंतर्विरोधों की बहुलता और उनकी दृष्टि की भयंकर संकीर्णता के अनुपात में ही उनकी वायवी क्रांतिकारी लफ़्फ़ाजी और दंभ हैं। उनमें देश की वर्तमान सामाजिक, राजनीतिक, आर्थिक और सांस्कृतिक स्थिति और विभिन्न वर्गों के बीच शक्ति-संतुलन और उनकी चेतना के वर्तमान स्तर का विश्लेषण है। उनमें वर्तमान स्थिति को क्रांतिकारी मोड़ देने के लिए कार्यक्रम प्रस्तुत किया गया है और विशेषतः उनमें लेखकों, कलाकारों आदि सांस्कृतिक कर्मियों की भूमिका के उल्लेख के साथ उन्हें एक राष्ट्रीय सांस्कृतिक मोर्चे में संगठित करने के लिए कार्यक्रम और संविधान की प्रस्तावित रूपरेखा है। लेकिन इस सारे प्रयास के पीछे एक ऐसी समझ है जो 'लोकचेतना' (1) के संपादकीय और उसमें राष्ट्रीय

सांस्कृतिक संघ और उसके संविधान को प्रस्तुत करने वाले महाशयों को उनके घोषित लक्ष्य को ठीक विपरीत दिशा की ओर ही ले जा सकती है।

'लोक चेतना' के उपर्युक्त संपादकीय और अन्य दस्तावेज़ों में देश की वर्तमान सामाजिक व्यवस्था की प्रकृति के बारे में जो समझ पेश की गई है उस पर जनवादी लेखकों और सांस्कृतिक कर्मियों की एकता के प्रश्न के संदर्भ में बहस करना अनावश्यक है, क्योंकि ऐसी एकता किसी भी राजनीतिक दल या गुट की पूरी राजनीति संयुक्त मोर्चे में शरीक होनेवाले अन्य हिस्सों पर लाद कर नहीं बनाई जा सकती, ठीक उसी तरह जैसे संयुक्त मोर्चे के हिस्से किसी भी दूसरे हिस्से को उसकी पूरी राजनीति से अलग करने की बाध्यता का नियम नहीं बना सकते। ऐसी एकता का निर्माण संयुक्त मोर्चे में शरीक होनेवाले सभी हिस्सों की राजनीति के कुछ समान मुद्दों, कुछ समान उद्देश्यों के आधार पर ही किया जा सकता है। 'लोक चेतना' के संपादकीय और अन्य दस्तावेज़ों से स्पष्ट है कि उनके राष्ट्रीय जनवादी सांस्कृतिक मोर्चे में केवल वे लोग शरीक हो सकते हैं जो यह मान लें कि भारत अर्द्ध-सामंती और अर्द्ध-औपनिवेशिक देश है और उसे अभी राष्ट्रीय स्वाधीनता नहीं प्राप्त हुई है, जो सामंतवाद-साम्राज्यवाद विरोधी होने के साथ-साथ अमरीकी साम्राज्यवाद से अधिक ख़तरनाक 'रूसी साम्राज्यवाद' को मानें, क्योंकि "पूँजीवाद-साम्राज्यवाद कमज़ोर और सुरक्षात्मक बनता जा रहा है लेकिन उनका (?) संशोधित रूप रूसी जामे में शक्तिशाली, आक्रामक और बेलौस होता जा रहा है" (संपादकीय, पृ. 5), जो जनवादी मोर्चे की राष्ट्रीयता की सुरक्षा के लिए एकाधिकारी या 'पिछलग्गू पूँजीवादी सत्ताधारियों' के विरुद्ध संघर्ष का नाम तक न लें, जो यह समझें कि दुस्साहसवादी क्रांतिकारी लफ़्फ़ाजी और बकवास करनेवाली कुछ टिटिहिरियों की टाँगों पर आकाश की तरह टँगे हुए जनवादी साहित्य से इतर सब कुछ "साम्राज्यवादी कला-साहित्य चिंतन के मूल्यों को मजबूत करने का दुष्प्रयास" है, आदि, आदि। इन अर्द्ध-राष्ट्रीय और अर्द्ध-आयातित बुद्धिवाले लफ़्फ़ाजों का लोक, एलिस के अद्‌भुत-लोक की तरह, 'विचित्रतर, विचित्रतर' होता जाता है। उनके हिसाब से "देश का तथाकथित (?) बौद्धिक वर्ग सड़ी मछली (अत्यंत राष्ट्रीय प्रतीक है!) तक बनने को तैयार" है (संपादकीय, पृ. 4) और उनके हिसाब से "नये रचनाकारों की एक भारी जमात (ज़ोर मेरा) छोटी पत्रिकाओं के माध्यम से राष्ट्रीय जनवादी साहित्य और संस्कृति के सवालों से जुड़ रही है।" ("राष्ट्रीय जनवादी सांस्कृतिक मोर्चे के कार्यक्रम का प्रस्तावित प्रारूप") संपादकीय के बुद्धिजीवियों के पूरे वर्ग से शून्य घटा देने के बाद 'भारी जमात' शेष रहती है। संपादकीय और राष्ट्रीय जनवादी सांस्कृतिक मोर्चे के प्रस्तावित प्रारूप का रिश्ता कब तक छह-तीन का और कब छत्तीस का हो जाएगा यह कहना मुश्किल है। राष्ट्रीय जनवादी मोर्चे के कार्यक्रम के प्रस्तावित प्रारूप के 34वें अनुच्छेद में कहा गया है : "सचेतन रूप से सामंती-साम्राज्यवादी कला-साहित्य-रचना में लगे रचनाकारों के अतिरिक्त निम्न

पूँजीवादी रचनाकारों की एक भारी जमात (ज़ोर मेरा) जनता से कटाव और वैज्ञानिक दृष्टि के अभाव में ऐसा साहित्य लिख रही है जिसमें अराजकतावादी तथा अन्य प्रकार के भटकाव के स्वरों की प्रधानता है।'' लेकिन 34वें अनुच्छेद के अस्तित्व को नकारता हुआ 35वाँ अनुच्छेद घोषणा करता है : ''नये रचनाकारों की एक भारी जमात (ज़ोर मेरा) छोटी पत्रिकाओं के माध्यम से राष्ट्रीय जनवादी साहित्य के सवालों से जुड़ रही है।'' यह अद्भुत गणित है जिसमें कुल में से 'भारी' घटा दिया जाए तो 'भारी' ही शेष रहता है। इस अद्भुत गणित की चपेट में छोटी पत्रिकाएँ भी आ जाती हैं, जब 35वें अनुच्छेद के विरुद्ध संपादकीय बोलता है : ''साहित्यकारों की निम्न पूँजीवादी मानसिकता के कारण ही लघु पत्रिकाओं को भी जनविरोधी ताकतें इस्तेमाल करने में एक हद तक सफल हो गईं और अधिकांश लेखक-संपादक उन्हीं की सेवा करने लगे—जाने-अनजाने जिनके खिलाफ उनका अभियान था। फिर भी उनमें से कुछ ने विरोध की, संपृक्तता की, संघर्ष की मानसिकता तैयार करने में मदद की ही। लेकिन हर काम का एक दौर होता है। प्रगतिशील से प्रगतिशील काम भी समय और स्थितियों के साथ विकसित न होने पर या तो प्रतिक्रियावादी हो जाता है या अपनी उपयोगिता खो बैठता है।'' क्रांति की तरंग में ये महाशय काफ़ी मनोरंजक बकवास कर सकते हैं।

ऐसी ही मनोरंजक बकवास संपादकीय में जनवादी और प्रतिक्रियावादी शक्तियों के बीच शक्ति-संतुलन के आकलन में है। क्रांति के नेतृत्व की अपनी टुटपुँजिया समझ को सही सिद्ध करने के जोश में संपादकीय, सावन के अंधों की तरह हर जगह हरा-हरा देखते हुए कहता है : ''गाँवों में सामंतवाद-विरोधी चेतना है,'' लेकिन ''कस्बों, नगरों में शत्रुओं की अस्पष्ट पहचान, तटस्थता, मनोगत व्यक्तिवादी रुझानों आदि का राज है। मजदूर अपने गलत नेतृत्व के नाते मुख्यतः आर्थिक लड़ाइयों में उलझे हुए हैं।'' किसान-क्रांति की उसकी अपनी ख़ास समझ गाँवों में हर जगह क्रांतिकारी चेतना की लहर देखती है और मजदूरों में वर्गीय या क्रांतिकारी चेतना का सर्वथा अभाव। फिर, एक ओर जहाँ क्रांति के पके फल के जल्द ही टकपने की आशा में मुँह खोले हुए संपादकीय कहता है : ''वस्तुगत परिस्थितियों के क्रांतिकारी परिवर्तनोन्मुख विकास और परिवर्तन की आत्मगत शक्तियों की बढ़ती शक्ति और सजगता से देश के मेहनतकश लोगों के सामने (किसी भी समाज में अधिकांश लोग तो मेहनतकश ही होते हैं, जोंकें तो थोड़ी ही होती हैं) यह उजागर होता जा रहा है कि साम्राज्यवादी-सामंती हितों, प्रभाव और दाँवपेंचों से लोहा लेना ज़रूरी हो गया है,'' वहाँ ठीक इसके पूर्व के वाक्य में उसका कहना है कि इसकी ज़रूरत है कि ''हर देशभक्त (और किसी भी देश का बहुमत देशभक्त होता है) और जनवादी (प्रगति समाज की नियति है और अधिकांश व्यक्ति अपने और अपने वर्ग के हित में प्रगति के लिए जनवादी विकास को आवश्यक समझते हैं) यह तय कर ले कि उसके और

देश के मुख्य शत्रु कौन हैं?'' यानी साम्राज्यवादी-सामंती हितों इत्यादि, इत्यादि से लोहा लेने की ज़रूरत उजागर होते हुए भी अभी यह तय करना बाक़ी रह गया है कि हर देशभक्त, हर जनवादी और देश के मुख्य शत्रु कौन हैं! इन स्वतः नियुक्त क्रांतिकारियों की हालत पानी में प्यासी मछली की तरह है–हर तरफ़ क्रांति का हुम्म मारता हुआ प्रवाह, परिस्थितियाँ इस क़दर अपने पक्ष में और यह क्रांति इतनी बेरहम है कि इनके बाए मुँह पर तरस ही नहीं खाती! लेकिन क्रांति भी क्या करे? उसके अपने नियम और तौर-तरीक़े हैं, अपनी शर्तें हैं और वह टुटपुँजिया पूँजीपति वर्ग के अधकचरे और उस पर भी सन्निपात-पीड़ित कुछ बुद्धिजीवियों की उसको लपक लेने की बेसब्री के हिसाब से नहीं चलती। सावन के अंधे की तरह हर जगह हरा-ही-हरा देखनेवाले इन क्रांतिकारियों को शायद यह याद दिलाने से भी कोई फायदा नहीं होगा कि लेनिन नाम का भी एक मार्क्सवादी और कम्युनिस्ट था जिसने क्रांति की वस्तुगत और मनोगत परिस्थितियों का विवेचन किया था और वे परिस्थितियाँ अभी इस देश में उत्पन्न नहीं हुई हैं। इनकी ईमानदारी का सबूत यह है कि इनकी राजनीति को जो सोलहो-आना सही न समझे या न माने वह प्रतिक्रियावादी, संशोधनवादी या नवसंशोधनवादी साहित्यिक है, लेकिन इन्हें कोई सर्वथा परंपरा-विहीन, अज्ञात-कुल-शील गिरोह न समझ ले इसलिए ये भारतेन्दु और प्रेमचंद से अपना रिश्ता जोड़ते हैं, उन्हें बैसाखी की तरह इस्तेमाल करते हैं। ये 'रूसी साम्राज्यवाद' को अपना सबसे बड़ा शत्रु मानते हैं और अगर सबसे बड़े शत्रु को अलग-थलग कर सबसे पहले उसे समाप्त करने की कम्युनिस्ट नीति सही है तो ज़ाहिर है कि ये किसी दिन 'कमजोर और सुरक्षात्मक' बनते जा रहे अमरीकी साम्राज्यवाद से संयुक्त मोर्चा बना सकते हैं ताकि 'रूसी साम्राज्यवाद' को पराजित और ख़त्म किया जा सके।

ऐसे लोग जनवादी साहित्यिकों और सांस्कृतिक कर्मियों के संयुक्त मोर्चे का दिवा-स्वप्न देख सकते हैं, उसका निर्माण नहीं कर सकते। उनकी वास्तविक भूमिका जनवादी ताकतों में फूट पैदा करने की है, जिसे वे अपने दुस्साहसवादी क्रांतिकारी नारों में छिपाने की कोशिश करते हैं। क्रांति टेरते-टेरते वायवी सिद्धांतों के सातवें स्वर्ग में पहुँचे हुए इन तथाकथित क्रांतिकारियों का अपनी धरती की वास्तविक समस्याओं से कोई रिश्ता नहीं रह गया है। सामंतवाद और साम्राज्यवाद के विरुद्ध संघर्ष की उनकी लंबी-चौड़ी बातों के बीच जो बात बिल्कुल उभरकर सामने आती है वह है 'रूसी साम्राज्यवाद', 'संशोधनवाद और नवसंशोधनवाद' के विरुद्ध संघर्ष का उनका संकल्प। जनवाद के इन रक्षकों और उन्नायकों को जनवाद के लिए उनकी आँखों के सामने वर्तमान ख़तरे का स्रोत नहीं नज़र आता, उनके लिए तानाशाही, सांप्रदायिक, धार्मिक या आध्यात्मिक संगठनों के नाम पर काम करनेवाली भयंकर जन-विरोधी और जातीयता या क्षेत्रीयता के नाम पर जनता में फूट डालने वाली, उसे आपस में लड़ाने वाली घोर प्रतिक्रियावादी शक्तियों का जैसे कोई अस्तित्व ही

न हो। इनकी लफ्फाज़ी धुएँ की दीवार-सी है जिसकी आड़ में ये महाशय अपनी क्रांतिकारी दुमें दबाकर वास्तविक ख़तरों के सामने से भाग जाना चाहते हैं। ऐसे महाशयों का श्लाघ्य अंत असंभव है।

साहित्य और कला के क्षेत्र में जनवादी एकता के बारे में भ्रांतिपूर्ण धारणाएँ केवल इन लफ्फाज़ों में ही नहीं दृष्टिगत होतीं जो उसे जनता के प्रति गंभीर उत्तरदायित्व की भावना से नहीं बल्कि अपनी मनोगत अंतर्विरोध है जिसका न केवल कोई समाधान है, बल्कि जिसके कारण जनवादी एकता के विकास का मार्ग अवरुद्ध होगा, वैचारिक संकीर्णताओं के माध्यम से देखते हैं; उन्हें उनमें भी देखा जा सकता है जो इस एकता के बारे में गंभीर हैं। उदाहरण के लिए जनवादी साहित्यकार-कलाकार मोर्चा (पश्चिम बंगाल) के घोषणा-पत्र को लिया जा सकता है जिसमें यह बिल्कुल सही बात कही गई है कि "जब पूँजीवादी वर्ग लोकतांत्रिक पद्धति को ध्वस्त करने लगता है तब उसकी रक्षा का दायित्व जनवादी शक्तियों पर आ जाता है। जनवादी साहित्यकार-कलाकार यह तथ्य जानते हैं कि समाजवाद तक पहुँचने के लिए जनवादी शक्तियाँ बुर्जुआ लोकतंत्र की स्थितियों का उपयोग दुश्मन वर्ग की जघन्यताओं के पर्दाफाश और जनवादी शक्तियों की निरंतर गतिशीलता के पक्ष में एक हथियार के रूप में करती हैं।" (पृ. 4-5) लेकिन उसके पूर्व यह कहा गया है : "जून 1975 में आपातकाल की घोषणा पूँजीवादी लोकतंत्र के खोखलेपन...का जीता-जागता सबूत है।" (पृ. 3) प्रश्न यह है कि अगर पूँजीवादी लोकतंत्र बिल्कुल खोखला हो चुका है तो फिर जनवादी शक्तियाँ उसका इस्तेमाल अपने पक्ष में कैसे कर सकती हैं? इसके अतिरिक्त अगर पूँजीवादी लोकतंत्र बिल्कुल खोखला हो चुका है तो वामपक्षी-लोकतांत्रिक शक्तियों की एकता की बात बिल्कुल निरर्थक है, क्योंकि जब हम लोकतांत्रिक शक्तियों की बात करते हैं तब हमारा मतलब पूँजीवादी लोकतंत्र में विश्वास करने वाली शक्तियों से ही होता है, जनता के जनवाद में विश्वास करने वाली शक्तियों से नहीं। ज़ाहिर है कि घोषणा-पत्र के इन दो वक्तव्यों में एक ऐसा अंतर्विरोध है जिसका न केवल कोई समाधान नहीं है, बल्कि जिसके कारण जनवादी एकता के विकास का मार्ग अवरुद्ध होगा।

इसी तरह जनवादी साहित्यकारों और सांस्कृतिक कर्मियों के संयुक्त मोर्चे का आधार उन चीज़ों को भी नहीं बनाया जा सकता जो वैज्ञानिक दृष्टि से बिल्कुल सही हैं लेकिन जो संयुक्त मोर्चे के निर्माण की दृष्टि से अनावश्यक हैं, या जिन्हें संयुक्त मोर्चों के विभिन्न दृष्टिकोणों वाले घटकों की स्वीकृति नहीं मिल सकती। उदाहरण के लिए जनवादी साहित्यकार-कलाकार मोर्चा (पश्चिम बंगाल) के घोषणा-पत्र के कुछ वक्तव्यों को प्रस्तुत किया जा सकता है। उसका एक वक्तव्य यह है कि "साहित्य-संस्कृति के क्षेत्र में मोर्चा उन सभी का स्वागत करता है जो साहित्य को वर्ग-निरपेक्ष न मानकर यह मानते हैं कि आज जीवंत साहित्य वही है जो जनवादी

क्रांति की मंजिल तय कर रहे इस देश की संघर्षशील मेहनतकश जनता की क्रांतिकारी सक्रियता को आधार बनाता है।'' (पृ. 8-9) यह बात ज़ोर देकर कही जानी चाहिए कि साहित्य और संस्कृति के क्षेत्र का जनवादी मोर्चा एक पक्षधर मोर्चा होगा। वह सारी जनवादी शक्तियों के हितों और उन हितों की रक्षा के लिए किए गए संघर्षों का जुझारू समर्थक होगा। लेकिन इसके साथ-साथ यह भी समझने की ज़रूरत है कि साहित्य और संस्कृति में पक्षधरता और वर्ग-सापेक्षता का सिद्धांत दो भिन्न कोटियाँ हैं और हम वर्ग-सापेक्षता के सिद्धांत को संयुक्त मोर्चे का आधार नहीं बना सकते। साथ ही यह भी स्मरण रखने की बात है कि जहाँ हमारे समाज में तानाशाही के वर्तमान ख़तरे के विरुद्ध और जनवाद की रक्षा और विकास के लिए संघर्ष की आवश्यकता के बारे में जनवादी साहित्यकारों और कलाकारों की समान समझ उनकी एकता की अनिवार्य शर्त है, वहाँ हमारे समाज में क्रांति की मंजिल के बारे में उन सबके दृष्टिकोण का एक ही होना या उन सबकी सहमति ऐसी एकता की अनिवार्य शर्त नहीं हो सकती।

इसके बाद एक अन्य वक्तव्य है : ''मोर्चा यह मानता है कि विषय-वस्तु और रूप में द्वंद्वात्मक संबंध होता है।'' (पृ. 9) इसमें संदेह नहीं कि वस्तु और रूप की द्वंद्वात्मक एकता का मार्क्सवादी सिद्धांत पूर्णतः वैज्ञानिक और सही है। लेकिन पुनः यह बात ज़ोर देकर कही जानी चाहिए कि साहित्य और कला के बारे में इस सिद्धांत को भी जनवादी साहित्यिकों या कलाकारों के संयुक्त मोर्चे का आधार नहीं बनाया जा सकता। हमारी यह स्पष्ट समझ होनी चाहिए कि वे सारे साहित्यकार और कलाकार जो जनता के जीवन, उसकी आकांक्षाओं, उसके संघर्षों को प्रतिबिंबित करते हैं, उसकी जनवादी चेतना को पुष्ट और विकसित करते हैं, जनवादी साहित्यकारों और कलाकारों के संयुक्त मोर्चे में सम्मिलित हो सकते हैं, भले ही साहित्य और कला की...वस्तु, रूप और शैलियों के बारे में वे भिन्न-मत हों।

इन वक्तव्यों के बाद वाले अनुच्छेद में घोषणा-पत्र कहता है : ''जनवादी साहित्यकार-कलाकार मोर्चा देश के पीड़ित जनगण की मुक्ति के संघर्ष को दुनिया की मेहनतकश जनता के संघर्षों से अलग करके नहीं देखता। अंतर्राष्ट्रीय समाजवादी शिविर का तात्कालिक (?) बिखराव मोर्चा के लिए चिंता का विषय है। हम उन सभी को शत्रु-भाव से देखते हैं जो इस बिखराव को विघटन की दिशा देने की उत्तेजक कार्रवाइयाँ करते हैं। मोर्चा मानता है कि भारत की मेहनतकश जनता की मुक्ति को विश्व समाजवादी शिविर की एकता से बल मिलेगा न कि बिखराव से।'' (पृ. 9) जनवादी साहित्यकारों और कलाकारों के संयुक्त मोर्चे के निर्माण के संदर्भ में अनुच्छेद के पहले वाक्य की प्रासंगिकता के संबंध में कोई आपत्ति नहीं की जा सकती। हमारे राष्ट्रीय और जनवादी आंदोलन की यह लंबी परंपरा रही है कि हमारी जनता ने हमेशा अपने संघर्षों को दुनिया के अन्य देशों की ज़नता के संघर्षों के साथ जोड़ कर देखने

की कोशिश की है, उनके स्वाधीनता-संग्रामों का समर्थन किया है, साम्राज्यवाद और फासीवाद का विरोध किया है, शांति के पक्ष में और युद्धोन्माद के विरुद्ध आवाज़ उठाई है, और हमारे देश में कोई भी जनवादी इस परंपरागत मानसिकता का विरोध नहीं कर सकता। लेकिन इसके बाद अनुच्छेद में जो बात कही गई है वह हमारे यहाँ अनेक ग़ैर-कम्युनिस्ट, वामपक्षी और उच्च-स्तरीय जनवादी चेतना वाले व्यक्तियों की समझ का अंग होते हुए भी जनवादी साहित्यकारों और कलाकारों की एकता की अनिवार्य शर्त नहीं बनाई जा सकती, क्योंकि यह उनमें से हर एक की समझ नहीं हो सकती। फिर यह काम जनवादी साहित्यकार-कलाकार मोर्चे का नहीं हो सकता कि समाजवादी शिविर में बिखराव और विघटन पैदा करने वालों की पहचान की जाए और उन्हें शत्रु समझा जाए।

पश्चिम बंगाल में ही हिंदी के कुछ लेखकों ने इसी तरह एक अन्य संगठन का निर्माण किया था और उसके साथ एक घोषणा-पत्र भी प्रसारित किया था। उस घोषणा-पत्र में द्वंद्वात्मक भौतिकवादी दर्शन को वामपक्षी-जनवादी साहित्यकारों के दृष्टिकोण का अनिवार्य अंग माना गया था। वह संगठन शायद अपने निर्माताओं के मतभेदों के कारण अपने जन्म के साथ ही मर गया, लेकिन द्वंद्वात्मक भौतिकवादी दर्शन को वामपक्षी और जनवादी साहित्यकारों की एकता का आधार घोषित कर उसने इस संबंध में अनेक व्यक्तियों की ग़लत धारणाओं का उदाहरण प्रस्तुत किया।

जनवादी साहित्यकार-कलाकार मोर्चा (पश्चिम बंगाल) के घोषणा-पत्र के कुछ वक्तव्यों पर यहाँ की गई टिप्पणियों का मुख्य आशय यह है कि हम अपने सामाजिक विकास के रास्ते में आने वाले मुख्य ख़तरों और उनके स्रोतों की सही पहचान करें और उनके विरुद्ध लड़ने के लिए समाज के उन सारे हिस्सों को एकजुट करने में मदद पहुँचाएँ, उनकी चेतना और संकल्प को दृढ़ करें, जिनके हित उस लड़ाई से जुड़े हुए हैं। इस कार्य को संपन्न करने के लिए जनवादी साहित्यकारों और संस्कृति-कर्मियों का जो संयुक्त मोर्चा बनेगा उसमें सम्मिलित होने वाले सभी हिस्सों के विश्व या राजनीतिक दृष्टिकोण एक हों, उनके अंतिम लक्ष्य एक हों, उनकी सारी साहित्यिक या कलात्मक मान्यताएँ एक हों—यह न तो संभव है और न आवश्यक। यह भी याद रखने की बात है कि जन-संघर्षों के तेज़ होने के साथ, उनके विकास के विभिन्न चरणों से गुज़रने के साथ, विभिन्न वर्गों के शक्ति-संतुलन में क्रमिक परिवर्तनों के साथ संयुक्त मोर्चे के विभिन्न हिस्सों की समझ और रिश्तों में परिवर्तन आना लाज़िमी है। इसके दौरान बहुत से धुँधले या अनुत्तरित प्रश्न साफ़ होने लगते हैं, उत्तर पाने लगते हैं, साहित्य और कला संबंधी दृष्टिकोण या मान्यताएँ भी बदलती हैं, साहित्य और कला की वर्गीय प्रकृति स्पष्ट होने लगती है; वस्तु और रूप की द्वंद्वात्मक एकता का बोध होता है। यही नहीं, संयुक्त मोर्चे का एक बहुत बड़ा प्रश्न—नेतृत्व का प्रश्न भी बहसों, घोषणाओं, आदेशों या दबावों से नहीं हल होता। नेतृत्व के प्रश्न को

जन-संघर्षों में जनता के सबसे आगे बढ़े हुए दस्तों-मज़दूरों और किसानों की और उनसे जुड़े हुए साहित्यकारों और कलाकारों की भूमिका ही हल करती है। इसी तरह संयुक्त मोर्चे में साहित्य और कला में दृष्टिकोणों और मान्यताओं से संबंधित बहुत से प्रश्न भी उसके भीतर चलनेवाले वैचारिक संघर्ष ही हल करते हैं। इससे ज़ाहिर है कि जनवादी साहित्यकारों और कलाकारों की एकता से जुड़े हुए बहुत सारे ऐसे प्रश्न हैं जिन्हें कल, बदली हुई परिस्थितियों में, हल करेगा, उनके हल आज ही ढूँढ़ना या उन्हें आरोपित करने का प्रयास करना उसके गठन में बाधक ही हो सकता है। ऐसा नहीं है कि इस मामले में हम सर्वथा अनुभवहीन हैं, ज़रूरत इस कथन को शायद ही कोई चुनौती दे कि आज सभी वामपक्षी और जनवादी विचारधारा के लोग जनवाद की रक्षा और विस्तार की लड़ाई को हमारे सामाजिक विकास की लड़ाई का केंद्रीय मुद्दा समझते हैं। पूँजीवादी-सामंती व्यवस्था में पूँजीवादी विकास के लँगड़ाते हुए प्रयासों से उत्पन्न राजनीतिक, सामाजिक, आर्थिक और सांस्कृतिक संकट दिन-ब-दिन गहरा होता जा रहा है। साम्राज्यवादी घुसपैठ, लूट और षड्यंत्र स्थिति को और भी नाज़ुक बना रहे हैं। ग़रीबी, महँगाई, किसानों और अन्य ग़रीब और पिछड़े हुए वर्गों के लोगों पर होते हुए अनेक प्रकार के अत्याचार, मज़दूरों, किसानों और मध्यवर्गीयों के शोषण में बढ़ोतरी, भ्रष्टाचार, सारे नैतिक मूल्यों का अवमूल्यन, शासक-वर्गों की राजनीति में कुत्सित अवसरवाद और गुंडागर्दी का बोलबाला, जातीयता के नाम पर देश को विभाजित और जनवादी आंदोलन को कमज़ोर करने की साजिशें, शासन-तंत्र और नौकरशाही की जानबूझकर चुनी हुई कहीं पर नपुंसकता और कहीं पर नृशंसता और शोषक-वर्गों के साथ उनका खुला गठजोड़, अशांति और नागरिकों में बढ़ती हुई असुरक्षा की भावना, जातिवादी वैमनस्य और संघर्ष, सांप्रदायिक संकीर्णताएँ, तनाव और दंगे, मध्य और निम्न मध्यवर्गीय बुद्धिजीवियों और पढ़े-लिखे युवकों के असंतोष को पथभ्रष्ट करने के लिए देश में भगवानों, बाबाओं, साधुओं, महर्षियों और योगियों या योगीश्वरों का फैलता हुआ जाल, पढ़े-लिखे मध्यवर्गीयों में कुत्सित मानसिकता उत्पन्न करने के लिए बाज़ारों को रक्तपात, अपराध, सेक्स आदि से संबंधित देशी और साम्राज्यवादी देशों, विशेषतः अमरीका, से आयातित साहित्य से पाट देने की खुली छूट, फिल्मों और कला के अन्य माध्यमों से जनसाधारण को काल्पनिक रोमांस की दुनिया में ले जाने या उसे कुत्सित दिशाओं में प्रवृत्त करने की साजिश और इसी तरह की अन्य बहुत सारी चीज़ें—भारतीय जीवन की एक तस्वीर यह है और यह तस्वीर बड़ी ही निराशाजनक है। लेकिन उसकी एक दूसरी तस्वीर भी है, जो आशाजनक है और जो पहली तस्वीर से अधिक महत्त्वपूर्ण है क्योंकि वह हमारी जनता के स्वस्थ मन की, अन्याय और अत्याचार के प्रति उसकी सहज घृणा की और उनके विरुद्ध संघर्ष में बार-बार पराजयों के बावजूद लड़ते रहने के अक्षत् और अदम्य उत्साह की तस्वीर है। यह तस्वीर हमारे देश के उज्ज्वल भविष्य की, हमारी जनता की मुक्ति

के संकेतों से भरी हुई है। इसमें कहीं नींद और कहीं नींद से उठते हुए लोगों की अंगड़ाई है, कहीं तनी हुई भौंहें हैं, कहीं घूरती हुई और कहीं दमकती हुई लाल आँखें हैं, कहीं उमड़ती हुई पंक्तिबद्ध भीड़ है और उसमें हर व्यक्ति का मुट्ठी बँधा उठा हुआ हाथ है, कहीं आसमान में लहराते हुए अनेक रंग के परचम हैं और कहीं उनके बीच और कहीं उन सबके आगे और सबसे ऊपर लहराते हुए लाल परचम हैं। यह तस्वीर तमाम वामपक्षी और जनवादी साहित्यकारों और कलाकारों को अपनी ओर बुला रही है और उनसे कह रही है : "आओ, और मुझे पूर्णता दो।"

इस आवाज़ पर पहल करने का काम वामपक्षी साहित्यकारों और कलाकारों का है। शायद वह वक्त अभी नहीं आया है जब सारे वामपक्षी साहित्यकारों और कलाकारों को एक ही संगठन में एकजुट किया जा सके। लेकिन इसकी तात्कालिक संभावना है कि अनेक संगठनों में बँटे हुए वामपक्षी और जनवादी साहित्यकार और कलाकार जनवाद की रक्षा और विकास के संघर्ष में एक-दूसरे के साथ सहयोग कर सकें। इस सहयोग में ही उस संगठन के जन्म की संभावना है जहाँ उनका अनुभव उन्हें एकजुट कर सके। इस काम में वामपक्षी साहित्यकारों और कलाकारों की पहलक़दमी ज़रूरी है, क्योंकि सामाजिक विकास में जनवाद के महत्त्व को उनसे ज़्यादा कोई दूसरा नहीं समझता, जनवाद की रक्षा और विकास के लिए उनसे ज़्यादा दृढ़ता के साथ कोई दूसरा नहीं लड़ सकता।

इस लेख का प्रारंभ जनवादी लेखकों की एकता को लेकर किया गया था। लेकिन कुछ घोषणा-पत्रों पर विचार करते हुए इसमें कलाकारों या संस्कृतिकर्मियों का प्रसंग भी अनिवार्यतः आ गया। मैं समझता हूँ यह प्रश्न भी विचारणीय है कि लेखकों और अन्य संस्कृतिकर्मियों का एक ही संगठन हो या उनके अलग-अलग संगठन हों, और अगर अलग-अलग हों तो उनके क्या संबंध हों। यह प्रश्न इस लेख की सीमाओं के बाहर था। लेकिन इसमें संदेह नहीं कि दोनों के सामने प्रश्न और उत्तर एक हैं। यहाँ इस लेख में इन प्रश्नों और उत्तरों को लेकर बात की गई है। मैं चाहता हूँ कि उन्हें बहस-तलब के सिवा और कुछ न समझा जाए। महत्त्व बहसों के दौरान की गई ग़लतियों, उनमें से निकलने वाली सही समझ का होता है।

साहित्य और जनवाद
(चंद्रबली सिंह से बातचीत)

[जनवादी लेखक संघ के प्रथम महासचिव, 'कलम' के संपादक, 'कथन' के सलाहकार और वाराणसी में अंग्रेजी के प्राध्यापक श्री चंद्रबली सिंह प्रगतिशील साहित्य के आंदोलन से उस समय जुड़े जब उसमें शासक वर्गों के चरित्र को लेकर आंतरिक संघर्ष चल रहा था। जिन कुछेक लेखकों ने सत्ता के जन-विरोधी चरित्र को समझा और प्र.ले. सं. की समझौतापरस्त विसर्जनवादी प्रवृत्तियों का विरोध किया, श्री चंद्रबली सिंह उनमें से एक थे। जिस दौर में प्रयोगवाद, नयी कविता आदि की रुग्ण व्यक्तिवादी प्रवृत्तियाँ साहित्य में प्रभावी हो रही थीं, उन्होंने कविता को छोड़ आलोचनात्मक दायित्व का वरण किया। सूक्ष्म विश्लेषणात्मकता और वैचारिक अंतःसंगति उनकी आलोचना की प्रमुख विशेषताएँ हैं। उनसे की गई यह बातचीत समकालीन जनवादी साहित्य से संबंधित अनेक सवालों पर रोशनी डालती है।—संपादक]

चंद्रबलीजी के साथ बातचीत करने, घूमने-फिरने, यात्रा करने और काम करने का अपना एक अलग सुख होता है। पान खाते हुए अपनी लाल मुस्कान के साथ बातचीत करने और गंभीर से गंभीर विषय पर चर्चा करते समय भी उन्मुक्त भाव से हँसने का उनका एक खास आत्मीय अंदाज है जिसके कारण वे अपने बुजुर्ग साथी कम और हमदम दोस्त ज्यादा लगते हैं। किसी भी विषय पर और किसी भी अवसर पर उनके साथ दिल खोलकर बातें की जा सकती हैं। लेकिन वे औपचारिक बातचीत से कतराते हैं। इसलिए जब-जब इंटरव्यू की बात मैंने उनसे की, उन्होंने किसी-न-किसी बहाने टालने की कोशिश की। दो बार तो समय और स्थान निश्चित हो जाने के बाद भी उनका इंटरव्यू लेना संभव नहीं हुआ। आखिर यह सोचा गया कि एक दिन उनका घेराव किया जाना चाहिए, और घेराव किया गया।

वह 20 अक्टूबर 1982 का दिन था। शाम को साढ़े चार बजे प्रो. रामशरण शर्मा के घर पर 'कथन' के सलाहकार मंडल की मीटिंग थी। हम लोगों ने आपस

में तय किया कि मीटिंग के बाद प्रो. शर्मा के घर से निकलकर नजदीक ही प्रोबिन रोड पर कृष्णलाल के घर चलेंगे। वहीं सब लोग रात का खाना खाएँगे और चंद्रबलीजी का इंटरव्यू लिया जाएगा। इसलिए मीटिंग में जाते समय मैं अपने झोले में टेपरिकार्डर रख ले गया था। मीटिंग के बाद मैं, कर्णसिंह चौहान और राजकुमार शर्मा चंद्रबलीजी के साथ कृष्णलाल के यहाँ पहुँचे। आदत के मुताबिक चंद्रबलीजी ने उस दिन भी टालने की काफी कोशिश की, लेकिन घेराव तो घेराव ही था। चाय पीने के बाद चंद्रबलीजी ने पान मुँह में दबाया और प्रश्नों के उत्तर देने लगे। लेकिन उस दिन इंटरव्यू अधूरा ही रहा। सौभाग्य से बात जहाँ तक आ पहुँची थी वहाँ पर उन्हें महसूस हो रहा था कि आगे की बातचीत काफी गंभीर होने जा रही है और उन्हें अभी बहुत कुछ कहना है। इसलिए उन्होंने कहा, "बाकी बात कल आकर कर लेना।" उन दिनों वे नयी दिल्ली में 4, अशोक रोड के एक कमरे में ठहरे हुए थे। अगले दिन मैं ठीक चार बजे पहुँच गया। पाँच बजे कृष्णलाल भी आ गए। लेकिन कर्णसिंह और राजकुमार अपनी कुछ अन्य व्यस्तताओं के कारण नहीं पहुँच पाए।

बहरहाल इंटरव्यू पूरा हुआ और वह इस प्रकार है :

रमेश उपाध्याय : चंद्रबलीजी, आपने लिखना कब और कैसे शुरू किया?

चंद्रबली सिंह : मैंने 1947 के आसपास कविताएँ लिखनी शुरू की थीं। वह हमारे देश में बहुत उथल-पुथल का दौर था। वैसे साहित्य में मेरी रुचि विद्यार्थी-जीवन से ही थी और यशपाल, राहुलजी वगैरह की किताबें पढ़कर समाजवादी विचारों की तरफ झुकाव भी हो गया था लेकिन कम्युनिस्ट पार्टी के नजदीक मैं 1947 के बाद ही आया। यह बड़ा भयानक दौर था। खास तौर से 1948 के बाद। भारत का विभाजन, कश्मीर पर हमला, कम्युनिस्टों का दमन—इन सब घटनाओं का असर आदमी के दिल और दिमाग पर उस वक्त बहुत पड़ता था। उस जमाने में मैंने इन्हीं विषयों पर कविताएँ लिखीं।

रमेश उपाध्याय : उस समय आपकी उम्र क्या थी?

चंद्रबली सिंह : (हँसकर) अपने बाप की लिखाई हुई उम्र बताऊँ या असली उम्र बताऊँ? असली उम्र का पता नहीं, पिता के द्वारा लिखाई गई उम्र के अनुसार मैं उस समय 23 बरस का था। तो उस समय की परिस्थितियाँ मुझे बहुत उद्वेलित करती थीं और मैं हर सप्ताह कई कविताएँ लिख लेता था। रतलाम से 'जनमत' नाम की पत्रिका निकलती थी। शायद ही कोई सप्ताह जाता हो कि उसके कवर पर मेरी कविता न जाती हो।

रमेश उपाध्याय : कोई संकलन आपका?

चंद्रबली सिंह : कोई संकलन नहीं। अब तो शायद लोग मेरी कविताओं को भूल भी गए होंगे। जो मेरे उस जमाने के दोस्त हैं वे ही जानते हैं। (हँसते हुए) डॉ. रामविलास शर्मा मजाक करते हैं कि एक बार वे भोपाल या कहीं गए तो वहाँ

एक मजदूर उनसे पूछता है कि चंद्रबली सिंह की कविताएँ आजकल देखने को नहीं मिल रही हैं। (हम सब हँसते हैं) बाद में प्रगतिशील आंदोलन में जो बिखराव आया, उसमें मेरा कविता लिखना छूटा और अपनी शक्ति का इस्तेमाल मैंने आलोचना लिखने में करना शुरू किया। लेकिन कविता से मेरा प्रेम समाप्त नहीं हुआ। उस जमाने में मैंने वाल्ट ह्विटमैन की बहुत-सी कविताओं का अनुवाद किया जो पत्र-पत्रिकाओं में छपीं। बाद में दूसरे कवियों की भी बहुत-सी कविताओं के अनुवाद किए।

राजकुमार शर्मा : आलोचना आपने कब शुरू की?

चंद्रबली सिंह : कविताओं के साथ ही साथ। इसीलिए जिस तरह मेरी कविता उस जमाने के संघर्षों की देन थी, उसी तरह मेरी आलोचना भी। और शायद इसीलिए कुछ लोग कहते हैं कि उसमें जरूरत से ज्यादा तीखा स्वर है। पर वह मेरी विवशता थी।

कृष्णलाल : आलोचना की तो कुछ पुस्तकें छपी हैं आपकी?

चंद्रबली सिंह : छपी तो एक ही है 'हिंदी साहित्य और लोकदृष्टि'...

कर्णसिंह चौहान : चंद्रबलीजी, उस समय के जो तीन-चार प्रमुख आलोचक हैं, उनकी आलोचना को पढ़कर लगता है कि वह पूरी की पूरी आलोचना पोलिमिकल और ध्वस्त करनेवाली आलोचना है जैसे कोई आदमी किसी चक्रव्यूह में घिर जाए और चारों तरफ अंधाधुंध प्रहार करने लगे। ऐसा क्यों है?

चंद्रबली सिंह : जिस तरह से तुमने यह सवाल पूछा है, और लोग भी पूछते हैं। कहा जाता है कि उस जमाने में मैंने और डॉ. रामविलास शर्मा ने सबसे कड़ी आलोचनाएँ लिखीं। लिखी हैं उस दौर की जरूरतों के हिसाब से। लेकिन यह देखो कि हम दोनों ने ही उस जमाने में पुराने लेखकों पर भी लिखा है और वहाँ हम लोगों के विवेचन का तरीका बदल जाता है। डॉ. शर्मा जब प्रेमचंद पर या भारतेंदु पर या निराला पर लिखते हैं तो मूल्यांकन में जैसा वैज्ञानिक संतुलन रहना चाहिए, वैसा रहता है। मैंने 1955 के आसपास देवकीनंदन खत्री पर जब लिखा, उसमें भी वह संतुलन तुम पाओगे। तो ऐसा नहीं है कि हम घिर गए हैं और चारों तरफ अंधाधुंध प्रहार कर रहे हैं। समसामयिक लेखकों पर लिखते समय अगर हमारा स्वर तीखा हो जाता था तो उसके कारण थे। उस आलोचना को उस समय की सारी उथल-पुथल से जोड़ कर देखना चाहिए। जब हम देखते हैं कि कोई प्रवृत्ति समसामयिक साहित्य के विकास में बाधक है तो हमारा स्वर ज्यादा तीखा हो जाता है। जैसे आजादी के बाद जो जश्न मनाया गया था उसमें एक कवि-सम्मेलन हुआ था। उसमें शिवमंगल सिंह सुमन ने जवाहरलाल नेहरू की जो प्रशंसा की थी, वह मुझे बहुत अखरी। तब मैंने सुमन को संबोधित करके 'एशिया के कवि से' लिखा और बड़ा तीखा उसका स्वर है।

रमेश उपाध्याय : देवकीनंदन खत्री के बारे में आपने क्या लिखा था?

चंद्रबली सिंह : वह देवकीनंदन खत्री पर लिखा गया पहला गंभीर लेख था हिंदी में। उसमें मैंने बताया था कि खत्री के लेखन में सामंतवाद विरोधी प्रगतिशील दृष्टि है। उसमें सामंती समाज में नारी की स्थिति के प्रति विरोध का भाव है, उद्यम के महत्त्व को बताया गया है, तर्क और युक्ति पर जोर दिया गया है, अंग्रेजों द्वारा पैदा की जा रही हिंदू-मुस्लिम फूट की नीति का विरोध है। इन सब चीजों का उल्लेख पहले किसी ने नहीं किया था। शुक्लजी ने भी अपने इतिहास में यह काम नहीं किया था।

कर्णसिंह चौहान : तो एक संतुलित वैज्ञानिक दृष्टि होते हुए भी अपने समकालीन लेखकों पर लिखते समय आप लोगों की आलोचना में इतना तीखापन क्यों आ जाता था?

चंद्रबली सिंह : इसलिए कि जब-जब हमने यह महसूस किया कि कोई प्रवृत्ति साहित्य को हमारी जनता के जीवन से, उसकी अभिलाषाओं से, उसके स्वप्नों से विमुख करने का प्रयास है, हमने उसके विरुद्ध लिखा। जैसे पंत पर मैंने भी लिखा और डॉ. शर्मा ने भी लिखा। बड़े कड़े लेख लिखे। लेकिन उसका मुझे कोई अफसोस नहीं है, क्योंकि वह एक जरूरी संघर्ष था। और उसी संघर्ष का नतीजा है कि आज अरविंदवाद का प्रभाव हिंदी साहित्य पर नहीं है। अब जैसे उस संघर्ष के दौरान यदि कुछ गलतियाँ या ज्यादतियाँ हो जाती हैं तो हो जाती हैं। यशपाल पर हम लोगों ने उग्र होकर आक्रमण किया, वह आज थोड़ा असंतुलित लग सकता है, लेकिन उस समय हमें लगा कि सेक्स को लेकर यशपाल कम्युनिस्टों की जो तस्वीर खड़ी कर रहे हैं वह बहुत गलत है। और मुझे आज भी लगता है कि उनकी उस प्रवृत्ति पर आक्रमण करना जरूरी था। हाँ, हमको यह भी ख्याल रखने की जरूरत थी कि यशपाल या राहुल सांकृत्यायन ने हमारी विचारधारा को फैलाने का जो काम किया है उसका महत्त्व है। लेकिन उनकी उस प्रवृत्ति के खिलाफ जो संघर्ष हमने किया था, वह सही था।

कर्णसिंह चौहान : और प्रकाशचंद्र गुप्त, शिवदानसिंह चौहान, रांगेय राघव वगैरह पर जो प्रहार आपने किए...?

चंद्रबली सिंह : प्रगतिशील आलोचना का एक जमाना वह भी रहा है जब ज्यादा से ज्यादा लेखकों को समेटने के लिए कुछ लोगों ने एक बहुत ही उदारवादी दृष्टि अपना ली थी। उसके कारण वे ऐसी चीजों में भी क्रांति ढूँढ़ते थे जहाँ वह नहीं थी जैसे महादेवी वर्मा और बच्चन को भी ये लोग क्रांतिकारी कहते थे। मैं यह नहीं कहता कि ऐसे कवियों के प्रति हमें नकारात्मक रुख अपनाना चाहिए, लेकिन इन्हें क्रांतिकारी कहना गलत है। और इसीलिए वह प्रहार हम लोगों ने इन पर किया।

कृष्णलाल : आप कम्युनिस्ट पार्टी से प्रगतिशील लेखक संघ में आए थे या प्रगतिशील लेखक संघ से कम्युनिस्ट पार्टी में गए थे?

चंद्रबली सिंह : प्रगतिशील लेखक संघ से कम्युनिस्ट पार्टी में। आगरे में रहते समय मैं जिन लोगों के संपर्क में आया, वे मुझे बहुत अच्छे और लगन वाले आदमी मालूम हुए। इसका मुझ पर बड़ा अच्छा असर पड़ा। लेकिन जुलाई 1950 तक, जब तक मैं आगरे में रहा, कम्युनिस्ट पार्टी का मेम्बर नहीं था। मेम्बर बना मैं उसके बाद बनारस जाने पर।

रमेश उपाध्याय : प्रगतिशील लेखक संघ में आपकी क्या भूमिका थी?

चंद्रबली सिंह : आगरे से बनारस पहुँचकर मैंने वहाँ प्रगतिशील लेखक संघ की स्थापना की। लेकिन उस समय तक पार्टी की नीति को लेकर उसके अंदर मतभेद शुरू हो गए थे और इस चीज का असर प्र.ले.सं. पर भी पड़ रहा था। नामवर सिंह उस समय बनारस में ही थे और पंत को लेकर मुझसे बहुत बहस किया करते थे। उन्होंने उसी समय लिखना शुरू किया था। प्रकाशचंद्र गुप्त वगैरह मुझसे और डॉ. शर्मा से उस समय बहुत कुपित थे और हम लोगों को संकीर्णतावादी कहा करते थे। तो नामवर सिंह को प्र.ले.सं. का मंत्री बनाने की बात आई। अगली मीटिंग में मैंने उनका नाम प्रस्तावित कर दिया और मीटिंग कराने की जिम्मेदारी भी उनको दे दी गई। लेकिन तभी किसी ने उनको डरा दिया कि आप प्र.ले.सं. में हैं, यूनिवर्सिटी में नौकरी नहीं मिलेगी, और उन्होंने मीटिंग ही नहीं की। इस तरह बनारस में प्र. ले.सं. डूब गया।

कर्णसिंह चौहान : मुझे लगता है कि यह अकेले बनारस की बात नहीं थी, बल्कि कुछ लोग शायद ऐसे थे जो चाहते थे कि पूरे संगठन को ही विसर्जित कर दिया जाए...?

चंद्रबली सिंह : मैंने कहा न, यह चीज धीरे-धीरे पक रही थी। एक विसर्जनवादी प्रवृत्ति मौजूद थी, लेकिन बड़े पैमाने पर वह सामने आई। 1953 में जब दिल्ली में प्र.ले.सं. का राष्ट्रीय सम्मेलन हुआ। कुछ लोगों को ऐसा महसूस हुआ था कि इस संगठन को खत्म करके एक नया संगठन बनाया जाए। यानी लेखकों के कार्यभार नये दौर में क्या हो सकते हैं, इसको फिर से डिफाइन किया जाए और पिछली गलतियों की आलोचना करते हुए एक नये घोषणा-पत्र के साथ एक नया संगठन बनाया जाए। लेकिन पुरानी चीज के साथ लोगों का एक भावनात्मक रिश्ता भी होता है। फिर, उस जमाने में प्रगतिशील लेखकों का काफी दमन हुआ था। इसलिए यह तय हुआ कि प्र.ले.सं. चलेगा। लेकिन जो नया नेतृत्व आया वह अतिउदारतावादी था। डॉ. रामविलास शर्मा की जगह पर कृश्नचंदर महासचिव चुने गए। और इन लोगों की समझ यह थी कि (हँसते हुए) बहुत ज्यादा मिर्चा खा लिया है, अब जरा चीनी फाँक लो। (हम सब हँसते हैं) अफसोस की बात यह है कि पुरानी गलतियों को सुधारने के नाम पर यह जो अतिउदारतावाद अपनाया गया, इसका विश्लेषण कभी नहीं किया गया। आप कह सकते हैं कि यह और भी बड़ी गलती थी। कुछ लोग यह भी कहते

हैं कि इन गलतियों के कारण प्र.ले.सं. डूबा। मैं समझता हूँ कि गलतियाँ किसी से भी हो सकती हैं और यदि कोई संगठन अपनी गलतियों का सही विश्लेषण करके उन्हें सुधारता चलता है तो वह जिंदा रह सकता है। लेकिन प्र.ले.सं. के नये नेतृत्व ने अपनी गलती को सुधारना तो दूर, उसको समझने तक की कोशिश नहीं की। वह उसी दिशा में आगे बढ़ता गया और प्र.ले.सं. की वह हालत हुई।

रमेश उपाध्याय : आप लोगों ने इस चीज के खिलाफ संघर्ष नहीं चलाया?

चंद्रबली सिंह : संघर्ष तो हमने चलाया। 'स्वाधीनता' वगैरह में उस समय हमारे जो लेख निकले वे उन लोगों की समझ के खिलाफ थे और उनमें उस समझ के कुछ संकेत आपको मिल सकते हैं जो अब आकर हमारे जनवादी लेखक संघ के घोषणापत्र में व्यक्त हुए हैं। लेकिन वह संघर्ष संगठित रूप से नहीं चल पाया। आजादी के बाद जो परिवर्तन हुआ था, शासक वर्ग ने जो भ्रम फैलाए थे, साम्राज्यवादी संस्कृति का जो आक्रमण हमारी संस्कृति पर हो रहा था, साहित्य में 'नयी कविता' और प्रयोगवाद के नाम पर जो घातक प्रवृत्तियाँ आ रही थीं, उनके खिलाफ प्रगतिशील लेखकों को वैचारिक संघर्ष करना चाहिए था। कुछ लोगों ने किया भी। जैसे मैंने 'नयी कविता' के वैचारिक आधार अस्तित्ववाद पर आक्रमण किया। 'नयी कविता' और अस्तित्ववाद का यह संबंध मैंने ही पहली बार दिखाया था। लेकिन यह संघर्ष संगठित नहीं था।

राजकुमार शर्मा : चंद्रबलीजी, ऐसा क्यों हुआ कि आजादी के बाद अचानक बहुत-से प्रगतिशील लेखक व्यवस्था के हाथों बिक गए, यानी अच्छी नौकरियों में, फिल्मों वगैरह में चले गए और...?

चंद्रबली सिंह : नहीं, यक-ब-यक ऐसा नहीं हुआ। यह सिलसिला धीरे-धीरे शुरू हुआ था। पहले वे लोग नौकरियों से या व्यवस्था से मिलनेवाली सुविधाओं से जुड़े और आज वे उसकी विचारधारा से भी पूरी तरह जुड़ गए हैं। मार्क्सवाद वगैरह से उनका कोई संबंध नहीं रह गया है। कारण यह था कि उन्होंने व्यवस्था के चरित्र को नहीं समझा। जो आवश्यक वैचारिक संघर्ष व्यवस्था के चरित्र को समझने के लिए होना चाहिए था, वह नहीं हुआ। और आज भी हम जो वैचारिक संघर्ष की जरूरत पर जोर देते हैं, वह किसलिए? इसीलिए कि लेखक व्यवस्था के चरित्र को समझेंगे तो उससे संघर्ष के लिए तैयार होंगे।

रमेश उपाध्याय : लेकिन मार्क्सवादी या कम्युनिस्ट लेखकों की समझ व्यवस्था के बारे में ऐसी किस तरह बन गई थी?

चंद्रबली सिंह : देखिए, कम्युनिस्ट आंदोलन के अंदर तो यह वैचारिक संघर्ष चलता रहा। लेकिन वह इतना मजबूत नहीं था कि सारे लेखकों को प्रभावित कर सके। फिर, हम कम्युनिस्टों में भी एक सेक्शन ऐसा था जो आजादी के बाद की परिस्थितियों का मूल्यांकन गलत ढंग से करता था और भीतर के इस वैचारिक संघर्ष

के बढ़ते-बढ़ते दो पार्टियाँ बन गईं। लेकिन व्यवस्था भी तो निरंतर अपना काम कर रही थी जिसके पास अपनी विचारधारा को फैलाने के लिए प्रचार-प्रसार के इतने सारे साधन थे।

रमेश उपाध्याय : चंद्रबलीजी, इधर दस-पंद्रह सालों से साहित्य में जो एक नया उभार आया है उसके बारे में लेखकों के मन में कोई अस्पष्टता नहीं है कि यह जनवादी लेखन का आंदोलन है, मगर कुछ लोग 'जनवादी' और 'प्रगतिशील' शब्दों की व्याख्या इस प्रकार कर रहे हैं मानो इसे जनवादी आंदोलन कहना गलत और प्रगतिशील आंदोलन कहना ही सही है। आपने 'कलम' में डॉ. नामवर सिंह का जो इंटरव्यू प्रकाशित किया है, उसमें भी कुछ ऐसी ही कोशिश दिखाई देती है। आपका इस संबंध में क्या विचार है?

चंद्रबली सिंह : देखिए, ईमानदारी का तकाजा यह है कि शब्दों को हम उनके सही अर्थ में इस्तेमाल करें। जो शब्द जिस अर्थ में प्रयुक्त होता रहा है उसे यदि हम किसी और अर्थ में प्रयुक्त करते हैं तो यह समझ को साफ करने की जगह उसको गड्डमड्ड कर देने का एक तरीका है। प्रगतिशील शब्द उस आंदोलन को दिया गया था जिसकी मुख्य दिशा सामंतवाद और साम्राज्यवाद के विरुद्ध संघर्ष करने की दिशा थी। वह आंदोलन इसी समझ के आधार पर बना एक संयुक्त मोर्चा था जिसमें एक तरफ राष्ट्रीय विचारधारा के लेखक थे और दूसरी तरफ समाजवादी विचारधारा के लेखक थे। प्र.ले.सं. में कभी भी यह कसौटी नहीं बनाई गई कि जो समाजवादी नहीं है वह प्रगतिशील नहीं है। सामंतवाद और साम्राज्यवाद का विरोध करनेवाले तमाम लेखक प्रगतिशील थे, चाहे वे मार्क्सवादी हों या दूसरे। और यही लेखकों की एकता का आधार था। उस दौर में राष्ट्रीय आंदोलन का नेतृत्व करनेवाला पूँजीपति वर्ग भी चूँकि सामंतवाद और साम्राज्यवाद का विरोधी था, इसलिए उसकी एक प्रगतिशील भूमिका थी। लेकिन आजादी के बाद जब वह हमारे यहाँ का शासक वर्ग बन गया और व्यवस्था का नेतृत्व बड़ा पूँजीपति करने लगा तो जरूरत थी कि आप प्रगतिशीलता को पुनः परिभाषित करते। लेकिन आप उसी पुराने अर्थ से चिपके रहे और अब भी चिपके हुए हैं। आज के हमारे आंदोलन की मुख्य दिशा क्या है? उस पतनशील पूँजीवादी विचारधारा के विरुद्ध संघर्ष, जिससे साम्राज्यवाद विकसित हुआ है और जिससे अधिनायकवाद और सर्वाधिकारवाद के खतरे पैदा होते हैं। इसको हम जनवाद के लिए संघर्ष कहते हैं और इस दौर के लेखन को जनवादी लेखन कहते हैं, उसके आंदोलन को जनवादी आंदोलन कहते हैं। जो लोग आज भी इस बात को मानने के लिए तैयार नहीं हैं और इस सारे आंदोलन को प्रगतिशील आंदोलन ही मानने की रट लगाए हुए हैं वे (हँसते हुए) अतिव्याप्ति दोष के शिकार हैं। इस तरह से तो साम्राज्यवाद और सामंतवाद विरोधी संघर्ष भी प्रगतिशील था, आज एकाधिकारी पूँजीवाद, सामंतवाद और साम्राज्यवाद के विरुद्ध जो संघर्ष है वह भी

प्रगतिशील है, कल जब जनता के जनवाद की स्थापना हो जाए तो उसे भी आप प्रगतिशील कहिएगा। समाजवाद की स्थापना हो जाए तो उसे भी प्रगतिशील कहिएगा (सब हँसते हैं) इस तरह तो आप सब गड्डमड्ड कर देंगे। लेकिन यहाँ एक चीज मैं बहुत स्पष्ट कर देना चाहता हूँ कि जब हम कहते हैं कि यह दौर जनवाद के लिए संघर्ष का दौर है तो इसका मतलब यह नहीं है कि प्रगतिशील दौर या उस लेखन के प्रति हमारा कोई निषेधात्मक रुख है। आप लोगों ने देखा है, जनवादी लेखक संघ के सम्मेलनों में जहाँ-जहाँ इस तरह के सवाल उठे हैं, मैंने बार-बार और बहुत साफ तौर पर यह बात कही है कि हम जो अपने को जनवादी लेखक कहते हैं, प्रगतिशील आंदोलन की विरासत के सच्चे उत्तराधिकारी तो हम ही हैं। हम जब प्र.ले.सं. की आलोचना करते हैं तो इसीलिए कि प्रगतिशील आंदोलन की जो स्वस्थ परंपराएँ हैं, उनको आज की जरूरतों के अनुसार कैसे आगे बढ़ाएँ। प्र.ले.सं. के सामने आजादी के बाद एक बहुत बड़ा काम यह था कि आजादी के बाद हमारे देश में जो परिवर्तन आया है, उसको समझने की कोशिश करें और यह देखें कि पूँजीपति वर्ग आजादी से पहले की अपनी सामंतवाद और साम्राज्यवाद विरोधी भूमिका को छोड़ चुका है, उसने सामंतवाद और साम्राज्यवाद दोनों से समझौता कर लिया है, राष्ट्रीय आंदोलन के दौरान हमारे देश की जनता ने जो सपने देखे थे उनको उसने बुरी तरह तोड़ दिया है और पूँजीवादी विकास का जो रास्ता अपनाया है उसके कारण बड़े-बड़े पूँजीपति घरानों का शिकंजा हमारी जनता के भौतिक और सांस्कृतिक जीवन पर कसता जा रहा है। प्र.ले.सं. ने इस चीज को नहीं समझा और आज भी नहीं समझ रहा है। इसीलिए हम उसकी आलोचना करते हैं।

रमेश उपाध्याय : चंद्रबलीजी, मैं समझता हूँ कि हमें प्रगतिशील आंदोलन, प्रगतिशील लेखक संघ के संगठन और प्रगतिशील लेखकों के बीच थोड़ा फर्क करना चाहिए। जैसे आपने ही कहा कि हम जनवादी लेखक प्रगतिशील आंदोलन के सच्चे उत्तराधिकारी हैं लेकिन प्रगतिशील लेखक संघ की आलोचना करते हैं। या हम यह देखें कि आज जनवादी लेखक संघ में बहुत-से ऐसे लेखक हैं जो पहले प्रगतिशील लेखक संघ में थे, जैसे आप स्वयं, और आपने बताया कि आप शुरू से ही उसमें आए भटकावों के आलोचक थे जबकि जनवादी लेखक संघ बनने से पहले आप भी प्रगतिशील आलोचक ही कहलाते थे...

चंद्रबली सिंह : यह सवाल तुमने ठीक उठाया है रमेश। हम ऐसा नहीं कह सकते हैं कि उस दौर में भी ऐसे लेखक नहीं थे जिनके साहित्य में जनवादी प्रवृत्तियाँ नहीं थीं या जिन्होंने प्र.ले.सं. के नेतृत्व की गलत नीतियों की आलोचना नहीं की थी। प्र.ले.सं. की गलत नीतियों ने उसको पूरे राष्ट्रीय जीवन से काट दिया, यह कहने का मेरा मतलब यह नहीं था कि उस दौरान सामंती शोषण, पूँजीवादी शोषण और साम्राज्यवादी सांस्कृतिक आक्रमण के खिलाफ हमारे लेखक लिख नहीं रहे थे। जाहिर

है कि आजादी से पहले प्र.ले.सं. ने एक सही समझ दी थी और उसके आधार पर लेखकों को एकजुट किया था, लेकिन आजादी के बाद की परिस्थितियों में जो नयी समझ बननी चाहिए थी, वह नहीं बनाई गई। और आप गलत समझ के आधार पर तो लेखकों को एकजुट कर नहीं सकते हैं। नतीजा यह हुआ कि बहुत-से लेखक प्र.ले.सं. से अलग हो गए और उसका नेतृत्व संगठन को धीरे-धीरे विसर्जन की तरफ ले गया। उसकी समझ का दिवालियापन या राष्ट्रीय जीवन से उसका अलगाव आगे चलकर इस हद तक पहुँच गया कि आपातकाल के दौरान, जबकि जनता के सारे जनवादी अधिकारों और उसकी नागरिक स्वतंत्रताओं पर आक्रमण हो रहा था, प्र. ले.सं. से जुड़े लेखक इस आक्रमण को जनवाद की रक्षा का काम समझ रहे थे। उसी दौरान उन्होंने गया में फासिस्ट विरोधी सम्मेलन किया और कहा कि इंदिरा गांधी की सरकार बहुत प्रगतिशील सरकार है और लेखकों को उसका समर्थन करना चाहिए। आज वे लोग जनवाद बनाम प्रगतिशीलता की बहस चलाकर जनवाद की जगह प्रगतिशीलता शब्द पर जोर देते हैं, लेकिन उनकी नीतियों और कार्यों से लोगों को प्रगतिशील शब्द से ऐसी चिढ़ हो गई कि जो लेखक जनता के जीवन से जुड़े हुए थे जनता के जीवन पर होनेवाले तरह-तरह के आक्रमणों से लड़ रहे थे, उन्होंने अपने को प्रगतिशील कहलाना छोड़ दिया।

रमेश उपाध्याय : आप जनवादी लेखक संघ के महासचिव हैं और इस संगठन के निर्माण में आपकी एक मुख्य भूमिका रही हैं। आपको याद होगा कि जब हमारा यह संगठन बन रहा था तब प्रगतिशील लेखक महासंघ के महासचिव श्री भीष्म साहनी ने एक परिपत्र जारी किया था जिसमें उन्होंने लिखा था कि जब एक संगठन पहले से मौजूद है तो एक नया और प्रतिद्वंद्वी संगठन बनाने की क्या जरूरत है। हालाँकि हमारे घोषणापत्र में यह चीज बिल्कुल स्पष्ट है और हमारे सम्मलेनों में भी इस सवाल पर विस्तार से चर्चा हुई है जिसका पता उन लोगों को भी होगा, फिर भी वे लोग अभी तक यह सवाल उठाया करते हैं। आपका इसके बारे में क्या कहना है?

चंद्रबली सिंह : (हँसकर) इसके बारे में पहली बात तो मुझे यह कहनी है कि जब एक नया संगठन बन रहा है, कुछ उद्देश्यों से बन रहा है, लेखक उसकी तरफ आ रहे हैं, तो कोई भी समझदार आदमी यह सोचेगा कि अगर पहले से एक संगठन था तो दूसरे संगठन की जरूरत क्यों पड़ी। यानी पहले तो उन लोगों को आत्मालोचना करनी चाहिए कि प्र.ले.सं. में ऐसी क्या बात हुई कि वह जनता के शत्रु शासक वर्ग की गोद में जाकर बैठ गया। तुमने जिस परिपत्र का जिक्र किया, उसमें उन्होंने इसकी आत्मालोचना में एक शब्द भी नहीं कहा। और वे अपनी पुरानी समझ से मुक्त हुए हैं, ऐसा उस परिपत्र से जाहिर नहीं होता। उसमें उन्होंने हमारे घोषणा-पत्र के विरुद्ध दो बातें कही हैं : एक तो यह कि इसमें साम्राज्यवाद के विरुद्ध संघर्ष करने की आवश्यकता पर जोर नहीं दिया गया, और दूसरी यह कि इसमें आर.एस.

एस. की विचारधारा के विरुद्ध कुछ नहीं कहा गया है। लेकिन हमारे घोषणापत्र को जो व्यक्ति पढ़ेगा, वह इस तरह के आरोपों को हास्यास्पद समझेगा। अपने घोषणापत्र में हमने जगह-जगह हमारे सामाजिक विकास में अवरोध पैदा करने वाली मुख्य शक्तियों को स्पष्ट किया है। उसमें हमने सामंतवाद, साम्राज्यवाद और आज के शासक वर्ग का नेतृत्व करने वाले एकाधिकारी पूँजीपति वर्ग को मुख्य शत्रु के रूप में प्रस्तुत किया है और जगह-जगह उसमें संप्रदायवाद का विरोध करने की बात कही गई है। हम केवल हिंदू सांप्रदायिकता के विरोधी नहीं हैं बल्कि हर तरह की सांप्रदायिकता के विरोधी हैं। लेकिन उन्होंने केवल आर.एस.एस. का नाम लेकर अपनी समझ को स्पष्ट कर दिया है। यह वही आपातकाल वाली समझ है जो आर.एस.एस. को मुख्य शत्रु मानने और सर्वाधिकारवादी शासक वर्ग के असली चरित्र तथा उसके द्वारा जनवाद को खत्म करने के लिए की जा रही कोशिशों को न पहचानने के कारण बनी गलत समझ है। जाहिर है कि जिस संगठन के नेतृत्व की ऐसी समझ हो, उस संगठन के हिस्से हम नहीं हो सकते। और मैं समझता हूँ कि हमारे संगठन में जो इतने व्यापक पैमाने पर लेखक आ रहे हैं, उन लेखकों की समझ भी उस संगठन की समझ से मेल नहीं खाती है। इसीलिए वे लेखक एक लंबे अरसे से उस संगठन में शामिल नहीं हुए और उस परिपत्र में किए गए आह्वान के बाद भी शामिल नहीं हुए। दूसरी बात मैं यह कहना चाहता हूँ कि गलतियाँ किसी भी संगठन से हो सकती हैं, लेकिन जो संगठन गलतियों को सुधारने की कोशिश भी नहीं करता है, आत्मालोचना भी नहीं करता है, तो जाहिर है कि वह संगठन वैचारिक और सांगठनिक स्तर पर जनता से कट जाएगा और अप्रासंगिक हो जाएगा। प्र.ले.सं. ने इसी तरह अपने को अप्रासंगिक बना लिया है। इसीलिए हमें नया संगठन बनाना पड़ा। और ऐसा नहीं है कि अचानक दो-चार लोगों ने मिलकर यह नया संगठन बना लिया है। वास्तविकता यह है कि व्यापक लेखक समुदाय में से काफी लंबे अरसे से इसकी माँग उठ रही थी। प्र.ले. सं. से जुड़े लेखकों को सोचना चाहिए कि यह माँग क्यों उठ रही थी? क्या उन्होंने व्यापक लेखक समुदाय की इस जरूरत को कभी महसूस किया? क्या उस जरूरत को समझकर अपने संगठन में सुधार लाने की कोई कोशिश की? वे आज 'प्रगतिशील' और 'जनवादी' शब्दों के प्रति सचेत हुए हैं जबकि जनवादी लेखक संघ बन गया है, लेकिन पिछले दस-पंद्रह वर्षों की लघु पत्रिकाएँ उठाकर देखें तो उन्हें मालूम होगा कि लेखकों का एक बड़ा हिस्सा लंबे अरसे से उनकी 'प्रगतिशीलता' से असंतुष्ट होने के कारण अपने साहित्य को 'जनवादी' कहता आ रहा है। और जहाँ तक एक नये संगठन की माँग का सवाल है, यह माँग 1973 के बांदा सम्मेलन से लगातार उठती आ रही थी। क्या इस सारे इतिहास को झुठलाया जा सकता है?

रमेश उपाध्याय : कुछ लेखक, चंद्रबलीजी, ऐसे भी हैं जो संगठन की आवश्यकता को ही नकारते हैं। वे मानते हैं कि लेखन एक व्यक्तिगत कर्म है, संगठन उसमें

कोई मदद नहीं कर सकता। ऐसे लेखकों के बारे में आप क्या कहते हैं?

चंद्रबली सिंह : वही कहता हूँ जो मैंने जनवादी लेखक संघ के राष्ट्रीय सम्मेलन में श्रीमती मन्नू भंडारी का वक्तव्य सुनने के बाद कहा था। ऐसे लेखकों से यह पूछना चाहिए कि क्या आज प्रतिक्रियावादी ताकतें बड़े ही योजनाबद्ध और संगठित तरीके से हमारे ऊपर तरह-तरह के आक्रमण नहीं कर रही हैं? क्या आज कलम की आजादी पर शासक वर्ग की ओर से संगठित आक्रमण नहीं हो रहा है? क्या इस आक्रमण का मुकाबला लेखक अलग-थलग और अकेला रहकर कर सकता है? हम इस सचाई से इनकार नहीं करते कि रचना-कर्म एक वैयक्तिक कर्म है, लेकिन हमें यह भी नहीं भूलना चाहिए कि वह एक सामाजिक कार्य भी है। रचना को दूसरों तक पंहुँचना है और समाज की संपूर्ण व्यवस्था में से गुजरकर पहुँचना है। और मौजूदा व्यवस्था में लेखक के आर्थिक हित ही खतरे में नहीं पड़ते, उसकी अभिव्यक्ति की स्वतंत्रता भी खतरे में है। फिर, जनवादी लेखक एक खास तरह के लेखक हैं। वे सामाजिक परिवर्तन के लिए लड़नेवाले लेखक हैं और वे संगठित होकर ही सामाजिक परिवर्तन में अपनी भूमिका निभा सकते हैं ताकि साहित्य के माध्यम से समाज को बदलने की लड़ाई जनता के हित में लड़ सकें। एक बात और : लेखकों को अपनी शक्ति को कम करके नहीं आँकना चाहिए। यह उनकी शक्ति का ही प्रमाण है कि व्यवस्था तरह-तरह के प्रलोभन देकर या भय दिखाकर उन्हें अपने पक्ष में करने की कोशिश करती है। इसीलिए जो लेखक उसके पक्ष में नहीं हैं उन्हें वह संगठित होने से रोकने के प्रयास करती है ताकि उन्हें अलग-अलग पीट सके। इसलिए हमें उन लेखकों को, जो जनवाद की लड़ाई लड़ने के लिए तो तैयार हैं लेकिन संगठन के महत्त्व को नहीं समझते, बड़ी सहिष्णुता के साथ यह समझाने की कोशिश करनी चाहिए कि अलग-थलग रहने और संगठन का विरोध करने के लिए प्रेरित करनेवाली उनकी व्यक्तिवादी विचारधारा दरअसल शासक वर्ग की विचारधारा है जिसके विरुद्ध उन्हें संघर्ष करना है। इसके लिए हमें ऐसे लेखकों से वैचारिक संघर्ष चलाना चाहिए और उनके मन में बैठे हुए या बिठाए गए ऐसे भ्रमों को दूर करने की कोशिश करनी चाहिए कि संगठन सब लेखकों से एक तरह का लिखने की माँग करता है या उन्हें निर्देशों पर लिखने के लिए मजबूर करता है। हमने तो अपने घोषणापत्र में लेखकों के लिए विषय, वस्तु, रूप और शिल्प संबंधी तमाम विविधताओं को स्वीकार किया है और लेखकों को कलात्मक अभिव्यक्ति के मामले में पूरी स्वतंत्रता देने की बात कही है।

रमेश उपाध्याय : लेकिन संगठन में विविध प्रकार के लेखकों को एकजुट करने का कोई आधार भी तो...?

चंद्रबली सिंह : मैं उसी पर आ रहा हूँ। हमारे घोषणापत्र में कहा गया है कि इन सारी विविधताओं के बावजूद जनवादी लेखक जनवाद को अपनी सामाजिक

और सांस्कृतिक नियति का अभिन्न अंग मानते हैं और उसकी रक्षा तथा विस्तार के लिए किए जानेवाले संघर्ष को एक आवश्यक लेखकीय कर्तव्य समझते हैं। यही वह आधार है जिस पर तमाम तरह के जनवादी लेखक एकजुट हो सकते हैं। जाहिर है कि यह एक संयुक्त मोर्चा है जिसमें विविध प्रकार के लेखक होंगे, लेकिन इसका मतलब यह नहीं है कि इसमें जनवाद-विरोधी लेखक भी शामिल होंगे, क्योंकि यह मात्र लेखकों का संगठन नहीं है, बल्कि **जनवादी लेखकों का संगठन** है। यह सही है कि ज.ले.सं. कोई वर्गीय संगठन नहीं है जिसमें किसी एक ही वर्ग की विचारधारा के लेखकों के लिए जगह हो, लेकिन यह बात हमें बहुत स्पष्टता के साथ समझनी चाहिए कि इसमें लेखकों को एकजुट करनेवाली चीज उनका जनवादी दृष्टिकोण है। इसमें ऐसे लेखक भी रहेंगे जो पूँजीवादी जनवाद के प्रगतिशील रूप की, उसके स्वस्थ मूल्यों की और उसमें प्राप्त होनेवाली नागरिक स्वाधीनताओं की रक्षा करते हैं, लेकिन ऐसे भी लेखक रहेंगे जो पूँजीवादी जनवाद से आगे बढ़कर क्रांतिकारी परिवर्तन का एक चित्र अपने सामने रखते हैं या जो मार्क्सवादी विचारधारा के लेखक होंगे। मैंने कहा न, यह एक संयुक्त मोर्चा है और इसमें जनवाद के विभिन्न स्तरों की चेतना वाले लेखक आपस में सहयोग करेंगे। हमारे संगठन के बारे में जो चर्चाएँ होती हैं, उनमें मैं देख रहा हूँ कि एक तरफ तो कुछ लोग ऐसे होते हैं जो जनवादी लेखक संघ के बारे में बड़ा ही संकीर्णतावादी रुख अपनाते हुए कहते हैं कि इसमें केवल मार्क्सवादी लेखकों के लिए ही जगह हो सकती है, और दूसरी तरफ कुछ लोग अतिउदारतावादी रुख अपनाकर कहते हैं कि इस संगठन में किसी तरह की विचारधारा का सवाल उठाया ही नहीं जाना चाहिए। इसके बारे में हमारा घोषणापत्र बहुत स्पष्ट है। रुकिए...(घोषणापत्र उठाकर उसमें से एक अंश पढ़ते हैं) इसमें लिखा हुआ है कि "जनवादी लेखक संघ ऐसे लेखकों का संगठन है जो यह समझते हैं कि उनका हित जनता के हित से पूरी तरह जुड़ा हुआ है। अनुभव उन्हें बताता है कि न केवल उनके आर्थिक, सामाजिक तथा अन्य भौतिक हित ही, बल्कि उनकी लेखनी की स्वतंत्रता भी उन जनतांत्रिक अधिकारों और नागरिक स्वतंत्रताओं पर निर्भर है जिनकी रक्षा और विस्तार के लिए हमारी जनता—विशेषतः मेहनतकश जनता—लड़ाई की अगली पाँत में रहती है और उनके लिए सबसे ज्यादा उत्सर्ग करती है। इसलिए जनवादी लेखक संघ का यह प्रयास है कि हमारे लेखक एकजुट होकर जनता के एक शक्तिशाली दस्ते के रूप में जनवाद की रक्षा और विस्तार के संघर्ष में अपने कर्तव्य का पूरा और सही निर्वाह कर सकें।"

कृष्णलाल : तो जनवादी लेखक संघ में नेतृत्व किस विचारधारा का होगा?

चंद्रबली सिंह : देखिए कृष्णलालजी, संयुक्त मोर्चे में विचारधारा के नेतृत्व के सवाल पर यांत्रिक तरीके से विचार करने के खतरों को हमें समझना चाहिए। यह जाहिर है कि हमारे जनवादी लेखक बड़े पैमाने पर मार्क्सवादी विचारधारा की ओर

झुक रहे हैं लेकिन इसका अर्थ यह नहीं होता कि जितने भी जनवादी लेखक हैं वे सब हमारी विचारधारा का नेतृत्व मानें। हम न तो किसी लेखक पर अपनी विचारधारा थोप सकते हैं न उसको मानने की शर्त लगा सकते हैं। शर्त तो केवल जनवाद की रक्षा और विस्तार की लड़ाई में साथ आने की है। इसके बाद किस विचारधारा का नेतृत्व लोग मानेंगे यह इस पर निर्भर करेगा कि कौन-सी विचारधारा उन्हें सबसे ज्यादा सही और अच्छी लगती है। मार्क्सवादी विचारधारा का नेतृत्व लेखक कब मानेंगे? जब मार्क्सवादी लेखक हमारी जनता के जीवन के यथार्थ-चित्रण के सर्वोत्कृष्ट नमूने प्रस्तुत करेंगे। यानी सबसे ज्यादा सुंदर, कलात्मक, उत्कृष्ट रचनाएँ मार्क्सवादी लेखकों की होंगी, और जनता के संघर्षों को आगे बढ़ाने में मार्क्सवादी लेखक सबसे ज्यादा आगे बढ़कर काम करेंगे, सबसे ज्यादा त्याग करेंगे। तब दूसरे लोग अपने-आप यह महसूस करेंगे कि नेतृत्व मार्क्सवादी विचारधारा कर रही है।

• **'कथन' : मार्च-अप्रैल 1983**

जीत हमारी ही होकर रहेगी

प्यारे दोस्तो,

मैं आज आपके सामने एक सोवियत माँ की हैसियत से, सोवियत संघ की उन लाखों माताओं की ओर से जो फासिज़्म से पैदा हुई विभीषिकाओं को आज भी याद करती हैं, बोलने खड़ी हुई हूँ। विध्वस्त नगर, जलाकर मटियामेट कर दिए गए गाँव, पीड़ा से चिल्लाते वृद्धों की चीखें और बच्चों का रोना यह सब कुछ हमारी याद में ताजा है। हममें से बहुतों ने अपने पति खो दिए और बहुतों ने अपने पुत्र और बंधु। मैंने भी पिछली लड़ाई में अपनी जिंदगी की सबसे कीमती चीज खो दी—अपना पुत्र और अपनी लड़की जिन्हें मृत्यु के पश्चात् बहादुरी से भरे उनके कामों के लिए सोवियत संघ के 'हीरो' की उपाधि दी गई।

मेरे बच्चों के पिता की मृत्यु उनकी बहुत छोटी अवस्था में हो गई, मैंने अपने पति को उन बच्चों की कच्ची उम्र में ही खो दिया। मैं स्कूल में अध्यापिका का काम करने लगी और सोवियत की दूसरी माताओं की भाँति अपने बच्चों को शांतिमय कामों के लिए पालपोस कर बड़ा किया। अपने शैशव से ही हमारे बच्चों ने सोवियत के नागरिकों को देश के हित के लिए निःस्वार्थ कार्य करते देखा; उन्होंने देखा कि कैसे हमारे समाजवादी मुल्क में, जहाँ कि शोषित और शोषक नहीं रह गए हैं, उस श्रम की कद्र होती है जिसका उद्देश्य सारे सोवियत समाज के लिए एक शांतिमय और सुखी जीवन का निर्माण करना होता है।

घर पर, स्कूल में और बच्चों तथा युवाओं की संस्थाओं में हमने अपने बच्चों को यह सिखलाया कि वे अपने मुल्क से प्यार करें, हमने उनमें सारी शांतिप्रिय जातियों के प्रति आदर और मित्रता का और दूसरों को दास बनाने वालों के प्रति घृणा और अनादर का भाव जगाया।

हमारे देश में ज्ञान, विज्ञान और कला के सारे द्वार सारे बच्चों के लिए बिल्कुल खुले हुए हैं; उन्हें अपनी सृजनात्मक क्षमताओं और योग्यताओं को विकसित करने का हर एक अवसर दिया जाता है। मेरी लड़की जोया को रूसी इतिहास और साहित्य

से तीव्र अनुराग था। सबसे ज्यादा आकर्षण उसके लिए हमारे देश का शौर्य से भरा हुआ अतीत था—रूसी लोगों की शक्ति और गौरव का, उनके द्वारा छोड़े हुए उच्च विचारों और उच्च आदर्शों का। उसके प्रिय लेखकों में पुश्किन, बेलिन्स्की, नेक्रासोफ, लियो तोल्सतॉय, गोर्की और मायाकोव्स्की थे। मेरी लड़की में एक योद्धा की धीरता और साहस के गुण थे।

जबकि फासिस्ती आक्रमणकारियों ने हमारे शांतिप्रिय देश पर कुत्सित आक्रमण किया, हमारे नौजवान युवकों और युवतियों ने योद्धाओं की पहली पंक्तियों में अपना स्थान ग्रहण किया और अपना सब कुछ देश की रक्षा के लिए और उसके साथ ही सारी मानव जाति की रक्षा के लिए न्यौछावर कर दिया।

1941 में मेरी ज़ोया की उम्र बस 18 साल की थी। वह जवानी की दुनिया में पहला कदम रख रही थी, अभी जिंदगी क़े दरवाजे पर थी और सुख, प्रेम और अपने देश के हित के लिए सार्थक कार्य करने का स्वप्न देख रही थी। किंतु उसके स्वप्न पूरे न होने वाले थे। फासिस्त बर्बरों ने हमारे शांतिप्रिय देश पर आक्रमण किया। जब अक्तूबर में युद्ध धीरे-धीरे मास्को के इर्द-गिर्द होने लगा तो ज़ोया ने मुझसे कहा—"माँ, मैं 'पार्टीजनों' के साथ काम करने जा रही हूँ, मैं चाहती हूँ कि तुम मुझे सहानुभूति के साथ समझो, मैं इस समय बैठी नहीं रह सकती जबकि फासिस्तों के कारण मास्को के लिए खतरा पैदा हो गया है। मुझे फासिस्तों के विरुद्ध लड़ने में गर्व का अनुभव होगा और तुम्हें भी इस बात का गर्व होना चाहिए कि मैं मोर्चे पर जा रही हूँ। मैं सिर्फ यह चाहती हूँ कि तुम मुझे विदा करते समय रोना मत। या तो मैं एक सूरमा की भाँति लौटूँगी या एक सूरमा की ही भाँति मरूँगी।" ये ज़ोया के शब्द थे विदा होते समय। "और देखो माँ तुम प्रसन्न रहना।" वह मुस्करा उठी।

हमारे लाखों बच्चों ने देश की रक्षा का भार ग्रहण किया इस अडिग विश्वास को लिए कि अंत में जीत हमारी होगी।

'पार्टीजनों' की एक टोली के साथ ज़ोया ने मोर्चे की पंक्ति को पार कर दुश्मनों के हाथ में चले गए प्रदेश में प्रवेश किया और उनके साथ सारी कठिनाइयों और अभावों में सहभागी बनकर दुश्मनों से लड़ी। ज़ोया ने अपनी वय से आश्चर्यचकित करनेवाली शूरता नवंबर 1941 के अंत में दिखलाई। वह फासिस्तों के हाथ में चले गए पेन्निशचेवो गाँव में चली गई। जो काम उसे सौंपा गया था उसे पूरा करती हुई वह जर्मन सिपाहियों के हाथों पड़ गई। फासिस्त जल्लादों ने निर्दयता के साथ मेरी बेटी को यातनाएँ दीं। उन्होंने उसे चमड़े की पेटियों और राइफलों के कुंदों से पीटा और फिर फड़-पाले में उसे बिना कुछ पहनाए-ओढ़ाए, गाड़ी में बिठा कर ले गए। अपने आनंद के लिए उन निर्दय हत्यारों ने उसे फ़ांसी के तख्ते पर खड़ा कर और फंदे को उसके गले में डालकर उसका चित्र लिया। मेरी ज़ोया को अपने देशवासियों से प्यार था। वह अपने देश की एक सच्ची बेटी थी—बहादुर और साहसी। यातनाओं

का जवाब उसने अपने सताने वालों के प्रति घृणा प्रदर्शन से दिया। उन किसानों की ओर देखकर जो उसके फाँसी के तख्ते के चारों ओर खड़े थे उसने अपनी मौत के कुछ ही पहले जोरों से कहा—"साथियो मुझे मरने का डर नहीं है! अपने देशवालों के लिए मरना खुशी की बात है!" फासिस्त सैनिकों को संबोधित कर ज़ोया ने कहा—"इस समय तुम मुझे फाँसी पर लटका रहे हो, लेकिन मैं अकेली नहीं हूँ! हम बीस करोड़ हैं, तुम हम सबको फाँसी के तख्ते पर नहीं लटका सकते। मेरी मौत का बदला दूसरे तुमसे चुका लेंगे! किसी भी हालत में जीत हमारी होकर रहेगी...!"

जब फंदा ज़ोया के गले में कसने लगा तो वह उसे अपने दोनों हाथों से ढीला करने के लिए जोरदार प्रयत्न कर जोर से बोली—"अलविदा, साथियो! लड़ते जाना, डरना मत! हमारे साथ स्तालिन है। स्तालिन हमारी मदद को आएगा।" इस भाँति अपनी जबान पर स्तालिन का नाम लेती और मन में जीत का निश्चित विश्वास लिए हुए मेरी बेटी ने अपनी साँसें छोड़ दीं।

फासिस्तों ने मेरी ज़ोया को खत्म कर दिया। किंतु उसका ज्वलंत नाम सोवियत संघ और सारी दुनिया में बिजली की तरह कौंध गया। वह सारी प्रगतिशील मानवता के लिए बहादुरी और साहस का प्रतीक बन गई। लाखों नौजवान मर्द-औरत उसके द्वारा मौत के क्षण में संघर्ष के लिए उठाई गई उस आवाज को सुनकर आगे बढ़े।

मेरा अंतिम बच्चा 17 साल का अलेक्जेंडर भी हमारे देश की रक्षा करने के लिए, फासिस्तों का नाश करने के लिए और ज़ोया की मृत्यु का प्रतिशोध लेने के लिए मोर्चे पर चला गया।

"मैं भी अपने देश को उतना ही प्यार करता हूँ जितना ज़ोया करती थी" उसने मुझसे कहा। उसे अपना आशीर्वाद देते हुए मैंने कहा—"मैं चाहती हूँ कि तुम भी ज़ोया की तरह हो।"

मेरा लड़का ठीक उसी फासिस्त फौज से लड़ा जिसने ज़ोया को मौत के घाट उतारा था। वह गार्डों का सीनियर लेफ्टिनेंट था और उसकी कमान में खुद चलनेवाली बंदूक-टोली थी। वह ग्जातस्क से सारा मोर्चा तय करता हुआ पूर्वी प्रशिया में सोवियत फौजों के साथ-साथ गया। कोनिग्जवर्ग के लिए घमासान लड़ाई में उसने वीरगति पाई। मैं उसके शरीर को वापस लाई और उसके जन्म-स्थान मास्को में उसे दफना दिया ठीक ज़ोया की बगल में जहाँ काले संगमरमर पर ये शब्द हैं—"आदमी की सबसे बहुमूल्य संपत्ति उसकी जिंदगी है। यह उसे केवल एक बार मिलती है और उसे इस तरह निर्वाह करना चाहिए कि मरते समय कहा जा सके कि मैंने अपनी सारी जिंदगी और सारी शक्ति दुनिया में भव्यतम वस्तु को अर्पित की—मानवता की मुक्ति के संघर्ष के लिए।"

फासिस्तों ने मुझसे मेरे बच्चों को छीन लिया। निस्संदेह मुझे भारी क्षति पहुँची। लेकिन इसमें मैं अकेली नहीं हूँ—हममें से असंख्य माताएँ हैं जिनके बच्चों ने हमारे

प्यारे देश के लिए और मानवता की मुक्ति के लिए अपने जीवन की बलि दे दी।

सोवियत के लाखों लोगों ने फासिज़्म के विरुद्ध खूनी जंग में अपनी जान को हथेली पर लेकर जो चमत्कार से भरे शूरता के अमर कार्य किए उनके कारण उन्हें एक ऐसा गौरव प्राप्त हुआ है जो सदियों तक धुँधला हुए बिना जीवित रहेगा।

आज हमारा देश शांतिमय निर्माण के कार्य में लगा हुआ है और सफलतापूर्वक युद्ध के घावों को भरता जा रहा है। हमारा देश दुनिया में स्थायी और न्यायपूर्ण शांति चाहता है।

नौजवान मर्द और औरत जो मेरी बेटी ज़ोया की याद को निधि-सी रखते हैं बहुधा मुझे देखने को चले आते हैं। वे अपनी सफलताओं का जिक्र मुझसे करते हैं और अपने स्वप्नों और अपनी योजनाओं को मेरे सामने रखते हैं। मैं उनकी युवा आकृतियों को निहारती हूँ और मस्ती से भरी उनकी हँसी सुनती हूँ। उनके भविष्य के विषय में मैं एक गंभीर आशंका से ग्रस्त हो जाती हूँ। शांति के शत्रु एक नर युद्ध का षड़्यंत्र रच रहे हैं। साम्राज्यवादियों के बीच युद्ध के गठबंधन हो रहे हैं, बंदूकें बनाई जा रही हैं, गोले और अणु बम—ये सब ताकि एक बार फिर शांति प्रिय लोगों को मारा जा सके, उन्हें जलाया जा सके और उनके अंग क्षत-विक्षत किए जा सकें।

ये आक्रमणकारी अपनी सारी फौजी शक्ति का इस्तेमाल उस सोवियत संघ के विरुद्ध करना चाहते हैं जो शांति का गढ़ है। लेकिन जिस युद्ध की तैयारी साम्राज्यवादी कर रहे हैं वह केवल सोवियत संघ के विरुद्ध युद्ध नहीं होगा। वह अगणित सहस्रों शांति प्रिय परिवारों का नाश सभी देशों में करेगा और लाखों मानवों को क्षत-विक्षत कर डालेगा।

मैं आपसे पूछना चाहती हूँ : शांति के लिए युद्ध करनेवाले मेरे साथी सैनिको, क्या हमारे बच्चों का बहा हुआ खून व्यर्थ जाएगा? क्या वह शांति जो हमें अपने बच्चों की जिंदगियों, माताओं, विधवाओं और अनाथों के आँसुओं की कीमत पर मिली है, भंग होगी सिर्फ मुट्ठी भर साम्राज्यवादियों के हुक्म से? नहीं, हम ऐसा नहीं होने देंगे! हम यहाँ पर दुनिया के कोने-कोने से इसलिए आए हैं कि युद्ध भड़काने वालों की पोल खोल दें और उन्हें एक कड़ी चेतावनी दें। हम लाखों की तादाद में हैं और यदि हमने इस युद्ध में अपना एका बनाए रखा और दृढ़ रहे तो दुनिया में कोई ऐसी ताकत नहीं जो हमारे संगठन और एका के सामने ठहर सके।

पेरिस के शांति सम्मेलन में शहीद ज़ोया की माँ ल्यूबोबा केज्मोदिमिआनस्काया का भाषण
अनुवादक—चंद्रबली सिंह

• **जनमत : अक्तूबर 1959**

राष्ट्रीय एकता और बुद्धिजीवी
(चंद्रबली सिंह से का. सुनीत चोपड़ा की बातचीत)

[राष्ट्रीय एकता के सवाल पर बुद्धिजीवियों की भूमिका पर अब तक आप वियतनाम के प्रख्यात साहित्यकार **हो होओई**, पाकिस्तान के मशहूर शायर **फैज अहमद फैज** तथा इथोपिया के सुप्रसिद्ध साहित्यकार **आसफा जेब्रे मरियम** के विचार पढ़ चुके हैं। अब पढ़िए प्रख्यात मार्क्सवादी आलोचक प्रोफेसर चंद्रबली सिंह के विचार।]

प्रश्न : नव-स्वतंत्र देशों को राष्ट्रीय आंदोलन में जिस विकट समस्या का सामना करना पड़ा है वह है उपनिवेशी राज्य में गठित सभी जातियों और अल्पसंख्यकों को संघर्ष में एकजुट करना। क्या इस समस्या का सामना भारतवर्ष को भी करना पड़ा?

चंद्रबली सिंह : नव-स्वतंत्र देशों को अपने राष्ट्रीय आंदोलन के दौरान विदेशी सत्ता के विरुद्ध संघर्ष के लिए सभी जातियों और अल्पसंख्यकों को एकजुट करने की विकट समस्या का सामना करना पड़ा। भारतवर्ष भी इसका अपवाद नहीं रहा। सच तो यह है कि हमारा राष्ट्रीय मुक्ति आंदोलन लगातार इस पेचीदा समस्या से उलझता रहा, क्योंकि इस समस्या का सही हल निकालना उसके विकास की पहली और सबसे बड़ी शर्त थी। हमारा देश जनसंख्या और विस्तार, दोनों ही दृष्टियों से, एक विशाल देश है, जिसमें अनेक जातियाँ और अल्पसंख्यक लोग हैं। यहाँ भाषा और रहन-सहन के ढंग की विविधता रही है, धर्म और संप्रदाय की अनेकता रही है और आर्थिक, सामाजिक और सांस्कृतिक विकास में असमानता रही है। राष्ट्रीय मुक्ति आंदोलन में इन सबको एकजुट करना आसान काम नहीं था। देश में औपनिवेशिक शासन ने इस समस्या को और जटिल ही बनाया।

प्रश्न : क्या आपकी राय में साम्राज्यवादियों ने जानबूझ कर फूट डालने की कोशिश की?

चं.ब. सिं. : साम्राज्यवाद जानता है कि उसके अस्तित्व के लिए सबसे बड़ा खतरा उपनिवेशों में राष्ट्रीय मुक्ति आंदोलन में संघर्ष के लिए स्थापित जनता की

एकता है और स्वभावतः उसका प्रयत्न इस एकता को छिन्न-भिन्न करने का होता है। उपनिवेशों में अपनी सत्ता कायम रखने के लिए साम्राज्यवाद न केवल अपनी सामरिक शक्ति और राज्य के दमनकारी अंगों का, बल्कि विभिन्न वर्गों के बीच और स्वयं जनता के भीतर पाए जानेवाले अंतर्विरोधों का प्रयोग, और इन अंतर्विरोधों को तेज करने की कोशिश, करता है। उसकी यह नीति 'फूट डालो और शासन करो' के नाम से कुख्यात है। विशेष रूप से 1857 के बाद हमारे राष्ट्रीय स्वाधीनता आंदोलन के दौरान तेजी के साथ बढ़ती और मजबूत होती हुई जन-एकता को तोड़ने के लिए साम्राज्यवादियों ने हिंदुओं और मुसलमानों, हिंदुओं और सिक्खों, मुसलमानों और सिक्खों और सवर्ण हिंदुओं और अछूतों के बीच संदेह और वैमनस्य पैदा करने और उन्हें आपस में लड़ाने पर अपना ध्यान केंद्रित किया। विशेषतः जब राष्ट्रीय मुक्ति के लिए सारी जनता को एकजुट करने में कांग्रेस को सफलता मिलने लगी तो साम्राज्यवाद ने उसके विरुद्ध मुस्लिम संप्रदायवाद को उकसाया, मुस्लिम लीग की स्थापना में सूत्रधार का काम किया, जगह-जगह हिंदू-मुस्लिम दंगे कराए। यह कहना गलत नहीं होगा कि अपने इरादों में साम्राज्यवाद अंशतः सफल भी हुआ, फूट के बल पर पहले तो उसने अपनी जिंदगी लंबी की और फिर अपने अंत के साथ उसने देश का विभाजन भी कर दिया।

प्रश्न : राष्ट्रीय स्वाधीनता आंदोलन के नेताओं ने इस सबका मुकाबला कैसे किया?

चं.ब. सिं. : हमारे राष्ट्रीय स्वाधीनता आंदोलन के नेतृत्व का चरित्र ऐसा नहीं था कि वह साम्राज्यवाद की फूट डालनेवाली नीतियों का डटकर सामना करके उन्हें परास्त करता। यह नेतृत्व मुख्यतः पूँजीवादी था और उसके साथ जमींदारों और ताल्लुकेदारों का भी एक हिस्सा जुड़ा हुआ था। इस गठबंधन में एक काफी बड़ा हिस्सा ऐसे लोगों का था जो सामंतवादी विचारधारा से चिपके हुए थे, जिन पर हिंदू या मुस्लिम संप्रदायवाद का गहरा असर था, जिनके लिए आजादी का मतलब भारतीय पूँजीपतियों और सामंतों द्वारा भारतीय मजदूरों को और किसानों को लूटने की आजादी था, जो मजदूरों, किसानों और अन्य मेहनतकश तबकों की एकता, शक्ति और चेतना में बढ़ाव और समाज में क्रांतिकारी परिवर्तन के हल्के-से संकेत से भी आतंकित होकर साम्राज्यवाद के विरुद्ध संघर्ष से पीछे हटकर उससे समझौता करने या उसके सामने घुटने टेक देने को तैयार थे। यह नेतृत्व साम्राज्यवाद पर दबाव डालने के लिए किसानों और आम मेहनतकश जनता को एकजुट भी करता था और उसकी शक्ति और संघर्षप्रियता से डरता भी था। ऐसे नेतृत्व से यह उम्मीद करना बेकार था कि वह सभी जातियों को साम्राज्यवाद के विरुद्ध संघर्ष में समाज में आधारभूत परिवर्तन के लिए एकजुट कर सकता था। उसके लिए मुट्ठी-भर पूँजीपतियों और सामंतों के हित आम मेहनतकश जनता के हितों के ऊपर थे और वह इन हितों की रक्षा के

लिए साम्राज्यवाद के विरुद्ध संघर्ष करने की जगह उससे समझौता कर सकता था। उसमें सांप्रदायिकता से लड़ने की क्षमता भी सीमित थी। इस संबंध में मैं प्रेमचंद जैसे महान् लेखक के शब्द उद्धृत करना चाहूँगा। दिसंबर 1932 के 'हंस' में उन्होंने लिखा था : "यह सारी लड़ाई मुट्ठी-भर शिक्षित आदमियों की है जो ओहदे और मेम्बरियों के लिए एक-दूसरे को नोच रहे हैं। इस समुदाय से जो अलग राष्ट्र हैं वहाँ न कोई हिंदू है न मुसलमान। वहाँ सब किसान हैं, या मजदूर जो एक-से दरिद्र, एक-से पिसे हुए, एक-से दलित हैं। आरती और नमाज, हिंदी और उर्दू की समस्याएँ वहाँ हैं ही नहीं।" हिंदुओं और मुसलमानों की एकता को आजादी की 'बुनियादी शर्त' मानते हुए उन्होंने हिंदू और मुसलमान सांप्रदायिक नेताओं की भर्त्सना की, विशेषतः कांग्रेस के हिंदू नेतृत्व की, जो हिंदू सांप्रदायिकता के साथ समझौता करने में कोई संकोच नहीं करता था। हिंदू-संगठन और शुद्धि की गर्मबाजारी के संबंध में फरवरी 1924 में 'जमाना' में लिखते हुए उन्होंने सांप्रदायिकता के सामने कांग्रेस नेतृत्व की घुटना-टेक नीति की कड़ी आलोचना की और आम तौर पर दृढ़ तथा धर्मनिरपेक्ष समझे जानेवाले राष्ट्रीय नेताओं को भी इस मामले में ढिलाई बरतने के लिए फटकार लगाई। साम्राज्यवादियों ने राष्ट्रीय स्वाधीनता आंदोलन के नेतृत्व की इन कमजोरियों से पूरा लाभ उठाया और हमारी जनता की राष्ट्रीय एकता को कमजोर किया। आजादी के बाद भी हमारे देश में सत्तारूढ़ पूँजीवादी-सामंती नेतृत्व इन समस्याओं को हल करने में नाकाम रहा है और नतीजा यह है कि हम चारों ओर साम्राज्यवादी, सांप्रदायिक और विघटनवादी शक्तियों को सिर उठाते देख रहे हैं। अब यह बात साफ हो गई है कि सच्ची राष्ट्रीय एकता की स्थापना मजदूरों और किसानों के नेतृत्व में ही संभव है, क्योंकि हर तरह के शोषण के विरुद्ध होने के कारण उन्हीं में यह क्षमता है कि वे सभी जातियों, संप्रदायों और अल्पमतों के हितों की रक्षा कर सकें।

प्रश्न : एक लेखक होने के नाते अपने जन्म से दाय के रूप में मिली संस्कृति की सीमाओं और पूर्वग्रहों से आप कैसे उबर सके?

चं.ब. सिं : मैं मजदूर परिवार में नहीं पैदा हुआ। मैं ऐसे परिवार में पैदा हुआ, जहाँ मार्क्सवाद तक पहुँचने में मुझे बहुत-से संस्कारगत विचारों और प्रवृत्तियों से लड़ना पड़ा। अगर किसी में विनय या ईमानदारी का अभाव नहीं और न यथार्थ से आँख मूँद लेने की आदत है तो उसके लिए अपने जन्म से दाय के रूप में प्राप्त संस्कृति की सारी सीमाओं और पूर्वग्रहों से उबर जाने की बात करना आसान नहीं। दरअसल इस बात का इतना महत्त्व नहीं कि कोई आदमी इन सीमाओं और पूर्वग्रहों से उबर पाया है या नहीं जितना इसका है कि वह इन सीमाओं और पूर्वग्रहों से सचेत ढंग से लगातार संघर्ष करता है या नहीं? हम जिस समाज में पैदा हुए हैं और साँस ले रहे हैं, उसमें प्राधान्य सामंती और पूँजीवादी विचारों का ही है और उनमें पश्चिम की संकटग्रस्त और पतनोन्मुख साम्राज्यवादी विचारधारा की घुसपैठ अभी तक जारी

है, या यों कहें, पहले से भी ज्यादा तेज हो गई है। हमारी संस्कृति में विचारों और रुझानों के बहुत सारे दोष हैं, जो सत्य या यथार्थ की सही पहचान और सामाजिक प्रगति में हमारी भागीदारी के आड़े आते हैं। लेकिन, उसमें कुछ स्वस्थ तत्त्व भी हैं। उन्हें जीवित रखना और विकसित करना हमारा फर्ज है, इसलिए असल सवाल उस संस्कृति की पूर्ण स्वीकृति या पूर्ण अस्वीकृति का नहीं, बल्कि उसके विभिन्न अंतर्विरोधी तत्त्वों के बीच सही तत्त्वों के चुनाव का है। मैं जिस वातावरण में पैदा हुआ और जिसमें जिंदगी के पहले चौबीस वर्ष बीते, उसकी सीमाओं और पूर्वग्रहों से जिस हद तक उबर सका हूँ, उसमें सबसे बड़ा हाथ निश्चित रूप से मार्क्सवाद और कम्युनिस्ट पार्टी का है। एक अर्द्ध-सामंती और अर्द्ध-पेटी-बूर्जुआ संस्कारों की खिचड़ी पर जीता और पलता हुआ परिवार, स्थान—आधा शहर और आधा गाँव। सबसे ज्यादा घर उनके जो नीची जाति के कहे जाते हैं, जिनके छू लेने से पानी तक अशुद्ध और अपेय हो जाता था, लेकिन जिनसे पीढ़ियों से न जाने और किन-किन आधारों पर, दादा-पोते, चचा-भतीजे, मामा-भांजे आदि पुकारने के संबंध। सामुदायिक भावना, लेकिन, उसके साथ ही ऊँच-नीच, मान-अपमान, शोषण-उत्पीड़न आदि को लेकर उसके भीतर पैदा होनेवाले तनाव भी। गरीबी केवल गरीबों को गिराती हुई नहीं, बल्कि उन्हें भी गिराती हुई जो उससे फायदा लेना चाहते थे, क्योंकि उनके पास जमीन के साथ ऊँची जाति थी, या अगर जमीन नहीं थी तो ऊँची जाति थी, जिसकी वजह से, जली हुई रस्सी में बाकी रह गई ऐंठ की तरह, उनमें अपने ऊँचे होने के सामंती संस्कार जीवित थे। राजपूत परिवार में पैदा हुआ था। परिस्थितियों का शिकार होना आसान था। उनसे उबरना मुश्किल। आँखों के सामने उनकी तस्वीरें हैं जो मेरे जैसे ही परिवार में पैदा हुए थे, जिनके साथ बचपन में खेला। जिनके साथ नीचे की कक्षाओं में पढ़ा और जिनकी जिंदगियों ने गलत राहें पकड़ीं और फिर बर्बाद हो गईं।

हमारे देश जैसी समाज-व्यवस्था में पेटी-बूर्जुआ व्यक्ति की स्थिति गहरे खड्ड में पड़े हुए उस आदमी की तरह होती है, जो पहाड़ की चोटी पर पहुँचने का सपना देखता रहता है। मार्क्सवाद-लेनिनवाद की विचारधारा और कम्युनिस्ट पार्टी उसे मेहनतकश और मजदूर वर्ग के संघर्ष से जोड़कर उसके मानसिक क्षितिज का विस्तार करती है और त्रिशंकु जैसी स्थिति से मुक्ति प्रदान करती है। फिर भी, मैं यह जरूर कहना चाहूँगा कि सामंती और बूर्जुआ संस्कृतियों के गर्भ में ही विकसित हुई और उनसे भिन्न और अंतर्विरोधी संबंधों के साथ मौजूद एक और संस्कृति है जिसे हम जनसंस्कृति कहते हैं। उस संस्कृति की अपनी विशिष्ट और उदात्त मानवतावादी और जनवादी परंपरा है। उसका बोध उसका अनुभव भी हमें जन्म से दाय के रूप में मिली सामंती और निम्न मध्यवर्गीय दृष्टिकोणों और रुझानों से मुक्ति दिलाने में सहायक होता है। अपने व्यक्तिगत जीवन के विस्तार में न जाकर फिलहाल अपने अनुभव के आधार पर मैं केवल इतना कहना चाहता हूँ कि मार्क्सवाद और कम्युनिस्ट पार्टी

से रिश्ता हो जाने के बाद आदमी को उन सीमाओं और पूर्वग्रहों से लड़ने के लिए भरोसे के और कारगर हथियार मिल जाते हैं, क्योंकि उनसे रिश्ता हो जाने के बाद छोटे-से-छोटा आदमी भी एक बड़ी चीज से जुड़ जाता है—अपनी जनता और सारी मानवता की मुक्ति और उनके सुंदर भविष्य के लिए चलनेवाली विश्वव्यापी लड़ाई से उसका रिश्ता कायम हो जाता है। आदमी को बदलने के लिए इससे बढ़कर प्रेरणा का क्या कोई दूसरा स्रोत हो सकता है?

प्रश्न : आपकी राय में वे कौन-सी विशेषताएँ हैं जिन्हें किसी लेखक को अपने अंदर विकसित करना चाहिए ताकि लेखक निहित स्वार्थों और साम्राज्यवादियों द्वारा सांस्कृतिक और भाषायी आधार पर लोगों को बाँटकर आपस में लड़ाने के प्रयासों को असफल बनाने में कामयाब हो सके?

चं.ब. सिं : बुद्धिजीवी अपने कर्तव्य का ठीक से निर्वाह तभी कर सकता है जब अपने अंदर कुछ विशेष गुण विकसित करे, इसका मतलब यह होता है कि जहाँ लेखक के रूप में उसकी निजी या विशिष्ट समस्याएँ होती हैं, वहाँ, नागरिक के रूप में उसकी समस्याएँ और कर्तव्य देश और जनता की समस्याओं और कर्तव्यों से भिन्न नहीं। इसके साथ ही, यह समझना भी जरूरी है कि उसके इन दोनों व्यक्तित्वों को एक-दूसरे से पृथक् नहीं किया जा सकता। लेखक में नागरिकता का बोध जितना ही प्रखर और गहरा होता है, उतनी ही प्रखर और गहरी लगन, उत्साह और उत्तरदायित्व की भावना के साथ वह सामाजिक यथार्थ को समझने और बदलने की कोशिश करता है, जिससे उसकी रचनाओं की वस्तु और शिल्प में समृद्धता और सौंदर्य का उत्तरोत्तर बढ़ता हुआ समावेश होता है। इस यथार्थ को बदलने की कोशिश में वह अपने शब्दों के साथ-साथ उनकी सीमाओं को भी पहचानता है और कर्म के महत्त्व को समझता हुआ अपने को उन शक्तियों के साथ जोड़ता है जो सामाजिक बदलाव में प्रमुख भूमिका अदा करती हैं। इन गुणों के बिना कोई लेखक निहित स्वार्थों और साम्राज्यवाद की साजिशों के खिलाफ चलनेवाली लड़ाई में शरीक ही नहीं हो सकता।

अपने शब्दों से लेखक जनता को आंदोलित कर सकता है, उसकी क्रांतिकारी चेतना को विकसित कर सकता है। इसके लिए जरूरी है कि वह अपने शब्दों को जनता के मुहावरे के नजदीक लाए और अपनी अभिव्यक्ति के माध्यमों की सुंदरता की रक्षा करते हुए वह उन्हें सहज बोधगम्य भी बनाए।

लेखकों की कलम की मुक्ति का सवाल हमारी जनता की मुक्ति के सवाल से जुड़ा हुआ है। इसलिए आज की परिस्थिति में लेखकों के सामने जनवाद की रक्षा, विकास और अंतिम विजय के लिए हमारे देश में एकजुट हो रही वामपंथी और जनवादी शक्तियों से संयुक्त होने के सिवा कोई दूसरा विकल्प नहीं।

● **लोकलहर : 30 नवंबर 1980**

शिवमंगल सिंह सुमन के नाम एक खुली चिट्ठी

आजकल तुम्हारी कलम की रफ्तार मद्धिम पड़ गई है और तुम्हारी आवाज, जो बस रह-रह कर ही सुनाई पड़ती है, कुछ ऐसी बदली-बदली जान पड़ती है कि कभी-कभी यह कहना मुश्किल हो जाता कि यह उसी कवि की आवाज है जिसने एक दिन फासिस्तवाद से चुनौती के स्वर में कहा था—''मास्को अब भी दूर है।'' आज की दुनिया और हिंदुस्तान में जब घटनाएँ तेज रफ्तार पकड़ती जा रही हैं और पूँजीवाद के विरुद्ध अभियान पर जाती हुई जनता की आवाज आँधियों के समुद्र-सी हहर हहर कर रही है उस समय तुम्हारी चुप्पी और कभी-कभी खोई-खोई-सी आवाज का मतलब क्या? अगर तुमने सच्चे दिल से एक दिन यह गाया था :

आज एशिया के अंतर में
सुलग उठी है चिनगारी—
नयी आग है, नयी आग है...

अगर तुमने सच्चे दिल से फासिस्तवाद और साम्राज्यवाद को चुनौती दी थी, अगर तुम्हें सच्चे दिल से नफरत थी तो क्या बात है कि आज भी उनके खिलाफ तुम्हारी आवाज बुलंद नहीं होती? आज दिन था जब तुम अपने मुल्क में शोषण पूँजीवाद और फासिस्ती दमन के खिलाफ अपनी ओजस्वी वाणी का इस्तेमाल करते। आज दिन था जब तुम मुल्क को साम्राज्यवादी शक्तियों से गठबंधन करते देख आग उगलते! आज दिन था जब तुम उन मजदूरों और किसानों के चारण बनते जो पूँजीवाद को खत्म कर एक नयी दुनिया बनाने के काम में लगे हैं। तब तुम्हारा गौरव का अतीत और गौरवान्वित हो उठता! अभी कल ही अमृतराय ने सुभद्राकुमारी के सच्चे उत्तराधिकारियों में तुम्हारा नाम गर्व के साथ लेकर सरमायादारी के गुलाम लेखकों को ललकारा था—''झांसी की रानी की गायिका का असल उत्तराधिकारी है नयी आग का कवि सुमन जो आज दिन तमाम दुनिया में लगी हुई उस नयी आग का गाना गाता है जिसमें तपकर यह जमीन और यह जिंदगी कुंदन बन रही है।'' तुम्हारी वाणी पर तुम्हारे साथियों को नाज था क्योंकि वह संघर्ष और शक्ति की वाणी थी। तुम्हारा

नाम 'नया साहित्य' के संपादकों में छपता रहा है जो तुम्हारे नाम पर संघर्ष की मुहर है क्योंकि तुम जानते हो कि 'नया साहित्य' पर उसके बचपन से ही काले कानूनों के बल पर खड़ी इस सरकार की निगाह रही है।

इसलिए तुम आसानी से सोच सकते हो कि तुम्हारे साथियों को कितना अचंभा हुआ होगा, उनका दिल तुम्हारे लिए कितनी नफरत से भर गया होगा जब उन्होंने लाल किले में 'जश्ने जम्हूरियत' के अवसर पर हुए कवि-सम्मेलन में चाटुकारों की जी-हुजूरी की आवाज़ में तुम्हारी आवाज़ को भी सुना। क्योंकि तुम जानते होगे कि इस जश्न से दो-चार रोज पहले तेलंगाना के वीर किसान-नेता फाँसी के तख्ते से न उतारे गए होते अगर इस मुल्क और दुनिया भर की जनवादी शक्तियों ने इस सरकार के खिलाफ जोरदार आवाज न उठाई होती, इस पर लानत न भेजी होती।

मैं यह नहीं मान सकता कि तुम्हारी अक्ल पर इतना पर्दा पड़ गया है कि तुम 'जम्हूरियत' के इस नाटक में बेशर्मी का यह पार्ट अदा करने के बाद भी सोच रहे होंगे कि तुम नयी जिंदगी के कवि होने का दावा कर सकते हो। अगर तुम्हारी आँखों ने देखा न होगा तो तुम्हारे कानों ने सुना होगा कि कैसे इस देश के हर भाग में शोषण और सरमायादारी से लड़ती हुई जनता के खून में इस 'अहिंसावादी' सरकार के हाथ रंगे हुए हैं। तुमने यह भी सुना होगा कि इसी सरकार के कारण हिंदुस्तान में जेल जेल न होकर कम्युनिस्टों के लिए कान्सेन्ट्रेशन केम्स हो रहे हैं और हिटलर यदि जिंदा होता तो शायद अपने नये चेलों से कुछ-न-कुछ सबक लेता। तुम यह भी जानते होगे कि तुम जिस 'नयी आग' की बात उठाते हो उसी नयी आग को तेलंगाना के हर किसान बच्चे, नौजवान, बूढ़े, मर्द-औरत के दिलों में जगानेवाले बेशर्मी और बेरहमी के साथ मौत के घाट उतारे जाते हैं। तुम यह भी जानते होगे कि कलकत्ता की हर एक गली का इतिहास बन गया है उसमें शहीद औरतों और मर्दों के खून के कारण। ये लोग भी उसी नयी आशा को जगा रहे थे। फिर तुम्हारे पतन की क्या सीमा है जब उसी आग को बुझाने वाले, इंसान का खून बहा-बहा कर उस आग को बुझाने वाले, तुम्हारी चाटुकार जुबान से अपनी प्रशंसा करा सकते हैं! इससे तुम अपने अतीत का मुँह काला कर रहे हो और अगर बात इतनी ही होती तो खैरियत थी। अगर तुम्हारी जुबान इंसान के खून करनेवालों की तारीफ आज कर रही है तो अचंभा न होगा अगर कल उसे उसी खून का चस्का लग जाए।

अगर तुम समझते हो कि सरमायादारी की चाटुकारिता और 'नयी आग' के राग अलापना तुम साथ-साथ कर सकते हो तो समझ लो कि तुम्हारी साहित्यिक मौत हो गई। क्या तुम नहीं जानते कि ऊँचा साहित्य अपने निर्माता से ईमानदारी की माँग करता है? और शायद तुम जानते हो कि अनेक साहित्यिकों ने अपनी ईमानदारी, अपनी अनुभूतियों, विचारों और स्वप्नों के प्रति वफादारी का सबूत अपनी जिंदगी के पन्नों पर लिखा है और लिख रहे हैं। और आज तो खास तौर से जिस

नयी आग की बात तुम कर चुके हो उसके साथ खिलवाड़ नहीं किया जा सकता। जिस नयी आग से तुम दुश्मन का घर जलाने जा रहे थे, सरमायादारी की होली मनाना चाहते थे, उस नयी आग को एक हाथ में लेकर तुम दूसरा हाथ उसके बुझानेवालों से दोस्ती के लिए नहीं बढ़ा सकते। अगर तुमने आज तक जिंदगी और मौत के संघर्ष को सिर्फ नाटक समझा है और समझ रहे हो तो अच्छा होगा कि अपनी चमड़ी बचाने के लिए तुम इस लड़ाई के मैदान से हट जाओ और किसी कोने में बैठकर आह कराह के गाने गुनगुनाते रहो। यह मुमकिन है कि दुश्मन तुम्हें गले लगा ले और यह भूल जाए कि तुम एक समय उसके दुश्मनों के दोस्त रह चुके हो लेकिन यह नामुमकिन है कि वहाँ से तुम अपने हाथ बढ़ा कर अपने पहले साथियों के हाथ मुहब्बत और दोस्ती में बाँध लो। हमारी ओर किसी अजनबी गैर-जानिबदार के लिए भी जगह नहीं और अगर हमारा दोस्त ही आज गैर-जानिबदार बन जाए तो उस पर तो दुश्मन से भी अधिक सधी हुई चोटें करनी पड़ेंगी क्योंकि दुश्मन से कहीं अधिक खतरनाक वह दोस्त है जो दुश्मन बने लेकिन गैर-जानिबदारी का नकाब ओढ़े रहे।

लाल किले में जब तुम कवि सम्मेलन में भाग लेने के लिए गए तो तुमने अपने चारों ओर बैठे कवियों को पहचाना तो होगा ही। क्या तुमने यह नहीं देखा कि वहाँ औरों के अतिरिक्त भगवतीचरण वर्मा और बच्चन आसन जमाए हुए थे। बल्कि कवि होने के नाते इतनी कल्पना तो तुमने घर बैठे-बैठे ही कर ली होगी कि वहाँ कौन-कौन लोग हाजिर होंगे। फिर तुमने वहाँ जाने की कैसे सोची? तुम 'नयी आग' के कवि और भगवतीचरण वर्मा शराब के नशे में अहिंसा का बरसाती गीत गाने वाले कवि! यह आग और पानी का साथ कैसा? शायद यह सोना-चाँदी का खेल है। लेकिन आग तो बुझ गई। तुम जानते नहीं कि जिन कवियों की मंडली में बैठ कर तुमने अपनी कविताएँ सुनाईं आज उन कवियों की अवसरवादिता उनकी मक्कारी और उनके पतन की कहानी हिंदी के साधारण-से-साधारण पाठक से छिपी हुई नहीं है। ये कवि हैं जिन्होंने पूँजीपतियों के टुकड़ों पर शब्दों के मंदिर खड़े किए हैं और उनमें अपने आराध्य देवों की मूर्तियाँ स्थापित कर, अहिंसा और मानवता का नाम जपते हुए भूखी-नंगी दुनिया के इंसानों की बलि देने की साजिश में लगे हुए हैं। और लाल किले से तुमने भी घोषणा की है कि तुम्हारा भी इरादा वैसा ही है।

तुम शायद समझते हो कि इस तरह तुम्हारे हाथ यश और पैसा दोनों लगेंगे, लेकिन तुम यह भूल गए हो कि दुनिया का इतिहास जैसे आज लिखा जा रहा है वैसे कुछ दिनों में न लिखा जाएगा और आज के मंदिर और उनमें स्थापित देवताओं की कद्र वह न होगी जैसी तुम आज देख रहे हो। अगर दुनिया के भविष्य के विषय में आज की सरमायादारी ही अंतिम शब्द लिख रही है तब तो अवश्य ही तुमने अक्लमंदी का काम किया है, लेकिन क्या तुम्हारी आँखों के सामने ही दुनिया का नया इतिहास नहीं लिखा जा रहा?

तुमने नहीं सोचा कि हिंदुस्तान की नयी जिंदगी का इतिहास जब लिखा जाएगा

और उसमें आज के साहित्यिकों के काम का जिक्र होगा उस समय तुम्हारे नाम के साथ स्वार्थ, अवसरवादिता और कायरता का उल्लेख होगा। उस समय तुम्हारा नाम आज के इंकलाबी कवियों के साथ न लिया जाएगा, बल्कि उनके साथ जो नयी चेतना, मानवता, अहिंसा, शाश्वत सत्य, भारतीय संस्कृति इत्यादि के नाम पर सरमायादारी की गिरती हुई दीवारों को सँभाले रखना चाहते हैं और जिनकी साहित्यिक गुंडागिरी इस हद को पहुँच गई है कि इन्हीं चीजों के साथ-साथ वे सेवक और पतन के चित्रों को भी, चटपटा बनाकर एक बड़े पैमाने पर, समाज में बाँट रहे हैं। अगर तुम यह समझते हो कि प्रगतिशील साहित्य इतना कमजोर है कि वह तुम्हारे पिछले नाम और काम की वजह से तुम्हें यह गद्दारी करने का मौका देगा और फिर भी गले लगाता रहेगा तो तुम्हारी आँखों पर पट्टी पड़ी हुई है। प्रगतिशील साहित्य के पीछे आज एक दो व्यक्तियों या साहित्यिकों की ताकत नहीं है जो उनमें से किसी के जाने से उसकी कमर झुक या टूट जाएगी प्रगतिशील साहित्य के पीछे आज की लाखों-करोड़ों संघर्षशील जनता के स्वप्नों और त्यागों की ताकत है, और वह उस ताकत का अवसरवादी या कायर साहित्यिकों के प्रति उदारता की नीति बरत कर अपमान करने को तैयार नहीं, उस ताकत के मुकाबिलों में व्यक्तियों का मोह गद्दारी के सिवा और कुछ नहीं होगा तुमने उस ताकत में अविश्वास ही नहीं दिखलाया है, तुमने उसका सीधा अपमान किया है और उसकी पीठ में छुरा भोंकने की कोशिश की है।

क्योंकि जिस जम्हूरियत के जश्न पर तुम अपनी कविताएँ सुनाने गए उसमें क्या तुम्हें मालूम नहीं विधान के नाम पर जनता को हमेशा के लिए शोषण की जंजीरों में कसने का षड्यंत्र है, उसकी सांस्कृतिक आज़ादी को बेशर्मी के साथ कुचला गया है, उसके जनसंघर्ष की ख़िलाफत करने के लिए मोर्चाबंदी की गई है? और जिनकी तारीफ के गीत तुमने गाए क्या उन्होंने मुल्क की आज़ादी और इज्जत को यहाँ की और विदेश की सरमायादारी के हाथों बेच नहीं दिया है? क्या वे तुम्हारे उस रूस के प्रति इन सरमायादार मुल्कों से मिलकर नफरत का प्रचार नहीं कर रहे, उसको खत्म कर देना नहीं चाहते, जिस रूस के प्रति जिसकी नयी जिंदगी और उसके लिए बलि देने के लिए वहाँ के रहनेवालों की वीरता के प्रति एक दिन तुम्हारी श्रद्धा, तुम्हारा प्रेम उमड़ पड़ा था और तुमने नात्सी बर्बरों को ललकार कर कहा था : 'मास्को अब भी दूर है।' जाहिर है कि तुम विदेशी नात्सीवाद और पूँजीवाद से लड़ सकते थे लेकिन अपने यहाँ उनकी रक्षा करने वालों के सामने सिर झुकाते हो! इसे तुम्हारा अपना स्वार्थ और अपना वर्ग-स्वार्थ नहीं कहा जाए तो और क्या कहा जाए? लेकिन इसकी वजह से तुमने स्वयं अपने प्रति अपने अतीत के प्रति और देश और जनता के प्रति गद्दारी दिखाई है। और गद्दारी की जमीन और हवा-पानी में जिंदगी और कलम ने कभी बुलंदियाँ नहीं हासिल कीं।

• **जनमत : 9 अप्रैल 1950**